한국 사람 만들기 V
친미기독교파 2

함재봉 지음

본 연구는 「한국학술연구원」의 지원으로 이루어졌음

함재봉(咸在鳳)

한국학술연구원장. 연세대학교 정치외교학과 교수(1992-2005), 프랑스 파리 유네스코 본부(UNESCO) 사회과학국장(2003-2005), 미국 서던캘리포니아대학교(University of Southern California) 한국학연구소 소장 겸 국제관계학부 및 정치학과 교수(2005-2007), 랜드연구소(RAND Corporation) 선임 정치학자(2007-2010), 아산정책 연구원 이사장 겸 원장(2010-2019) 등을 역임했다. 미국 칼튼대학교(Carleton College)에서 경제학 학사학위(1980), 존스홉킨스대학교(Johns Hopkins University)에서 정치학 석사 및 박사학위(1992)를 취득하였다.

블로그	https://blog.naver.com/hahmchaibong
페이스북	https://www.facebook.com/hahmchaibong
유튜브	함재봉TV – 역사와 시사
카카오톡 오픈채팅	한국사람사랑방

한국 사람 만들기 V

친미기독교파 2

함재봉

머리말

책 출간이 예정보다 1년반이나 늦어졌다. 변명을 하자면 다음과 같다. 『한국 사람 만들기』시리즈를 시작한 후 늘 반복되어온 일이지만 막상 집필을 시작하면 나름 알고 있다고 생각했던 기존의 역사 해석과 서사가 논리적 완결성과 설득력을 결여하고 있음을 발견하고 당황했다. 사건과 인물에 대한 대부분의 해석들 역시 틀렸거나 지극히 지엽적임을 발견했다. 기존의 연구서들을 참고하면서 인물과 사건 등 사실(fact)을 확인하는 데는 도움을 받았지만 보편사적, 비교사적인 관점에서 논리 정연하고 설득력 있는 서사(narrative)는 찾지 못했다. 결국 나 자신을 설득할 수 있는 서사를 처음부터 다시 만들어야 했다. 출간이 늦어진 이유다.

이 책의 목적은 『독립신문』과 「독립협회」를 다루는 것이다. 『한국 사람 만들기III: 친미기독교파 1』에서 개신교 선교사들이 조선을 어떻게 바꿔 나갔는지를 살펴봤다면 이번에는 갑신정변(1884) 실패 후 미국으로 건너간 서재필과 윤치호 등이 10년 후 갑오경장(1894~1895)을 계기로 귀국하여 활동을 재개하는 과정을 추적한다.

서재필과 윤치호가 해외 망명길에 올라있던 10년은 개신교 선교사들이 조선을 밑으로부터 바꾸기 시작한 기간이었다. 기독교 선교사들이 성공적인 선교를 통해 수많은 사람들을 개종시키는 한편 이승만, 주시경과 같은 인재들을 양성한 기간은 조선 최고의 개화파 지식인 겸 정치인들이 직접 미국을 배우고 돌아오는 기간과 정확히 일치한다. 이들이 만나서 함께 만든 것이 조선 최초의 민간 신문인 『독립신문』과 조선 최초의 시민단체인 「독립협회」다.

여기까지는 제3권을 마치면서 구상했던 내용이다. 『독립신문』과 독립협회에 대한 연구는 많이 이루어졌기에 기존의 연구성과를 소화하고 요약하면 될 것이라고 생각했다. 그런데 본격적으로 글을 쓰면서 일이 점점 복잡해지기 시작했다. 가장 근본적인 문제는 『독립신문』과 독립협회의 혁명성에 대한 철저한 인식이 내게도 없었다는 점이다.

1896년 전제왕정 치하의 조선에서 민간 신문과 시민단체가 출현한 것은 그 자체가 혁명이었다. 문맹률이 95%를 상회하던 사회, 「시민사회(civil society)」는커녕 「시민(citizen)」이란 개념조차 부재하던 사회, 「관(官)」이 아닌 일반 백성의 정치참여는커녕 공개적인 정책토론조차 금지되어 있던 사회, 백성은 있어도 「인민(people)」이나 「민족(nation)」은 없었던 사회, 「사대(事大)」는 알아도 「독립」은 몰랐던 사회에 『독립신문』과 독립협회가 존립할 수 있는 기반은 사실상 없었다.

그렇다면 『독립신문』과 독립협회는 어떻게 가능했나? 이 혁명이 가능했던 이유를 설명하기 위해서는 『독립신문』과 독립협회를 주도한 인물들의 출신배경(제9장), 이념적 성향(제10장), 혁명의 가장 강력한 도구였던 언문-국문-한글의 활용(제11장) 등 혁명의 필요-충분 조건을 살펴보아야 했다.

제9장, 「조선의 계급혁명」은 친미기독교파 인사들 대부분이 조선의 체제에 대한 미련이 없었던 계층 출신이었다는 점을 밝힌다. 보편사적으로 왕조교체기는 물론 조선 말과 같은 문명교체기는 늘 계급혁명을

수반한다. 조선의 건국은 변방의 무장과 천출의 지식인들, 미국 혁명은 식민지 피지배민, 프랑스 혁명은 막 탄생하기 시작한 부르주아 계급, 메이지 유신은 하급 사무라이 등 기존 체제와 특권층에 불만을 품은 계층이 주도하였다. 조선말의 근대화 과정 역시 조선의 기득권층인 문반 사대부로부터 차별을 받아온 중인, 무반, 서얼, 향리, 서북인 등 「제2신분계층」이 주도한다.

　제2신분계층에 대한 논의는 『한국 사람 만들기』를 구상하게 된 결정적 계기 중 하나였다. 「제2신분계층」에 대한 분석은 미국 서던캘리포니아 대학(University of Southern California, USC, 남가주대학) 재직시(2003~2005년) 동료였던 황경문(Kyung Moon Hwang) 역사학과 교수의 역작 *Beyond Birth: Social Status in the Emergence of Modern Korea*에 전적으로 의존하고 있다.[1] 2005년 3월 황교수로부터 책을 받고 읽기 시작하면서 획기적이고 충격적인 내용에 놀랐던 기억이 아직도 생생하다. 조선 근대화의 초석을 놓으면서 오늘의 대한민국을 만드는데 결정적인 기여를 한 인물 대부분이 조선의 명문 사대부 가문 출신이 아닌 중인, 무반, 서얼, 향리, 서북인 등이었음을 수많은 사료와 유려한 서술을 바탕으로 논증하고 있었다. 비록 기독교와의 연계에 대한 분석은 없었지만 친미 기독교파의 계급혁명을 분석하고 이해하는데 결정적인 길잡이가 되어 주었다. 언젠가는 이 내용을 꼭 정리하여 소개하리라 마음먹고 있었는데 이번 책에 포함할 수 있게 되어 뿌듯하다. [최근 이 책이 『출생을 넘어서』라는 제목으로 번역되어 참고를 했다.][2]

　제10장에선 『독립신문』과 독립협회를 주도한 인물들의 이념적 배경이 기독교였음을 밝히고 기독교가 어떻게 이들에게 시민사회운동과 정

치운동을 추동 할 수 있는 이념적, 정치적 동력을 제공했는지 살펴본다. 제목을 「조선의 종교개혁」이라 한 이유는 16세기 초 유럽을 강타한 종교개혁(Reformation)의 논리와 전개과정이 19세기 조선에서도 그대로 구현되었음을 강조하기 위해서다. 조선에서 개신교가 뿌리내리는 과정은 유럽에서 개신교가 등장하고 근대인이 형성되는 과정과 놀랍게 흡사하다.

제11장의 제목은 「조선의 문체혁명」이다. 유럽의 종교개혁은 동시에 문체혁명이었다. 라틴어만을 「진문(眞文)」으로 받아들이던 「라틴 교회 (Latin Church)」에 맞서는 종교개혁가들이 자신의 고향의 구어(口語, vernacular)로 성경을 번역하면서 중세 봉건 질서는 무너진다. 그리고 그 문명의 소용돌이 속에서 「국어」를 공유하는 사람들의 「독립민족국가(independent nation-state)」가 일어나면서 근대국제질서가 탄생한다.

조선에서는 기독교 선교사들이 「언문(諺文)」으로 성경과 개신교 교리서들을 번역하고 저술하고 인쇄하고 배포함으로써 한문(漢文)만을 진문으로 받아들이던 유교체제를 무너뜨리기 시작한다. 친미기독교파는 『독립신문』을 통해서 한문을 대체하기 시작한 언문을 「국문」으로 격상시킨다. 단순히 한문을 국문, 즉 한글로 대체하는데 그치는 것이 아니라 한문의 세계가 떠 받치고 있던 중화사상을 무너뜨리면서 조선을 중국의 속방, 「소중화」가 아닌 고유의 글을 가진 독립국가, 민족으로 재 규정한다.

제12장에서는 근대사회의 형성에 있어서 신문과 시민단체의 보편사적인 역할에 주목하면서 『독립신문』과 독립협회의 혁명성을 밝힌다. 동시에 당시 친미기독교파가 국내외의 정치상황, 열강들의 암투와 각축을 어떻게 이해하고 대응했는지를 추적한다. 『독립신문』과 독립협회의 활

동기간은 1896년에서 1899년까지 3년에 불과했다. 이 기간은 아관파천(제1장), 조선을 둘러싼 러시아와 일본의 협상(제2장), 러시아의 만주 장악(제3장), 니콜라이 2세 대관식 민영환 특사 파견(제4장), 고종의 환궁(제5장), 러시아군사교관들의 파견(제6장), 고종의 칭제건원(稱帝建元)과 대한제국 선포(제7장), 만한교환(滿韓交煥, 제8장)과 겹친다. 『독립신문』이 이러한 상황하에서 어떤 논지를 펼쳤는지, 독립협회가 어떻게 독립문 건립을 추진하기 위한 단체에서 토론회(debate club)로 그리고 「만민공동회」와 「관민공동회」를 조직하여 의회정치를 추구하는 정치단체로 진화하는지 자세히 살펴본다. 당시 국내, 국제 정치상황과 사건들에 대해 『독립신문』과 독립협회가 어떻게 대응하였는지를 정밀하게 추적해야만 친미기독교파의 의도와 선택지, 전략을 알 수 있었기 때문이다.

책이 늦어진다고 전화와 문자, 댓글을 통해 보채시고 격려해주신 독자분들께 감사드린다. 책이 나오기를 누군가가 손꼽아 기다려준다는 것만큼 글쓰기에 힘이 되는 것은 없다. 일일이 감사드리지 못함을 아쉬워하며 그 대신 앞으로 보다 내실 있는 책으로 보답할 것을 약속드린다.

지난 2년반 동안 강연도 많이 했고 동영상도 많이 촬영했다. 모두 『한국 사람 만들기』에 대해 수많은 독자분들과 시청자들의 성원 덕분이었다. 『한국 사람 만들기』라는 책이 인연이 되어 만난 후 끊임없이 성원해주시는 분들께는 성함을 언급하는 것이 오히려 결례일 것 같아 삼가지만 이 자리를 빌어 각별한 감사의 말씀을 전한다.

한국학술연구원은 시골에 사는 필자에게는 둘도 없는 서울의 서재이고 안식처다. 박상은 이사장님께 감사드린다. 수많은 수정요청과 내용

변경을 모두 기꺼이 수용해주면서 벌써 6번째 책을 만들어준 최주호 디자이너께 감사의 말을 전한다.

끝으로 이번에도 표지를 디자인해 주고 늘 기다려주는 가운데 자신의 작품세계를 활짝 펼치고 있는 아내 김유현 작가에게, 열심히 자신의 삶을 개척하며 조용히 응원해주는 진호와 서호에게 고마움과 미안함을 전한다.

2025년 2월 12일 퇴촌과 신사동에서

목차

제12장 · 「독립신문」과 독립협회 · 510

서론

서론

한국 사람은 청일전쟁(1894-1895)을 계기로 본격적으로 만들어지기 시작한다. 한국 사람이 만들어지기 위해서는 두가지 조건이 충족되어야 했다. 첫번째는 조선이 중국의 「속방」 지위에서 벗어나 독립하는 것이었다. 두번째는 조선 사람들이 중화문명의 일원이라는 자아의식, 즉 「소중화」 의식과 사대주의를 버리고 「독립 민족국가(independent nation-state)」의 「국민(national)」, 「인민(people)」, 「시민(citizen)」이라는 근대적(modern) 정체성을 정립하는 것이었다.

첫번째 조건은 일본이 청일전쟁에서 승리함으로써 충족된다. 일본은 강화의 조건으로 조선이 청의 속방이 아님을 천명할 것을 청에 요구한다. 청일전쟁의 강화조약인 「시모노세키조약」(1895.4.17.)은 조선이 「완전무결한 독립 자주국」임을 선포한다. 조선이 중국의 속방이 아닌 독립국임을 확인한 최초의 국제 조약이다.

그러나 조선이 국제법상으로는 독립국의 지위를 획득했음에도 불구하고 조선의 왕실과 사대부, 백성들은 독립이 무엇인지 몰랐고 원하지도 않았다. 중국에 대한 사대(事大)는 변함이 없었다. 근대국제질서가 무엇인지, 근대국가를 세우기 위해서는 무엇을 어떻게 해야 하는지, 「국민」이 무엇인지, 「인민」이 무엇인지, 「시민」이 무엇인지 몰랐고 관심도 없었다. 조선 사람이 한국 사람이 되기 위한 두번째 조건이 충족되는 것은 요원해 보였다.

1. 독립 아닌 독립

　김옥균, 박영효, 서광범, 서재필, 홍영식 등 친일개화파는 1880년대 초 일본의 후쿠자와 유키치(福澤諭吉, 1835.1.10.-1901.2.3.)로부터 중국에 조공을 바치는 「속방」은 독립국가가 아니라는 사실을 배운다. [친일개화파와 후쿠자와 유키치에 대해서는 『한국 사람 만들기 II』, pp. 697-707 참조] 이들은 「독립당」 이라는 별칭을 얻을 정도로 조선을 청으로부터 독립시키는 것을 가장 시급한 과제로 생각한다. 갑신정변(1884.12.4-6.)도 조선이 독립국의 면모를 갖추기는커녕 청의 직할령으로 전락하는 것을 막아보려는 시도였다. [갑신정변에 대해서는 『한국 사람 만들기 II』, pp. 722-756 참조]

　그러나 갑신정변의 실패 후 조선의 독립을 주장하는 목소리는 사라진다. 청의 개입으로 정변이 실패하고 조선에 대한 청의 장악력은 더욱 강해지지만 조선의 왕실과 민씨척족, 사대부들은 이를 오히려 다행으로 여긴다. 구미열강과 일본의 간섭에는 반대하면서도 조선이 청의 속방을 자임하면서 사대(事大)하는 것에 대한 문제의식은 없었다.

　조선이 청의 속방을 자임하고 있음은 동학난(1894-1895)으로 여실히 드러난다. 조정의 학정과 박해를 견디다 못한 동학이 난을 일으키자 이를 평정하는데 실패한 고종과 민씨척족은 청에 진압군 파병을 요청한다. 청의 파병이 「톈진협약(1885.4.18.)」 위반이며 일본에게 파병의 빌미를 제공할 수 있다는 우려에 대해서는 전통적인 「상국-속방」 관계에 따른 개입이기에 협약 위반이 아니라는 억지 논리를 편다. [톈진협약에 대해서는 『한국 사람 만들기 II』, pp. 744-753 참조]

일본이 결국 청의 파병을 빌미로 청일전쟁을 일으켜 조선에서 청을 축출하고 조선을 개혁하기 위해 갑오경장(1894.7.27.-1896.2.11.)을 시작한 후에도 조선의 왕실이나 척족, 사대부들 대부분은 중화질서로부터 벗어나는 것을 원치 않았다. [갑오경장에 대해서는 『한국 사람 만들기 IV』, pp. 241-624 참조] 일본이 갑오개혁을 추진하기 위해 복권 시킨 후 정권을 맡긴 흥선대원군은 개혁 주무부서인 「군국기무처」가 쏟아내는 모든 개혁안에 반대하는 한편 평양의 청군, 삼남의 동학과 내통하면서 청의 승리를 도모한다. [대원군이 청군, 동학군과 내통한 내용은 『한국 사람 만들기 IV』, pp. 428-437 참조] 고종과 민씨척족 또한 청이 승리할 것을 굳게 믿고 바랬다. 동학 토벌에 나선 사대부들은 여전히 주자성리학을 신봉하는 중화주의자들이었다. 중국이 유일한 「대국」이자 문명국이라는 생각에는 변함이 없었다.

일본이 청일전쟁에서 승리한 후에도 고종과 민비는 「삼국간섭(1895.4.23.)」으로 일본의 세력이 잠시 위축된 틈을 타 갑오경장을 무산시키고자 한다. [삼국간섭에 대한 논의는 『한국 사람 만들기 IV』, pp. 625-700 참조] 갑오경장에 실패한 이노우에 가오루(井上馨, 1836.1.16.-1915.9.1.) 후임으로 부임한 일본 공사 미우라 고로(三浦 梧楼, 1847.1.1.-1926.1.28.)와 무뢰배들이 대원군과 일부 개화파들의 묵인 하에 반일의 선봉에 선 민비를 시해하고 전국의 사대부들이 「단발령(1895.12.30.)」에 반발하며 봉기하자 고종은 「아관파천(1896.2.11.)」을 단행한 후 모든 개혁을 중단시킨다. [제3차 갑오경장, 을미사변, 단발령에 대한 논의는 『한국 사람 만들기 IV』, pp. 734-754 참조]

고종은 1년 동안 러시아 공사관에 머물면서 조선을 러시아의 보호령으로 만드는 작업에 착수한다. 조선 주재 러시아 공사 스페예르(Alexis de Speyer, Alexey Nikolayevich Shpeyer, 1854.4.20.-1916.3.19.)를 통해 보호령 요청을 하고 러시아 정부가 주저하는 모습을 보이자 민영환(閔泳煥, 1861.8.7.-1905.11.30.)과 윤치호(尹致昊, 1865.1.23.-1945.12.6.)를 니콜라이 2세 대관식(1896.5.22.)에 파견하여 러시아 최고위층에 직접 요청하도록 한다.

고종은 러시아군이 국왕의 근위대를 맡아줄 것과 군사교관을 파견하여 조선군을 조련하고 군악대, 병참부, 의무대, 기병대, 공병대, 헌병대, 경찰대 등을 창설해 줄 것을 요청한다. 러시아와 조선을 전신으로 연결하고 고종을 자문할 「수석고문」과 행정, 정치, 경제, 기술 고문 등을 파견하고 일본에 진 빚을 청산하기 위해 300만 엔의 차관을 제공해 줄 것도 요청한다.

조선을 러시아의 보호령으로 만들려는 고종의 계획은 1897년 2월 20일 새로 지은 명례궁(덕수궁)으로 환궁하는 와중에도, 1897년 10월 13일 국호를 「대한제국」으로 고치고 황제위에 오르는 와중에도 계속 진행된다.

2. 러-일 각축

조선을 러시아의 보호령으로 만들어 달라는 고종의 요청은 러시아를 난처하게 만든다. 러시아로서는 원치 않는 일이었다. 일본, 영국 등과의 정면 충돌을 감수해야 했기 때문이다. [러시아와 영국 간의 「더그레이트 게임」에 대해서는 『한국 사람 만들기 III』, pp. 645-650 참조] 그렇다고 고종의 요구 사항을 노골적으로 거절할 수도 없었다. 조선에 대한 영향력을 상실할 것이 분명했기 때문이다. 그러나 러시아가 주저했던 보다 근본적인 원인은 이때 조선보다 전략적으로 훨씬 더 중요한 만주를 장악할 대전략을 이미 추진중이었기 때문이다.

삼국간섭으로 일본이 랴오둥 반도를 청에 반환하게 되자 청에 대한 러시아의 영향력은 극대화된다. 러시아는 이 기회를 이용하여 청으로부터 만주철도 부설권을 따내고자 한다. 당시 건설 중이던 시베리아 횡단철도의 극동 구간을 국경 도시 치타에서 청의 영토인 만주를 관통하여 블라디보스톡과 직선으로 연결할 수만 있다면 건설기간과 비용을 대폭 줄일 수 있었기 때문이다.

러시아는 동시에 뤼순(旅順, 여순)도 조차(租借, lease) 하고자 한다. 뤼순은 러시아가 그토록 찾던 극동의 부동항으로서 최고의 입지적 조건을 갖추고 있었다. 뿐만 아니라 베이징으로 가는 길목이었다. 일본이 뤼순을 차지하는 것을 러시아가 「삼국간섭」을 통하여 끝까지 저지했던 것도 바로 그 이유였다. 뤼순을 조차한 후 만주를 관통하는 철도의 지선과 연결할 수 있다면 러시아는 만주를 차지하는 것은 물론 중국을 복속 시키면서 동북아의 패권국이 될 수 있었다.

문제는 일본이었다. 일본은 청일전쟁 최고의 전리품이었던 뤼순과 랴오둥 반도를 청에 반환해야 했다. 러시아 때문이었다. 그렇지 않아도 일본의 전략가들은 일찍부터 러시아가 시베리아 횡단철도를 완성하게 되면 일본이 대륙으로 진출할 수 있는 기회는 영영 사라질 것이라는 사실을 경고해왔다. [시베리아 횡단철도의 전략적 위협을 적시한 야마가타 아리토모의 「건의서」에 대해서는 『한국 사람 만들기 III』, pp. 604-606 참조] 만주를 수중에 넣고자 하는 러시아로서는 일본을 무마하는 일이 급선무였다.

러시아는 조선에 대한 일본의 우선권을 인정하는 대신 만주와 랴오둥 반도에 대한 러시아의 우선권을 교환하기로 한다. 소위 「만한교환(滿韓交換)」이었다. 실제로 러시아가 만주를 차지하고 극동에 부동항을 확보하자 조선의 전략적 가치는 급락한다. 러시아는 청과 「동청철도 계약」(1896.9.8.)과 「러청 비밀 동맹」(1896.9.28.), 뤼순 조차 계약(1898.3.27.)을 체결하는 한편 일본과는 「고무라-베베르 비밀각서」(1896.5.14.), 「야마가타-로바노프 협정」(1896.6.9.), 「니시-로젠 협정」(1898.4.25.)등을 체결하면서 조선에서 전략적으로 후퇴한다.

3. 친미기독교파의 등장

고종이 러시아 공사관에 칩거 중이고 러시아와 일본은 동북아의 패권을 놓고 경쟁하고 있을 때 조선 사람을 봉건 체제로부터 끌어내어 근대 한국 사람으로 만드는 작업에 착수한 것은 친미기독교파다. 조선의 독립과 부국강병을 꿈꾸며 1884년에는 갑신정변을, 1894-1895년에는 갑오경장을 주도한 친일개화파가 몰락하자 조선에서 근대국가 건설의 당위와 시급성을 절감하고 있던 세력은 서재필과 윤치호, 주상호(주시경, 周時經, 1876.12.22.-1914.7.27.), 이상재(李商在, 1850.10.26.-1927.3.29.), 남궁억(南宮檍, 1863-1939), 이승만(李承晩, 1875.3.26.-1965.7.19.) 등의 친미기독교파뿐이었다.

구성원이 특정 계층에 국한되었던 친일개화파와는 달리 친미기독교파는 다양한 계층과 지역에서 동시다발적으로 형성된다. 만주에서는 스코틀랜드 장로교 선교사였던 로스, 매킨타이어 목사 등이 1878년부터 의주와 만주를 오가는 조선 행상들을 개종시키고 언문성경 번역의 대역사를 시작한다. 서북지방에 기독교가 가장 먼저 뿌리내리기 시작하는 이유다. 한양에서는 1884년 입국한 알렌, 1895년 입국한 언더우드, 아펜젤러, 스크랜튼 등의 장로교, 감리교 선교사들을 통해 의료, 교육 선교가 시작되고 언문성경 번역 작업이 시작된다.

조선에서 개신교 선교사들의 전교가 시작되는 것과 동시에 서재필과 윤치호 등은 미국으로 망명의 길을 떠난다. 갑신정변 실패 후 일본을 거쳐 1885년 미국에 정착한 서재필은 1895년 귀국할 때까지 고등학교와 대학교, 의과대학을 졸업한 후 미국 의사 면허와 미국 국적을 취득하고 미국 여성과 결혼한다. 1885년 상해로 망명길에 오른 윤치호는 기독교에 귀의하고 기독교 선교사가 설립한 학교에서 3년간 영어로 수학한 후 1888년 미국으로 건너가 1893년까지 학, 석사학위를 받는다. 서재필과 윤치호는 기독교로 개종하는 것은 물론 미국 최고의 고등교육을 받는 동시에 미국사회를 밑바닥부터 체험하면서 미국의 이상과 현실, 이념과 제도, 가치관과 풍습, 정치와 사회, 문화를 체득한다.

개신교 선교사들의 전교로 국내에서 기독교에 귀의하고 미국문명을 익힌 계층과 미국에서 장기간 체류하면서 기독교에 귀의하고 미국문명을 익힌 인사들이 만나는 계기는 청일전쟁으로 마련된다. 청이 조선에서 축출되고 갑오경장이 시작되면서 박영효, 유길준 등의 친일개화파가 다시 한번 정권을 잡고 근대화를 본격적으로 추진하기 시작하자 서광범은 1895년 1월, 윤치호는 1895년 2월, 서재필은 1895년 12월 귀국한다.

미국으로 망명을 떠난 지 10년만에 귀국한 서재필은 귀국 직후 아펜젤러가 설립한 배재학당에서 강연을 한다. 이때 서재필의 강연에 감명받은 배재학당 학생 이승만, 양홍묵, 주상호(주시경) 등은 「협성회」를 결성하고 『협성회보』를 출간하는 한편 서재필이 주도한 『독립신문』 제작과 「독립협회」 운동에 적극 참여한다. 윤치호는 1897년 서재필이 해고되고 다시 미국으로 떠나면서 『독립신문』과 독립협회를 떠 맡으며 친미기독교파를 이끈다.

갑오경장은 실패하고 중국으로부터의 독립은 아관파천으로 귀결되고 조선을 러시아의 보호령으로 만들고자 하는 고종의 시도는 노골화되자 친미기독교파는 조선의 진정한 독립은 정변으로도, 전쟁으로도, 국제법으로도, 제도개혁으로도 쟁취할 수 없다는 사실을 절감한다. 이들은 조선이 독립국가가 되는 유일한 방법은 주자성리학 체제 하에서 수 백 년에 걸쳐 형성된 조선 사람들의 중화주의, 사대주의, 전근대적 자아의식, 봉건적 정체성을 근대민족국가의 「국민」, 「인민」, 「민족」으로서의 자아의식과 정체성으로 개조하는 길 밖에 없음을 깨닫는다.

친미기독교파는 조선 사람들의 중화주의를 폐기하고 독립정신을 불어넣기 위해 네가지 전략을 구사한다. 첫째는 조선체제를 떠 받치고 있던 중화사상, 즉 주자성리학의 격하였다. 친미기독교파는 조선 중화주의와 사대주의의 토대인 유교를 봉건적인, 시대착오적인 이념으로 비판하면서 주자성리학 질서를 떠받치고 있던 제사, 신분제도, 남녀차별제도의 철폐에 주력한다.

둘째는 중화문명과 주자성리학을 대체할 새 문명의 제시였다. 친미기독교파는 사대주의와 소중화 의식에 매몰되어 있는 유교를 대신하여 조선 사람들의 독립정신과 시민정신을 고취시키고 민주주의와 의회정치를 기반으로 하는 근대국가 건설을 촉진시킬 수 있는 종교와 사상은 개신교뿐이라고 믿고 전교에 진력한다.

셋째는 문체혁명이었다. 친미기독교파는 중화문명과 주자성리학, 사대부들의 문자인 한문을 폐기하고 기독교 선교사들이 재발견하고 재창제한 「언문」을 「국문」으로 격상시키고 보급하면서 조선 사람들을 고유의 글인 「국문」을 보유한 「국민」으로 재 규정한다.

네째는 새 나라의 주인이 될 「국민」, 「인민」 만들기였다. 중화질서와 주자성리학 체제의 주인은 문반 사대부였다. 조선은 신분차별, 성차별, 지역차별의 구도 위에 구축된 체제였다. 조선의 왕실과 사대부들은 조선을 분열 통치하였다. 동질성 보다는 차이를, 평등 보다는 서열을 본질로 간주하는 유교의 신분제도와 예법을 통하여 위계질서와 차별을 제도화시키고 심화시킴으로써 왕실과 사대부의 권력과 특권을 지켰다. 같은 「민족」의 절반을 노예로 사고팔고 나머지도 「상놈」으로, 「천한 놈」으로 간주하는 나라에 「민족」이나 「국민」, 「인민」 이란 개념은 뿌리내릴 수 없었다. 친미기독교파는 유교 이념과 체제 하에서 갈릴 대로 갈린 조선 사람들을 근대국가의 주인인 「국민」, 「인민」, 「민족」으로 개조하기 시작한다.

이 네가지 전략들을 구사하기 위해 친미기독교파가 동원한 것이 『독립신문』과 『협성회보』, 『매일신문』, 『제국신문』, 『조선기독교인회보』 등 조선 최초의 독립언론(independent press)과 「독립협회」, 「만민공동회」 등 조선 최초의 「시민 단체(civic association)」였다.

4. 조선의 계급혁명

중화문명 격하 운동을 주도하고 주자성리학 체제의 근간인 제사와 신분제, 남녀차별제의 철폐를 주장하면서 조선의 개조를 꾀할 수 있는 비전과 실력, 의지를 겸비한 인물들은 많지 않았다. 임진왜란과 병자호란 이후 이 백 년 동안 지속된 쇄국으로 바깥 세계에 대한 이해도, 정보도 전무한 상황에서 조선을 외부세계와 비교하고 객관화시키면서 개혁의 청사진을 마련하고 실행에 옮길 수 있는 자질을 갖춘 사람은 더더욱 적었다. [병자호란 이후 시작되는 조선의 쇄국에 대해서는 『한국 사람 만들기 I』, pp. 240-296 참조]

500년에 걸쳐 조선 체제의 모든 혜택을 독점하고 있던 왕실이나 척족, 사대부 등 기득권 계층 출신이 유교문명을 전면적으로 거부하면서 서양의 정치, 경제, 사회 체제를 받아들이는 혁명을 꾀할 리는 없었다. [일부 사대부 계층이 천주교를 도입한 것에 대한 논의는 『한국 사람 만들기 I』, pp. 297-359 참조] 반면 평민이나 천민은 체제를 변화시킬 지식도, 경험도, 조직도 없었다. 이들이 차별과 착취에 저항할 수 있는 방법은 민란뿐이었다. 그러나 동학난의 실패에서도 볼 수 있듯이 조정이 아무리 부패했어도 민란으로 체제를 전복시킬 수 있는 여지는 없었다. [동학난의 성격에 대한 논의는 『한국 사람 만들기 IV』, pp. 169-239 참조]

조선의 체제를 전복시키고 근대국가를 건설하는 운동을 지속적으로, 효과적으로 전개할 수 있는 계층은 한편으로는 전통 체제의 운영에 참여함으로써 그 작동원리를 정확히 이해하고 있으면서도 다른 한편으로는 기존 체제에 대한 미련이 없어야 했다. 근대국가 건설을 위해서는 시민정신과 시민사회가 필수 요소임을 깨닫고 이를 조선에서 구현할 경험과 지식, 수단과 주도면밀함도 갖춰야 했다. 이러한 요건은 현존하는 근대사회와의 지속적이고 깊이 있는 교류를 통하여 근대 정치와 사회는 물론 근대 언어와 관습, 문화와 세계관을 체득할 때 비로소 갖출 수 있었다. 조선에서 이러한 요건을 갖출 수 있는 동기와 여건을 갖춘 계층은 중인, 무반, 서얼, 향리, 서북인 등 소위 「제2신분계층(secondary status group)」이었다.[1]

김옥균, 박영효, 유길준, 서광범, 홍영식 등 친일개화파는 모두 명문 사대부 집안 출신들이었다. 김옥균은 『치도약론』을 [『한국 사람 만들기 II』, pp. 704-707 참조], 박영효는 『건백서』를 [『한국 사람 만들기 IV』, pp. 135-160 참조], 유길준은 『서유견문』을 통해 일본뿐 아니라 미국식, 서구식 근대화의 필요성을 설파하고 청사진도 제시하였다. 그리고 정변을 통해서 또는 외세의 힘을 빌어서라도 조선을 「위로부터」 개혁하고자 하였다. 그러나 홍영식은 갑신정변 중 피살당하고 김옥균은 청일전쟁 발발 직전 암살당하고 박영효와 유길준, 서광범은 갑오경장에 참여하지만 결국 모두 실패하면서 다시 해외 망명길에 오른다. 명문 사대부 출신으로 구성된 친일개화파가 몰락한 후에 조선의 중화주의와 주자성리학 체제를 전면 부정하면서 시종일관 근대국가 건설을 꾀한 인물들의 절대다수는 「제2신분계층」 출신들이다.

제2신분계층은 조선을 실질적으로 운영하였다. 이들은 문반 사대부들 못지 않은 유교적 교양, 지식, 식견을 갖추었을 뿐만 아니라 외국어, 의술, 무술, 산술, 행정 등에 대한 전문성을 갖춘 「프로」들이었다. 그러나 이들의 전문성은 유교적 인문, 즉 「사문(斯文)」의 「문학(文學)」만을 「치국(治國)」의 학문으로 간주했던 주자성리학자들에 의해 저급한 것으로 치부되었고 제2신분계층은 조선조 내내 가혹한 신분 차별에 신음한다.

중인들은 「역관(외국어)」으로, 「형리(법)」로, 「의관(의사)」으로, 「산관(회계)」으로 정치와 행정의 핵심 전문직 종사자들이었다. 역관들은 문반 사대부들이 「연행사」로 청나라에 갈 때면 통역과 교역을 도맡았다. 조선의 사대부들이 청의 사대부들과 필담을 나눌 때 중인 역관들은 중국인들과 직접 중국말로 대화하고 협상했다. 이들은 중국의 사정에 정통했고 조-중 정세를 꿰뚫고 있었다. 그러나 정책 수립 과정에서는 배제되었다.

무반은 직업의 특성상 변방의 임지를 전전하면서 조선의 안보상황, 청과 일본의 변화와 국제정세를 파악할 수 있었다. 무반은 원래 문반과 함께 「양반」을 형성하면서 중앙정부의 관리로 출발하지만 17세기에 이르면 문반에 비해 확연히 낮은 신분으로 전락한다. 특히 임진왜란과 병자호란을 겪으면서 무과 급제가 기하급수적으로 늘고 매과(賣科)가 만연하면서 무반의 사회적 지위는 급락한다. 조선 후기부터는 문벌과의 혼인이 불가능해진 것은 물론 무과에 급제하더라도 조정의 고위관직에는 등용될 수 없었다. 물론 문반과 더불어 국사를 논할 수도 없었다.

서얼은 문반 사대부 후실(첩)의 자식들로 대부분 정실의 자식들 못지 않은 교육을 받고 자란다. 조선사회의 권력구조와 작동원리를 누구보다도 정확히 알고 있었지만 문중과 사회로부터 철저한 차별을 받았고 과거에 급제하여 관직에 나아가더라도 특정 품계 이상으로는 진급의 기회가 원천적으로 차단되었다.

「서인」은 평안도와 황해도 사람, 「북인」은 함경도 사람을 지칭했다.

「서북」은 변방으로, 특히 함경도는 여진족의 땅으로 간주되었다. 「북인」은 「여진족」을 뜻하기도 했다. 숙종(肅宗, 재위: 1674-1720)은 청의 강희제를 「북인」이라 낮춰 불렀다.[2] 서북지방에는 문반 사대부 계층이 극히 드물 수밖에 없었다. 비록 문반 출신이라 하더라도 조선조 내내 이어진 차별 때문에 서북인들은 서얼처럼 고위직 진출 기회가 근원적으로 차단된다. 서북의 토호는 무반과 상인, 즉 신분차별의 대상들이었다.

향리들은 지방행정을 도맡았다. 중앙조정에서 파견한 문반 사대부 출신 현감이나 군수는 행정에 대한 전문지식도 없었을 뿐만 아니라 지역경제와 사회의 특성도 파악하지 못했다. 반면 향리들은 대를 이어서 지역 행정을 도맡았다. 후기 조선에서는 「6방체제」를 중심으로 이방(吏房)이 읍사(邑事)를 총괄하였다. 향리들 없이는 지방을 다스릴 수 없었다. 그러나 향리들은 중앙조정으로부터 녹봉도 못 받았다. 향리들은 녹봉을 받는 문반 사대부 출신 관리들과 지방의 부를 독차지한 향반, 토호들 사이에서 자체적으로 생계를 도모하여야 했다. [조선 말 아전, 즉 향리들의 실상에 대한 논의는 「한국 사람 만들기 III」, pp. 92-96 참조]

제2신분계층이 차별을 극복하고 조선의 주도층으로 부상하게 되는 계기는 제국주의 열강의 도래였다. 1876년 일본의 강요로 강화도조약을 체결하고 1882년 청의 적극적인 주선으로 미국, 영국 등과 수호통상조약을 맺은 조선 조정은 기존의 정부조직과 인력 충원 구조로는 근대 국제질서에 적응할 수 없음을 깨닫는다. 조선은 자의 반, 타의 반 관료체제를 개혁하면서 새로운 인적자원을 찾는다.

근대화를 시작한 조선이 가장 필요했던 인적자원은 외교, 안보, 행정, 통상, 국제법, 관세, 국제협상, 통역, 외국어 등의 전문성을 갖춘 인재들이었다. 모두 차별받던 제2신분계층이 전담하던 분야였다. 고유의 전문성에 대한 수요가 폭증하면서 제2신분계층은 조선 근대화의 주역으로 부상한다. 친미기독교파의 절대 다수는 제2신분계층 출신들이었다.

5. 조선의 종교개혁

조선의 봉건체제를 해체시키고 근대국가를 건설하고자 하는 사람들에게 기독교 근본주의는 매력적이었다. 기독교 선교사들은 조선의 주자성리학 체제에 정면으로 도전한다. 제사와 성묘를 금지하고 신분제를 거부한다. 유교는 이단이고 악하기 때문에 기독교로 개종해야 한다고 주장하면서 일체의 타협을 거부한다. 문명 충돌이었다.[3]

선교사들은 신자들에게 유교를 신봉하는 사람들과는 다르게 행동할 것을 요구한다. 개신교도들은 흡연, 음주, 도박, 축첩 등 당시 조선에 만연한 관습들을 모두 거부해야 했다. 기독교 신자가 되기 위해서는 유교의 모든 것을 포기해야 했다. 초기의 신자들은 비난과 조롱의 대상이 되는 것을 당연하게 여겨야 했다. 기독교로 개종하고 교회의 일원이 되는 것은 험난한 길이었다. 개종이 곧 혁명이었다.[4]

그 대신 선교사들과 기독교도들은 자신들만의 경전인 성경을 중심으로 교회, 학교, 병원, 신문, 잡지, 협회, YMCA, YWCA 등을 설립하면서 자주적인 공동체를 구축한다. 기독교 공동체의 구성원들은 신분차별과 남녀차별을 거부하고 양반과 평민, 천민, 남녀, 노소가 모두 한 곳에 모여 서로를 「형제」, 「자매」로 부르며 동등한 입장에서 설교를 듣고 찬송가를 부르고 성경을 읽으면서 신앙에 대해 토론하며 독립적인 공동체를 건설해 나갔다. 모임에 앞서 양반들은 하나님 앞에 만민이 평등하며 조선의 신분제는 잘못되었다는 「자아비판」을 해야 했다. 토론을 통해 자신들 중에서 장로를 선출하고 목사를 청빙했다. 공동체의 지도자들을 구성원들이 직접 투표를 통해 선출하는 직접민주주의를 실현하였다. [조선 최초의 선거에 대해서는 『한국 사람 만들기 III』, pp. 140-143 참조]

초기의 신자들은 주자성리학의 구습과 개신교의 충돌을 경험한 후 궁극적으로 개신교를 택한 자들이었다. 조선의 초기 기독교 신자들이 강한 선민의식과 소명의식을 갖게 되는 이유다. 기독교인들은 자신들이 새로운 시대를 여는 사람들이며 조선을 개혁하는 사명을 띠었다고 믿었다. 이들에게 조선을 개혁하는 것은 곧 기독교 국가를 건설하는 것이었다. 기독교는 초기 기독교인들에게 구체적인 정치개혁의 청사진을 제공하지는 않았지만 나라를 개혁하기 위한 강력한 동기와 영감을 제공한다.[5]

개신교라는 새로운 종교로 무장한 친미기독교파는 중국과 유교에 대한 전방위적인 비판을 전개한다. 유교는 조선의 민생을 도탄에 빠뜨리고 근대국가를 건설하는데 필요한 실용적인 지식도 제공하지 못하는 시대착오적인, 아무런 실용적 가치가 없는 「허학(虛學)」으로 격하한다. 중국의 속방으로 남는 것을 자랑스럽게 여기는 조선의 소중화 사상을 깨뜨리기 위해서 중국을 「야만」으로 묘사한다. 국제법 상으로는 독립국의 지위를 획득하였음에도 불구하고 자신들을 소중화로 인식하고 중국에 사대하고 있던 조선 사람들에게 독립정신을 심어주기 위해서 중국이 문명대국이 아닌 후진국, 야만임을 주지시킨다. 조선의 종교개혁은 이렇게 시작된다.

6. 조선의 문체혁명

로마 가톨릭 교회는 라틴어를 유일한 「진문(眞文)」으로 간주하였다. 성경은 『라틴 불가타(Latin Vulgate, 대중 라틴어)』만 허용했다. 중세의 신학, 철학, 문학 역시 라틴어만 사용하였고 교회의 제례도 모두 라틴어로 집전하였다. 로마 가톨릭 교회의 별칭이 「라틴 교회(Latin Church)」인 이유다. 한문을 구사하는 사대부 계층이 한문경전에 대한 해석권을 전유하면서 중화문명권의 유교 윤리도덕 체제를 다스렸듯이 서유럽에서는 라틴어를 구사하는 성직자들이 성경에 대한 해석권을 독점하면서 가톨릭 문명권의 윤리도덕 체제위에 군림하였다.

라틴 교회의 유일사상체제는 종교개혁가들이 성경을 라틴 대신 유럽 각 지방의 「방언(方言)」, 즉 독일어, 프랑스어, 영어, 등으로 번역하기 시작하면서 무너진다. 루터(Martin Luther, 1483.11.10.-1546.2.18.)가 독일어로 번역한 『신약성서』, 소위 『루터 성경』은 1522년 출판된다. 『루터 성경』은 구텐베르크(Johannes Gutenberg, 1398-1468.2.3.)가 촉발한 인쇄 혁명에 편승하면서 급속히 보급된다. 구어체(口語體)로 쓰여진 성경이 싼 가격에 대량으로 공급되면서 성직자, 신학자, 지식인이 아닌 일반인들도 성경을 읽고 신의 계시와 명령, 의도와 계획을 해석할 수 있게 된다. 성경해석권을 독점하면서 중세의 이념을 지배하던 라틴 교회의 절대적인 권위는 이렇게 무너진다. [인문학의 발전으로 중세 가톨릭 교회의 성서해석권이 무너지는 과정에 대해서는 『한국 사람 만들기 III』, pp. 168-182 참조]

『루터 성경』은 종교개혁만 촉진한 것이 아니었다. 루터는 라틴어와 그리스어에 능통하였고 히브리어를 구사할 수 있었을 뿐만 아니라 당시 독일에서 사용되던 「고지 독일어(독일어: Hochdeutsch, 영어: High German)」와 「저지 독일어(독일어: Niederdeutsch, Plattdeutsch, 영어: Low German)」 등 다양한 독일어 방언에도 능통하였다. 그는 출중한 언어 실력을 바탕으로 수많은 방언을 사용하던 독일인들 모두가 읽을 수 있는 독일어 성서를 번역해 낸다.

『루터 성경』은 당시 대부분의 독일사람들이 소장한 유일한 책이었다. 따라서 어린이들이 읽고 쓰기를 배우는데 사용한 교재도 『루터 성경』이었다. 루터가 『성경』을 번역하기 위해 창제한 독일어는 고유의 전통과 관습, 문화와 언어를 갖고 있는 수백개의 제후국들과 공국으로 나뉘어 있던 독일인들이 공유할 수 있는 「표준 독일어」 즉 「근대 독일어」의 토대가 된다. 『루터 성경』은 독일 사람들로 하여금 『성경』을 독일어로 읽을 수 있게 해주는 동시에 「근대 독일어」, 「독일의 민족어」를 탄생시킨다. 신성로마제국의 독일 지방 사람들은 「근대 독일인」이 되어 간다. 「독일 사람」은 이렇게 만들어진다.

국어(national language)와 민족(nation)이 형성되는 과정은 독일뿐 아니라 영국, 스코틀랜드, 프랑스, 네덜란드 등 종교개혁이 일어나는 모든 곳에서 동시다발적으로 진행된다. 잉글랜드와 스코틀랜드에서는 틴들(William Tyndale, 1494-1536)이 번역한 영어 성경이, 프랑스에서는 렐리(Jean de Rely, 1430-1499)가 번역한 프랑스어 성경이, 네덜란드에서는 리즈벨트

(Jacob van Liesvelt, 1489-1545.11.28.)가 번역한 네덜란드어 성경이 급속히 보급되면서 근대 영어와 프랑스어, 네덜란드어를 만드는 동시에 「영국 사람」, 「프랑스 사람」, 「네덜란드 사람」을 만든다.

중세 가톨릭 교회가 불가타 라틴어만을 성경과 교회의 제례에 적합한 글(文)로 간주한 것처럼 한문문명권에서는 한문만을 「진문(眞文)」으로 간주하였다.[6] 한문은 우주의 질서를 형상화한 진리, 즉 자연과 인간세에 내재하는 보편적인 원리와 질서 그 자체로 받아들여졌다. 「태극」과 「음양오행」 등 우주의 원리를 터득하고 인간세에 내재하는 윤리와 도덕을 터득할 수 있는 유일한 통로는 한문뿐이라고 믿었다.

한문문명권은 라틴어문명권처럼 다양한 언어와 종족, 풍속과 관습을 가진 방토(邦土)와 속방(屬邦), 변방(邊方) 공동체들로 구성되어 있었다. 한문은 라틴어나 수학처럼 구어체가 없는 순수한 기호 체계였기에 특정한 문화권이나 공동체가 만든 것이 아닌 「천하」의 「문명,」 「진리」 그 자체임을 자처할 수 있었다. 한문이 특정 공동체의 구어(口語)가 아니었기에 비록 「오랑캐」라도 한문만 배우면 「한문 문명권」의 일원이 될 수 있었다. 「북적(北狄, 북쪽 오랑캐)」인 몽골족의 「칸」 쿠빌라이가 「원」의 「세조」가 될 수 있고 「동이(東夷, 동쪽 오랑캐)」인 여진족의 「칸」 누르하치가 「청태조」가 되고 그의 증손자가 「강희제」가 될 수 있었던 것도 한문 문명권에 적극 편입되는 순간 오랑캐도 「천자」가 될 수 있었기 때문이다. 한문의 힘이자 매력이었다.

조선의 사대부들도 이 문명권의 일원이 되고자 한문을 익혔다. 「동이(東夷)」가 「동국(東國)」이 되기 위해서는 문명의 중심인 「중국(中國)」의 「진문」을 알아야 했다. 그러나 「동국」이라는 공동체의 구성원들 대부분은 한문을 읽을 수 없었다. 물론 한문을 읽는 극소수의 사대부들이나 글을 모르는 백성들도 모두 일상 생활에서는 「조선어」라는 고유의 말을 공유했다. 그렇지만 조선 사대부들의 자아 정체성은 조선어를 공유한다는 사실 보다는 한문을 전유한다는 사실에 기반하고 있었다.

서재필과 윤치호, 주시경, 이승만 등 친미기독교파는 『독립신문』을 언문, 즉 한글로 발행함으로써 한문을 한글로 대체하는 문체혁명을 일으킨다. 조선의 지배계층인 문반 사대부들이 「언문」이라 부르면서 철저하게 외면하던 한글을 「국문」으로 격상시키는 동시에 중화문명의 결정체이자 사대부들의 글인 한문은 중국이라는 일개 나라의 글일 뿐이라고 격하시킨다. 중국은 더 이상 「천하(天下)」의 중심이 아닌 「동아시아」라는 지역의 일개 「방국(邦國)」, 「만국」 중의 하나일 뿐이었다. 진문의 수호자를 자처하던 중국의 천자는 더 이상 조선의 정치적 정통성의 원천이 아니었다. 한문은 「중국의 글」일 뿐이었다. 조선의 중화사상은 이렇게 무너진다.

「만국공법」에 따라 독립국이 된 조선은 한글이 한문을 대체하면서 고유의 「국문」도 보유한 진정한 독립국이 된다. 조선의 국문은 미국, 영국, 독일, 프랑스, 중국, 일본의 국문과 동일한 가치와 지위를 갖게 된다. 친미기독교파는 조선을 국제사회에서 「만국」과 대등한 「주권」을 갖고 있는 나라로 재규정하면서 조선을 독립된 언어공동체, 「국문 공동체」로 구축한다. 그리고 한문을 전유하는 사대부가 아닌 언문을 공유하는 「국민」과 「인민」이 조선의 주인임을 선포한다. 「한국 사람」은 「한글」과 동시에 만들어진다.

문제는 당시 언문의 상태였다. 『독립신문』이 창간되던 1890년대의 조선어는 종교개혁 당시의 독일어, 영어, 프랑스어와 같이 「양층언어(兩層言語, diglossia)」 구조를 갖고 있었다. 양층언어란 한 사회에서 두개의 언어, 즉 「상위계층(주로 지배계급 혹은 공식문건)」의 언어와 「하위계층(주로 구어, 口語)」의 언어 등 두개의 언어가 공존하는 상황을 일컫는다. 조선의 공문서는 모두 한문으로 작성되었다. 지배계급인 양반 사대부는 학문과 문학, 예술에도 한문을 사용하였다. 반면에 일반 백성들은 글을 몰랐다.

동시에 조선어는 「다중문자사용(多重文字使用, Digraphia)」의 특성도 갖고 있었다. 한문이나 언문 이외에도 이두, 향찰, 입결(구결, 口訣)등 다양한 한문 독법이 있었을 뿐만 아니라 언문과 언한문, 이두문 등의 다양한 글이 사용되고 있었다.[7] 물론 언문을 사용하는 사람들도 있었다. 그러나 세종대왕이 창제한 후 450년간 동안 방치된 「언문」은 철자법, 띄어쓰기, 가로쓰기, 세로쓰기 등 아무런 체계도, 표준도 없었다.

따라서 당시의 언문은 「국문」의 역할을 할 수 있는 체계를 전혀 못 갖추고 있었다. 조선시대에 인쇄된 책들은 대부분이 『사서삼경』과 같은 중국 책이었다. 언문책은 만들어지지도, 유통되지도 않았다. 조선에는 사대부를 위한 책만 있었을 뿐 인구의 절대다수를 차지하던 평민, 여성, 천민을 위한 책은 없었다. 조선에는 책방도 없었다.[8] 19세기 저명한 동양학자이자 목사였던 그리피스(William Elliot Griffis, 1843.9.17.–1928.2.5.) 는 한양에 책방이 둘이 있다고 언급하지만 [『한국 사람 만들기 III』, p. 144] 조선 사람이 책방에 대해 남긴 기록은 없다.[9] 책의 수요와 공급은 시장의 원리에 따라 이루어지지 않았다. 조선의 유교국가는 책을 상업적인 목적으로 거래하고 이를 뒷받침하는 유통구조가 형성되는 것을 용인하지 않았다.

세종이 창제하였지만 조선의 사대부들이 버린 훈민정음의 가치를 알아보고 언문을 국문으로 만드는 대역사를 시작한 것은 기독교 선교사들이었다. 선교사들은 조선에 기독교를 전파하기위해서 조선의 식자층인 사대부들이 사용하는 한문 대신 언문으로 성경을 번역하기로 결정한다.

최초의 언문 성경은 중국 잉커우(營口, 영구)에서 선교활동을 벌이던 로스 목사(John Ross, 1842-1915)가 이응찬(李應贊, ?-1883.9), 서상륜(徐相崙, 1848.7.19.-1926.1.), 김진기(金鎭基), 백홍준(白鴻俊) 등의 도움으로 1887년 번역을 완성한 『예수 성교 전서』였다. 서양의 근대 인쇄술을 이용하여 출판한 최초의 언문 책이다. 로스는 전체 성경의 번역이 완성되기 전에도 『예수성교 누가복음 전서』, 『예수성교 요한 복음 전서』, 『제자행적』, 『예수 성교 전서』, 『말코 복음 예수 성교 전서』, 『마대복음』 등을 유통시킨다. [로스의 성서 번역에 관한 논의는 『한국 사람 만들기 III』, pp. 148-150 참조] 서상륜 등을 필두로 한 권서인(勸書人)들은 1883년에서 1886권 사이에 15,960권을 유통시킨다.[10] 그때까지 조선에서 출간된 책 중에 단연코 가장 많이 보급된 「베스트셀러」였다.

성경을 언문으로 번역하는 작업은 이후 언더우드(Horace Grant Under-wood, 1859.7.19.-1916.10.12.), 아펜젤러(Henry Gerhard Appenzeller, 1858.2.6.-1902.6.11.), 존스(George Heber Jones, 1867.8.14.-1919.5.11.), 게일(James Scarth Gale, 奇一, 1863.2.19.-1937.1.31.), 레놀즈(William D. Reynolds, 이눌서, 李訥瑞, 1867.11.12.-1951.) 등 조선에 정착한 개신교 선교사들이 이어간다.

성경과 기독교 서적들을 언문으로 번역하는 작업은 언문에 대한 끊임없는 연구와 창조의 과정이었다. 선교사들은 조선어에 대한 탐구는 물론 영어, 라틴어, 그리스어, 히브리어, 프랑스어, 중국어, 일본어 성서와의 치밀한 대조작업을 통해 새로운 단어, 숙어, 문법을 만들어내면서 당시 조선의 그 누구도 하지 못했던 언문 근대화 작업에 매진한다. 오늘날 한국 사람 모두가 공유하고 당연시하는 한글 단어와 숙어, 문법, 철자법, 떼어 쓰기, 가로쓰기는 이렇게 만들어지기 시작한다.

이처럼 지난한 과정을 거쳐 번역된 언문 성경과 기독교 서적들은 선교사들이 설립한 출판사에서 인쇄되고 선교사들이 설립한 서점을 통해 보급된다. 조선 최초의 근대 출판사는 아펜젤러와 올린저(Franklin Ohlinger, 1845-1919)가 설립한 「삼문출판사(Tri-Lingual Press)」다. 「삼문」이란 영문, 한문 그리고 언문을 뜻했다. 「삼문출판사」는 조선 역사상 최초로 언문 책을 인쇄, 출판하기 위해 설립된 출판사였다. 삼문출판사가 출판한 서적들은 역시 아펜젤러가 설립한 조선 최초의 근대 서점인 「대동서시(大同書市)」를 통해 판매, 보급된다. 개신교 선교사들이 설립한 배재, 이화, 경신 등의 학교들은 언문 책들을 교재로 채택하고 조선 최초로 언문 교과목을 가르친다.

조선 사람들은 성경을 읽기 위해 언문을 배운다. 언문을 배우는데 사용한 독본도 『성경』이었다. 언문을 배운 조선 사람들이 가장 먼저 접한 책도 『성경』이다. 독일 사람들이 독일어를 통하여 가장 먼저 접한 책이 『루터 성경』이듯, 그리고 영국 사람들이 영어를 통하여 가장 먼저 접한 책이 『틴들 성경』이듯, 조선 사람들이 가장 먼저 접한 책은 『언문 성경』이었다. 한문의 경전이 『사서삼경』이라면 한글의 경전은 『성경』이다.

7. 『독립신문』과 독립협회

독립언론(independent media)과 시민단체(civic association)는 전제왕정과 공존할 수 없다. 그러나 고종은 『독립신문』의 발행과 독립협회의 설립을 윤허한다. 『독립신문』과 독립협회가 조선 백성들의 정치의식을 얼마나 근본적으로 바꿀 것인지, 그리고 조선의 전제왕정에 얼마나 큰 도전이 될 것인지 몰랐기 때문이다.

독립언론과 시민단체의 역할은 시민사회를 지키고 대변하는 것이다. 그러나 당시 조선에는 시민사회가 없었다. 시민사회란 백성들이 자신들에게 왕, 관리, 정부를 포함한 그 누구도 침해할 수 없는 생존권, 재산권, 행복추구권이 있다고, 그리고 정부의 존재이유가 시민들의 기본권을 보장하기 위해서라고 믿기 시작할 때 비로소 만들어진다.

구미 정치선진국에서는 「마그나카르타」(1215년), 「모범의회(Model Parliament)」(1295년), 「명예 혁명(1688년)」, 「미국 혁명」(1776년), 「프랑스 혁명」(1789년), 「1832년 선거법 개정(Reform Act)」(1832) 등을 통하여 일찍부터 인민들의 강한 권리의식이 뿌리내리고 참정권이 제도화되고 있었다. 「종교 개혁」과 「종교 전쟁」, 「계몽주의」를 통하여 전통의 거부와 「우상파괴」를 일삼고 개인의 신앙과 신념을 절대시 하며 이성의 중요성과 공생과 관용의 필요성을 절감한 구미 문명권에서 자생한 것이 시민의 권리의식이며 이를 뒷받침하기 위해 형성된 것이 시민사회다.

조선에서는 이러한 권리의식도, 이를 추동할 의식혁명도, 정치혁명도, 이를 뒷받침할 제도도 없었다. 유교의 「위민사상(爲民思想)」이나 「민본주의(民本主義)」는 통치자들에 대한 「권장사항」일뿐 백성들의 절대적인 권리를 인정하고 반영하고자하는 정치사상이 아니었다. 민란 역시 폭정에 대한 일시적인 항거일 뿐 권리의식에 기반한 체제 개혁을 추구하는 「혁명(revolution)」이 아니었다. 『독립신문』과 독립협회는 조선 사람들에게 시민의식을 불어 넣는 작업부터 시작해야했다.

가장 시급한 것은 독립 정신의 함양이었다. 서재필이 신문의 이름을 『독립신문』, 협회의 이름을 「독립협회」라고 한 이유다. 서재필은 조선 사람들이 독립의 소중함을 모르는 이유가 「대한이 마관 약조(시모노세키 조약) 까닭에 되기 싫은 독립이나마 명색이 독립국이 되었은즉」이라고 한다.[11] 다시 말해 조선이 중국의 속방 지위에서 벗어나 국제법상 독립국의 지위를 확보한 것이 자체적인 힘과 노력을 통해서가 아닌 외세에 의존하여 얻은 것이기 때문이라고 한다. 윤치호 역시 같은 생각이었다.

조선인은 청일전쟁 이후 만끽하고 있는 명목상의 독립을 얻기 위해 아무 것도 한 일이 없다. 비교적 소수의 사람만이 조선이 현재 중국에서 독립되었다는 사실을 알고 있고, 그것에 관심을 갖는 사람은 그보다 더 소수이다.[12]

독립 정신이란 조선사람이 자신을 중국을 정점으로 하는 「화이질서」의 일원으로서가 아니라 중국을 포함한 모든 「외국」과 구별되는 독립국가의 「국민」으로 의식하는 것을 뜻했다. 독립문과 독립회관을 건립하고 독립공원을 조성하고자 한 것도 조선의 독립이 비록 어부지리로 얻은 것이었지만 조선 사람들이 독립을 자축하고 그 중요성을 깊이 인식할 수 있기를 바랬기 때문이다.

두번째는 권리의식의 함양이었다. 정부가 백성을 착취하는 기제로 전락한 전제군주 체제하에서 『독립신문』은 사회계약론을 설파하면서 백성들에게는 정부도 침해할 수 없는 「생애권리」 즉, 생존권이 있다고 주장한다. 나라가 곧 국왕 개인의 소유인 「가산제국가」에서 나라가 존재하는 이유는 백성들의 재산권을 지키기 위해서라고 주장한다. 가렴주구가 일상화된 나라에서 세금은 백성들을 위하여 사용하는 것이라고 한다. 잔혹한 남존여비 제도와 사고방식이 압도하는 사회를 향하여 남녀평등을 부르짖으면서 조선 남성들의 「야만성」과 위선을 통렬히 비판한다.

셋째는 차별과 불평등 구조로 분열되어 있는 「조선 사람」을 평등하고 동질적이며 단합된 「국민」, 「인민」으로 개조하는 일이었다. 서재필은 조선 사람들의 분열상을 통탄한다.

> 전국 형세가 모두 작자 도생이다. 전국 지면이 삼천 리가량이요 인구가 일천이백만 명가량이나 모두 각심(各心)이라. 외국이 설령 조선을 뺏고 싶더라도 뺏기가 쉬운 것이 사람마다 각심인 즉 그 힘이 얼마가 되리요.[13]

조선 사람들이 서로를 같은 나라의 국민, 인민으로 생각하지 않는다면 독립정신도, 시민의식도 생길 수 없다는 사실을 잘 알았다.

서재필, 윤치호 등 미국을 그 누구보다도 깊이 있게 관찰하고 경험한 친미기독교파는 신문과 시민단체야말로 근대국가의 국민과 인민을 만드는 가장 중요한 기제라는 사실을 알고 있었다. 서재필은 1896년 4월 7일 『독립신문』 첫호를 발간하고 같은 해 7월 2일 독립협회를 출범시킨다.

1) 『독립신문』과 한국 사람 만들기

조선의 사대부는 중화문명 안에서 「사대부」라는 신분을 유지함으로써 존재의 의미를 찾았다. 이들이 「사농공상」의 신분사회를 건설한 것도 「천자」를 정점에 둔 「천하」와 「사해(四海)」의 위계질서, 즉 「화이질서(華夷秩序)」에 속하고자 했기 때문이다. 조선의 사대부들이 「사대부」일 수 있었던 것은 중국 사대부들이 사용하는 「중화」의 문자, 즉 「한문」을 구사하였기 때문이다. 중국의 사대부들의 「사문(斯文)」을 자신들의 「사문」으로 여기면서 중국 사대부들과 강한 동질의식을 갖고 있었던 것이 조선의 사대부다.

조선의 사대부들이 자신들과 중국인들의 정치적, 언어적, 문화적 차이점을 몰랐던 것은 아니다. 고려-조선을 이어가며 근 1천년간 중앙집권적 국가체제를 운영하면서 고려-조선의 엘리트들은 자신들과 여진, 몽골, 거란, 일본, 중국인들과 어떻게 다른지 구별하는 다양한 담론을 구사해 왔다.[14] 그러나 고려와 조선의 엘리트들은 자신들이 통치하는 「백성」들과 자신들이 같은 「국민」 또는 「인민」, 「인종」, 「민족」이라는 의식은 없었다.

조선의 사대부들과 조선의 「백성」 간의 관계는 철저한 상하 관계였다. 정치적 안정을 유지하기 위하여 신분과 지역에 따른 차이를 조장하면서 차별과 억압, 착취의 대상으로 간주하였다. 조선의 사대부들이 천민이나 노비들과 「동질의식」, 「동포애」, 「민족감정」을 갖고 있었다는 증거는 찾아볼 수 없다. 수백 년간 「동족」의 절반을 노예로 부릴 수 있었던 사대부들이 그들을 자신들과 같은 「민족」이나 「동포」로 생각했을

리 만무하다.

　신문이라는 매체 본연의 성격을 정확히 알고 이를 십분 활용한 서재필, 윤치호, 주시경 등은 신분질서와 남녀차별, 지역차별에 기반한 체제로 인하여 갈라질대로 갈라진 조선 사람들을 같은 나라의 국민, 인민으로 만드는 작업에 착수한다.

　신문은 근대 사회에서만 존재할 수 있다. 매일 나라의 정치, 경제, 사회, 문화, 외교, 안보 소식은 물론 각종 사안에 대한 견해를 모은 칼럼과 사설을 취재하고 편집하고 우선순위를 정하여 수천, 수만부를 찍어내어 전국에 배포한다. 이를 위해 신문사는 기사를 취재하고 쓸 수 있는 전문지식과 글재주를 가진 각 분야의 기자들을 고용하고 평론가들을 섭외해야 한다. 그리고 신문을 대량으로 인쇄할 수 있는 고도의 인쇄술은 물론 인쇄된 신문을 전국에 배포할 수 있는 촘촘하고 효율적인 유통망을 갖추어야 한다.

　신문은 근대 자본주의 대량생산-대량소비사회의 대표적인 소비재다. 신문은 인쇄된지 하루만에 전국적으로 동시에 소비된 후 무용지물이 된다. 조간 신문은 석간이 나오면 폐지가 되어버리고 석간은 다음날이면 쓸모 없어진다. 설탕, 소금 같은 농산품들은 부패할 때까지, 공산품들은 고장날 때까지 오랜 기간 사용할 수 있다. 그러나 신문은 하루만에 쓸모 없게 된다.[15]

　신문은 하루 만에 용도 폐기되기 때문에 신문 독자들은 같은 시간대에 같은 소식과 정보를 접한다. 전국적으로 배포되는 신문이면 전국에 퍼져 있는 독자들이 같은 시간대에 똑 같은 정치, 경제, 사회, 문화, 교육, 국제 뉴스를 접한다. 뿐만 아니라 독자는 자신이 읽고 있는 것과 똑 같은 내용의 신문을 수천, 수만, 심지어는 수백만의 독자들이 읽고 있다는 사실을 인지한다.

물론 대부분의 경우 그 독자들이 누구인지 서로 개인적으로 알지는 못한다. 같은 신문을 읽고 있다고 확신할 수 있는 사람들 중 개인적 친분이 있는 사람은 극소수에 불과하다. 그러나 같은 마을과 이웃 마을에 사는 많은 사람들이 읽고 있다는 것을 확신한다. 뿐만 아니라 불특정 다수의 독자들이 차에서, 기차에서, 지하철에서, 택시에서, 비행기에서, 커피숍에서, 이발소에서, 미장원에서, 사무실에서 같은 신문을 읽는다는 것을 확신한다. 그리고 이 불특정 다수가 자신과 세상에 대한 같은 이해를 공유하는 인식 공동체(epistemological community)를 형성하고 있다고 확신한다. 이름하여 「민족 공동체(national community)」다.[16]

『독립신문』은 조선 사람들로 하여금 이전과는 전혀 다른, 새로운 방식으로 자신들이 살고 있는 공간/영토와 시간을 경험할 수 있게 해준다. 조선 사람들은 『독립신문』을 읽으면서 처음으로 자신들이 같은 영토 안에 살면서 세상에 대한 같은 이해와 인식을 공유하는 같은 나라의 「인민」, 「국민」이란 의식을 갖게 된다. 차별과 서열의 조선은 친미기독교파에 의해 「국문」을 매개로 신분과 지역, 성별의 차이를 초월하는 공동체, 즉 「국민」으로 개조된다.

동시에 조선의 백성들은 『독립신문』을 통해 한번도 접할 수 없었던 국내 정치 소식과 세계의 주요 뉴스, 정부정책에 대한 논평 등은 물론 백성의 권리와 자유, 언론의 자유, 여성의 권리, 재산권, 세금을 걷는 이유, 법치의 중요성, 교육의 필요성, 사회계약론 등 근대 사상과 정치, 사회 체제에 대해 배운다. 그리고 이 과정을 통해 근대국가란 무엇인지, 국민의 권리와 책임은 무엇인지, 정부의 역할과 책임은 무엇인지 배우면서 「시민」과 「국민」으로 다시 태어난다.

2) 독립협회의 정치 운동

『독립신문』과 독립협회는 조선 사람들을 중화주의와 사대주의로부터 깨어나게 한다. 국민의 기본권이 무엇인지, 정부는 왜 존재하는지 알려준다. 조선 사람들은 시민의식을 갖기 시작한다. 이는 분명 놀라운 성취였다. 그러나 협회는 정부의 실책에 대한 비판을 하는데 그칠뿐 실정을 거듭하는 정부의 의사결정구조를 바꾸지는 못한다.

정부는 『독립신문』과 독립협회가 특정 사안에 대해 비판하거나 반대하면 대부분의 경우 변명도 하고 양보도 한다. 그러나 그도 잠시뿐, 곧이어 신문과 협회가 지향하는 바와는 전혀 다른 정책들을 채택하기 마련이었다. 철학도, 원칙도, 절차도 없는 정부가 내 놓는 정책은 『독립신문』과 독립협회의 입장에서 봤을 때 국익에 반하고 국가의 존엄을 훼손하며 근대화에 역행하는 것들뿐이었다.

『독립신문』은 끊임없이 정부를 비판하는 기사와 논설을 싣고 독립협회는 정부정책에 반대하는 시위와 집회를 열고 상소를 올리지만 이는 언관(言官)이나 간관(諫官)이 왕에게 간(諫) 하고 사대부들이 상소를 올리는 「언로」 전통의 연장에 불과했다. 관료나 사대부가 아닌 「평민」으로 구성된 민간 단체가 상소를 올릴 수 있었다는 점에서는 획기적인 변화였지만 그 한계 역시 분명했다. 고종과 조정은 상소에 답하고 집회에 관리를 보내 설득함으로써 언로가 열려 있음을 보이고자 하였다. 그러나 고종이나 조정으로 하여금 반대의견을 정책에 반영하도록 강제하는 제도적, 절차적 장치는 없었다.

서재필과 윤치호 등은 정부를 비판하고 개혁을 종용하는 것도 중요하지만 무엇보다 개혁을 관철시키고 시민들의 권익을 지킬 수 있는 정치 제도와 절차를 마련하는 것이 필요하다는 사실을 절감한다. 독립문과 독립회관의 건설, 독립공원의 조성이라는 제한된 목표를 위하여 설립된 독립협회는 토론회, 집회, 시위를 통해 시민들의 정치참여를 꾀하는 정치단체로 진화한다. 서재필이 고종에게 해고당하고 미국으로 돌아간 후(1898년 5월 14일) 『독립신문』과 독립협회를 맡게 된 윤치호는 의회정치의 도입을 통하여 조선의 정치제도를 근본적으로 개혁하고자 한다.

독립협회가 정치 단체로 변신을 꾀하기 시작할 즈음 고종이 조선을 러시아의 보호령으로 만들려고 획책한다는 사실이 밝혀지고 러시아의 내정간섭이 노골화된다. 『독립신문』은 정부정책을 적극 비판하는 기사와 논설들을 싣는 한편 독립협회는 상소를 올리고 집회를 열고 시위를 벌이면서 본격적인 정치 행보를 시작한다. 협회는 러시아 군관들의 조선군 훈련 문제(1897년 8월), 러시아 재정 전문가의 탁지부 고문 및 조선 해관 임명 문제(1897년 11월), 절영도 땅 구매문제(1898년 1월) 등에 개입하면서 조선의 자주독립을 훼손하려는 러시아의 정책은 물론 고종과 조선 대신들의 매국적 행태에 격렬하게 저항한다.

러시아는 조선에서 일시적으로 손을 뗀다. 비록 「만한교환」 때문이었지만 이에 고무된 독립협회는 본격적으로 의회정치의 도입을 시도한다. 윤치호가 의회정치의 중요성을 설파하는 상소를 고종에게 올리고 협회 대표들과 대신들 간의 정책 간담회를 요청하여 조선 최초로 관-민 협의를 통해 정책을 결정할 것을 약속하는 「헌의 6조」(1897년 1월 29일)도 도출한다. 「관민공동회」와 「만민공동회」는 시민들의 뜻을 정책결정과 정에 반영함으로써 조선의 전제주의를 개혁하고자 하는 독립협회의 시도였다.

고종과 조정은 독립협회와 수구파들 사이에서 갈팡질팡한다. 민씨척 족들이 임오군란 당시부터 자신들의 행동대를 자처해온 보부상들을 「황국협회」라는 이름 하에 재조직하여(1898년 6월 30일) 독립협회와 만민 공동회를 공격하면서 친미기독교파와 수구파의 권력투쟁은 절정에 달한다. 고종은 결국 보부상들의 본부인 「상무소」를 혁파하고 독립협회 의 젊은 회원들을 황국협회 회원들과 함께 중추원에 임명하는 동시에 윤치호를 중추원 부의장에 임명하고 중추원을 의사결정기구로 전환시 킬 것을 약속한다(1897년 11월 26일). 독립협회와 만민공동회는 만세 삼창 후 해산한다.

그러나 고종은 약속을 지키지 않는다. 독립협회 내의 급진파는 또 다 시 대중집회를 시작한다. 각 정부 부처 문 앞에서 등청, 퇴청하는 대신 들 앞에서 시위를 벌이고(1898년 12월 13일) 「독립신문」에 고종이 약속을 지키지 않고 있다고 보도하고(12월 7, 8, 13일) 각국 공사관에 공문을 보내 이러한 사실을 알린다.

대정부 투쟁이 장기화되고 보부상들의 폭력행사가 격화되면서 독립 협회와 만민공동회의 주도권은 점진적인 정치개혁을 도모하는 윤치호, 이상재 등으로부터 보다 과격한 투쟁을 주장하는 이승만, 양홍묵(梁弘默,

1866-?), 고영근(高永根, 1853-1923) 등 상대적으로 젊은 회원들로 옮겨간다. 한편 독립협회와 만민공동회에 대한 대중들의 시선은 점차 따가워진다. 특히 시위를 지속하기 위한 자금을 마련하기 위해 서울의 부자들에게 기부금을 갹출하면서 협회는 기피 대상이 되어간다.

이때 고종으로 하여금 독립협회와 만민공동회에 완전히 등을 돌리게 하는 사건이 터진다. 중추원 위원에 임명된 젊은 독립협회 회원들은 제2차 갑오경장 실패 후 일본으로 재차 망명한 박영효를 사면하고 중용할 것을 정부에 공식 제안한다. 민비 시해를 획책한 혐의로 체포령이 내려졌으나 간신히 일본으로 피신한 박영효를 용서하고 다시 기용할 것을 요청하자 고종은 진노한다. [박영효가 제2차 갑오경장에 실패하고 일본에 다시 망명하게 되는 과정에 대해서는 『한국 사람 만들기 IV』, pp. 718-724 참조] 그렇지 않아도 독립협회와 『독립신문』을 극도로 싫어하던 고종이었다. 고종은 1898년 12월 25일 독립협회를 금지하는 조령을 반포한다. 『독립신문』은 1899년 12월 4일 폐간된다.

독립협회가 활동한 기간은 2년 5개월 남짓했다. 『독립신문』은 창간된 지 3년 8개월만에 278호를 끝으로 폐간된다. 비록 활동한 기간은 짧았지만 『독립신문』과 독립협회는 조선 사람이 한국 사람으로 바뀔 수 있는 토양을 조성하고 조선의 전제왕정을 대신할 민주정치체제와 시민사회의 청사진을 명료하게 제시한다.

제1장

독립 아닌 독립 : 아관파천

제1장

독립 아닌 독립: 아관파천

일본과 청은 1895년 4월 17일 청일전쟁을 종결시키는 「일청강화조약」, 일명 「시모노세키 조약」을 체결한다. [시모노세키 조약 체결 과정에 대한 자세한 논의는 『한국 사람 만들기 IV』, pp. 611-620 참조] 조약의 제1조는 다음과 같다.

청국은 조선국이 완전무결한 독립 자주국임을 확인한다. 따라서 자주독립을 훼손하는 청국에 대한 조선국의 공헌(貢獻)·전례(典禮) 등은 장래에 완전히 폐지한다.

조선과 중국간의 사대관계란 보다 구체적으로는 조선이 중국 왕조의 「정삭(正朔)」을 받고 중국 황제가 조선의 왕과 왕세자들을 「책봉」 즉, 제후에 봉하며, 조선이 명에 「조천사」를, 청에 「연행사」를 보내 「조공」을 바치면 명과 청은 「칙사(勅使)」를 보내는 등의 전례(典禮)로 규정되는 관계였다. 「조선국의 공헌, 전례」란 바로 정삭, 책봉, 조공 등을 이르는 말이다. 시모노세키 조약 제1조는 조선과 중국 간의 사대관계를 정확히 조준한다.

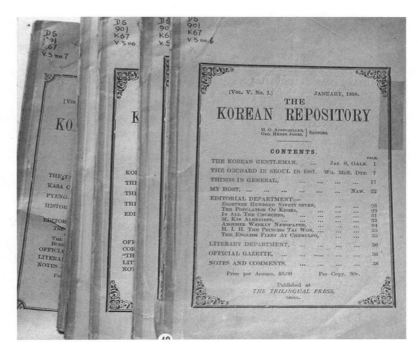

「코리안리퍼지토리」

　고종은 1882년 조미수호통상조약(5월 22일), 조영수호통상조약(6월 6
일), 조독수호통상조약(6월 30일) 체결 직후 조선이 중국의 속방임을 확인
하는 고종 명의의 공식서신을 미국의 체스터 아서(Chester A. Arthur) 대통
령, 영국의 빅토리아 여왕, 독일의 빌헬름 1세에게 전한 바 있다. [『한국
사람 만들기 II』, pp. 627-629 참조] 시모노세키 조약으로 조선은 「개국」 이후에
도 탈피하지 못한 「속방」의 지위에서 비로소 벗어난다.

　시모노세키 조약이 체결되자 올링거(F. Ohlinger), 아펜젤러(Henry G. Ap-
penzeller), 존스(George Heber Jones), 헐버트(Homer Hulbert) 등 미국의 북감
리교 선교사들이 조선에서 발행하는 월간지 『코리안리퍼지토리(Korean

Repository)』는 조선이 독립을 하게 된 이유가 일본이 1876년 강화도조약 이후 일관된 조선 정책을 추진해 왔고 그 연장선인 청일전쟁에서 승리하였기 때문이라고 한다. 일본의 궁극적인 의도가 무엇이었는지는 관심이 없다고 한다.

> 드디어 조선의 독립은 그 누구도 의심할 여지가 없게 선포되었다. 일본은 승리하였고 일본의 조선정책 역시 승리하였다. 1876년부터의 일본의 의도를 제대로 읽는다면 일본은 조선에 대해서는 일관된 정책을 펴왔다. 우리는 일본의 의도가 과거에는 무엇이었고 현재에는 무엇이었으며 숨긴 의도가 무엇인지에는 관심이 없다. 우리는 조선의 독립이 러시아에 대한 효과적인 저지선을 만들기 위해서 했다던지 또는 일본제국의 경제적 이익을 위해서였는지에 대해서도 관심이 없다. 우리는 그저 일본의 대조선 정책이 승리하였고 조선은 세계의 주권국가들과 어깨를 나란히 하게 되었다는 사실만 여기 기록한다.[1]

필자는 이어서 일본의 조선 정책은 1882년의 임오군란과 1884년의 갑신정변으로 크게 흔들리지만 일본은 인내심을 갖고 조선을 청으로부터 독립시키는 정책을 일관되게 추진했다고 한다.

> 1876년 강화도조약을 계기로 시작된 일본의 조선정책은 조선의 독립을 인정하였고 따라서 조선에 대한 중국의 종주권을 부정하였다. 그 후 20년 동안 이러한 정책이 갖는 모든 함의에 대한 면밀한 이해를 바탕으로 이 정책은 일관되게 추진되었다. 조선 사람들은 친절함과 관대함을 통해 설득하려

하였고 중국에는 맞섰다. 이 작은 반도에 대한 중국의 장악력을 약화시킬 수 없다면 더 강해지는 것만이라도 막고자 하였다. 일본은 1882년과 1884년 두 번이나 후퇴할 수밖에 없었고 중국은 조선에 대한 장악력을 약화시키는 듯하다 이내 다시 강화하곤 하였다. 일본은 인내심을 갖고 1885년 조선에 부과했던 배상금의 거의 전부를 면제하였고 조선과의 교역을 증진시키려고 모든 노력을 기울였으며 조선사람들을 달래고자 하였다.[2]

동학난은 청이 다시 또다시 종주권을 행사하는 계기를 제공하였고 이번에는 일본이 임오군란이나 갑신정변때와는 달리 단호하게 청에 저항하였고 결국 전쟁이 터지고 일본이 승리한다. 결과는 조선의 독립이었다.

1894년 조선 남부에서 일어난 반란(동학난)은 중국이 일본을 상대로 조선에 대한 종주권을 또다시 과시할 수 있는 새로운 기회를 제공하였다. 이에 일본은 즉각적으로, 그리고 강력하게 반응하였고 중국이 조선에 대한 종주권을 주장하자 일본은 정책기조에 따라 이에 저항하였다. 결국은 전쟁이 터졌다. 중국이 패했다. 1894년 8월 28일 조선은 청을 상대로 일본과 동맹을 맺었다. 이날 조선에서 용의 깃발(중국의 상징)은 꺾였고 이와 함께 조선에 대한 종주권 주장도 함께 꺾였다.[3]

필자는 조선이 본의 아니게 독립하였지만 독립이 무엇인지 모르기에 일본을 따를 것을 조언하는 말로 글을 맺는다.

조선은 독립국이다. 그러나 조선은 독립에 따르는 임무와 책임에 대해서는 무지하다. 조선은 선생 또는 안내자, 개혁가가 필요하다. 일본이 조선의 손을 잡았다. 일본은 초청받을 때까지 기다리지 않았다. 조선은 따라야 한다. 조선은 따를 것이다.[4]

그러나 조선은 『코리안리퍼지토리』의 기대와는 달리 일본을 따르지도 않고 독립을 위한 개혁도 하지 않는다.

서재필은 1898년 3월 17일자 『독립신문』에 갑신정변과 청일전쟁에 대해 회고한다. 갑신정변 당시에는 대부분의 조선 사람들이 독립을 원하지 않았고 정변이 실패한 후로는 청일전쟁에서 청이 패하고 조선에 대한 종주권을 포기할 때까지 10년간 그 누구도 독립은 언급조차 할 수 없었다고 한다. 그러다가 갑오년(1895)에 원하지도 않던 독립을 「타국이」 「별안간에」 「억지로」 가져다준다. 조선 사람들이 독립을 귀하게 여길 줄 모르는 이유다.

갑신년에 소년 사오인이 조금 분한 마음을 내어 그 부끄러움을 씻고 대한을 자주독립국으로 세계에 행세하여 보려고 하다가 또 청인과 청인에게 충심 되었던 본국 사람들에게들 다 패를 받아 죽은 자도 많이 있고 멸문 당한 자도 많이 있어 그 후에는 십여 년 동안 다시 자주 독립하자는 의론이 감히 입 밖에서 나지도 못하였고 대개 그런 생각 있는 사람도 없었다가 갑오년에 별안간에 자주 독립을 억지로 타국이 만들어 좋아 아니하는 것을 억지로 세계에 동등이라고 하여 주었으나 이렇게 억지로 얻는 자주 독립을 누가 그리 끔찍이 여기리요. 만일 그 자주 독립을 얻을 때에 대한 인민이 몇 천명이 죽었으며 충신 열사의 피가 흐르고 얻었을 것 같으면 대한 인민들이 그 얻은 자주 독립을 대단히 중히 여겨 아무쪼록 나라 권리를 보존하고 점점 진보하여 그 죽은 충신 열사의 뜻을 본받아 그 사람들이 마치치 못한 사업을 성취할 경영들을 하려니와....[5]

고종을 비롯한 조선의 치자들이 독립을 원치 않았고 귀하게 여기지 않았음을 가장 적나라하게 보여준 사건이 아관파천이다.

1. 스페예르 러시아 공사

민비를 시해한 미우라 고로 등 일본인들이 일본법정에서 무죄 판결을 받자 고종은 심하게 동요한다. 을미사변에 가담했던 일본인들 중 일부는 다시 조선의 고위 관직에 임명될 것이고 일본이 고종을 퇴위시킨 후 그의 조카 이준용을 왕위에 앉힐 것이라는 소문도 파다하게 퍼진다. 여기에 고종과 세자(순종)에 대한 암살 계획이 있다는 소문마저 돌면서 고종은 안절부절한다. 그렇지 않아도 단발령에 반대하는 폭도들이 언제 한양으로 쳐들어올지 모른다는 불안감에 떨고 있던 고종이었다.

1895년 가을 조선 주재 러시아 공사 베베르(Karl Ivanovich Weber, 1841.6.17.–1910.1.8.)가 주 멕시코 전권공사에 임명된다. 영전이었다. 베베르는 「조러수호통상조약」이 체결된지 8개월 만인 1885년 4월 조선에 부임한 후 10년째 러시아 공사를 역임 중이었다. 그의 후임은 1885-1890년까지 주조선 영사로 재직하면서 제1, 2차 조-러 밀약사건에 연

베베르 러시아 공사

실 미국 공사

루되었던 스페예르(Alexis de Speyer, 1854.4.20.–1916.3.19.)였다. [스페예르와 제1, 2차 조-러 밀약사건에 대한 논의는 제III권, 제8장, 「2. 묄렌도르프와 제1차 조러 밀약」 참조]

베베르가 멕시코 공사에 임명되었다는 소식을 들은 조선주재 외교사절들은 의아해했다. 베베르만큼 조선을 잘 알뿐만 아니라 고종을 비롯한 조선의 최고위층과 돈독한 관계를 맺고 있는 외교관이 없었기 때문이다. 더구나 조선사태가 점점 더 심각해지는 시점에 러시아 정부가 베베르를 다른 임지로 보낸다는 것은 얼핏 이해하기 힘든 일이었다.

프랑스 영사 르페브르(G. Lefevre)는 러시아 정부가 보다 적극적인 조선정책을 추진하기 위해서는 점잖고 온화한 베베르가 적합하지 않다고 생각했기 때문일 것이라고 추측한다. 일본이 청일전쟁을 일으키고 갑오경장을 추진하는 등 노골적으로 조선의 정정을 장악해 나가는 과정에서 베베르는 매우 수동적인 모습을 보여왔기 때문이라고 한다.[6]

베베르는 조선에 계속 남을 수 있도록 해 달라고 즉시 본국에 탄원한다. 러시아 외무성은 후임 스페예르가 도착하더라도 일단 조선을 떠나지 말 것을 명한다. 베베르는 자신이 조선에 더 머물게 된 것에 대해 고종이 무척 좋아한다고 답신을 보낸다. 조선 주재 타국 외교관들은 러시아 외교부가 아무런 설명도 없이 후임자가 부임하는데도 전임자 베베르에게 새로운 임지로 떠나지 말고 현지에 남으라고 하자 더욱 의아해한다.

미국 공사 실(John Malhelm Berry Sill, 1831.11.23.-1901)은 「베베르 씨가 (조선의) 상황을 정확히 파악하고 있고 국왕과 그의 측근들의 신임을 받고 있는 상황에서 아마도 봄이 와서 블라디보스톡항의 얼음이 다 녹으면 러시아가 보다 적극적인 조선정책을 펴기 위한 포석일 것」이라고 국무성에 보고한다.[7] 반면 르페브르 프랑스 영사는 베베르의 출국이 지연된 것은 스페예르에게 인수인계를 제대로 할 수 있는 시간을 주기 위한 것일 거라고 추측한다.[8]

스페예르는 한양으로 부임하기 전 도쿄에서 주일 독일 공사 구트슈미트(Felix Friedrich Wilhelm Eduard Heinrich Freiherr von Gutschmid, 1843.10.10.-1905.10.17.)를 만나 러시아 정부는 일본과의 관계를 악화시키는 것을 결코 원치 않는다고 한다. 자신은 일본에서 1885년부터 1890년까지 5년을 근무하는 동안 「친일파(Japanophile)」가 되었고 일본과 일본 국민을 존경하게 되었다고 한다. 따라서 자신이 조선에 부임하더라도 일본 정부와 적극 협조할 생각이며 특히 조선 주재 일본 공사관과 긴밀하게 협력할 것을 약속한다. 주일본 독일 공사 구트슈미트는 본국 정부에 보내는 보고서에 스페예르가 일본에 대해 매우 우호적인 감정을 갖고 있다는

점도 그가 조선 공사에 임명되는데 한몫했을 것이라고 한다.[9]

　사이온지 일본 외무대신은 1895년 12월 17일 조선 공사로 영전하는 스페예르를 위해 송별연을 연다. 사이온지는 스페예르에게 조선에 부임하는 대로 고무라 일본 공사와 일-러 간의 문제들을 풀기 위한 대화를 시작할 것을 종용한다. 스페예르는 「일본이 러시아와 협력해서 조선 문제를 원만하게 해결하는 것의 중요성을 깨닫기 시작한 것 같다」고 본국에 보고한다.[10] 그러나 주일 러시아 공사 히트로보(Mikhail Hitrovo, 1837.2.13-1896.7.12.)는 스페예르에게 일본 정부가 러시아와의 우호적인 관계를 강조하지만 일본의 의도를 결코 믿을 수 없다고 한다.[11]

　스페예르는 1896년 1월 8일 한양에 도착하여 13일부터 공식적으로 대리공사 업무를 시작한다. 성격이 급하고 거칠기로 유명한 스페예르는 자신이 부임한 후에도 베베르가 조선에 남아서 러시아 정책을 좌지우지하는 것에 강한 불만을 표하면서 본국 정부에 베베르를 하루빨리 전출시킬 것을 요청한다.

　스페예르는 조선에 부임하자마자 일본이 조선을 이미 완벽하게 장악하고 있음을 확인한다. 그는 외상 로바노프(Prince Aleksey Borisovich Loban-ov-Rostovsky, 1824.12.30.-1896.8.30.)에게 보낸 1896년 1월 14일자 보고서에 일본이 조선에서 전횡을 일삼고 있다고 한다. 스페예르는 자신이 조선에 부임하는 길에 도쿄에 들렀을 때 만난 일본 지도자들은 일본이 조선을 장악한 것은 「상황 때문에 어쩔 수 없었고 임시적」인 조치라며 러시아와 우호적인 해결책을 모색할 것이라고 이구동성으로 말했지만 이는 사실과 전혀 다르다고 보고한다.[12] 그러면서 러시아가 조선에 적극 개입하여 일본의 전횡을 막고 현재의 내각을 축출할 것을 제안한다.[13]

한편 단발령에 반대하는 소요사태는 전국적으로 퍼지고 있었다. 영국 영사 힐리에(Sir Walter Caine Hillier, 1849-1927.11.9. 조선 재직: 1889-1896)는 일본군과 경찰이 주둔하고 있는 한 수도 한양은 일단 안전하겠지만 만일 일본군이 철수한다면 소요는 가라앉지 않을 것이라고 한다. 「웃음거리에 불과한(little more than a farce)」 조선의 군대가 소요를 진압하기에는 역부족이기 때문이라고 한다.[14]

반일감정 역시 급속도로 확산되고 있었다. 1895년 12월에서 1896년 1월 사이 조선을 시찰한 러시아 참모부의 알프탄(Al'ftan) 중령은 「이 나라 어느 구석에 가더라도 일본에 대해 증오심을 표하면서 자신들의 나라가 불행에 빠진 것은 모두 일본 때문이라며 이 초대받지 않은 손님들에 대한 광적인 증오심으로 불타오르지 않는 곳이 없다」고 보고한다.[15] 1896년 2월에는 폭도들이 전보선들을 모두 끊어버림으로써 한양은 바깥세계로부터 고립되고 조선 정부는 소요를 진압할 수 있는 능력을 완전히 상실한다.[16]

상황이 긴박하게 돌아가기 시작하자 서로 불편한 관계였던 베베르와 스페예르도 상황을 진정시키기 위해서는 조선 정부 내의 친일파들을 제거하는 것이 관건이라는 점에 동의하면서 이를 위해서는 일본과 협상하기보다는 반일파를 돕는 것이 가장 효과적인 방법이라는 점에도 합의한다. 조선 조정에서 친일파를 제거하고 고종에게 각료 임명권을 되돌려주면 친러파들을 임명할 것이 확실했기 때문이다.[17]

2. 고종의 첫번째 밀지

1월 8일 조선에 도착한 스페예르가 아직 공식 업무를 시작하기도 전에 고종은 「춘생문 사건」(1895년 11월 28일) 후 러시아 공사관에 피신해 있던 이범진(李範晉, 1852.9.3.–1911.1.26.)을 통하여 밀지를 보낸다. 고종은 자신의 처지를 한탄하면서 「러시아의 도움만 기다리고 있으며 러시아의 도움으로 보다 밝은 앞날이 올 것이라는 희망을 버리지 않고 있다」고 한다.[18]

1월 중순에는 스페예르를 접견한다. 스페예르가 고종을 알현하는 현장에는 친일 각료들이 배석해 있었기에 고종과 스페예르는 밀담을 나누지는 못한다. 그러나 스페예르가 물러나려고 할 때 고종이 쪽지를 건넨다. 쪽지에는 「아직도 민비가 생존해 있을 수 있기 때문에 계속해서 찾고 있으며 민비도 러시아가 지금의 내각을 쫓아낼 때까지 나타나지 못하고 있는 것일 수도 있다」고 적혀 있었다. 베베르와 스페예르는 1896년 1월 22일 본국에 이와 같은 사실을 보고하면서 어떻게 대처해야 할지 훈령을 보내줄 것을 요청한다.[19]

당시 러시아 정부는 청일전쟁 개전 이후의 조선 정세를 면밀히 주시하고 있었다. 조선문제에 대해 러시아가 적극 개입할 것을 종용한 스페예르의 전문을 본 차르 니콜라이 2세는 일본이 조선에서 하고 있는 「경악스러운 일들에 대해 책임을 물을 때가 왔다」고 한다. 그러나 로바노프 외상은 조선에 개입할 경우 일본과 충돌의 위험이 있음은 물론 다른 열강들에게도 러시아가 만주에서 세력을 확장하려는 시도를 저지할 빌미를 제공할 수 있다며 섣부른 개입에 대한 우려를 표한다. 로바노프는 1월

23일 스페예르에게 현재의 내각을 축출한다는 것이 정확히 무엇을 뜻하고 어떻게 그 목적을 달성할 수 있는지 보고하라는 전문을 보내면서 「러시아는 극동에서 상황을 지금 보다 더 복잡하게 만드는 일이 없도록 해야 할 것」이라고 주의를 준다.[20]

스페예르는 고종이 자신에게 말하기를 조선 사람들은 모두 일본을 증오하고 백성들과 훌륭

이범진

한 인재들이 자신을 지지하고 있기에 현 내각을 전복시키는 것은 쉬운 일이지만 자신에게는 아무런 힘이 없어 러시아의 지원이 필요하다고 했다고 답한다. 그러면서 러시아가 손을 놓고 있으면 일본은 분명 조선을 집어삼킬 것이라고 했다고 한다.[21]

스페예르는 「조선 문제를 협상만을 통해서 해결하는 것은 불가능하다」면서 「일본은 조선의 각료들과 대원군을 쫓아내지 않을 것입니다. 이는 조선을 포기하는 것이나 마찬가지이기 때문입니다」라고 한다. 「조선의 진정한 독립을 도모하는 유일한 방법은 한양에 일본군과 같은 숫자의 러시아군을 주둔시키는 것」이며 청일전쟁을 통해 지친 일본이 러시아에 도전할 가능성은 없고 따라서 「우리가 빨리 움직일수록 위험 요소는 줄어든다」고 한다.[22]

로바노프 외상과 스페예르 사이에 오가는 전문은 모두 주일 러시아 공

사 히트로보를 통했다. 히트로보는 스페예르와 달리 협상을 통해 러-일 양국간에 합의점을 찾아야 한다고 생각했다. 히트로보 자신도 일본의 조선 정책에 대해서는 비판적이었지만 스페예르의 강경한 태도는 위험하다고 생각했다. 그는 스페예르의 답신을 로바노프 외상에게 전달하면서 별도의 전보로 자신의 의견도 전한다. 히트로보는 현재의 상황이 비록 러시아에게 불리하긴 하지만 러시아가 보다 적극적인 정책을 취할 수 있을 때까지는 현재의 정책을 고수하는 것이 결코 나쁘지 않으며 조선의 정국을 바꾸기 위해 일을 도모하는 것은 자신이 니콜라이 2세의 대관식 참석차 귀국하여 상의할 수 있을 때까지 기다릴 것을 종용한다.[23] 대관식은 5월로 예정되어 있었다. 3-4개월은 더 관망하자는 뜻이었다.[24]

외상 로바노프도 고종과 그 주변의 반일세력을 지원할 필요가 있다고 생각했다. 그러나 한양에 일본군과 같은 규모의 러시아군을 파병해야 된다는 스페예르의 제안은 거절한다. 그는 2월 1일 스페예르에게 「현시점에서 조선 내부의 문제에 개입하는 것은 바람직스럽지 않다」는 훈령을 보내면서 모든 것은 히트로보 공사가 대관식 참석차 귀국한 후 상의해서 결정할 것이라고 한다.[25] 스페예르는 다시 답신을 보내 조선 조정에서 친일파를 제거하는 것은 불가능하며 따라서 조선의 상황은 러시아에게는 매우 비관적이라고 한다.

3. 고종의 두번째 밀지

고종은 2월 2일 또 다시 이범진을 통하여 스페예르에게 밀지를 보낸다. 자신은 반역자들에게 포위되어 있으며 그들은 지금처럼 혼란스러운 상황을 이용하여 자신과 세자를 제거할 것이라면서 「짐은 세자와 함께 이 위험을 피하여 러시아 공사관으로 가서 보호를 요청할 것이다」고 한다.

> 그대 두 공사들(스페예르와 베베르)은 어떻게 생각하는가? 만일 동의한다면 짐은 날을 정하여 밤에 비밀리에 공사관으로 가겠다. 날짜는 그대들에게 따로 미리 알리겠다. 짐은 달리 짐을 구할 방법이 없다. 짐은 두 공사들이 짐을 지원해주고 보호해주기를 진심으로 바란다.[26]

스페예르는 이범진에게 이는 너무 위험한 계획이라고 한다. 그러나 이범진은 고종이 궁에 그대로 남아 있는 것은 더 위험하기 때문에 러시아 공사들이 고종을 받아만 준다면 아무리 위험하더라도 일을 도모할 것이라고 한다. 베베르와 스페예르는 잠시 협의한 후 이 계획을 결행하기로 한다. 고종이 러시아 공사관으로 피신해 온다면 러시아에게는 유리한 상황이 전개될 것이 자명했기 때문이다.[27]

이번에는 러시아 외무성도 동의한다. 비록 스페예르의 파병 요청은 거부하였지만 고종이 왕후를 살해한 자들의 손아귀에서 벗어나고자 자진해서 러시아 공사관으로 피신했다고 일본이 전쟁을 시작할 수는 없을 것으로 생각했다. 니콜라이 2세는 제물포에 전함을 보낼 것을 명한다. 스페예르는 이범진에게 러시아 정부가 파천 계획에 동의했음을 알린다.[28]

2월 3일 고종은 스페예르에게 피신처를 제공하기로 해 준 것에 대해 감사의 뜻을 전한다. 그리고는 매일 「파천」 준비 상황을 러시아 공사관

러시아의 순양함 「애드미럴 코르니로프」

에 알린다. 계획은 고종이 평소에는 곤히 잠들어 있을 새벽에 상궁으로
변장하여 궁녀들이 사용하는 가마를 타고 궁을 빠져나가는 것이었다.
궁궐 경비병들을 속이기 위해 상궁 여러 명이 파천 몇일 전부터 예정된
시각에 궁궐문들을 나간다.[29]

　2월 7일 고종은 스페예르에게 모든 준비가 다 끝났기에 다음날인 8일
새벽 러시아 공사관으로 갈 것이라고 전한다. 그러나 8일이 되자 고종
은 러시아 공사관의 경비병력이 자신을 지켜 주기에는 부족하다며 파천
을 연기하겠다고 한다. 그렇지 않아도 러시아 경비대가 부족하다고 느
끼고 있던 스페예르는 고종의 전언을 이유로 제물포에 정박해 있는 순
양함 「애드미럴 코르니로프」의 함장에게 러시아 공사관 경비병력을 증
파해줄 것을 요청한다.[30]

　2월 9일 스페예르는 조선 주재 독일 영사 크리엔(Dr. Ferdinand Krien,

1850.1.13.-1924.3.7. 재임: 1887-1898)을 만나 러시아는 조선에 대한 아무런 야심이 없음을 강조한다. 청과 일본이 조선 내정에 간섭해 온 것은 조선의 불행이었으며 「이(조선) 사람들을 내버려 둔다면 이들은 어떻게 든 알아서 할 것」이라고 한다.[31]

2월 10일 「애드미럴 코르니로프(Admiral Kornilov)」와 「보블(Bobr)」호의 러시아 장교들과 수병 100여명이 제물포에 상륙하여 한양으로 향한다. 불과 며칠 전에도 러시아 공사관 경비대가 40명으로 증강된 것을 눈 여겨 보았던 영국영사 힐리에(Hillier)는 베베르를 만나 왜 「별다른 이유 없이」 경비병력을 갑자기 대폭 증강했는지 묻는다. 베베르는 상황이 너무 위중해지고 있어서 취한 조치였다고 한다. 조선의 군대는 한양을 위협하고 있는 폭도들을 막을 능력이 없기 때문에 러시아 공사관을 지킬 병력을 확보한 것이라고 한다. 더구나 일본 정부는 조선문제에 대해 개입하지 않겠다고 했기 때문에 만일 폭도들이 한양에 입성할 경우 일본군은 일본인 주재관들과 거주민들을 보호하는데 급급할 것이기 때문이라고 추가설명 한다. 그러면서 원한다면 러시아 군사들이 영국 거주민들도 보호해 주겠다면서 힐리에에게도 영국 경비대를 한양에 증파할 것을 종용한다. 베베르는 실 미국 공사를 만나서도 같은 얘기를 한다.[32]

힐리에는 스페예르도 만난다. 스페예르 역시 베베르와 같은 충고를 한다. 그리고는 곧 무언가 놀라운 일이 벌어질 것이라고 한다. 이에 힐리에는 실 미국 공사를 만난다. 힐리에와 실은 스페예르의 말이 무슨 뜻인지 모르겠지만 뭔가 또 과장하고 있다고 결론을 내리고 각자 제물포에 정박해 있는 자국 전함에 「만일의 사태」에 대비해 줄 것을 요청하면서도 추가 경비병 파병을 요청하지는 않는다.

같은 날 저녁 베베르와 스페예르, 힐리에 영국영사, 크리엔 독일영사, 고무라 일본 공사 등이 함께 만찬을 하던 중 크리엔이 대규모 러시아 병력이 상륙한 이유를 묻자 베베르는 미국과 영국 병력이 한양에서 철수한 상황에서 러시아 공사관을 폭도들로부터 보호하기 위해서라고 한다. 그러나 크리엔은 본국에 보내는 보고서에 베베르의 말을 믿을 수 없다고 한다.[33]

4. 파천

2월 11일 새벽 고종과 세자는 여장을 하고 궁녀용 가마를 탄 채 서로 다른 문을 통해 경복궁을 빠져나간다. 30-40명의 시종들도 같은 시각 다른 문들을 통하여 궁궐을 빠져나간다. 고종 일행은 오전 7시경 러시아 공사관에 당도한다. 러시아 공사관 측은 곧바로 고종 일행을 미리 준비한 두개의 큰 방으로 안내한다.[34]

고종 일행이 러시아 공사관에 무사히 도착하자 스페예르는 즉시 한양주재 외교사절들에게 고종이 「현재 이 나라의 정치 상황이 매우 심각하고 궁궐에 더 오래 있는다면 자신이 위험에 처할 수 있음을 고려하여」 세자와 함께 러시아 공사관으로 피신하였다는 내용의 짧은 메모를 보낸다.[35] 베베르는 오전 10시경 영국 영사 힐리에(Hillier)를 방문하여 외무독판 김윤식(金允植, 1835-1922)이 해임되고 이완용(李完用, 1858.7.17.-1926.2.12.)이 대신 임명되었음을 알리면서 고종이 곧 힐리에를 부를 것이라고 한다. 힐리에가 고종이 어떻게 러시아 공사관으로 피신할 수 있

1900년경 정동의 러시아 공사관

었는지 묻자 베베르는 화제를 바꾼다.[36]

오전 11시, 외교단장 실 미국 공사는 고종이 외교단을 정오에 러시아 공사관으로 초청한다는 통지를 신임 외무독판 이완용으로부터 받는다. 외교단은 정오에 러시아 공사관에 모인다.[37] 큰 방은 조선 관리들로 가득 차 있었다. 그 중에는 「춘생문 사건」을 일으킨 후 10월 8일부터 러시아 공사관에 피신해 있던 이범진, 10월 8일 총리직에서 해임되었던 박정양(朴定陽, 1842.2.4.-1905.12.15), 병부상직에서 해임되었던 안계주도 있었다.[38]

12시 30분, 실 미국 공사, 힐리에 영국 영사, 크리엔 독일 영사, 르페브르 프랑스 영사 등은 고종의 방으로 안내된다. 고무라 일본 공사는 도착 전이었다. 고종과 서양 외교관들은 간단한 대화를 나눈다.

고종: 지난 밤 궁궐에서 신변의 위협을 느껴 러시아 공사관에 군사들이 있다는 사실을 알고 오늘 새벽 세자와 함께 이곳으로 왔소.

실(미국 공사): 전하께서 궁을 떠나셔야 할 정도로 상황이 악화된 것에 대해 매우 유감스럽게 생각하며 이곳에서 안전하고 행복하시길 기원합니다.

힐리에, 크리엔, 르페브르 모두 같은 생각이라고 답한다. 고종이 「언제 다시 올 것이오?」라고 묻자 힐리에는 「전하께서 명하시면 오겠습니다」라고 한다. 고종과의 짧은 만남은 이렇게 끝난다.[39] 일본 공사 고무라는 다른 외교관들이 러시아 공사관을 떠난 직후 도착한다. 그 역시 고종을 잠깐 알현한다. 고무라는 다른 말없이 고종의 건강을 빈다. 고무라는 나오는 길에 스페예르에게 조선 사람들이 놀라고 있기 때문에 우리 두 제국의 병사들이 충돌하는 일은 없어야 할 것이라고 한다. 스페예르도 동의한다.[40]

고종이 러시아 공사관으로 피신했다는 소식이 일본에 전해지면서 일본 의회에서 정부에 대한 비판이 쏟아지자 일본 정부는 2월 15일 의회를 정회시킨다. 동시에 조선에 있는 일본군 지휘관들에게 러시아 군사들과 충돌을 빚어서는 안 된다는 명령을 하달하고 이 사실을 일본 주재 러시아 무관에게 통보한다.[41]

5. 김홍집, 정병하, 어윤중의 죽음

고종이 아관파천 직후 해임한 내각은 당일 아침 파천 소식을 듣지 못한 채 경복궁에 입궐한다. 입궐 직후 파천 소식을 접한 내무대신 유길준은 「대사(大事)는 이미 지나갔다. 마땅히 내각은 총사직을 출원하고 각자 처신의 길을 꾀해야 한다」면서 모두 피신할 것을 종용한다. 그러나 총리대신 김홍집은 「나는 먼저 폐하를 알현해서 폐하가 마음을 돌리실 것을 촉구하고 성사가 되지 않으면 일사보국(一死報國)하는 길 밖에 없다」면서 궁궐을 나서 영국 공사관으로 향한다. 영국 공사관에서 통역을 맡고 있는 친척을 만나 함께 러시아 공사관으로 가서 고종을 알현할 생각이었다.[42]

그때 경무청의 순검들이 대궐 안으로 들어와 김홍집을 체포한다. 같은 시각 수십명의 순검이 농상공부대신 정병하(鄭秉夏, 1849-1896.2.11.)의 집으로 가서 그를 체포하여 경무청으로 압송한다. 순검들은 김홍집을 경무청 문 앞으로 끌어낸다. 경무청 앞에는 박정양, 이윤용(李允用, 1854-1939.9.8.) 등이 고종의 명을 받고 집결시킨 경기도, 충청도, 황해도의 보부상들로 입추의 여지가 없었다. 보부상들은 원래 10일 밤 일본 공사관을 기습할 계획이었지만 조병직(趙秉稷, 1833-1901) 신임 법부대신이 보부상 지도자들을 설득하여 간신히 습격계획을 무산시킨다. 그 대신 보부상들은 10일 아침부터 대궐 문 앞과 큰 길을 가득 메운다.[43]

순검들은 칼을 뽑아 들고 김홍집을 발로 차서 쓰러뜨린 후 일제히 난도질한다. 곧바로 정병하도 끌어내어 참살한다. 김홍집과 정병하의 시신을 넘겨 받은 보부상들은 시신의 다리를 새끼줄로 묶어 종로로 끌고 나가 「대역무도 김홍집, 정병하」라고 써 붙인다. 그러자 길을 가득 메우고 있던 보부상들이 시체를 향해 돌을 던지고 발로 짓이긴다.[44] 『대한계년사』는 김홍집과 정병하의 죽음을 다음과 같이 기록하고 있다.

그날 아침, 여러 장교, 경관 및 병졸, 순검이 모두 러시아 공사관으로 달려가 호위했다. 임금이 이에 경관에게 김홍집, 정병하를 체포토록 하고, 경무관 안환(安桓)에게 빨리 가서 베어 죽이도록 했다. 안환이 명령을 받들고 경무청 문 앞에 도착했는데, 두 사람이 마침 당도했다. 총순(總巡) 소흥문(蘇興文: 이 완용의 심복이다)이 칼로 김홍집을 경무청 문 앞 소석교(小石橋) 위에서 찔러 죽였으며, 정병하도 베어 죽였다. 두 사람의 시체를 종로 큰 길가에 널어놓자, 격분에 찬 백성들이 더러 돌멩이로 때려 시체의 팔다리와 몸통이 깨졌다.

이때 김홍집에게 도피할 것을 권유하는 사람도 있었다. 김홍집이 말하기를, 「내가 재상이었으니 조순(趙盾: 전국시대 진나라의 사신으로 법을 바로잡기 위해 오명을 감수했던 충신)의 책임을 면하기 어렵다. 간다면 어디로 갈 것인가?」하고 마침내 체포되었다.

정병하는 처음에는 간사한 계략으로 왕후가 궁궐 밖으로 나가 피하는 것을 막았다. 또 왕후를 폐위시켜 일반 백성으로 만드는 일에 힘을 다한 사람이었는데, 이날 아침 내각으로 가던 도중에 붙잡혔다.[45]

내부대신 유길준은 경복궁을 나서려 할 때 평상복을 입은 괴한이 들이 닥쳐 그를 체포하러 왔다고 한다. 유길준은 괴한을 붙잡으려고 그의 두건을 잡지만 괴한은 힘이 강해 오히려 유길준이 끌려 나간다. 마침 관보국(官報局)의 일본직원 두 명이 유길준을 구하려고 방 밖으로 나가 괴한을 쫓지만 괴한은 달아난다. 그 와중에 유길준은 경무청 순검들에게 붙잡혀 끌려 나가고 있었다. 일본인들은 다시 유길준을 구출하여 궁문을 나서는데 그곳에 운집해 있던 순검들에게 잡히고 유길준은 쓰러진다. 일본인 관원들은 한편으로는 유길준을 일으키고 다른 한편으로는 순검들

김홍집

정병하의 『농정촬요』

어윤중

유길준

을 뿌리치면서 간신히 일본 수비대 진중으로 피한다. 유길준은 변장 후 일본 공사관으로 피신한다.[46]

법부대신 장박, 내부위생국장(內部衛生局長) 김인식(金仁植), 법부형사국장(法部刑事局長) 조중응(趙重應) 등은 파천 소식을 듣고 경복궁으로 가지만 경비병들이 입궁을 거부하자 일본 공사관으로 피신한다. 일본 공사관 직원들은 이들을 변장시켜 일본인 상점에 피신시킨다.

김윤식 외무대신은 안전하게 귀가한다. 끝까지 내각에 머물다가 고종의 부름을 받고 러시아 공사관으로 가서 고종을 알현하였다는 설도 있다.

어윤중 탁지부대신은 파천 당일 등청하지 않았다. 그는 고향으로 피신을 하던 중 용인에서 정원로와 임록길 등에게 피살당한다. 다음은 어윤중을 살해한 혐의로 재판을 받은 정원로와 임록길 등에 대한 고등재판소 한규설(韓圭卨) 재판장의 선고문이다.

용인군 송전(松田)에 사는 평민 정원로. 건양 1년 2월 17일 전 탁지부 대신 어윤중이 용인을 지나가던 때에, 정원로는 어윤중을 왕후를 시해한 역적으로 지목하고 용인군 어비동(魚肥洞) 안관현(安寬鉉: 평민, 당시 73세)의 집으로 가서 어윤중을 죽일 것을 같이 모의했다. 그리고 안관현이 고용한 용인군 와동(瓦洞)에 사는 임록길(林綠吉: 평민, 당시 25세)과 함께 백성들을 선동하여, 어윤중을 용인군 장서리(長西理)까지 쫓아가 앞장서서 손을 대서 즉시 죽여버렸다. 임록길도 동시에 손을 대서 죽였다.[47]

정원록과 임록길은 사형, 안관현은 태형 1백 대에 종신 징역을 언도하지만 고종이 「일일이 살펴 가벼운 쪽으로 처벌하는 의의에 따르라고

명령했다」면서 정원로는 유배 5년, 임록길은 유배 2년, 안관현은 유배 1년으로 감형된다.[48]

한편 성난 폭도들에 의해 일본인도 살해된다. 김홍집과 정병하가 피살된 몇시간 후 그들의 찢긴 사체가 널려 있던 장소를 지나가던 일본인 상인이 돌에 맞아 죽는다. 2월 12일 경무청은 외국인, 특히 일본인에 대한 폭력을 금지하는 포고령을 내린다.

이번의 일은 국가를 반역한 신하를 국법으로 처벌하는 것 외에 다른 뜻이 없으므로 외국인에 대하여 불법행위를 하는 것은 대군주의 성의에 위배되는 바이로다. 이제 일본인을 살해한 자가 있음은 극히 놀랍고도 한탄할 일이다. 그 범죄인은 이번에 특별히 엄벌에 처할 것인 즉 대소인민들은 이 뜻을 알아 다시는 위와 같은 폭거의 폐가 없도록 하여라.[49]

총리대신서리 박정양도 유사한 내용의 포고령을 내린다.

지난 새벽 어떤 관리가 난당(亂黨)을 감추어주는 흉계를 품은 자가 있다는 고발을 했기 때문에 대군주폐하께서는 러시아 공사관에 이어하시고 각국 공사의 보호를 받으시어 현재 편안히 계시지만, 저간의 상황을 모르는 인민들에게 있어서는 혹 의구심을 일으키고 거짓말을 만들어 서양인 또는 일본인 청국인 등에 대해서 서로 불화를 일으키는 것 같은 일이 있음은 각국 공사가 보호해 주는 후의에 고념치 않는 처사라 할 것이다. 대소인민들은 바로 이 뜻을 각수(恪守: 정성을 다하여 지킴)하여 안도(安堵)하라.[50]

6. 친일내각의 몰락

아관파천을 단행한 고종이 취한 첫 조치는 친일내각의 경질이었다. 고종은 2월 11일 러시아 공사관에 도착한지 몇시간 만에 호러스 알렌 미국 대리공사와 협의하여 새 내각을 임명한다. 스페예르는 조선 내정에 개입하지 않겠다면서 조각에 참여하지 않는다. 새 내각은 반일이기는 했지만 친러파뿐만 아니라 친미인사들도 다수 포함되었다. 박정양이 총리대신 서리에, 이완용이 외무독판에, 그의 이복 서형 이윤용은 군부대신, 그리고 친러파의 우두머리인 이범진은 법부대신 겸 경무총감에 임명된다.[51]

아관파천 후 단행된 첫 조각 명단[52]

해임(依願免本官)	궁내부대신(宮內府大臣)	이재면(李載冕)
	내각총리대신(內閣總理大臣)	김홍집(金弘集)
	외부대신(外部大臣)	김윤식(金允植)
	내부대신(內部大臣)	유길준(兪吉濬)
	탁지부대신(度支部大臣)	어윤중(魚允中)
	군부대신(軍部大臣)	조희연(趙羲淵)
	법부대신(法部大臣)	장박(張博)
	농상공부대신(農商工部大臣)	정병하(鄭秉夏)
	궁내부협판(宮內府協辦)	김종한(金宗漢)
	경무사(警務使)	허진(許璡)
면본관(免本官)	특지면징계(特旨免懲戒) 정2품(正二品)	이재순(李載純)
신임	내각총리대신(任內閣總理大臣) 서칙임관1등(敍勅任官一等) 궁내부특진관(宮內府特進官)	김병시(金炳始)

박정양

청안군 이재순

이완용

이윤용

궁내부대신(宮內府大臣) 서칙임관1등(敍勅任官一等) 정2품(正二品)	이재순(李載純)
내부대신(內部大臣) 서칙임관1등 (敍勅任官一等) 중추원의장(中樞院議長)	박정양(朴定陽)
총리대신임시서리사무(總理大臣臨時署理事務) 내부대신(內部大臣)	박정양(朴定陽)
궁내부대신임시서리사무(宮內府大臣臨時署理事 務) 내부대신(內部大臣)	박정양(朴定陽)
외부대신(外部大臣) 서칙임관1등(敍勅任官一等) 종2품(從二品)	이완용(李完用)
법부대신(法部大臣) 서칙임관1등 (敍勅任官一等) 학부대신(學部大臣)	조병직(趙秉稷)
학부대신임시서리사무(學部大臣臨時署理事務) 외부대신(外部大臣)	이완용(李完用)

같은 날 고종은 동요하는 민심을 수습하기 위해서 총리대신서리 박정양의 이름으로 유길준·조희연·장박·권형진·이두황·우범선·이범래·이진호를 제외한 모든 사람은 사면한다는 포고령도 반포한다.[53]

국운이 불행하여 난신적자가 해마다 난리를 일으켰다. 그래서 지금 변을 알리는 자가 있어 짐은 러시아 공사관에 이어하였다. 그리고 각국 공사가 다 같이 병사를 회동하고 들어와서 짐을 보호하고 있다. 그런데 짐에게는 너희들이 모두 짐의 적자들이므로 요사이 변을 일으킴은 전적으로 적괴(賊魁)들의 죄이니 너희들에게는 한결같이 대사(大赦)를 내려서 불문에 붙일 것이니라. 그러니 안심하고 다음과 같이 봉행 하라. 역괴(逆魁) 조희연(趙羲淵)·우범선(禹範善)·이두황(李斗璜)·이진호(李軫鎬)·이범래(李範來)·권형진(權瀅鎭) 등은 죄가 많고 적음을 불문하고 즉각 참수해 와서 바치고 그리고 너희들은 러시

아 영사관에 와서 기다려라.[54]

신임 총리대신 박정양과 군부대신 이윤용 명의로 단발령에 반발하여 일어난 반란에 대한 포고령도 반포한다.

지금까지 춘천 등지에서 인민이 봉기한 것은 단발하는 일 때문에 일어난 것이 아니라, 대저 10월 8일에 일어난 사변으로 울분이 쌓여 그 원인을 빙자하여 폭발한 것은 물어볼 것도 없이 확실히 알 수 있다. 지금 국적(國賊)들이 이미 법에 굴복하고 잔당들도 차례로 뿌리 채 없앨 것인 즉 비탄에 빠져 경직된 인민들도 생각건대 이를 들어 알고는 틀림없이 과거의 울분을 씻을 것이다. 그곳에 주류하고 있는 군대는 이 조칙을 갖고 춘천부에 둔집(屯集)해 있는 인민들에게 이를 보여 주어서 각각 귀순하여 생업에 안주케 하도록 하라. 무릇 그 두목 된 자 이하 모두 이를 그냥 두고 죄를 묻지 말고 모두 함께 유신(維新)시킨 다음 너희들 군대 대소 무관 및 병사는 즉일로 군대를 되돌려라.[55]

1896년 2월 13일 고종은 내각총리대신서리 겸 내부대신 박정양과 탁지부대신서리 이재정(李在正)의 명의로 민심을 수습하기 위해 미납된 세금을 감면한다는 조칙을 내린다.[56] 같은 날 아관파천을 단행한 이유를 설명하는 조칙도 박정양의 이름으로 내린다.

아, 임금은 백성의 표준이니 백성은 임금이 아니면 무엇에 의거하겠는가? 이 때문에 임금의 일거일동을 백성에게 분명히 보이는 것을 귀하게 여기는 것이다. 그저께의 일을 차마 말할 수 있겠는가? 역괴(逆魁)와 난당(亂黨)의 흉측한 모의는 그 정절(情節)을 숨길 수 없는데 방비하고 제어하는 방법이 혹 소홀할까 염려하여 외국에서 이미 행한 예로 권도(權道)를 써서 짐이 왕태자를 데리고 정동(貞洞)에 있는 러시아 공사관으로 잠시 옮긴 뒤에 왕태후께서는 왕태자비를 데리고 경운궁으로 거동하셨다. 짐이 유사에게 명하여 범인들을 붙잡게 하고 그들이 구속되기를 기다려 즉시 환어하고자 하였는데, 어찌하랴, 범인이 구속될 때에 어리석은 백성들이 폭동(暴動)하여 갑자기 살해하고 남은 범인들은 모두 도망했으므로 민심이 더욱 흉흉해져 안정되지 않았다. 이런 때를 당하여 짐의 소재를 너희 백성들에게 분명히 알리기를 서두르지 않았는데, 지금은 궁정이 무사하고 민심이 예전과 같아졌으니 짐이 다행스럽게 여기는 바이다. 머지않아 환어할 것이기에 이에 분명히 고하노니 너희 백성들은 각자 의심을 풀고 편안히 생업에 종사하라.[57]

2월 17일, 춘천의 폭도들을 진압하러 갔던 군사들이 명령에 따라 한양으로 돌아와 러시아 공사관으로 가서 고종을 알현한다. 고종은 그들에게 약간의 전별금을 준다.[58]

아관파천 소식은 한양의 외교관들과 외국인들 사이에서는 놀라운 사건으로 받아들여진다. 사람들은 이 사건이 곧 러시아와 일본간의 전쟁을 촉발시킬 것으로 예상한다.[59] 미국 공사 실은 흥분한 한양사람들이 폭도로 변할 것을 걱정한다. 그렇다고 「조선 정부에 보호를 요청하는 것은 부질없는 일이다. 그들은 자신들도 보호할 줄 모른다」면서 미군 경비병력을 요청한다. 영국 영사 힐리에 역시 경비병을 요청하고 그날 저녁 제물포에 정박해 있던 「포르포이스(Porpoise)」호의 벤슨(Benson) 중위

와 16명의 해병이 12일 한양에 도착한다.[60]

그러나 한양은 주재관들의 예상과 달리 곧바로 평온을 되찾는다. 프랑스 영사 르페브르는 「한양 사람들은 궁중정변과 쿠데타에 하도 익숙해서 유럽에서 일어났다면 나라가 뒤집어졌을 만한 일도 종국에는 마치 아무렇지도 않은 듯이 받아들인다」고 본국에 보고한다.[61]

7. 개혁의 중단

조선에 파견되었던 일본의 군사교관들은 모두 본국으로 송환된다. 조선 정부에서 일하던 일본인 고문들의 계약들도 종료된다. 일본의 차관과 철도부설권 협상도 모두 중단된다. 그러나 러시아는 일본의 공백을 메꾸려 하지 않는다. 개혁에 대한 사대부 등 기득권층으로부터의 반격이 시작되는데도 베베르와 스페예르는 움직이지 않는다.

조선 주재 미국 공사 실과 영국 영사 힐리에는 각각 본국정부에 보내는 보고서에서 고종은 환궁을 할 기미가 전혀 없으며 조선의 내각은 여전히 매일 러시아 공사관에서 회의를 한다고 한다. 이재면 후임으로 궁내부대신에 임명된 이재선을 제외한 조선의 모든 각료들은 러시아 공사관에서 생활한다. 고종을 알현할 때가 아니면 이들은 러시아 공사관의 방에 함께 모여 있는다. 각료 중 두 명은 러시아 공사관과 맞닿아 있는 미국선교사 거주지 경내의 집에 세를 든다.[62]

고종이 환궁을 두려워하는 것은 나름 근거가 있었다. 「상투폭동」은 여전히 전국적으로 이어지고 있었다. 폭도들의 분노는 전임 내각과 일본을 향한 것이었지만 나라는 무정부 상태였다. 「소시(壯士)」라고 불리는 일본 폭력배들은 상황을 더욱 악화시킨다. 아관파천으로 격앙된 이들은 도처에서 폭력을 행사하고 다닌다. 일본 정부의 명령도 따르지 않는다. 조선 현지의 일본 신문들은 국왕이 외국공사관에 피신해 있다는 것은 조선의 치욕이라면서 여론을 자극하고자 한다.[63]

윤치호는 2월 14일 일기에 다음과 같이 쓴다.

나는 비록 초가삼간일지라도 전하와 내각이 조선의 집으로 옮겨가야 된다고 설득하느라 온갖 노력을 다 했다. 물론 전하는 신변경호가 잘 되고 있는 러시아 공사관을 떠나려 하지 않는다. 폐하가 일본 측을 두려워하고 증오하는 것도 이상한 일은 아니다. 일본인 교관들은 폐하의 경호를 위해 훈련받으며 봉급을 받는 병사들(조선인)이 고종을 배반하도록 유도했다. 전하를 경호한다는 그럴듯한 목적으로 궁궐 앞에 주둔하고 있는 일본 병사들이 그들을 공격했다. 고종에게 신임장을 바친 일본 공사가 음모를 꾸몄고 왕후를 살해했다.[64]

미국 국무장관 올니(Richard Olney, 1835.9.15.-1917.4.8.)는 러시아가 일본이 시작한 개혁을 폐기시키고 조선을 직접 통치하지는 않는지 주한 미국 공사 실에게 묻는다. 실은 3월 2일 보낸 답신에서 단발을 더 이상 의무화하지 않는 것을 제외하고는 일본이 갑오경장을 통해 시작한 개혁안 중에 폐기된 것은 없으며 러시아가 개입하고 있다는 증거도 없다고 한다.

영국의 영사도 지금까지 러시아가 보여온 태도에 만족하고 있으며 제가 알고 있는 것은 고종과 내각이 중요한 문제에 있어서는 러시아와 상의한다는 것 정도입니다.[65]

올니 미 국무장관

실은 또한 을미사변에 대한 수사도 법무대신이 진행하고 있으며 베베르의 제안으로 미국인 법무고문 그레이트하우스(Clarence Ridgley Greathouse, 1846.9.17.-1899.10.21.)가 공정한 수사와 재판을 위하여 노력하고 있다고 한다. [그레이트하우스가 수사와 재판 결과를 바탕으로 제출한 보고서에 대해서는 제IV권, pp. 742-744 참조]「현재 러시아의 정책은 러시아인이 아니더라도 똑똑하고 평판이 좋은 외국인 고문들을 새 내각에 임명하고자 하는 것이 자명합니다」라고 보고한다.[66]

힐리에 영국 영사도 본국에 유사한 내용을 보고한다. 베베르가 자신은 조선 내정에 개입 안 한다고 하지만 그가 고종과 내각에 자문을 해주고 있는 것으로 보인다며 힐리에는 이것이「오히려 당연한 것」이라고 한다. 그 이유는「고종과 그가 임명하는 대신들이 외국인들의 자문, 때로는 강제 없이 나라를 다스린다는 것은 불가능한 일이기 때문입니다」라고 한다. 힐리에는 고종이 베베르의 제안에 따라 영국인 해관장 브라운(MacLeavy Brown, 1835.11.27.-1926.4.6.)을 불러 브라운이 보는 자리에서 탁지부대신 윤용선(尹容善, 1829-1904)에게 탁지부가 발행하는 모든 화폐는 브라운이 공동 서명해야만 한다고 명했음을 보고한다. 힐리에 는 이것이 「러시아가 영향력을 이용해서 조선에서 배타적인 정책을 추 구하지 않을 것이라는 베베르의 말을 가장 확실하게 뒷받침해 줍니다」 라고 한다.[67]

아관파천 직후 스페예르는 일본에 간다. 니콜라이 2세 대관식 참석차 히트로보 주일본 러시아 공사가 일시 귀국하게 되자 일본 대리공사직을 맡기 위해서였다. 따라서 조선에서 러시아를 대표하는 것은 베베르였 다. 베베르는 배타적인 정책을 취하지는 않지만 갑오경장을 통해 이루 어진 근대개혁이 후퇴하는 것을 막지도 않는다.

1894년 여름 일본이 시작한 갑오경장은 과거제 폐지 등을 통해 조선 양반사대부계층의 권력독점 체제를 무너뜨렸다. 그러나 아관파천으로 일본의 영향력이 급격히 줄어들자 양반사대부들이 반격을 시작한다. 해 관장 브라운은 개혁이 무산되지 않도록 베베르가 고종에게 압력을 행사 할 것을 종용하지만 베베르는 움직이지 않는다. 힐리에 영국 영사는 베 베르의 행태를 신랄하게 비판한다.

베베르씨의 행동, 아니 부동(不動)은 이해하기가 어렵습니다. 일본인들이 잘 못한 것이 있고 자국의 이익만 추구한 것은 사실이지만 일본이 조선에서 추 진한 개혁은 전체적으로 조선에 이익이 되는 것 또한 분명한 사실입니다. 이 제 러시아의 묵인하에 과거의 잘못된 관행들이 되살아 난다면 이는 베베르 에 대한 평판에도 좋지 않은 영향을 미칠 것입니다. 제가 보기에 베베르는 본국정부로부터 확실한 훈령이 없는 한 자신의 영향력을 어떻게 행사해야 좋을지 모르는 것 같고 동시에 그의 유순한 성격으로 인하여 내무대신 남연철과 같은 모략자들에 의해서 이용당하고 있습니다.[68]

러시아의 여론 역시 베베르에 대해 비판적이었다. 『노보에 브레미아』 신문은 베베르의 「놀라운 무관심」으로 인하여 미우라가 민비를 시해하는 못된 일을 저지를 수 있었다고 비판하면서 베베르 때문에 하마터면 「조선을 잃을 뻔」했다고 한다. 반면 스페예르는 「외교 전장에서 일어나는 전투들을 독수리의 눈으로 살펴보면서」, 고종을 도와 그가 「러시아 독수리의 강력한 보호 아래」 탈출할 수 있도록 도왔다고 한다. 이제 스페예르가 임시로 일본에 가 있는 사이 베베르가 러시아 공사관의 전권을 행사하면서 「스페예르가 짧은 기간 동안에 쌓았던 좋은 일들은 베베르에 의해서 곧 다 망치게 될 것」이라고 보도한다.

그러면서 베베르가 실패하는 것은 「그의 의도가 나빠서가 아니라 조선인에 대한 그의 과도한 사랑 때문」이라고 한다. 베베르는 「조선인에 대한 동정심을 품을 수밖에 없을 정도로 조선에 너무 오래 살았다」면서 「우리가 볼 때 그의 마음은 오직 그들(조선사람들)의 안녕에만 관심이 있다. 그리고 러시아가 조선으로부터 특혜를 받아내려고 하면 그는 우선적으로 조선 정부의 이해관계를 챙긴다.... 그러나 자선은 한 국가의 정책이 될 수 없다」고 한다.[69]

반면 일본은 베베르의 방식을 내심 좋아했다. 일본도 러시아 외교관 중 베베르만큼 조선을 잘 알고 조선사람들과 가까운 사람이 없다고 생각했지만 동시에 우유부단하고 비전이 없으며 사태에 끌려 다니는 사람이라고 생각했다. 일본의 신문들은 동아시아의 평화를 지켜낼 수 있

는 사람은 베베르 뿐이라면서 그가 오랫동안 조선에 머물기를 바란다고 쓴다.[70]

8. 고종의 보호령 요청

러시아 정부도 예상했던 것 보다 급격하게 러시아가 조선의 정국을 장악하자 놀란다. 그러면서도 독단적으로 행동해서는 안 된다는 점을 명확히 안다. 러시아가 조선에 대한 간섭의 수위를 높일수록, 특히 조선을 보호령으로 만들거나 다른 방식으로 러시아에 대한 의존도를 높이려고 할 경우 일본과의 무력충돌은 불을 보듯 뻔한 일이었다. 이는 당시 극동의 러시아군 전력으로는 감당할 수 없는 일이었다. 영국 역시 가만히 있지 않을 것이 분명했다. 그리고 러시아가 과도한 간섭을 하거나 이권을 따내려고 한다는 인식이 조선 사람들 사이에 퍼지기 시작하는 순간 저항에 부딪치게 될 것 역시 분명했다.

러시아 정부는 인내하면서 자제력과 균형감각을 잃지 않는 것이 무엇보다 중요하다는 사실을 정확히 인식하고 있었다.[70] 스페예르와 베베르 역시 상황을 인식하고 갑오경장을 전후로 한 일본의 정책을 반면교사로 삼아 조선 내정에 가급적 개입하지 않으면서도 영향력을 유지할 수 있는 방안을 모색한다.

아관파천 4일 후인 2월 15일 프랑스 영사 르페브르를 만난 스페예르는 다음과 같이 말한다.

사람들은 국왕전하가 일본의 영향으로부터 벗어나는 즉시 이번에는 러시아의 포로가 되었다고 하겠지만 이는 전혀 틀린 얘기입니다. 국왕전하는 러시아 공사관에 들어온 이후로는 완전히 자유롭게 행동하고 있습니다. 국왕전하는 보고 싶은 사람은 아무나 불러서 만날 수 있고 새 대신들을 뽑는데 있어서도 나는 어떠한 영향력도 행사하려고 하지 않았습니다. 며칠 안으로 전국의 정황에 대한 보고가 들어오고 이번 사태에 대한 반응이 어떤지 파악하게 되면 곧바로 공사관을 떠날 것이고 국왕전하는 우리의 어떤 간섭도 받지 않으면서 마음대로 각료들과 나라를 다스리게 될 것입니다. 러시아는 국왕전하를 일본의 영향력으로부터 빼내서 자유롭게 행동할 수 있도록 했다는 사실에 만족합니다. 일본도 이번사태를 순리대로 받아들이는 지혜를 발휘하길 바라고 있습니다.[72]

그러나 르페브르는 조선에 대한 러시아의 정책이 「매우 관대한 것은 확실하지만 전혀 현실적이지 않다」고 본국에 보고한다. 조선이 자치능력이 없기 때문이라고 한다.

조선 사람들은 자신들을 다스릴 능력이 전혀 없으며 누군가가 강한 손길로 그들을 이끌어야 합니다. 그들을 자신들 마음대로 하게 내버려두는 것은 그 나라를 영원한 혼란과 무정부상태에 방치시키는 것과 마찬가지입니다.[73]

가장 시급한 문제는 고종의 환궁이었다. 스페예르와 베베르는 고종이 러시아 공사관에 머무는 기간이 길어질수록 반-러 감정이 커질 것임을 잘 알고 있었기에 고종에게 새 내각이 결성되는 대로 환궁하는 것이 좋겠다고 한다. 그러나 고종은 거절한다. 스페예르는 2월 19일 본국 외무성에 다음과 같이 보고한다.

> 국왕이 별다른 이유 없이 러시아 공사관에 머무는 기간이 길어질수록 여론이 악화될 수밖에 없으며 여론을 진정시키기 위해서는 하루빨리 환궁을 해야 한다고 국왕에게 진언할 때마다 국왕은 궁궐을 러시아 군사들이 경비하지 않는 한 환궁할 수 없다고 답합니다.[74]

고종은 자신이 러시아 공사관을 나오는 순간 일본이 다시 정권을 장악하려고 호시탐탐 노리고 있다고 생각한다. 스페예르와 베베르는 악화되는 여론과 일본의 거센 비난에도 불구하고 어쩔 수 없이 고종이 러시아 공사관에 계속 체류하도록 할 수밖에 없었다.[75]

고종은 아관파천 직후 러시아가 조선에 보다 강하게 개입해줄 것을 요청한다. 스페예르와 베베르에게 조선의 운명을 믿고 맡길 수 있는 것은 러시아뿐이라며 러시아도 「극동의 국경지대에 완전한 독립국이면서도 결코 끊을 수 없는 감사의 마음으로 엮인 나라」를 이웃으로 갖고 있는 것이 유리할 것이라고 한다. 뿐만 아니라 일본이 조선을 노예국으로 만드는 것도 막을 수 있다고 한다.[76]

고종은 러시아가 조선의 내각 회의마다 참석하여 조선 대신들을 지도할 수 있는 지도자와 조언을 해줄 수 있는 「상임고문」을 임명해 줄 것도 요청한다. 특히 재정적인 자문이 중요함을 강조한다. 러시아의 재정적 지원을 원한다는 뜻이었다. 조선 군대의 육성도 러시아에 전적으로 맡기겠다고 한다.[77] 고종은 이로써 조선을 명실상부한 러시아의 보호령으로 만들겠다는 의도를 분명히 한다.

스페예르는 조선을 러시아의 보호령으로 만들어 달라는 고종의 요청을 담은 전문을 2월 15일 보내지만 단발령에 반발하는 「상투폭동」으로 도쿄와의 전보망이 끊기면서 전문은 2월 22일에나 상트페테르부르크에 도착한다. 고종은 스페예르에게 계속해서 답이 왔는지 묻는다. 본국 정부로부터 답이 없는 상황에서 스페예르는 답을 할 수 없었다. 2월 21일 스페예르는 로바노프 외상에게 고종의 요청에 대한 답이 없는지 묻는다.[78]

스페예르가 1월 말 군사를 한양에 파병해줄 것을 요청했을 때도 반대하였던 주일 러시아 공사 히트로보는 이번에도 스페예르의 제안에 제동을 건다. 그는 러시아의 재정, 군사고문들을 조선에 파견하는 것은 시기상조라고 한다. 러시아가 그러한 움직임을 보일 경우 일본은 보다 적극적인 정책을 강구할 수밖에 없을 것이고 이는 다른 열강들의 개입을 연쇄적으로 불러올 것이라고 한다. 더구나 일본은 조선 문제에 있어서 러시아와의 직접적인 협상을 통해 타협점을 찾고자 하고 있는 시점에 섣불리 움직일 필요가 없다고 한다.

히트로보는 장기적으로도 조선이 러시아의 손아귀에서 빠져나가는 일은 결코 없을 것이라고 한다. 주일 러시아 무관 워각(Wogak) 대령도 같은 날 러시아 참모부에 전문을 보내 조선에 러시아 군사교관을 파견하는 것은 지금까지 아관파천을 비교적 침착하게 받아들이고 있는 일본을 불필요하게 자극할 것이라고 경고한다.[79]

러시아 정부는 아관파천으로 일본이 조선을 장악하는 것을 저지한다는 전략적 목표는 달성했다고 결론을 내리고 조선에 대한 개입을 증대함으로써 일본과의 갈등을 불러오는 것보다는 일본과의 관계를 잘 조정해 나가는 것이 중요하다고 결론 짓는다. 로바노프 외상은 2월 24일 스페예르에게 전문을 보내 러시아 정부가 고종에게 자문을 해줄 수는 있지만 혼란스러운 상황을 고려할 때 「지금 시점에서 공식적인 재정고문과 군사고문을 파견하는 문제를 제기하는 것은 시기상조」라고 한다.[80]

그러나 스페예르는 조선을 러시아의 보호령으로 만들고자 하는 고종의 계획을 적극 지지한다. 2월 28일 본국에 보낸 전문에는 러시아가 일본 등의 열강들과 갈등을 피하기 위해서 조선의 보호자 역할을 거부하고 적극 개입하지 않을 경우 조선의 상황은 걷잡을 수 없이 악화되어 결국은 개입할 수밖에 없게 될 것이라고 한다. 그러나 뒤늦게 어쩔 수 없이 개입할 경우에는 별다른 이득도 없을 것이라고 한다. 반면 조선이 적극적으로 러시아에 의탁하고자 할 때 개입해서 돕는다면 앞으로 상황이 악화되는 것을 막을 수 있을 뿐만 아니라 극동, 나아가서 태평양에서의 입지를 강화할 수 있을 것이라고 한다. 일본의 반응을 걱정하는 사람들도 있지만 일본에게 무역특혜와 조선을 개혁하는데 재정적인 역할을 준다면 얼마든지 타협할 수 있을 것이라고 한다.[81]

아관파천을 이용해 러시아가 조선에 적극개입해야 된다고 생각한 것은 스페예르 뿐만이 아니었다. 1895년 12월에서 1896년 1월까지 한 달간 조선을 시찰한 러시아 참모부의 알프탄(Al'ftan) 중령은 러시아 해군이 찾고 있는 부동항은 만주에서 찾기보다 조선에서 찾는 것이 훨씬 유리하며 「조선사람들과 그들의 불행한 운명에 대한 인류애적 감상 없이」 조선을 러시아의 보호령으로 삼을 것을 제안한다. 아무르 러시아군사령관 그로데코브(N. I. Grodekov) 소장도 일본이 조선을 장악해서 동해를 일본의 내해로 만들어 버리기 전에 러시아가 먼저 조선을 장악할 것을 종용한다.[82]

제2장

러시아의 순간

제2장

러시아의 순간

아관파천으로 조선에서 일본의 영향력은 하루아침에 증발한다. 일본과 러시아 간의 외교관계가 단절되었다는 소문이 파다하였고 러시아와 청이 동맹을 맺어 조선을 일본의 손아귀로부터 빼 낼 것이라고, 또 인천, 부산, 한양에 일본인 거주지들이 불탔다는 소문도 파다했다. 러시아 공사관으로 피신한 고종은 친일 관료들을 해임하고 친러, 친미 관료들을 내각에 임명한다. 1895년 정부 각부처에 임명되었던 일본 고문들은 모두 해임되고 일본 장교들이 훈련하던 부대들 역시 해산된다. 조선 정부에 남아 있던 대표적인 개화파 김홍집, 어윤중, 정병하 등은 폭도들에게 처참하게 살해당한다.[1]

일본 정부는 상황을 역전시킬 방법이 없었다. 고무라 주타로(小村壽太郎, 1855.10.26.-1911.11.26.) 신임 주조선 일본 공사는 본국정부에 전문을 보내 일본의 선택은 두 가지뿐이라고 한다. 첫째는 조선을 열강들의 공동 관리 하에 두는 것이고 두번째는 러시아와 타협하는 것이라고 한다.[2] 그러나 러시아 외에는 일본과 함께 조선을 공동 관리하는데 관심을 가진 열강은 없었다. 남은 것은 러시아와 타협하는 길뿐이었다.[3]

러시아와 일본은 조선문제에 대한 타협점을 찾기 위해 아관파천 이전부터 대화를 이어오고 있었다. 그러나 러시아가 주도한 삼국간섭에 대해 분노하고 있던 일본의 여론은 러시아와의 타협을 용인하지 않는다. 일본 의회 내의 반-러시아 정서는 강했고 야당들은 정부가 청일전쟁을 통해 소기의 목적을 달성하지 못하였다고 규탄하는 안을 상정한다. 1896년 초 이토는 의회를 정회시키고 결국 보다 적극적인 대 러시아 정책을 요구하던 이타가키 다이스케(板垣退助, 1837.5.21.–1919.7.16.)의 지유토(自由党, 자유당)와 타협하는 수밖에 없었다. 이토는 결국 육군 6개 사단을 추가로 증강하는 예산을 통과시킨다. 러시아와의 전쟁을 염두에 둔 것이었다.[4]

그러나 러시아와 타협점을 찾으려는 노력은 계속된다. 3월 초 고무라와 베베르가 협상을 시작한다. 일본은 고종이 러시아 공사관에서 나올 것을, 러시아는 일본군이 조선에서 나갈 것을 요구한다. 5월 1일 고무라와 베베르는 비밀각서에 합의한다. 일본은 현상유지에 합의할 수밖에 없었다. 고종이 임명한 친러, 친미 내각을 그대로 유지할 뿐만 아니라 고종 본인이 환궁하는 것이 안전하다고 생각할 때까지 러시아 공사관에 남는데 합의한다. 러시아는 조선에 군 4개 중대를 주둔시킬 수 있게 된다. 일본 역시 군 4개 중대를 주둔시킬 수 있고 그 중 2개는 한양에 주둔할 수 있게 한다. 또한 순사 1개 중대가 한양-부산 전보선을 보호할 수 있게 된다. 정치적으로는 러시아에게 유리한 타협안이었다. 일본은 군사적 균형을 맞추는 것에 만족해야 했다.[5]

일본은 「고무라-베베르 비밀각서」에 만족하지 않고 보다 유리한 조건의 합의를 도출하기 위해서 러시아와 계속 협상을 시도한다. 추가 협상의 기회는 차르 니콜라이 2세 대관식이 제공한다. 일본은 야마가타 아리토모를 대관식 특사로 파견하는 동시에 러시아 최고위층과 직접 조선문제에 관한 비밀협상을 진행하도록 한다.

야마가타 아리토모

야마가타는 1896년 5월 17일 모스크바에 도착하여 5월 26일 대관식에 참석한 후 수차례의 협상을 거쳐 1896년 6월 9일 「야마가타-로바노프 협정」을 체결한다. 야마가타가 러시아 측에 제시한 합의안 초안에는 러시아와 일본이 공동으로 조선의 독립을 보장한다는 조항이 포함되어 있었지만 이는 최종안에는 포함되지 않는다. 최종안은 러시아와 일본이 공동으로 조선을 보호령으로 만드는 대신 조선이 재정을 개혁하고 근대 경찰과 군대를 양성하도록 도울 것, 그리고 전보망을 유지할 것 등에 합의한다.

그러나 대외적으로 공개되지 않은 비밀 합의 조항에는 1) 일본과 러시아는 양국 간의 합의 하에 조선에서 서로 충돌하지 않도록 분리된 지역에 군대를 파병할 수 있고 2) 믿을 만한 조선 왕궁 경비대가 편성될 때까지 고종은 러시아 공사관에 남고 3) 조선이 자체적인 군사력과 경찰력을 갖출 때까지 고무라-베베르 비밀각서에서 합의한 양국의 조선 파병 숫자를 유지할 것 등이 포함된다.[6]

러시아는 야마가타와 로바노프가 협상을 진행하고 있는 와중에도 니콜라이 대관식에 조선 대표로 참석한 민영환과 비밀 협약을 맺는다. 조선과 러시아는 고종이 러시아 공사관을 떠난 후에도 고종을 보호할 것, 러시아 장교들을 파견하여 조선의 육군과 궁성 경비대를 훈련시키고 러시아 재정 고문도 파견할 것에 합의한다. 이에 더하여 차관을 제공할 것과 전보선을 추가로 부설할 것도 약속한다.[7]

그 대가로 러시아는 조선으로부터 수많은 이권(concession)을 받아낸다. 이미 4월에 함경도에 탄광 채굴권을 받아냈고 9월에는 블라디보스톡의 상인 브리너(Iulii Ivanovich Briner)가 울릉도와 압록강 유역 벌채권을 딴다. 러시아 참모부는 8월에 스트렐비츠키 대령(Colonel Strel'bitski)를 조선에 군사고문으로 파견하고 포코틸로프(D.D. Pokotilov)를 재정고문으로 파견한다. 러시아 장교와 부사관들도 파견하여 조선 육군을 재편하기 시작한다. 러시아는 1894-1895년 이노우에 가오루가 조선의 정정을 장악하기 위하여 사용한 방법을 그대로 따른다.[8] 조선은 고종의 뜻대로 러시아의 보호령이 되어가고 있었다.

1. 이토-히트로보 대화

갑오경장이 난관에 봉착하면서 일본은 아관파천 이전부터 러시아와의 대화를 적극적으로 추진한다. 일본 정부는 1895년 12월부터 러시아 정부에 조선과 관련하여 양국 간에 갈등을 야기할 소지가 있는 모든 문제들을 대화를 통하여 해결할 용의가 있다는 신호를 여러 차례 보낸다. 주일 러시아 공사 히트로보(Mikhail Alexandrovich Khitrovo, 1837.2.13.-

1896.7.12.)는 본국에 「조선 문제에 있어서 일본 정부는 온건함과 절제를 보이려는 경향이 있다」고 보고한다.[9]

일본 총리대신 이토 히로부미와 외무대신 서리 사이온지 긴모치(西園寺公望, 1849.12.7.-1940.11.24.)는 1896년 1월 주일 러시아 공사 히트로보를 수 차례 만난다. 이토와 사이온지는 일본이 조선에서 처한 난관을

미하일 히트로보 주일본 러시아 대사

헤치고 나갈 수 있는 유일한 방법은 러시아와의 포괄적인 합의뿐이라고 누누이 강조한다.[10]

아관파천 당일인 2월 11일에도 파천 소식이 전해지기 전 이토는 히트로보를 2시간 동안 만나 조선문제에 대한 대화를 나눈다. 이때 히트로보는 일본과 러시아가 합의에 도달하기 위해서는 우선 조선 정국을 을미사변 이전 상태로 되돌려 놓아야 할 것이라고 한다. 고종에게 통치권을 되돌려주라는 뜻이었다. 이토는 고종이 절제력이 없고 그가 임명한 내각은 현 정국을 돌파할 능력이 없기 때문에 그에게 모든 권력을 되돌려주는 것은 위험하다며 급격한 변화는 조선 내의 권력투쟁을 더욱 격화시킬 것이라고 한다.[11]

히트로보는 고종이 내각을 임명할 권리조차 없다는 것은 조선이 독립국이 아니라는 뜻이라고 반박한다. 이토는 일본이 조선 내정에 원래 의

이토 히로부미   사이온지 긴모치

도했던 것보다 깊이 간여하게 되었음을 시인하면서도 상황상 어쩔 수
없었다고 한다.

> 우리는 조선이 독자적인 힘으로 유지해 나갈 수 있을 것이라고 진정으로 믿
> 었지만 현실은 결코 그렇지 않음을 보여주었습니다. 우리는 조선이 외부의
> 도움 없이는 존속할 수 없다는 사실을 직시해야 합니다.[12]

히트로보가 조선의 상황을 이렇게 만든 일본이 먼저 협상 제안을 해
야 한다고 하자 이토는 시간이 좀 더 필요하다고 한다. 특히 조선에 갓
부임한 스페예르와 주조선 일본 공사 고무라와의 얘기를 들어본 후 양
국간의 합의를 어떻게 도출하는 것이 좋을지 윤곽을 잡을 수 있을 것이
라고 한다.[13]

이어서 외무대신 서리 사이온지를 만난 히트르보는 조선의 파벌들이 러시아와 일본 간의 알력을 이용하고 있음을 알고 있다면서 「고종은 아무런 원칙도 없고 대화 상대에 따라 여러가지 상충되는 얘기들을 하는 사람」이라고 한다. 그는 러시아와 일본은 이를 염두에 두고 조선 사람들의 말에 현혹되어서는 안 될 것」이라고 한다. 히트르보를 만난 직후 사이온지는 스페예르와 베베르 등 조선의 러시아 외교관들과 긴밀하게 연락하라는 훈령을 고무라에게 보낸다.[14]

2. 일본-독일-러시아 대화

아관파천 소식이 전해진 나흘 뒤인 2월 15일 주일 독일 공사 구트슈미트를 만난 이토 히로부미는 아관파천이 베베르와 스페예르의 작품이었을 것이라고 한다. 아직 기초적인 정보 밖에 없지만 일본 공사 고무라가 전혀 낌새를 알아채지 못한 것을 보면 놀라울 정도로 잘 수행된 작전이었다고 한다. 이토는 일본이 조선에 대한 내정불간섭 원칙을 고수하겠지만 일본군사를 조선으로부터 철수시키는 것은 독일도 동의하듯이 점진적이어야 할 것이라고 한다. 아관파천이 조선 정국에 어떤 영향을 미칠지에 대해서는 본인도 아직 알 수 없다고 한다.[15]

구트슈미트는 이토에게 일본과 러시아가 조선문제에 대해서 잠정적인 합의라도 할 수 있었으면 좋겠다고 한다. 이토는 현재까지 일본과 러시아가 합의한 내용은 조선 주재 일본, 러시아 외교관들이 서로 긴밀하게 의견을 교환하도록 한 것밖에 없다고 한다. 특히 고종이 무슨 말을 했는지를 서로와 공유하기로 했는데 이는 고종이 러시아 공사에게 하는 말과 일본 공사에게 하는 말이 전혀 다를 경우가 많아 늘 일본과 러시아 양국 간에 오해와 갈등의 소지를 제공해 왔기 때문이라고 한다. 그러나 이러한 임시조치 말고 조선의 미래에 대한 보다 포괄적이고 확실한 합의는 없었다고 한다. 다만 조선 조정은 이번 사건(아관파

구트슈미트 주일본 독일 공사

천)을 통해서도 또 다시 외세에 의존하는 모습을 보임으로써 조선의 완전한 독립은 사실상 불가능함을 보여주었다면서 일본은 조선 정국이 예측 불가능하기 때문에 상황에 따라 유연하게 대처할 수 있는 공간이 필요하다고 한다.[16]

이토는 주일본 러시아 공사 히트로보를 통해 러시아 외상 로바노프에게 일본은 러시아나 조선을 상대로 적대적인 행동을 취할 의사가 전혀 없음을 분명하게 전달했다고 한다. 그러면서 아관파천을 이용하여 일본의 정치인들과 언론이 소요사태를 조장하는 것을 막기위해서 의회도 10일간 정회 시켰다고 한다. 이토는 일본인들이 대외정책에 대해서는 아직 성숙하지 못해서 자유로운 토론을 허용할 경우 내분으로 이어질 가능성이 높기 때문에 철저하게 다스릴 필요가 있다고도 한다.[17]

사이온지 외무대신 서리는 그날 저녁 황궁에서 열린 만찬에서 구트

슈미트 독일 공사에게 러시아 정부가 아관파천 계획을 사전에 알고 있었고 허락한 것이라고 생각하는지 묻는다. 구트슈미트는 주저 없이 자신은 아니라고 생각하고 히트로보도 전혀 몰랐을 것이라고 하자 사이온지는 무척 안도하는 모습이었다고 본국에 보고한다.[18]

새토우 주일본 영국 공사

주일 독일 공사 구트슈미트는 2월 17일 오후 주일 러시아 공사 히트로보를 만난다. 히트로보는 일본의 언론보도를 볼 때 일본이 아관파천 소식을 비교적 침착하게 받아들이고 있고 일본 정부도 매우 신중한 모습을 보이고 있다고 한다. 구트슈미트는 본국에 보내는 보고서에 히트로보가 아관파천으로 인하여 러시아와 일본이 조선문제에 대해 오히려 더 신속하게 합의에 도달할 수 있게 되었다고 생각한다고 한다.[19]

2월 15일 이토는 독일 공사 구트슈미트와의 대화내용을 영국 공사 새토우에게 전한다. 새토우는 러시아 정부가 절대 하지 않을 것이라고 한 일을 현지에 있는 관리가 과욕을 부려서 하고 나면 「엎질러진 물(fait accompli)」이라 어쩔 수 없다는 행태를 보여왔다고 한다. 새토우는 일본 정부가 아관파천을 이미 엎질러진 물이라고 받아들이고 있다고 본국에 보고한다.[20]

주러시아 일본 공사 니시 도쿠지로(西德二郎, 1847.9.4.-1912.3.13.)는 2월 15일 러시아 외상 로바노프를 만나 상황을 알아보려고 하지만 로바노프 본인도 제대로 된 정보를 받지 못하고 있는 상황이었다. 로바노프는 2월 16일 니시에게 조선의 공사관으로부터 받은 전문 3통을 보여준다. 전문들은 2월 11일, 12일에 송출되었지만 단발령에 반대하는

니시 도쿠지로 주러시아 일본 공사

소요로 전보케이블이 끊겨서 15일에나 도착한 것들이었다. 그러나 이 세 전보도 아관파천에 대한 내용은 없었다.

로바노프는 니시에게 고종이 러시아 외교관들의 도움을 요청한 것 같다고 한다. 스페예르가 적극 개입한 것인지 니시가 묻자 로바노프는 그렇지 않다고 생각한다면서도 솔직히 정확히는 아직 알 수가 없다고 한다. 로바노프는 그러면서 러시아 정부는 조선의 정국이 하루빨리 외세의 개입없이 안정을 되찾기를 바란다고 한다.[21] 니시는 로바노프가 조선의 상황을 전혀 모르고 있으며 러시아 정부는 아관파천에 대해 사전에 모르고 있었다고 본국에 보고한다.[22]

2월 19일 대원군의 손자 이준용과 주차 일본 공사관 2등참서관(駐箚日本公使館二等參書官) 박용화(朴鏞和, 1871-1907), 어윤중의 이복동생 어윤적(魚允迪, 1868.8.25.-1935.2.3.)등이 새토우를 찾아간다. 이들은 러시아가 조선

을 합병시키고자 한다면서 영국이 조선을 도울 수 있냐고 묻는다. 새토
우는 영국이 러시아를 조선으로부터 축출하는 일은 있을 수 없다고 한
다. 「특히 국왕이 자발적으로 그들에게 의탁하고 정의가 러시아 편인 상
황」에서 「일본이 조선을 차지하는 것을 막기위해서 러시아가 조선의 독
립을 무너뜨릴 일은 없을 것」이라고 말하여 돌려보낸다.[23]

3. 열강들의 반응

일본 정부는 아관파천 발생 직후 1주일 동안 사태에 어떻게 대응할
지 집중 논의한다. 이토 총리대신과 와병중인 무츠 외무대신은 다른 열
강들을 개입시켜 러시아와 일본이 조선문제에 대한 합의를 도출할 것
을 주장한다.[24]

2월 17일 가토 다카아키(加藤高明, 1860.1.3.-1926.1.28.) 주영국 일본 공
사는 솔즈베리(Robert Arthur Talbot Gascoyne-Cecil, 3rd Marquess of Salisbury,
1830.2.3.-1903. 8.22.) 영국 수상 겸 외상에게 조선에서 일어난 상황에 대
해서 받은 정보가 있는지 묻는다. 가토는 아관파천 직전에 러시아 해병
들이 한양에 진주했다는 사실에 비추어볼 때 주조선 러시아 공사가 개
입된 것이 분명하다고 한다.

2월 19일 가토는 사이온지 외무대신 서리의 훈령에 따라 이번에는 솔
즈베리 수상에게 단도직입적으로 영국의 입장을 묻는다. 솔즈베리는 영
국 정부는 아직 입장을 정리하기에 필요한 최소한의 정보도 없다고 한
다. 그러면서 가토의 말대로 러시아의 음모였다 하더라도 동원된 러시

가토 다카아키 주영 일본 공사 　　　　　　　솔즈베리 영국수상 겸 외상

아군의 규모가 작은 것을 볼 때 영국이 공식적으로 거론할 만큼 중요한 것 같지 않다고 한다. 그는 오히려 「가장 직접적인 이해 당사자」인 일본의 입장을 묻는다.[25]

　가토는 러시아가 극동에 부동항을 얻고자 하는 문제에 대해서도 솔즈베리의 의견을 묻는다. 솔즈베리는 러시아가 교역을 위한 항구를 찾는 것이고 구매 등 평화로운 방법으로 항구를 얻고자 한다면 영국 정부는 반대할 이유가 없지만 만일 러시아가 군사기지를 건설하거나 다른 나라의 땅을 점령한다면 문제는 달라질 것이라고 한다.[26]

　2월 20일 영국의회 대정부질의에서 애슈미드-바틀렛 경(Sir Ellis Ashmead-Bartlett, 1849.8.24.-1902.1.18.)은 거문도 점령사건때 영국과 러시아가 「어떤 경우에도 조선의 영토를 점거하지 않을 것」이라는 약속이 여전히 유효한지 묻자 영국 외무성은 그렇다고 답한다.[27]

아오키 슈조 주 독일 일본 공사   애슈미드-바틀렛 경

주독일 일본 공사 아오키 슈
조는 주독일 영국대사 라셀에게
러시아의 태평양함대는 이제 일
본 혼자의 힘으로는 도저히 맞
설 수 없을 정도로 커졌다면서
일본과 러시아 사이에 갈등이
생길 경우 영국이 일본편을 들
어줄 것인지 넌지시 묻는다. 아
오키는 러시아가 시베리아횡단
철도를 뤼순까지 연결함으로써

라셀 주 독일 영국대사

랴오둥 반도를 점령할 것이라고
덧붙인다.

라셀이 영국은 뤼순 문제로 러시아와 전쟁을 할 가능성은 없다고 하자 아오키는 러시아가 랴오둥 반도를 취하게 되면 중국의 상황은 완전히 바뀔 것이며 러시아는 결국 조선의 전체 또는 일부를 점령할 것이라고 한다. 이는 일본에게 재앙일 뿐만 아니라 영국에게도 결코 이롭지 않을 것이라고 한다. 그러면서 아오키는 라셀에게 영국, 일본, 청이 함께 러시아의 팽창을 막을 방법을 모색할 것을 종

구리노 신이치로 주오스트리아-헝가리 일본 공사. 후쿠오카 출신으로 미국 하버드 대학에서 법학을 공부하고 주 이탈리아 겸 주스페인 공사, 주프랑스 공사, 주러시아 공사 등을 역임. 1906년 주프랑스 공사관이 대사관으로 승격하면서 초대 주프랑스 일본 대사를 역임

용한다. 그러나 라셀은 별다른 반응을 하지 않는다.[28]

독일정부의 반응도 미적지근했다. 이탈리아 역시 다른 유럽의 열강들과 보조를 맞추어야 한다면서 영국이 러시아에 적극 맞서는 정책을 펼 가능성은 적고 일본은 결국 홀로 러시아에 맞서야 할 것이라고 한다.[29] 오스트리아-헝가리 제국의 외상 골루쵸브스키(Count Agenor Maria Goluchowski)는 갓 부임한 일본 공사 구리노 신이치로(栗野愼一郎, 1851.11.29.-1937.11.15.)에게 오스트리아-헝가리는 극동에 별다른 관심이 없으며 다른 열강들의 의도를 모르기 때문에 뭐라고 해 줄 말이 없다고 한다. 다만 일본이 「신중하고 상식적인」 정책을 추진함으로써 극동의 평화의 한 축을 맡아줄 것을 당부한다.[30]

골루쵸브스키 오스트리아-헝가리 외상

베르텔로 프랑스 외상

소네 아라스케 주프랑스 일본 공사. 조슈번 출신으로 보신 전쟁 참전 후 프랑스 유학. 사법대신, 농상무대신, 대장대신, 외무대신을 역임. 1907년 초대 조선 통감부 부통감, 1909년 이토 히로부미 후임으로 제2대 조선 통감 역임 (1909-1910)

프랑스는 내정문제로 조선문제에 관심을 보일 여지가 없었다. 프랑스 외상 베르텔로(Pierre Eugene Marceling Berthelot)는 주프랑스 일본 공사 소네 아라스케(曾禰荒助, 1849.2.20.-1910.9.13.)에게 자신은 아직 르페브르 주조선 프랑스 영사로부터 공식 보고를 받은 것이 없어 조선문제를 면밀히 살필 기회가 없었다고 한다.[31]

미국의 올니(Olney) 국무장관은 이임하는 구리노 주미 일본 공사에게 러시아의 의도가 무엇인지 모르겠고 조선에 대한 별다른 정책이 없는 미국으로서는 아관파천 문제에 대해 별다른 견해도 없고 개입할 생각도 없다고 한다. 개인적으로는 러시아가 조선을 장악한 것으로 보이고 이는 과하다면서도 러시아와 충돌은 피할 것을 충고한다. 며칠 후 사이온지 외무대신 서리의 훈령으로 구리노는 다시 한번 올니를 찾지만 올니는 조선에 거주하는 미국 시민들을 보호하는 것 외에는 미국 정부가 할 수 있는 일이 없다고 한다.[32]

4. 야마가타-히트로보 대화

열강들이 조선문제에 개입할 의사를 보이지 않자 일본은 러시아와 직접 협상할 수 밖에 없었다. 일본 정부 내에서 러시아와의 타협을 가장 강력하게 주장한 것은 야마가타 아리토모였다. 야마가타는 청일전쟁 개전 이후 줄곧 일본이 중국으로부터 받아낼 수 있는 것을 최대한 받아내야 한다고 주장한다. 특히 중국 강남에 거점을 마련하고 중국을 가로지르는 철도를 건설함으로써 인도까지 연결해야 한다고 주장한다. 일본이 이렇게 팽창하기 시작하면 영국과 마찰을 불러올 것이 분명하기 때문에 영국의 가장 큰 라이벌인 러시아와 협력할 필요가 있다고 한다. 따라서 러시아와 협력을 하거나 동맹을 맺는다면 단기적으로는 조선에서 일본의 이해를 지키고 장기적으로는 일본이 아시아로 팽창해 나가는 것을 방해할 서구열강의 연합을 막을 수 있다고 주장한다.[33]

야마가타는 2월 19일 히트로보 주일본 러시아 공사를 개인적으로 만난다. 히트로보의 보고서에 의하면 야마가타는 조선문제를 해결하는데 있어서 「오직 러시아와의 완벽한 합의를 통해서만」 해결하기를 원하고 있으며 이를 위해 내각을 설득하고 있는 중이라고 한다.

야마가타와 견해를 같이하는 마츠카타 마사요시(松方正義, 1835.3.23. -1924.7.2.)도 히트로보를 찾는다. 마츠카타는 일본의 조선 정책을 강력하게 비판하면서 러시아와의 합의가 필수임을 강조한다.[34] 고무라 주타로 주조선 일본 공사 역시 2월 13일 전문에서 「현 상황을 만회하기 위해서는 무력을 동원하는 방법밖에 없습니다. 그러나 무력을 동원한다면 러시아와의 충돌을 피할 수 없습니다. 그러나 우리가 러시아와 다투기에는 아직 때가 너무 이르다고 저는 믿습니다. 따라서 평화로운 방법 밖에 없다고 저는 확신합니다.」[35]

히트로보는 다음과 같이 본국에 보고한다.

일본 정부는 조선에서 일어난 일들에 대해서 매우 이성적으로, 적절하게, 그리고 합리적으로 반응하고 있습니다. 이번의 실패는 과거 조선정책이 잘못되었기 때문이며 무엇보다도 우리와의 문제가 복잡해지는 것을 막는 것이 중요하며 우리와의 협력만이 현재의 어려운 상황에서 빠져나올 수 있는 유일한 길이라는 것을 잘 이해했습니다.

그러면서 이번 조선문제가 잘 해결이 된다면 그것은 「이 중요한 시점에 메이지 천황의 최고위 측근들이 교만에 빠지지 않고 냉철하게 판단하였기 때문」이라고 한다.[36]

히트로보는 로바노프 외상에게 보낸 개인 서신에서 청일전쟁을 통해서 청이 얼마나 무기력한지 만천하에 드러나면서 이제 청나라는 분할 될 것이 분명하고 따라서 극동에서 러시아의 유일한 상대는 일본이기 때문에 일본에 모든 관심을 집중할 것을 역설한다. 러시아가 극동에서 운신하기 위해서는 일본으로부터의 위협을 제거해야 하며 이를 위해서는 일본과 적시에 어떤 문제에 대해서도 타협을 가능케 하는 합의를 도출해야 할 것이라고 한다. 특히 러시아와 일본 사이에는 조선 문제를 제외하고는 이해충돌이 전혀 없으며 따라서 이 문제를 해결하기 위해 모든 노력을 경주해야 할 것이라고 한다. 히트로보는 이것이 별로 어렵지 않은 이유가 「일본에서 제대로 된 생각을 하는 사람들은 모두 조선이 언젠가는 우리의 영토가 될 것이라는 것을 받아들이고 있기 때문」이라고 한다.[37]

히트로보가 로바토프에게 보낸 보고서의 내용을 본 주조선 러시아 공사 베베르는 히트로보가 「일본의 정책을 실질적인 내용이 아니라 그들 대변인들의 유화적인 겉모습에 기반해서 해석한다」면서 로바노프 외상에게 불만을 표한다.[38]

5. 사이온지-히트로보 대화

2월 19일 사이온지 외무대신서리는 히트로보 러시아 공사를 접견한다. 사이온지는 니시 주러시아 일본 공사가 17일 보내온 전보에 러시아의 해병들이 아관파천 직전에 러시아 공사관에 집결했다는 사실은 한양주재 러시아 외교관들이 무슨 일이 벌어질지 알고 있었음을 보여주지만 러시아 정부와의 사전 교감 없이 일어난 것도 사실이라고 보고했음을 전한다. 사이온지는 러시아 정부도 조선에서 비정상적인 상황이 지속되는 것을 원치 않을 것이며 다른 열강들의 개입 없이 정상이 회복되길 원할 것이라고 한다. 이어서 일본과 러시아 양국 사이에는 조선 주재 양국 외교관들의 실수로 오해가 생기는 일이 일체 없어야 하며 이러한 오해를 예방하는 가장 좋은 방법은 히트로보 본인이 제안했듯이 양국 정부 간에 협약(entente)를 체결하는 것이라고 한다. 사이온지는 협약 체결을 제안하는 동시에 고종이 대신들과 러시아 공사관에 영원히 체류할 수는 없으니 고종의 환궁 문제를 어떻게 할 것인지 히트로보에게 묻는다.[39]

히트로보도 러시아 정부는 아관파천에 대해 사전에 알지 못했다면서 로바노프 외상이 스페예르에게 조선에서 문제를 일으키지 말라는 훈령을 자신을 통해서 보냈지만 그 훈령이 도착하기 전에 사건이 터졌다고 한다. 그러면서 러시아 정부가 조선 정책을 논의하기 위해 히트로보 자신이 일시 귀국하는 것을 기다리고 있다고 한다. 히트로보는 사이온지가 제안한 것을 정부에 전문을 보내겠다고 하면서 러시아 정부도 양국 간 협약을 체결하자는 제안을 기꺼이 받아들일 것이라고 한다. 이어서 러시아와 일본 어느 쪽도 조선을 침략할 의도가 없기에 두 나라 사이의 협약은 필요할 뿐만 아니라 얼마든지 가능하다면서 「러시아가 원하는 것은 조선이 러시아 적국의 무기가 되지 않는 것이다」고 한다. 또한 러시아는 일본이 조선에서 추진하고 있는 개혁에 대해서 반대하지 않지만 조선이 독립국가로서의 역할을 할 줄 모른다는 사실을 염두에 두고 조선을 존속시킬 수 있는 방안을 마련해야 될 것이라고 한다.[40]

2월 23일 히트로보는 로바노프 외상이 보내온 답신을 사이온지에게 전한다. 로바노프는 전선의 불통으로 인하여 러시아 정부는 아직도 조선에서 일어난 사태에 대해 정확히 파악하지 못하고 있지만 양국이 협약을 맺기 위해 조선 주재 러시아와 일본 사절들에게 공동으로 훈령을 보낼 것을 제안한다. 그러면서 일본 정부가 조선의 일본 사절에게 보낼 훈령에 대략 어떤 내용이 담길지 문의한다.[41]

2월 24일 사이온지는 일본이 조선 주재 일본 공사관에 보낼 훈령 초안을 히트로보에게 건넨다. 히트로보는 일본 측의 훈령 초안에 자신의 의견을 첨부해서 본부에 보내겠다고 하면서 일본의 외무성도 니시 공사에게 전문을 보내 러시아 정부에 훈령 초안을 공식적으로 제출하도록 해 줄 것을 요청한다. 일본측의 훈령 내용은 다음과 같았다.

1) 한양의 상황이 평온을 되찾으면서 일본 정부는 고종이 환궁하는 것이 편할 것으로 생각한다. 따라서 러시아 정부가 조선 주재 사절들에게 이를 위한 조치를 취하도록 훈령을 보내주기를 바란다. 고종이 일본군의 향배에 관해 진정으로 걱정한다면 일본 정부는 한양에 주둔하고 있는 일본군이 일본 공사관과 영사관, 일본 시민들의 보호, 그리고 필요에 따라서 고종의 보호를 위해서 있다는 확약을 조선 정부에 해 줄 의향이 있다.

2) 일본 정부는 러시아와 일본이 한양 주재 사절들에게 새로운 내각을 형성할 경우 중립적인 인사들을 임명해 줄 것을 고종에게 주청하기를 바란다.

3) 조선의 관습상 권력을 잡은 측은 정적들에게 매우 잔인한 벌을 내림으로써 복수심을 끊임없이 불러일으킴으로써 나라의 평화를 해친다. 그러므로 일본 정부는 모두의 이익을 위해 조선 주재 일본과 러시아 사절들이 조선 정부로 하여금 이번 경우에는 그런 비인간적인 벌을 내리지 않도록 제안하기를 바란다.[42]

사이온지는 2월 25일 니시 주러시아 일본 공사에게 보낸 전문에 고무라와 베베르 간의 합의문 초안은 급격히 변하는 상황에 대처하기 위한 잠정적인 합의(modus vivendi)이며 보다 포괄적이고 근본적인 협정은 니콜라이 2세 대관식에 특사로 파견되는 야마가타가 직접 협상할 것이라고 로바노프 외상에게 전하도록 한다. 협상단장이 이토 총리가 아닌 야마가타 원수라는 사실을 통보받은 러시아가 놀라움을 표하자 사이온지는 조선의 사태로 의회에서 야당이 정부와 총리를 격하게 공격하고 있으며 따라서 이토 총리는 남아서 정부의 정책과 입장을 변호해야 되는 상황임을 로바노프 외상에게 설명할 것을 니시에게 지시한다.[43]

주일본 러시아 공사 히트로보는 야마가타가 일본의 대표로 대관식에 참석하게 되었다는 소식을 듣고 만족감을 표한다. 히트로보는 일본 정부가 야마가타를 선정한 이유는 이토가 러시아와의 쌍방간 합의를 반대하고 지연시키고자 하는 반면 야마가타는 러-일 협정을 처음부터 지지했기 때문이라고 해석한다.[44]

6. 러시아-일본의 협상 개시

3월 2일 히트로보 공사는 사이온지 외무대신에게 로바노프 외상의 답변을 전한다.

1) 고종은 자신이 원하는 아무 때나 환궁할 수 있고 러시아 공사는 반대하지 않을 것.
2) 러시아와 일본 주재관들은 온건파 대신들을 고종에게 천거하고자 노력할 것이며 고종이 자신의 신하들을 관대하게 대하도록 종용할 것.
3) 러시아와 일본 주재관들은 조선의 전보선을 보호하기 위해서 외국 군대를 주둔시키는 것이 필요한지 더 함께 연구해 보고 만일 필요하다면 병력의 규모는 어느 정도가 좋을지 살펴볼 것.
4) 만일 공사관과 영사관을 보호해야 할 상황이 발생하면 어떻게 대처할 것인지 러시아와 일본 공사관원들은 서로 협의할 것.
5) 위의 사안들에 대한 협상은 상호 선린의 정신으로 진행할 것.

3월 3일 사이온지는 러시아의 답변을 공식적으로 접수한다. 사이온지는 합의안을 곧바로 주조선 일본 공사 고무라에게 보내겠다면서 러시아 정부도 합의안을 주조선 러시아 공사 베베르에게 보낼 것을 요청한다.[45] 히트로보는 3월 6일 일본이 러시아의 안을 받아들이기로 했음을 본국에 알렸고 러시아 외무성은 조선의 베베르에게 그 내용을 전하도록 했다고 사이온지에게 전한다. 그리고 그 전날인 3월 5일 스페예르가 러시아로 일시 귀국하는 자신을 대신하여 대리공사직을 맡기 위해 일본에

도착했다는 사실도 알린다.[46]

3월 12일 고무라는 베베르에게 본국 정부로부터 협상을 시작해도 좋다는 훈령을 받았는지 묻는다. 베베르가 그렇다고 답하자 고무라는 곧바로 합의안 초안을 작성하여 3월 22일 베베르에게 보낸다. 그러나 고무라와 베베르 간의 협상은 그로부터 2달간 지속된다. 문제는 고무라가 원래의 안을 무시하고 일본군의 주둔 규모를 과도하게 정한 반면 러시아군에 대한 부분은 삭제했기 때문이다. 고종의 환궁 문제에 대해서도 고종이 원할 때까지, 그가 안전하게 생각할 때까지 러시아 공사관에 머물게 한다는 내용 대신 러시아와 일본이 상의해서 하루빨리 환궁하도록 한다는 내용을 넣는다.

7. 고무라-베베르 비밀각서

양측은 5월 14일에 「고무라-베베르 각서」에 조인한다. 최종합의안은 다음과 같다.

대러시아국이 조선에 파견한 흠차대신 베베르와 일본이 조선에 파견한 흠차대신 고무라 주타로는 각기 정부 명령을 받들어 조약을 체결한다.

제1조: 지금 조선 대군주께서 러시아 공사관에 계시는데, 환궁 문제는 대군주께서 편하실 대로 결정할 것이며, 만약 양국 공사 의견이 환궁하셔도 별 문제가 없다고 판단되면 환궁하시도록 권한다. 그때는 일본 공사가 일본인 장사패(壯士, 소시)들을 엄중히 단속하는 역할을 담당한다.

제2조: 조선 정부 각 대신을 대군주께서 특별히 택하실 것이지만, 근 2년 동안 각 대신이 내각 대신이나 다른 중임을 맡은 경력이 있어 백성들이 그 실력과 인간의 됨됨이를 자세히 알고 있다. 그러므로 우리 양국 공사가 대군주께 추천하여 이런 사람을 뽑아 국정을 맡기게 하고 덕으로 백성을 잘 보호하도록 한다.

제3조: 현재 조선의 상황을 살펴보니, 서울 서부에서 부산까지 전신선은 일본군이 보호할 것인데, 이를 위해서는 일본과 러시아 양국 공사의 뜻이 일치해야 한다. 지금 전신선을 보호하는 일본군 초소 세 곳은 즉시 철수하고 별도로 순찰 병력을 선발하여 전신선을 보호하되, 대구 정보국에 50명, 강흥 전보국에 50명, 서울에서 부산까지 가는 중간의 열 군데에는 각각 10명씩 배치한다. 만약 다른 문제가 있을 경우 각 지역의 순찰병을 분산하든지 합하든지 임의로 하되 전체 숫자는 200명을 초과하지 않는다. 이 병력은 조선의 내정이 안정되면 모두 철수한다.

제4조: 서울과 각 통상 항구에 있는 일본 조계에서 조선 사람들이 매번 작당하여 변란을 일으키고 있어 일본이 마지못해 병력을 배치하여 보호하고 있다. 러시아, 일본 양국 공사가 의논하여 일본은 군 주둔지 세 곳을 두는데, 두 곳은 서울에 두고 한 곳은 인천과 원산 사이에 두되 매 주둔지의 병력 수는 200명을 초과할 수 없다. 주둔지는 각 조계 근처에 중요한 곳을 택하여 지켰다가 난리가 평정되면 곧 철수한다. 러시아는 조선에 있는 공사관을 보호하기 위해 위에 기록한 각 주둔지에 군사를 주둔시키되 병력 수는 일본군의 숫자를 초과하지 못하며, 조선 내지가 안정되면 일본군과 함께 철수한다.[47]

일본은 지리한 협상을 벌이지만 결국 3월 22일의 초안을 거의 그대로 받아들인다. 일본은 고종이 곧바로 환궁할 것과 반일적인 내각을 해임시킬 것, 그리고 일본만이 주둔군을 둘 수 있는 것 등 모든 추가 요구사항을 철회한다. 러시아군의 주둔도 받아들인다. 일본은 아관파천으로 일어난 모든 정세변화를 기정사실로 받아들일 수밖에 없었다.[48]

8. 야마가타-로바노프 협정

고무라-베베르 비밀각서는 야마가타가 니콜라이 2세 대관식에 참석차 러시아로 향하고 있는 중에 체결된다. 일본은 야마가타가 러시아와 보다 유리한 조건의 협정을 체결하기를 기대했다. 러시아 역시 고무라-베베르 비밀각서는 상황을 더 이상 악화시키지 않기 위해서 체결된 것이고 따라서 일본이 조선문제 있어서 보다 포괄적이고 장기적인 관점에서 새 협정을 맺기를 원한다는 사실을 잘 알고 있었다. 러시아는 비밀각서가 러시아 국익을 충분히 반영한다고 생각했지만 일본과의 관계를 악화시키는 것을 원치 않았기 때문에 새로운 협정을 체결할 준비를 한다.

니시 주러시아 일본 공사는 야마가타 특사가 묵을 호텔을 구하는데 고생한다. 특사 지위에 맞는 모스크바의 모든 호텔은 이미 예약이 된 상태였다. 니시는 남은 숙소들은 너무 비쌀 뿐만 아니라 특사에게 적합하지도 않다고 본국에 보고한다. 니시는 결국 주택 하나를 8,000루블에 빌린다. 야마가타와 일행들이 사용할 마차 두대도 2,000루블 정도가 들

것으로 예상한다. 그러면서 사이온지 외무대신에게 이러한 사실을 야마가타 특사에게 미리 알려 달라고 한다.[49]

니시는 러시아 정부가 외국의 왕족들의 대관식 참관 비용을 제공할 것이라고 발표한 바 있지만 이홍장의 참석 비용도 제공할 것이라는 정보를 입수했다고 한다. 로바노프 외상에게 이에 대하여 질의하자 로바노프는 아직 러시아 왕실에서 결정된 바는 없지만 이홍장이 특별한 대접을 받을 가능성은 있다고 얼버무린다. 니시는 「이홍장이 특별한 대접을 받을 가능성이 높습니다. 프랑스의 대사 조차도 여행 비용을 자신이 부담한다고 합니다만」이라고 보고한다.[50]

일본 정부는 3월 13일 야마가타에게 러시아 측과 협상할 내용을 정리한 기밀 훈령을 보낸다.

> 일본 정부와 러시아 정부의 의도는 조선의 독립을 유지하려는 열망에서 완전히 동일합니다. 양국 정부는 또한 조선이 다른 국가의 도움 없이는 독립을 유지할 수 없다는 데 동의합니다. 따라서 정부는 지금 일본과 러시아 사이에 다음 사항에 대한 이해를 이끌어내는 것이 필요하다고 생각합니다.
>
> 국왕 자신도 확고한 원칙이 없기 때문에 국정 운영 능력이 부족합니다. 그 결과 정부는 파벌 투쟁의 근원이 되고 있습니다. 그리고 이러한 당파와 파벌은 최악의 내분을 일으킬 뿐만 아니라 각자가 의존할 수 있는 외세의 도움을 모색하기 마련입니다. 이로 인하여 일본당, 중국당, 러시아당, 미국당 등등의 이름이 생겨나고, 이러한 당들 간의 투쟁은 이들이 의지하는 열강들이 부지불식간에 서로에 대한 적의를 품게 할 수도 있습니다.

제국 정부가 지금까지 경험한 바에 따르면, 일본당이라고 자칭하는 당원들이 정권을 잡았을 때에도 그들은 일본에 전혀 도움이 되지 않았고, 일본을 자신의 이익을 위해 이용하고 일본의 힘에 의지해 야당을 협박하고 탄압합니다.

이렇다 보니 한 나라가 조선을 도움으로써 다른 우방국의 의심을 사는 것은 결코 좋은 정책이 아닙니다. 현 상황에서 일본과 러시아만큼 조선과 밀접한 관계가 있는 나라는 없습니다. 이것이 바로 일본과 러시아가 조선의 평화와 질서를 유지하기 위해 서로 논의해야 하는 이유입니다.

1. 조선 주재 일본과 러시아 대표는 소위 일본당 소속인지 러시아당 소속인지를 고려하지 않고 조선 정부 수립을 협의해야 한다.
2. 조선 정부는 황실비를 포함한 낭비적인 비용을 절약하고 연간 지출이 세입을 초과하지 않도록 노력해야 한다. 동시에 일본과 러시아 정부는 조선 공공 재정에 필요한 개혁과 재조정이 이루어질 때까지 조선 정부가 외채를 조달하는 데 적절한 지원을 제공해야 한다.
3. 조선의 행정개혁과 관련하여 일-러 제국 정부는 재작년부터 온갖 지원을 아끼지 않았으나 지금까지 성과를 거두지 못하고 있다. 가장 시급한 개혁은 조선이 충분한 무장을 갖추도록 하고, 외국의 원조 없이 혼자서 내부 소요를 진압할 수 있을 만큼 강력한 군경 체제를 조직하는 것이다.
4. 조선인은 항상 소란을 좋아하고 종종 봉기나 반란을 시도하여 평화와 질서를 어지럽힘으로 일본과 러시아 또는 어느 한쪽이 조선에 상당한 병력을 주둔시켜 정부는 제3국의 도움 없이 단독으로 그러한 혼란을 진압할 수 있다. 그러나 위 조항은 일본이나 러시아가 조선의 안보를 유지하기 위한 목적이 아니라 자국민을 보호하기 위한 목적으로 일정한 수

의 군대를 주둔시키는 것을 금지하지 않는다.

5. 조선의 평화와 질서를 유지하기 위하여 일본과 러시아가 함께 군대를 파병할 경우 그 군대는 조선의 일정한 구역에 주둔하여야 한다. 일본 병력과 러시아 병력 사이에 적절한 거리가 있어야 한다.

6. 일본과 러시아는 외국 침략자로부터 조선을 방어하는 의무를 동등하게 이행해야 한다. 위 항목은 협상을 시작할 때 가장 필요한 사항이므로 니시 장관과 상의한 후 협상 진행 상황과 러시아의 제안을 저에게 전보로 보내고 지시를 요청해야 한다. 그 이외의 사항에 대해서는 일본과 러시아가 상기 중요 사항에 대해 상호 합의한 후 일본과 러시아 정부는 각각 전권 대표를 임명하여 추가 협상을 진행한다. 일본과 러시아 사이의 상기 항목에 대한 협상에서 제3국에 의한 중재가 필요한 경우, 귀하는 해당 제3국과 협상을 시작하기 전에 귀하의 의견을 진술하여 지시를 저에게 요청해야 한다.[51]

야마가타는 1896년 3월 17일 도쿄를 출발하여 미국을 거쳐 5월 17일 모스크바에 도착한다. 야마가타는 대관식에 모든 관심이 집중되어 있을 때 협상을 시작하는 것이 좋겠다고 니시 공사에게 말한다. 그리고는 로바노프 외상에게 곧바로 협상을 시작하기를 원한다면서 면담을 요청한다. 첫번째 협상은 5월 24일 외상 공관에서 열린다.

5월 26일 차르 니콜라이 2세 대관식에 참석한 야마가타는 차르를 알현하면서 메이지 천황의 친서를 전하고 니콜라이가 메이지에게 보내는 친서를 받는다. 야마가타와 로바노프는 6월 6일 두번째 회담을 갖고 6월 9일 제3차 회담에서 합의에 이른다. 야마가타는 바로 다음날 귀국

야마가타 사절단(러시아측 대표들과 함께)

길에 오른다.

다음은 야마가타-로바노프 협정 전문이다. 협정문은 4개의 공개조항과 2개의 비밀조항으로 구성되어 있다. 원문은 불어다.

야마가타 후작 일본 천황폐하의 특명전권대사와 외상 로바노프-로스토브스키 대공은 의견을 교환 후 다음의 조항들에 대해 합의에 이르렀다.

제1조: 조선의 창피한 재정 상태(불어: embarras financiers)는 마땅히 방법을 강구해 회복해야 한다. 일본과 러시아 두 정부는 조선에 상주하고 있는 두 나라 사신들에게 단단히 지시하여 조선 대군주가 재정이 부족하다고 탄식하기보다 낭비를 없애고 매년 세입과 세출을 맞추도록 권고한다. 만약 개

혁을 추진하기 위하여 경비를 절감하는 것이 정치적으로 곤란할 경우 두 나라 정부는 대책을 세워 국채를 차관으로 빌려주어 조선 내정을 안정시킨다.

제2조: 조선이 정말로 낭비를 줄인다면 세입 없이 재정이 지출되는 폐단도 없어질 것이다. 이 경우 일본과 러시아 양국 정부는 마땅히 조선 대군주의 뜻에 따른다. 대군주가 자력으로 육군을 창설하여 뽑으며, 경찰을 더 모집하는 것은 더욱이 조선의 재정이 두루 감당할 수 있음을 보아 결정하고, 다른 나라의 원조에 의지하지 않는다.

제3조: 조선에 세운 전선은 우편과 전신을 편리하게 하려는 것이다. 단, 현재는 일본이 경영하고 있으니, 마땅히 일본 정부가 관리한다. 그리고 서울부터 러시아 경계까지 연결되는 지역은 러시아도 당연히 전신주를 세우고 전신을 통하게 한다. 후일에 조선 대군주가 자력으로 구입하려 한다면 대가를 지불하고 되살 수 있다.

제4조: 이상 각 조항을 가지고 훗날 다투고 판별해야 할 일이 생길 경우에는, 두 나라 정부가 공정한 사람을 파견하여 우호적으로 타협하게 한다.[52]

비밀 조항

제1조: 내부 또는 외부 원인에 의해 평온과 질서가 교란되거나 심각하게 위협 받는 경우 자국민과 국민의 안전을 지키고 전신선의 보존을 위한 병력 외에 현지 정부에게 도움을 주기 위해 추가로 군대를 파견할 필요가 있다고 일본과 러시아 정부가 상호 합의하여 판단할 경우 두 제국 정부는 양측 군대 간의 충돌을 방지하기 위해 어느 쪽 군대도 점령하지 않는 지역을 남겨 두는 방식으로 작전지역을 설정한다.

제2조: 이 조약의 공개조항 제 2조에서 언급하는 「조선이 필요한 자국 군대를 양성할 때까지」는 베베르 공사와 고무라씨가 서명한 임시 합의문의 「러시아와 일본이 조선에 동일한 숫자의 병력을 유지할 권리를 갖는다」 조항이 효력을 유지한다. 국왕의 신변보호 문제에 있어서도 역시 이 목적을 위하여 조선의 자체적인 군사력이 양성

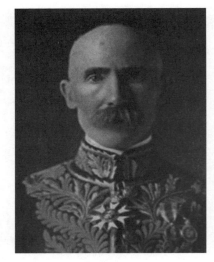

존 조르단 주조선 영국 총영사

될 때까지 기존의 절차를 따른다.[53]

일본의 입장에서는 고무라-베베르 협정과 야마가타-로바노프 협정은 대성공이었다. 을미사변 이후 조선에서 일본의 입지는 완전히 무너지는 듯했다. 러시아와의 협정은 비록 러시아와 동시에 할 경우에만 인정되지만 일본이 조선에 개입할 수 있는 권리를 인정한다. 조선문제에 있어서 러시아와 대등한 목소리를 낼 수 있다는 사실 자체만으로도 일본의 입지는 다시 강화된다.

1896년 부임한 영국 총영사 조르단(Sir John Newell Jordan, 1852.9.5 -1925.9.14.)은 3월 일본이 조선에서의 입지를 회복하는데 성공했다고 한다.

협정들을 협상하는 과정이 비밀에 부쳐졌고 협정들을 조인했던 상황 등은 러시아에 대한 일시적인 혐오감을 불러일으켰고 특히 항상 조선의 친구로 여겨졌던 베베르씨에 대해서는 특히 그렇다. 그가 고종이 자신의 손님으로 머물고 있는 바로 그 지붕 아래서 국왕이 알지도 못하는 사이에 그런 문서에 조인할 수 있었다는 것은 조선 사람들이 보기에 그들이 베베르씨에 대해 갖고 있던 인상과 너무나도 맞지 않을 뿐만 아니라 러시아 정부가 모스크바에 간 조선의 사절단을 완전히 무시한 채 야마가타 백작과 그런 협상을 할 수 있었다는 것도 이에 못지 않게 모욕적인 일이다.[54]

제3장

러시아의 만주 장악

제3장

러시아의 만주 장악

러시아가 주도한 삼국간섭으로 일본이 랴오둥 반도를 청에 반환하게
되자 중국 사람들은 러시아를 청의「수호자」라 부른다. 뿐만 아니었다.
청이 일본에 지불해야 하는 막대한 전쟁 배상금 조달에 어려움을 겪자
러시아는 청이 프랑스로부터 저리의 대규모 차관을 받을 수 있도록 중
재한다. 랴오둥 반도의 할양을 막고 전쟁 배상금도 마련해준 러시아는
청으로부터 보상을 받아낸다. 만주였다.

러시아는 세가지 방법으로 만주를 장악한다. 첫째는 시베리아 횡단철
도의 마지막 구간을 중국 영토인 만주를 관통하여 건설하는 것이었다.
러시아는 우선 울란바토르 북동쪽의 소도시 치타에서 출발하여 만저우
리(满洲里)와 하얼빈(哈爾濱)을 통과하여 쑤이펀허(綏芬河)를 연결하는 철도
부설권을 따낸다. 이어서 하얼빈에서 랴오둥 반도 끝에 있는 다롄(大連)
과 뤼순(旅顺)을 연결하는 철도 부설권도 따낸다. 이는 예산을 대폭 줄이
고 공기도 단축할 수 있는 방법이었다. 그러나 보다 중요한 것은 블라디
보스톡과 다롄, 뤼순을 철도로 연결함으로써 동북아에서 군사와 물자를
자유자재로 이동시킬 수 있게 된다.

두번째 방법은 다롄과 뤼순 일대의 조차였다. 청일전쟁에서 청이 패하자 열강들은 본격적으로 중국 침탈을 시작한다. 동북아시아에서 해군 거점을 찾고 있던 독일은 삼국간섭을 성사시킨 보상으로 청에 항구를 조차해줄 것을 요구한다. 1897년 12월 19일 독일함대는 칭다오(靑島)의 자우저우만(膠州灣)에 입항한다. 독일은 청으로부터 자우저우만과 칭다오 일대를 99년간 조차한다. 그러자 러시아는 1898년 3월 27일 뤼순을 25년간 조차하는 계약을 청과 체결한다. 동북아시아는 러시아의 절대적인 영향권에 들어간다.

러시아가 만주를 장악하는데 사용한 세번째 방법은 이홍장에게 막대한 뇌물을 제공하는 것이었다.

러시아가 동철철도 부설권을 요구하자 청은 거절한다. 특정 열강에 특혜를 줄 수 없다는 이유에서였다. 그러나 러시아가 청이 간절히 원하던 「러청동맹」을 체결하는 조건으로 철도 부설권을 요구하자 청은 결국 받아들인다.

청일전쟁 이전까지 청은 그 어떤 열강과도 동맹을 맺지 않았다. 아편전쟁 이후 「개항장 체제(Treaty Port System)」를 유지한 것은 열강들 간의 「세력균형」이었다. 어느 한 열강에게 항구를 개방하면 「호혜평등」의 원칙에 따라 다른 열강들도 그 항구를 사용할 수 있었다. 열강들은 개항장에서 대등하게 교역을 할 수 있는 권리만 주어지면 서로를 견제하며 청에 대한 과도한 요구는 하지 않는 듯했다. 청은 개항장 체제를 전통적인 「이이제이」 전략이 작동하는 것이라고 착각한다.

그러나 청일전쟁은 이러한 환상을 산산조각 낸다. 일본과의 일전이

임박한 상황에서 이홍장은 열강들의 중재나 개입을 통해서 개전을 피해보고자 동분서주한다. [이홍장의 요청으로 러시아와 영국 등이 청일전쟁 발발 직전 중재를 시도하는 내용은 『한국 사람 만들기 IV』, pp. 294-330 참조] 그러나 어느 열강도 일본을 제어하지 않는다. 결과는 치욕적인 패배였다.

청일전쟁에서의 패배로 청은 「이이제이」가 더 이상 통하지 않는다는 사실을 절감하면서 안보를 보장 받기 위해서는 열강과 군사동맹을 맺는 방법 밖에 없다는 결론에 도달한다. 그리고 청과 군사동맹을 맺고 청이 침략을 받을 경우 실제로 군사적으로 도움을 줄 수 있는 열강은 러시아 밖에 없다는 사실도 깨닫는다. 청이 러시아에 군사동맹을 요청한 이유다.

청 조정은 이홍장을 니콜라이 2세의 대관식에 특사로 파견하여 러시아와 청 간의 군사동맹과 만주철도 부설문제를 동시에 타결하도록 한다. 이홍장은 청일전쟁 패배의 모든 책임을 떠 안으면서 청 조정에서 몰리고 있었지만 러시아는 청 조정이 이홍장을 보낼 것을 원했기 때문이다. 이홍장은 4월 30일 모스크바에 도착한다. 「러청동맹」, 일명 「러청밀약」 또는 「리-로바노프 비밀조약」은 1896년 6월 3일 모스크바에서 체결된다. 청이 일본에 지불할 전쟁배상금과 동청철도부설을 위한 자금을 조달할 「러청은행」 협약은 8월 28일 베를린에서 체결된다. 동청철도회사 설립 계약은 9월 8일 체결된다.

일본은 내정 혼란으로 적극적인 외교정책을 펼치지 못한다. 1896년 이후 마츠카타 마사요시 총리대신이 「심포토(進步党, 진보당)」와 「지유토(自由党, 자유당)」 등과 꾸려가던 연정이 1897년 12월 무너지고 25일 내각이 총사퇴 하지만 새 내각은 1898년 1월 12일에야 출범한다. 새로 총리에 임명된 것은 이토 히로부미였다. 제3차 이토 내각이었다. 이토는 강력한 대외정책을 추진할 것으로 기대되었지만 3월 15일로 예정된 총선 준비에 모든 힘을 쏟는다.

당시 일본의 외무대신은 니시 도쿠지로였다. 러시아 전문가로 상트페테르부르크 대학을 졸업한 니시는 1886년부터 10년 간 주러시아 일본 공사를 역임한다. 그는 마츠카타 내각에서 외무대신에 임명된 후 제3차 이토 내각에서도 유임된다. 니시는 일본의 정치에 대해 깊은 회의를 품고 있었다. 그는 일본이 경제적으로, 정치적으로 안정될 때까지 국제무대에서 더 큰 역할을 할 수 없다고 생각했다. 따라서 내정 혼란에 빠져 있는 일본이 적극적인 대외정책을 펼 때가 아니라고 생각했다. 청일전쟁과 갑오경장을 통해 분출되었던 일본의 적극적인 대외정책 기조는 삼국간섭과 내정혼란으로 소극적인 정책으로 바뀐다.[1] 러시아가 만주를 관통하는 철도 부설권을 따내고 뤼순을 수중에 넣으려는 움직임을 노골화하지만 일본은 소극적인 대외기조를 유지한다.

1. 청일전쟁 배상금 조달하는 러시아

시모노세키 조약으로 청이 일본에 지불할 배상금은 2억냥(약 1억 5천만 달러)이었다. 6개월마다 절반씩 2회에 걸쳐서 지불해야 했다. 2차분은 완납할 때까지 5% 이자율이 적용되었다. 일본은 완납 때까지 웨이하이웨이를 점령한다. 청 정부는 이자로만 1년에 5십만냥을 지불한다.[2]

청은 우선 국내에서 배상금을 조달하고자 한다. 청 조정은 1895년 4월 당시 통상조약을 맺고 있던 열강들에게 5%로 고정되어 있던 관세를 인상할 수 있도록 허락해줄 것을 요청한다. 1843년 제1차 아편전쟁 직후 체결된 불평등 조약으로 청은 관세를 자율적으로 부과할 수 없었기 때문이다. 그러나 중국시장을 장악하고 있던 영국은 이 요청을 거절한다. 청 조정은 소금세를 100% 인상하고 소금의 수입도 허가 하고자 하지만 청 해관 총세무사 로버트 하트(Robert Hart 1835.2.20.-1911.9.20.)는 오히려 청의 재정을 악화시킬 것이라며 반대한다.[3] [하트에 대한 내용은 『한국 사람 만들기 III』, pp. 418-424 참조]

배상금을 국내에서 조달할 수 없게 된 청 조정은 어쩔 수 없이 해외 차관을 들여올 방법을 찾기 시작한다. 청은 해외부채가 적은 덕분에 국제 금융시장에서의 신용은 좋았다. 청은 러시아에 의존한다는 인상을 주지 않기 위해서 우선 베를린과 런던, 파리의 은행가에 차관 제공 여부를 타진한다. 독일은 차관에 대한 담보로 청 해관의 세입을 제공하는 것만으로는 부족하다면서 특별세관청을 설립할 것을 요구한다. 중국 시장을 장악하고 있던 영국은 관세율 인하를 요구한다. 프랑스는 영국과 함께 공동차관을 제공할 경우 프랑스의 영향력이 축소될 것을 걱정하여 거절한다.[4]

한편 시베리아 횡단 철도 건설에 막대한 재정을 투입하면서 재정난을 겪고 있던 러시아는 청에 차관을 제공할 입장이 아니었다. 그나마 청일전쟁으로 철도 건설마저 중단된 상태였다. 뿐만 아니라 1891-1893년 대기근으로 경제공황을 겪고 있었다.[5]

이때 재정이 풍족했던 프랑스가 러시아와 함께 공동으로 청에 차관을 제공할 것을 제안한다. 당시 유럽의 열강들 중 의회를 거치지 않고 황제의 결정만으로 대규모 차관을 제공할 수 있는 나라는 러시아 밖에 없었다. 의회가 개입할 경우 높은 이자율을 요구할 것이 분명한 반면 러시아는 차르의 재가만 필요했기에 저리의 차관이 가능했다. 프랑스가 러시아를 택한 이유다. 더구나 러시아는 당시 금 채굴을 급격히 늘리는 한편 경제공황에서도 서서히 벗어나고 있었기에 돈을 떼일 가능성도 낮은 것으로 보았다.[6] 러시아가 보증을 서면서 청은 프랑스로부터 1억 루블(4억 프랑)에 달하는 막대한 차관을 연 5%의 낮은 금리로 받게 된다.[7]

삼국간섭으로 재정적 이익을 본 것은 러시아와 프랑스뿐이었다. 삼국간섭을 밀어 부치는데 결정적인 역할을 한 독일은 분노한다. 독일 외무상 마르샬(Adolf Marschall von Bieberstein, 1842.10.12.-1912.9.24.)은 6월 14일 마틴 고쎌린(Sir Martin le Marchant Hadsley Gosselin, 1847.11.2-1905.2.26.) 주독일 영국서기관을 만난 자리에서 「극동에서 삼국 간의 협력은 이미 끝나버렸다」고 한다. 청은 러시아와 프랑스의 차관에 대한 담보로 청 해관의 수입을 제공하였기 때문에 나머지 배상금을 조달하는데 제공할 담보도 없었다. 베를린의 로스차일드 가문 대표였던 슈바바흐(Julius Leopold Schwabach, 1831.5.31.-1898.2.23.)는 러시아가 「크림(최상의 것)을 훔쳐버렸다」고 흥분한다.[8]

주독일 일본 공사 아오키 슈조(青木周蔵, 1844.3.3.-1914.2.16.)는 1895년 6월 11일 프랑스가 러시아 정부의 보증으로 청에 차관을 제공하게 되자 독일과 영국이 「정치적으로 민감해지고 있다」고 보고한다. 당시 국제 언론은 러시아가 만주의 일부를 차지한 후 뤼순을 시베리아 횡단 철도의 종점으로 삼을 것으로 예측하고 있었다. 그렇게 되면 러시아는 철도를 보호한다는 명분 하에 만주에 군대를 주둔시킬 수 있게 되고 청이 차관을 갚지 못할 경우 프랑스는 중국의 남부를 점령할 수 있는 구실이 생길 것이라는 논리였다. 아오키는 일본이 조선에서 영향력을 유지하기 위해서는 어떻게든 영국과 독일을 움직여서 러시아의 계획을 무산시켜야 한다며 본국 정부를 설득한다.[9]

주러시아 일본 공사 니시가 로바노프 러시아 외상을 만나 러시아가 청에 차관을 제공하는 이유를 묻자 로바노프는 청이 배상금을 갚을 수 있도록 도움으로써 극동에 평화를 하루빨리 정착시키기 위해서라고 한다. 그러면서 러시아가 차관을 제공하는 대가로 중국으로부터 북만주나 뤼순에 대한 특혜를 받아낼 것이라는 소문을 부인한다.[10] 니시는 러시아와 프랑스가 제공한 차관은 청이 일본에 지불해야 하는 배상금의 1차분이었기에 청이 2차분을 지불하기 위한 자금을 동원하는데는 어려움을 겪을 수밖에 없을 것이라면서 청으로부터 배상금 전액을 먼저 받아낸 후에 랴오둥 반도를 반환할 것을 정부에 건의한다.[11]

영국 외상 킴벌리(John Wodehouse, 1st Earl of Kimberley, 1826.1.7.–1902.4.8.) 역시 주영 일본 공사 가토를 통하여 같은 제안을 한다. 그러나 일본이 배상금 전액을 받기 전에는 랴오둥을 반환하지 않겠다고 할 경우 러시아가 개입하여 즉시 반환하라고 압력을 넣는다면 영국이 일본을 지지할 수 있냐고 니시가 묻자 킴벌리는 확답을 주지 못한다.[12]

러시아가 청에 저리의 차관을 제공함으로써 그 반대급부로 시베리아 횡단 철도가 만주를 통과할 수 있게 되고 만주의 부동항도 사용할 수 있게 될 것이라는 예측 보도가 계속되자 로바노프 러시아 외상은 주러 영국대사 라셀에게 다음과 같이 설명한다.

러시아와 중국사이의 국경은 세계 어느 국경보다도 깁니다. 다행히 지난 300년간 양국이 친하게 지냄으로써 러시아 정부는 이 국경을 지키기 위해서 군사적 준비를 하지 않아도 되었습니다. 시베리아의 러시아군은 50,000도 안 되지만 만일 러시아의 서쪽 국경처럼 지켜야 한다면 그 열 배의 병력으로도 모자랄 것입니다. 이는 러시아가 청과 친하게 지내고 도움을 줘야 할 충분한 이유가 된다고 생각합니다.[13]

오코너(Sir Nicholas Roderick O'Conor, 1843.7.3.–1908.3.19.) 주청 영국 공사는 본국의 훈령에 따라 청이 러시아의 차관을 받지 않도록 총리아문을 설득한다. 1895년 6월 12일 오코너는 총리아문 대신들을 만난 자리에서 항상 돈이 부족하여 돈을 빌려야 하는 러시아가 어떻게 청에 돈을 빌려줄 수 있는지 설명해보라고 한다. 청의 대신들이 답을 못하자 한 나라가 다른 나라의 차관을 보증하는 경우는 전례가 없다면서 러시아가 이러한 무리수를 쓰는 것은 다른 의도가 있기 때문이라고 한다. 오코너는 이집트가 독립을 상실하게 된 것도 재정적으로 영국에 복속되었기 때문이라고 설명 한다.

총리아문 대신들은 러시아가 청의 영토를 관통하여 시베리아 횡단철도를 건설하고 청의 개항장과 연결하고자 한다면 청은 단호하게 거절할 것이라고 한다. 그러나 오코너는 청이 일단 러시아에 재정적으로 종속되면 거절할 수 없을 것이라면서 러시아가 중국 영토를 통과해서 철도를 건설하게 된다면 청은 러시아의 보호령으로 전락하게 될 것이라

고 한다. 말문이 막힌 총리아문
대신들은 러시아가 왜 굳이 차
관을 보장하고자 하는지 알지는
못하겠지만 그렇다고 청이 거부
할 입장도 아니라고 답한다.[14]

1895년 6월 15일 오코너는
다시 한번 총리아문을 방문한
다. 경친왕 혁광(愛新覺羅奕劻, 애신
각라 혁광, 1838.11.16.-1917.1.28.)도
면담에 참석한다. 오코너는 이
번에 청이 외국으로부터 돈을

오코너 주청 영국 공사

빌리면 앞으로 다른 곳에서 돈을 빌리는 것은 불가능해질 것이라고 엄
포를 놓는다. 오코너는 청의 공부(工部)에도 조회를 보내 러시아의 차관
보증에 대해 반대한다. 러시아가 청의 차관을 보증하는 것은 청의 국위
를 손상하는 것이기 때문이라고 한다.[15]

영국과 독일이 러시아-프랑스 차관에 적극 반대하고 나서자 총리아문
은 당황한다. 러시아가 직접적인 이득이 전혀 없는 차관보장에 나선 의
도에 대해 다른 열강들이 미심쩍어 하는 것은 충분히 이해할 수 있었고
러시아가 협상 내용을 굳이 비밀에 부쳐 달라고 한 것도 의심스러웠다.
총리아문은 주러시아 청국공사 허경징(許景澄, 1845.10.22.-1900.7.28.)에게
청국 주재 독일과 영국 공사들이 러시아-프랑스 차관에 반대하고 있으
며 차관을 받으면 굴욕적인 일이 될 것이라고 경고한다면서 다른 방법
을 찾을 것을 러시아 정부에 제안하도록 한다.[16]

반면 러시아는 일본군을 하루라도 빨리 랴오둥에서 철수시키 위해서 차관을 받을 것을 청에 종용한다. 영국 공사 오코너가 러시아는 청제국을 분할시켜 만주를 차지하려는 야심을 갖고 있다면서 청 정부에 압력을 넣자 로바노프 러시아 외상은 주 청 러시아 공사 카시니(Arturo Paul Nicholas Cassini, Marquis de Capuzzuchi de Bologna, Count de Cassini, 1836-1919)에게 차관제공 문서 어디에도 영토 할양에 관한 조항이 없음을 총리아문 대신들에게 보이고 러시아는 다른 의도를 갖고 있지 않음을 주지시키도록 훈령을 보낸다. 동시에 사안의 민감성을 감안하여 청 측과의 모든 대화는 철저하게 비밀로 부칠 것을 명한다.[17]

청은 결국 영국과 독일의 종용으로 러시아의 보증에 대한 수정안을 받아낸다. 프랑스가 청에 제공하는 차관을 러시아가 직접 보증하는 대신 청이 해관에서 징수하는 세금으로 상환금을 내지 못할 경우 러시아가 프랑스 은행들에 자금을 제공하는 것으로 바꾼다. 이로서 청은 러시아가 프랑스 은행에 제공한 지불보증에 대해서는 자신들이 아는 바 없다고 할 수 있게 된다. 1895년 7월 6일, 허경징은 6개 프랑스 은행, 4개 러시아 은행의 대표들과 러시아 외상 집무실에서 로바노프 외상과 비테 재무상(Sergei Yulyevich Witte, 1849.6.29.-1915.3.13.) 참관 하에 차관 서명식을 갖는다.[18] 차관 액수는 1천6백만 파운드(1억5천만 달러)였다. 이자율은 5%였다.

일본에 대한 전쟁배상금을 지불할 수 있는 차관을 저리로 받은 청은 러시아에 더욱 고마워한다. 반면 주청 독일 공사와 주청 영국 공사는 청을 신랄하게 비난한다. 오코너는 총리아문과 회의 중 광서제(光緒帝, 1871.8.14.-1908.11.14. 재위: 1875-1908)에 대해 불경스러운 말을 한다. 총리아문은 영국 정부에 오코너의 소환을 요구한다. 청의 외교사에 전례가 없는 일이었다. 영국은 청의 요구대로 오코너를 소환하지만 그를 주러시아 대사에 임명함으로써 결코 문책성 인사가 아님을 강조한다.[19]

상트페테르부르크의 러청은행 구청사

러시아는 프랑스와의 차관 협상을 1895년 10월에 마친다. 차관은 프랑스가 거의 전액 제공한다. 러시아 정부가 자금에 대한 보증을 섰기 때문에 프랑스 입장에서는 큰 위험 부담이 없었다. 12월 5일 파리의 러시아 대사관에서 「러청은행(露淸銀行, Русско-Китайский банк, 華俄銀行)」설립 계약서에 러시아와 프랑스가 서명한다. 12월 22일에는 이 은행 설립을 주도한 「시베리아 횡단철도 위원회」가 은행 설립 안을 비준한다.[20]

2. 러청동맹

차관 계약이 체결되자 러시아가 시베리아 횡단철도의 구간을 줄이기 위해서 만주를 통과하는 철도 부설권을 요구할 것이라는 소문이 파다하게 퍼진다. 언론에서는 러시아 함대가 뤼순을 사용하고 네르친스크-치치하얼(齊齊哈爾)-블라디보스톡을 연결하는 철도와 치치하얼-뤼순을 연결하는 철도 부설권을 러시아에게 넘기는 비밀 조약이 체결되었다는 보도가 나온다. 러시아 정부는 이를 극구 부인하지만 외교가에서는 기정 사실로 받아들인다.

니시 주러 일본 공사는 주러 영국 대리공사 고셴(Sir William Edward Goschen, 1st Baronet, 1847.7.18.-1924.5.20.)에게 「러시아 정부는 일본이 그 곳(뤼순)에 남게 되면 한편으로는 베이징을 장악하고 다른 한편으로는 조선을 장악하게 될 것이라면서 반대하던 러시아 정부가 이제 바로 그곳을 차지하려고 공작을 하고 있다」면서 통렬하게 비난한다. 고셴은 니시와의 대화를 본국 정부에 보고하면서 「러시아 언론의 보도가 사실이 아니라면 사실이었어야 하고 지금은 아니더라도 멀지 않은 미래에 사실이 될 것이다」고 한다.[21]

러시아의 전략적 목표는 시베리아 횡단 철도가 만주를 관통하고 뤼순을 러시아 함대가 이용하도록 하는 것이었다. 중국과의 동맹은 만주 철도를 건설하기 위한 수단이었다. 다행히 러-청 동맹은 러시아만 원하는 것이 아니었다.

원래부터 반일-친러파였던 이홍장은 영국이 청일전쟁을 막아주지 않는 것을 보고는 청의 안보를 도모할 수 있는 길은 열강들의 세력균형이 아니라 러시아에 전적으로 의존하는 방법밖에 없다는 결론을 내린다.[22] 청일전쟁 후반부에 청군을 지휘한 양강총독(兩江總督: 강소, 강서, 안휘성 총독) 유곤일(劉坤一, 1830.1.21.-1902.10.27.), 장지동 서리양강총독(署理兩江總督) 등도 러시아의 도움을 받을 것을 총리아문에 종용한다. 알렉산더 3세 대관식에 특사로 파견되었던 왕지춘(王之春, 1842-1906), 군기대신(軍機大臣) 옹동화(翁同龢) 등도 모두 러시아에 의존할 것을 주장한다. 공부상서(工部尚書) 허응규(許應騤, 1830.2.3.-1903.7.22.)는 한때 러시아로부터 중국을 지키기 위해서 영국에 의존할 것을 주장했던 인물이다. 그러나 허응은 청일전쟁에서의 패배 후에는 러시아와 군사동맹을 맺을 것을 주청하는 상소를 올린다. 그는 러시아와 영국은 여전히 라이벌이지만 영국은 청으로부터 등을 돌리고 러시아를 견제하기 위해 일본의 도움을 받고자 하고 있다면서 일본은 청의 적이고 러시아는 영국의 적이기 때문에 러시아가 청의 동맹국이 되는 것은 자연스러운 일이라고 한다.[23]

당시 청이 처한 상황으로 볼 때 러시아와의 동맹은 지극히 합리적인 대안이었다. 최대의 적은 일본이었다. 영국은 청의 기대를 저버렸고 프랑스는 청불전쟁을 일으켰고 중국 내에서 카톨릭의 자유로운 전교를 허용할 것을 노골적으로 요구하고 있었다. 독일은 비교적 청의 입장을 지지하는 듯하였으나 청과 국경을 접하고 있지 않기 때문에 유사시에 군사적인 도움을 줄 수 없었다. 미국은 대외문제에 개입하는 것을 꺼리고 있었다.

무엇보다도 러시아는 일본보다 강한 듯이 보였다. 이홍장 등 청의 지도부는 청이 러시아와 동맹을 맺음으로써 치러야 할 대가도 있겠지만 러시아의 적극적인 구애를 거부함으로써 치러야 될 대가에 비하면 아무 것도 아니라고 생각한다. 허응규는 이렇게 말한다.

혹자는 러시아를 호랑이나 늑대에 비유하면서 우리가 관계를 맺으면 다칠 수 있고 일단 우리 집안에 들여 놓으면 잡아 먹히지 않을 방법이 없다고 하지만 문제는 청의 군사력은 일본과도 대적할 수 없었다는 점이다. 그렇다면 청이 어떻게 러시아를 적대시할 수 있겠는가?[24]

3. 만주철도

1895년 11월 11일, 일본이 랴오둥반도를 청에 반환한지 3일만에 러시아의 재무상 비테는 만주를 관통하는 철도노선 안을 만들기 시작해서 12월 9일, 러청 은행 설립 4일 후에 니콜라이 2세에게 상주한다. 이 안에는 러청은행에 청의 고관들을 매수하는데 사용할 「특별기금」을 마련하여 주청 러시아 공사에게 제공하는 내용도 포함되어 있었다.[25]

원래의 계획대로 만주를 우회하는 노선은 공학적으로나 재정적으로 막대한 부담이었다. 반면 만주를 통과하여 블라디보스톡을 연결하는 직선로를 확보한다면 돈과 시간을 절약할 수 있을 뿐만 아니라 만주의 풍부한 지하자원을 활용할 수 있었다. 물론 가장 중요한 고려 사항은 동북아의 패권을 장악할 수 있다는 사실이었다.[26]

만주를 관통하는 노선의 필요성은 러시아 정부 내에서 이미 1887년부터 제기되어 왔다. 그러나 모두가 이 안에 찬성하는 것은 아니었다. 외무성의 아시아국장 캅니스트(Count Pyotr Alekseyevich Kapnist, 1839.9.7.-1904.12.2.)와 아무르지방 총독 유코프스코이(Sergei Mikahilovich Dukhovskoi, 1838.10.7.-1901.4.17.)는 동청철도의 종착역이 블라디보스톡 대신 블라고베셴스크(Blagoveshchensk)여야 한다고 주장한다. 캅니스트는 그토록 긴 구간을 다른 나라 영토 내에 건설하는 것을 적극 반대했다. 더군다나 청의 정정불안을 고려할 때 이는 결코 바람직하지 않다고 한다.[27] 유코프스코이는 철도를 시베리아와 극동의 식민지 정책의 중요한 도구로 간주하였다. 따라서 철도가 중국의 영토를 통과하게 될 경우 시베리아와

극동의 러시아 정착촌들을 건설
하고 군사기지를 건설하는데는
아무런 도움을 줄 수 없다며 반
대한다.

비테 재무상도 처음에는 만주
를 관통하는 안에 반대하였다.
만주 노선은 아무르 강을 따라
건설할 수밖에 없었다. 그러나
이는 수많은 산맥과 늪지대를
통과해야 하는 난공사였다. 그
러나 1895년 11월 비테의 입장

유코프스코이 아무르지방 총독

이 갑자기 바뀐다. 일본이 만주에서 철수하고 러청은행을 통해서 철도
건설 자금을 조달할 수 있는 길이 열렸기 때문이다.[28] 비테는 이렇게 기
록하고 있다.

> 정치적, 전략적 측면에서 볼 때 이 철도는 러시아가 군대를 블라디보스톡까
> 지 언제든지, 그리고 가장 단축된 노선을 따라 이동시킴으로써 만주와 황해
> 연안, 그리고 중국의 수도 인근에 집결시킬 수 있는 길을 제공할 것이다. 상
> 기한 지역에 대규모 러시아 군대가 출현할 수 있다는 가능성만으로도 중국
> 은 물론 극동에서 러시아의 위상과 영향력은 급상승할 것이며 러시아와 중
> 국의 속국들 간의 관계도 증진시킬 것이다.[29]

「중국의 속국들」이란 조선을 뜻했다.

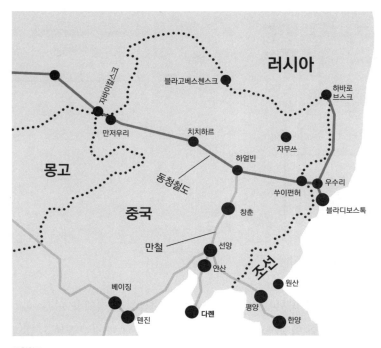

동청철도

　결국 니콜라이 2세도 만주를 관통하는 구간 건설을 지지한다. 러시
아 외무성은 주청 러시아 공사 카시니에게 시베리아 횡단철도가 만주
를 관통하는 안을 청 측에 제시하도록 한다.[30] 주청국 러시아 공사 카시
니는 1895년 10월 14일 총리아문에 시베리아 횡단철도를 만주의 철도
와 연결시키는 안에 대해 문의한다. 카시니는 러시아의 측량기사들이
만주에 들어가는 것을 허가해 줄 것을 요청하였고 총리아문은 이를 허
락하고 중국인 기술자들을 보내 러시아 기술자들과 협력하도록 한다.[31]
　독일과 영국도 러시아가 극동에 관심을 갖는 것을 환영하였다. 독일
황제 빌헬름 2세는 1895년 8촌 동생인 러시아의 니콜라이에게 보낸 여

시베리아횡단철도와 동청철도, 만철

러 통의 편지에서 러시아가 극동에서 보다 적극적인 정책을 펴는 것을 환영한다. 독일의 입장에서는 러시아가 극동문제에 개입 할수록 유럽문제에 개입할 수 있는 여지가 줄어들 것으로 기대했기 때문이다.[32]

우랄산맥에서 태평양까지 7,000km에 달하는 시베리아의 러시아 정착촌들은 19세기 말까지도 오솔길과 강으로 연결되어 있었다. 그 동쪽 끝에 러시아 극동함대의 모항인 블라디보스톡이 있었다. 블라디보스톡은 겨울이면 4달 동안 얼어붙었다. 러시아 해군은 강력한 쇄빙선들을 보유하고 있었지만 겨울이면 일본 나가사키에서 겨울을 났다.

조선에 부동항을 확보하고자 하는 러시아의 시도는 다른 열강들의 견제로 성사되지 못한다. 특히 나폴레옹 전쟁 이후 19세기 내내 영국과 「더 그레이트 게임」을 벌이며 러시아의 부동항 확보 시도는 번번히 좌절된다. 극동에서 벌어진 「더 그레이트 게임」의 대표적인 사건이 1885년의 거문도 사건이다. [거문도 사건과 「더 그레이트 게임」에 대한 내용은 『한국 사람 만들기 III』, pp. 645-663 참조]

러시아는 극동의 영토를 개발하고 블라디보스톡을 활성화시키기 위해 모스크바에서 블라디보스톡을 철도로 연결시키는 계획을 세운다. 시베리아 횡단철도는 과거에도 여러 차례 논의되었지만 최초의 타당성 조사는 1887년에야 실시된다. 1891년 2월, 타당성 조사 위원회의 보고서를 내각이 추인하고 3월 29일 차르 알렉산더 3세가 시베리아 횡단철도 건설 칙령을 내린다. 차르는 당시 극동을 순방 중이던 황태자 니콜라이에게 시베리아 횡단철도 착공식에 참석할 것을 명한다. 니콜라이는 5월 31일 블라디보스톡에서 시베리아 횡단철도의 우수리 구간 초석을 놓는다.[33] [황태자 니콜라이의 일본과 극동순방에 대한 내용은 『한국 사람 만들기 IV』, pp. 75-103 참조]

시베리아 횡당철도 건설은 알렉산더 3세 칙령 이전에 이미 시작이 되어서 중앙아시아의 여러 구간은 빠른 속도로 완성되고 있었다. 1891년 말에는 시베리아횡단철도 위원회가 구성되어 철도가 통과하는 지역의 경제개발과 식민(植民) 정책을 입안하기 시작한다. 철도 건설은 민간 부문에서 철도 전문가로 일하던 세르게이 비테가 재무상에 발탁된 후부터 새로운 동력을 얻는다. 비테는 1893년 시베리아 횡단철도 위원회 위원장에 임명된 황태자 니콜라이와 긴밀한 관계를 유지하면서 이 거대한 국책사업을 밀어 부친다.[34]

1897년 블라디보스톡과 하바로브스크를 잇는 우수리선이 완공됨으로써 두 도시 간 여행 시간은 이 틀로 단축되면서 블라디보스톡 은 번창하기 시작한다. 블라디 보스톡은 1885년까지만 해도 인구 13,000에 불과한 변방 마 을이었다. 인구 구성은 7,500명 정도가 러시아인들이었고 나머 지 5,500명은 중국, 조선, 일본 인들이었다. 그러나 철도건설이 시작되면서 러시아, 조선, 중국, 일본 노동자들이 급격히 유입되 면서 인구는 1897년 28,896명 으로 늘어난다. 그 중 16,265명 이 러시아인들이었다. 급격한 인구 증가는 하바로브스크, 블

바이칼호 구간에서 기차를 실어 나르던 「바이칼호」 페리

하바로브스크 구간을 건설하는 죄수들(1895년)

라고베첸스크 등 다른 도시에서도 일어난다. 러시아 정부는 횡단철도 가 완성되면 이민을 통해서 시베리아 각 도시의 인구를 더욱 늘리고자 한다.[35]

시베리아 횡단철도는 빠른 속도로, 그러나 막대한 비용을 들여 건설 된다. 대부분 구간에서는 현지 노동자들을 고용하였기 때문에 임금이 차지하는 비중이 컸다. 반면 단선으로 건설되었기 때문에 최소한의 기 준만 충족시킴으로써 비용을 최소화하는 한편 건설 속도를 높이고자 한 다. 그런 면에서 보면 철도 건설 자체가 실험적인 요소가 컸다. 예를 들

어 바이칼 호수를 지나는 구간은 처음부터 기차를 배에 실어서 호수를 건너는 것으로 계획된다. 바이칼호 주변을 끼고 도는 철로는 1904년에나 추가로 완성된다.[36]

경제난을 겪고 있던 러시아가 이처럼 대규모 철도 건설사업을 시작했다는 사실 자체가 기적에 가까운 일이었다. 제정 러시아의 경제는 유럽에서 가장 낙후된 경제였다. 러시아의 경제력을 봤을 때 아시아로 급격히 영토를 팽창시키는 정책은 모순이었다. 인구도 적은 광막한 영토를 지나는 철도가 경제적인 이윤을 창출할 가능성은 거의 없었다. 러시아가 경제성이 없는 거대한 건설 사업을 추진할 수 있었던 것은 러시아 황실의 제국주의적 야심 그리고 다른 열강들, 특히 영국과의 경쟁심 때문이었다.[37]

러시아는 프랑스 자본의 도움 없이는 시베리아 횡단철도 건설을 시작할 수 없었다. 러시아와 프랑스는 1891년 「러불 협약(entente)」과 1894년 「러불동맹」을 맺음으로써 양국은 정치-군사적으로뿐만 아니라 재정적으로도 긴밀한 협력관계를 구축한다. 러시아와 프랑스 사이의 군사 동맹이 극동에서도 적용되는 것인지는 불명확하였지만 일본은 러시아와 프랑스가 1895년 삼국간섭을 주도한 것도 군사동맹 때문이었다고 믿었다.[38]

철도 건설을 위해 프랑스의 차관을 확보하는 것은 재무상 비테의 몫이었다. 비테는 프랑스의 차관을 재무성을 통하여 확보함으로써 시베리아 횡단철도 사업을 장악할 수 있었다. 비테는 철도가 곧바로 이윤을 창출할 수 있을 것으로 기대한다. 따라서 철도 건설에 투입되는 막대한 투자비용을 철도가 완공되는 즉시 회수할 수 있을 것으로 생각한다. 그러나 이러한 기대는 곧 버려야 했다. 시베리아 횡단철도 건설의 당위는 경제적인 이유보다는 전략적인 이유에서 찾을 수밖에 없었다.

철도는 러시아가 아시아 영토의 식민에 속도를 낼 수 있게 해준다. 또한 군대를 빠른 속도로 이동시킬 수 있게 해준다. 그러나 철도가 경제성은 떨어지는 반면 안보-전략적으로 중요해질수록 재무성이 철도 건설을 독점하는 것은 점차 어려워진다. 육군과 해군 장관들의 목소리가 점점 커지기 시작하고 각 부처 간의 암투도 심해진다. 특히 비테의 사업 독점에 대한 견제가 심해진다. 그러나 이러한 내분은 겉으로는 드러나지 않는다. 러시아에서는 시베리아 횡단철도 건설이 놀라운 속도로 이루어지자 국가적 성취에 대한 경축무드에 휩싸인다.[39]

시베리아 횡단철도의 아시아 부분은 3단계에 걸쳐서 건설된다. 첫째는 9,200km에 달하는 아무르선이었다. 두번째는 바이칼호에서 치치하르를 거쳐 하얼빈과 블라디보스톡에 이르는 1,510km였고 세번째는 하얼빈에서 뤼순을 잇는 772km 노선이었다. 바이칼호에서 블라디보스톡에 이르는 구간이 「동청철도」가 되는 노선이고 하얼빈에서 뤼순을 잇는 노선이 「남만주철도주식회사(南滿州鉄道株式会社)」, 약칭 「만철(滿鐵)」이다. 만철은 청의 영토인 만주를 관통하는 노선이었기에 전략적으로 가장 중요하였고 주변국들도 바로 이 구간 건설에 가장 민감하게 반응한다.[40]

4. 모스크바의 이홍장

청 조정은 이홍장을 니콜라이 2세의 대관식 특사로 임명하여 철도 건설문제와 동맹문제를 타결하도록 한다. 이홍장은 고령이고 건강도 좋지 않다면서 사양하지만 청 조정의 입장에서는 이홍장 외에 러시아와 이토록 중요한 사안들을 협상할 수 있는 인물은 없었다. 청의 광서제는 1896년 2월 16일 이홍장을 대관식 축하 「흠차두등출사대신(欽差頭等出使大臣)」에 임명한다.[41]

청은 이홍장을 러시아에 파견하는 실질적인 목적을 비밀에 붙이지만 청과 러시아가 동맹을 맺을 것이라는 소문은 이미 널리 퍼져 있었다. 『노스 차이나 데일리 뉴스(North China Daily News)』는 예측기사를 냈을 뿐만 아니라 동맹조약의 조항들도 구체적으로 열거한다.[42]

청 조정은 이홍장의 건강을 고려하여 그의 아들 이경술(李經述, 리칭슈, 1864-1902)로 하여금 동행하도록 한다. 이홍장은 외교에 보다 많은 경험을 갖고 있는 양자 이경방(李經方, 1854-1934.9.28.)도 함께 데려간다. [이경방과 김옥균의 관계에 대한 내용은 『한국 사람 만들기 IV』, pp. 123-125 참조] 이홍장의 수행단 규모는 어마어마했다. 개인 비서, 러시아어 통역, 프랑스어 통역, 영어 통역 각 1명, 데트링(Gustav Detring, 1842-1913.1.4.)을 비롯한 6명의 외국인 고문들, 의사 1명, 그리고 35명의 시종을 대동한다. 비테는 불필요한 관심과 의심을 사지 않기 위해서라도 수행단의 규모

이경방

캐나다 뱅쿠버에 도착하는 이홍장 특사 일행

를 줄일 것을 종용하지만 소용 없었다.[43]

이홍장은 1896년 3월 러시아, 서유럽, 미국을 방문하는 일정으로 중
국을 출발한다. 73세의 이홍장은 자신이 살아 돌아오지 못할 것을 대
비하여 티크목으로 만든 관을 갖고 출발한다. 이홍장 특사 일행은 배로
상하이에서 출항하여 수에즈 운하를 통과한 후 이집트의 포트 사이드
(Port Said)에서 러시아 측의 영접을 받는다. 포트 사이드에서 1년전 톈진
에서 만났던 러-청은행장 우크톰스키 공(Prince Esper Esperovich Ukhtomsky,
1861.8.26.–1921.11.26.)과 러시아 외교부 관리 라두노브스키(Radunovskii)가
그를 영접한다. 일행은 포트 사이드에서 러시아 증기선 「로씨아」에 올
라 오데사(Odesa)로 이동한 후 특별 기차편으로 상트페테르부르크로 간

다.[44]

이홍장의 외교순방은 중국 외교사의 새로운 장을 연다. 수천년 동안 천하의 중심을 자처하면서 외국의 사절과 조공을 받을 뿐 지도층이 외국으로 나가는 경우가 없던 중국에서 최고위층 인사 중 처음으로 이홍장이 외교 순방에 나선다.

우크톰스키 공

러시아는 만주를 관통하는 철도 노선에 대한 기술적인 검토를 1896년 2월달에 마친다. 카시니 주청 러시아 공사는 이홍장이 러시아로 향하고 있는 중인 4월 18일 총리아문과 만주를 관통하는 철도 건설에 대한 협의를 시작한다.[45] 그는 시베리아 횡단 철도가 만주를 통과하게 되면 만주의 경제개발을 촉진하고 「일본을 비롯한 다른 어떤 열강과의 갈등 위험으로부터 중국을 보호할 수 있기 때문에」 러시

카시니 주 청 러시아 공사

아뿐만 아니라 중국에도 큰 이익일 것이라고 한다.[46] 카시니는 청은 아무런 추가 비용을 지출할 필요가 없으며 청의 영토주권을 존중하는 의미에서 만주를 관통하는 노선의 건설과 운영은 러시아 정부가 맡는 대신 양국이 합의할 수 있는 민간회사에게 맡길 것이라고 한다.[47]

경친왕 혁광

경친왕 혁광과 총리아문 대신들은 카시니의 놀라운 제안에 당황한다. 경친왕은 우선 러시아가 철도건설과 관련해서 제공한 수많은 문서들을 총리아문이 검토해야 하고 공친왕 혁흔과도 상의한 후 황제의 재가를 받아야 한다면서 12일간 협상을 중단할 것을 제안한다.[48] 카시니는 더 이상 압력을 넣지 않고 총리아문을 방문하지도 않는다.[49]

1896년 4월 30일 총리아문의 답변은 부정적이었다. 경친왕은 앞으로 외국 정부나 회사에 철도 부설권을 주는 대신 청이 직접 건설하기로 하였다면서 만주철도도 러시아로부터 기술자와 장비를 지원받는 대로 직접 건설하기로 했다고 한다. 카시니는 청이 「외국과의 선린관계를 수립하는 데는 아무런 관심이 없다」고 질책하면서 「우리는 일본과 손을 잡던지 다른 방법을 모색할 것」이라고 협박해보지만 소용없었다.

군기대신 옹동화는 철도가 중국에는 아무런 이득을 가져다주지 않을 것이라면서 「우리가 스스로 노력해서 이것을 완성하도록 하는 것, 이것이 선린외교다. 당신은 공사로서 이런 원칙도 무시하느냐?」면서 오히려 카시니를 힐난한다. 카시니는 옹동화의 격한 반응에 놀란다. 잠시 어색한 침묵이 흐른 후 카시니는 만주철도는 6년 안에 완성되지 않는다면 유사시에도 무용지물이 될 것이라고 하자 옹동화는 고개를 끄떡여 동의한다.[50] 3시간에 걸친 논의 끝에 카시니는 협상을 중단한다.[51] 다음날 카시니는 본국에 협상 결렬을 보고하면서 협박만이 통할 수 있을 것이라고 한다.[52]

러시아 외상 로바노프는 이홍장이 니콜라이 2세 대관식 직전에 상트페테르부르크에 오는 대신 오데사에 더 오래 머물든지 아니면 모스크바로 가기를 원했다. 그러나 재무상 비테는 이홍장이 곧바로 상트페테르부르크로 와서 협상을 해도 좋다는 허락을 차르로부터 받아낸다. 일단 대관식이 시작되면 협상할 시간이 없었기 때문이다. 비테의 제안에 따라 이홍장이 4월 28일 오데사에 도착할 때 러시아군 의장대가 그를 영접한다. 다음날 아침 오데사를 출발한 이홍장은 대관식 3주전인 4월 30일 아침 상트페테르부르크에 도착한다.[53]

러-청 동맹 협상은 극동문제에 대해 아무런 관심도, 지식도 없었던 로바노프 외상 대신 니콜라이 2세와 비테 재무상이 맡는다. 4월 말에 시작한 양측 간의 비밀 협상은 6월까지 이어진다. 중간에 대관식도 있었지만 비테는 중국의 관습이 모든 것을 천천히 예법에 따라 진행하는 것

이라는 사실을 알고 협상을 서
두르지 않는다.[54]

비테는 만주를 관통하는 철
도노선에 대한 이홍장의 합의
를 받아내기 위해 두가지 방법
을 동원한다. 첫번째는 러시아
와 청 간의 비밀 군사동맹이었
고 두번째는 뇌물 3백만 루블(
당시 환율로 미화 약 1백5십만 달러)이었
다.[55]

첫 만남에서 이홍장이 리셉션

비테 러시아 재무상

룸에 들어서자 비테는 정복을 하고 그를 맞이한다. 서로 깊이 머리 숙여
인사한 후 비테는 두번째 방으로 이홍장을 안내하여 차를 대접한다. 비
테와 이홍장은 앉고 다른 사람들은 모두 서 있는다. 비테가 이홍장에게
담배를 권하자 이홍장이 「말이 우는 소리」 비슷한 소리를 내자 옆방에
있던 두명의 중국인 시종들이 한 명은 담뱃대를, 다른 한 명은 담배를 들
고 뛰어들어온다. 이홍장은 미동도 하지 않고 앉은 채 시종들이 담배에
불을 붙이고 이홍장의 입에 갔다 대면 그가 빨아들였다가 내뱉었다. 비
테는 자서전에 「이홍장은 이러한 예식을 통해서 나에게 강한 인상을 남
기려고 노력한 것이 분명했다. 나는 물론 전혀 신경을 쓰지 않는 듯 침
착하게 앉아 있었다」고 한다.[56]

첫 만남에서 현안에 대한 언급은 일절 없었다. 비테와 이홍장은 상대
국의 황제와 황후, 왕자, 공주, 가까운 친척들의 안부만 주고받는다. 비

테를 알아가기 시작하면서 이홍장은 거창한 예식이 비테에게 별다른 인상을 남기지 않는다는 사실을 알고 허례허식을 줄이기 시작한다. 모스크바에 도착할 때쯤 되면 둘은 친구처럼 대화를 나누는 사이가 된다.[57]

이홍장과 비테가 의전적인 만남만 계속하고 있는 동안 러청은행의 실질적인 행장이었던 로스슈타인(Adolf Yul'evich Rothstein)은 그로트(Victor von Grot)에게 만주철도를 건설하고 운영하기 위해서 민간회사를 설립하는 안을 얘기한다. 그로트는 이홍장이 대동하고 온 청 해관 관리로 러시아 출신 재정 전문가였다. 그로트는 처음에는 만주철도의 건설과 운영을 러시아 회사에 맡기는 안에 반대하면서 중국 민간회사에게 맡길 것을 역 제안한다. 그러나 러시아가 100만 프랑의 뇌물을 건네자 그로트는 러청 공동주식회사 안을 지지한다.[58]

5월 3일 이홍장과 비테는 본격적인 협상에 돌입한다. 이홍장의 처소를 방문한 비테는 중국이 영토를 빼앗기지 않은 것은 러시아의 개입 덕분이며 러시아는 늘 중국의 영토주권을 존중하였고 앞으로도 지켜줄 것이라고 한다. 그러면서 유사시에 실질적인 도움을 주기 위해서는 러시아군 대다수가 주둔하고 있는 유럽 또는 아무르와 블라디보스톡을 잇는 철도가 필요하다고 한다. 청일전쟁 중에도 러시아군 일부를 블라디보스톡에서 지린(길림) 지역으로 파병하고자 하였으나 철도가 없는 상황에서 군사 이동 속도가 너무 느려 목적지에 도착했을 때는 전쟁이 이미 끝난 뒤였다고 한다.

비테는 시베리아 횡단철도를 원래 계획대로 연장하는 것은 막대한 시간과 자금이 필요한 일이며 따라서 러시아가 청의 주권을 지켜줄 수 있는 유일한 방법은 시베리아 횡단철도를 북몽고와 만주를 통과해서 블라디보스톡과 연결하는 것이라고 한다. 이는 특히 일본으로부터의 위협을 줄일 수 있다고 비테는 강조한다. 철도가 통과하는 지역의 경제는 획기적으로 발전할 것이라며 철도의 경제성도 강조한다. 비테는 과거의 경험에 비추어볼 때 청이 단독으로 이 사업을 추진할 경

이홍장

우 계속 지연되어 10년 내에도 완공할 수 없을 것이라며 철도 건설 사업은 러시아의 민간회사에 맡기는 것이 현명할 것이라고 한다.[59]

이홍장은 러시아 민간 기업에 만주철도의 건설과 운영을 맡기는 것은 곧 러시아에 철도를 양도하는 것과 마찬가지라면서 「중국의 권리와 특권은 누가 지킬 것인가?」라고 되묻는다. 또한 만일 모든 것을 러시아 민간회사에 넘길 경우 다른 열강들의 개입을 불러옴으로써 오히려 더 문제를 일으키게 될 것이라고 한다. 이에 비테는 다른 열강들은 철도 건설에 반대하지 않을 것이라고 한다. 이미 많은 철도를 건설한 일본은 서유럽과 직접 연결되는 길이 생기기 때문에 만주철도 건설을 오히려 환영할 것이라고 한다. 만일 청이 러시아에 철도 부설권을 주지 않으면 만주철도는 영원히 건설되지 않을 것이라고 한다.[60]

거듭된 설득에도 이홍장이 제안을 거절하자 비테는 차르 니콜라이 2세와 접견을 주선한다. 5월 4일 니콜라이가 이홍장을 접견한 것은 신임장을 제정하는 의전적인 자리였다. 그러나 5월 7일의 접견은 성격이 달랐다. 니콜라이는 이홍장이 가져온 대관식 선물을 미리 보고 싶다는 핑계로 이경방을 통하여 이홍장을 부른다. 이 자리에서 니콜라이는 철도 건설 문제를 제기한다. 니콜라이는 러시아가 영토는 넓고 인구는 적기 때문에 외국의 영토를 탐할 일이 없으며 러시아와 중국의 관계는 전통적으로 매우 밀접하다면서 러시아가 만주철도를 부설하고자 하는 이유는 오로지 청이 위험에 처했을 때 돕기 위한 것이라고 한다. 그는 철도 부설권이 러청은행 소유일 것이기 때문에 청은 철도운영에 대한 충분한 권한을 가질 수 있다고 한다. 이러한 협정은 많은 나라들이 맺고 있다는 첨언도 한다. 그러면서 만일 영국이나 일본이 다시 문제를 일으킬 경우 러시아는 청을 돕기 위해서 군사를 보낼 수 있게 될 것이라고 다시 한 번 강조한다.[61]

만주철도가 건설될 경우 러시아가 군사적으로 청을 도울 수 있다는 점을 니콜라이가 강조하자 이홍장은 솔깃한다. 이홍장의 본 임무는 러시아와 청 간의 동맹을 체결하는 것이었다. 5월 8일 로바노프를 다시 만난 이홍장은 군사동맹문제를 제기한다. 철도 부설 문제에만 집중하고 있던 비테는 자신은 차르로부터 군사동맹에 대해서는 명을 받은 것이 없다면서 11일까지 차르의 허락을 받아내겠다고 한다. 그러면서 로바노프는 러시아와 청이 서로를 도울 수 있는 상호방위조약을 생각하고 있다면서 일단 철도에 대한 협정을 체결한 후 비밀 군사동맹을 체결하자고 한다. 그러자 이홍장은 철도협정 이전에 군사동맹을 먼저 체결

할 것을 역제안한다.[62]

이홍장은 협정에 대한 전권을 받아왔지만 본국 정부에 훈령을 요청한다. 자신이 단독으로 결정을 내렸다가 나중에 책임을 지는 일이 없도록 하기 위해서였다. 전보는 투 통을 보낸다. 첫번째 전보는 「동맹협정을 먼저 체결할 것인가 아니면 철도건설 협정을 먼저 체결할 것인가?」였고 두번째 전보는 「두 문제는 밀접하게 연관되어 있음」이라고 썼다.[63]

이홍장의 전보를 받은 청의 군기처는 광서제 참석 하에 회의를 개최한다. 어전회의에서 옹동화와 자윤환 등은 논의 끝에 비밀 동맹의 조건으로 3가지를 제시하도록 한다: 1) 전쟁이 발발할 경우 러시아와 청은 서로를 도울 의무가 있다 2) 송화강과 훈춘강을 개방한다 3) 청은 러청은행에 5백만냥을 투자한다.

이홍장은 대관식에 참석하기 위해 모스크바로 떠나면서 훈령을 모스크바로 보내 놓을 것을 군기처에 요청한다. 그러나 이홍장이 상트페테르부르크를 출발하기 전에 로바노프와 비테는 이홍장에게 동맹조약과 철도건설 회사 설립 계약서 초안을 제시한다.[64] 비테와 이홍장이 구두로 논의한 내용을 바탕으로 로바노프가 작성한 안이었다. 비테와 이홍장, 로바노프가 합의한 초안에는 일본이 러청 동맹의 주적으로 명시되었다. 그러나 로바노프가 니콜라이 2세의 재가를 받은 후 비테에게 건넨 안에는 일본뿐만 아니라 청이나 연해주를 공격하는 어떤 세력도 주적으로 한다고 바뀌어 있었다.

그러자 비테는 니콜라이를 다시 설득하여 원래의 초안을 재가할 것을 종용한다. 자칫하면 러시아가 영국이나 프랑스의 침략으로부터 청을 지켜야 하는 어처구니없는 상황에 봉착할 수도 있었기 때문이다. 또한 조

약 내용이 새어 나갈 경우 유럽의 다른 열강들이 반 러시아 전선을 펼수도 있었기 때문이다.[65]

러시아 측이 제시한 조약 초안은 6개 조항을 담고 있었다.

제1항: 일본이나 일본과 동맹을 맺은 나라가 동아시아의 러시아 영토나 중국 영토, 또는 조선 영토를 침공할 경우 효력이 발동한다. 러시아와 청은 일본이 침략해 올 경우 유용 가능한 모든 육군과 해군력을 동원하여 서로를 돕고 가능한 모든 물자를 상호 제공한다.

제2항: 개전 후에는 어느 쪽도 상대방의 동의 없이 일방적으로 적국과 평화조약을 체결하지 않는다.

제3항: 청의 모든 항구를 러시아의 전함들이 사용할 수 있고 청은 필요한 모든 도움을 제공한다.

제4항: 헤이룽장(흑룡강)성과 지린(길림)성을 통과하는 철도를 건설하여 블라디보스톡까지 연결함으로써 러시아 군사와 물자를 위험 지구에 신속하게 이동시킬 수 있도록 한다. 단, 만주철도의 건설은 청의 영토나 주권을 침해하는 구실로 삼지 않으며 러청은행의 계약은 양측 정부의 합의 하에 체결한다.

제5항: 러시아는 평시에나 전시에나 철도를 군사와 물자, 탄약을 이동하는데 사용할 권리가 있다.

제6항: 이 동맹은 철도계약이 청 황제의 재가를 받아 효력이 발효한 후로부터 15년간 유효하다. 조약은 만료 6개월 전까지 양측의 협상에 의해서 연

장될 수 있다. (러시아는 10년 유효 기간을 명시하였으나 이홍장의 요구에 따라 15년으로 늘렸다.) [66]

웅동화

청 조정은 5월 16일 동맹조약 초안을 받아본다. 초안이 도착한 직후 이홍장은 전문을 보내 러시아 측의 안은 러시아가 청과의 우호관계에 입각해서 만든 초안이기에 반대할 만한 내용이 없다고 한다. 이를 거부한다면 러시아와의 동맹 자체가 힘들어질 수 있다고 한다. 또한 비테가 제시한 러청은행 계약서 초안에는 철도가 50년 또는 80년 후 청의 소유가 된다는 조항도 포함되어 있다고 한다. [67]

청 조정은 숙의 끝에 5월 21일 마지막 2 조항을 삭제할 것을 이홍장에게 지시한다. 철도건설과 군사동맹이 상호연관 되어 있는 것을 끊기 위해서였다. 동시에 청이 영국이나 프랑스와 분쟁이 생길 경우에는 러시아가 어떻게 청을 도울 것인지를 명시하는 조항들을 넣을 것을 요구한다. [68]

그러나 러시아는 이미 5월 19일 이홍장에게 철도건설 계약이 없는 동맹은 있을 수 없고 초안의 6개 조항도 수정할 수 없다고 한다. 청이 영

장음환   오정방

국이나 프랑스와 싸울 경우 러시아가 청을 돕는다면 유럽과 아시아 전
체의 세력균형을 깨뜨리는 일이라서 도울 수 없다고 한다. 러시아는 다
만 철도가 상호방위를 위한 것이라는 점을 강조하고자 하는 청의 요청
은 받아들인다.[69]

청이 러시아의 초안을 그대로 받아들이지 않을 경우 협상이 결렬될 것
이라는 이홍장의 경고는 5월 26일 청 조정에 도달한다. 다음날 옹동화
(翁同龢, 1830.5.19.-1904.7.4.), 장음환(張蔭桓, 1837-1900), 오정방(伍廷芳, 우팅팡,
1842.7.30.-1922.6.23.), 경친왕, 공친왕 등은 총리아문에 모여서 이홍장의
비밀 전문을 놓고 토론한 후 러시아 측의 초안을 받아들이기로 하고 칙
령 초안을 마련한다. 광서제는 5월 28일 이홍장에게 조약에 서명할 수
있는 전권을 내리고 29일 전문으로 전달한다. 광서제의 칙령은 5월 30
일 모스크바에 도착한다. 조약 수정안은 6월 1일 도착한다.[70]

1896년 5월 14일 모스크바 크렘린 승천성당에서의 니콜라이 2세 대관식(L. Tuxen 1898년 작. 상트페테르부르크의 에르미타지 미술관 소장)

니콜라이 2세의 대관식은 5월 26일 거행된다. 이홍장은 축하사절단 중 최상석에 앉는다. 러시아 측이 일본의 축하사절단장인 야마가타 아리토모 원수에게는 신경을 안 쓰는 것처럼 보이자 이홍장은 러시아가 진심으로 일본과의 관계를 끊고 청과의 관계를 도모하려 한다고 생각한다.[71]

1896년 6월 3일 이홍장은 경방, 경술 등 두 아들과 나풍록(羅豊錄) 등을 대동하고 로바노프 외상이 대관식 참석을 위하여 머물고 있던 숙소로 간다. 그곳에서 양측은 조약 필사본들을 검토한다. 그러던 중 비테가 당황한다. 첫번째 조항이 수정되지 않은 채 그대로였기 때문이다. 일본이 침공할 경우에만 조약의 효력이 발동한다는 내용이어야 했는데 그 외의

니콜라이 2세 대관식에 참석한 이홍장 청 특사 일행

열강의 경우에도 발효한다는 원래의 내용이 그대로 있었다. 비테가 로바노프를 조용히 불러 이를 지적하지 로바노프는 비서들에게 그 조항을 수정하라고 지시하는 것을 깜빡 잊었다고 한다. 로바노프는 이홍장 일행에게 우선 점심 식사부터 하자고 한 후 일행이 오찬을 하는 중 러시아 비서들이 급히 조약문을 수정한다. 식사 후 로바노프, 비테, 이홍장 등은 조약문에 조인한다.[72]

대청국 대황제는 러시아 대황제가 공평한 공론으로 일본에게 권하여 요동 등 수 십여 성을 반환하게 한 것을 감사히 여기고 있었다. 이 와중에 청국이 일본에 갚아야 할 배상금을 러시아가 먼저 차관을 빌려주겠다고 제안하니 우의가 더욱 깊어졌다. 러시아와 연합하여 중요한 사건이 발생하면 서로 도

러청밀약. 일명 리-로바노프 협장 조인식

와주기로 약속하는 조약을 체결한다.

아시아에서 러시아와 다른 나라 사이에 분쟁이 발생할 경우 청국은 러시아를 도울 것이다. 이를 위해 러시아 군함이 청국 영해 어느 곳이나 어느 때를 막론하고 왕래할 수 있으며, 군함이나 화물선 등은 편한 대로 항구에 입항할 수 있고, 수리나 양식, 석탄 들을 구입하는 것을 방해하지 않는다. 러시아에 위급한 사건이 발생할 경우 청국에서 군사를 모집하고, 말을 구입하여 준비할 수 있도록 한다.

이와 관련된 내용 일체를 비밀에 붙여 외국이 모르도록 한다. 만약 이 내용이 외부에 알려져 시비가 일면 「청국은 허약하고 러시아는 강하여 부득이하게 러시아의 요청을 시행할 수밖에 없다」고 답한다. 그렇지 않으면 「청국과 러시아는 이웃나라이기 때문에 러시아를 도와 독일을 막는다」고 발언해도 무방하다. 다만 그때 상황에 따라 적절히 대응한다.

...

　　지금 당장 청국에 제일 긴급한 일은 군대의 훈련이다. 러시아에서 장교 수백 명을 초빙하여 정예 병사 10만 명을 훈련시켜 북방의 다섯 지역에 배치하고, 그 수를 점점 확대하여 청국이 날로 강성해지도록 한다.[73]

조약문은 1922년에나 공개된다.

5. 동청철도회사 계약

　　동맹 조약이 체결되었다고 해서 협상이 끝난 것은 아니었다. 만주 철도 건설 계약이 체결되어야 동맹 조약의 효력도 발생할 수 있었기 때문이다. 그러나 이홍장은 다른 나라 순방에 나서야야 했기 때문에 협상은 러시아와 독일 공사를 겸하고 있던 허경징(許景澄, 1845.10.22.-1900.7.28.)이 이어받는다. 허경징은 동맹조약 협상과정에 참여하지도 않았고 청 조정으로부터 협상 전권도 위임받지 않았기 때문에 모든 사안을 총리아문, 이홍장과 협의해야 했다.[74]

　　1896년 6월 13일 이홍장이 베를린으로 출발한 날 청 정부는 허경징으로부터 장문의 전문을 받는다. 전문에는 러청은행 계약서 초안과 러청철도회사 설립 안 초안이 첨부되었다. 조약은 서문과 12개 조항으로 구성되어 있었다. 서문에는 청 정부가 러청은행에 5백만냥을 투자하고 치타와 러시아의 남우수리철도를 연결하는 철로를 건설하고 운영하는 것을 러청은행에 맡긴다고 명시한다. 「동청철도회사」로 명명될 이 회사

는 러청은행이 철도건설을 위하
여 설립한다고 명시한다. 철도
건설은 계약이 체결된 후 1년
내에 시작하여 철도노선과 건설
권이 확정되는 때로부터 6년 내
에 완성하도록 한다. 철도는 러
시아가 사용하는 광궤를 사용하
기로 한다.

청 측에서는 필요한 물품과
노동, 교통을 제공하기로 한다.
동청철도회사는 외국인이나 중

허경징

국인을 고용할 수 있으며 철도회사가 관할하는 땅에서 일어나는 범죄
와 소송사건들은 국제법에 준하여 현지의 관리들이 처리한다고 명시한
다. 건설에 필요한 땅, 운영, 철도 방비, 그리고 모래, 자갈 등을 조달하
는 것은 국유지일 경우 회사에 무상으로 제공하고 사유지일 경우 시가
에 팔고 사는 것으로 한다.

철도회사 소유의 토지와 소득은 모두 면세로 한다. 회사는 영토 행정
에 대한 절대적이고 배타적인 권한을 갖는다. 철도 승객들 소유의 짐과
한 역에서 다른 역으로 이동하는 모든 물품 역시 면세로 한다. 철도를
통하여 러시아에서 중국으로 수입되는 물품이나 중국에서 러시아로 수
출하는 물품들은 청의 해관에서 부과하는 관세의 1/3을 부과하기로 한
다. 철도와 부속시설들은 철도 완성 80년 후 중국정부에 무상으로 이양
하기로 한다.[75]

독일 순방 중 비스마르크와 만나는 이홍장

초안을 검토한 군기처와 총리아문은 7월 4일 4개의 수정안을 허경징에게 보낸다. 첫째는 러시아가 사용하는 광궤 대신에 청이 사용하는 협궤로 철도를 건설할 것, 둘째는 동청철도회사의 수입 중 광산채굴을 통해서 얻는 수입은 과세할 것, 셋째는 만주를 통과해서 러시아의 한 역에서 다른 역으로 이동하는 러시아산 물품은 일반 관세의 1/2를 과세할 것, 그리고 넷째는 동청철도를 36년 후 청 측에 이양할 것 등이었다.[76]

러시아는 청이 광궤에 동의하지 않는다면 비밀군사동맹도 취소하겠다고 한다. 광산채굴 수입을 과세하는 문제는 추가 논의하겠다고 한다. 청 영토를 통과하는 러시아의 물품은 비과세로 하되 청의 관리들의 감독 하에 특수열차에 봉인해서 보내는 물품에 한정시키기로 한다. 동청철도를 중국에 이양하는 것은 36년 후부터 청이 권리를 갖되 건설에 투

입된 모든 자본과 건설과정에서 발생한 채무, 그리고 이자를 모두 러 측에 지불한 후라고 명시한다.[77]

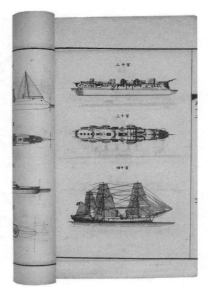

허경징이 1884년 프랑스, 독일, 이탈리아, 오스트리아, 네덜란드, 벨기에 공사 재임 중 각국의 조선소를 시찰한 후 저술한 『외국사선표(外国師船表)』. 서양 각국의 함선들을 그림과 함께 수록

군기처와 총리아문은 7월 21일 회의를 열어 러 측의 수정안을 협의한다. 가장 큰 쟁점은 협궤-광궤 문제였다. 광궤는 러시아 철도망을 동청철도에 연결할 수 있는 장점이 있었다. 반면 협궤는 동청철도를 청의 기존 철도망에 연결시킬 수 있는 장점이 있었다. 전략적으로 볼 때 러시아가 중국을 침략할 경우 광궤는 러시아군의 이동을 용이하게 하는 반면 협궤는 청군의 이동을 용이하게 해 준다. 경제적으로 봤을 때 청에게는 협궤가 유리했다. 그리고 광궤로 결정할 경우 다른 열강들에게도 청의 협궤를 따르지 않고 궤도를 마음대로 정할 수 있게 하는 나쁜 선례를 남길 수 있었다. 실제로 러시아는 독일이나 오스트리아와는 협궤로 철도를 연결했다. 청과도 그렇게 할 수 있는 일이었다. 논란 끝에 결국 이홍장의 의견을 듣기로 하고 프랑스 파리에 머물고 있는 그에게 러시아 측과 이 문제를 협의하도록 한다.[78]

이홍장은 러시아가 독일, 오스트리아의 철도와 연결하는데 협궤를 쓴

것은 안보 때문이 아니었다고 반론을 제기한다. 더구나 러시아가 원한다면 몇 시간만 투입하면 협궤를 통해서 군사를 이동시킬 수 있도록 충분히 조절할 수 있기 때문에 협궤를 사용한다고 해서 청의 안보를 더 강화할 수 있는 것도 아니라고 한다. 청은 훗날 철도를 이양 받을 때 협궤로 고치면 된다고 한다. 무엇보다도 궤도 문제는 군사동맹을 파기할 만큼 중요한 문제가 아니라고 한다.[79]

영국 순방 중 솔즈베리 경. 커즌 경과 함께 한 이홍장

사실 애초부터 협궤를 주장했던 것은 이홍장 본인이었다. 청이 처음 철도를 건설할 때 협궤를 주장한 것도 이홍장이었다. 36년이 지난 후 철도를 양도 받고 나서 협궤로 다시 고친다는 것이 어불성설이라는 것도 알고 있었다.

군기처와 총리아문은 이홍장에게 마지막으로 협궤를 설득하도록 한다.[80] 이때 이홍장은 이미 런던에 도착한 후였기 때문에 러시아 정부와 직접 협상을 진행할 수는 없었다. 따라서 그는 러시아 방문 때 대동했던 러시아 출신 청 해관 관리 그로트에게 러시아와의 협상을 맡긴다. 이홍장은 그로트가 이미 로스슈타인으로부터 뇌물을 받고 러의 입장을 적극 옹호하고 있다는 사실을 모르고 있었다.

허경징과 로스슈타인의 협상이 8월까지도 아무런 진전없이 진행되자 로스슈타인은 만일 청이 철도계약을 하지 않으면 러청동맹도 파기될 것임을 서태후에게 전하라고 한다. 이홍장 역시 비슷한 경고를 청 조정에 보낸다. 그는 청이 시간을 끌수록 일본이 그 틈을 이용해서 러시아와의 관계를 개선하려고 시도할 것을 걱정한다.[81]

8월 13일 군기처와 총리아문이 회의를 열어 허경징에게 다시 한번 협궤를 러 측에 요구해보도록 한다. 비테는 일언지하에 거절한다. 청 조정은 굴복한다. 8월 28일 베를린에서 러청은행 협약이 체결된다. 동청철도 계약은 9월 8일 체결된다.[82]

광서 22년(1896)에 대청국 대황제는 청일전쟁 후 대러시아 대황제가 올바른 공론으로 청국을 도와준 일에 감격하여 두 나라 국경의 통상업무가 두 나라에 서로 이롭도록 상의하여 여타 각별한 우의를 견고하게 하고자 한다. 이에 특별히 대청 흠명독판 군무아문 왕대신(欽命督辦 軍務衙門 王大臣)을 전권대신으로 파견하여 러시아 대황제가 청국에 파견한 전권대신 1등 백작 카시니(喀西尼)와 북경에서 조약을 체결하고 청국 동쪽 세 도시를 잇는 철도를 러시아 시베리아 철로와 연결하여 양국의 통상과 왕래가 편리하게 하며, 바닷가와 인접한 지역의 평안을 위해 별도의 조약을 체결하여 요동 등지를 되찾도록 도와준 정을 갚고자 한다.

1. 러시아의 시베리아 철도가 조만간 완공되면, 청국이 러시아에 허락하여 이 철도를 러시아 블라디보스톡으로부터 지린성(길림성) 훈춘(琿春)까지 연결하고 서북으로 지린성을 통과하며, 러시아 아무르 주의 기차 방죽으로부터 청국 헤이룽장성에서 훈춘까지 연결하고, 서남으로부터 치치하얼성까지 연결하고, 또 지린성 백도율 지방에서 다시 동남으로 잇대

어 지린성까지 통과하게 한다.

2. 헤이룽장성과 지린성에 설치하는 각 철도는 러시아가 자본을 부담하여 건설하고, 그 철도 관련 규정도 러시아의 철도 규정을 준행하며 청국은 참여하지 못한다. 그 관할권도 30년을 기한으로 정하여 잠시 러시아에 맡겼다가 기한이 지나면 청국이 비용을 지불하고 철도와 기차, 철도 관련 시설과 건물을 구입하여 수유한다. 매매와 관련된 사항은 추후 의논하여 정한다.

3. 현재 운행 중인 철도를 연장하여 산하이관(산해관)에서 펑티엔성(봉천성) 청징(盛京, 성경)까지 연결하고 다시 지린성까지 연결한다. 청국이 즉시 시작하지 못하면 러시아가 대신 건설하되, 이 철도는 10년이 지난 후 청국이 매입한다. 처음에는 청국이 계획했던 노선을 따라 청징과 우장(烏江, 오강) 등지에 연결되도록 한다.

4. 청국이 계획했던 철도를 펑티엔성과 산하이관으로부터 우장, 카이펑, 진저우, 뤼순구, 다롄만 등 지방에 이르되 모두 러시아 철도를 기준으로 하여 청, 러시아 양국의 왕래 통상에 편리하게 한다.

5. 이 위에 열거된 러시아 철도를 건설할 각 지방을 청국 관원이 보호하며, 겸하여 철도 건설을 위한 러시아 관원과 언제니어들을 융숭히 대접하며, 오지의 경우 청국 관원이 보호하기 어려울 것이니 이런 곳에는 러시아가 보병과 기병을 각각 몇 군데씩 주둔시켜 작업을 보호케 한다.

6. 철도가 완성된 후 양국이 무역하는 화물의 세금을 매기는 규칙은 동치 원년(1861)에 작성한 청, 러시아 양국의 육로통상조약에 따라 부과한다.

7. 헤이룽장성과 지린성과 창바이산(장백산) 등지에 있는 금은동철 각색 광산은 이전에는 생산을 엄금해왔으나, 이 조약 체결 후에는 러시아와 본

국 백성에게 허가를 주어 아무 때나 임의로 채굴하도록 한다. 채굴을 하
려면 먼저 청국 지방관에게 증명서를 발급받아야 하며, 청국의 관산 규
정을 따라야 한다.

8. 동북 세 지역에 지방군이 있으나 모두 구식 군대다. 앞으로 서양식 군대
로 전환할 경우 러시아에 요청하여 전술에 익숙한 장교를 고용하여 군
기를 바로잡는다. 이때 독일 무관 고용 규정을 적용한다.

9. 러시아는 아시아에서 겨울이 되어도 얼지 않는 항구가 없어 불시에 전
쟁이 발발하면 러시아 동해와 태평양의 해군이 즉시 기동하지 못한다.
이에 청국이 러시아를 돕기 위해 산둥성 자우저우(교주) 지방을 15년간
러시아에 조차하여 러시아 병참기지와 주둔지를 건설한다. 기한이 종료
되면 청국이 관련 시설을 비용을 지불하고 인계 받아 청국군을 주둔시
킨다. 이후에는 러시아 군사를 철수시켜 다른 나라의 의심을 사지 않도
록 한다. 조차와 관련된 제반 사항은 추후 별도의 조약을 맺어 정한다.

10. 랴오둥과 뤼순구와 다롄만 지방은 지형이 험하고 중요한 요충지라서 청
국이 신속히 준비하여 만약의 사태를 대비해야 한다. 이 조약을 체결한
후 러시아가 두 지역을 보호하여 다른 나라가 침범하지 못하도록 한다.
청국은 이 두 지역을 다른 나라에 제공하여 점령하지 못하도록 해야 하
며, 러시아가 병력을 동원해야 할 일이 발생할 경우 청국이 이 두 지역
을 잠시 러시아에 빌려주어 해군과 육군을 주둔시켜 러시아의 전쟁 수
행을 돕는다.

11. 다롄만과 뤼순구 등지는 러시아가 태평 무사할 때에는 청국이 관할하여
러시아와 상관이 없다. 다만 동방 세 고을에 철도 건설과 금은동철 등
각 광산 사무는 조약의 비준과 동시에 실행에 옮긴다. 러시아 문무관원

과 상인 등이 출입할 때 청국 관원은 이들을 각별히 우대하여 각 지역을 여행하는데 편의를 제공한다.

12. 이 조약을 양국이 어필로 재가한 후 각각 약속대로 시행하고, 뤼순구와 자우저우만과 다롄 등지의 소관사항 외에는 각 지방관들에게 널리 알려 각별히 시행하도록 한다. 향후 조약 비준서의 교환 장소는 별도로 의논하여 정하고, 조약을 체결한 날로부터 6개월 안에 양국 전권대신이 이 조약문을 비준한다. 조약문 본문은 한문과 러시아어, 프랑스어로 작성하여 3국 언어로 비교하여 해석상의 문제가 발행하지 않도록 하며, 만약 의견이 다를 경우 프랑스어본으로 결정한다.

대청 광서 22년(1896) 9월 일 북경에서 서명함.[83]

비준서는 9월 28일 베이징의 러시아 공사관에서 교환한다. 러시아 정부 대표는 카시니 주 청 러시아 공사, 청 정부 대표는 경친왕, 옹동화, 장음환 등이었다.[84]

동청철도 계약 6일 후 우크톰스키와 로스슈타인은 이홍장에게 약속한 뇌물 3백만 루블 중 1백만 루블을 가급적 빨리 전달하는 것이 좋겠다는 결론을 내린다. 뇌물 전달이 늦어질 경우 이홍장과 그의 수하들이 동청철도 계약에 반대하기 시작할 수도 있다면서 사안이 민감한 만큼 우크톰스키가 직접 전달하기로 한다. 그러나 비테는 9월 15일 얄타에서 우크톰스키에게 보낸 전보에 너무 급한 모습을 보일 경우 오히려 조약에 악영향을 미칠 수 있다고 한다. 그러면서 추가로 중국측에 요구할

것이 있음을 내비친다.[85]

비테는 동청철도의 지선을 건설하여 남만주까지 침투하는 구상을 갖고 있었다. 이러한 안은 1897년 2월 3일 동청철도 이사회에 상정한다. 이사회의 임시의장 케르베드즈(S.I. Kerbedz)는 우크톰스키가 이홍장을 만나러 갈 때 「황해 연안의 항구」까지 철도를 연장하는 것을 협상할 수 있는 권한을 줄 것을 제안한다.[86]

이사회 후 비테는 로스슈타인과 협의하여 동청철도의 남부 지선의 종착역을 조선에 둘 것을 추가로 결정한다. 우크톰스키는 동청철도의 남쪽 지선 건설과 특히 조선의 항구까지 러시아 철도가 연결되도록 청의 동의를 받아내는 임무를 추가로 부여받는다.[87]

1897년 봄 우크톰스키(Prince Esper Esperovich Ukhtomsky)는 이홍장이 차르의 대관식에 참석한 것에 대한 답방으로 차르가 광서제에게 보내는 선물을 갖고 베이징을 방문한다. 청은 대대적인 환영식을 벌인다. 5월 22일 우크톰스키는 총리아문에서 공친왕을 비롯한 총리아문대신들 전원의 환영을 받는다. 23일에는 이홍장이 묵고 있는 사찰에서 우크톰스키를 위한 만찬을 개최한다.[88]

5월 24일 니콜라이 2세가 광서제와 서태후에게 보내는 선물이 총리아문을 거쳐 자금성으로 전달된다. 48개 궤에 실린 보물은 청금석(lapis lazuli)으로 만든 대형 병들과 러시아 에나멜로 장식된 금잔들, 다이아로 장식된 왕관, 은으로 만든 화장대, 축음기 등이 포함되어 있었다. 광서제에게는 여우 털로 만든 코트 3벌을 선사한다. 총리아문 대신들 전원에게는 모자에 다는 커다란 다이아몬드를 각자 하나씩 선사한다. 이홍

베이징의 러청은행 건물

장은 그 중에서도 가장 큰 것을 받는다.[89]

우크톰스키는 5월 26일 광서제를 알현한다. 톈진과 체푸(Chefoo, 옌타이, 연태) 주재 영사, 무관들을 포함하여 중국에 주재하고 있는 러시아 관리 22명 전원이 초청되어 함께 광서제를 알현한다.[90] 우크톰스키는 5월 27일에는 베이징의 러청은행 본부 건물 낙성식에 참석한다. 러청은행 본부는 과거 조선의 연행사들이 묵던 「회동관」, 일명 「조선 사신관(朝鮮使臣館)」 또는 「조선관(朝鮮館)」 터에 짓는다.[91] 네르친스크 조약 이후에 주로 조선의 사신들이 묵던 「회동관」에 러시아 사신들도 묵던 전례 때문이었다.

5월 28일 우크톰스키는 다시 한번 광서제를 알현한다. 이 자리에서 우크톰스키는 니콜라이 2세가 서태후에게 수여하는 「성 카타리나 훈장」을 공친왕 혁흔을 통해 전달한다. 우크톰스키는 서태후를 직접 알현하고 싶어 했으나 이는 중국의 관습상 불가능했다. 러시아는 이 훈장의 한 가운데 있는 성녀 카타리나의 초상화 자리에 러시아 황실의 상징인 쌍두독수리(머리 두개를 가진 독수리) 그림에 다이아몬드를 추가로 집어넣는다.[92]

우크톰스키가 베이징까지 온 가장 중요한 이유는 이홍장에게 1백만 루블을 직접 전달하기 위해서였다. 로스슈타인과 비테, 우크톰스키, 로마노프(P. A. Romanov) 추밀원 위원 겸 재정부 국장은 니콜라이 2세의 윤허 하에 러청은행의 3백만 루블을 재량지출자금(discretionary fund)으로 지정한다. 이 자금의 공식명칭은 「동청철도 조차권을 따내는데 들어갈 비용을 위한 특별기금(Special Fund for Covering Expenses Connected with the Granting of a Concession for the Chinese Eastern Railroad)」이었지만 니콜라이 2세는 「이홍장 기금」이라고 부른다.[93] 이 기금 중 1백만 루블을 우크톰스키가 직접 이홍장에게 전달한다.

이홍장은 처음에는 새로운 협상을 시작할 의향이 있는 듯이 보였으나

「성카타리나 훈장(Imperial Order of Saint Catherine)」

뇌물을 받은 후 태도가 돌변한다. 6월 총리아문에서 가진 첫 대화 때 우크톰스키가 동청철도의 지선을 진저우(錦州, 금주)까지 건설하는 안을 제안하자 이홍장은 불쾌하다는 듯한 어조로 「지금까지 우리는 당신들이 우리 마당에까지 들어오도록 허락하였는데 이제는 우리의 부인들과 어린아이들이 있는 안방까지 밀고 들어오고 있다」고 한다. 우크톰스키는 청이 동청철도를 다른 열강들에게 넘기지 않는다는 보장이라도 받고자 하지만 총리아문은 이마저 거절한다. 조선의 항구까지 철도를 연장하는 안은 논의조차 거부한다.[94] 이홍장은 만주철도 건설에 대한 나름의 구상을 갖고 있었기 때문이다.

이홍장은 1897년 7월 31일 황제의 재가를 받아 자신의 철도를 만주에까지 연장하는 프로젝트를 시작한다. 만주를 관통하는 철도를 건설하는 것은 러시아만 원하는 것이 아니었다. 오랫동안 철도가 열강의 침투를 용이하게 해 주는 수단으로 간주하면서 건설을 반대하던 청의 지도부도 청일 전쟁을 치르면서 오히려 국방과 경제발전에 중요한 수단임을 깨닫기 시작한다. 따라서 탕산-톈진 노선을 만주에까지 연장하는 안을 고려하지만 이를 건설할 재정적인 여력이 없었다.

이홍장은 철도의 중요성을 누구보다 일찍 알았다. 수많은 반대에도 불구하고 그는 즈리(직례) 총독을 역임하는 동안 300km 가 넘는 철로를 건설한다. 이홍장은 이미 1878년에 영국의 철도 전문가 킨더(C. W. Kinder)에게 카이핑 광산에서 당산을 잇는 철도 건설을 의뢰한다. 1890년에 카이핑 노선이 완성되자 이홍장은 이 노선을 산하이관(山海關, 산해관)에서 선양(瀋陽, 심양)을 거쳐 기린과 훈춘(琿春, 혼춘)까지 연결함으로써 이 지역에 대한 러시아의 영향력을 차단하고자 한다. 이홍장은 「철로총공사(鐵路總公司)」를 설립하고 1894년 청일전쟁 직전 노선을 진저우(금주)까지 연장한다. 청일전쟁 종전 후 이홍장은 영국의 투자를 유치하고자 하지만 홍콩상하이은행(HSBC)은 과도한 부채를 안고 있는 「철로총공사」에 추가 대출을 거부한다. 그러나 1898년 영국의 다른 은행으로부터 대출을 받은 총공사는 철도 연장에 성공한다.[95]

1880년대부터 철로를 건설하여 러시아와 연결하는 것이 양국관계의 진전에 도움이 될 것이라는 이홍장의 주장은 받아들여지지 않았지만 청일전쟁 이후에는 모두가 귀를 기울이기 시작한다. 그러자 이홍장은 홍콩의 HSBC 은행 출신 영국인 철도전문가를 고용한다. 비테는 무라비요프에게 압력을 넣어 영국인을 고용하는 것을 취소시키도록 하는 한편 청이 만주에 철도를 짓지 못하게 압력을 행사하도록 한다. 그러나 무라비요프는 이것이 불가능하다고 한다. 1897년 9월 이홍장은 영국과 미국인 광산 전문가들에게 남만주의 광산 개발 여부를 탐색하게 한다. 그러나 이홍장의 독자적인 만주철도 건설 계획은 독일의 자우저우만 조차와 러시아의 뤼순 조차로 무위에 그친다.[96]

제4장

조선을 러시아의 보호령으로

제4장

조선을 러시아의 보호령으로

러시아 정부가 니콜라이 2세 대관식 초청장을 보내자 조선 조정은 궁내부특진관 민영환(閔泳煥, 1861.8.7.–1905.11.30.)을 대표로, 학부협판 윤치호(尹致昊, 1865.1.23.–1945.12.6.)를 제1비서, 역관 김득련(金得鍊, 1852–1930)을 부아특명전권공사(赴俄特命全權公使) 2등 참서관(參書官)과 주임관(奏任官) 4등에 임명한다. 러시아 출신 주사 김도일(金道一)과 주조선 러시아 공사관의 통역 슈타인(Evgenii Fedorovich Stein)도 특사단을 수행한다.

니콜라이 2세의 대관식은 러시아 공사관에 피신해 있는 고종에게 러시아와 비밀 협상을 벌일 수 있는 절호의 기회를 제공한다. 특사 민영환에게는 두가지 임무가 주어진다. 하나는 고종을 대신하여 대관식에 참석하는 것이고 다른 하나는 아관파천 이후 밀접해지고 있는 조선과 러시아 양국관계에 관한 러시아 측의 보다 명확한 입장과 적극적인 지원을 받아내는 것이었다.[1]

아관파천 직후 고종이 군사교관과 정부 고문들을 파견해 줄 것을 요청했을 때 러시아는 거절한바 있다. 대관식은 고종이 일본을 비롯한 열강들의 감시를 피해 재차 보호령 요청을 할 기회를 제공한다.

민영환은 1895년 8월 주미전권공사에 임명되지만 그해 10월 을미사변의 여파로 부임하지 못한다. 한양의 외교가는 민영환이 대관식 참석 후 임지인 미국으로 갈 것으로 예상하고 있었지만 민영환은 모스크바에서 대관식 참석 후 상트페테르부르크로 가서 로바노프 러시아 외상 등과 협상을 벌인다.[2]

그러나 니콜라이 2세 대관식은 조선에게만 비밀협상의 장을 제공한 것이 아니었다. 러시아와 청, 일본은 모두 대관식 참석을 빌미로 청일전쟁 이후 동북아시아의 판도를 새롭게 짜는 비밀조약들을 체결한다.

민영환 특사는 1896년 5월 20일 모스크바에 도착하여 6월 5일 로바노프 러시아 외상을 만나 고종의 요구 조건들을 제시한다. 그러나 이 때는 민영환 보다 3주 먼저 러시아에 도착하여 협상을 진행한 청의 대관식 특사 이홍장이 러시아와 이미 「러청밀약(6월 3일)」을 체결한 후였다. 러시아와 일본은 민영환 특사 일행이 아직도 모스크바로 향하고 있던 5월 14일 한양에서 「고무라-베베르 비밀각서(한성조약)」를 체결하고 이어서 일본의 대관식 특사로 파견된 야마가타 아리토모가 모스크바에서 러시아 측과 협상을 진행하여 6월 9일 「야마가타-로바노프 협정」을 체결한다.

「러청밀약」과 「동청철도」 부설 계약을 통해 만주에 대한 패권을 장악한 러시아에게 조선의 전략적 가치는 현저히 떨어질 수밖에 없었다. 특히 뤼순과 다롄 일대를 청으로부터 조차하고 시베리아 횡단철도의 연장선인 동청철도를 통해 연결하면서 그토록 찾던 극동의 부동항마저 얻게 되자 러시아는 조선에서 발을 빼기 시작한다. 만주를 얻은 이상 조선문제에 개입하면서 일본과 불필요한 마찰을 빚을 필요가 없었기 때문이다. 일본은 러시아가 만주에서 획득한 전략적 우위를 인정하는 대신 러시아로부터 조선에 대한 일본의 전략적 우위를 인정받는다. 소위 「만한교환(滿韓交換)」의 시작이었다.

이러한 상황에서 러시아가 조선에 대규모 군사교관단을 파견하여 조선군을 훈련시키고, 국왕을 지킬 대규모 근위대를 파병하고, 조선의 재정을 정상화시키기 위해 대규모 차관을 제공해 줄 것을 고종이 요청하자 러시아는 당황한다. 러시아는 민영환 특사가 제시한 요구사항들에 대한 확답을 피하면서 지연작전을 편다. 민영환은 러시아에 3달을 체류하지만 결국 요구 조건들에 대한 확답을 듣지 못한 채 8월 21일 귀국길에 오른다.

민영환이 시베리아를 횡단하여 10월 21일 러시아 군사 교관들을 대동하고 귀국했을 때는 이미 러시아가 조선에서 발을 빼기 시작한 후였다. 조선 주재 러시아 공사 베베르와 스페예르는 본국 정부의 동북아시아 대전략을 이해하지 못한 채 한양에서 러시아의 영향력을 유지하고자 계속해서 암약하지만 대세는 이미 기울고 있었다.

1. 민영환 특사

민영환은 민치구(閔致久, 1795-[음] 1874.12.14.)의 손자이자 민겸호(閔謙鎬, 1838-1882.6.10.)의 아들이다. 민치구는 고종의 외할아버지이고 따라서 민영환은 고종의 외사촌 동생이다. 슈타인은 민영환이 예의 바르고 차분한 성격을 갖고 있으며 서구문물에 대해서도 열린 자세를 갖고 있다

고 본국에 보고한다.[3]

윤치호는 러시아 사절단에 임명되자 「주권을 포기하는 것과 같은 명예롭지 않은 임무」라면서 주저한다. 민영환 특사의 목적이 조선을 러시아의 보호령으로 만들려는 고종의 계획의 일환임을 알았기 때문이다.

이범진은 고종의 사적인 임무를 띠고 이학균과 함께 러시아로 가기를 원하는지 내게 물었다. 나는 그의 제안을 고려해 보겠다고 대답했다. 아무리 페테르부르크를 보고 싶다고 해도 조선의 주권을 포기하는 것과 같은 명예롭지 않은 임무를 띠고서는 거기든 또는 다른 어느 곳이든 가고 싶지 않다.[4]

1) 여정

민영환과 윤치호는 1896년 4월 1일 오전 8시 러시아 공사관에서 고종과 순종을 사폐하고 한양을 출발한다.[5] 원래는 홍콩을 거쳐 러시아로 갈 계획이었으나 여객선 좌석을 구하지 못해 상하이에서 요코하마, 도쿄, 밴쿠버, 몬트리올, 뉴욕, 리버풀, 런던, 플리싱언(Vlissingen, 영어: Flushing, 플러싱, 네덜란드), 베를린, 바르샤바를 거쳐 모스크바로 가는 장도에 오른다.[6]

일행은 한강 근처에서 윤치호의 부친 윤웅열(尹雄烈, 1840.5.18.-1911.9.22.)과 이완용, 박정양, 고영희, 이재정, 이상재, 이경직 등이 베푼 송별연에 참석한 후 10시경 배를 타고 12시30분경 오리골에 도착하여 휴식을 취한다. 오후 1시 30분에 배로 오리골을 떠난 일행은 오

영 알렌 목사　　　　　　　　　　　　1902년. 중국인 부인 마수진, 자녀들과 함께한 윤치호

후 5시에 제물포에 도착하여 러시아 군함 「그레먀치(Gremiatchi)」에 승
선한다. 윤치호는 「항구의 조선 관리는 누구도 우리를 보러 오지 않았
다」고 한다.[7]

특사 일행은 4월 2일 오전 10시 상하이시 북부의 우쏭(吳淞, 오송)에 도
착하여 오후 1시에 콜로니호텔(Hotel des Colonies)에 투숙한다. 윤치호는
중서서원의 설립자이며 자신의 은사이자 미국 유학을 주선해 준 영 알
렌(Young John Allen, 1836.1.3.–1907.3.30.) 목사를 만나 함께 중서여숙(中西女
塾, Mctyeire School and Home for Girls)을 방문하여 그곳에 머물고 있는 부인
과 아이와 해후한다.

윤치호는 상하이 콜로니호텔에 두 주간 머물고 있는 민영익도 만난다.

자만, 인색함, 완고함이 특징인 그의 성격이 전혀 나아지지 않은 것 같다. 그

콜로니 호텔(상하이 프랑스 조계에 있던 호텔)　　　중서여숙

야말로 그 누구보다도 1895년 10월 8일의 참혹한 사건(을미사변) 이후 폐하를 꼭 알현해야 할 사람이다.[8]

윤치호는 4월 11일(일) 민영환에 대한 인상도 적는다.

민영환은 전형적인 조선의 「양반」이다. 그는 셔츠, 가운, 양말을 신거나 외투의 단추를 채우는 등 모든 일에 시중들어 주길 바란다. 실로 그가 다른 사람들의 도움 없이 어떻게 잠자고 먹는지 내게는 신기한 일이다. 담배는 너무 훌륭한 이 신사의 중요한 일부다. 그가 가지고 있는 권련, 잎담배, 그리고 파이프용 담배를 모으면 러시아에서 담배 가게를 쉽게 열 수 있을 것이다. 그가 병에 대비해 준비한 조선 약재들은 양으로만 친다면 아마 그를 영원히 죽지 않게 할 수 있을 것이다. 그러면서도 그는 이성이 있고 유머감각도 있는 신사이다. 그는 먹거나 마시는 일로 자기 자신이 조소를 당하거나 부끄러운 일에 노출될 것이 분명하다면 먹거나 마시지도 않으려 할 것이다. 이 점이 그의 진면목이다. 그런데 그는 여행 중에 개인적으로 쓰도록 폐하로부터 2만 달러를 받았다. 나는 민영환이 그 돈을 특별한 용도의 자금 범위를 넘어서서 어떤 보이지 않는 지출에 쓴다는 핑계로 받았다고 생각한다.

나는 모르겠다. 그러나 이 좋은 행운에 들뜬 그는 내 아내를 위해 100달러를 주겠다고 약속했다. 그런데 그는 그의 사촌인 민영익으로부터도 2만 달러를 받았다. 그 외에 1,000달러 이상의 돈을 이덕유의 수하인 곽참봉으로부터 받았다. 그가 소유하고 있는 이 확실한 돈에도 불구하고 오늘 아침 민영환은 곽참봉으로 하여금 나(또는 소지자)에게 100달러를 제공하라고 요청하는 한 장의 서면을 내게 주었다. 곽이 이런 주문을 반기겠는가? 아닐것이다. 이것은 휴지조각에 지나지 않는다. 나는 곽에게 그것을 주면서 그에게 가능하면 빨리 리드(Reid) 박사에게 그 돈을 건네주라고 말했다. 리드 박사는 이 모든 것이 민영환이 내게 한 장난에 지나지 않는다는 것을 알고 있다.[9]

상하이를 다시 방문하는 감회도 남긴다.

몇 년 동안 비참한 조선 생활을 겪어 보지 않는 사람은 아무도 상하이와 일본의 화려함을 제대로 깨닫지 못할 것이다.[10]

특사 일행은 4월 16일(목) 상하이를 출발한다. 17일(금)에는 여객선이 나가사키에 들러 석탄을 공급받고 정오쯤 요코하마에 정박한다. 곧바로 주일본 러시아 대리공사로 있는 스페예르 부부가 조선 영사를 통해 민영환과 윤치호 일행을 저녁에 초청한다. 요코하마에서 3시 15분 기차로 출발한 일행은 도쿄에 도착하여 곧바로 주일본 조선공사관으로 간다. 대리공사 이태직(李台稙, 1859-1903)은 얼마전 귀국한 상태였고 후임인 이하영(李夏榮, 1858.8.15.-1929.2.27.)은 아직 도착하기 전이었다.

이때 윤치호는 게이오기주쿠(慶應義塾, 경응의숙, 게이오대학의 전신)에서 조선

학생들이 체포되었다는 소식을 접한다.[11]

게이오기주쿠에 있는 학생들 가운데 3명이 금고를 부숴 열다가 체포되었다고 한다! 똑똑해 보이는 이 학생들은 폐하와 전 내무대신 박영효가 뽑은 무리들이다. 관상으로 그들의 자질을 시험했다. 총명하다면 조선에서도 배울 수 있다는 교묘한 구실로 두뇌가 명석한 학생들을 배제한 것이다.[12]

그날 저녁 민영환과 윤치호는 당시 일본에 특파대사로 파견되어 도쿄에 체류중인 의화군(義和君, 1877.3.30.-1955.8.16, 의친왕 이강, 고종의 다섯째 아들)을 방문하지만 부재중이었다. 저녁 7시에는 주일본 러시아 공사관에서 스페예르 대리공사 부부가 주최하는 만찬에 참석한다. 만찬 후 9시경 윤치호는 혼자 의화군을 다시 찾는다.

그는 나를 정중하지만 좀 냉랭하게 맞이했다. 그는 멋진 비단으로 만든 일본옷을 입고 있었다. 그의 첫마디는 「왜 폐하는 러시아 공사관에 머물고 있소? 당신은 우리 국왕을 일개 공사관에 머물게 했다는 비난에서 자유로울 수 있소?」였다. 나는 대답했다. 「저하, 저는 폐하가 러시아 공사관에 머물고 있는 일이 부끄러운 일이라는 것을 알고 있습니다. 사실 폐하에게 제안한 첫 번째 일은 조선의 궁으로 돌아가셔야 한다는 것이었습니다. 그러나 폐하는 그러기를 거절하셨습니다. 그 외에도 국왕께서 자신의 의지로 환궁하지 않는 한, 일본인들이 다시 궁궐을 공격하지 않는다는 보장을 하거나 믿을 만한 경비병이 제공되지 않는 한, 이번에는 폐하를 살해하게 될 것이므로 아무도 환궁하시라고 폐하를 설득할 수가 없습니다. 저하는 그렇게 하실 수 있겠습

의화군

윤치오

니까?」이 어린 왕자는 내 대답이 그럴 듯하다고 보고 자신도 그렇게 할 수 없을 것이라고 인정했다.[13]

의화군은 이어서 윤치호의 사촌 동생 윤치오(尹致旿, 1869.9.10.-1950.12.22.)가 자신을 곤경에 빠뜨렸다고 한다. 윤치오는 1894년 일본으로 건너가 후쿠자와 유키치의 게이오의숙(慶應義塾)에서 수학 중 1895년 일본 특파 대사에 임명되었고 의화군이 특파 대사에 임명되자 그의 수행원 자격으로 일본에 체류 중이었다. 다음은 윤치호가 기록한 의화군과의 대화다.

의화군: 윤치오가 나를 망쳤다. 그는 후쿠자와와 계약을 체결해 내게 약 3,000달러를 빌려주었는데 조건은 내가 그 금액을 이자까지 붙여 갚지 않는 한 결코 일본을 떠나서도 안 되고 떠날 수도 없다는 것이었다. 내가 어디

를 가든 나는 미친 사람으로 여겨진다. 나는 루미스 박사(Dr. Loomis)에게 영어를 공부하려고 노력했다. 그러나 일본인들은 기독교를 도입하는 것은 조선을 망치게 할 것이라고 외쳐댔다. 그래서 나는 중지해야만 했다. 후쿠자와는 자기 딸에게 영어를 배우지 않는다고 벌금을 부과했다. 나는 일본에 머무는 것이 넌더리가 난다.

윤치호: 왜 저하는 일본어와 일본의 군사체제를 배우지 않습니까?

의화군: 나는 돌아다니는 것을 좋아하지 않소. 나는 무슨 일이 내게 일어날지 몰라 늘 두려워하고 있소.

윤치호: 얼마 전 저하의 빚이 청산되었다고 들었습니다.

의화군: 그렇소. 나는 빚을 갚고 자유롭게 될 기회가 있었소.

윤치호: 그러면 왜 저하는 그렇게 하지 않았습니까?

의화군: 그러면 나는 생활비가 1,000달러 밖에 남지 않게 되었을거요. 그래서 그렇게 못했소.[14]

윤치호는 의친왕에 대한 소회를 남긴다.

위의 대화를 놓고 볼 때 왕자는 그가 고백한 것만큼 일본을 싫어하지는 않는다. 그 어여쁜 일본 여성들이 그에게 위안을 주는 것 같다! 그는 높이 날아오르려는 정신이 부족해 보인다. 이 왕가의 불행이다! 내가 그에게 작별인사를 했을 때 왕자는 인사를 마치기도 전에 위층으로 달려갔다.[15]

특사 일행은 4월 17일 여객선에 올라 요코하마를 출항하여 12일 간의 항해 끝에 4월 29일 캐나다 밴쿠버에 도착한다.

> 밴쿠버. 인구가 1만 6천 명에서 1만 7천 명 사이. 밴쿠버는 아스팔트거리, 전차 등이 있는 도시로 3년 전에 비해 굉장한 발전을 이루었다.[16]

일행은 4월 30일 오후 2시경 「캐나다 퍼시픽(Canada Pacific)」 열차편으로 동부로 향한다. 기차 여행 중이던 5월 1일 민영환은 러시아와 협상 과정에서 중요한 통역은 윤치호 대신 김도일을 시키라고 고종이 비밀전문을 보내왔음을 윤치호에게 알린다.

> 오늘 아침 민영환이 전하께서 비밀전문을 김도일에게 보냈고 민영환에게 모든 중요한 협상에서 김도일을 통역으로 쓰도록 지시했다고 말했다. 참 대단한 임금이시다! 대부분의 생애를 블라디보스톡에서 보내 한문이나 국문(한글)을 한 글자도 못 읽고, 한 달 전 까지만 해도 공사관에서 러시아 수병들 통역이나 하고 있었고 겨우 몇 주 전에 처음 전하를 접견한 젊은이를 믿으려 하다니. 간단히 말해서 친절한 전하께서는 국가의 비밀사안에 대해 나의 충정을 믿기 보다는 이런 경력의 젊은이를 믿으려는 것이다. 이러니 전하 곁에 친구가 없을 수 밖에.[17]

특사단은 5월 5일(화) 밤 10시 30분에 몬트리올에 도착하여 곧바로 윈저 호텔(Windsor Hotel)에 투숙한다. 윤치호는 다음날 아침 일찍 일어나 「단 1시간 동안 만이라도」 도시를 둘러보려고 한다.

6일 오전 10시 30분에 몬트리올을 출발한 일행은 밤 10시경 뉴욕에 도착하여 새로 건축되었고 「가장 인기있는(most fashionable)」 월도프 호텔(Waldorf Hotel)에 투숙한다. 윤치호는 첫번째 뉴욕 방문에 대한 감격을 다음과 같이 표현한다.

몬트리올의 윈저 호텔

내가 이 놀라운 도시를 방문한 일이 꿈만 같다. 브로드웨이, 현수교(브루클린 다리), 거대한 상점들, 고가 철도(전철), 궁전 같은 호텔들, 아름다운 카페들, 유명한 센트럴파크와 리버사이드 드라이브, 송판 오두막(Pine Board Shed), 월드 빌딩(New York World Building), 도시, 아니 공기 그 자체의 시끄러움과 소음, 상점과 거리와 역, 서점을 바삐 오가는 수많은 사람의 물결, 이 모든 것이 내게는 아주 놀라운 꿈만 같았다. 세계의 축소판과도 같은 이 도시의 다양한 양식과 삶의 모습을 조용히 돌아볼 시간을 더 가질 수만 있다면. 이 짧은 3일 동안 이 도시를 과연 얼마나 보고 듣고, 얼마나 알겠는가?[18]

윤치호는 뉴욕에서 당시 주 워싱턴 공사로 부임해 있던 서광범도 만난다. 당시 미국 사람들이 일본에 대한 감정이 얼마나 좋은지도 경험한다.

뉴욕에서는 모든 사람들이 일본을 칭찬하고 있다. 아무도 조선왕후의 운명에 대해 관심이 없다. 만일 일본이 왕후뿐만 아니라 왕을 포함한 궁중의 모

월도프 호텔(1893년)   뉴욕월드 빌딩

든 사람을 살해했다 할지라도 세계는 일본을 더 나쁘게 생각하지 않을 것
이다. 성공하는 것만큼 성공적인 것이 없다. 힘만큼 강한 정의는 없다.[19]

　뉴욕에서 출항한 민영환 특사 일행은 7일간의 항해 끝에 5월 16일
오전 8시 영국 리버풀에 도착하여 11시 기차로 런던을 향해 출발한다.

　협궤 열차를 타고 런던으로 가는 도중에 본 시골은 내가 이제까지 본 어떤
곳보다도 아름다웠다. 정원과 들판과 산뜻한 벽돌 또는 목조로 지은 오두막
집은 양탄자 위에 앉아 있는 벌레처럼 편안해 보이고, 마을의 샛길과 깨끗
한 도로, 푸른 초원은 더 바랄 수 없을 만큼 상쾌했으며, 살진 암소들은 풍
요로운 초원에서 풍부한 목초를 뜯었다. 반짝반짝 빛나는 이 모든 아름다운
장면들이 영국에 오랫동안 머물고 싶게 만든다.[20]

런던의 드카이저스 로얄호텔(1887년)

오후 3시 반쯤 런던에 도착한 일행은 템즈 강변의 로얄호텔에 투숙한다. 윤치호는 런던의 인상을 다음과 같이 기록한다.

템즈 강, 그 강에 걸친 다리들, 어빙[21]과 애디슨[22]의 아름다운 에세이를 생각나게 하는 장엄한 웨스트민스터 사원, 하이드 파크 등 역사책, 시집, 그리고 소설을 통해 내게 너무나도 친근한 이 풍경들을 보면서 나의 가슴은 황홀경에 빠진 것과 같은 환희로 전율하였다. 이 고전적인 도시에서 2개월이나 2년이 아닌 불과 2시간 밖에 보낼 수 없다는 것이 얼마나 안타까운 일인가![23]

특사 일행은 16일(토) 저녁 7시에 런던의 빅토리아 역을 출발하여 퀸스보로 항으로 가서 밤 11시에 출발하는 증기선으로 네덜랜드의 플리

웨스트민스터 사원(1894년 삽화)

싱언(Vlissingen, 영어: Flushing, 플러싱)으로 향한다. 17일(일) 새벽 5시에 플리싱언에 도착해서 베를린행 급행열차로 갈아탄 일행은 정오쯤 독일 국경에 도착하여 세관검사를 받고 오후 8시경 베를린의 프리드리히 역에 도착한다. 역에서 식사를 한 일행은 베를린 주재 러시아 대사관 직원의 안내로 러시아로 가는 침대차에 올라 러시아로 향한다.[24]

18일 아침 7시쯤 러시아령 폴란드의 국경도시 알렉산드로프를 거쳐 오후 2시에 바르샤바에 도착한다. 윤치호는 폴란드에 대한 감상을 다음과 같이 기록한다.

이곳은 한때 폴란드 왕국의 수도였다. 가난한 나라, 세 마리의 이리에 의해 찢긴 양처럼, 세 이웃 나라에 의해 갈라진 한 왕국의 운명을 생각하니 슬

베를린의 프리드리히 역(1900년)

퍼진다.[25]

19일(화) 오전 8시 반에 조선 특사 일행 영접을 맡은 파스콤 장군(General Pascom)과 프랑쏭(Plancon)의 안내로 특별열차 편으로 바르샤바를 출발하여 모스크바로 향한다. 윤치호는 기차에서 본 러시아의 풍경을 다음과 같이 기록한다.

광활한 평원, 풍요한 목초지, 울창한 숲, 먼지 나는 도로, 안락해 보이지 않는 오두막들이 산재한 마을들, 편리한 간격을 둔 좋은 기차역들, 흔히 마주치는 아름다운 여성들, 석탄 대신 막대한 양의 나무를 때는 기관차, 모든 것이 풍족한 식당차, 아름다운 자작나무 숲.[26]

2) 니콜라이 2세 대관식

특사 일행은 5월 20일(수) 오후 3시에 모스크바에 도착한다. 러시아 정부가 제공한 숙소는 기대 이상으로 훌륭했다. 특사단의 모스크바 체류 비용도 러시아 정부가 제공할 것이라는 전갈을 받는다. 21일(목)에는 정부 숙소에 태극기가 게양된다.

러시아 역사상 최초로 오늘 아침 조선 국기가 이 신성한 도시 모스크바에 게양되었다.[27]

오후 2시에는 특사 일행이 「황제 부처의 도시 입장 행렬」을 참관하기 위해 모스크바 총독궁으로 간다.

크렘린의 대관식 행렬

모스크바 총독궁

행렬은 두 줄로 늘어선 병사들 사이를 지나갔다. 이 장면은 내가 이제까지
본 어떤 장면보다 더 장관이었다. 군인, 관리, 수행원, 말, 마차, 그리고 모
든 것이 거의 금은으로 덮인 것처럼 보인다. 황제는 홀로 간편한 양식의 옷
을 입고 말 등에 반듯하게 올라타고 있다. 조선 국왕의 모습을 추하게 하
는 궁내관, 내시, 하인 같은 떨거지는 없다. 러시아를 다스리는 이 군주의
주변에는 그 같은 역겨운 존재들이 하나도 없다. 비단 옷을 입은 황후는 홀
로 황금마차를 타고 가면서 길 양쪽에서 환호하는 수많은 군중들에게 머리
를 끄떡여 인사하고 있다. 이 모든 행차는 목표지점에 도달할 때까지 한 시
간 걸렸다.[28]

윤치호는 청과 일본, 페르시아 특사들에 대한 묘사도 곁들인다.

특사 가운데 추한 이빨(그들 중 몇몇)과 길게 땋은 변발을 한 중국인들은 수놓은 훌륭한 비단옷을 입고 있지만 안쓰러운 모습이다. 양복을 입은 일본인들은 동양 전체에서 가장 문명화되고 부러움을 사는 나라의 대표처럼 행동했다. 페르시아는 매우 말쑥한 제복을 입은 잘 생긴 사람이 대표로 왔다. 최근에 그 나라의 왕이 피살되고, 그 나라 정부가 친 영국파와 친 러시아파로 나누어져 있기 때문인지 그에게 일종의 동료의식을 느꼈다. 우리나라의 비참한 상황을 의식하고 있는 불쌍한 우리는 더 행복한 나라에서 온 사절들의 경멸과 조소의 대상일 터이다.[29]

5월 22일(금) 민영환은 고종의 지시에도 불구하고 중요한 행사에는 김도일을 통역으로 쓰지 않겠다고 한다. 윤치호의 우려대로 그의 조선어가 형편없었기 때문이다.

김도일의 조선어 지식은 매우 빈약해서 실제로 황태후를 「황제 어미」라고 부르기도 했다![30]

특사 일행은 오후에 니콜라이 2세 내외를 알현한다.

오후 2시에 황제 부처가 크렘린 궁에서 우리를 접견했다. 황궁의 고위관리가 우리를 황궁까지 호위했다. 민영환과 의전장

1894년 약혼 당시의 니콜라이와 알렉산드라

대관식을 기념하여 야간 조명을 켠 크렘린궁

이 황금마차를 탔다. 우리가 황궁에 도착한 것은 1시 30분이었다.

황제 부처가 자리하고 있는 궁전의 웅장한 방들 가운데 한 방에 민영환과 나만 입장했다. 가구가 없는 적당한 규모의 방에서 황제 부처가 서서 기다리고 있었다. 황제 옆에는 관리 아니면 시종인 듯 한 사람 하나 외에는 아무도 없었다. 민영환은 매우 위축된 모습으로 거의 들리지 않는 목소리로 인사말을 더듬거리며 했다. 나는 그 내용을 원만한 영어로 황제에게 통역했다. 그리고 나서 민영환은 국왕의 친서를 황제에게 전했다. 황제는 국왕의 친서에 감사를 표시했고, 조선 사절을 접견하게 되어 기쁘다고 말했으며, 우리가 여기 오는데 얼마나 걸렸느냐고 물었고 우리가 모스크바를 어떻게 생각하는지를 물었다. 그는 유창한 영어로 말했다. 나는 민영환의 이름으로 「언제든 폐하께서 조선의 사정에 관해 하문하신다면 특사는 조선의 사정과 긴급한 일에 대해 폐하께 전해 올리도록 조정으로부터 권한을 부여받고 있습니다」라고 말했다. 황제는 「잘 알겠다」고 대답했다. 그리고 나서 몇 초간 침묵이 흘러 분위기가 어색해져 내가 「물론 오늘은 아닙니다」라고 말했다. 황제는 「물론, 아니지」라고 희미하게 미소 지으면서 말했다. 황후는 내내 귀를 기울이면서 조용히 서 있었다. 곧바로 우리는 매우 서투른 모습으로 물러 나왔다. 우리는 오늘 황제가 일본을 포함한 다른 나라 사절들보다 우리를 먼저 접견함으로써 특별한 호의를 우리에게 베풀어주었다고 생각하며 스스로 만족해했다.[31]

오후 4시에는 로바노프 외상을 예방한다.

5월 24일(일) 대관식 장소인 크렘린궁의 성모승천성당(Assumption Cathedral)이 협소하여 참석자들은 모두 모자를 벗고 입장할 것을 요청받는다. 그러나 민영환은 갓을 벗을 수 없다며 거절한다.

대관식이 거행될 성당은 작은 성당이었기 때문에 러시아의 최고위 인사들과 외국 사절 외에는 아무도 입장할 수 없다. 성당으로 들어가는 사람은 누구나 모자를 벗어야 한다. 페르시아, 터키 그리고 청국 사절조차 대관식에 참석하기 위해 그들의 민속에 반해 모자를 벗으려 하고 있다. 그들은 표면상 이 목적을 위해 정부에서 파견되었기 대문이다. 틀림없이 「술고래(민영환의 개인비서 김득련의 별명. 술을 많이 마셔서 슈타인이 붙여준 별명)」의 조언으로 생각되는데, 민영환은 갓을 벗는다는 것이 조선의 법과 관습에 어긋난다는 이유로 대관식이 진행되는 짧은 시간 동안 갓을 벗으라는 요청을 거절했다. 나는 그가 대관식 참석이라는 중대한 목적을 띠고 조선 군주의 사절로 이것으로 파견되
었기 때문에 자기 임무를 수행
한다는 좀더 높은 차원에서 몇
분 동안 그 우스꽝스러운 조선
의 관습을 보류해 두는 것도 결
코 잘못이 아니라고 설득했다.
아무리 해도 듣지 않았다. 민영
환이 완고하게 버틸 때 그는 노
새처럼 고집불통이었다.[32]

크렘린궁의 성모승천 성당

　5월 24일 오후에는 청의 특사
로 대관식 참석차 러시아에 머물면서 동청철도 건설문제와 러-청 동맹
을 협상하고 있던 이홍장을 만난다. 다음은 윤치호가 기록한 민영환과
이홍장의 대화다.

　　이: 언제 한양을 떠났습니까?
　　민: 우리는 음력으로 2월 19일 한양을 떠났습니다.
　　이: 그때 국왕은 러시아 공사관에 있었습니까?
　　민: 그렇습니다.
　　이: 대원군은 아직도 정력적이고 활동적입니까?
　　민: 그렇습니다.
　　이: 그의 나이가 몇입니까?
　　민: 78세입니다.

이: 민영환 공은 대원군 당입니까, 그 반대입니까? 누가 왕후를 살해했습니까?

민: 공식 보도가 나가면 누가 범행을 했는지 아시게 될 것입니다.

이: 김홍집은 왜 피살되었습니까? 그는 훌륭한 인물이었는데.

민: 그는 왕후 시해에 연루되었습니다.

이: 민공은 일본 당입니까?

민: 나는 어느 당에도 속하지 않습니다.

이: 믿을 수 없습니다. 조선인들은 일본인들을 좋아하지요?

민: 어떤 이들은 일본을 좋아하고, 어떤 이들은 그렇지 않습니다. 청국에서나 마찬가지로 말입니다.

윤치호는 「이 마지막 일침이 그 늙은이를 침묵시켰다」고 한다.[33] 그리고 이홍장에 대한 인상을 다음과 같이 남긴다.

이홍장에게 매우 실망했다. 만일 그가 진실로 위인이라면 사람이 가득한 방에서 그처럼 민감한 질문을 하지는 않았을 것이다. 그 사람들 가운데 대부분은 러시아 고위관리들이다. 내 생각에 이홍장은 이런 인물이다. 그는 음흉하고 능력 있는 청국 관리 중 한 사람이다. 그는 영리해서 중국문명보다 서구문명이 우월함을 알고 있고, 서양의 사상과 기술을 청국으로 도입해야 한다는 정도는 알고 있는 사람이다. 그는 일찍이 자기 주변에 넉넉히 보수를 받는 수많은 모험적이고도 유능한 외국인들을 포진시켰다. 이들이 자신들을 후원해 주는 이홍장에 대해 해외에서는 찬사를 해대었다. 이것이 그에게 결코 어울리지 않는 명성을 안겨주었다. 이렇게 해서 시간과 돈, 영향력

그리고 대외적 명성 등이 이홍장이라는 허상의 인물을 만들어냈다. 그러나 이 걸출한 능력과 위대함은 뤼순 항, 웨이하이웨이, 그리고 평양 전투에서 일본에게 패배해 하늘과 바다로 모두 사라져 버렸다. 이제 오늘처럼 우리 앞에서 그 못된 망나니 노릇을 하는 이홍장만 남아 있다.[34]

대관식은 5월 26일에 거행된다. 오전 7시 15분 각 나라 사절들이 터키대사관에 모여 오토만 대사를 선두로 오전 8시쯤 크렘린궁으로 갔지만 민영환과 윤치호는 갓을 벗지 않겠다고 하여 결국 성당에 입장하지 못하고 외교관과 다른 하객들을 위해 마련된 성당 외부의 연단으로 가서 먼 발치에서 대관식을 본다.[35]

3) 조선의 요구사항

1896년 6월 5일 오후 2시 민영환과 윤치호는 로바노프 외상을 면담한다. 이 자리에서 민영환은 니콜라이 황제를 알현할 수 있게 해 달라는 요청을 하는 동시에 조선 정부의 5가지 요청사항을 제시한다.

1. 전신 연락
   A. 시베리아 전신선을 한반도 북부와 연결하며, 동 전신선을 양국이 이용할 수 있는 조건의 모색.
   B. 상하이와 목포를 해저 전선으로 연결하는 일.
   C. 자오저우만(膠州灣, 산둥성 칭다오 앞의 만)과 제물포를 해저 전선

으로 연결하는 일.

    D. 조선과 러시아 국경을 연결하는 전신선 업무를 담당할 인력의 파견.

2. 군사교관: 일본의 군사교관을 믿을 수 없어 러시아 군사교관을 요청한다.

    A. 군사교관은 자신의 업무에 정통한 인물이어야 함.

    B. 군악대, 병참부, 의무대의 창설.

    C. (일본인에 의한) 신식 훈련을 받은 군인은 2,400명 (청, 일본, 독일, 미국 군사 학교에서 교육받았던), 옛 군인이 1,000명. 몇 명의 군사 교관을 파견할 것인지 협의.

    D. 기병대, 공병대, 헌병대, 경찰대의 조직.

3. 고문

    A. 국왕에게 조언할 수석 고문의 필요성.

    B. 내각에 행정적, 정치적 업무를 위한 고문 1인.

    C. 광산 개발, 철도 부설, 기술적 공공사업에 필요한 고문 1인.

4. 수백 명으로 구성된 근위 수비대: 신뢰할 수 있는 조선인 군부대가 교육을 마치지 못해 (국왕을 위해) 러시아 수비대를 요청함.

5. 일본 빚을 청산하기 위한 차관 300만 엔 제공.[36]

이를 받아본 로바노프는 「러시아 정부 관리들이 충분히 검토할 때까지 이런 제안을 승인할 수 있을지 여부를 귀하에게 말할 수 없습니다. 게다가 이 문제는 차르 폐하의 승낙이 떨어져야 합니다. 요청을 서면으로 제출해주기 바랍니다」고 한다. 그러나 민영환은 「저는 여기서 너무 오랫동안 기다릴 수 없습니다. 되도록 빨리 조선으로 돌아가서 우리 정부 측에 이에 관해 러시아의 지원을 기대해도 좋은지 보고해야 합니다」

고 한다. 그러자 로바노프는 「되도록 신속히 귀하에게 회답하도록 노력하겠습니다」고 한다.[37]

이때 민영환은 로바노프에게 메모를 건넨다. 이 메모는 을미사변의 책임을 일부 러시아에 떠 넘기는 듯한 내용을 담고 있었다. 조선이 러시아를 너무 믿은 나머지 일본의 말을 듣지 않자 일본이 민비를 시해했다는 논리다.

> 조선은 몇 해 전 러시아와 긴밀한 우호관계를 맺는 비밀 조약을 체결했습니다. 우리는 러시아의 지원을 믿고 있었기 때문에 1894년 이래 일본이 요구했던 모든 것에 대해 승인하지 않았습니다. 일본인들은 그들의 계획을 이행할 수 없음을 알고 격노했습니다. 이것이 그들로 하여금 조선인 반역자들과 함께 10월 8일의 범죄(을미사변)를 자행하도록 했습니다. 조선인들은 그 일이 잘못된 것을 깊이 느끼고 러시아에게 도움을 기대해 이렇게 5개 항의 요청을 하게 된 것입니다. 조선은 러시아만이 그 책임을 떠맡아 줄 수 있는 나라라고 기대하고 있습니다. 러시아가 도와준다면 조선 정부는 더욱 확고한 토대 위에 설 수 있게 될 것입니다.
>
> 돌아가신 조선의 왕후는 러시아 쪽에 기울었기 때문에 친일파의 증오를 산 결과 죽음을 맞았습니다. 동양 신문들은 러시아와 일본이 조선에 공동의 영향력을 행사할 의도를 가지고 있다고 보도합니다. 그와 같은 협정은 갈등을 유발할 것입니다. 조선은 그런 협정에 의해 아무것도 얻을 수 없을 뿐만 아니라 또 다른 국가적 재앙을 맞을 것입니다.[38]

민영환은 6월 6일 오후 3시 니콜라이를 알현한다. 윤치호는 통역을 위해 따라간다. 민영환은 니콜라이에게도 5개 조항의 요구사항을 그대로 반복한다. 윤치호가 영어로 통역을 하는 것을 니콜라이는 경청한다. 그러다가 「어떤 조선인 반역자들」이라고 말하자 니콜라이는 「대원군?」이라고 묻는다. 윤치호는 즉답을 피하고 다음과 같이 답한다.

> 조선인이 바라는 것은 안정된 정부입니다. 조선인은 지난 3년 동안 생명과 재산의 안전을 느껴 본 적이 단 하루도 없습니다. 지금 조선이 안정된 정부를 가질 수 있게 된 것은 러시아의 힘이 있기 때문입니다. 러시아와 일본이 공동으로 영향력을 행사하면 조선인 관리들 사이에 당파적 음모를 조장하게 될 것이고 러시아와 일본 사이에 심각한 분규를 가져오게 될 것입니다. 그와 같은 협정에서는 전쟁이든 평화든 조선은 고통만 받는 입장이 될 것입니다. 폐하께서는 그와 같은 협정에 결코 동의하지 말아 주시기 바랍니다.[39]

니콜라이는 러시아와 일본이 조선에 대해 공동으로 영향력을 행사한다는 부분이 언급될 때마다 머리를 흔들면서 「아니, 아니야!」라고 한다.[40]
민영환의 5개 요청사항에 대해서는 「귀하가 내게 말한 것을 로바노프 공과 탁지부 대신(재무상 비테)에게 말하십시오. 이들 두 사람은 귀하를 위해 그 일을 주선할 것입니다. 귀하는 우리를 믿어도 될 것입니다」라고 답한다.[41]

6월 7일 오전 10시 30분, 민영환과 윤치호는 재무상 비테를 만난다.

민영환은 이미 로바노프 공과 황제에게 말했던 것을 거의 문자 그대로 반

복하면서, 무엇보다도 국왕을 위한 경비병을 제공해주는 일을 잘 주선해달라고 부탁했다.[42]

민영환이 5개조 요청사항을 얘기하자 비테는 다음과 같이 답한다. 비테는 영어를 못했기 때문에 러시아어로 답하는 것을 슈타인이 영어로 통역한다.

러시아는 일본이나 다른 어떤 나라도 조선을 공격하거나 문제를 야기하지 못하도록 대처해 조선의 질서와 평화를 유지하는 일에 대해 매우 단호한 입장입니다. 그러나 시베리아 철도가 완공될 때까지는 러시아가 매우 서서히 이런 정책을 펴 나가야 합니다. 그래서 러시아 외무성이 극동문제를 조정하는데 취할 수 있는 어떤 조처도 잠정적일 것입니다. 현재 일본은 러시아보다 100배나 약하지만 조선에 가까이 있어서 조선에서 더 큰 영향력을 행사하기에 더 좋은 입지를 가지고 있습니다. 그렇지만 중국에서는 틀림없이 러시아가 우세해질 것입니다. 귀하께서 요청하신 문제에 관해 1) 군사교관들은 제공될 가능성이 매우 높고 2) 고문들 문제에 대해 우리는 한양 주재 러시아 공사관에 장교들을 증원할 수 있으며, 그들이 당신들을 도울 수 있을 것입니다. 3) 차관은 조선의 재정상태가 파악될 때까지는 제공될 수 없습니다. 조선의 재정은 세관이 거의 전부이기 때문에 러시아가 세관에 영향력을 행사할 수 있게 하여 믿을 만한 담보를 제공해야만 할 것입니다. 4) 경비병 문제는 조선 국왕이 스스로를 보호할 의지를 갖고 있지 않다면 어떻게 다른 사람들이 그 분을 보호해줄 수 있겠습니까? 내가 만일 그분의 자리에 있다면 대원군을 위시한 모든 적들을 처벌할 것입니다.[43]

비테의 집무실을 나온 민영환과 윤치호는 12시에 군사행진을 참관한다.

군장을 잘 갖춘 보병, 포병, 기병 부대들이 활기찬 군가의 곡조를 연주하며 질서 있게 행진하는 모습은 장관이었다. 민영환은 행사를 지켜보면서 별다른 관심을 보이지 않고 더위에 짜증을 냈다. 민씨 가문이 득세한 최근 10년 동안 그는 장군직함을 가지고 있었다.[44]

오후 2시경 숙소로 돌아온 후 슈타인은 비테 재무상이 자신을 따로 불러 「조선의 국왕이 조선인 적들을 처벌할 만큼 충분한 힘을 갖고 있지 않다면 어떻게 다른 사람들이 그를 외부의 적으로부터 보호해주기를 기대할 수 있겠느냐고 말했다」고 윤치호에게 전한다. 윤치호는 일기에 다음과 같이 쓴다.

이와 같은 비테의 말은 비록 가슴을 찌를 듯하고 굴욕적이긴 하지만 모두 부인할 수 없는 사실이기 때문에 더욱 그렇다. 그렇다. 참으로 그렇다! 만일 국왕이 스스로 용기와 사내 다움을 갖추고서 자기 백성의 충성심에 스스로를 던져 버린다면, 백성들은 그를 위해 헌신하게 될 것이다. 그러나 그렇게 많은 쓰라린 경험에도 불구하고 그는 더 현명해지지 않고 여전히 자기 시간과 정력을 여성, 내시, 그리고 방종한자들과 적당히 즐기고 음모를 꾸미는데 낭비하면서 자기 자신의 개인적 안전을 위해 외국 경비병의 보호를 요청하고 있다![45]

특사일행은 6월 8일(월) 오전 8시반 특별 차량으로 모스크바를 떠나 밤 12시 15분 상트페테르부르크에 도착한다. 숙소는 매달 150루블을 주고 빌린 슈타인의 어머니 집이었다.[46] 일행은 이때 처음 백야를 경험한다. 일행은 며칠 동안 상트페테르부르크를 관광한다. 동물원과 식물원도 구경한다.[47]

러시아 측의 답변을 기다리는 시간이 길어지면서 민영환은 짜증을 내기 시작한다. 그리고 윤치호와 슈타인을 신경질적으로 대하기 시작한다. 다음은 6월 12일자 윤치호 일기다.

민영환은 이상하게도 아주 과민해 매우 불만스럽게 보인다. 그는 슈타인과 내가 그를 화나게 했다고 생각하고 있다. 그는 아주 단순한 말로 아주 이상한 일을 만들어 내곤 한다. 이를테면 오늘 아침 5개항의 요청안을 서면으로 로바노프 공에게 보내는 일을 논의했을 때 나는 그 요청안을 영어로 쓰자고 했다. 민영환은 슈타인이 외부로 보내기 위해 작성한 메모를 별도로 옮겨 적은 것을 로바노프 공에게 보내면 된다고 했다. 왜냐하면 거기에 민영환이 5개항의 요청한에 대해 언급해야 할 모든 내용을 포함하고 있기 때문이다. 이에 대해 슈타인은 자신이 작성한 것은 카프니스트 백작과 외부대신에게 보내고자 작성한 개인적 서류이기 때문에 민영환의 이름으로 로바노프 공에게 보내서는 안 된다고 반대했다. 이는 매우 당연한 일이다. 슈타인이 민영환 생각에 영향을 주고 있다는 의심을 불러일으키는 행동이다. 그래서 슈타인은 만일 민영환이 5개항의 요청안에 대한 자신의 생각을 한문으로 작성해 공사관의 인장을 찍어 그 문건에 공신력을 부여한 뒤 자신(슈타인)이 그 요청서를 러시아어로 번역하면 아무도 어떤 추측을 가지고 그를 비난할 수 없을 것이라고 주장했다. 이 조언은 매우 친절하고 사려 깊지만 온갖 잘못된 상상으로 신경이 몹시 날카로워진 민영환은 슈타인이 자신을 증오하고 있으며 그렇지 않았다면 서류에 도장 찍는 일을 그가 제안하지 않았을 것이라는 것, 자신이 슈타인에게 친절하지 않을 이유가 전혀 없다는 것, 자신 또한 그에게 화가 난 상태라는 것, 자신이 외국어를 이해하지 못하는 것은 스스로 밖에는 비난할 사람이 없다는 것에 한숨을 쉬고 웅얼거리며 불평했다.[48]

윤치호는 민영환을 수행하는 것이 너무 힘들다고 한다.

분명 민영환은 비위 맞추기가 참 어려운 사람이다. 왜냐하면 그의 비위를 맞추려면 누구나 자신의 의지와 이성을 포기해야 하기 때문이다. 더욱 나쁜 것은 함께 일하거나 그의 밑에서 일하기가 위험한 사람이라는 것이다. 잘 된 일은 무엇이나 자기 공적으로 삼고 잘못되거나 잘못되게 보이는 일이라면 놀라운 수완으로 다른 사람에게 비난을 떠넘긴다. 말할 필요도 없이 이 점은 조선인 남성들에게 공통적인 특징인 소심함에 기인하고 있다. 우리 사이에 어떤 불쾌한 일도 피하려고 나는 최선을 다하고 있다. 나는 아주 중요한 일 외에는 모든 일을 양보한다. 그의 노예라고 하더라도 이 이상 더 고통스럽게 신경 쓰면서 그를 위해 통역할 수는 없을 것이다. 그의 염치없고 지각 없는 행동 때문에 이렇게 말하고 싶을 정도로 괴롭다. 「존경하는 특사님, 좋습니다. 저는 특사님을 기분 좋게 할 수가 없습니다. 김도일에게 통역을 맡기시지요. 저는 최선을 다 했습니다. 이젠 특사님과 관계를 끊습니다. 일을 그만 두겠습니다.」 그러나 이렇게 한다면 야비한 일이 될 것이다. 사절 중에서 나를 대신할 사람이 아무도 없다는 것을 내가 잘 알고 있기 때문이다.[49]

윤치호는 남는 시간에 상트페테르부르크를 샅샅이 구경한다. 12일 오후에는 민영환의 시종 손희영과 함께 성 아이작 성당을 방문한다.

그 성당은 알렉산드리아 공원을 마주 보고 있는 해군성 건물 왼쪽에 있다. 관리인에게 1루블을 지불하고 500계단을 올라가서 건물 꼭대기에 섰다. 도시 위로 330피트(약 100미터) 높이에서 본 전망은 실로 장관이었다. 주택, 넓은 도로, 돔 장식, 강, 공원, 운하, 섬들이 멀리 넓게 펼쳐져 있고 이것들이 노랑, 녹색, 빨강, 파랑 그리고 흰색이 어우러져 눈부신 광경을 연출하고 있다.[50]

성 아이작 성당

성 아이작 성당 내부

성 아이작 성당의 돔 내부

성 아이작 성당 앞 전경

4) 러시아의 반응

로바노프(Prince Aleksey Borisovich Lobanov-Rostovsky, 1824.12.30.-
1896.8.18.)는 러시아가 조선의 요구사항을 일부라도 들어주지 않을 경
우 조선이 다른 열강에게 보호와 지원을 요청할 것으로 우려했다. 극동
의 군사력이 빈약한 러시아는 조선문제로 일본과 전쟁을 치를 수도 없
는 입장이었고 반대로 국경을 맞대고 있는 조선에 대한 영향력을 포기
할 수도 없었다. 조선의 요청을 완전히 받아들일 수도, 거절할 수도 없는
입장에 처한 러시아는 애매한 답변으로 일관하면서 지연작전을 쓴다.[51]

6월 13일 오후 1시 30분, 민영환과 윤치호는 로바노프 외무상을 만
나 러시아 측의 답변을 듣는다. 로바노프는 민영환이 요구한 5개 사항
중 다섯 번째 요구 사항, 즉 조선과 러시아를 연결하는 전보선을 부설하

상트페테르부르크의 러시아 외무성

는 문제는 곧바로 승낙한다. 이는 며칠 전 러시아와 일본이 체결한 「야마가타-로바노프 협약」에 이미 포함되어 있는 내용이기에 일본을 거스를 위험이 없었기 때문이다. 그러나 고종이 환궁할 경우 조선 궁궐의 경비를 러시아군이 맡아 달라는 요청은 거절한다. 일본은 물론 다른 열강들도 받아들이지 않을 것임이 분명했기 때문이다. 그는 다만 조선의 국왕이 환궁할 경우 그를 보호하는 책임은 지겠다고 한다. 이에 대해 민영환이 어떤 열강도 조선이 이 정도의 군사력 파병을 요청할 경우 들어줄 것이라면서 최소한 200명의 러시아군 파병을 요청한다. 그러나 로바노프는 확답을 주지 않는다. 300만 엔 차관에 대해서도 확답을 피한다.[52]

> **로바노프:** 황제께 귀국의 상황과 희망을 보고 드렸으며 황제는 러시아가 최선을 다해서 일본의 위협으로부터 조선의 독립과 평화를 보호해 주고 조선 국왕은 원하는 만큼 러시아 공사관에 체류할 수가 있으며 국왕은 거기서 경비병을 확보할 수 있을 것이라고 말씀하셨습니다.

민: 그러나 국왕이 언제까지나 러시아 공사관에 머물러 있을 수는 없습니다. 되도록 빨리 궁으로 돌아가야 합니다. 국왕께서 궁 밖으로 나와 머무시는 한 백성들은 결코 편안한 생각을 갖지 못할 것입니다. 귀국 정부에서 국왕을 궁에서 보호할 수 있도록 경비병을 빌려주실 수 없겠습니까?

로바노프: 아닙니다. 그렇게 할 수 없습니다. 만일 우리가 궁에 경비병을 들여보낸다면 영국과 독일이 불쾌하게 여길 것입니다. 그러나 만일 국왕께서 환궁하신다면 우리가 안전을 보장해 줄 수 있을 것입니다.

민: 만일 귀하께서 궁궐경비병을 제공할 수 없다면 다수의 군사교관을, 가령 200명을 우리에게 제공해 그들이 국왕을 보호하고 조선군을 조직할 수 있도록 해 줄 수는 없겠습니까?

로바노프: 그들은 서울 주둔 일본군과 마찰을 불러일으킬 수 있습니다. 1) 우리 정부는 조선의 군사문제를 검토하고 러시아 교관을 파견하는 일이 바람직한지 여부를 판단하기 위해 장교 1명을 파견하고자 합니다. 2) 차관 문제에 대해 재정부 대신이 조선의 재정상황과 상업, 농업 실태를 주의 깊게 검토할 목적으로 재정문제 전문가 1명을 파견하려 합니다. 우리 정부가 조선에 차관을 제공하느냐 여부는 그의 보고에 달려있습니다. 3) 러시아와 조선의 전신 연결에 관해 우리는 서울과 블라디보스톡을 기꺼이 연결시키고 싶습니다. 그러나 우리는 조선의 상황과 여건을 더 잘 알 때가지는 청국 항구와 조선 사이에 해저케이블을 연결하는 문제에 관해 아무 계획이 없습니다.

민: 귀국 정부가 차관과 전신문제에 대해 취하고자 하는 조치들에 관해 나는 반대하지 않습니다. 그러나 나는 왜 귀하가 조선 현지에 있는 베베르나 귀국 해군 당국의 조선의 군사상황을 보고하도록 요청할 수 없는지 그 이유

를 알지 못하겠습니다. 조선에 장교를 보내 그의 보고를 기다리려면 3-4개월이 걸릴 것입니다. 그 사이에 국왕은 거의 1년간 공사관에 머물게 될 것이고 나라는 조각날 것입니다.

로바노프: 우리는 현지의 베베르와 해군 관계자를 충분히 신뢰합니다. 그러나 그런 문제는 철저한 조사를 위해 전문가를 필요로 합니다. 그래서 특별히 그 목적을 위해 장교 1명을 보내려 합니다. 그 외에 우리의 전신, 우편 사업은 귀하가 걱정하는 만큼 그렇게 많은 시간이 걸리지는 않을 것입니다. 왜 귀국 정부는 이런 일을 더 일찍이, 말하자면 국왕이 처음 러시아 공사관으로 갔을 때 아니면 그 이전이라도 우리에게 말하지 않았습니까? 우리는 이런 일들을 하루 이틀에 해결할 수가 없습니다. 그렇지만 군사교관에 대한 귀하의 요청을 관계자에게 보고해 그들의 해답을 알려드리도록 하겠습니다.[53]

1896년 6월 16일 민영환과 윤치호는 러시아 외무성 아시아국장 카프니스트 백작을 면담한다. 민영환은 러시아가 고종을 보호할 경비병을 파견해 주든지 아니면 조선군을 훈련할 교관을 파견해 줄 것을 다시 한번 강력히 요청한다.

5가지 제안 가운데 가장 중요한 것은 경비병입니다. 그러나 귀국이 우리에게 궁궐 경비병을 제공할 수 없다면 왜 우리에게 우리가 원하는 만큼 군사 교관을 고용하는 것을 허락할 수 없습니까? 우리는 조선군의 조직을 위해 어느 나라로부터도 교관을 고용할 권한이 있습니다. 다만 이 점에서 우리는 러시아 장교들을 원합니다.[54]

그러자 카프니스트 국장은 민영환이 두가지 사안을 혼돈하고 있다고 답한다.

> 국왕의 보호나 안전 그리고 군사의 조직은 별개의 문제입니다. 두 가지를 혼돈하지 마시기 바랍니다. 지금 국왕의 안전문제는 우리도 귀하만큼이나 많은 관심을 가지고 있습니다. 그러나 국왕의 안전을 보장하는 수단과 방법은 우리 정부의 판단에 맡겨야 합니다.[55]

그러면서 러시아 경비병이 고종의 보호를 위해 조선의 궁궐에 진입할 수는 없는 이유를 설명한다.

> 왜냐하면 그 결과는 정치적 문제들을 불러 일으켜 국왕의 안전에 도움이 되기보다는 오히려 더 많은 해를 입힐 수 있기 때문입니다. 우리는 그 문제를 조선의 국지적 이해의 관점만이 아니라 전 세계 정치의 종합적인 관점에서 고려하지 않으면 안됩니다. 더욱이 그 두 제안을 넘어 우리가 이미 귀하에게 제시한 1) 국왕은 원하는 만큼 러시아 공사관에 머물 수 있고, 2) 그렇지 않으면 경비병력 없이 폐하가 궁으로 돌아올 수 있지만 아무도 국왕을 해치지 않도록 러시아 측이 충분한 도의적 보장을 한다는 것도 사실입니다. 만일 폐하가 그토록 열망한다면 현재 궁으로부터 가까운 거리에 위치한 러시아 공사관에 있는 숫자보다도 더 많은 경비병력을 둘 용의가 있습니다.[56]

그러자 민영환은 다시한번 러시아 경비병이 조선 궁궐에 진입할 수 있는지 묻는다.

그러면 어떤 문제가 발생할 경우 국왕을 보호하기 위해 경비병이 궁궐로 진입하는 것이 허용되는 것입니까?[57]

카프니스트는 「그것은 우리가 약속할 수 없습니다」고 답한다.[58]

그것은 여건에 따라 서울 주재 러시아 대표가 결정해야 합니다. 내가 듣기로 베베르는 10월 8일 여왕 시해사건 당시 왕궁에 맨 먼저 도착한 사람입니다. 만일 그가 어떤 사태에 직면한다면 경비병을 이끌고 갈 것 같지 않습니까?[59]

그러나 민영환은 이번에는 대규모 러시아 군사교관단 파견이 지연되는 이유를 묻는다. 그러자 카프니스트는 다음과 같이 답한다.

만일 우리가 대규모의 군사교관을 왕궁으로 들여보낸다면 아무도 결국 그들이 이름만 다를 뿐 경비병이라는 사실을 모를 수 없습니다. 우리는 우리 행동 때문에 조선에서 정치적 문제가 야기되지 않도록 조심하고 있습니다. 아무도 지금 국왕이 러시아 공사관에 머무는데 반대하고 있지 않습니다. 아무도 넉 달 전에 그 문제에 반대하지 않았기 때문입니다. 그러나 러시아가 현재의 계획을 바꾸어 어떤 형태로든 왕궁에 경비병을 들여 보내면 매우 심각한 정치문제를 유발하게 될 것입니다. 우리는 일본이 어떤 형태의 군대도 왕궁에 주둔시키는 일에 반대했습니다. 왜 우리가 스스로 그렇게 해야 합니까?[60]

민영환이 재차 군사교관을 몇 명이나 파견할 계획인지 묻자 카프니스트는 「우리가 조선의 군사적 상황을 알지 못하기 때문에 말할 수 없습니다. 그 문제에 관한 전문가가 되도록 빨리 군부에서 파견되어 얼마나 많은 어떤 종류의 교관이 조선군 교육을 위해 필요한지 조사할 것입니다」고 답한다. 민영환은 결국 카프니스트의 답변을 서면으로 줄 것을 요청하고 일어난다.[61]

러시아측의 확답을 기다리는 기간이 길어지면서 윤치호는 6월 19일부터 현지의 프랑스인 부인에게 매일 두 시간씩, 일주일에 6일 프랑스어 공부를 시작한다. 윤치호는 무료한 매일의 일과를 다음과 같이 적는다.

> 오전 9시 또는 10시에 기상. 10시나 11시에 차 한잔. 오후 12시 30분에서 1시 사이 점심. 오후 4시에 우유 마시기. 오후 6시에 저녁. 8시에서 11시 사이에 공원으로 마차 타고 가기. 12시나 1시 사이에 잠자리에 들기. 요리사 1명, 방 정돈하는 하녀 1명, 웨이터 1명, 마차 한 대에 매달 215루블.[62]

6월 30일 로바노프 외무상이 공식 답변을 보내온다.

1. 국왕은 원하는 한 러시아 공사관에 머물 수 있다. 환궁할 경우 러시아 정부는 국왕의 안전을 책임질 것이다. 서울 주재 러시아 공사관의 판단에 따라 경비병이 공사관에 잔류할 것이다.
2. 군사교관에 관해 러시아 정부는 경험 있는 고위 장교를 서울에 파견해 그 문제를 조선 정부와 논의하게 할 것이다. 그의 첫 번째 구상은 국왕을 위해 조선군 경비대를 조직하는 일이 될 것이다. 또 다른 경험이 풍부한 전문가가 조선의 경제 사정을 조사하고 필요한 재정 조치를 모색

하기 위해 파견될 것이다.

3. 이 두 비밀 장교는 서울주재 러시아 공사의 지휘를 받는 고문으로 활동할 것이다.

4. 차관문제는 조선의 재정 상황과 그 필요성이 충분히 인지될 때 고려할 것이다.

5. 러시아는 조선과 러시아의 육로전선을 연결하는데 동의하여 그 계획의 실현을 위해 모든 가능한 지원을 할 것이다.[63]

로바노프 외무상

로바노프는 민영환에게 보낸 답변에 있는 내용들을 실천에 옮기기 위해서 움직인다. 6월 30일 로바노프는 비테 재무상에게 야마가타-로바노프 협정 내용을 보내면서 첨부한 메모에 재무성의 관리를 조선에 파견하여 차관을 제공하는 문제를 연구하도록 할 것을 요청한다. 8월 초 왕실자문(Court Counsilor, 군으로 치면 중령에 해당하는 지위) 포코틸로프(Dmitrii Dmitrievich Pokotilov)를 조선에 재무성 대표로 임시 파견한다. 포코틸로프는 1890년대 초 베이징의 러시아 공사관에 중국어 학생으로 파견된 후 상하이의 러-청은행의 이사로 근무중이었다. 포코틸로프에게 주어진 임무는 조선의 경제 상황을 파악하고 차관을 제공할 경우 이자를 갚을 수 있는 재원이 무엇인지 알아보는 것이었다. 그러나 차관을 협상할 권

한은 주지 않는다.[64]

같은 날 로바노프는 전쟁상 반노프스키(Pyotr Semyonovich Vannovsky, 1822.12.6.-1904.3.1.)에게도 조선에 훈련교관을 파견하고 고종의 근위병을 조직할 군사고문도 파견해 줄 것을 요청한다. 반노프스키는 러시아 참모부의 푸챠타(Putiata) 대령을 임명한다. 푸챠타는 일본의 야마가타 원수가 모스크바를 방문했

반노프스키 전쟁상

을 당시 그를 수행하였고 주 청 러시아 무관을 역임한 인물이었다. 니콜라이 2세는 8월초 그의 임명을 재가한다.[65]

그러나 러시아 측의 모호한 답변에 만족하지 못한 민영환은 보다 구체적인 약속을 받아내고자 한다. 그는 8월 7일 제3국이 조선의 독립을 위협할 경우 러시아 정부가 조선을 보호할 것이라는 약속을 해 줄 것을 요청하는 새로운 제안서를 제출한다. 그러나 로바노프는 이를 거절하면서 민영환에게 「러시아는 조선과 러시아 양국 정부 간에 우호적인 관계를 유지하길 바란다」고만 한다. 민영환은 8월 18일 또 한 번 러시아가 고문들과 훈련교관들을 파견해 줄 것과 차관을 제공해 줄 것, 전보망을 운영해 줄 것 등을 다시 한번 요청하지만 로바노프는 답변을 하지 않는다.[66]

민영환 사절단이 러시아 정부의 공식 답변을 기다리겠다면서 상트페테르부르크를 떠나지 않자 러시아 측은 조선 사절단을 주변의 명승지

들을 관광시키면서 시간을 끌어
보지만 관광지마저 바닥이 나면
서 더욱 난처해진다. 주러시아
독일대리대사 치르스키(Heinrich
Leonhard von Tschirschky und Bö-
gendorff, 1858.8.15.-1916.11.15.)는
본국에 보낸 8월 10일자 보고
서에서 「특히 로바노프 대공은
극동에서 온 이 사람들이 떠나
는 것을 학수고대하고 있다」고
한다.

치르스키 주러시아 독일대리대사

다른 할 일이 없을수록 이들은 외무상에게 자신들이 방문해주는 영광을 부
여하고 이들이 면담할 때마다 동양의 관습에 따라 매우 길게 시간을 끌기
마련이다. 로바노프 대공은 이들이 각종 정치적 요구사항들을 갖고 오는데
대부분은 고려해 볼 가치조차 없는 것들이지만 그가 아무리 이들을 설득하
려 하여도 조선 사람들은 사람을 피곤하게 만드는 고집으로 매번 똑 같은
얘기를 거듭한다.[67]

2. 러시아의 군사교관 파견

푸챠타 대령은 조선으로 출발하기 전 야마가타-로바노프 협정에 따
라 러시아도 일본이 조선에 주둔시키고 있는 병력과 같은 숫자의 병력

을 배치할 것을 제안한다. 고종을 호위하고 조선 병사들을 훈련시키기 위해서 추가 병력을 파견할 것도 제안한다. 반노프스키 전쟁상은 이를 재가하지만 로바노프는 반대한다. 로바노프는 조선에 군사 고문을 파견하는 것은 민감한 병력배치 문제를 결정하기 전에 조선 현지의 상황을 보다 면밀히 파악하기 위한 것이었다면서 추가 파병을 반대한다.[68]

그러나 몇 주 후 블라디보스톡에 도착한 푸챠타가 조선의 근위병을 조련할 교관들을 파견해 줄 것을 다시 한번 요청하자 이번에는 로바노프도 거절하지 않는다. 그 사이에 일본이 러시아와 함께 조선병사를 훈련시킬 것을 제안해왔기 때문이다.[69] 1896년 9월 5일 러시아의 외무 차관 램스도르프(Vladimir Nikolaevich Lamsdorff) 백작은 이를 설명하는 전문을 일본 외무대신에게 전달하도록 스페예르에게 보내지만 스페예르는 일본 내각이 재편되는 것을 기다리면서 전달하지 않고 시간을 끈다.[70]

러시아 군사교관들은 귀국하는 민영환과 함께 1896년 10월 21일 조선에 도착한다. 교관단은 푸챠타 대령, 아판아사에프 I(Afanas'ev I) 중위, 시크스텔(Sikstel') 소위, 10명의 하사관, 그리고 군의관으로 편성되었다.[71] 베베르 공사와 조선의 고위관리들 여러 명이 이들을 제물포에서 맞이하여 화려한 행진을 하면서 한양에 입성한다.[72]

조선의 병부는 이들이 곧바로 2,200명에 달하는 조선 병사들의 훈련에 착수해 줄 것을 요청하지만 베베르는 본국으로부터의 허락을 받기 전에는 안된다고 한다. 본국의 재가를 기다리는 동안 교관들은 조선 군사들의 상태를 파악하고 훈련 계획을 짠다.

러시아 교관들은 조선군사 800명을 선발하여 다른 병력과 별도로 러시아 군제에 따라 훈련하기를 원했다. 그러나 조선측은 이에 반대하면서 각지에 산재해 있는 조선 병력을 모두 훈련해 줄 것을 요청한다. 조선 정부는 특별부대를 편성하여 별도로 훈련시킬 경우 나머지 군사들이 이에 불만을 갖고 반란을 일으킬 위험성이 있다고 한다.[73] 임오군란을 촉발한 「별기군」을 염두에 둔 것이다.

1896년 10월 27일 드디어 러시아 교관들이 조선 병사들을 훈련시켜도 된다는 러시아 정부의 재가가 떨어진다. 병부대신 서리 이주회(李周會, 1843-1895)는 800명의 특수대대 편성에 합의하고 11월 4일부터 선발 절차가 시작된다. 대부분의 조선 병사들은 특수부대에 지원한다. 특수대대 대장으로 임명된 아판아세에프는 일부는 「심약」하다고 생각하면서도 매우 적극적이었다고 기록하고 있다. 차르빈스키(Charvinskii) 군의관은 비교적 젊고 건강해 보이는 병사들을 구별해낸다. 건강상 이유로 선별되지 못한 대부분의 병사들은 트라코마(눈의 결막질환)을 앓고 있었다. 선발된 병사들의 명단이 만들어지고 선발된 병사들은 혁대에 붉은 표식을 한다. 특수부대에 선발되지 않은 병사들에게 자신의 자리를 돈을 받고 파는 것을 방지하기 위해서였다.[74]

특수부대를 훈련하는데 가장 큰 난관은 언어 장벽이었다. 처음에는 러시아말을 조금 하는 조선 장교 한 명이 유일한 통역관이었다. 훈련은 대부분 손짓, 몸짓, 흉내를 통해 이루어졌다. 조선 병사들은 배를 집어넣는 것에 익숙지 않았다. 「쉬어」 명령이 떨어지더라도 쪼그려 앉아 담배를 피우고 대오에서 이탈하여 아무데서나 소변을 보는 것은 안된다는 것을 가르치는 것도 힘들었다.

조선 병사들의 긴 머리는 근대군에게는 전혀 어울리지 않았다. 뿐만 아니라 조선 병사들은 대부분 머리에 종기가 생겼다. 하지만 단발령으로 나라 전체가 반란으로 들끓고 있는 것을 알고 있는 러시아 교관들은 감히 단발을 명하지 못한다. 그러나 머리를 자르고 자주 감으면 종기가 없어질 것이라고 하는 러시아 교관들의 말을 들은 병사들이 단발을 하고 종기가 실제로 나은 것을 본 대부분의 병사들은 자발적으로 단발을 한다.[75]

가장 큰 문제는 러시아가 제공한 장총들이 조선 병사들 체구에 비해 너무 큰 것이었다. 따라서 장총들을 자유자재로 다루게 될 때까지는 많은 훈련이 필요했다. 그럼에도 불구하고 12월 중순이 되면 훈련병들은 근위병의 역할을 담당할 수 있는 수준이 되고 러시아 하사관들의 지휘 하에 궁궐수비를 시작한다.[76]

러시아에서 조선까지의 귀국길에 오른 민영환과 긴 여정을 함께 한 러시아 장교들은 그에 대해 좋은 인상을 받는다. 그들은 민영환이 서구를 시찰함으로써 어느 정도 군사개혁의 중요성을 이해하게 되었다고 판단하고 그가 군부대신에 임명되도록 한다.[77] 반면 베베르가 민영환을 군부대신에 임명하는 것에 반대하자 그에 대해 비판의 목소리를 내기 시작한다. 그렇지 않아도 베베르가 너무 조심스럽고 느리게 일을 처리하는 것에 불만을 품고 있던 러시아 장교들은 그의 파면을 요구하는 동시에 보다 「정열적」인 정책을 펼 것으로 기대되는 스페예르가 일본에서 복귀하기를 바랐다.[78]

3. 일본의 내정 혼란

제2차 이토 내각(1892.8.8.-1896.8.31.)이 붕괴하게 된 것은 조선 정책의 실패 때문이었다. 일본의 여론은 이토가 조선에서 일본의 명예를 실추시켰다고 비난한다. 그러나 프랑스 영사 플랑시(Victor Émile Marie Joseph Collin de Plancy, 1853.11.22.-1924)는 일본의 언론이 보도하는 것만큼 상황이 나쁜 것은 결코 아니라고 한다. 일본군은 여전히 조선에 주둔하고 있었고 그들은 거만하게 굴고 있었으며 러시아가 조선에서 세력을 확장하는 것을 공개적으로 반대하고 있었다.[79]

한편 조선의 일본 공사관에는 대대적인 인사교체가 일어난다. 고무라 공사가 1896년 5월 30일 이임하면서 부산 영사, 조선 공사관 1등 서기관을 역임한 가토 마스오(加藤增雄, 1853.2.-1922.11.)가 대리공사에 임명된다.[80] 고무라는 6월 11일 외무차관에 임명되고 조선 공사에는 주 톈진 영사, 주프랑스 대리공사, 외무성 국장을 역임한 하라 다카시(原敬, 다카시 게이, 1856.2.9.-1921.11.4. 훗날 일본 제19대 내각총리대신 역임)가 임명된다. 프랑스 영사 플랑시는 하라가 똑똑하고 점잖지만 매우 내성적이라고 하고[81] 스페예르와 구트슈미트는 「무해한 인물」이라고 한다.[82] 하라는 7월 초에 부임하지만 러시아 공사관으로 고종을 알현하는 것을 거절하면서 16일에야 신임장을 제정한다.[83]

하라는 베베르에게 러시아가 800명의 조선군사를 훈련하는 이유를 묻자 베베르는 이 부대가 훈련이 끝나는 대로 국왕의 근위병 역할을 할 것이고 그렇게 되면 고종도 러시아 공사관을 나와 환궁할 수 있을 것이라고 한다. 하라는 러시아가 대규모 조선 병력을 조련하는 것이 불안하

였지만 고종의 환궁이 무엇보다 우선이라고 생각했기에 더 이상 이의를 제기하지 않는다.[84]

그러나 무츠 외무대신이 임명한 하라는 10월에 본국으로 소환된다. 제2차 이토내각이 붕괴하고 제2차 마츠카타 내각이 들어서면서 외무대신 겸 농상공부대신에 임명된 오쿠마 시게노부는 가토를 대리대사에 다시 임명한다.[85]

하라 다카시 주조선 일본 공사

오쿠마 신임외무대신은 이토 내각의 실수를 반복하지 않기 위하여 보다 강력한 조선 정책을 채택할 것으로 예상되었다. 그러나 상황은 녹녹치 않았다. 스페예르는 본국에 이렇게 보고한다. 「오쿠마의 정당이 특유의 정열과 과단성을 가지고 정책을 추구하는 것이 아직도 어린 제국의 외교정책에는 전혀 어울리지 않는다는 것을 확인」하게 되면서 막상 총리가 되기 전까지는 「일본의 정책은 과거 그 어느때보다도 오늘날 매우 조심스럽고 신중해야 하고 필요한 타협과 양보를 결코 경시해서는 안 된다는 사실」을 깨닫게 되었다고 한다.[86]

4. 러시아의 조선 정책 혼선

한편 베베르가 하라에게 얘기한 것과는 달리 푸챠타는 근위병들을 훈련하는데 그치지 않는다. 그는 한양에 도착한 직후부터 6천의 조선군을 창설하고 3년 안에 4만의 병력으로 키울 계획을 세운다. 그는 150명의 러시아 교관을 조선에 파견할 것을 제안한다. 베베르는 푸챠타의 계획을 지지하면서 조선 정부의 동의와 반노프스키 전쟁상의 허락을 받아낸다.[87] 그러나 1896년 8월 30일 심장질환으로 갑자기 사망한 로바노프의 후임으로 외무상에 임명된 무라비요프(Count Mikhail Nikolayevich Muravyov, 1845.4.19.-1900.6.21.)는 푸챠타의 제안을 따를 경우 일본과 충돌할 것을 걱정한다.

1897년 1월 16일 반노프스키로부터 푸챠타의 제안을 전해 들은 무라비요프는 베베르에게 훈령을 보내 서두르지 말 것을 명한다. 스페예르 역시 푸챠타의 제안을 적극 밀었지만 무라비요프는 계속해서 결정을 미룬다. 그는 고종이 덕수궁으로 환궁(1897년 2월 20일)한 후인 1897년 3월 8일이 되어서야 수차례 독촉 끝에 반노프스키 전쟁상에 답신을 보낸다.

무라비요프는 러시아의 교관들이 조선의 군대를 훈련시키는 것에는 원칙적으로 합의하지만 실행에 옮기는 것을 지연시킬 것을 요구한다. 러시아가 단독으로 조선군을 조련할 경우 일본이 분명 반대할 것이라면서 그는 몇 달 후 일본과 조선 주재 러시아 외교관들이 교체될 때까지 기다릴 것을 요구한다. 그 이후에도 3천 명만 훈련할 것과 러시아 교관들만 고집해서도 안 된다고 한다. 그는 새로 주일본 공사에 임명된 로젠 후작(Baron Rosen)에게 보낸 훈령에 조선군의 문제로 일본과의 마찰이 일

어나서는 안 된다고 한다.[88]

푸챠타는 자신이 처한 상황에 점점 분노하기 시작한다. 베베르는 조선 병사 훈련에 대해 미온적이었다. 둘 사이는 극도로 악화되면서 푸챠타는 베베르와 글을 통해서만 연락한다. 러시아 교관들이 좋은 인상을 받았던 민영환 병부대신은 러시아 교관들과 조선 정부와의 다리 역할을 전혀 하지 못한다. 민

무라비요프. 훗날 헤이그 만국평화회의를 개최한다.

영환 조선 고관들 특유의 무관심과 시간 끌기만 계속하면서 러시아 장교와 하사관들은 월급도 제때 못 받았고 그나마 매달 수 없이 항의를 해야만 받을 수 있었다.[89] 그 밖에도 크고 작은 문제들이 무수히 발생하면서 결국 푸챠타는 모든 것을 그만 두겠다고 한다.[90]

베베르 역시 비록 푸챠타와의 관계는 악화되었지만 조선 군대를 훈련시키는 것을 지연시키거나 거절하는 것은 러시아가 약하다는 인상을 주고 따라서 러시아의 영향력이 떨어지는 결과를 가져올 것을 걱정한다. 베베르는 1897년 3월 19일 무라비요프 외무상에게 조선 군사를 훈련시키는 것에 대한 러시아 정부의 입장이 무엇인지 확인해 줄 것과 본인이 조선 정부와 계속 이 문제로 협상을 하는 것이 좋을지 문의하는 전문을 보낸다. 스페예르는 3월 24일 일본도 조선 군대를 훈련하는데 참여하겠다고 하고 있으며 러시아의 숙적인 영국과 가까워지고 있다면서 조

선군 훈련을 즉시 시작할 것을 요청하는 전문을 무라비요프 외무상에게
보낸다. 반노프스키 전쟁상 역시 무라비요프가 조선군 훈련계획을 지연
시키는 것에 항의한다.[91]

제5장

고종의 환궁

제5장

고종의 환궁

일반 여론은 물론 정부 대신들도 고종이 러시아 공사관에 오래 머무는 것에 반대한다. 고종의 환궁을 요청하는 상소가 빗발치고 고종 본인도 환궁을 약속한다. 고종은 아관파천 닷새만인 1896년 2월 16일 환궁할 뜻을 밝힌다.

짐이 왕조의 500년에 한 번 변하는 때를 당하고 우내만방(宇內萬邦)의 개명하는 시운을 만나 짐이 정력을 가다듬고 정사를 도모하여 부강하게 할 대책을 강구한 지가 몇 해 되었으나 국가가 다난(多難)하여 그 효과가 없다. 이제부터 나라에 이롭고 백성들을 편하게 할 방도를 더욱더 강구하여 나의 백성들과 함께 문명(文明)한 경지에 올라 태평한 복을 누릴 것이니, 모든 나의 신료와 백성들은 짐의 뜻을 잘 본받고 짐의 사업을 도와 완성하라. 전날 며칠 안으로 대궐에 돌아갈 뜻을 선시(宣示)하였으나 경운궁(慶運宮)과 경복궁(景福宮)을 수리하도록 이미 유사(有司)에 명령하였다. 그 공사가 우선 끝나는 대로 돌아가든지 거처를 옮기든지 확정할 것이니, 너희들 백성들은 그리 알라. 오늘 백료(百僚)가 정착하지 못하고 사졸(士卒)들이 노숙(露宿)하여 거처하며 경관(警官)이 분주하니 짐이 그 수고에 대하여 깊이 생각하지 않겠는가마는 또한 어쩔 수 없다. 너희들 백성들은 나의 마음을 이해하라.[1]

그러나 환궁은 끊임없이 지연된다. 「환궁」은 경복궁으로의 환궁을 뜻하지 않았다. 고종은 고통스러운 추억만 서려 있을 뿐만 아니라 경호도 힘든 경복궁이 아닌 「경운궁」으로의 환궁을 계획한다. 후에 「덕수궁」으로 이름이 바뀌는 경운궁은 러시아 공사관에서 도보로 5분 거리일 뿐만 아니라 영국 공사관, 미국 공사관, 미국 선교사 사택과 학교, 병원 건물들로 둘러싸여 있었다. 그러나 아관파천 당시 경운궁은 본궁으로 삼기에는 누추하였다. 따라서 고종은 터를 대폭 확장하고 궁궐을 둘러싸는 담을 새로 쌓는 등 대대적인 신-개축 공사를 시작한다. 많은 비용과 시간이 필요한 대 역사였다. 고종의 환궁은 계속 지연된다.[2]

1. 고종의 신변보호

고종이 환궁을 미루는 또 한가지 이유는 자신의 신변보호 때문이었다. 고종은 환궁 후에도 러시아군이 궁궐 경비를 책임져 줄 것을 요구한다. 그러나 러시아는 조선의 궁궐을 경비할 생각이 추호도 없었다. 그런 시도를 할 경우 일본과의 전쟁을 불사해야 함을 잘 알고 있었기 때문이다. 러시아는 조선문제를 놓고 일본과 전쟁할 생각이 없었다. 고종이 러시아 공사관에 들어옴으로써 막대한 영향력을 행사할 수 있게 된 것은 사실이지만 이를 이용하여 일본을 조선에서 축출할 생각은 없었다. 따라서 끊임없이 신변보호를 요청하는 고종과 러시아의 영향력 확대를 극도로 민감하게 견제하는 일본 사이에서 러시아는 매우 조심스러운, 소극적인 정책을 편다.

한편 스페예르는 니콜라이 2세 대관식 참석차 1896년 3월 1일 본국으로 일시 귀국하는 주일 공사 히트로보를 대신하여 주일 러시아 임시 대리공사직을 맡아 일본으로 건너간다. 1896년 6월 25일 스페예르는 사이온지 일본 외무대신을 만나 고종이 환궁할 경우 신변안전을 러시아가 보장해 줄 것을 요청했다고 한다. 고종이 환궁한 후에 일본이 고종의 신변을 위협하지 않겠다는 보장도 요구했다고 한다. 이에 사이온지는 즉시 고종의 신변을 보장한다고 답한다. 그리고 이 문제는 이미 「야마가타-로바노프 협정」에서 양국이 합의한 내용이라고 덧붙인다.[3]

8월17일 스페예르는 사이온지를 다시 만나 러시아 정부는 고종이 한양의 러시아 공사관에 계속 머무는 것이 결코 바람직하지 않다고 생각하여 수차례 환궁할 것을 제안하였다고 한다. 그러나 고종은 러시아 군인들이 궁궐을 경비하지 않는 한 환궁하지 않겠다고 하기 때문에 러시아 정부는 20명의 러시아 경비병을 궁궐 주변에 추가로 배치하여 고종을 안심시키고자 한다면서 일본 정부의 입장을 묻는다.[4]

사이온지는 주러시아 일본 공사 니시 도쿠지로에게 즉시 러시아 외무상 로바노프를 만나라는 훈령을 보낸다. 니시는 8월 24일 로바노프를 만난다. 니시는 조선 궁궐 주변에 러시아 경비병을 추가로 배치하겠다는 계획은 「야마가타-로바노프」 협정에 위반된다면서 베베르와 가토가 만나 고종의 환궁을 즉시 가능케 할 수 있는 다른 조치를 마련하도록 할 것을 요구한다. 이에 로바노프는 러시아가 일본이 반대하는 일은 결코

하지 않을 것이라면서 만일 사이온지가 러시아의 이 제안을 받아들이면 고종의 환궁 문제는 간단히 해결될 수 있을 것이라고 한다. 그러면서 일단 사이온지 외무대신의 답을 기다려보겠다고 한다.[5]

니시는 곧바로 사이온지에게 전문을 보내 러시아 경비병을 고종의 거처에 추가 배치하는 러시아 측의 제안을 거부할 것을 종용한다.

> 본사(本使)는 방금 러시아 외무대신과 최종의 면담을 하였음. 그 대신은 내일 이곳을 출발할 것이며 본사는 모레 이곳을 출발할 것임. 귀 전신 제92호에 관해 본사는 모스크바에서 조인한 담판협상을 논거로 하여 그 제의에 대해 반대를 표시하고 그 제의는 우리 측에 불리하기 때문에 일본 정부는 이에 동의할 수 없다고 말했음. 그리고 본사는 양국에서 각자의 대표자에게 훈령을 내려 다른 방법으로 신속히 국왕을 환궁하도록 협력하게 할 것을 권고했음. 이에 대해 그 대신은 「일본국에 대해 무슨 일이든 그 뜻에 거역 되는 일은 하고 싶지 않다. 그래서 본 건에 관해 재일본 러시아 임시 대리공사에게 하달한 훈령은 당시 일본국에서의 인심이 약간 진정된 것을 좋은 기회로 삼아 귀국 외무대신과 협의해 보라는 뜻이었다」고 대답하였다. 또 「일본 정부가 그 제의에 동의한다면 일은 쉽게 낙착될 것이므로 동 대신은 귀국대신의 답사를 기다리는 바」라고 말하였음. 본사는 귀 대신께서는 본사가 위에서 진술한 바 있는 의견을 고수해주실 것을 권고하는 바임. 모스크바에서 야마가타 대사의 수행원이었던 육군대좌 푸챠타씨는 조선왕의 호위병 편제를 위해 한성에 파견되었음. 단 이에 대해서는 재조선 러시아 공사가 재조선 일본 공사에게 협의하는 바 있을 것임.[6]

8월 28일 사이온지는 스페예르를 다시 만나 일본 정부도 러시아 정부 못지 않게 고종이 하루빨리 환궁하기를 바라지만 야마가타-로바노프 협정에 의하면 우선 고종의 신변을 보호할 수 있는 시위대(侍衛隊)를 먼저 편성하는 것이 급선무이고 조선의 군대를 편성하는 문제는 양국 간의 협의를 통해 해야 할 것이라고 한다.[7] 그러자 스페예르는 「일본 정부의 답변을 본국 정부에 급히 전달하겠으며 개인적으로 러시아 군인들의 도움으로 왕이 환궁한 이후 조선 군대의 조직에 관한 협상이 간단하리라 기대하였었는데 일본 정부가 취한 결정에 유감」이라고 한다. 그러자 사이온지는 다음과 같이 답한다.

조선왕이 러시아 공사관에 체재한 이유가 무엇이었던 간에 현재 일본 여론에 현재의 상태를 일종의 당연한 것 같은 인상을 심어주기 시작하였습니다. 또한 왕이 공사관에 이렇게 오래 머무르고 또 환궁할 것이라는 사실은 일본 여론에 별 영향을 끼치지 못했습니다. 문제는 숫자에 관계없이 궁궐이 러시아 병사에 의해 호위되고 있다는 사실입니다. 이 새로운 상황은 여론을 매우 악화시킬 것이므로 우리 정부는 조치를 취해야만 합니다. 이것이 우리가 조선 군대 조직 문제에 있어 야마가타-로바노프 의정서를 우선적으로 이행하려는 이유입니다.[8]

스페예르가 이 문제는 고종이 환궁한 다음으로 미루는 것이 좋겠다고 하면서 일본 정부는 조선군 훈련을 어떤 방식으로 하려고 하는지 묻는다. 이에 사이온지는 다음과 같이 답한다.

이 문제는 당국의 책임자와 상의해야 하지만 개인적인 의견으로는 이 군인들을 러시아와 일본장교들이 교육해야 좋을 것이다. 왜냐하면 조선에서의 모든 일은 공동으로 하기로 합의했기 때문이다.[9]

스페예르가 서로 다른 군사문화와 전통을 갖고 있는 장교들이 함께 조선 군대를 훈련시키는 것은 실질적으로 매우 어렵다고 반박하자 사이온지는 다음과 같이 말한다.

「당신 말대로라면 쉬운 것은 하나도 없을 것이다. 조선군의 일부는 일본 장교들에게, 일부는 러시아 장교들에게 교육하도록 위탁하든가 그렇지 않으면 조선에서 특수경호분대를 조직하는 계획에 관하여 합의하도록 양국 장교들에게 적당한 조치를 취해도 될 것이다. 한국 군대에게 교육받기 좋은 종류의 제복을 지급할 것이다」라고 말하였습니다.[10]

일본 정부는 러시아 정부가 이러한 생각으로 임하기만 한다면 이 문제에 관해서 협상할 준비가 되어있다고 사이온지가 첨언하자 스페예르는 이 문제를 협상할 장소를 정하자고 한다. 사이온지는 일단 동경에서 하는 것이 좋겠다고 하고 스페예르는 상트페테르부르크에서 하는 것이 좋겠다고 한다. 사이온지는 이 문제에 대해 일본 정부는 러시아의 입장을 경청할 것이며 장소가 꼭 동경이어야만 된다고 고집하지는 않을 것이라고 대답한다. 스페예르는 본국 정부에 즉각 전문을 보내겠다는 약속을 하며 대화를 끝낸다.[11]

8월 23일 고종은 민비의 관을 안치한 빈전(殯殿)을 경운궁의 별전(別殿)

으로 옮길 것과 역대 임금들의 어진(御眞)을 모신 진전(眞殿) 역시 경운궁으로 옮길 것을 명한다.[12] 이때 일부 조선 군인들에 의한 음모가 발각된다. 일단의 조선 군인들은 고종을 납치하여 명례궁(덕수궁) 대신 경복궁으로 환궁하게 한 다음 기존의 친러 내각을 해산하고 일본의 도움으로 새 정부를 조각하려는 음모였다. 푸챠타 등 러시아 군사교관들이 고종의 호위부대를 훈련하기 위해서 군사를 선발하는 과정에서 선발되지 않았던 지원자들이 주동이 되었다. 주모자들은 그레이트하우스가 판사로 있는 법정의 재판을 받고 5명은 귀양 간다. 사건은 그다지 심각한 것이 아닌 것으로 밝혀졌지만 이로 인하여 고종의 환궁은 다시 늦춰진다.[13]

2. 플랑시의 상황 분석

당시 조선 조정의 난맥상은 프랑스 영사 플랑시(Victor Émile Marie Joseph Collin de Plancy, 1853.11.22.-1924)가 프랑스 외상 하노토(Albert Auguste Gabriel Hanotaux, 1853.11.19.-1944.4.11.)에게 보낸 보고서에 적나라하게 묘사되어 있다. 플랑시는 1887년 조선과 프랑스 수교 직후 초대 조선 영사로 잠시 재직한 후 1896년-1906년 다시 조선에 부임하여 영사, 공사를 역임한다. 플랑시는 총 3권의 『조선서지』를 집필하였고 1900년 프랑스 파리에서 개최된 만국 박람회에 참여하도록 고종을 설득하여 한옥 전시관을 설치하고 조선의 유물들을 전시한다. 특히 플랑시는 『직지심체요절(백운화상초록불조직지심체요절, 白雲和尙抄錄佛祖直指心體要節)』의 가치를 누구보다 먼저 알아보고 만국 박람회에 전시함으로써 세계에 알리는 역할을

플랑시   하노토 프랑스 외상

한다. 그가 수집한 조선의 서적들은 현재 프랑스국립도서관(Bibliothèque
nationale de France)의 한국 콜렉션의 기초가 되었고 그가 수집한 조선 예
술품은 현재 프랑스 국립 기메 동양 박물관(Musée national des Arts asiat-
iques-Guimet)의 한국 콜렉션의 토대가 된다.

플랑시가 하노토 외상에게 보낸 1896년 9월 22일자 보고서는 다음
과 같이 시작한다.

러시아 공사관의 조선인 통역가 김홍륙씨가 자리와 직책을 매매하는 행위
에 대해 이미 언급한 적이 있습니다. 방금 좀 더 구체적인 사실이 드러나 논
란을 불러일으키고 있습니다. 최근에 임명된 군수 하나가 자신을 국왕께 추
천해 주는 대가로 김홍륙에게 400냥의 뇌물을 주었다고 자백하게 되었습
니다. 내무대신은 해당 관료의 즉각적인 체포를 요구하는 동시에 문제가 해

결될 때까지 사무를 거부하겠다고 하였습니다. 이 사건은 큰 소동을 일으키고 있으며, 조선인들은 러시아 대표가 이 스캔들 이후에도 김홍륙을 통역가로 유임시킬지 걱정하고 있습니다.[14]

김홍륙(金鴻陸, ?-1898.10.10.)은 많은 사람들의 증오의 대상이었다. 한양의 물지게꾼이었던 그는 한문을 읽지도 쓰지도 못했지만 러시아 접경지역에서 태어나 자랐기에 러시아어를 조금 하였다. 조선 말을 전혀 모르는 조선 주재 러시아 외교관들은 김홍륙을 통역으로 고용하였고 그는 러시아 공사관의 대변인 그리고 조선문제에 대한 고문 역할도 한다. 김홍륙은 자신의 영향력이 커지면서 온갖 비리와 비행을 저지르기 시작한다.[15] 부정부패는 물론 김홍륙에 국한된 문제가 아니었다.

국왕의 측근들, 특히 궁내부대신도 뇌물 수뢰로 비판을 받고 있습니다. 도처에서 공공연하게 착취 행위가 이루어지고, 인민들은 핍박받고 있으며 주민들의 권리는 과거보다도 덜 존중받고 있는 것 같습니다. 이런 상황에서 불만이 커지고 확산되고 있는 것은 당연한 일이며, 이러한 상황은 어떤 결과를 낳게 될지 궁금해질 수밖에 없습니다.[16]

이런 상황에서 고종의 러시아 공사관 체류가 장기화되면서 민심은 더욱 동요한다. 조선의 백성들 대부분은 국왕이 러시아의 포로라고 생각한다. 고종은 이러한 여론을 부추긴다. 자신의 결단으로 러시아 공사관에서 나오기보다 민심 때문에 나올 수밖에 없다는 구실을 만들고 싶기 때문이라고 한다.

국왕의 러시아 공사관 장기 체
류로 인해 불만이 제기되기 시
작한 것도 이미 오래되었습니
다. 관리들은 국왕이 행동의 자
유를 되찾기를 바라는 마음을
더 이상 숨기지 않고 있으며 백
성들은 국왕의 위엄을 실추시
키는 정국 상황을 슬퍼하고 있
습니다. 백성들이 볼 때 고종은
러시아의 포로이며, 이 멍에를
벗어 던질 여지가 아직 남아있

민영준(민영휘)

을 때 지체없이 환궁해야 한다고 생각합니다. 환궁을 청원하는 움직임은 이
런 맥락에서 조직되고 있으며, 이러한 항의가 많은 지지자를 확보하고 있
다는 것은 의심할 여지가 없습니다. 국왕도 이러한 여론을 은밀히 부추기
는 것으로 보입니다. 너무나 나약하여 자신의 의지대로 결정을 내릴 수 없
는 그는 백성들의 압력이라서 어쩔 수 없다고 핑계를 대고 싶어서입니다.[17]

　고종은 민영준(閔泳駿, 1852.5.15.-1935.12.30. 泳徽로 개명)을 다시 복권시킨
다. 민영준은 갑오경장때 부정부패로 원악도(제주도)로 귀양을 갔다. [갑오
경장 전 민씨천족의 전횡에 대해서는 『한국 사람 만들기 III』, pp. 826-830, 갑오경장이 시작되
면서 대원군과 일본이 민씨척족을 숙청하는 내용은 『한국 사람 만들기 IV』, pp. 368-383 참조]
민영준은 고종의 환궁을 준비한다.

동시에 국왕은 서거한 여왕(민비)의 친척으로 이미 최고 지위의 관직을 역임한 민영준이 다시 권력을 잡도록 부추기고 있습니다. 안타깝게도 민씨는 너무 많은 부정을 저질렀기 때문에 일본은 이전 내각의 모든 잘못을 그에게 돌리고 그의 추방을 선고했습니다. 최근 사면되고 작위가 회복된 민씨는 다시 무대에 올라설 기회를 노리고 있으며, 국왕을 옛 궁궐로 돌아오게 함으로써 자신의 인기를 되찾을 방법을 모색하고 있습니다. 따라서 사건은 새로운 국면을 맞이할 것으로 예상됩니다.[18]

소문에 의하면 7개월째 러시아 공사관에 머물고 있는 고종은 지쳤다고 한다. 환궁을 고려하고 있다고 한다. 그러나 정부는 나라를 통치할 능력을 상실했다. 관리들은 민심이 두려워「관직을 거절하거나 부임을 망설이고」있다고 한다. 세금이 걷히지 않고 개혁이 지지부진한 이유다.

여기 떠돌고 있는 소문을 조금이라도 믿을 수 있다면, 고종은 자신에게 부여된 역할에 지쳐 있다고 합니다. 수동적으로 베베르씨의 명령을 따르는 것으로 전락한 상태에서 상황이 개선된다면 러시아 공사관에서 나올 것이라 합니다. 하지만 허약한 중앙 정부가 더 이상 지방의 질서를 잡을 수 있는 추진력을 낼 수 없는 상황에서 질서를 유지하기 힘들고, 관리들이 민중의 소요를 두려워하여 관직을 거절하거나 부임을 망설이고, 세금도 걷히지 않는 와중에 국왕도 언급하였듯이 서울에서도 발표된 개혁들이 시행되지 않고 있습니다.[19]

김홍륙의 행패로 러시아에 대한 여론은 점점 악화되고 있었다. 더구나 러시아가 약속한 조선 군대의 훈련과 정비, 그리고 재정적 지원은 이루어지지 않고 있었다.

> 관리들의 임명은 여전히 뇌물을 줘야 가능하고 러시아 공사관 통역(김홍륙)의 입김 아래 이루어지고 있습니다. 이 통역가는 이제 조선의 가장 영향력 있는 인물이 되었습니다. 궁궐을 보호하기 위해 러시아 장교의 지휘 하에 조직될 예정이었던 경비대는 여전히 계획 단계에 머물러 있습니다. 베베르씨가 영국인 해관 감독관에게 맡긴 재정은 회복되지 않았고, 국고는 가장 시급한 지출도 충당하기 어려운 빈곤한 상황에 처했습니다.[20]

플랑시는 상황이 점차 다시 일본에게 유리하게 전개되고 있다고 한다. 베베르 러시아 공사의 무능도 이러한 상황 변화에 일조하고 있다고 한다.

> 마지막으로 일본은 계속해서 조선에 군대를 주둔시키고 있으며 서울과 부산을 연결하는 전신을 유지하고 있습니다. 상황은 서서히 후자(일본)에게 유리하게 역전되고 있습니다. 일본은 개혁 과정에서 너무 성급하게 나아갔고 때로는 사소한 부분에 너무 집착하면서 성급하고 유치한 변화로 민심을 불필요하게 상하게 했지만 적어도 무언가 하려고 했습니다. 하지만 지금은 모든 게 제자리 걸음입니다. 아무 일도 이루어지지 않고, 좁고 미적거리는 성격으로 자신에게 주어진 역할을 감당할 준비가 전혀 되어 있지 않은 베베르씨는 자신의 능력을 과대평가한 것 같습니다. 그는 단지 조선사람들로 하여금 등을 돌리게 하고 자신의 정부(러시아)가 얻은 영향력을 소진시키는데만

성공했습니다. 물론 이에 대한 대가로 그가 영국, 미국, 일본의 지지를 받게 된 것은 사실입니다.[21]

플랑시는 고종이 환궁하는 대로 러시아의 영향력이 사라질 것을 예측한다.

만일 조선 사람들의 간절한 탄원이 고종으로 하여금 불과 몇 달전 그토록 적극적으로 도피처를 찾아 들어간 집(러시아 공사관)에서 탈출하도록 한다면 러시아의 입지는 어떻게 될 것인지 궁금하지 않을 수 없습니다.[22]

3. 「코리안리퍼지토리」의 사설

1897년 1월호 『코리안리퍼지토리』는 「서울은 어디쯤 있나?」라는 제목의 사설에 아관파천 이후 근대 개혁의 진척 상황을 전한다.

2년 반 전에 조선 정부가 강요당하여 국왕이 종묘에 나아가 「역대 조상님들이 주신 큰 공에 힘입어 감히 어기지 말고 능히 공을 세우게 하여 주시기를 바라나이다」면서 맹세한 개혁(홍범14조)에 대해 조선 정부가 어떻게 하고 있는지 묻는다면 우리는 조심스럽게 답할 수밖에 없다. 우리는 정부 내에 진보적인 생각과 보수적인 생각이 공존하고 있다는 점을 지적하지 않을 수 없다. 독립협회의 창설, 서울-제물포 철도(경인선), 미국 회사와 계약한 탄광개발권, 프랑스 회사와 계약한 서울-의주 철도부설권, 등은 내각에 진보적인 사유의 영향으로 볼 수밖에 없다. 탁지부 외국인 고문(Mcleavy Brown)이 충분한 권위가 있어서 그의 「자문」이 실행되고 있다는 사실은 정부 내에 그의 위상이 어떠 한지 보여준다. 경험이 풍부한 법률가의 조언을 통하여 법부가 혁명적인 변화를 겪으면서 조선 사람들은 재판에서 이기고 지는 것이 「힘있는 사람」에 의해서 좌우되는 것이 아니라 사건의 내용 그 자체로 결정된다는 개념을 배우게 되었다. 구어체로 발행되는 『독립신문』이 인민의 복지에 대해 깊은 관심을 표하면서 많은 사람들이 신문에 대한 신뢰를 갖게 되었다는 것도 조선을 위해 희망적인 일이다. 학교들은 풍부한 지원을 받고 있고 젊은이들은 죽은 과거로부터 탈피하여 합리적인 삶을 살기 위한 과목과 주제들을 배우고자 하는 정신을 보여준다.[23]

「탁지부의 외국인 고문」은 해관장을 맡고 있던 영국인 브라운(Mcleavy Brown)이고 「경험이 풍부한 법률가」는 그레이트하우스(Clarence Ridgely Greathouse)를 지칭한다. [그레이트하우스가 을미사변 가담자들에 대한 재판을 진행한 후 작성한 보고서에 대한 내용은 『한국 사람 만들기 IV』, pp. 742-744 참조]

그러나 동시에 갑오경장으로 시작된 개혁들이 철회되거나 흐지부지되고 있음도 전한다.

그러나 우리는 수많은 법령들이 폐지되기만 하고 개혁이 이루어지고 있다는 것을 보여줄 만한 새로운 법령들이 공표되지 않는 것을 본다. 물러났던 강경 보수 정치인들, 전쟁 전의 반 개혁적인 통치 방식에 충실하고 익숙한 사람들이 다시 요직에 등용되고 있다. 궁내부는 경제와 질서를 유지하는 모든 것들을 내던져 버렸다. 내각은 그것을 마지못해 만든 권력자에 의해서

제5장 • 고종의 환궁 • 245

폭파되어 버리고 의정부가 다시 그 자리를 차지했다. 이 신성한 정부기구는 아직 국정을 장악하지 못하고 있다. 어쩌면 아직도 솔론이나 헤라클레스가 오기를 기다리는 것인지도 모르겠다. 군대는 물론 러시아의 교관들과 훈육관들이 장악하여 재편 중이다. 지난 10-12년 동안 청, 미국, 일본이 모두 시도했던 바다. 조선군에는 「받들어 총」을 중국어, 독일어, 영어, 일본어, 그리고 어쩌면 이제 러시아로 할 수 있는 병사들이 있다고 한다. 자신들의 언어로 할 수 있는지는 우리가 확인할 길이 없다.[24]

사설은 조선의 정정과 개혁 현황에 대해 다음과 같이 결론을 내린다.

서울은 어디쯤 있나? 답은 여기 지금 올바른 방향으로 가고는 있지만 너무 과중한 짐에 짓눌리고 불리한 상황에서 가고 있다고 할 수밖에 없다. 「국가라는 배(ship of state)」는 보수주의 속에 난파하지는 않았지만 그런 바닥에 닻을 내리고 싶은 마음이 간절해 보인다. 러시아가 상황을 장악하고 있는지 아닌지는 우리가 다룰 주제가 아니다. 하늘은 우리가 바라는 만큼 맑지는 않다. 우리는 희망을 갖지만 걱정거리가 더 적었으면 좋겠다.[25]

4. 윤치호의 기록

윤치호는 1896년 8월 18일 상트페테르부르크를 출발하여 베를린을 거쳐 8월 21일 파리에 도착한다. 파리에서는 11월 19일까지 약 3개월 간 머물면서 프랑스어를 배운다. 11월 22일 마르세이유에서 출항한 윤치호는 포트 사이드(Port Said, 11월 28일), 지부티(Djibouti, 12월 2일), 스리랑카의 콜롬보(12월 10일), 싱가포르(12월 16일), 사이공(12월 18일), 홍콩(12월 23일)을 거쳐 12월 27일 상하이에 도착하여 부인과 아이들과 해후한 후 귀국편을 기다리고 있었다.

윤치호는 1897년 1월 9일(토) 상해에서 고종의 측근인 이학균(李學均, ?-1909)을 만나 국내 사정에 대해 듣는다. 이학균은 1888년 연무공원(鍊武公院)이 설치될 때 미국인 군사교관 다이(Dye)를 보좌했었고 1902년에는 무관학교 초대교장에 임명되는 인물이다. 1896년 궁내부 참리관(宮內府參理官)에 임명되어 아관파천 당시 고종을 지근거리에서 보좌한다.[26]

러시아 통역관인 김홍륙은 지금 큰 힘을 가지고 있고 조정의 고위 관직들을 좌지우지하고 있다. 김도일이 그 다음 권력자이다. 김옥균의 살인자와 그의 동료들, 홍종우, 이일직 등은 지금 좋은 평판을 받고 있다. 그들은 얼마 전에 특정인(물론 조선인)을 암살할 자객을 일본에 보내려는 끔찍한 음모를 꾸몄다.

그나저나 홍종우는 파리에 머물 때 혁명으로 퇴위한 왕자처럼 행세하였다! 홍종우는 파리에서는 가톨릭 선교단의 구호금으로 먹고 살았지만, 조선으로 돌아왔을 때는 자신이 개신교 신자라고 선언했다. 이것은 홍종우나 전하가 신뢰하는 그와 비슷한 부류들이 하는 짓이다. 조선의 정세는 짐작 가능하다.

어느 날 밤 김도일이 「기생들」과 함께 노래를 부르며 종로 거리를 걸어가고 있었다. 순검 한 사람이 그를 불러 세워 국상(國喪) 중에 그런 행위를 해서 되느냐고 질책하였다. 김도일은 그 순검을 구타한 뒤 경무청으로 끌고 가서 일개 순검이 방금 대사와 함께 상트페테르부르크에서 돌아온 양반의 행차를 감히 가로막을 수 있느냐고 불평하였다. 경무사는 겁에 질려 그 무도한 러시아어 통역관에게 아무 조치도 취하지 못하였다![27]

1월 10일(일)에도 이학균을 만나 국내 소식을 듣는다.

이범진과 김홍륙의 사이가 틀어졌다. 김홍륙은 베베르에게 가서 이범진에 대해서 중상 모략했고, 그 결과 베베르는 어느 날 이범진에게 평온한 시절이 되었으니 고향으로 돌아가라고 부탁했다. 이범진은 눈물을 흘리면서 공사관 문 밖으로 나가는 것은 죽는 것과 마찬가지라고 말하며 공사관에 머무르게 해달라고 애원하였다고 한다. 그 일은 보류되었다. 하지만 며칠 뒤 이범진은 술에 취해 베베르에게 다소 무례하게 말하며 주먹으로 탁자를 내려쳤다. 그들은 이범진을 공사관 뒷문으로 쫓아내기 위해 젖 먹던 힘까지 짜내야 했다.[28]

이범진은 아관파천을 성사시키기 위해 고종의 밀지를 베베르와 스페예르에게 전달하였던 인물이다. 고종의 최측근이었다. 그러나 김홍륙은 이범진마저 내칠 수 있을 정도로 막강한 권력을 휘두르고 있었다.

김홍륙은 1,200엔에 치안판사직을 팔았다. 조정은 본보기를 보이려고 법부에 관직을 산 이를 체포하라는 지시를 비밀리에 하달했다. 김홍륙은 체포영장이 나오기 전에 이 소식을 듣고 신임 판사를 곤경에서 벗어날 수 있도록 해 달라고 전하에게 간청했다. 물론 전하는 총리대신에게 죄인을 기소할 경우 국왕의 위엄이 손상될 수 있다면서 죄인을 기소하지 못하도록 하였다.[29]

김홍륙, 김도일 등은 고종으로 하여금 서재필과 『독립신문』에도 등을 돌리게 한다.

전하는 서재필(Philip Jaishon)에 대한 신뢰를 완전히 상실했다. 러시아 통역관들은 전하의 머리속에 『독립신문』의 편집장은 200전(8센트)이라는 어마어마한 액수만 주면 누구나 비방할 것이라는 생각을 집어넣었다.[30]

고종의 낭비벽은 여전했다.

전하는 이미 말라버린 탁지부 재정을 흥청망청 써버린다. 전하는 엄상궁의 친한 친구이자 전하가 총애하는 여성인 손탁(Sontag)양에게 5,000엔을 하사했다. 전하는 교대 주기가 10일 내지 20일인 러시아 경호원이 바뀔 때마다 병사들끼리 나누라고 천 엔을 하사한다. 이학균 말에 따르면, 최소한으로 판단해도 자그마치 5,000명이나 되는 사람들이 온갖 구실로 궁내부 모든 자리에 포진해 있다고 한다. 그 사람들에게 시간 엄수와 규율이란 그저 말뿐이다.[31]

고종과 민비가 망명할 경우를 대비하여 상하이에 은신처를 사 놨다는 얘기도 듣는다.

이학균씨가 해 준 이야기에 따르면, 몇 년 전에 조선의 왕이 은신처로 쓰려고 상하이에 집을 샀다고 한다. 이보다 더 왕답지 못하고 왕비답지 못한 일을 상상이나 할 수 있을까! 왕과 왕비는 백성들에 대한 사랑으로 왕권을 확립하려고 노력하는 대신 스스로 자초한 위험을 피할 안전한 장소를 찾겠다는 기대를 품고 은신처를 준비하는데 부당하게 번 돈을 썼다. 왕비처럼 영리한 여성이 이기심 때문에 그렇게 눈이 멀 수 있다니 참으로 애석한 일이다![32]

윤치호는 니콜라이 2세 대관식 특사 일원으로 1896년 4월 1일 출국한지 8개월 만인 1897년 1월 27일 제물포에 도착하여 28일 입경한 후 2월 2일 해관장 브라운을 만난다. 브라운은 고종의 낭비로 인하여 재정이 파탄나고 있다고 한다.

많은 사람들, 특히 조선인들이 브라운 씨를 싫어한다. 하지만 브라운 씨의 현명한 운영과 확고한 지위가 없었더라면 탁지부에 한 푼도 남아 있지 않았을 것이라는 점은 그의 친구나 적을 불문하고 모두가 인정하는 사실이다. 브라운 씨는 자신이 신중하게 운영하여 조선 정부가 채무를 갚고 돈을 빌리지 않고 사업을 수행하고 있다고 말했다. 하지만 왕이 지금처럼 계속 돈을 낭비하는 한 공공기금을 경제적으로 사용하는 것은 지금까지 불가능했고, 앞으로도 불가능할 것이라고도 말했다. 브라운씨 말에 따르면, 왕은 돈을 빌릴 수 있는 곳이라면 어디에서나 끊임없이 빌리고 있다고 한다.[33]

2월 6일 오후 3시경 윤치호는 베베르를 만나 정부의 난맥상에 대해 얘기한다. 그러나 베베르는 사태의 심각성을 전혀 인지하지 못하고 있었다.

....현재 정부가 어느 정도로 절망적인 상태에 처했는지 말해주었다. 전하는

가장 역겨운 구폐들을 빠르게 부활시키고 있는 인간들로 둘러싸여 있고, 김 홍륙은 뿌리까지 사기꾼이라고 말하자 베베르 씨는 내 말을 자르고 이렇게 말했다. 모든 일이 순조롭게 진행되고 있고, 지금까지 자신의 통역관에게서 잘못된 점을 전혀 찾아보지 못했고 수백 년 동안 이어 내려온 구폐는 하루아침에 근절될 수 없고, 법부만 제외하고 정부 기관은 모두 잘 운영되고 있고, 자신은 전하의 행동을 털끝만큼도 방해하고 싶지 않고, 지금 권력을 쥐고 있는 사람을 비난하는 이들도 입장이 바뀌면 자신이 비난한 사람들과 똑같은 짓을 할 것이다.[34]

2월 7일에는 그레이트하우스를 만난다.

윤선생, 선생도 아시다시피 조선 정세가 가장 암울할 때에도 나는 낙관적이었소. 하지만 지금은 희망을 모두 잃었다오. 조선 정부는 왕 통치 하에서 지난 일년 동안 절대적인 통치를 하였지만, 결국 자치할 능력이 없다는 사실만 입증했을 뿐이오. 단언컨대, 앞으로 늦어도 2년 안에 모든 것이 파탄날 것이오.[35]

윤치호는 2월 8일자 일기에 이렇게 쓴다.

사태는 치명적인 것 같다. 전하는 김홍륙과 형편없는 그 일당의 손아귀에 들어갔다. 끔찍한 악당들의 영향력에서 전하를 구해낼 힘을 가진 유일한 인물인 베베르 역시 그들의 영향력 아래 있다. 그러는 동안 모든 것이 악화되고 있다. 정의도 없고, 경제도 없고, 희망도 없다.[36]

5. 환궁

1897년 2월 20일, 고종은 드디어 명례궁(덕수궁)으로 환어(還御)한다.[37]
『매천야록』은 다음과 같이 기록하고 있다.

> 20일 경진에 임금이 아라사 공사관에서 경운궁(慶運宮)으로 이어(移御)하자
> 백관이 하례하였으며 대사면령을 내렸다. 궁궐은 서부 정릉방(貞陵坊)에 있
> 는데, 곧 선조가 계사년(선조 26, 1593) (피란처에서) 도성으로 돌아왔을 때 머
> 물러 있던 곳이며, 인목대비(仁穆大妃, 선조의 계비)가 유폐되었던 서궁이다. 그
> 당시 구미 각국의 공관이 모두 대소정동(大小貞洞)에 있었으며 아라사 공관
> 은 더욱 가까운 곳에 있어서 임금이 항상 긴급한 변고를 우려하여 아라사 공
> 관을 귀의처로 여겼다. 그렇기 때문에 궁을 수리하여 임시 어소(御所)로 삼았
> 다. 장주(章奏, 상소)가 수레에 가득할 정도로 옛 궁궐로 돌아갈 것을 청하였으
> 나 끝내 듣지 않았다. 드디어 날마다 토목공사를 벌여 깨끗하고 화려한 경관
> 이 두 대궐(경복, 창덕궁)보다 더하였다.[38]

러시아 공사관에서 경운궁까지 가는 길은 러시아 하사관들이 지휘하
는 시위대(侍衛隊)가 호위했다. 시위대(侍衛隊)의 다른 병사들도 길가에 도
열해 있었다. 고종의 요청으로 러시아 장교들과 하사관들은 모두 궁궐
내에 고종의 거처와 멀리 않은 곳에 기거한다. 경운궁은 러시아 장교와
하사관들이 지휘하는 조선의 시위대(侍衛隊)가 지킨다.[39]
『코리안리퍼지토리』는 환궁 장면을 다음과 같이 묘사한다.

경운궁(덕수궁)

날은 화창했고 일반 백성들은 국왕을 몹시 보고싶어 했다. 그러나 러시아 공
사관에서 새 궁까지 가는 길이 너무 좁아서 불가능했다. 길 양측은 군인과
경찰이 도열해 있었다. 행차 내내 질서는 완벽하게 유지되었다. 오후 1시에
서 2시 사이에 국왕과 세자는 그들의 임시 거처를 떠나 가마에 탄 채 도열
한 군인들 사이를 지나갔다.[40]

2월 22일자 『독립신문』 영문판은 배재학당 학생들이 태극기를 들고 꽃
을 뿌리며 고종의 환궁행차를 환영하였다고 보도한다.

배재학당의 학생들은 군인들이 도열한 뒤에 서서 조선의 국기 두개를 들고
왕과 세자의 가마가 나타나자 환호하면서 꽃을 뿌렸다. 우리는 학생들이 자
신들의 충성심을 공개적으로 표현한 것에 흐뭇했다. 자신들의 군주를 환호

하고 꽃을 뿌린 것은 그들의 진보적인 정신을 보여줌과 동시에 외국의 관습들도 잘 알고 있음을 보여준다.[41]

덕수궁으로 환궁한 고종은 조령을 내린다.

지난번에 거처를 옮긴 후에 덧없이 한 해가 지나게 되니 모든 법도가 무너져서 여러 사람들이 우려하였다. 짐(朕)이 어찌 밤낮으로 이것을 생각하지 않았겠는가? 실로 부득이한 형세에서 나왔음을 신민(臣民)들이 모두 알 것이다.

이제 의정부(議政府)의 간청에 의하여 경운궁(慶運宮)에 환궁하였으니 중앙과 지방, 신하와 백성들의 기대에 어느 정도 부응했을 것이다.

아! 내가 정사를 잘못하여 대소 신하들이 안일해져서 오늘날과 같은 상황을 야기하고 말았다. 이제부터 모든 일을 맡은 관리들은 한결같이 몸과 마음을 다하라. 부(府)와 부(部)의 관리들은 자기의 직무 수행에 힘쓸 것이며 호위하는 장졸도 몸 바쳐 충성을 다하라. 비유하건대 배를 같이 타고서 건너갈 때 상앗대로 노를 젓는 것에 각각 그 힘을 써야 쉽게 건널 수 있으며 한 사람이라도 해이해지면 곧 빠지게 되는 경우와 같은 것이다. 존망의 계기가 순식간에 나타나므로 나쁜 상황을 전환시켜 좋게 만들며 위태로운 상황을 전환시켜 편안하게 만드는 것이 오직 이 때에 달렸다.

어찌 나 혼자 밤낮으로 걱정하고 애쓴다고 될 일이겠는가? 나의 신하들 역시 함께 건너는 의리를 생각해서 조금도 해이해지지 말라.

짐은 많은 말을 하지 않을 것이니 각자 힘쓸지어다.[42]

2월 21일 고종은 한양 주재 서양 외교사절들을 덕수궁으로 초청하여 접견한다.[43]

덕수궁으로 환궁한 고종은 민비를 위한 예식을 끊임없이 거행한다. 그러나 정작 장례는 계속해서 미뤄진다. 『매천야록』은 그 이유를 설명한다.

> 임금은 황제 위에 오르는 것을 기다려 왕후를 황후의 예로 장례를 치르고자 하였던 까닭에 그 장례의 기일을 늦추었던 것이다.[44]

윤치호는 2월 20일자 일기에 이렇게 적는다.

> 전하께서 오후 2시에 정동의 새 궁궐로 들어가셨다. 전하가 궁궐로 돌아가셔서 기쁘다. 하지만 정부 운영이 나아지리라고는 전혀 기대하지 않는다. 장소의 변화가 본질의 변화를 의미하는 것은 아니다.[45]

제6장

러시아의 후퇴

제6장

러시아의 후퇴

조-러 밀약의 일환으로 러시아는 조선군을 훈련할 장교들과 하사관들을 파견한다. 「고무라-베베르 비밀각서(1896.5.14.)」나 「야마가타-로바노프 협정(1896.6.9.)」에서 조선군을 누가 어떻게 재편하고 훈련시킬지 문제에 대해서는 명확한 합의에 이르지 못하고 있던 상황에서 일본은 곧바로 이의를 제기한다. 일본은 러시아와 공동으로 조선군을 훈련시킬 것을 제안하지만 러시아는 거절하고 단독으로 조련을 시작한다.

그러나 러시아 정부 내부에서도 일본과의 갈등을 유발하는 정책에 대한 반대가 만만치 않았다. 조선의 베베르나 일본의 스페예르는 물론 니콜라이 2세나 전쟁상 반노프스키도 아관파천으로 러시아가 잡게 된 절호의 기회를 과감하게 활용하여 조선을 러시아의 보호령으로 만들고자 한다. 반면 극동은 물론 유라시아 전체의 전략을 염두에 둔 무라비요프 외상이나 시베리아 횡단철도 건설을 책임 진 비테 재무상, 그리고 러-일 관계를 담당하게 된 신임 주일 러시아 공사 로젠 등은 소극적인 조선 정책을 주문한다.

한편 조선 조정 내부에서는 러시아에 대한 반감이 증가일로에 있었다. 김홍륙과 김도일 등 러시아 공사관 통역관들이 러시아를 등에 업고 권력남용과 부정부패를 일삼으면서 러시아에 대한 민심은 극도로 나빠진다. 베베르 주조선 러시아 공사는 고종의 절대적인 신임을 얻고 있었지만 조선의 개혁을 추진하지도 않고 반개혁 세력들을 제어하지도 않는다. 베베르가 김홍륙 등에 대해 보인 절대적인 신임 역시 조선 사람들은 물론 조선 주재 외교사절들 사이에서조차 회자가 된다.

러시아에 대한 민심이 나빠지자 고종은 가토 마스오 일본 공사를 비밀리에 부른다. 가토는 우선 러시아에게 조선 군사 훈련을 맡기는 것이 결코 조선의 국익에도, 고종의 개인에게도 도움이 되지 않음을 설득한다.

이때 러시아 외무성은 베베르를 전출시키고 후임으로 일본의 러시아 대리공사로 갔던 스페예르를 조선공사에 다시 임명한다. 스페예르는 귀임 즉시 러시아 교관들을 고용하는 계약을 밀어 부치지만 이완용 외부대신 등 조선의 각료들은 모두 거절한다. 고종이 이미 러시아에게 등을 돌리고 있다는 사실을 알았기 때문이다. 러시아는 조선 군대 훈련 계획을 포기한다.

1. 일본의 협상시도

모토노 이치로(本野一郎, 1862.3.23.-1918.9.17.) 주러시아 일본 공사관 일등서기관은 러시아 외무성에 다음과 같은 내용의 질의서를 보낸다.

「야마가타-로바노프 협정」이 조선 군대 양성에 대한 문제는 결론을 내리지 않았다고 일본 정부는 1895년 8월부터 이미 이 문제를 협상을 통하여 해결하려고 하였지만 고종이 러시아 공사관에 머물고 있는 동안에는 협상을 개시하기를 원치 않았다. 이제 고종이 환궁을 한 만큼 일본 정부는 러시아가 조선 군사 훈련 문제에 대한 협상을 재개할 의향이 있는가?[1]

모토노 이치로 주러시아 일본 공사관 일등서기관

러시아 정부는 러시아와 일본이 조선 군대를 공동으로 조련하는 문제는 이미 거부한 바 있다. 일본이 같은 제안을 다시 하자 러시아 정부는 더 이상 지체하지 않고 단독으로 조선 군대 훈련을 시작하기로 한다.[2] 무라비요프 외무상은 베베르에게 전문을 보내 러시아가 단독으로 조선 군대를 조련한다는 원칙을 확정했으며 보다 자세한 내용을 결정하는 데는 시간이 조금 더 걸리겠지만 일단 고종에게 러시아가 군사훈련을 맡을 것이라는 확답을 주라고 한다.[3]

1897년 3월 24일 무라비요프는 모토노에게 답변을 보낸다. 그는 「야마가타-로바노프 협정」 제2조에 의하면 조선 군대의 훈련문제와 교관문제는 조선 정부의 의향에 달렸고 조선 정부가 러시아에게 교관을 요청할 경우 교관을 파견할 의향이 있다고 한다. 이에 모토노는 제4조에 의하면 조선군의 훈련 문제는 추가 논의할 의제로 남겼음을 지적한다. 무라비요프는 일본이 이의를 제기하길 원한다면 신임 주일본 러시아 공사 로젠(Roman Romano-vitch Rosen, 1847.2.24.-1921.12.31.)이 도착하는 6월초에 주일 러시아 공사관을 통하든지 아니면 러시아 정부에 직접 문의할 것을 제안한다.[4]

모토노는 러시아가 「협상을 재개할 의사가 없다」고 보고하자 외무대신 오쿠마 시게노부는

로젠 주일본 러시아 공사

다시 모토노로 하여금 일본 정부가 「이 문제를 매우 중시하고 있으며 조선문제에 있어서 양국정부가 상호 양해가 존중되는 것이 지극히 바람직하다고 생각한다」는 일본 정부의 의사를 전하도록 한다. 그러나 오쿠마는 로젠 공사가 도쿄에 부임할 때까지 협상을 늦추는데 동의한다.[5] 한편 무라비요프는 베베르에게 총력을 기울여 조선 군대 훈련을 러시아에게만 맡길 것이라는 밀약을 고종으로부터 받아내라는 훈령을 보낸다.[6]

베베르와 푸챠타는 일단 기다리라는 무라비요프의 훈령을 무시하고 군부대신 민영환과 협상을 종결 짓고자 한다. 일본의 반대가 더 노골화되기 전에 조선 군대 훈련문제를 러시아에게 유리하게 종결 지으려는 의도였다. 베베르는 조선군이 160명의 러시아 장교와 군사들을 교관으로 고용할 것을 조선 정부에 제안한다.[7]

그러나 조선 정부 내부의 반대와 일본의 개입으로 협상을 매듭짓지

못한다. 영국 역시 러시아가 조선 군대 훈련을 독점하는 것에 반대한
다. 결국 4월 중순 베베르는 고종 본인과 군부대신 민영환은 협정을 종
결 짓기를 원하지만 현재로서는 협상체결이 가능한지 모르겠다는 전문
을 본국에 보낸다.[8]

2. 가토의 고종 독대

가토 마스오 일본 공사는 베베르가 고종, 민영환과 비밀리에 만나 훈
련교관 160명을 5년간 10만엔에 고용하기로 합의를 보았다는 정보를
받는다. 일본 정부는 만일 그렇게 될 경우 조선은 러시아의 손아귀에 들
어갈 것이라면서 반대한다. 가토는 4월 25일 영국 대리공사 조르단을
만나 조선 정부가 러시아 교관들을 고용할 경우 사태가 얼마나 심각해
지는지 설명해 줄 것을 요청한다. 그러나 조르단은 「야마가타-로바노프
협정」의 위반 여부는 일본과 러시아가 양자 간에 해결할 일이지 영국과
같은 제3국이 간섭할 일이 아니라면서 거절한다. 다만 조선 정부가 자
신에게 자문을 구할 경우에는 조선의 재정 상태를 볼 때 그처럼 큰 군대
를 양성할 상황이 아니라고 얘기할 것을 약속한다.[9]

1897년 4월 26일 가토는 오랜 시간 고종과 독대한다. 가토는 일본군
의 경우를 보더라도 강력한 군대는 외세의 큰 도움 없이 만들 수 있다면
서 그토록 많은 러시아 장교들을 고용할 경우 오히려 조선이 큰 어려움
에 처하게 될 것임을 경고한다.

그러자 고종은 러시아 장교들을 교관으로 고용하는 일은 민영환이 니

콜라이 2세 대관식 특사로 러시아에 갔을 때 러시아 측과 맺은 비밀 협약의 결과임을 실토한다. 그러면서 자신은 선택의 여지가 없으며 그 협약을 이행할 수밖에 없다고 한다.[10] 고종은 당시에 자신과 정부가 러시아와의 협정에 합의한 것은 사실이지만 그렇게 한 것에 대해서 지금은 후회하고 있다고 한다. 그러면서 대신들의 반대도 있어서 다시 생각해 본 결과 고용하려고 하는 러시아 교관의 숫자를 반으로 줄임으로써 내각 내의 화합을 유지하는 것이 좋겠다고 한다.[11]

이에 가토는 다시 한번 고종에게 러시아와의 합의 자체를 무효화시킬 것을 종용한다. 고종과 베베르 간의 특별한 관계를 충분히 인식한 가토는 고종이 이 문제에 있어서 중립적인 입장만 취해도 러시아의 계획을 무산시킬 수 있다고 생각했다. 고종은 결국 모든 결정을 내각에 일임하겠다고 한다.[12]

고종은 프랑스 영사 플랑시에게는 러시아 교관들을 그토록 많이 고용해야 되는 것에 자신은 반대하고 있으나 러시아의 압력이 너무 거세서 어쩔 수 없다고 한다. 고종은 형식적으로는 동의하였지만 대신들에게는 자신의 뜻을 전달했기에 대신들은 거의 전원이 러시아 교관들을 고용하는 것에 반대하고 있었다.

플랑시에 의하면 가장 거세게 반대한 것은 이완용이었다. 그때까지만 해도 이완용은 베베르의 적극적인 지지를 받고 있었고 아관파천 이후 요직을 차지할 수 있었던 것도 러시아의 지원 때문이었다. 그러나 플랑시는 이 경우에는 이완용이 사적인 이익보다는 나라의 장래를 걱정하는 마음이 더 컸던 것으로 보인다고 한다. 이완용은 군부대신 민영환이 러시아 측과 일방적으로 협상을 시작한 것에 반발하면서 사의를 표하지만

고종은 받아들이지 않는다.[13]

조선의 내각이 러시아 교관들을 고용하는데 대하여 반대하면서 일본은 이를 이용하여 다른 열강들의 경계심을 불러일으키고자 한다. 가토가 프랑스 영사 플랑시와 만났을 때 플랑시는 조선 조정이 자신의 의견을 물으면 러시아와 일본 사이에 분쟁이 생길 경우 가장 큰 피해를 볼 것은 조선이기 때문에 러시아와 일본 간의 갈등을 초래하지 않도록 최대한 조심스럽게 이 문제에 접근할 것을 종용하겠다고 한다.[14]

1897년 4월 26일 가토가 고종을 알현한 직후 고종은 베베르와 2시간 동안 독대한다. 28일 오전에는 외무아문과 장시간 협의를 한다. 그날 저녁 고종은 또다시 가토에게 사람을 보내 의견을 묻는다. 가토는 다시 한번 그토록 많은 숫자의 러시아 교관을 고용하는 것은 위험하다고 한다.

조선의 내각은 그날 밤 회의를 개최하지만 결론을 도출하지 못한다. 가토는 본국에 보내는 보고서에 「현재 상황으로 봐서는 러시아의 계획은 실패할 것 같다」고 한다.[15] 그러나 4월 30일 조선 내각은 격론 끝에 소수의 러시아 교관들을 고용할 것을 결정한다.[16]

3. 무라비요프의 후퇴

같은 날 주러 일본 공사관 일등서기관 모토노는 오쿠마 외무대신의 훈령에 따라 러시아 정부가 조선 군대 훈련문제를 일본 정부와 로젠 간의 협상 이후로 미룰 것을 요구한다.[17] 무라비요프는 보다 면밀히 상황을 파악한 후 답변을 주겠다고 한다.[18] 한달 전 까지만 해도 조선 군대 훈련문제를 협상을 통해서 해결하자는 일본측의 요구를 거절하고 푸챠타, 베베르, 스페예르 등이 조선 측과 급속히 협상을 진행하도록 한 무라비요프였다. 그러나 이번에는 다르게 반응한다. 일본이 완강하게 반대하는 한편 조선 정부와 베베르 간의 협상이 진척이 없자 무라비요프는 일본을 더 이상 자극하지 않기로 한다.

일본의 반대를 무시하고 일방적으로 조선과의 협정을 밀어 부칠 것을 권고한 스페예르의 3월 24일자 전문을 묵살한 무라비요프는 5월 2일 보고서에 적극적인 조선 정책이 초래할 위험을 나열한다. 일본의 완강한 입장은 물론 푸챠타의 계획이 밝혀진 이후 일본이 육군과 해군 예산을 증강한 것을 볼 때 계속해서 강경책을 쓸 경우 「외교적으로 해결할 수 없는 장애물」에 봉착할 수 있다고 한다.[19]

1897년 5월 4일 무라비요프는 베베르에게 전문을 보내 새로운 훈령을 내릴 때까지 조선 군대에 관한 일체의 협상을 중단하라고 한다.[20] 5월 5일에는 모토노에게 로젠이 일본에 부임할 때까지 조선 군대에 관련한 아무런 결정도 하지 말 것을 베베르와 스페예르에게 지시했음을 알린다.[21]

베베르는 무라비요프의 전문을 받기 전까지 조선 정부와 협상을 계속한다. 5월 4일 가토는 러시아와의 협정에 서명하지 않도록 이완용 외부대신을 설득하고 있다고 한다. 5월 5일 가토는 고종을 알현하고 러시아 정부가 조선 정부로 하여금 러시아 교관을 채용하도록 하는 계획은 이미 포기하였음을 알린다.[22]

바로 그날 푸챠타는 군부대신 이윤용에게 러시아의 알렉세예프(Evgenii Ivanovich Alekseev) 제독이 이끄는 함대가 부산과 블라디보스톡에 집결하고 있으며 곧 제물포에 도착하여 러시아 공사관을 경비할 병력을 추가로 보낼 것이라고 거짓말을 하며 조선 정부는 일본을 겁낼 필요 없이 협상을 매듭 지으면 된다고 한다. 그날 저녁 베베르는 조선 정부로부터 러시아의 군사교관들을 요청하는 공식 문서를 받는다. 첨부된 협정 초안에는 조선군 6,000명을 훈련하는 등 푸챠타가 원래 제안했던 안이 거의 그대로 반영되었다.[23]

한편 미국 공사 실은 일본이나 영국 외교관들과 달리 러시아가 조선의 군대를 육성하는 것에 적극 찬동한다. 그는 조선에서 미국의 국익을 지키기 위해서는 늘 혼란에 빠져 있는 조선의 국내질서를 확립하는 것이 무엇보다 중요하다고 한다. 그러나 조선의 군대는 「철저히 무능(utterly incompetent)」하기 때문에 질서를 유지할 수 없다고 한다. 끝없이 일어나는 반란군을 진압하기 위해 지방에 파병되는 조선군은 규율과 기강이 무너졌기 때문에 「반란군에 비할 바 없이 더 위험한」 존재가 되어버린다고 한다. 따라서 제대로 된 군대를 갖추는 문제는 시급하며 이는 외국의 도움 없이는 불가능하다고 한다. 실은 「외국의 도움 없이는」이라는 부분에 밑줄을 쳐서 강조한다.[24]

러시아가 고종의 근위병을 조련하는 것에 대해서도 일본이 반대를 하지 않자 실은 이를 적극 지지한다. 「얼마 전 훈련을 근위병에만 제한시키지 않고 그 범위를 넓혀 나가기로 했다는 사실이 알려지면서 저는 이를 매우 반겼습니다. 왜냐하면 저는 이는 모두를 위해 절대적으로 필요한 조치라고 생각하기 때문입니다」라고 실은 보고한다. 실은 1897년 4월 23일 알렌을 통하여 이완용 외부대신에게 러시아와의 협정을 하루

 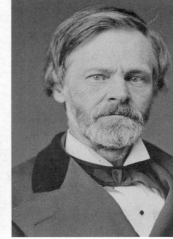

호시 토루 주미국 일본 공사　　　　　　　　존 셔만 미 국무장관

빨리 타결할 것을 종용한다.[25]

　　실과 알렌이 이완용에게 러시아와 조선 군대 훈련 협약을 체결할 것을 오쿠마 일본 외무대신도 적극 종용한다는 보고를 받는다. 오쿠마는 곧바로 주미 일본 공사 호시 토루(星亨, 1850.5.19.-1901.6.21.)에게 전문을 보내 실 공사가 베베르를 돕는 것은 조선에게도 도움이 되지 않을 뿐만 아니라 미국의 국익에도 도움이 되지 않는다면서 호시로 하여금 올니의 후임으로 미국무장관에 갓 임명된 셔만(John Sherman, 1823.5.10.-1900.10.22.)에게 항의하도록 한다.[26]

　　셔만이 실에게 자초지종을 묻자 실은 자신의 행동이 「누구의 이해관계에도 저촉이 되지 않는다고 생각했다」고 한다. 그는 며칠 후에 가토가 고종을 알현하여 러시아 교관을 고용하는 것에 강하게 반대하였다는 소식을 듣고는 이 문제에 대해서 「철저하게 함구하고 있을 것」이라

고 본국에 보고한다.[27] 실은 곧바로 가토를 찾아가 오해가 없기를 바란 다고 한다.

4. 러시아의 정책 혼선

러시아 정부가 모토노에게 조선 군대 교관문제로 일본을 자극할 의도 가 전혀 없다는 말을 전하였다는 소식을 일본의 신문들이 전하자 스페 예르는 무라비요프에게 어떻게 해야 좋을지 묻는다. 무라비요프는 러시 아 군사교관들을 조선에 파견하는 결정을 「유보」하기로 했다고 한다.[28] 러시아 정부가 갑자기 입장을 바꾸는 모습을 보이자 스페예르와 조선에 이미 배치된 러시아 장교들은 무라비요프 외무상을 비판하면서 러시아 가 지난 10년 동안 조선에 쌓아온 공든 탑이 무너졌다고 한다.[29]

1897년 5월 19일 모토노가 무라비요프에게 러시아와 조선이 군사교 관에 대해 맺은 협약이 불가역적인 것인지 묻자 무라비요프는 계약에 비록 서명을 하였지만 실제로 이행 여부는 로젠이 일본 정부와 협상하 는 결과를 기다릴 것이라고 한다.[30] 무라비요프가 로젠이 도쿄에 부임할 때까지 조선에 러시아 군사교관을 파견하는 문제를 유보하겠다는 결정 을 내리자 일본 여론은 진정된다.

러시아 외무성의 카프니스트 아시아 국장은 모토노와 만나 베베르가 4월 12일 보낸 전보 내용을 읽어준다. 조선이 러시아 교관 21명을 초빙 하고 싶다는 내용이었다. 카프니스트는 베베르가 러시아 정부의 이름으 로 이 요청을 받아들였지만 별도의 비밀 협약을 맺지는 않았을 것이라

면서 이러한 사실을 비밀로 해 달라고 한다.[31]

　차르 니콜라이 2세는 베베르가 조선과 체결한 교관 파견 합의 내용을
담은 5월 5일자 전문을 받아보고 만족을 표한다. 조선에서 러시아의 영
향력을 강화할 수 있는 중요한 계기가 마련되었다고 생각했기 때문이
다. 무라비요프 역시 처음에는 예상 밖으로 성공적인 합의를 밀어 부칠
생각이었다. 그러나 일본이 영국의 도움을 받아 러시아를 상대로 군대
를 동원할 가능성도 있다는 경고들이 들어오면서 결국 무라비요프는 일
본과의 관계를 악화시키지 않는 쪽으로 정책을 전환한다.

　5월 21일 무라비요프는 도쿄의 로젠과 스페예르에게 훈령을 보낸다.
무라비요프는 러시아가 조선의 군사 3천 명을 조련할 의향이 있고 이를
위해서는 이미 조선에 파견한 교관만으로도 충분하다고 한다. 푸챠타
가 제안한 6천 명의 절반이었다. 따라서 추가로 교관을 파견하는 문제
는 유보한다고 한다. 조선군을 재편하는 문제 역시 유보된다. 이로써 무
라비요프는 일본과의 마찰을 피하는 한편 다른 열강이 조선 군대를 조
련할 수 없도록 한다.[32]

　조선으로 곧 되돌아가기로 되어 있는 스페예르에게는 일본과의 관계
를 복잡하게 할 수 있는 일체의 행동을 자제할 것을 명한다. 그러면서
조선에서 다른 열강들을 배제하고 러시아의 영향력을 키우는 것은 중
요한 목표이지만 그렇다고 약하고 가난한 조선을 러시아가 장악함으로
써 일본과의 관계가 악화된다면 러시아의 국익에 끼칠 해악이 훨씬 더
크다고 한다.[33]

　무라비요프가 1897년 5월 26일 전쟁상 반노프스키에게 보낸 편지에

서 조선에 대한 러시아의 일거수일투족은 모두 일본의 경계의 대상이 되며 일본이 군비를 확대하고 있는 이상 일본과의 무력충돌은 필연이라면서 러시아의 국익에 가장 부합하는 것은 극동에서 일본을 불필요하게 자극하지 않고 특히 조선에서 일본을 자극할 행동을 하지 않는 것이라고 한다.[34]

무라비요프는 베베르에게 러시아와 조선 간의 합의는 조선이 다른 열강의 군사교관을 초빙하지 않겠다는 약속으로 이해하고 있다고 조선 측에 알리라고 한다. 그러나 별도의 비밀 전문을 통하여서는 로젠이 도쿄에 부임하고 스페예르가 한양에 다시 부임할 때까지 조선 정부와의 일체의 협상을 중단할 것을 명한다.[35]

베베르는 경악한다. 그가 그토록 노력해서 이룩한 합의는 휴지조각에 불과해질 것이 분명했다. 그는 5월 22일 무라비요프에게 전문을 보내 여기에서 한발짝 물러서는 것은 조선에 대한 러시아의 영향력을 무너뜨리는 결과를 가져오고 러시아 교관 초청에 적극적이었던 고종과 그를 지지한 대신들을 곤경에 빠뜨리는 일이라고 한다. 일본 대리공사로 도쿄에 머무르고 있던 스페예르 역시 유사한 내용의 항의문을 보낸다.

한편 차르 니콜라이 2세와 전쟁상 반노프스키는 베베르와 스페예르의 입장에 동조한다. 니콜라이 2세는 6월 24일 조선에 군사교관을 파견하는 안을 재가한다. 한달 후인 7월 29일 저녁 3명의 러시아 장교와 10명의 하사관이 한양에 당도한다.[36]

5. 일본의 대응

일본은 러시아가 5월달에 한 약속을 지키지 않은 것에 분노하면서 곧바로 대응한다. 러시아 교관들이 제물포에 도착하는 날 가토는 고종을 만나 러시아 교관들이 곧 도착할 것이라는 소문이 사실인지 묻는다. 고종은 자신의 요청에 따라 러시아 교관 몇 명이 도착할 것이라는 사실을 시인한다.

7월 30일 가토는 오쿠마 총리 겸 외무대신의 훈령에 따라 베베르에게 조선과 러시아 교관 채용 계약을 체결한 것에 항의한다. 이 계약은 베베르가 조선 정부에 강요한 것이라고 가토가 항의하자 베베르는 이를 부인하면서 3명의 장교와 10명의 하사관들은 29명의 교관을 파견에 달라는 고종의 5월달 요청에 따른 것이라고 설명한다.[37]

8월 3일 가토는 외부대신 이완용에게 러시아 교관들을 초청한 이유가 무엇인지 묻는다. 이완용은 조선이 어느 나라의 교관이든 초청할 권리가 있다고 답한다. 그러나 조선 정부 내에서는 러시아가 얼마나 일본에 맞설 의지가 있는지 의심을 하기 시작한다. 러시아가 일본과의 마찰을 극구 피하는 모습은 러시아가 약해서 그런 것으로 비쳐진다. 반면 가토가 확고하게 일본의 입장을 견지하는 모습을 보면서 조선 정부는 깊은 인상을 받는다. 결국 조선 정부는 재정적 어려움을 빙자하여 조선 군대의 재편을 거부하고 새로 도착한 러시아 교관들에게는 아무 일도 안 시킨다.[38]

8월 7일 고종은 프랑스 영사 플랑시에게 갓 도착한 러시아 교관들 문제를 어떻게 처리해야 좋을지 모르겠다고 한다. 조선 정부가 이들과 계약을 체결하고 모든 군사 훈련을 이들에게 맡기는 것이 좋을지, 아니면 조선의 군대를 모두 러시아에게 의탁하는 것은 위험한 일인지 묻는다. 특히 일본의 반대에 어떻게 대처해야 좋을지 묻는다. 만일 러시아 교관들을 고용하는 것이 국제문제를 야기한다면 그들에게 금전적 보상을 하고 블라디보스톡으로 돌려보내는 것이 좋을지도 묻는다. 반면에 그렇게 한다면 러시아가 싫어하지 않겠는가도 묻는다.

플랑시는 러시아, 일본 양측에 모두 만족스러운 대안을 찾는 것이 좋겠다고 충고한다. 그러나 자신은 이러한 문제에 대해 자문해 줄 수 있는 입장이 아니라고 한다. 러시아 장교들이 어떤 조건으로 조선에 오게 되었는지 플랑시가 묻자 고종은 차르가 조선의 군사 상황을 파악하고 나서 조선의 군대를 재편하는데 도움을 주고자 하였다면서 조선은 러시아에게 군사교관을 요청한 적이 없다고 한다. 플랑시는 고종이 거짓말을 하고 있다는 것을 알았다. 그리고 고종이 다시는 자신을 불러 자문을 구하지 않을 것이라고 본국에 보고한다.[39]

가토로부터 베베르의 입장에 대한 보고를 받은 오쿠마는 신임 주러시아 일본 공사 하야시 타다스(林董, 1850.4.11.-1913.7.10.)에 전문을 보내 무라비요프에게 다음과 같이 항의하도록 한다.

베베르가 러시아 정부의 입장을 제대로 이해를 못하고 있는 것 같고 따라서 조선 정부와 곧 군사교관을 고용하는 계약을 체결할 것으로 예상되기 때문에 즉시 베베르에게 로젠 신임 주일 러시아 공사가 도쿄에 부임하여 양국 정부가 포괄적인 합의에 도달할 때까지 계약을 지연시킬 것을 명할 것.

하야시는 오쿠마의 전문을 8월 5일 무라비요프 외무상에게 전한다. 하야시에 의하면 무라비요프는 「직답을 하지 않았지만 계속 압력을 넣자 숙고한 후 확답을 주겠다」고 하였다고 보고한다.[40]

무라비요프는 8월 말 하야시에게 다음과 같이 답한다: 「지난 4월 모토노의 요청에 따라 베베르에게는 조선 군대 재편을 위한 협상을 중단하라는 훈령을 보냈음.」

조선군을 훈련시키는 계약을 체결하려던 베베르의 노력은 수포로 돌아간다. 그는 계약 체결을 거부하는 이완용을 외부대신직에서 파면시키는데 성공하지만 그 후임 민종묵은 물론 다른 어느 대신도 계약에 감히 서명하지 못한다. 새로 도착한 러시아 교관들은 스페예르가 일본에서 귀임할 때까지 아무런 역할을 하지 못한다.[41]

6. 로젠의 부임

로젠이 부임할 때까지 스페예르는 일본에 머물러야 했다. 로젠은 8월 16일 도쿄에 도착한다. 그는 1875년-1883년까지 8년간 요코하마 러시아 총영사관의 1등서기관을 역임한 바 있었다. 스페예르는 일본 대리공사를 맡고 있는 동안에도 거의 전적으로 조선문제에 집중한 반면 로젠은 조선문제에 대한 해결책은 극동 전체의 구도와 러시아-일본 관계의 틀 속에서 모색해야 한다고 생각했고 일본과의 전쟁은 무슨 일이 있어도 피해야 한다고 생각했다.[42]

일본으로 부임하는 길에 프랑스에 들른 로젠은 프랑스 외무상 하노토를 만나 베베르가 주멕시코 공사에 임명된 후 조선의 상황을 전혀 본부에 보고하지 않고 있기 때문에 러시아 정부는 조선의 내부 사정을 전혀 모르고 있다고 한다. 로젠은 하노토에게 러시아 정부는 무엇보다도 일본과의 좋은 관계를 유지하고 싶어한다면서 자기가 받은 훈령은 어떻게 해서든 일본과 화해를 도모하고 필요하다면 군사동맹까지 맺으라는 것이었다고 한다.[43]

로젠은 청일전쟁 종전 후 시모노세키의 대본영에서 갓 돌아온 메이지 천황을 8월 24일 알현하고 신임장을 제정한다. [메이지와 히로시마 대본영에 대한 논의는 『한국 사람 만들기 IV』, pp. 452-454 참조] 로젠은 철저한 친일파를 자처한다. 그는 17년만에 돌아온 일본이 놀랍게 발전했다면서 러시아와 일본의 관계가 껄끄러운 것도 그 동안 신장한 일본의 국력에 대해 일본인들이 자부심을 느끼기 때문이라고 설명한다.[44]

일본과의 관계를 중시하는 로젠은 러시아가 조선의 군대를 조련한다는 것에 대해서도 회의적이었다. 그는 러시아를 출발할 당시만 해도 자신이 도쿄에 부임할 때까지 조선군의 조련문제를 연기하기로 했다고 들었지만 막상 일본에 부임하고 보니 그 사이에 러시아 교관들이 추가로 조선에 파견되었다는 소식을 듣고는 난감했다고 한다. 로젠은 8월 25일 무라비요프 외무상에게 전문을 보내 러시아 교관의 추가파견은 일본측이 매우 민감하게 받아들이고 있다면서 정부의 명확한 입장을 알려줄 것을 요청한다.[45]

로젠은 8월 26일 오쿠마 총리 겸 외무대신을 면담한다. 오쿠마는 로젠과 일본 정부가 조선 문제에 대한 합의를 도출할 때까지 러시아 정부가 베베르에게 조선 군대 조련문제와 관련된 일체의 협상을 중단하도

록 명할 것을 요구한다. 이에 로젠은 즉각 그렇게 하겠다고 한다. 오쿠
마는 로젠에게 「러시아와 일본이 합의에 이르는 것이 극동의 평화와 안
녕을 위한 가장 확실한 보장」이라고 한다. 오쿠마는 현재의 갈등은 베
베르 때문이라며 스페예르가 곧 그의 후임으로 조선에 부임하게 될 것
에 만족을 표한다.

　　로젠과 달리 차르 니콜라이 2세는 조선에 러시아 교관을 파견하는 문
제에 대해 매우 적극적이었다. 니콜라이는 로젠이 보낸 8월 25일자 전
문 여백에 「이미 벌어진 일은 다시 되돌릴 수 없다. 일본은 아직도 조선
에 군대를 주둔시키고 있는 반면 우리는 없다. 그리고 교관들만 갖고는
한 나라를 정복할 수 없다」고 쓴다. 무라비요프는 8월 25일 로젠에게
조선에 러시아 교관을 파견한다고 해서 조선에 군대를 주둔시키고 있는
일본이 두려워할 것은 없다는 내용의 훈령을 보낸다.[46]
　　무라비요프는 9월 2일 하야시 주러 일본 공사를 만나 러시아가 일본
과의 약속을 또 다시 어기고 추가로 교관들을 파견한 것에 대해 변명한
다. 무라비요프는 5월 19일 일등 서기관 모토노에게 조선군 조련문제
는 로젠이 일본에 부임할 때까지 미루겠다는 약속을 한 것은 사실이지
만 이번에 조선에 파견된 군사 교관들은 그 이전에 조선과 한 약속을 이
행하기 위해 보낸 것이라고 한다. 다만 여러가지 사정으로 인하여 그들
이 조선에 도착하는 시간이 예정보다 많이 지연되었을 뿐이라고 한다.
무라비요프는 이는 전혀 중요한 일이 아니라면서 러시아 정부는 로젠과
일본 정부가 합의에 이를 때까지 조선군 조련을 위해서 아무것도 하지
않을 것이라고 한다.[47] 오쿠마와 하야시는 러시아가 변명을 하고 있음

을 안다. 그러나 더 이상 추궁해봐야 다른 결과가 나오지 않을 것을 알고 일단 추궁을 자제한다.

로젠은 무라비요프의 훈령을 따른다. 그러면서도 러시아가 조선에 파견한 교관들을 모두 철수시키는 한이 있더라도 일본과의 충돌은 피해야 한다고 본국정부를 설득한다. 그는 일본이 청일전쟁 후에 재무장을 하고 있고 러시아가 조선에 대한 야심을 품고 있음을 확인한 후부터는 군비확장에 박차를 가하고 있다고 보고한다. 로젠은 일본이 재정문제로 인하여 재무장하는데 한계가 있을 것이라는 환상은 버려야 한다면서 특히 일본의 해군력 증강을 우려한다. 그는 일본의 해군은 이미 러시아의 극동함대보다 전력이 강하며 특히 전략적 입지도 훨씬 유리하다고 한다. 그리고 조선을 둘러싼 러시아와 일본의 갈등은 일본으로 하여금 영국과의 관계를 강화시키는 결과만 낳을 것이라고 내다본다. 로젠은 9월 13일자 전문에 러시아가 일본과 즉시 합의를 도출할 것을 종용하면서 다음과 같이 쓴다.

일본이 (청일) 전쟁에서 승리를 거두면서 확보한 영향력을 행사하는 것을 우리가 허용하지 않는다면 일본이 할 수 있는 것은 결국 무력을 동원하는 것밖에 없습니다.

그러면서 일본을 자극하는 행동을 자제하고 일본이 독자적인 행보를 취하지 않도록 조심해야 할 것이라고 경고한다.[48]

7. 러시아의 조선군 훈련 포기

니콜라이 대관식에 참석하는 로바노프를 대신하여 일본 임시 공사직을 맡아 1896년 3월부터 도쿄에 체류해 온 스페예르는 1897년 9월 2일 한양으로 귀임한다. 바로 다음날 스페예르는 베베르로부터 공사직을 인계 받기도 전에 고종을 알현하고 군사 교관 문제를 타결할 것을 요구한다. 고종이 병부상 심상훈 때문에 문제가 발생한 것이라고 탓하자 스페예르는 곧바로 심상훈을 해임할 것을 요구한다. 심상훈은 곧 해임된다. 그러나 일본 정부를 의식한 조선 정부는 군사 교관 계약에 서명하는 것을 계속해서 미룬다.

그러자 스페예르는 러시아 장교들이 한양에 온 이상 그 임무를 마치지 않고는 결코 떠나지 않을 것이라고 선언하고 9월 24일부터 조선군 특별대대를 조직하기 위한 군사 선발 절차를 시작한다.[49] 베베르는 거의 3달 전인 7월 7일 기존의 조선군 5개 대대 중 1천 명을 선발하여 특별대대를 편성하고자 한 바 있다. 그러나 5개 대대의 병력은 총 6백 명에 불과했다. 조선군은 병사들을 이 대대에서 저 대대로 옮기면서 실제 숫자 보다 병력이 많은 것처럼 부풀려왔기 때문이다. 특별대대 편성이 실패로 돌아가자 조선의 병부상은 러시아가 5개대대 병력 전체를 훈련시킬 것을 제안한다. 그러나 베베르는 소수의 러시아 교관을 가지고는 산재해 있는 병력을 조련하는 것은 불가능하다면서 거절한 바 있다.

9월 24일 러시아 장교들은 다시 기존의 조선군 5개대대 병력 중 특별대대를 편성하기 위한 병력선발을 시도한다. 그러나 막상 대대장들은 행방이 묘연했고 부관들은 병사들을 모으는데 실패하고 병부에서는 전

날의 약속에도 불구하고 아무도 나타나지 않는다.[50]

푸챠타 대령의 후임으로 온 아파나세프(Afanas'ev I) 중위가 이 사실을 스페예르에게 보고하자 스페예르는 격분하여 궁궐로 향한다. 그는 방금 일어난 일을 러시아 정부에 보고할 경우 「조선에 대한 러시아의 우호적인 감정이 식을 수도 있다」고 협박한다. 고종은 즉시 새로운 대대를 편성할 수 있도록 조치를 취하겠다고 한다.

9월 27일과 28일 991명의 병사를 어렵게 선발하지만 훈련은 10월 중순이 되어서야 시작된다. 선발된 병사들은 아프다는 등 핑계를 대면서 훈련에 불참한다. 당시 군사 선발에 참여한 한 러시아 장교는 「선발하는 과정에서부터 이미 자명했다. 군사들은 선발되지 않기 위해 모든 방법을 동원하고 있다. 고통에 일그러진 표정들을 지으면서 대부분은 아프거나 늙었다고 하는 한편 또 많은 군사들은 대오를 이탈하여 결국 병영 밖으로 달아났다.」[51]

당시 러시아 군에서는 구타가 일상화되어 있었다. 러시아 교관들이 조선 군사들을 구타한다는 소문이 퍼진다. 한 러시아 교관이 조선군 대령의 머리를 사소한 일로 때렸다는 소문이 돌면서 군사들 사이에서는 반란이 일어날 것이라는 소문이 퍼지면서 술렁인다. 그러나 일본 공사관 직원들이 자신들이 도울 수 있는 상황이 될 때까지 참으라고 충고하자 군사들은 진정한다.[52]

결국 러시아 정부는 조선 군대의 확대 재편 계획을 포기한다. 일본과 합의 하에 공동으로 조선 군대를 훈련시킴으로써 일본군을 조선군 훈련에 참여시키기 보다는 사업 자체를 포기하기로 한다. 10월 18일 로젠에게 조선 군사를 러시아와 일본이 공동으로 훈련하는 문제에 대한 협상을 중단하라는 니콜라이 2세의 명령이 하달된다. 러-일 간의 조선 군사 합동 훈련문제는 종결되고 일본이 항의할 경우 일본군이 조선에 주둔하고 있는 상황에서 이 문제까지 거론할 입장이 아니라고 답변하라는 훈령도 받는다.[53]

제7장

칭제건원과 대한제국

제7장

칭제건원과 대한제국

고종이 황위(皇位)에 올라야 된다는 주장은 1895년부터 대신들이 제기한다. 물론 고종이 사주한 일이다. 조선사람들은 오랜 역사를 통해 「왕」은 「황제」보다 아래이며 「왕국」은 「제국」의 속방임을 알고 있었다. 따라서 고종은 「칭제건원(稱帝建元)」, 즉, 「황제」를 칭하고 「연호(年號)」를 세우는 것이야말로 조선이 독립국이고 다른 어떤 나라에 비해서도 열등하지 않다는 것을 백성들에게 인식시키는 가장 유효한 방법이라고 생각했다. 그러나 보다 중요한 이유는 흥선대원군을 비롯하여 자신의 권위에 도전한다고 생각하는 모든 세력들을 물리치고 자신의 권력기반을 보다 공고히 할 수 있는 방법이라고 생각했기 때문이다. 고종은 1895년 7월 12일(음력 윤 5월 20일) 「원구단(圜丘壇)」의 축조를 명한다.[1] 칭제(稱帝) 할 날짜도 1895년 10월 26일로 잡는다. 그러나 그 날은 아무일 없이 지나간다.[2] 베베르 러시아 공사가 반대했다.[3]

그 후 칭제건원 문제는 수면 밑으로 내려가지만 1897년 봄부터 다시 거론되기 시작한다. 당시 상하이에 머물고 있던 윤치호는 5월 27일 일기에 다음과 같이 쓴다.

오전에 민영익을 방문했다. 조선의 왕이 황제의 칭호를 갖는 문제에 관해서 나의 반대 의견을 강력하게 피력했다. 어떻게 그런 생각을 했을까? 전하께서는 외국 공사관의 보호에 일신의 안전을 의탁하기만 하실 뿐 왜 예전의 궁으로 돌아가려고 하지 않으실까? 지금 전하 자신을 황제로 승격시키다니, 이 얼마나 우스꽝스러운, 아니 부끄러운, 아니 수치스러운 일이란 말인가! 그렇게 함으로써 얻는 것이 무엇인가? 공허한 호칭과 모든 사람들로부터의 경멸 외에는 아무것도 없다. 정부에서 일하는 수많은 바보들 중 대체 누가 이런 안타까운 생각을 전하의 머리에 주입했을까?[4]

1. 칭제건원의 전말

황현의 『매천야록(梅泉野錄)』은 칭제건원의 전말을 다음과 같이 기록하고 있다.

을미 이래 정부는 임금의 뜻을 헤아려 황제로 칭할 것을 권했으나 러시아, 프랑스, 미국 등의 외국 공사들은 옳지 않다고 하였고, 일본 공사 삼포오루(三浦梧樓, 미우라 고로) 또한 「시일을 늦추는 것이 좋겠다」고 하였다. 삼포(미우라) 공사가 을미사변의 죄를 지고 물러가자 조정의 여론이 다시 일어나 차츰 의전의 절차를 검토하고 있었는데 각국 공사들이 이를 강력히 저지했다. 러시아 공사가 말하기를 「귀국이 참호(僭號: 제 분수에 넘치는 스스로의 칭호)를 반드시 가지려 한다면 우리 러시아국은 마땅히 절교하겠다」하니 임금은 비로소 두려워하였다. 그러나 일이 거의 이루어져 달리 어찌해 볼 수 없었다.[5]

고종이 칭제건원을 할 경우 「러시아국은 마땅히 절교하겠다」고 러시아 공사가 고종을 협박했다는 황현의 말은 과장이었다. 시중에는 오히려 러시아 공사 스페예르가 고종에게 황위에 오를 것을 제안했다는 소문이 파다했다. 스페예르는 칭제건원을 반대한 것이 아니라 고종이 황제가 되려고 할 경우 다른 열강들이 받아들이지 않을 것을 오히려 걱정했다. 그러나 고종은 고집을 꺾지않는다. 고종은 대원군이 다시 권력을 노리고 있다며 이를 막기 위해서는 자신이 황제의 자리에 오르는 길 밖에 없다고 한다. 그러면서 러시아가 자신의 황위를 공식적으로 인정해주지 않고 계속해서 이전과 같이 「왕」으로 불러도 좋다고 한다. 다만 자신을 황제로 칭하는 것에 대해 러시아 정부가 공개적으로 반대하지는 말아줄 것을 부탁한다.[6]

문제는 명분이었다. 가장 확실한 명분은 고종이 황제의 위에 오르는 것을 문무백관과 온 백성이 간절히 원한다는 것이었다. 고종은 칭제건원을 주청할 것을 명하는 교지를 내린다. 9월부터는 칭제 할 것을 청하는 상소가 빗발친다. 다음은 황현의 기록이다.

> 이에 신료에게 교지를 주어 진청(陳請)을 계속하게 하였으며 임금의 뜻을 굽혀 백성을 좇는 것같이 보였다. 이에 기신(耆臣: 기로소에 소속된 나이 일흔 살이 넘은 정2품 이상의 문신) 김재현(金在顯) 등의 연명소가 있었으며 의정 심순택(沈舜澤)과 특진관 조병세(趙秉世)가 그것을 좇아 백관을 거늘고 대궐 뜰에서 청하였다.[7]

10월 1일부터 3일까지 심순택과 조병세를 위시한 문무백관은 매일

오후 2시에서 6시까지 대궐 뜰에 엎드려 고종이 황제를 칭할 것을 상주한다.[8]

아아, 우리나라는 개국한 지 오백 년에 성신(聖神)이 대대로 서로 이었으며, 중희누흡(重熙累洽)하여 예악전장(禮樂典章)과 의관제도(衣冠制度)가 중국 한나라, 당나라, 송나라와 참작하되 한결같이 명나라에 기준을 삼았으니 문물이 성하고 예의의 순후함이 직접 함께 통하였습니다. 오직 우리나라만이 그러했고 우리 성상은 총명하시고 용지(勇智)하시어 많은 임금 중에 더욱 뛰어나셨으며, 천자(天姿)가 양의(兩儀)에 합치되며 현덕(玄德)이 신명에 통하시니 삼황(三皇)의 도를 술(述) 하시고 오제(五帝)의 모범이 되시고 치법(治法)은 청사(靑史)에 빛나는 바입니다.

...

『만국공법』에 이르기를 각국의 자주라는 것은 가히 의사에 따라 스스로 존호(尊號)를 붙이는 것이며 명하여 백성이 추대하는 것이지 다른 나라가 그것을 인정할 권한은 없는 것이옵니다. 하문(下文)에 모국이 칭왕(稱王), 칭황(稱皇)을 할 때에 모국이 먼저 그것을 인정하고 다른 나라가 후에 그것을 인정한다는 말은 대저 존호를 붙이는 것은 아국에 있는 것이라는 뜻입니다. 그러므로 자주(自主)라 하며 그것을 인정하는 것이 다른 사람에게 있으면 무권(武權)이라 말하니 다른 사람에게 권한이 없는 까닭에 우리나라의 자주권을 폐한다는 것은 듣지 못했습니다. 이로써 왕이라 칭하든가 황제라 칭하는 것은 타국의 승인을 기다리는 것이 아니라 스스로 존호를 세우는 것입니다....이제 폐하는 높고 넓은 덕이 하늘과 같이 크며 통달한 도가 하늘과 더불어 함께 밝았으니 큰 것으로써 「황(皇)」이라 말하는 것이요, 밝힘(諦)을 가지고 「제

(帝)」라 일컫는 것입니다.[9]

백관들은 고종이 겸손하여 창
위를 사양하는 것은 오히려 하
늘과 백성의 명을 거역하는 것
이라면서 자신들의 간청을 받아
줄 것을 요청한다.

대한제국 고종황제

하늘의 뜻에 응하고 사람의 마
음에 따르는 뜻과 유신(維新)의
명을 고려해 보아도 우러러 응
답하지 않을 수 없으며, 거국적
으로 크게 일고 있는 논의를 불
가불 힘써 좇으셔야 합니다. 그
런데도 성상께서는 조화의 자취를 거두어 마치 없는 듯이 하시고 겸손한 마
음으로 성(聖)의 지위에 자처하지 않으시니, 비록 깊이 흠앙(欽仰)함이 많다
하더라도 옛날 제왕들의 혜향(眄饗: 눈 여겨 살펴봄)의 다스림과 겸손한 풍은
일찍이 어기어 받지 않고 사양하며 거하지 않는 글이 있어 본 적이 없습니
다. 감히 모두 모여들어 일제히 소리 높여 우러러 부르짖으며 엎드려 유음
(兪音)을 내리시기를 원하오며 분장(賁章)을 얻어 천만번 옹축(顒祝)하오며 황
공스럽게도 감히 아룁니다.[10]

상주문은 첫째날인 10월 1일 한 차례, 10월 2일날 다섯 차례, 10월 3

황궁우와 원구단(1906년)

황궁우

원구단 황궁우(1925년)

일에는 두 차례 올린다.[11] 정해진 예법에 따라 고종은 여덟 번 사양하고 아홉 번째에 마지 못해 받아들이는 모양새를 갖추어야 했기 때문이다. 윤치호는 「어느 것이 더 존경스러운 것인지 모르겠다: 전하의 극단적인 겸양인지 아니면 그의 대신들의 끈질긴 충성심인지」라면서 비꼰다.[12]

10월 3일, 고종은 드디어 수락한다.

> 짐이 부덕해서 왕위에 오른지 34년에 많은 어려운 일을 당했고 마침내 만고에 없었던 변을 당하였으며 또한 다스려 나감에 있어서도 나의 뜻을 기다리지 않고 근심스러운 일이 눈을 넘쳐서 매양 스스로 생각함에 오직 부끄러운 땀이 등을 적시노라. 이제 막대한 자리를 칭하지 않으려는 처지를 진신(搢紳)들이 서신을 갖추어 청하고 대신들이 경연에 올라 청하며, 육군만민(六軍萬民)이 복합(伏閤)하여 청하고 상하가 서로 지지하니, 급박함을 쉴 수 있는 기간이 없으며 여러 사람의 정성을 끝까지 저버릴 수 없도다. 이에 두고두고 생각해서 이제 부득이 마지못해 따른 것이다. 그런데 이러한 대사는 마땅히 예의를 참작해서 행하도록 하라.[13]

윤치호는 10월 3일자 일기에 다음과 같이 쓴다.

> 지난 2주 동안 전하와 관료들은 왕조를 제국으로 만들겠다는 계획에 몰두하고 있다. 일주일 전, 전하는 황제의 칭호를 받아들이시라고 읍소하는 상소를 올리라고 권재형에게 은밀하게 명하셨다. 총리대신은 지난 금요일부터 왕국 전체의 간절한 소원과 기도에 응해서 황제의 칭호를 받아들이시라고 간청하는 상소를 올리기 시작했다. 성가시게도 이렇게 우스꽝스러운 상

소를 올릴 때면 정부와 관련된 이들이 모두 참석해야 한다. 지난 3일 동안 오후 3시부터 6시까지 관복을 입은 관료들이 모두 궁궐 뜰에 무릎을 꿇고 앉아 있었다. 오늘 9번째 상소를 올렸고, 전하는 그 상소를 받아들이셔야만 했고, 전국의 간절한 소원에 응하여 자신을 황제라 칭하는 것을 허락하셨다. 양쪽 다 눈속임이다! [14]

역술가들은 음력 9월 17일(양력 10월 12일)을 「길일」로 택한다.[15]

10월 11일 새 궁과 새 제단(원구단)을 잇는 길은 생동감이 넘쳤다. 이날을 위해 관료들은 고인이 된 왕후를 위한 상복은 모두 벗고 무지개색처럼 다양한 밝은 색의 관복을 차려 입었다. 군복의 종류는 너무나 다양해 어지러울 정도였다. 한쪽에는 실용적인 근대군복을 입은 대령과 장군들이 있는가 하면 비단으로 만든 여성적인 복장을 한 구식군대가 다른 한편에 있었다. 녹슨 창과 칼, 나무 몽둥이와 도금한 망치들, 오래되어 녹슨 총들, 창검이 번쩍이는 현대식 장총들, 용과 호랑이가 그려져 있는 화려한 색상의 깃발들, 진기한 모습을 하고 이상한 소리를 내는 악기들, 이 모든 것은 화려했지만 사람을 압도하는 힘은 없었다. 오후 4시 국왕전하와 세자는 원구단으로 가서 제물들, 소와 양과 돼지들을 검사했다. 국왕은 검은 화려하게 수 놓은 공단(satin) 도포를 입었다. 그의 멋진 얼굴은 행복한 미소로 밝게 빛났다. 5시에서 6시 사이에 왕실은 환궁하였다.[16]

2. 황제 즉위식

10월 9일, 한양 주재 외교사절단은 조선 정부가 자신들을 「황제와의 알현」을 위해서 초대할 경우 어떻게 답할 것인지 논한다. 대부분은 각자의 정부가 어떻게 반응할지 모른다면서 우선은 거절할 것을 제안한다. 독일과 영국 외교사절들은 본국 정부의 의향을 묻지도 않고 거절한다. 그러나 한달 전 미국 공사에 취임한 호러스 알렌은 조미수호통상조약 한문본에는 고종을 「나라의 주군」이라고만 명기하고 있다면서 고종이 자신을 무엇이라고 부르든 무슨 상관이 있겠냐고 한다. 스페예르는 「황제」가 된 것을 인정하거나 축하하는 자리라고 명시되어 있지 않는 한 초청을 받아들일 것을 제안한다. 외교사절들은 모두 이 제안에 동의한다.

그 다음날 도착한 초청장은 마치 스페예르가 직접 쓴듯했다. 고종이 황제가 된 것을 인정하거나 축하하는 자리라는 것은 명시하지 않았다. 일부 외교사절은 스페예르의 영향력에 대해 불쾌해한다.[17]

12일 새벽 5시, 비가 퍼붓는 가운데 고종은 「황위」에 오른다.

10월 12일 새벽 3시, 국왕과 세자는 다시 원구단으로 가서 4시 반에 하늘에 제물들을 바쳤다. 새벽 5시 황포를 입은 국왕은 근엄하게 대한제국 황제를 칭한다. 모여 있던 백관들의 축하를 받은 후 황제의 일행은 환궁하였다. 유감스러운 점이 하나 있었다면 예식 내내 비가 억수같이 쏟아졌다. 역술가들이 비를 미쳐 계산에 넣지 못했던 모양이다.[18]

『독립신문』 영자신문은 다음과 같이 보도한다.

지난 화요일 새벽 거행된 대한제국 황제폐하의 즉위식은 진기함(quaintness)이나 특이함(uniqueness)에 있어서는 지난 봄의 모스크바에서 거행된 세계적인 예식 또는 전세계가 칭송한 지난 6월 런던의 축제를 뛰어 넘는다. 우선 즉위식이 거행된 시간은 새벽 3시다. 그 어떤 황제나 군주도 그 시간에 즉위식을 거행할 생각은 미처 못했을 것이다.[19]

1897년 10월 13일 고종은 국호를 「대한」으로 고치고 자신을 「황제」로 칭한다고 선포한다.

봉천승운황제(奉天承運皇帝)는 다음과 같이 조령(詔令)을 내린다. 짐은 생각컨대, 단군(檀君)과 기자(箕子) 이후로 강토가 분리되어 각각 한 지역을 차지하고는 서로 패권을 다투어 오다가 고려(高麗) 때에 이르러서 마한(馬韓), 진한(辰韓), 변한(弁韓)을 통합하였으니 이것이 「삼한(三韓)」을 통합한 것이다.

우리 태조(太祖)가 왕위에 오른 초기에 국토 밖으로 영토를 더욱 넓혀 북쪽으로는 말갈(靺鞨)의 지경까지 이르러 상아, 가죽, 비단을 얻게 되었고 남쪽으로는 탐라국(耽羅國)을 차지하여 귤, 유자, 해산물을 공납(貢納)으로 받게 되었다. 사천리 강토에 하나의 통일된 왕업(王業)을 세웠으니, 예악(禮樂)과 법도는 당요(唐堯)와 우순(虞舜)을 이어받았고 국토는 공고히 다져져 우리 자손들에게 만대토록 길이 전할 반석 같은 터전을 남겨 주었다.

짐이 덕이 없다 보니 어려운 시기를 만났으나 상제(上帝)가 돌봐 주신 덕택으로 위기를 모면하고 안정되었으며 독립의 터전을 세우고 자주의 권리를 행사하게 되었다. 이에 여러 신하들과 백성들, 군사들과 장사꾼들이 한목소리로 대궐에 호소하면서 수십 차례나 상소를 올려 반드시 황제의 칭호를 올리려고 하였는데 짐이 누차 사양하다가 끝내 사양할 수 없어서 올해 9월 17일 백악산(白嶽山)의 남쪽에서 천지(天地)에 고유제(告由祭)를 지내고 황제의 자리에 올랐다. 국호를 「대한(大韓)」으로 정하고 이해를 광무(光武) 원년(元年)으로 삼으며 종묘(宗廟)와 사직(社稷)의 신위판(神位版)을 태사(太社)와 태직(太稷)으로 고쳐 썼다. 왕후(王后) 민씨(閔氏)를 황후(皇后)로 책봉하고 왕태자(王太子)를 황태자(皇太子)로 책봉하였다. 이리하여 밝은 명을 높이 받들어 큰 의식을 비로소 거행하였다. 이에 역대의 고사(故事)를 상고하여 특별히 대사령(大赦令)을 행하노라.

...

아! 애당초 임금이 된 것은 하늘의 도움을 받은 것이고 황제의 칭호를 선포한 것은 온 나라 백성들의 마음에 부합한 것이다. 낡은 것을 없애고 새로운 것을 도모하며 교화를 시행하여 풍속을 아름답게 하려고 하니 세상에 선포하여 모두 듣고 알게 하라.[20]

3. 열강들의 반응

13일 늦은 오후 조선 주재 외교사절단은 모두 정복을 입고 고종을 알현한다. 외교단장 가토 일본 공사가 서기, 영사, 해군과 육군 무관 등을 대동하고 가장 먼저 고종을 알현한다. 그 다음에는 미국 공사 알렌이 미국 전함 「보스턴」의 해군장교 5명과 함께 알현한다. 그 다음은 스페예르가 대규모 러시아 공사관 직원들을 이끌고 접견실에 들어간다.[21]

고종은 황위에 올랐음을 외교사절들에게 직접 알린다. 공식적인 통보는 외무대신 명의의 공문을 조선 주재 외교사절들에게 보내 각자의 본국정부에 알려줄 것을 부탁한다. 미국 공사 알렌은 미국 정부가 어떻게 반응할 것인지 묻는 고종의 질문에 답변을 하지 못한다. 다만 미국은 공화국이기 때문에 이런 호칭의 문제를 바라보는 시각이 다른 열강들과는 다르다고 한다. 알렌은 고종에게 축하한다는 인사는 하지 않은 채 고종이 행복하고 조선이 번영하기를 바란다는 인사만 한다. 고종은 자신이 과시욕 때문에 황제가 된 것이 아니고 중국이나 일본 같이 황제가 있는 나라들이 자신에게 「하대(talk down)」하는 것에 종지부를 찍고 싶어서였다고 얘기한다.[22]

고종이 황제에 즉위하고 국호를 「대한제국」으로 바꾸었다는 소식을 들은 청의 사절 당소의(唐紹儀, 1862.1.2.-1938.9.30.)는 영국 공사에게 조선이 종주국이었던 청에 대해 의도적으로 배은망덕한 모습을 보이는 것을 보면서 청이 일본에게 당했을 때보다 더 괴로웠다고 토로한다.[23]

10월 14일 도쿄의 주례 공관장 리셉션에 참석한 오쿠마 총리 겸 외무대신은 신임 러시아 공사 로젠(Baron Roman Romanovich Rosen)에게 한양의 가토 마스오 공사로부터 고종이 대한제국을 선포하고 황제를 칭했다는 소식을 방금 전문을 통해 들었다고 한다. 로젠이 일본 정부가 고종의 황제 칭호를 인정할 것인지 묻자 오쿠마는 아직 공식적으로 결정한 바는 없지만 별다른 문제는 없을 것이라고 답한다.[24]

러시아 정부는 공식적인 반응을 하지 않는다. 그러나 12월 19일 니콜라이 2세가 고종에게 즉위식을 축하해 준 것에 대한 서한을 보내면서 「대한제국 황제 폐하」라 지칭하면서 「러시아와 대한제국 간의 우호적인 관계가 더욱 밀접해지고 강해지길 진심으로 바란다」는 감사 전문을 보낸다. 이에 고종은 뛸 듯이 기뻐하면서 곧바로 미국 공사 알렌에

게 전한다.[25]

　일본은 러시아의 입장이 무엇인지 우선 파악하고자 한다. 10월 22일 오쿠마 총리 겸 외무대신은 하야시 주러 일본 공사에게 훈령을 보내 「이 문제에 대해 러시아 정부가 어떤 행동을 취할 것인지 비밀리에 알아보고 곧바로 전문을 보낼 것」을 명한다.[26]

　러시아가 조선 정부에 답신을 미루고 있는 동안 일본은 11월 초 고종의 황제 칭호를 공식적으로 인정한다. 러시아는 12월 31일 스페예르를 통해 칭제건원을 인정한다고 통보한다.[27] 미국과 영국, 프랑스 역시 1898년 봄에 고종의 황제 칭호를 인정한다.[28]

　1897년 11월 21일 「명성황후」로 추존 된 민비의 장례가 치러진다.

제8장

만한교환

제8장

만한교환

스페예르는 조선에서 러시아의 민감한 입장을 대변하기에는 전임자 베베르가 갖고 있었던 유연함과 점잖음을 전혀 갖추지 못했다. 조선에서 러시아를 대표하기 위해서는 조선의 독립을 지켜주는 강대국으로서의 위신도 지키지만 부차적인 문제에 있어서는 양보도 하고 넘어갈 줄 알아야 했고 특히 조선 정부에 노골적인 압력을 행사하는 것을 피해야 했다. 그러나 스페예르는 본국의 동의 없이 러시아 교관들이 조선군을 훈련시키는 계약을 밀어부친다. 영국인 브라운이 맡고 있던 탁지부 고문 겸 조선 해관장 자리에도 러시아가 파견한 알렉세예프를 임명하고자 하고 러시아 해군이 사용할 부동항 기지로 절영도(영도)를 조차하고자 한다.

조선 측의 일처리가 조금이라도 늦어지면 자신에 대한 도전이나 무례로 간주하는 한편 자신이 조선 정부로부터 얻어내는 것들의 중요성을 과대 평가한다. 그는 강압적인 태도가 조선 사람들을 대하는 유일한 방법이라고 생각했다. 러시아 공사관이 고용한 김홍륙과 김도일 등 통역사들은 스페예르의 비호 아래 부정부패와 권력남용의 대명사가 된다.

결국 스페예르의 행태는 갈수록 조선 사람들의 저항에 부딪힌다. 독립 협회가 본격적으로 움직이기 시작하는 것도 이때다.[1]

스페예르가 조선을 러시아의 보호령으로 만들고자 하고 있을 바로 그 때 러시아는 뤼순과 다롄만 일대를 청으로부터 조차한다. 이로써 러시 아는 그토록 찾던 극동의 부동항을 갖게 된다. 그리고 하얼빈에서 뤼순 을 연결하는 동청철도 지선 부설권도 따내면서 러시아는 동북아에서 절 대적인 전략적 우위를 점하게 된다.

만주를 차지하고 부동항을 얻은 러시아에게 조선의 전략적 가치는 급 락한다. 절영도를 조차하려던 스페예르의 시도는 무의미해진다. 뿐만 아 니라 조선에 대한 과도한 영향력 행사는 오히려 일본을 자극하여 만주에 서 확보한 전략적 우위를 위협할 수 있었다. 따라서 러시아 정부는 즉각 스페예르를 해고시키고 조선을 장악하려는 시도를 포기한다.

러시아는 일본을 무마하고자 한다. 러시아가 뤼순을 「임시 점령」하자 일본은 대마도에 함대를 집결시키고 군비를 확장하기 시작한다.[2] 비록 내정 불안으로 당장 러시아에 정면 도전할 힘은 없었지만 러시아가 만 주에 대한 패권을 유지하기 위해서는 일본과의 합의가 절대적으로 필 요했다. 러시아와 일본은 「니시-로젠 협정」을 통하여 「만한교환」에 합의한다.

1. 러시아의 재정 고문 문제

러시아 정부는 조선에 차관을 제공할지 여부를 조사하기 위하여

1896년 8월 포코틸로프를 조선에 파견한다. 포코틸로프는 한양의 러시아 공사관에 머문다. 1896년 11월 비테 러시아 재무상은 포코틸로프를 통해 조선 정부에 3백만 달러 차관을 제공할 것을 제안한다. 1895년 조선이 일본과 계약한 3백만불 차관을 상환하는데 사용하도록 하기 위해서였다. 차관은 조선 정부가 민영환을 통해 러시아 정부에 먼저 요청한 것이었지만 러시아가 해관 수입을 담보로 잡을 것을 요구하자 조선 정부는 재정적 도움이 필요할 경우 러시아 정부에게 요청하겠다는 막연한 답만 한다.[3]

차관 문제보다도 더 민감한 사안은 러시아 재정고문을 조선 정부에 배치하는 건이었다. 이 역시 민영환이 니콜라이 2세 대관식에 참석했을 때 러시아 측에 공식적으로 요청한 사안이었다. 비테 재무상은 러시아 세관의 알렉세예프(Kir Alekseevich Alekseev 또는 Alexeieff)를 니콜라이 2세에게 천거하고 재가를 받는다. 이에 비테 재무상은 무라비요프 외무상에게 알렉세예프의 공식 직함을 「상업 대리인」으로 할 것을 제안한다. 다른 열강들의 의심을 하지 않도록 하기 위해서였다.[4]

알렉세예프가 한양에 도착한 9월 30일 경에는 일본에서 돌아온 스페예르가 다시 러시아 공사관을 장악한 후였다. 스페예르는 교관문제를 관철시킨 직후의 여세를 몰아 알렉세예프를 조선의 「재정, 연관된 세관 문제를 총괄하는 고문」으로 임명되도록 한다. 그는 러시아 본국의 재가도 받지 않고 이를 밀어붙인다.[5]

스페예르는 당시 조선의 해관장이었던 브라운(Sir John Mcleavy Brown, 1835.11.27.–1926.4.6.)의 자리에 알렉세예프를 앉히고자 한다. 브라운은 1861년부터 1872년까지 주청 영국 공사관 서기관으로 근무하고 1873

년 청국 총세무사 로버트 하트에 의해 발탁되어 청국 해관 광동성 부총감 겸 1등 서기관으로 임명되고 1893년 10월 제5대 조선 해관 총세무사로 부임하여 1894년 10월에는 탁지부고문 겸 해관 총세무사에 임명된다. 브라운은 해관장으로 조선 정부의 재정을 호전시키는데 큰 역할을 하지만 긴축재정을 추진하는 가운데 수많은 조선의 관리들의 적이 된다.

스페예르가 조선 정부로 하여금 브라운을 해촉시키려 하자 영국 정부는 반대하였지만 오히려 브라운 본인은 사임하고자 한다. 브라운은 알렌 미국 공사에게 조선이 자생능력을 갖춘 나라임을 보이려고 하는 자신의 노력이 오히려 조선의 국익에 해를 끼치고 있다고 토로한다. 자신이 조선 정부의 재정 건전성을 유지함으로써 오히려 부패한 정부를 지탱하는데 한 몫을 하는 셈이고 이는 안 좋은 결과를 가져올 것이라고 한다. 브라운은 조선을 개혁할 의지와 능력이 있는 강한 열강이 들어와 조선 정부의 부정부패를 척결한다면 조선 사람들의 삶이 훨씬 좋아질 수 있을 것이라며 「앞으로 조선은 결국 러시아의 차지가 될 것입니다. 왜냐하면 이를 막고 싶어 하는 유일한 세력인 일본은 아무런 힘이 없기 때문입니다. 따라서 나는 러시아의 장애물이 되고 싶은 생각이 없습니다」고 한다.[6]

조선 주재 영국 총영사 조르단(John Jordan, 1852.9.5.-1925.9.14.)은 브라운 해관장이 해임되는 것을 막기 위해서 고종을 알현하고자 한다. 고종은 처음에는 약속을 하지만 곧 아프다는 핑계로 조르단을 피한다. 스페예르는 조르단이 유약한 고종을 설득시킬까 봐 자신이 먼저 고종을 알현하고 조르단을 만날 경우 알렉세예프가 조선에 온 것은 고종 본인이

브라운 조선 탁지부 고문 겸 조선해관장 　　　민종묵 외부대신

원했기 때문이라고 말할 것을 종용한다. 고종은 스페예르에게 조선 정부에 공문을 보내 알렉세예프가 조선에 도착했음을 통지하고 언제부터 임무를 수행하면 좋을지 묻도록 한다. 스페예르는 1897년 10월 6일 본국 정부의 재가도 없이 고종이 요구한 공문을 제출한다. 스페예르는 민종묵(閔種默, 1835.2.14.-1916.7.20.) 외부대신에게 보낸 이 공문에서 고종의 요청을 받은 니콜라이 황제의 명을 받고 알렉세예프가 조선의 재정과 세관업무를 관장하기 위해서 왔다고 한다.[7]

　스페예르가 민종묵에게 보낸 공문의 내용이 전해지면서 조선 주재 열강 외교관들이 반응하기 시작한다. 스페예르가 본국의 승인도 받지 않고 이러한 일을 단독으로 추진했다는 것은 상상할 수 없는 일이었다. 따라서 외교사절들은 모두 민영환이 니콜라이 대관식 참석차 러시아를 방문했을 때 조선과 러시아 간에 비밀협정을 체결한 것으로 의심한다.

알렉세예프가 조선으로 부임
한다는 소식을 처음 들은 브라
운이 베베르에게 문의했을 때
베베르는 알렉세예프가 브라운
의 자리를 차지하는 일은 결코
없을 것이라고 확인해준 바 있
다. 그럼에도 불구하고 베베르
의 후임자 스페예르가 알렉세예
프를 조선의 재정과 세관을 총
괄하는 자리에 앉힐 것을 요구
하자 조르단은 계속해서 고종과

조르단 영국 총영사

의 알현을 요청하고 있었고 가토 일본 공사는 조르단에게 일본 정부도
브라운을 교체하는 것을 막는데 힘을 보태겠다고 한다.[8] 탁지부대신 박
정양은 사의를 표한다.

10월 13일 조르단은 외무대신 민종묵에게 강한 어조의 공문을 보내
전날 황제로 등극한 고종이 외교사절단을 접견하기 직전 먼저 단독으로
고종을 알현할 수 있도록 해 줄 것을 요구한다. 민종묵은 이를 거절하지
만 접견실이 그리 크지 않은 관계로 각국의 외교사절들이 개별적으로
고종을 접견하게 되자 조르단은 고종에게 황제에 즉위한 것을 축하한다
는 말을 몇 마디 한 후 본국 정부로부터 온 훈령 내용을 고종에게 직접
전하고자 면담을 요청했지만 거절당했음을 얘기한다. 민종묵 외무대신
이 통역사에게 조르단의 말을 통역하지 못하게 하자 고종은 민종묵에게
접견실을 나가라고 한다. 민종묵이 머뭇거리자 황태자(순종)가 그를 밀쳐

낸다. 이에 조르단은 영국 정부가 브라운을 해임시키지 말 것을 요청하는 공문을 전한다. 고종은 민종묵을 다시 불러들여 공문 내용을 듣도록 한다. 고종은 조르단에게 만족할 수 있는 방법을 강구하겠다고 하지만 조르단은 브라운이 원래 계약대로 임기를 채우도록 하는 것 외에는 만족할 수 있는 방법이 없다고 한다.[9]

10월 18일 민종묵은 브라운을 1895년 10월부터 5년간 해관장 겸 탁지부 고문으로 임명한다는 공문 사본을 스페예르에게 보낸다. 브라운의 임기가 아직도 3년이 남아 있음을 확인하는 내용이었다. 민종묵은 계약서 사본도 첨부한다.

그러나 스페예르는 조선 정부의 설명을 거부하면서 계속해서 브라운을 알렉세예프로 교체할 것을 요구한다. 10월 19일 민영묵에게 보낸 공문에서 스페예르는 자신의 요구가 관철되지 않으면 본국에 「조선 정부가 러시아 정부에게 자발적으로 요청한 사안을 이행하기를 거부한다」고 보고하겠다며 겁박 한다. 조선 정부가 답을 안 하자 스페예르는 같은 내용의 공문을 다시 보낸다.[10]

10월 22일 민종묵은 스페예르에게 오해가 있었다면서 사과하고 알렉세예프의 고용 조건을 탁지부와 논의한 후 브라운의 자리에 임명하겠다고 한다. 그러나 10월 24일 스페예르는 알렉세예프의 고용 날짜를 명시하지 않은 민종묵의 답변은 받아들일 수 없다면서 고종을 알현한다. 스페예르가 강한 어조로 알렉세예프의 임명을 요구하는 한편 브라운이 해관을 운영하는데 많은 비리가 있다고 주장하고 김홍륙(金鴻陸, ?-1898.10.10.)이 거친 언어로 통역을 하자 고종은 결국 브라운을 해임하는 절차를 밟으라는 명을 내린다.[11]

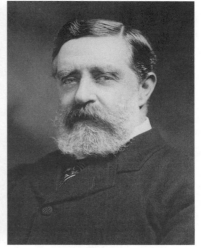

맥도날드 주청 겸 조선 영국 공사   고셴 주러시아 영국 대리공사

    고종은 브라운의 계약상 남은 나머지 봉급을 미리 주는 방법으로 그의 사직을 받아내려고 한다. 그러나 조르단과 그의 상관인 맥도날드 (Sir Claude Maxwell MacDonald, 1852.6.12.–1915.9.10.) 주청 겸 조선 영국 공사는 이를 거부한다.[12] 동시에 주러 영국 대리공사 고셴(W.E. Goschen)은 러시아의 아시아국장 캡니스트(Count Pyotr Alekseyevich Kapnist, 1839.9.7.–1904.12.2.)에게 항의한다. 캡니스트는 러시아 정부가 조선 정부의 요청에 따라 재정 전문가를 파견한 것은 사실이지만 스페예르에게 브라운을 해임시키라는 훈령을 보낸 일은 결코 없다고 한다. 무라비요프 외상은 10월 30일 스페예르에게 전문을 보내 영국 측의 주장이 근거가 있는 것인지 묻는다.

    스페예르는 1897년 11월 2일자 전문을 통해 사실을 인정하면서 조선의 해관을 영국이 장악하고 있는 청의 해관으로부터 독립시키기 위해서는 어쩔 수 없었다고 한다.
스페에르는 이 상황에서 영국에
양보하는 것은 러시아의 국익에
치명적일 것이라면서 자신이 한
일을 정부가 추인해줄 것을 요
청한다.

무라비요프 외무상은 스페
예르가 훈령도 없이 독자적으
로 행동한 것에 대해 분노한다.
그러나 니콜라이 2세는 스페예
르를 극찬한다. 그는 「Shpeer

조병식 외부대신

molodets(훌륭하다 스페예르)」라고 하면서 외무성이 스페예르를 적극 뒷받
침해 줄 것을 명한다. 이에 무라비요프는 고셴 영국 대리공사에게 브라
운의 해임은 알렉세예프를 초청한 조선 정부가 독자적으로 한 행동이
고 스페예르는 조선의 러시아 공사로 당연히 알렉세예프를 도왔을 뿐
이라고 답한다.[13]

그러나 브라운은 물러나지 않는다. 스페예르가 고종의 윤허를 받고
작성한 알렉세예프 고용 계약서에 서명하는 것을 민종묵이 미루자 스페
예르는 민종묵을 해임하도록 고종에게 압력을 넣는다. 고종은 민종묵을
해임하고 법부대신 조병식을 외무대신에 임명한다.[14]

조병식은 11월 4일 알렉세예프 고용 계약서를 작성하고 11월 5일
알렉세예프와 조병식이 서명한다. 알렉세예프는 탁지부의 최고 자문
관 겸 조선 해관장으로 탁지부대신과 협의 하에 매년 예산을 편성할 뿐

만 아니라 조선 정부의 모든 재
정수입을 관리하는 막강한 권력
을 위임받는다. 임기는 명시하
지 않는다. 양측 정부가 필요하
다고 생각할 때까지 무기한이었
다. 뿐만 아니라 「러시아인이나
조선사람이 아닌 사람은 그 자
리를 대신할 수 없다」는 조항도
포함시킨다.[15]

정낙용 탁지부대신 서리

11월 7일 탁지부대신 박정양
이 계약에 반대하는 상소를 올
린다. 그러나 스페예르는 고종으로 하여금 박정양도 해임시키도록 한
다. 고종은 농상공부대신 정낙용(鄭洛鎔, [음] 1827.11.24.–1914.2.1.)을 탁지
부대신 서리에 임명한다.[16] 11월 13일 조병식은 알렉세예프를 탁지부
고문관으로 임명하는 안을 고종에게 상주한다.

> 외부 대신 조병식이 아뢰기를, 「전 러시아주재 전권공사 민영환이 초빙한
> 러시아의 관리 알렉세예프[憂檪燮 : Alexeieff, 알랙씨에푸]가 먼저 왔습니다. 그
> 래서 신이 러시아 공사 스페예르[土貝耶 : Speyer, Alexei de]와 이미 맺은 조약
> 에 따라 탁지부의 고문관으로 고용하였으니 해당 주무 부서로 하여금 기일
> 을 정하고 일을 보도록 하는 것이 어떻겠습니까?」하니, 하교하기를, 「아뢴
> 대로 윤허한다. 탁지부는 재정과 해관의 세입에 대하여 주무대신과 함께 공
> 평 타당하게 상의하여 처리하되 모든 지출에 관계되는 것을 도장을 찍고 증

명서를 발급하는 데 대해서 부디 잘못이 없도록 하라」하였다.[17]

정낙용은 11월 15일 알렉세예프가 임무를 시작할 것을 공표한다.[18]

이 소식이 러시아 외무성에 전해지자 무라비요프 외무상은 11월 9일 스페예르에게 전문을 보내 「어찌 되었든 영국 정부를 자극함으로써 생길 수 있는 역풍을 항상 염두에 두면서 극도로 주의할 것」을 명한다. 러시아는 이때 뤼순 조차를 매듭 짓기 위해 총력을 기울이고 있었다. 정부가 만주 문제에 집중하기 시작하면서 무라비요프는 조선에서 지금까지 얻은 것에 만족하고 자제하는 정책을 추구하기 시작한다. 비테가 계속해서 알렉세예프를 지원해줄 것을 요구하자 무라비요프는 지금이 조선해관을 알렉세예프에게 맡기라고 조선에 요구할 때가 아니라고 반박한다.[19]

영국이 러시아의 계획을 무산시킬 것이라고 믿고 있던 일본은 알렉세예프로 브라운을 대체시키려는 러시아의 시도를 방관하고 있었다. 그러나 막상 알렉세예프를 고용하는 계약이 체결되자 오쿠마 시게노부의 후임으로 외무대신에 임명된 니시 도쿠지로는 12월 16일 주러시아 일본 공사 하야시에게 훈령을 보내 이 계약은 「야마가타-로바노프 협약」의 정신에 위배되기 때문에 러시아 정부가 재고해 줄 것을 요청하는 질의를 보내도록 한다.[20] 하야시는 12월 23일 무라비요프 외상에게 알렉세예프와 조선 정부가 서명한 계약서에 후임자는 러시아인이나 조선인만이 임명될 수 있다고 명시한 조항이 「야마가타-로바노프 협정」에 위배된다면서 러시아 정부가 일본에 대한 선린의 입장에서 이 계약을 재고해줄 것을 요청한다.[21]

하야시의 조회를 받은 무라비요프는 곧바로 스페예르에게 전문을 보내 자신이 직접 사후 재가한 계약이었음에도 불구하고 스페예르가 본부의 허락 없이 계약에 서명한 것을 질타한다. 그리고는 일본과의 우호적인 관계를 유지하는 것이 현재로서는 절대적으로 중요하기 때문에 하야시에게 어떻게 답신을 보내면 좋을지 묻는다. 같은 날 보낸 또 다른 전문에서는 스페예르에게 지금까지 한 조치들을 취하할 필요는 없지만 「영국과 일본, 특히 후자로부터 불평이나 항의가 없도록」 조선 문제를 조심스럽게 다룰 것을 또 다시 종용한다.[22] 스페예르는 절호의 기회를 놓칠까 봐 자신의 직을 걸고 행동했다면서 알렉세예프는 고종의 요청에 의해서 부임했으며 이는 「야마가타-로바노프 협정」에 위반되는 것이 아니라고 하야시에게 답할 것을 제안한다.

한편 알렉세예프는 브라운이 계속해서 조선해관장 직을 유지하도록 한다. 다만 알렉세예프가 재정고문이 되면서 브라운의 상관이 된다.[23]

1898년 1월 27일 스페예르는 조병식에게 공문을 보내 대한제국과 러시아 양국 간의 교역을 증진할 목적으로 러시아 정부의 허가와 직접적인 참여를 통해 「한로은행(韓露銀行, 한러은행, Russko-Koreiskii Bank)」을 설립할 것임을 알린다. 그는 조병식이 이를 조선 조정, 특히 탁지부와 농상공부에 알려줄 것을 요청한다.[24] 「한로은행」은 자본금 5십만 루블로 시작한다. 절반은 「러청은행」이 제공한다. 한러은행은 러청은행의 지사였지만 동시에 조선 정부의 은행으로 조선 조정의 세입을 받기로 되어 있었다.[25]

조병직은 스페예르를 도와 알렉세예프를 조선의 재정고문으로 임명하는 역할을 담당하였지만 스페예르는 조병직이 지나치게 조심스럽고 일처리를 느리게 하는 것에 불만을 품고 결국 고종을 통하여 조병직을 해임시키고 외부대신에 이도재(李道宰, 1848-1909)를, 법부대신에 이유인(李裕寅)을 임명하도록 한다.[26]

2. 독일 함대의 칭다오 입항과 러시아 함대의 뤼순 입항

독일은 1895년부터 극동에 해군기지와 석탄저장소를 확보하고자 한다. 카이저 빌헬름 2세(Wilhelm II, 1859.1.27.-1941.6.4.)는 중국을 선호한다. 중국과의 교역량에 있어서 독일은 영국 다음으로 컸다. 독일이 러시아, 프랑스와 함께 삼국간섭을 밀어부친 후로는 중국 기지 확보가 가능해진다. 10월 29일 독일정부는 청의 독일 겸 러시아 공사 허경징을 통하여 항구 조차 여부를 타진한다. 청은 독일의 요청을 거부하는 것이 부담스러웠다. 그러나 항구를 독일에 조차할 경우 청의 영토에 대한 본격적인 침탈이 일어날 수 있다면서 우회적으로 거절한다. 1897년 봄, 독일 극동함대 사령관 티르피츠 제독(Alfred Peter Friedrich von Tirpitz, 1849.3.19.-1930.3.6.)과 헤이킹(Edmund Friedrich Gustav von Heyking, 1850.3.16.-1915.6.15.) 주청 독일 공사는 독일의 저명한 항만 전문가 프란지우스(Georg Franzius, 1842.6.5.-1914.12.5.)의 보고에 따라 산둥 반도 칭다오에 위치한 자오저우만(膠州灣, 교주만)을 선정한다.[27]

독일은 청 측과 자우저우만을 조차하는 협상을 시작하기 전에 우선 러시아에 문의한다. 러시아의 함대가 1895-1896년 겨울을 나기 위해서 자우저우만을 사용했기 때문에 만에 대한 우선권이 있는지 확인하기

독일의 극동함대 사령관 티르피츠 제독

주청 독일 공사 헤이킹

위해서였다. 이홍장이 1896년 6월 베를린을 방문했을 때 독일 외무상 비베르슈타인(Adolf Marschall von Bieberstein, 1842.10.12.-1912.9.24.)은 러시아가 자우저우 만에 대한 권리를 갖고 있는지 묻는다. 이홍장은 없다고 단호하게 말한다.[28]

독일의 카이저 빌헬름 2세는 1897년 8월 2-11일 러시아를 방문한다. 빌헬름과 니콜라이는 8촌지간으로 러시아의 차르 파

독일의 항만 전문가 프란지우스

벨 1세의 고손자들이었다. 또한
니콜라이의 황후 알렉산드라는
빌헬름의 사촌이었다. 이때 빌
헬름은 니콜라이에게 독일함대
가 자우저우만을 사용해도 괜찮
을지 묻는다. 빌헬름의 기억에
의하면 니콜라이는 러시아 함대
가 극동의 북쪽에 항구를 확보
할 때까지만 자우저우만을 사용
하겠다고 한다. 그러나 빌헬름
과의 대화 직후 니콜라이가 자
신의 신하들에게 빌헬름이 매
우 불쾌하게 굴었다고 한 것으
로 보아 빌헬름이 젊은 니콜라
이를 몰아 부쳤던 것으로 보인
다. 니콜라이아와 빌헬름은 10
월 18-19일 다름슈타드와 비스
바덴에서 또 만난다. 이때도 카
이저는 다시 한번 자우저우만
얘기를 꺼냈고 독일함대가 이
항구를 사용하는 것에 대해 니
콜라이가 흔쾌히 승낙했다는 인
상을 받는다.[29]

비베르슈타인 독일 외무상

카이저 빌헬름 2세와 차르 니콜라이 2세. 서로 상대국의 제
복을 입고 있다.

11월 6일 독일함대는 자우저 우만으로 가라는 명령을 받는다. 표면적인 이유는 산둥에서 선교하던 독일 가톨릭 신부 2명이 의화단(義和團, 19세기 말 반청, 반외세를 기치로 무장 봉기를 일으킨 비밀결사)에게 살해된 것에 대한 배상을 청 정부에 요구하기 위해서였다. 이때 빌헬름이 전문을 보내 다시 한번 공식적인 동의를 구하자 니콜라이는 다음 날 러

독일 동양함대 사령관 디드리히 제독

시아는 1895-1896년 2년간만 항구를 임시로 사용하고 있기 때문에 독일함대가 항구를 사용하는 것을 허락해줄 수도 거부할 수도 없는 입장이라는 모호한 답을 보낸다.[30]

러시아는 독일이 사전 동의도 구하지 않은 채 일방적으로 함대를 보낸다고 분노한다. 무라비요프 외무상은 적극적으로 항의하면서 이 항구는 러시아가 사용권을 갖고 있고 독일함대가 자우저우만에 입항 할 경우 러시아도 함대를 보내겠다고 위협한다. 독일은 무라비요프의 무례한 태도에 경악하지만 일단 넘어간다.[31]

11월 14일 디드리히 제독(Ernst Otto von Diederichs, 1843.9.7.–1918.3.8.) 휘하의 독일 동양함대가 자오저우만에 입항한다. 이 소식을 들은 이홍장은 곧바로 「러청 밀약」을 근거로 러시아도 곧바로 청의 다른 항구를 임시 점령함으로써 독일에 대응할 것을 요구한다. 무라비요프 외무상은

니콜라이에게 긴 상주문을 올려 청의 제안에 따라 랴오둥의 다롄만(大連灣)이나 뤼순을 점령할 것을 제안한다. 그러나 니콜라이는 11월 23일에야 무라비요프의 상주문을 받아본다. 니콜라이는 랴오둥 반도나 서조선만(西朝鮮灣, 서한만, 西韓灣)의 부동항을 점령할 것을 명한다. 그러나 이때는 이미 무라비요프가 자우저우만을 독일에게 양보한 이후였다.[32]

그러자 니콜라이2세는 대신들을 소집한다. 11월 26일 개최된 회의에서 무라비요프는 자신이 니콜라이에게 상주한 내용을 보고하지만 재무성과 해군이 반대한다. 재무상 비테는 일본으로부터 청의 영토를 지켜준 러시아가 이제 와서 청의 항구를 점령하는 것은 적절치 않다며 반대한다. 해군의 파벨 티르토프(Pavel Tyrtov) 제독은 뤼순보다는 조선 남단의 항구들이 러시아의 태평양함대에게 적합하지만 지금은 이를 위해 움직일 때가 아니라면서 아무런 조치를 취하지 않을 것을 종용한다. 결국 러시아는 어떤 항구도 점거하지 않기로 한다. 차르는 회의의 결론을 받아들인다.[33]

그러나 무라비요프는 다시 한번 차르를 알현하는 자리에서 영국 전함들이 다롄만과 뤼순 부근에서 출몰하고 있고 청 측도 거듭 위험성을 경고하고 있다면서 러시아도 뤼순에 함대를 보낼 것을 상주한다. 니콜라이가 이를 윤허하자 무라비요프는 러시아가 청의 요청을 받아들여 함대를 뤼순에 입항시키겠다고 12월 11일 청 측에 통보한다. 비테 재무상은 격노한다. 그는 러시아가 뤼순을 차지하면 일본은 물론 다른 열강들이 가만히 있지 않을 것이라면서 무라비요프와 차르의 단견으로 자신의 만주철도 구상이 수포로 돌아가게 되었다며 사석에서 외국의 외교사절들에게 불평을 한다.[34]

러시아 함대는 1897년 12월 19일 뤼순에 입항한다. 독일의 카이저 빌헬름2세는 러시아에 축하 메시지를 보낸다. 뤼순에 입항한 러시아 함대 사령관은 병사들을 상륙시키지 않으면서 러시아 함대가 「일시적」으로 입항했음을 강조한다. 이로서 독일과 러시아 간의 갈등은 일단락되는 듯했다. 영국과 일본은 제물포와 뤼순에 군함들을 파견하지만 러시아의 의도가 불분명한 상황에서 적극적으로 대응하지 않는다.[35]

3년 전 일본으로 하여금 뤼순을 포함한 랴오둥 반도를 청에 반환하도록 한 독일과 러시아가 바로 그 전략적 요충들을 장악하는 모습을 본 일본의 여론은 격렬하게 반응한다. 청이 아직 전쟁배상금을 완납하지 않았기 때문에 여전히 4천의 병력을 웨이하이웨이(威海衛)에 주둔시키고 있던 일본군은 독일군이 칭다오를 점거하는 것을 면밀히 감시한다. 그러나 무엇보다도 일본의 여론을 격앙시킨 것은 러시아 함대의 뤼순 입항이었다. 일본은 츠시마(대마도)에 집결해 있는 연합함대에 경계령을 내린다.

러시아는 12월 17일 성명을 발표하여 러시아 함대가 뤼순에 입항하는 것은 청의 요청으로 독일함대의 자우저우만 입항에 대응하기 위한 일시적인 행동이라고 한다. 일본의 니시 외무상은 아무런 공식 항의를 하지 않는다. 그러나 일본은 츠푸(옌타이)의 영사관, 웨이하이웨이의 주둔군, 그리고 베이징의 공사관을 통해서 러시아의 일거수일투족을 정탐한다. 하얼빈에 「중국동성철로(中國東省鐵路)」 회사 본부가 차려지고 있다는 소식도 면밀히 조사한다.[36]

3. 러시아의 뤼순 조차

1895년 7월 청이 일본에 지불할 전쟁배상금의 1차분 1억 5천만 달러를 러시아와 프랑스가 제공하자 1896년 3월 영국과 독일이 2차분 차관을 제공한다. 액수는 1차분과 같았다. 담보도 역시 청 해관의 관세 수입이었다.[37] 그러나 1897년 12월이 되면서 청은 일본에 전쟁배상금을 완납하기 위해서는 추가 차관을 받아야 한다는 사실을 알게 된다. 러시아-프랑스 은행 연합과 영국-독일 은행 연합 사이에는 추가 차관을 제공하기 위한 수주전이 벌어진다. 청이 어느 측에 차관을 요청할지 결정할 때까지 러시아와 독일 등은 그 누구도 청에 영토 조차나 할양 문제를 꺼내지 못한다. 차관 협상에 불리하게 작용할 것을 우려했기 때문이다.

이홍장은 우선 러시아 측에 추가 차관을 타진한다. 그러나 러시아의 지도부는 분열되어 있었다. 무라비요프 외상은 재정적인 문제에 있어서는 자신보다 비테 재무상과 재무부의 영향력이 훨씬 크다는 사실을 실감하고 협상을 재무상에게 양보한다. 차관 협상 책임을 넘겨 받은 비테는 청이 러시아에게 만주 철도부설권과 항만 건설권을 제공하는 조건으로 차관을 제공할 것을 제안한다.[38] 1898년 1월 4일에는 러시아가 청의 영토를 차지할 의도가 전혀 없다며 청이 러시아가 사용할 수 있는 항구를 제공해주고 러시아의 철도를 진저우(錦州)와 연결할 수 있게 해 줄 것을 요청한다.[39] 그러나 이홍장은 러시아의 철도 부설권 요구도, 뤼순 항만 건설권 요구도 거부하고 곧바로 영국과 독일은행 연합에 차관 제공 의사를 타진한다.

차관이 지연되면서 청은 2월 2일 전쟁배상금의 최종분 지급을 연기해

줄 것을 일본에 요청한다. 일본 은 거절한다. 청은 결국 영국-독 일 은행연합의 차관에 2월 21일 서명하고 3월 일본에 배상금을 완납한다. 일본군은 5월에 웨이 하이웨이에서 철수하고 일본군 이 점령하고 있던 기지는 영국 이 조차한다.[40]

3월 6일, 독일은 자우저우 만 일대와 칭다오를 청으로부 터 99년간 조차하는 계약을 체

하인리히 폰 프로이센 왕자

결한다. 이를 기념하기 위하여 독일의 카이저 빌헬름 2세의 친동생이 자 해군제독인 하인리히 폰 프로이센 왕자(Albert Wilhelm Heinrich Prinz von Preußen, 1862.8.14.-1929.4.20.)가 칭다오를 방문한다.

차관문제가 해결되자 러시아도 다시 움직인다. 독일의 자오저우만과 칭다오 조차가 성사되자마자 러시아는 뤼순과 그 인근을 조차할 수 있 는지 청에 문의한다. 3월 16일 러시아군은 뤼순과 다롄만(大連灣, 대련만) 의 청군 병사들을 모두 축출한다. 러시아는 독일이 자오저우만과 칭다 오를 조차한 것과 같은 조건으로 뤼순과 다롄만을 조차해 줄 것을 요구 한다. 청은 거듭된 협상 끝에 3월 27일 조차계약에 조인한다.

조차 기간은 25년으로 합의하고 조차 지역과 청의 본토 사이에는 중 립 지역을 설정한다. 뤼순항은 러시아 해군만 사용할 수 있도록 한다. 러 시아가 해군기지로 사용할 내항을 제외한 다롄만은 「교역항(trading port)」

으로 지정한다. 교역항은 「개항장(open port)」보다 다른 나라 선박들이 사용하기가 까다로웠다. 다롄만에는 러시아가 관리하는 해관을 설치한다. 조차 계약은 동청철도 기존 노선에서 뤼순을 연결하는 지선 부설권도 러시아에게 넘긴다. 조차지는 비록 청의 영토였지만 조차지 내의 모든 행정권과 군사권은 러시아가 갖는다. 러시아는 이홍장에게 막대한 뇌물을 준다. 이홍장은 서태후 등의 반대에도 조차 계약을 조인한다.[41]

러시아와 청은 1898년 5월 7일 추가 협정을 통해 동청철도 간선의 종착역을 뤼순이나 대련만으로 못 박는다. 그리고 다른 열강들이 다롄만 인근에 경제적으로나 군사적으로 진출할 수 있는 모든 길을 봉쇄한다. 이로서 러시아는 남만주에 대한 패권을 장악한다.[42] 7월 6일에는 동청철도 회사가 청 정부와 하얼빈에서 뤼순 또는 다롄만으로 가는 지선 부설 계약을 체결한다. 1899년 8월 11일에는 차르 니콜라이 2세가 다롄만에 「달니(머나먼 곳)」라는 이름의 근대항을 건설한다는 칙령을 선포한다. 러시아는 그토록 찾던 아시아의 부동항을 갖게 된다.[43]

러시아가 뤼순과 남만주를 차지하자 비판 여론이 비등한다. 청의 해관 총세무사 로버트 하트(Robert Hart)는 청이 다롄만과 뤼순을 러시아에 조차함으로써 러시아의 보호령으로 전락했다면서 다른 열강들이 청으로부터 받아낸 특권들은 이에 비하면 미미한 것이라고 한다. 그러나 다른 열강들은 러시아에 항의하기보다 오히려 청으로부터 특권들을 따내려고 경쟁한다. 청에 제공할 차관을 놓고는 열강들이 치열하게 경쟁하였지만 러시아가 다롄만과 뤼순을 조차하는 것에 대해서는 아무도 반론을 제기하지 않았다. 어느 열강도 청의 편을 들어주기를 거부하자 청은 러시아에 저항할 방법이 없었다.[44]

러시아 내에서도 뤼순과 다롄만을 조차하는 것에 대한 반대가 비등했다. 대신들은 조약이 체결되기 전 1897년 겨울 내내 영토를 조차할 것인지 아니면 철도 부설권만 받아낼 것인지를 놓고 격론을 벌인다. 러시아의 해군은 마산을 원했다. 그러나 3월이 되면서 청이 전쟁배상금 차관을 영국과 독일은행들을 통해 받기로 하면서 다른 대신들도 무라비요프 외상의 주장대로 다롄만 일대를 조차하는 안에 동의한다.

4. 김홍륙 사건

러시아의 극동 전략의 핵심은 만주를 장악하는 것이었다. 조선은 부차적이었다. 러시아는 조선 문제가 만주에서 세력을 팽창하는데 방해가 될 때는 언제든지 조선을 포기할 준비가 되어 있었다. 그러나 본국 정부가 만주에서 벌이고 있는 거대한 전략적 게임에 대해 무관심한 채 오직 조선에만 집중하고 있던 스페예르는 1898년 초 조선 정부로부터 절영도(영도)를 조차하고자 한다. 러시아의 오랜 숙원인 부동항을 확보하기 위해서였다.

스페예르가 알렉세예프 임명 문제로 마찰을 빚던 조병식 대신 외부대신에 임명하도록 한 이도재(李道宰, 1848-1909)는 절영도가 이미 외국인 거주지로 지정되었다면서 거절한다. 그리고 그곳에 거주지를 확보하고 있는 다른 열강들의 공사들과도 상의해 보아야 한다고 한다. 격분한 스페예르는 이도재를 해임할 것을 요구한다. 고종이 결국 이도재를 해임하자 독립협회가 움직인다.

1898년 2월 21일(음력 2월 1일) 독립협회는 회장 안경수(安駉壽, [음] 1853.6.29.–[음] 1900.5.1.) 명의로 조선 내정에 외세가 간섭하는 것을 비판하는 상소를 올린다. [상소내용과 그 여파에 대해서는 제12장 참조]

독립협회의 상소문에 대하여 고종은 「도리에 맞는 말은 요컨대 그것을 행하는 데 달려 있을 뿐이다」라는 비답을 내린다.[45]

안경수

고종이 애매하지만 긍정적으로 해석될 수 있는 비답을 내렸다는 소식이 전해지면서 러시아와 결탁하고 있다고 생각되는 인물들에 대한 부정적인 여론이 팽배한다.

특히 러시아 공사관 통역인 김홍륙(金鴻陸, ?–1898.10.10.)은 증오의 대상이었다. 한양의 물지게꾼이었던 김홍륙은 한문을 읽지도 쓰지도 못했지만 러시아 접경지역에서 태어나 자랐기에 러시아어를 조금 하였다. 조선말을 전혀 모르는 조선 주재 러시아외교관들은 김홍륙을 통역으로 고용하였고 김홍륙은 러시아 공사관의 대변인, 고문, 그리고 조선문제에 대한 고문 역할을 한다. 김홍륙은 자신의 영향력이 커지면서 온갖 비리와 비행을 저지른다.[46] 러시아 공사관의 절대적인 지원으로 승진을 거듭하던 김홍륙은 1896년 11월 15일에는 급기야 학부협판에 임명된다.[47] 윤치호는 일기에 이렇게 쓴다.

김홍륙은 한 달 전에 판서, 즉 정2품의 명예로운 직으로 승진했다. 러시아 공사관의 통역가가 판서직에 제수되다니 조선의 관료집단으로서는 얼마나 수치스러운 일인가![48]

김홍륙은 매일 고종을 알현한다. 스페예르가 한양에 부임한 이후로 김홍륙은 고종이 러시아가 원하는 것을 안 할 경우 러시아 장교들과 부사관이 모두 철수할 것이라고 협박한다. 절영도 조차 문제가 대두되었을 때 김홍륙은 조선이 러시아의 요구를 듣지 않을 경우 고종을 블라디보스톡으로 납치할 것이라고 협박한다.

이때 궁내부대신 이재선(李載先, 1841.8.1.-[음] 1881.10.28.)이 누구든지 김홍륙을 제거해주는 사람에게는 미화 1만 달러의 상금을 주겠다고 하였다는 소문이 돈다.[49] 흥선대원군의 서장자인 이재선은 아관파천 직후 궁내부대신에 임명된다. 베베르와는 오랜 친분을 유지하고 있었다. 스페예르가 베베르의 후임으로 한양에 부임한 후 김홍륙이 점차 고압적으로 행동하기 시작하자 고종은 이재선을 통해 스페예르에게 김홍륙 대신에 다른 통역을 고용할 것을 제안한다. 스페예르와 김홍륙이 이에 반발하자 고종은 자신이 그런 제안을 했다는 사실을 부인한다. 이때부터 이재선과 김홍륙은 원수가 된다.[50]

1898년 2월 22일, 독립협회가 상소를 올린 바로 다음 날 밤 김홍륙 피습사건이 터진다. 김홍륙은 경관 두명의 호위 하에 덕수궁에서 러시아 공사관으로 돌아오고 있었다. 일행이 영국 공사관과 러시아 공사관 사이의 길을 지날 때 3명의 칼을 든 괴한들이 습격한다. 두 명은 김홍륙의 호위병들을 밀치고 세번째 괴한이 김홍륙을 공격한다. 김홍륙은 들

김홍륙(왼쪽에서 두 번째)

고 있던 지팡이로 칼을 막으면서 덕수궁의 뒷문 쪽으로 도망친다. 괴한
은 그를 따라가면서 뒤에서 칼을 내리쳤지만 김홍륙의 고함소리에 덕수
궁 경비궁들과 근처 해관 사무국에 주둔하고 있던 영국군 해병대가 출
동하자 곧바로 도망친다.[51]

김홍륙의 부상은 심각하지 않았다. 오른쪽 귀와 어깨에 칼을 맞았지
만 목숨에는 지장이 없었다. 『독립신문』은 논설에 「암살하는 풍속은 세
계에서 천히 여기는 것이니 경무청에서 이 자객들을 속히 잡아 법률대
로 엄히 다스리는 것이 가할 듯 하더라」고 한다.[52]

스페예르는 이도재 후임으로 외부대신 서리에 임명된 민종묵에게 김
홍륙 암살 시도에 대해 분노를 표한다. 그는 고종에게 이 사건을 알리
고 곧바로 암살범들을 잡아들이도록 하라고 육박지른다. 이에 고종은 3

일 내에 범인들을 잡아들이지 만일 못할 경우 경무청장을 벌할 것이라는 칙령을 내린다. 궁내부 역시 범인들을 잡아들이는데 협력하라는 조칙을 내린다.[53]

흥분한 스페예르는 2월 24일 미국 공사 알렌을 찾아가 서재필, 르장드르 장군, 니엔스테드 대령 등 미국인 3명이 독립협회를 부추겨 2월 21일의 상소를 올리도록 하였다며 이 상소는 러시아 정부에 대한 공격이라고 한다. 알렌은 니엔스테드 대령은 중병에 걸려 누워있는 상태이고 르장드르는 미국에서 산 것은 몇 년 안되고 오히려 프랑스 사람에 가깝고 더구나 러시아 공사관과 더 친분이 있는 사람이라고 한다. 서재필이 독립협회의 대표적인 인물인 것은 사실이고 그가 미국 시민인 것도 사실이지만 그렇다고 자신이 개입할 방법은 없다고 한다. 이들은 모두 조선 정부의 고문들이고 따라서 자신들의 판단에 따라 정부에 자문을 할 것이고 이에 대하여 자신이 왈가왈부할 수는 없다고 한다.[54]

스페예르는 2월 25일 무라비요프 외상에게 전보를 보내 조선의 독일 영사 크리엔이 반-러시아 책동에 참가하고 있다고 한다. 스페예르의 전문들을 받은 러시아 조정은 그 내용을 심각하게 받아들이면서 전쟁성과 해군성에 그 내용을 전한다. 동시에 스페예르에게는 거듭 조선의 독립을 존중할 것과 모든 일에 신중을 기할 것을 종용한다. 이에 독일 외무상 베른하르트 폰 뷜로우(Bernhardt von Bulow)는 주독 러시아대사 오스텐-사켄(Osten-Saken)을 불러 만일 그런 일이 있었다면 이는 독일 정부의 정책에 반하는 일이고 따라서 조선 영사 크리엔에게 훈령을 보내겠다고 한다.[55]

2월 25일 김홍륙 암살을 시도한 범인으로 궁내부대신을 역임한 청안군(淸安君) 이재순(李載純, 1851.10.24.-1904.3.2.), 정삼품 송정섭(宋廷燮, 1852-?), 이범석, 궁내부의 권림, 순검 유기환(兪箕煥, 1858-?), 전 순검 유진규 등이 체포된다. 이재순은 철종의 양조카로 왕실이었다. 범인들은 문초 중 이재순이 자신들을 시켰다고 자백한다. 경무사 이충구(李忠九, ?-?)는 곧바로 이재순을 포함한 용의자 전원을 수감하고 2월 26일 오후에 고등재판소로 파송하여 법부 참서관 마준영과 한성 재판소 판사 태명식을 재판관에 임명한다.[56]

문제는 왕실인 이재순은 칙령 없이는 체포할 수 없다는 사실이었다. 그러나 김홍륙에게 신세를 지고 있던 이충구는 자의적으로 이재순을 수감하고 재판에까지 회부한다. 왕실은 격노한다. 의정부는 이충구를 곧바로 해임한다. 처형해야 한다는 의견도 나온다. 이충구는 러시아 공사관으로 피신한다. 그러자 스페예르는 이것이 김홍륙 암살시도범들을 비호하고자 하는 의도에서 비롯된 일이며 자신에 대한 모욕이라고 흥분한다.[57]

스페예르는 더욱 격분하여 일본 공사 가토를 찾아가 조선 조정은 구제 불능이고 조선은 독립 할 능력이 없다면서 러시아와 일본이 조선을 분할 통치하는 방법 밖에 없다고 한다. 스페예르는 그러면서도 범인들을 잡아들이라고 고종을 계속해서 압박한다.

3월 7일, 스페예르는 고종에게 최후통첩을 보내 러시아의 군사, 재정 고문들이 계속해서 조선을 돕는 것을 원하는지 24시간 안에 답할 것을 요구한다.[58] 고종은 일본 공사관에 밀사를 보내 러시아의 요구에 어떻게 대응하면 좋을지 자문을 구한다. 가토는 러시아가 조선에 대해 그렇게 불만이 많다면 러시아 군사, 재정 고문들을 해임하면 되지 않겠냐고 한다. 고종은 이 제안을 받아들인다.

다음 날 스페예르가 최후통첩에 대한 답을 듣기 위하여 입궐하자 고종은 더 이상 러시아의 도움이 필요 없다고 한다.[59] 러시아 정부 역시 한마디 반론도 제기하지 않는다. 아관파천 이후 절정에 달했던 러시아의 영향력은 하루아침에 사라진다.[60]

5. 니시-로젠 협정과 만한교환

러시아의 랴오둥 반도 점거는 일본의 여론을 격앙시키지만 오히려 러시아와 일본의 타협을 가능케 한다. 일본 정부는 아직까지 일본에게는 상대적으로 덜 중요한 만주를 러시아가 접수함으로써 조선에 대한 러시아의 관심이 급격히 줄어들 것으로 예상한다. 이때 일본이 제안하는 것이 「만칸고칸(滿韓交換, 만한교환)」이다. 일본과 러시아가 사할린과 쿠릴열도에 대한 영토권을 교환했듯이 일본은 「이익선」인 조선에 대한 패권을 확보하는 대신 만주에 대한 패권을 러시아에 양보하는 것이었다. 러시아의 입장에서는 극동에서 일본을 적으로 만들 경우 막대한 해군력을 이 지역에서 유지해야 하고 그럴 경우 유럽에서의 세력이 약해질 것이 분명했다.[61] 러시아와 일본은 협상에 돌입한다.

당시 일본 정부는 이토 히로부미 총리가 이끌고 있었다. 이토는 당시 일본의 지도자 중 가장 러시아와의 타협을 중시한 인물이었다. 그와 외무대신 니시 도쿠지로는 러시아를 잘 알았고 러시아의 힘도 충분히 알았다. 더구나 총선을 앞두고 국내 정치에 매몰되어 있던 이토는 1894-

1895년 청일전쟁과 갑오경장 때와 같은 적극적인 대외정책을 피하고
자 한다. 일본은 비록 러시아의 뤼순과 다롄만 점령에 분노하고 있었지
만 자력으로 러시아에 맞설 준비는 되어 있지 않았다. 그렇다고 동북아
에서 러시아를 상대로 일본과 전략적 보조를 맞춰 줄 열강도 없었다.

따라서 일본은 조선에서 스페예르와 알렉세예프가 추진하는 일들에
대해 겉으로는 반대하지 않았다. 뤼순에 대해서도 러시아에 드러내 놓
고 반대하지 않았다. 1897년 5월 주러 일본 공사로 부임한 하야시 타
다스(林董, 1850.4.11.~1913.7.20.)는 본국정부에 협상을 통하여 조선에 대한
일본의 이권을 러시아로부터 인정받을 것을 촉구한다.

러시아 외무상 무라비요프는 1898년 1월 7일 조선에서 러시아와 일
본이 충돌함으로써 골치아픈 상황이 만들어지는 것을 미연에 방지하기
위하여 새로운 협정을 맺을 의향이 있는지 하야시에게 묻는다. 니시 외
무대신은 러시아와 새로운 협정을 체결하는 것에 찬성한다. 하야시는 2
월 16일 러시아 측에 새로운 협정의 초안을 보낸다. 한 달 후 무라비요
프는 수정안을 보내면서 러시아는 조선문제에 개입하지 않고 조선의 내
정에도 간섭하지 않을 것을 약속한다.[62]

이는 주조선 러시아 공사 스페예르가 조선에서 추진하고 있는 정책에
정면으로 배치되는 것이었다. 무라비요프를 비롯한 러시아의 수뇌부는
스페예르 만큼 조선을 중시하지 않았다. 특히 동아시아에 대한 지식이
나 배경이 전혀 없던 무라비요프 외무상은 조선을 흥정의 도구 정도로
생각했다. 무라비요프에게는 뤼순과 다롄만이 무엇보다 중요했다. 이를
위해 조선을 버리는 것은 아무것도 아니었다.[63]

일본은 러시아의 급격한 조선 정책의 변화에 놀라면서도 이토가 추진

하던 대외정책 노선에 부합되는 것이었기에 적극 수용한다. 일본은 러시아가 뤼순을 점령한 것에 대한 비판과 항의를 자제한다. 이토 내각은 3월 15일 총선에서 승리하지만 여전히 일본의 정정은 불안하였다. 뤼순 문제를 일본이 무시할 수밖에 없었던 또 다른 이유다.

이토는 러시아가 부동항을 찾고 있는 한 조선은 일본과 러시아 관계의 가장 큰 걸림돌이 될 수 밖에 없다고 생각했다. 따라서 러시아가 부동항인 뤼순을 차지함으로써 양국관계의 걸림돌 하나가 제거되었다고 생각한다. 1898년 3월 19일 일본의 외무대신 니시는 무라비요프 외무상에게 다음과 같은 문서를 건넨다.

> 일본 정부는 러시아 정부와 함께 스스로를 제어하는 합의를 도출하는 것에 반대하지 않습니다. 다시 말해서, 조선의 자주권과 독립을 상호 인정하고 조선의 내정에 직접 간섭하지 않기로 합의하는 것에 반대하지 않습니다. 그러나 조선이 외국의 자문과 도움을 필요로 하는 경우가 생길 수 있습니다. 만일 우리 두 정부 중 하나가 그러한 도움을 주지 않는다면 조선은 결국 제3국에 도움을 요청할 것입니다. 이는 근본적으로 우리 두 나라의 국익에 반하는 일입니다. 따라서 일본 정부는 일본이 조선의 가장 가까운 인접국이고 현재 조선이 일본에 갖는 중요성에 비추어볼 때 조선 정부에 조언을 하고 도움을 주는 책임은 일본이 지는 것이 옳다고 생각합니다. 러시아 정부가 이러한 관점에 동의한다면 일본은 만주와 그 해안선이 일본의 「이익권(sphere of interest)」 밖에 있음을 인정할 것입니다.[64]

일본은 만주에 대한 권리를 포기하겠지만 러시아는 조선에 대한 권리를 포기하지 않아도 된다고 양보한다.

그러나 3월 27일 뤼순과 다롄만을 수중에 넣은 러시아로서는 일본과의 타협에 적극적일 필요가 없었다. 특히 러시아의 군부는 조선에 대한 러시아의 권리를 포기하는 것은 연해주의 안보를 위협하는 일이라면서 「만한교환」을 반대한다.

니시 외무대신은 러시아가 뤼순과 다롄만을 조차하였다는 소식을 3월 29일 주일본 러시아 공사 로젠으로부터 듣는다. 로젠은 4월 2일 니시에게 러시아 정부가 조선에 대한 권리를 완전히 포기하는데 동의할 수 없다고 한다. 물론 일본이 만주와 그 해안선이 일본의 이익권 밖에 있다는 생각은 환영한다고 한다. 니시는 쓴 웃음을 짓는다.[65]

러시아가 만한교환을 거부하자 일본의 내각은 장시간의 회의를 통해 해결책을 모색한다. 일단 어쩔 수 없이 러시아와 협상을 계속하는 것을 전제로 하면서도 대안들을 모색하기 시작한다. 3월 26일 주영국 일본 공사 가토 다카아키(加藤 高明, 1860.1.3.-1926.1.28.)는 본부에 장문의 전문을 보내 러시아의 남하 정책을 비판하면서 러시아와 일본 간의 합의는 불가능하다고 한다. 그 대신 가토는 러시아의 팽창에 대항하기 위해서는 영국과 동맹을 맺을 것을 강력히 주장한다. 4월 2일의 일본 내각회의는 이 제안을 거부한다. 그러나 가토의 제안은 일본이 웨이하이웨이에서 철수하면서 영국이 조차하는 것에 동의하는 이유가 된다.[66] 이토 내각은 가토의 제안을 받아들인다. 일본은 영국과 러시아 사이의 세력 균형을 적극 이용하기 시작한다.

러시아가 만한교환론을 거부한데 대해 실망하면서도 일본은 러시아와의 협상을 진행하여 1898년 4월 25일 「니시-로젠 협정」에 합의한다.

협정은 3개 조항으로 구성되었다.

1. 일본과 러시아는 조선의 주권과 완벽한 독립을 확인하며 그 나라의 내
   정에 간섭하는 것을 자제할 것에 합의한다.
2. 일본과 러시아는 조선이 일본이나 러시아에게 자문과 도움을 요청할 경
   우 우선 양국간의 합의 없이는 군사교관의 임명이나 재정고문의 임명을
   진행하지 않는다.
3. 일본이 조선에 대한 지배적이고 증진하고 있는 상업적, 사업적 이해관
   계는 물론 다수의 일본국민들이 조선에 거주하고 있다는 사실을 인정하
   면서 러시아 제국정부는 일본과 조선 간의 상업적, 산업적 관계발전을
   저해하지 않을 것에 합의한다.[67]

  일본은 결국 조선에 대한 기득권을 인정받은 반면 러시아는 조선에 대
한 권리를 포기하지 않아도 됐다. 일본은 굴욕적인 삼국간섭을 주도한
러시아를 상대로 다시 한번 저자세로 조선에 대한 이익권을 주장하는데
그친다. 당시 일본은 러시아를 상대로 전쟁을 할 수 있는 상황이 아니었
다. 「니시-로젠 협정」은 청일전쟁을 일으키고 갑오경장을 추진하던 당
시 일본의 대외정책에 비하면 지극히 소극적인 대외정책의 결과였다.
일본 내부에서도 러시아와 타협을 주장하는 것은 소수 의견이었다. 군
부와 외무성의 인사들 대부분은 반대했다. 그러나 당시 일본의 혼란스
러운 내정 상황을 볼 때 「니시-로젠 협정」은 그나마 조선에 대한 일본의
영향력을 유지할 수 있는 차선책이었다.[68]
  알렉세예프는 주일 러시아 공사관으로 전출된다. 스페예르 4월 12일

부로 주조선 러시아 공사직에서 해임된다. 후임자 마튜닌은 공사가 아닌 총영사로 부임한다. 러시아는 그 후로 공사가 아닌 총영사를 조선에 파견한다. 조선의 중요성은 급감한다. 스페예르는 카시니 후임으로 주청국 러시아 공사에 임명된 바 있다. 그러나 조선을 떠나기 직전 임명이 취하되고 러시아로 귀국을 명 받는다. 알렌 미국 공사는 미 국무성에 보낸 4월 12일 자 보고서에 러시아의 급격한 조선 철수 과정을 다음과 같이 묘사한다.

3월 1일 화려하게 문을 연 한로은행(韓露銀行) 사업을 중단하고 직원들이 모두 중국으로 재배치되면서 이번 주로 문을 닫습니다. 부산의 절영도 석탄저장고 문제는 완전히 해결되지 않았습니다. 새로 개항한 진남포와 목포의 방대한 토지에 대한 명의이전 역시 집행되지 않았고 러시아의 전임 공사가 지난 7개월의 질풍노도와 같이 열정적으로, 적극적으로 추진해온 모든 것들의 결과로 유일하게 얻은 것은 조선 사람들의 불신뿐입니다.[69]

제9장

조선의 계급혁명

제9장

조선의 계급혁명

조선의 문반 사대부는 관료제를 통하여 수 백 년에 걸쳐 권력과 부를 독점한다. 조선의 관료제는 국가 통치 기구였을 뿐만 아니라 조선의 신분제를 끊임없이 재생산하고 고착시키는 장치였다. 조선의 관료들은 신분만 세습한 것이 아니라 관직의 종류와 직급도 세습했다. 정부의 최고 위직과 요직은 문반 사대부만 임명되었다. 반면 「제2 신분계층(secondary status group)」, 즉 중인, 무반, 서얼, 서북인, 향리는 관료로 채용되더라도 신분에 따라 규정된 직급 외에는 임용될 수 없었다. 조선이 그토록 따르고자 했던 중국에서도 관직의 종류와 직급을 신분에 따라 규정하는 제도는 없었다.[1]

신분 차별 때문에 권력 주변부에 머물 수밖에 없었던 「제2 신분계층」이 권력의 중심부로 진입하는 계기는 「근대화」가 제공한다. 19세기에 들어서면서 제국주의 열강의 점증하는 압력과 조선 사회 내부의 모순이 극에 달하자 조선 정부의 조직과 관료제는 변화를 모색할 수밖에 없었다. 근대국가를 운영하는데 있어서 과거제도를 통해 선발되는 문반 사대부들의 주자성리학 경전에 대한 지식은 무용지물이었기 때문이다. 문반 사대부들은 계급이해(class interest)를 사수하기 위해 위정척사 사상으로 무장한 채 근대화에 반대하는 반동 세력으로 전락한다. 반면 근대국가를 운영하는데 필요한 것은 역관(통역), 산관(회계), 형리(법관)와 같은 제2 신분계층 고유의 전문성이었다.

1880년 조선의 첫 근대 정부 기구인 「통리기무아문」이 설치된다. 1881년 인천을 개항하고 청에는 「영선사」를, 일본에는 「신사유람단」을 보내는 등 본격적인 개국을 준비하기 위해서였다. 통리기무아문의 설치로 확대되기 시작한 정부의 역할과 책임 영역의 확대는 1894-1895년 갑오경장에 이르러 절정에 달한다. 조선조 내내 세습 문반 사대부 계층의 특권을 지키는 기제로 작용해 온 관료제도는 제2신분계층 출신들이 고위 관직에 진출하는데 이용하기 시작하면서 정치, 사회 개혁의 진앙지로 변한다.

1. 조선의 제2 신분 계층

제2 신분 계층 이란 사대부 계층과 평민들 사이에 위치한 계층으로 세습과 통혼을 통하여 신분을 유지한 계층을 말한다. 고종은 1882년 「문벌」에 따라 관직을 제한하는 오랜 관행을 타파하는 교지를 내린다. 이 교지는 역설적으로 당시 신분에 의한 관직 차별이 얼마나 심했는지 보여준다.

우리나라에서 문벌을 숭상하는 것은 참으로 천리(天理)의 공평한 이치가 아니다. 나라에서 사람을 등용함에 있어서 어찌 귀천으로 제한을 둔단 말인가? 이제 경장(更張)하는 때를 당하여 마땅히 사람을 등용하는 길을 넓혀야 할 것이다. 서북인(西北人), 송도인(松都人), 서얼(庶孽), 의원(醫院), 역관(譯官), 서리(胥吏), 군오(軍伍)들도 일체 현직(顯職)에 통용하라. 오직 재주에 따라 추천하되 만일 특이한 재능이 있는 사람이 있으면 중앙에서는 공경(公卿)과 백관(百官)들이, 지방에서는 감사(監司)와 수령(守令)들이 각기 아는 사람들을 천거하여 전조(詮曹)에 보내면 내가 선발하여 등용하겠다.[2]

무반, 중인, 서얼, 향리, 서북인 등은 조선체제를 떠 받치고 있었다. 그러나 사족으로부터 철저한 차별을 받는다. 조선의 신분제는 집안(서얼), 지역(서북인), 관직(중인, 향리, 무반)의 차별을 통하여 조선의 왕실과 사대부 계층이 수 백 년에 걸쳐 권력과 부를 독점할 수 있는 체제를 뒷받침 해줬다.

1) 무반

삼국시대나 통일신라 시대는 물론 고려 초기까지도 무신들은 문신들과 대등한 지위를 누렸다. 그러나 고려조에서부터 무신의 지위는 낮아지기 시작한다. 고려 중기의 무신난(1170년)과 이어진 100년 동안의 무신정권(1170-1270)은 역설적으로 무신에 대한 문신의 차별이 얼마나 극심했는지 보여준다.

조선조에서 무신들의 지위는 더욱 하락한다. 특히 고려말부터 도입되기 시작한 주자성리학이 조선의 국교로 정착되면서 유자(儒者), 즉 사대부가 이상적인 인간형으로 부각된다. 물론 여말선초의 왕조교체기에 이성계, 최영, 김종서, 이방원 등 무신들의 활약이 클 수밖에 없었기에 조선 초기에는 문신과 무신이 상대적으로 대등한 지위를 점하면서 「양반」 즉 「문반」과 「무반」 계층을 형성한다. 그러나 조선이 사대부 중심의 사회로 재편되면서 무신의 지위는 하락한다.

임진왜란과 병자호란은 오히려 무반의 사회적 지위를 격하시키는 결정적인 계기를 제공한다. 전란으로 인하여 무장들에 대한 수요가 급증하면서 하층민들이 무과를 신분 상승의 기회로 삼고자 대거 응시하고 급제자 역시 급증하자 무반의 사회적 지위는 급격히 떨어진다.

조선 후반기부터는 무과를 치거나 무신이 되는 것이 가문의 지위를 떨어뜨리는 것으로 간주되기 시작하면서 문반들은 무과를 기피한다. 그 결과 조선 초기에는 문반과 무반 가문들이 통혼하는 경우가 많았으나 17세기 초에 이르면 문반과 무반 가문이 결혼하는 경우는 찾아볼 수 없게 된다. 무반은 무반끼리만 통혼하면서 별도의 세습 계층을 형성한다.[3] 물론 무반 가문들이 다른 무반 가문들 하고만 결혼을 한 것은 더 하층 계급인들의 유입으로 무반의 사회적 지위가 더욱 떨어지는 것을 막기 위한 방편이기도 했다.

[표 9-1] 조선 역대 임금 재위기간 문과와 무과 급제자 수 평균[4]

왕	문과 회수(회)/ 연평균 급제 인원(명)	무과 회수(회)/ 연평균 급제 인원(명)	무과 최다 선발 연도(년)/ 급제 인원(명)
태조	2/33	0	0
정종	1/33	0	0
태종	11/25.5	7/22.6	1407/33
세종	21/24	19/21	1447/67
문종	2/36.5	2/34	1451/40
단종	3/35.3	3/32	1453/40
세조	22/18.3	12/30.7	1466/104
예종	1/33	1/28	1469/28
성종	29/16.3	27/19.2	1492/61
연산	13/20	9/19.3	1498/35
중종	57/16.4	42/20.2	1519/91
명종	26/19	23/29.9	1556/220
선조	61/18	39/211	1593/1,785 1597/1,686
광해	28/18.2	13/86.4	1619/599
인조	52/15	32/234.4	1637/5,516
효종	15/16.9	11/146.8	1651/1,332
현종	24/16.9	23/137.9	1665/621
숙종	78/18.9	76/323	1676/17,652
경종	9/20.3	9/167.6	1723/874
영조	126/17.3	123/181.9	1728/1,307 1759/1,106 1766/1,013 1774/1,195
정조	41/19.5	41/216.3	1782/1,326 1784/2,865
순조	51/20.7	50/180	1815/1,082
헌종	23/20.1	23/186.3	1836/488

철종	26/18.3	19/378.8	1858/1,142
고종	81/22	49/291.5	1880/1,452 1889/2,513 1891/1,887 1892/1,197

2) 중인

중인은 수도 한양에 거주하면서 정부내에서 역관(통역관), 의관(의사), 율관(법관), 음양관(점성가), 산관(회계사), 화원(화가), 사자관(寫字官, 필사관) 등의 직책을 담당하는 세습 계층이었다. 조선의 국교였던 주자성리학이 경전과 문학, 역사 등 소위 「사문(斯文)」을 다루는 「문학(文學)」과 윤리, 도덕을 다루는 「도학(道學)」만을 진정한 배움으로 치세의 학문으로 간주하면서 과학, 기술, 행정 등 전문적인 지식은 「용(用)」 즉 「도구」에 불과한 것으로 치부되었다.

중인에 대한 차별은 조선 건국 초기부터 제도화된다. 중인들이 전담한 전문직과 기술직은 「문과」, 「무과」와는 별도로 「잡스러운」, 「자질구지레한」, 「막된」 것을 다루는 「잡과(雜果)」를 통해 선발하였다. 중인들은 잡과 이외의 관직에 임용될 수 없었다. 이들은 무반처럼 계급이익을 지키고자 중인들끼리 결혼 하면서 독자적인 계층을 형성한다. 중인들은 조선 왕조를 운영하는데 있어서 없어서는 안 될 존재였지만 직급이나 사회적 지위로는 「제2 신분계층」에 머물 수밖에 없었다.[5]

3) 서얼

지배계층 사이에서 일부다처제가 성행했던 고려시대와 달리 조선의 사대부는 「정부인」과 「첩」을 구별하였다. 중국은 물론 조선의 왕실에도 없던 제도다. 조선 왕실에서는 「후궁」들의 자식들이 왕위를 계승하는 경우가 허다했다. 그러나 조선 사대부 계층은 신분을 따질 때 양가 부모의 신분을 모두 따졌다. 부친이 양반이라도 모친이 첩일 경우에는 자식은 물론 그의 후손들도 모두 「서얼」로 낙인 찍혔다. 첩 중에는 출신이 양인인 경우도 있었지만 대부분은 「천출」인 「천첩」이었다. 그 중 압도적 다수는 자신이 소유하고 있는 노비를 첩으로 들이는 경우였다. 서얼에 대한 차별의식이 생기게 된 결정적인 이유다. 서얼은 성리학적 일처제와 신분질서가 합쳐져서 형성된다.

양인 출신의 첩의 자식인 경우 「서」, 천인 출신의 첩의 자식을 「얼」이라 하였다. 「얼」이란 잘린 나무의 그루터기에서 새싹이 나는 것에 비유한 용어다. 천한 여자가 귀족인 양반 남자를 만나 자식을 낳은 것을 이와 같이 비유한 것이다.[6]

서얼은 혼사나 과거, 사회적 지위에 있어서 「불법」 내지는 「불륜」으로 간주되었다. 「길동은 아버지를 아버지라 못하고 형을 형이라 부르지 못하니 자신이 천하게 난 것을 스스로 가슴 깊이 한탄하였다」는 『홍길동전』의 유명한 구절은 서얼의 비애를 묘사하고 있다. 18-19세기에 이르면 급격히 증가한 서얼이 자신들에 대한 차별을 철폐하기 위한 움직임을 보이면서 문반 사대부와 서얼 간의 갈등은 최고조에 달한다.[7]

조선 중기에는 서얼 출신의 문장가, 학자, 정치가들이 배출된다. 어숙권(魚叔權, 1510-?)을 비롯해 조신(曺伸, 1454-1529), 송익필(宋翼弼, 1534-1599), 양사언(楊士彦, 1517-1584), 양대박(梁大樸, 1534-1592) 등은 모두 서얼이었다. 따라서 서얼에 대한 차별을 철폐해야 한다는 주장은 조선 중기부터 끊임없이 제기된다. 명종대에는 서얼들이 양첩손인 경우에는 과거 응시를 허용해달라는 소를 올렸고 1567년에도 서얼 1,600여명이 「허통」을 요청하는 상소를 올린다. 1583년(선조 16) 「이탕개(尼蕩介)의 난(회령지방 여진족의 반란)」이 일어났을 때 병조판서 이이(李珥, 1536.12.26.-1584.2.27.)는 난을 평정할 병력을 확보하기 위해 3년 이상 6진 일대의 근무를 지원하는 서얼에게는 과거 응시자격을 줄 것을 제안한다. 임진왜란 중에는 전시 재정난 타개의 한 방법으로 쌀을 받고 허통해 주거나 전공에 대한 포상으로 허통해 주는 경우도 생긴다. 그러나 서얼에 대한 차별은 여전히 심해 광해군 때 계축옥사(癸丑獄事)가 일어난다. 계축옥사는 박응서(朴應犀) 등 서얼 출신 7인이 관련된 역모 혐의 사건으로 「칠서지옥(七庶之獄)」으로도 불린다.[8]

서얼에게도 과거 응시 자격을 부여해주어야 한다는 논의는 조선조 내내 계속되지만 1597년(선조 30)부터 1735년(영조 11)까지 138년간 서얼 출신 문과 급제자는 42인에 불과했다. 정조는 1779년 내각, 곧 규장각에 검서관(檢書官) 제도를 두어 유득공(柳得恭, 1748.12.24.-1807.10.1.), 이덕무(李德懋, 1741.7.23.-1793.3.7.), 박제가(朴齊家. 1750.11.5.-1805.7.6.), 서이수(徐理修, 1749-1802) 등 서얼 출신 대학자들을 임용한다. 그러나 서얼에 대한 차별은 뿌리 뽑히지 않는다. 1823년(순조 23)에도 9,996명에 달하는 서얼 유생들이, 1848년(헌종 14)과 1851년(철종 2)에는 각각 9,000명의 서얼 유생들이 허통을 요청하는 집단 상소를 올린다.[9]

4) 향리

향리도 서얼만큼 숫자가 많았다. 고려·조선시대에 지방 행정의 말단을 담당한 계층이었던 향리는 조선조에서는 도, 군, 현의 세금 징수 등 일상적인 행정을 맡았던 세습 계층이다. 향리 없이는 지방행정이 불가능했다. 조선의 향리는 고려시대 향리의 후예인 경우도 있었지만 몰락한 양반의 후예인 경우가 많았다. 조선 초부터 향리는 행정을 위한 필요악으로 간주되면서 차별을 받았다. 중인이나 무반의 경우와 마찬가지로 「문인」을 숭상하고 「쟁이」, 즉 「전문가」들을 천시했던 풍조 하에서 향리들은 국가운영에 있어서 필수불가결한 존재인 동시에 극심한 차별의 대상이었다. 향리들 역시 중인이나 무반과 마찬가지로 자신들의 신분적 이해를 지키기 위해 향리들끼리만 결혼하였다.[10]

5) 서북인

「서인」은 평안도와 황해도, 「북인」은 함경도 사람들을 일컫는다. 서북지방은 조선 시대 이전에는 변방인 동시에 여진족의 땅으로 간주되었다. 조선 초에는 남부지방의 이주민 수만명이 정착하면서 독특한 신분체제가 형성된다. 조선 조정에서 서북지방에 수령과 관찰사 등의 관리들을 파견하고 서북인들 가운데서도 과거 응시자가 점차 늘어나면서 서북지방도 조선체제의 표준을 따르면서 동화되어 갔다. 그럼에도 불구하고 서북지방은 한양과 경기 이남과 달리 사족(士族)이 지배하지 못한다.

서북의 토호계층은 변경수비를 위해 배치된 무반과 상인 계층이었다.[11]

그러나 시간이 흐르면서 서북지방에도 세습 사족 계층이 출현한다. 이들은 남쪽의 사족들처럼 토지와 통혼 그리고 관직 진출을 통하여 지역사회의 엘리트로 군림한다. 서북인들도 다른 제2 신분계층처럼 사회로부터 인정을 받고자 하고 특권을 누리고자 하지만 기득권을 유지하던 남쪽의 문반 사대부로부터 차별받으며 고위 관직 진출이 봉쇄된다.[12] 『택리지』는 서북지방에 대해 다음과 같이 쓰고 있다.

> 함흥에서 북쪽은 산천이 거칠고 험하며 풍속이 사납다. 기후는 춥고 토지가 척박 해서, 곡식이라곤 조와 보리가 있을 뿐 벼는 별로 없고 목화는 전혀 없다. 그 지방 민들은 개 가죽을 입고 추위와 굶주림을 견디니, 마치 여진족과 같다.[13]

일찍이 태조가 무장으로서 왕(王)씨로부터 왕위를 물려받았기 때문에, 그를 도운 공신들 중에는 서북 지방의 용맹스러운 장수가 많았다. 그러나 이미 나라를 세운 뒤에는 서북 지방 사람은 높은 자리에 등용하지 말라는 영을 내렸다. 그래서 평안도와 함경도에는 삼백 년 이래로 높은 벼슬을 한 사람이 없다. 혹 과거에 급제한 자가 있어도 벼슬은 겨우 수령(守令)에 그쳤고, 이따금 대간(臺諫)의 후보자 명단에 오른 자가 있었지만 이것은 매우 드문 일이었다. 오직 정평(定平) 사람 김이(梎)와 안변 사람 이지온(之馧) 두 사람만이 아경(亞卿)을 지냈고, 철산의 정봉수(鄭鳳壽)와 경성의 전백록(田百祿) 두 사람은 무장으로서 겨우 병사(兵使)를 지냈다. 또 나라의 풍속이 집안 내력을 중히 여겨, 서울 사대부들은 서북 사람 하고는 혼인을 하지도 않았고 사귀지도 않앉다. 서북 사람들도 감히 서울 사대부와 사귈 생각을 하지 못했다. 이리하여 서북 두 도에는 마침내 사대부가 없어지게 되었고, 서울 사대부들도 거기 가서 사는 자가 없었다. 오직 함흥 어(魚)씨와 청해(靑海) 이씨, 안변 조(趙)씨는 본관이 풍양(豊壤)인데, 조선 초기에 다 같이 높은 벼슬을 한 다음 서울로 와 살 면서 여러 대를 과거에 급제하기도 했다. 이 밖에는 별로 이름난 집안이 없다. 그러므로 서북 지방인 함경·평안 두 도는 살 만한 곳이 못 된다.[14]

윤치호는 서북인, 특히 함경도 사람들에 대한 차별을 신랄하게 비판한다.

수치스러운 현 왕조의 창시자는 함경도 출신이다. 함경도 사람들이 다른 지역 사람보다 더 남자답고 진취적이기 때문에, 그 창시자가 왕조를 전복시키는 실 예를 보여주었기 때문에, 그 창시자가 이기적이고 근시안적이기 때문에, 그 창시자 또는 그의 직계 후손은 함경도를 정치적 장애 상태에 두었다. 따라서 함경도 지역 백성들은 불명예스러운 500년 동안 「상놈」 취급을 받고 있고, 중앙 조정이나 지방관으로부터 착취당하고 압박당해 온 것이다.[15]

2. 조선의 관료제와 신분제

조선의 왕은 3가지 기구를 통해 국가를 통치했다. 첫째는 의정부였다. 의정부는 형식적으로 조정의 가장 높은 기구였다. 조선 후반기에는 「비변사」에 의해서 대체되었다가 대원군때에 되살아 났고 갑오경장 전

후로 「내각」이 실권을 행사하지만 의정부는 1907년 폐지될 때까지 공식적으로 정부 최고 기관이었다. 두번째 기구는 육조였다. 육조는 의정부와는 독립적인 기관으로 실제 행정부의 역할을 하였다. 권력 서열은 이조(吏曹, 인사), 호조(戶曹, 과세), 예조(禮曹, 의례, 중국과의 관계), 병조(兵曹, 국방), 형조(刑曹, 형벌), 공조(工曹, 기간산업)의 순이었다. 육조는 표면상 근대국가의 「내각」과 유사했지만 이조와 예조의 위상이 보여주듯이 유교의 이상정치를 실현하는 기구로 고안되었다.

세번째 기구는 「규장각(왕실 도서관)」, 「선혜청(조세)」, 「승정원(왕의 비서실)」, 「삼사(사헌부, 사간원, 홍문관)」 등으로 특히 사헌부는 백관에 대한 감찰·탄핵 및 정치에 대한 언론을, 사간원은 국왕에 대한 간쟁(諫諍)을 담당하는 언관(言官) 역할을 하였다. 사헌부와 사간원의 대간들은 「서경(署經)」이라는 제도를 통해서 새로 임명된 관리의 문벌과 이력이 적절한지 검열하는 역할도 하였다. 조선의 정부체계는 이론적으로는 「삼권분립」을 통하여 국왕의 전제와 폭정 또는 특정 기구나 부처의 전횡을 막을 수 있는 균형을 갖추었다.[16]

한편 조선의 관료 선발과 승진제도는 1470년 1월 1일부터 시행된 『경국대전』의 큰 틀을 시종일관 유지한다. 1865년에 반포된 『대전회통』의 인사규정인 「이전(吏典)」은 매우 상세하고 체계적으로 각 관직에 대한 추천에서 연령제한에 이르기까지 규정하고 있다. 품계가 대표적이다. 모든 관직은 정1품에서 종9품에 이르기까지 총 18계급으로 나누고 각 직급의 자격과 봉급을 체계적으로 명시하였다. 품계는 물론 각 직급의 권위와 위상을 나타냈지만 그러나 예외도 있었다. 예를 들어 종친은 최고의 품계를 부여받았지만 실질적인 역할은 없었다. 한편 중인 같은 제2

신분 계층 출신의 경우에는 오랜 재직기간이나 특별한 업적으로 높은 품계에 도달하는 경우도 가끔 있었지만 이들이 의정부나 비변사, 이조, 예조, 호조의 판서, 삼사의 언관이나 대간의 지위에 오른 경우는 없었다.[17]

관직에 진출하는데 있어서도 품계는 과거 제도와 밀접하게 연계되어 있었다. 문과 급제자는 성적에 따라 정9품, 정8품, 정7품에 임명될 수 있었고 장원 급제자는 정6품에 임명되었다. 그러나 무과나 잡과의 급제자는 문과 급제자들보다 낮은 품계에 임용되었다. 명문가 출신은 경우에 따라 「음서」제도를 통하여 관직에 진출할 수 있었지만 이들도 일단 관직에 나아가면 재직 중에라도 과거를 치는 경우가 많았다. 과거 급제를 하지 않고는 승진에 한계가 있었기 때문이다.[18]

관직에 진출하면 권문세가와의 인척관계, 당쟁, 뇌물, 신분제약 등 비공식적인 요인들이 더욱 위력을 발휘하기 시작한다. 공식적인 승진규정이 상대적으로 준수되는 하급직조차도 천거된 사람은 「문지(門地)」, 즉 출신 가문에 대한 검증을 받아야 했다. 『대전회통』에 의하면 5품 이하의 관직의 경우 삼사의 검증절차를 통과해야만 했다. 5품 이상 관직의 경우에는 거의 전적으로 연고가 작용하였다. 중간 품계의 경우 고위 관직에 있는 사람은 누구나 천거할 수 있었지만 이조, 병조, 호조 등의 고위 관직에 대한 천거는 의정부의 삼정승만 할 수 있었다.[19]

무과나 잡과 급제자들은 승진에 있어서 공식적인 제약은 없었지만 제2 신분계층 출신이 최고위 관직에 진출할 수 있는 가능성은 없었다. 서얼이나 서북인이 문과에 응시하는 데에는 공식적인 제약이 없었으나 승진에 있어서는 신분적 제약을 피할 수 없었다. 서북인들은 뿌리깊은 지역감정에 시달려야 했고 서얼의 경우에는 부친의 품계와 모친이 양인출

신 첩인지 천출인지에 따라 도달할 수 있는 최고위직이 정해져 있었다.[20]

고을 수령직은 조선의 인사제도의 본질을 그대로 반영하였다. 문반에게 고을 수령직은 중간 직급에 불과하였다. 그러나 제2신분계층 출신들에게는 고을 수령직이 승진할 수 있는 상한선이었다. 중앙 정부에서 군과 관련된 최고위직에 오른 무반도 변경 등지에 무관이 필요한 고을의 수령에 임명되기 일쑤였다.[21]

중인들의 경우에도 고을 수령직에 임명되는 경우가 있었지만 이는 특별한 공헌을 한 경우 또는 뇌물을 제공한 경우로 한정되었다. 대표적인 예가 충청도 연풍의 현감으로 임명된 화원 김홍도(金弘道, 1745-1806?)다. 홍경래의 난을 진압하는데 공을 세운 서북인들도 고을 수령에 임명되기도 하였다. 18세기부터 점차 많은 숫자의 제2신분계층 출신, 특히 중인이 고을 수령직에 진출하는 것은 매관매직이 기승을 부리고 있었음을 보여준다.[22]

조선이 멸망할 때까지 문과 급제는 출세의 거의 유일한 길이었다. 다음은 표(표 9-2)는 고종이 즉위한 1864년에서 갑오경장이 시작된 1894년까지 삼정승과 이조판서, 형조판서, 호조판서 문과 급제자의 비율을 보여준다.[23]

[표 9-2]

관직	임명자	문과 급제자(%)	기타(%)
삼정승	27	96.3	3.7(음서)
이조판서	113	100	0
예조판서	149	100	0
호조판서	17	94.1	5.9(생진)

문과 중에서 가장 초급 시험인 생진, 즉 생원과 진사시 합격자도 호조 판서에 이른 경우도 있다. 반면 무과 급제자들은 위상이 훨씬 낮은 병조, 형조, 공조 판서 밖에 역임하지 못한다. 중인 출신으로 한성부윤에 임명된 것은 변원규(卞元圭, 1837-1896)가 유일하다.[24] [변원규와 영선사에 대한 내용은 『한국 사람 만들기 Ⅱ』, pp. 553-554 참조]

갑오경장이 추진되던 1894년 7월에서 1896년 2월까지 1년반 기간 동안에는 제2 신분계층 출신들이 대거 정부 요직에 진출한다. 그러나 갑오경장이 실패로 돌아가고 아관파천과 대한제국기에 들어서자 과거제가 이미 폐지되었음에도 불구하고 정부의 요직은 다시 문과 출신들이 독차지한다.[25]

조선의 문과에는 두 종류가 있었다. 3년에 한 번씩 치르는 「식년시(式年試)」와 왕의 즉위와 같이 특별한 때에 치르는 「별시(別試)」였다. 과거는 여러 단계를 거쳐서 대개 33명이 급제하고 이들은 왕 앞에서 마지막으로 시험을 봄으로써 등수가 결정된다. 과거를 치를 수 있는 자격은 엄격히 제한되었다. 지방관들과 사대부들이 응시자를 추천하고 초시를 치르지만 사족 출신이 아닌 응시자가 초시를 통과할 경우 대부분 중앙조정의 사헌부나 사간원의 대간들이 「서경(署經)」을 통하여 탈락시킨다. 문과제도는 사족들이 응시자격을 결정하고 신분차별을 철저하게 적용하는 복잡한 절차를 거치면서 학문수준이나 실력 위주로 국가 인재를 선발하는데 실패한다.[26]

문과는 유교경전만을 시험했다. 문과는 조선 초부터 1894년까지 3년마다 한 번도 거르지 않고 치러진다. 심지어는 임진왜란 중에도 치른다. 그러나 내용은 변하지 않았다. 문과는 똑같은 경전들에 대한 지식을 똑같은 방식으로 시험하였다.[27] 이로써 문과는 다른 지식을 철저하게 배제하는 기제로 작용하는 동시에 유교경전의 전문가들인 사족들의 권력독점을 가능케 했다.

다산 정약용은 이러한 인재선발제도의 폐단에 대해 다음과 같이 비판한다.

> 국가가 공(公)과 경(卿), 대부(大夫)와 사(士)의 관직을 세우고, 공과 경, 대부와 사의 녹봉을 책정해서 공과 경, 대부와 사가 된 자를 대우하는 이유는 무엇인가. 백성을 다스리기 위해서이다. 그 직책이 이미 백성을 다스리기 위해서라면 대체로 그들의 재주를 시험하고 그들의 기예를 선발하고 그들의 성적을 고과하고 그들의 품계를 높여 줄 적에도 당연히 백성을 한결같이 다스리는 방법을 기준으로 삼아야 한다. 그런데 지금은 그렇게 하지 않고 사람을 뽑을 적에 시부(詩賦)를 잣대로 그들을 시험 보이고, 아무 씨(氏), 어느 가문을 따져 선발하며, 청화직(淸華職)을 거쳤는지 살펴보고, 당론(黨論)이 어느 쪽에 우세한가에 따라 등용한다. 백성을 다스리는 일은 뒷전으로 두어, 「이것은 비천한 일이다」라고 말하면서 아전에게 맡겨서 다스리게 하고는 어쩌다 한번 가서 엄한 위엄과 포악한 형벌을 내리면서 「간악한 아전은 응당 징계해야 하느니라」라고 한다.[28]

조선 후기부터는 매과(賣科)마저 극심해지면서 중앙의 인재충원 제도도 완전히 기능을 상실하게 된다. [매과에 대한 논의는 『한국 사람 만들기 III』, pp. 823-826 참조]

3. 통리기무아문과 군국기무처

조선 관료제도의 근대화는 1880년 「통리기무아문」의 설치로부터 시작된다. 임진왜란과 병자호란 이후 200년에 걸친 평화 속에서 조선 정부의 기구는 별다른 변화를 겪지 않았다. 실제로 1471년에 반포된 『경국대전』이나 1865년에 반포된 『대전회통』은 정부의 기구와 역할에 있어서 대동소이했다.[29]

그러나 1876년 강화도 조약을 통해 개항장이 열리면서 기존의 정부체제로는 감당할 수 없는 정부의 역할이 요구되기 시작한다. 「통리기무아문」을 설치하는 이유다. 기존의 관료 충원제도로는 충원할 수 없는 새로운 형태의 지식과 전문성, 실력을 가진 인재들이 필요해진다. 이는 인재 충원제도와 인사제도의 근본적인 변화를 요구한다. 척족들의 전횡과 매관, 매직, 매과가 기승을 부렸던 19세기 후반기에 새로운 인재 충원제도의 도입은 국가 존망이 달린 과제였다.

1) 통리기무아문

1880년 12월 21일 설치된 「통리기무아문」은 청의 「총리각국사무아문(總理各國事務衙門)」의 선례를 따른다. 총리각국사무아문은 1860년 구미 열강과의 외교를 담당하기 위하여 설치된다. [총리아문 설치에 대한 논의는 『한국 사람 만들기 I』, pp. 412-413 참조] 고대 중국의 이상 국가론에 등장하는 기구도 아니고 유교 경전에 언급되지도 않는 기구를 설치하였다는 사실만으로

도 통리기무아문의 설치는 혁신이었다. 통리기무아문은 세가지 개혁을 추진한다. 첫번째는 청의 「양무운동」을 시찰하기 위하여 영선사를 파견하고 두번째는 일본의 「메이지 유신」을 시찰하기 위하여 신사유람단을 파견하는 일, 그리고 세번째는 최초의 근대군인 「별기군」의 설치였다.[30]

통리기무아문의 업무 범위는 청의 총리아문의 것을 훨씬 능가하였다. 총리아문은 구미열강, 일본 등과의 외교만 담당하였던 반면 통리기무아문은 청과의 사대관계, 다른 나라들과의 외교(교린) 뿐만 아니라 군사, 국경 관리, 기기창 운영, 외국어 교육, 통상 등을 총괄했다. 통리기무아문은 1882년 「통리군국사무아문(統理軍國事務衙門)」 또는 「내무아문(內務衙門)」과 「통리교섭통상사무아문(統理交涉通商事務衙門)」 혹은 「외무아문(外務衙門)」이라는 두개의 새로운 조직으로 대체된다. 이 두 기구는 통리기무아문과 마찬가지로 의정부 산하였지만 다른 모든 정부기구의 권한을 능가하였으며 고위관리들은 통리아문직과 의정부 또는 육조 등의 전통 기구의 관직을 겸하였다.[31]

외무아문은 근대개혁의 시금석 역할을 한다. 외무아문은 산하에 4개 부서를 두어 외교, 세관, 자원 개발, 통신을 담당하였고 「동문학(同文學)」을 설립하여 외국어와 행정 교육, 근대 서적 출판 등의 업무도 담당한다. 관료 충원에 있어서 가장 급진적인 변화 역시 외무아문에서 일어난다. 외무아문은 4명의 참의(參議)를 두었는데 그 중 한 명은 중인 출신인 변원규였다. 변원규는 1884년 외무아문 협판(차관)으로 승진한다. 외무아문 참의에 임명되는 변수(邊燧, Penn Su, 1861–1891.10.22.), 고영희(高永喜, 1849.12.16.–1916.1.24.), 정병하(1849–1896) 등도 모두 중인출신이었다.[32]

외무아문의 주사들 중 다수가 제2 신분계층 출신이었다. 조선이 그토

변원규

메릴랜드 대학 유학시절의 변수

수신사 수행원 당시의 고영희

록 오랫동안 차별하여 왔던 전문지식의 중요성을 절감하였기 때문이다. 외무아문 주사의 10% 이상이 중인 출신이었다. 다수의 무반과 서얼 출신들도 주사에 임명된다. 외무아문 주사직은 19세기 말, 20세기 초 조선의 초기 근대화시기에 중요한 역할을 하는 수많은 인사들이 거쳐간다.[33]

[표 9-3] 주요 외무아문 주사, 1883-1892년[34]

이름(임명일)	본관	신분	비고
고영철(1883.1.)	제주	중인	19세기 후반 고위직에 진출한 3형제 중 막내. 1876년 역과(중국어) 합격
권재(중)현(1891.6.)	안동	서얼	군국기무처 의원, 을사5적
김가진(1883.1.)	안동	서얼	갑오개혁기 군국기무처의 저명한 의원, 1920년 임시정부 참여
김사철(1883.1.)	연안	양반	1878년 문과 급제, 통감부시기 관직 유지,
김창현(1886.3.)	광산	무반(?)	1910년대 군수로 근무
김하영(1888.8.)	원주	서북인/향리(?)	임명 당시 함경도의 전형적인 향리직에 근무, 군국기무처 의원
박제순(1883.4.)	반남	양반	18895년 문과 급제. 을사오적

변수(1884.6.)	원주	중인	정명한 중인 가문 출신, 1882년 일본 유학, 1883년 보빙사, 갑신정변 참여. 조선인 최초로 미국 대학 (메릴랜드 대학) 졸업
안경수(1887.4.)	죽산	서얼	군국기무처 의원, 1900년 처형
유길준(1883.1.)	기계	양반	군국기무처 의원, 최초의 일본 및 미국 유학생
유성준(1885.5.)	기계	양반	유길준의 동생, 식민지시기 고위직 유지
윤치호(1883.4.)	해평	서얼	최초의 일본, 중국, 미국 유학생
이강하(1892.3.)	전주	무반(?)	통감부 시기까지 무관직 유지
이건호(1883.7.)	전의	무반	갑오개혁 정부 관찰사, 통감부 시기 고위직 유지
이원긍(1883.1.)	전주	양반	군국기무처 의원. 이능화의 부친.
이응익(1889.3.)	연안	양반	군국기무처 의원, 통감부시기 관직 유지
이전(1884.10.)	금산	중인	1879년 역과(중국어) 합격, 1880년대 육영공원 관료
이학규(1883.4.)	홍주	무반	1890년 주차일본 공사관 서기, 1894년 외무아문 참의, 우부승지, 좌부승지, 1904년 대한제국 중추원 의관, 1908년 중추원 찬의
이현상(1888.7.)	정읍	중인	저명한 중인 가문 출신, 1885년 역과(중국어) 합격
장박(1884.11.)	인동	서북인	장석주로도 알려짐. 유명한 친일파 관료. 함경도 출신
장학교(1884.7.)	나주	중인	유명한 화가
장화식(1889.12.)	인동	무반(?)	통감부 시기 종료까지 무반직 유지
정경원(1888.1.)	연일	양반	시카고 만국 박람회의 조선 책임자. 1890년 문과 급제
정만조(1883.1.)	동래	양반	궁내부 근무, 조선총독부 조선사편수회 위원
정병기(1886.1.)	온양	중인	중인 명문가 출신, 1914년까지 총독부 관료(군수)로 근무, 1880년 의과 합격
정병하(1886.1.)	온양	중인	정병기의 형, 갑오개혁의 중심인물, 1896년 아관파천 때 파살
정태유(1888.7.)	나주	중인	정학교의 아들, 유명한 화가, 서예가, 문인
현은(1890.11.)	천녕	중인	저명한 중인 가문 출신, 1880년 역과(일어) 합격, 식민지시기 관료로 근무

사대부 출신 인사들과 제2신분계급 인사들이 같은 관청에서 같은 직급으로 함께 근무하는 것은 500년 조선의 관행을 뒤집는 일이었다. 물론 주사라는 직책이 상대적으로 낮은 직급이었고 대부분 젊은 개화파들이 진출하였기 때문에 민씨척족 등 보수 기득권 세력의 견제를 덜 받았던 것도 사실이다. 외무아문 주사로 임명된 총 120명 중 풍양 조씨, 안동 김씨, 여흥 민씨 등 외척 출신들은 8명에 불과했다. 외척들은 여전히 막강한 권력을 행사하고 있었지만 외무아문의 주사직은 이들이 탐낼 정도로 중요한 직책으로 여기지 않았던 덕분에 제2 신분계층 출신들이 대거 진출할 수 있었다.[35]

2) 군국기무처

120명의 외무아문 주사 출신 중 62명은 갑오경장(1894-1895) 당시 정부에서 요직을 차지한다. 제1차 갑오경장을 시작한 「군국기무처」의원 중 1/3이 외무아문 주사 출신들이었다.[36] 군국기무처 의원 중 8명은 외무아문의 주사 출신이었고 핵심 인사 11명 거의 대부분은 통리아문 출신들이었다. [제1차 갑오경장과 군국기무처에 대한 논의는 『한국 사람 만들기 IV』, pp. 387 참조]

갑오경장은 조선 정부의 제도적 개혁을 꾀한 것은 물론 정부의 역할에 대한 근본적인 재해석에 기반한 혁명적인 변화를 추구한다. 제1, 2, 3차 갑오경장은 일본의 힘을 등에 업고 총 18개월에 걸쳐 일어난다. 광범위하고 근본적인 개혁을 꾀한다. 그리고 갑오경장을 주도했던 세력은 경장의 실패 후에도 신문, 시민단체, 교육 등을 통해서 조선의 성리학 사상과 체제를 시대착오적인 것으로 규정하면서 정면으로 맞선다.

갑오경장의 진행을 유심히 지켜보던 헐버트(Homer B. Hulbert, 1863-1949) 선교사는 「조선의 개혁(Korean Reforms)」이란 글에 경장의 핵심은 과거제의 폐지를 통한 국가 인사충원제도의 개혁임을 지적한다.

> 과거로 관리를 선발하는 것이 나라의 법이다. 그러나 단지 과거로만 능력을 판단하기에는 어려움이 있다. 인재 등용의 방법을 변경하고 다른 규칙들을 만들 것을 국왕에게 청원할 것이라고 한다. 오래된 토대를 무너뜨릴 수 있는 개혁이 있다면 바로 이것이다. 과거제도가 웃기는 놀이에 지나지 않는다는 사실은 모든 조선사람들이 잘 알고 있다. 누구든 돈만 많이 낼 수 있거나 힘 좀 쓰는 관리를 움직인다면 급제도 장담할 수 있다. 하지만 기적 같이 급제하는 운이 따르는 경우도 있기에 아직도 서울에 올라가서 급제를 꿈꾸는 오래된 관습이 남아 있다. 조선의 전통과 민담은 과거 시험 이야기로 넘쳐난다. 과거제 폐지는 조선사람들에게 삶에 있어서 가장 중요한 요소를 제거하는 셈이다.[37]

1894년 7월 27일 출범한 군국기무처는 12월 17일 폐지될 때까지 200여개의 개혁안들을 쏟아낸다. 7월 30일 고종의 재가를 받고 공표한 첫 개혁안은 「문벌, 양반과 상인들의 등급을 없애고 귀천에 관계없이 인재를 선발하여 등용한다」, 「문관과 무관의 높고 낮은 구별을 폐지하고 단지 품계만 따르며 서로 만나는 절차를 따로 정한다」, 「처와 첩에게 모두 아들이 없을 경우에만 양자를 세우도록 그전 규정을 거듭 밝힌다」 등 신분제 철폐 규정들이 주종을 이룬다.[38]

군국기무처 의원은 총 23명이었지만 이 중 개혁을 주도한 것은 11명이었다.[39] [표9-3] 이들은 1885-1894년 10년간 원세개가 조선의 「총독」을 자처하면서 조선을 청의 직할 식민지로 만들고자 노력할 대 친일, 친미, 친러파로, 그리고 개화파로 지목되어 원세개의 견제를 받고 정부에서 출세가 저지되었던 인물들이다. 이중 김가진, 안경수, 조희연, 권재형은 「왜당」으로 불릴 정도로 일본 공사관과의 관계가 깊었고 박정양, 이윤용은 친미 또는 친러파로 지목받고 있었다.[40]

이들은 청으로부터의 독립을 강조한다. 7월 30일 발표된 첫 개혁안의 제1조는 「이제부터는 국내외의 공문서 및 사문서에 개국 기년을 쓴다」고 하여 청의 연호 사용을 폐지하였고 제2조는 「청국과의 조약을 개정하고 각국에 특명전권공사를 다시 파견한다」고 하여 상국-속방 관계의 청산을 주문한다.[41]

11명 중 김홍집, 김윤식, 어윤중, 박정양 등 4명은 상대적으로 나이가 많았을 뿐만 아니라 (46세 이상) 모두가 명문가 출신들이었으며 갑신정변 실패 이후 10년간 조선 조정 내에서 부분적으로나마 개혁을 지속시킨 온건 개화파 인물들이었다. 군국기무처의 과격한 개혁을 주도한 것은 이들 온건 개화파들보다는 나머지 7명 즉, 안경수, 조희연, 김학우, 김가진, 권재형(권중현), 이윤용, 유길준 등이었다. 이 중 김가진, 안경수, 이윤용, 권재형은 서얼이었고 김학우는 서북인이었고 조희연은 무반이었다. 또한 이들 11명은 거의 모두가 갑오경장 이전에 신사유람단, 영선서, 보빙사 등의 일원으로 또는 유학생으로 일본, 중국, 미국, 러시아 등을 다녀왔고 외국어도 어느 정도 구사할 수 있었다. 군국기무처가 특히 신분제에 대하여 가히 혁명적인 개혁안들을 쏟아낼 수 있었던 이유다.

[표 9-4] 군국기무처 핵심 11인의 배경[42]

성명	연령	본관	집안배경 (부친의 관직)	과거 등과	외유국	갑오년 이전관직	갑오경장 중 겸직
권재(중)현	39	안동	서얼	없음	일본	주일서리 판사대신	한성부윤
김가진	48	안동	서얼(예판)	문과	일본	주일판사대신	외무협판
김윤식	59	청풍		문과	청국	외아문독판	외무대신
김학우	32	김해	서얼	없음	없음	기기국, 전환국 의원	법무협판
김홍집	52	경주	(참판)	문과	일본, 청국	좌의정	총리대신
박정양	53	반남	(목사[牧使])	문과	일본, 미국	주미공사	학무대신
안경수	41	죽산	서얼	없음	일본	전환국 (조폐국) 방판	탁지협판, 경무사
어윤중	46	함종(咸從: 평안도)		문과	일본, 청국	선혜청 당상	탁지대신
유길준	38	기계		없음	일본, 미국	통리기무아문 주사	의정부 도헌 내무협판
이윤용	40	우봉	서얼(판서)	없음	없음	한성부 판윤	경무사
조희연	38	평양	서얼	무과	일본, 청국	기기국 방판	군무협판

1894년 8월 3일의 군국기무처 결의안 42호는 과거제 폐지를 선언한다.

우리 조정은 처음부터 과거를 통해 관료를 선발했습니다. 그러나 오직 문학적인 재능에 대한 시험만으로 실무 능력을 가진 인재를 선발하기는 어렵습니다. 그러므로 저희는 전하께 과거제를 폐지하고 관직 채용을 위한 새로운

규칙을 제정할 것을 요청합니다.[43]

과거제가 폐지되고 그 대신 국어, 중국어, 수학, 국내외 시사 등을 시험
하는 새로운 관료 선발 시험이 신설된다.[44] 1895년 『관보』는 관료선발에
있어서 신분을 고려하는 오래된 관행의 철폐를 선포한다.

고위 관료를 선발함에 있어서 문지(門地, 문벌)에 구애되지 않을 것이다. 인재
(士)를 구할 때 조야를 두루 살필 것이다.[45]

물론 이러한 포고문으로 오랜 관행이 하루아침에 바뀌지는 않는다. 조
선조가 멸망할 때까지 왕실과 척족, 문벌의 권력독점은 여전하여 중앙부
처의 관직은 물론 지방관직 임면권 역시 이들이 독점하였다. 그러나 개
혁의 필요성에 대한 인식이 일반화되기 시작하고 갑오경장때 소개된 인
재 선발제도, 훈련제도, 승진 제도 등은 존속하면서 인재 충원제도를 변
화시킨다.[46]

4. 갑오경장과 관료 충원제도의 근대화

제1차 갑오경장을 주도한 군국기무처는 1894년 12월 17일 제2차 갑
오경장이 시작되면서 폐지되고 내각으로 대체된다. 내각을 실질적으로
장악한 박영효는 내무대신에, 서광범은 법무대신에 임명된다. 제2차 갑
오경장은 홍범14조 반포, 내무아문 제1호 훈령 반포, 교육입국조서 반

포, 영은문 철거, 독립경축일 지정, 신군대 창설 등 총 213건의 개혁을 추진한다. [제2차 갑오경장에 대한 자세한 논의는 『한국 사람 만들기 IV』, pp. 553-570, 718-724 참조]

제2차 갑오경장을 주도한 박영효 내각의 각료들의 배경을 살펴보면 제2 신분계층 출신들이 대거 진출하고 있음을 알 수 있다. [표 9-4] 각료들의 평균 연령은 42세, 그 중 9명은 30대였다. 4명은 서얼이었고 문과에 급제하지 않은 사람도 있었고 대부분은 외국에 유학을 다녀오거나 장기간 외유 경험을 갖고 있었다. 9명은 미국유학을 하였거나 미국 공사관에서 일한 경험을 갖고 있었다. 이들은 갑오경장이 실패로 돌아간 후에는 『독립신문』과 「독립협회」를 이끈다.

갑오경장은 1880년대 초부터 일기 시작한 국립교육제도의 재편을 가속화시킨다. 정부는 외국어, 법, 상업, 의료, 역사, 경제, 정치 등의 전문가를 키우는 학교들을 설립한다. 특히 외국어와 법에 대한 전문성의 중요성이 새롭게 인식되면서 특히 중인계층에게 새로운 기회를 제공한다. 유교와 관련된 새 학교는 설립되지 않는다.

[표 9-5] 1895년 5월 제2차 갑오경장 당시 박영효 내각 각료 배경[47]

성명 (직위)	연령	본관 (신분)	등과	외유경험	경장이전의 최종관직	1885- 1894년간 주요 경력
권재(중)형(내각총서)	40	안동 (서얼)		주일공사관 서리공사 (1891-1893)	통리교섭통상 사무아문 주사 (1885-1891)	전우국 주사(1891)
김가진(상공부대신)	49	안동 (서얼)	문과 (1886)	주일공사관 참찬관, 판사대신(1887-1891)	부호군(1893)	부호군 (1893)
김윤식	60	청풍 (양반)	문과 (1874)	영선사(1881-1882)	독판교섭 통상사무 (1885-1887)	면천군 (沔川) 유배(1887 -1894)
박영효	35	반남 (양반)		수신사(1882-1883), 일본 및 미국 망명(1885-1894)	광주 유수 (1883)	일본, 미국 망명 (1885- 1894)
박정양 (총리대신)	55	반남 (양반)	문과 (1866)	신사유람단(1881), 주미공사(1887-1888)	내무대신(1894)	호조판 서 등
서광범 (법부대신)	37	달성 (양반)	문과 (1880)	보빙사 종사관(1883-1884)	승정원 가주서 (1882)	미국망명 (1885 -1894)
서재필 (외부협판)	32	달성 (양반)	문과 (1879)	일본유학(1883-1884), 미국유학(1886-1892)	조련국 사관장 (1884)	미국망명, 유학 및 병원개업 (1885 -1895)
신기선 (군부대신)	44	평산 (양반)	문과 (1876)		통리기무아문 주사(1882)	여도 유배 (1886 -1894)
신응희 (훈련대 제1대대 장)	39	평산		일본유학 (1883-1884)	후위영(1881)	일본, 미국 망명 (1885 -1894)
안경수 (탁지부 협판)	42	죽산 (서얼)		주일공사관 통역관 (1887), 일본 왕래 (1888-1892)	전환국 방판, 장위영 영관 (1893)	전환국 방 판 등

어윤중 (탁지부 대신)	42	우봉 (서얼)			한성부 판윤 (1888)	대호군 (1894)
우범선 (훈련대 제 2대대장)		단양		상해여행(1894)	별기군 참령관 (1881)	찰방 (察訪) (1894)
유길준 (내부협판)	39	기계 (양반)		일본유학(1881-1882), 미국유학 (1883-1885)	통리교섭통상 사무아문 주사 (1883)	한성부내 유배(1886 -1892)
윤치호 (학부협판)	31	해평 (서얼)		일본유학(1881-1883), 중국유학(1885-1888), 미국유학(1888-1893)	통리교섭통상 사무아문 주사 (1884)	상해 중서 서원 전임강사 (1893 -1895)
이규완 (경무관)	33	전주 (양반)		일본유학 (1883-1894), 미국유학 (1885)	무관시종장 대 위(1884)	일본, 미국 망명(1885 -1894)
이완용 (학부대신)	37	우봉 (양반)	문과 (1882)	주미공사관 참서관, 대리 공사(1887-1890)	교환서 총판 (1893)	공조참판 (1893)
이윤용 (경무사)	42	우봉 (서얼)			한성부 판윤 (1888)	대호군 (1894)
이재정 (법부협판)	49	우계	진사 (1882)		전우국(電郵局) 주사(1893)	전우국 주사
이주회 (군부협판)	52	광주			경상좌수영 정 령관(1894)	경상 좌수영 정령관
이채연 (농상공부 협판)	35			주미공사관 대리공사 (1890-1891)	전우국 방판 (1893)	참의교섭 통상사무 (1894)

1) 외국어

역관은 잡과 중에서 그나마 가장 위상이 높았지만 제2 신분계층에 머물 수밖에 없었다. 그러나 개국과 함께 역관의 위상은 급격히 높아지기 시작한다. 1882년 「조미수호통상조약」, 1883년 「조영수호통상조약」 등이 체결되면서 외국어 전문가에 대한 수요가 급증한다. 정부는 1883년 통리교섭통상사무아문(외교부) 산하에 외국어 훈련을 위한 「동문학」을 설립한다. 동문학 졸업생 중에는 친미기독교파의 핵심 인물 중 하나인 남궁억도 포함되어 있었다.[48]

동문학은 1886년 「육영공원(育英公院)」으로 대체된다. 설립 초기에는 동문학의 교사들과 졸업생들이 참여하지만 정부는 곧 헐버트(Homer B. Hulbert, 1863.1.26.-1949.8.5.), 벙커(Delzell A. Bunker, 1853.8.-1932.11.), 길모어(Geroge William Gilmore, 1893-1933) 등 미국인 교사 세명을 초빙한다. 이들은 모두 뉴욕의 유니언 신학대학(Union Theological Seminary) 출신들이었다.

길모어는 『조선의 수도에서(Korea From Its Capital: With a Chapter on Mission)』라는 제목의 회고록에서 고종이 육영공원을 설립한 이유가 견고한 세력을 구축한 보수 관료층과 맞서 싸우는데 자신을 도울 수 있는 관리들을 양성하기 위해서였다고 증언한다. 길모어는 동문학이 대체로 목적을 달성했다고 한다. 그런데 「학생들은 귀족출신들」이었지만 가장 우수한 학생들은 「고위관리나 보직을 갖고 있는 학자들」이 아니라 「가장 어린 소년들과 영어 공부를 통해 승진하고 싶어하는 학생들」이었다고 한다. 당시 이완용도 동문학에서 수학하고 있는 관리 중 하나였다.

『육영공원등록(育英公院謄錄)』은 학교 설립배경과 교사들과 학생들 명

헐버트   벙커

단을 싣고 있는데 대부분의 학생들이 양반 출신이었지만 어린 학생들의 대부분은 중인 출신이었다. 중인 출신 중에는 중국어 역관시험에 급제한 이현상(李鉉相, 1865-?)도 포함되어 있었다. 이현상은 조선조의 가장 성공적인 중인 가문이었던 정읍이씨 출신이었다. 다른 중인 학생 중에는 역시 명문 중인 가문이었던 제주 고씨 고영희(高永喜, 1849.12.16.-1916.1.24.)와 고영철(高永喆, 1853-?)의 자식들도 있었다.[49]

육영공원은 저조한 학생 출석율과 관리부실로 인해 1년만인 1894년에 문을 닫지만 정부는 1895년 봄 「관립외국어학교」를 개설한다. 이 학교는 1910년 한일합방까지 존속하면서 정부 통역관들을 배출하는 동시에 시류에 따라 일본어 교육기관으로 자리잡는다. 학교 규정에 따르면 어느 외국어를 가르칠지는 「당시에 가장 적합한 언어」를 학부대신이 결정하는 것으로 되어 있었지만 초기에는 영어와 일어를 배우고자 하는

학생들이 대부분이었다.[50] 또한 「필요에 따라」 학부대신이 분교를 설립할 수 있다고 규정되어 있었지만 1907년 인천과 평양에 일어를 가르치는 분교를 설립한 것이 전부였다. 외국어 학교 설립은 규모는 크지 않았지만 다른 전문분야를 양성하는 학교들에 비하면 상대적으로 성공적이었다. 「관립외국어 학교」 학생들은 육영공원의 경우와 마찬가지로 대부분이 문반 출신들이었지만 무반과 중인도 있었다.[51]

2) 법

문반 사대부들은 법에 대한 전문지식 역시 하찮은 것, 천한 것으로 간주하였다. 그러나 갑오경장을 추진한 개혁세력은 근대국가와 근대국제질서 속에서 법이 차지하고 있는 위치를 익히 알고 있었다. 1894년 12월 16일, 제2차 갑오경장이 시작되는 첫날 법무대신에 갓 임명된 서광범은 근대식 법률학교를 세울 것을 제안한다.

> 법무대신 서광범 삼가 아룀. 법률학교를 설치하는 까닭은 인재를 배양하고 법률을 익혀 타일에 지방재판관으로 선보(選補: 임명)하는데 용비(庸備: 준비)하기 위함이며, 또한 대에 맞추어 재판관을 아울러 취학(就學)케 하여서 법률을 행하게 하기 위한 것으로서 그 경비를 양의타산(量宜打算: 필요한 만큼 계산하여)하여 탁지아문으로 하여금 변획(辨劃: 계획)케 할 뜻으로 삼가 아룀.[52]

1895년 3월 25일에는 「재판소구성법」과 「법관양성소 규정법」을 공

함태영   이준

포한다. 3월 29일에는 「법관양성소 설치의 건」을 주청한다.

> 법부내에 법관양성소를 치(置)하여 미인(米人: 미국인) 구례(具禮) 급 일인(日人)
> 일하부삼구랑(日下部三九郎) 등에게 법률학 강의를 촉탁하며 우(又) 법관의 양
> 성은 공평무사, 청렴결백의 덕의(德義)를 발양케 함을 무(務)함이 가할 사(事).[53]

「구례」는 미국인 법률고문 그레이트하우스(Greathouse)였고 「일하부삼
구랑」은 일본이 법학자 구사가베 산쿠로(日下部三九郎, 1870.9.16.-?) 였다.
　법관양성소 1기생은 1895년 4월 16일 총 50명이 입학한다. 수업 연
한은 6개월이었고 우등생은 3개월의 과정을 밟게 한다. 1기 졸업생 중
에는 수석으로 졸업한 함태영, 이준 등이 있다. 함태영(咸台永, 1873.12.11.-
1964.10.24.)과 이준(李儁, [음] 1859.12.18.-1907.7.14.)은 졸업 후 조선 최초의

근대 재판소인 한성재판소 검사시보로 관직을 시작한다.

함태영은 함경도 무산 출신이고 이준은 함경도 북청 출신이다. 둘 다 「북인」이다. 함태영의 부친 함우택은 무반이었고 이준은 환조, 즉 이자 춘의 아들 완풍대군의 18대 손이다. 완풍대군은 태조 이성계의 이복형 이다. 다시 말해서 이준은 몰락한 왕실 방계 출신이었다. 이들이 과거 를 칠 수는 있었겠지만 서북인, 무반에 대한 차별로 급제를 하더라도 승 진에는 한계가 있었을 것이 분명하다. 반면 법관양성소는 신분차별도, 지역차별도 하지 않았다. 갑오경장의 근대화 개혁은 제2 신분계층 출 신인 이들에게 과거에서는 감히 꿈꿀 수 없던 새로운 세계를 열어준다.

3) 해외 유학

제2 신분계층의 부상에 있어서 결정적인 요인은 해외 유학이었다. 문 반 사대부들은 대부분 해외유학을 거절하였다. 명의 멸망 이후 유일하 게 중화 문명을 지켜내고 있다고 믿던 조선 문반 사대부들은 일체의 사 상적 오염을 막으면서 「사문난적」으로부터 주자성리학을 지켜내는 것 이 자신들의 사명이라고 생각했다. 따라서 「왜(倭)」나 「양이(洋夷)」 즉, 서 양 오랑캐의 나라에 유학 가는 일은 있을 수 없었다. 해외에서 배울 것 이 있다는 명제 자체가 어불성설이었다.

문반 사대부들이 해외에서 배울 것이 없다고 느낀 대표적인 예가 강화 도 조약 체결 직후 제1차 수신사로 일본을 방문한 김기수다. 김기수는 수 신사에 임명된 소감을 다음과 같이 적고 있다. [김기수의 방일에 대한 자세한 논

의는 『한국 사람 만들기 II』, pp. 513-530 참조]

> 나는 재주가 없고 학식도 없는 사람이라, 비록 예사로운 사명이라도 그 적
> 임자가 아닌 것이 두려운데, 이제 단발문신(斷髮文身)은 내 눈으로 보지 못한
> 것이고 험한 물결은 내 발로 건너보지 못한 것이다. 오랑캐의 괴상한 말을
> 따라서 해야 되고 강하고 억센 무리들을 대항해야 되니 그것을 두려워하고
> 움츠러들지 않을 사람은 거의 없을 것이다.[54]

반면 제2 신분계층 출신들은 해외유학을 실력양성과 신분상승의 기
회로 적극 활용한다. 공식적인 해외 유학제도가 마련되기 전부터 중인
특히 역관들은 해외경험을 통해 해외문물의 도입과 근대개혁의 당위를
깨닫고 이를 전파하기 시작한다. 대표적인 것인 오경석(吳慶錫, 1831.3.5.-
1879.10.7.)와 유홍기(劉鴻基, 호 대치, 1831-1884)였다. 오경석은 역관으로 연
행사를 수행하여 수 차례 청나라를 다녀온다. 그는 이때 청에서 구입한
서양 관련 서적들을 갖고 귀국하여 역시 중인 출신인 유홍기와 함께 김
옥균 등 개화파들에게 새로운 세상을 보여주고 개화의 중요성을 일깨
워준다. [오경석과 유홍기(유대치)에 대한 자세한 논의는 『한국 사람 만들기 II』, pp. 563-568
참조]

조선 정부 최초의 공식 해외 유학생단은 「영선사」였다. 중인이면서도
훗날 한성부윤의 지위에까지 오르는 변원규가 이홍장과 협상하여 중국
에 시찰단을 파견하게 되는 것이 영선사다. 조정은 1880년 여름 참여할
인사들을 모집하기 시작한다. 조정에서는 관료들에게 신분에 관계없이
유망하고 재능있는 젊은이들을 추천할 것을 명한다. 그러나 모집된 인

원들 대부분은 중인 출신들이었다. 「학도」로 분류된 인원들은 잡과 급제 자들이었다.

이 중에는 1876년 한학(중국어)과에 급제한 고영철(高永喆, 1853-?)이 있었는데 고영철은 영선사에서 돌아온 후 외무아문 주사에 임명된다. 진상언(秦尙彦, 1857-?)은 영선사로 중국을 다녀온 후 잡과에 급제하고 외무아문 주사, 무안감리서(務安監理署) 겸 무안부윤(務安府尹)으로 1896년까지 재직한다. 역시 1876년 잡과 한학(중국어)과에 급제한 조한건은 갑오경장 당시 실시된 「이십삼부제(二十三府制, 부군제. 1895년 6월 23일 시행)」에 의해 만들어진 나주부의 부사에 임명된다.[55]

최초의 미국 유학생 중에도 중인들이 있었다. 1883년 파견된 보빙사 수행원 중에는 고영철과 변수(邊燧, 1861-1891.10.22.)가 있었다. 변수는 귀국 후 갑신정변에 참여하고 정변 실패 후 일본을 거쳐 미국으로 건너가 1891년 매릴랜드 주립대학(University of Maryland, College Park)을 졸업한다. 미국 대학을 졸업한 최초의 조선 사람이었다.[56]

일본 최초의 조선유학생은 신사유람단(1881.5.7.-8.26.)의 일원으로 도일한 유길준, 유정수(柳正秀, [음] 1857.4.11.-1938.4.17.), 윤치호였다. 이중 16세의 윤치호는 서얼이었다. 1883년 여름 김옥균의 인솔하에 60여명이 일본으로 유학길에 오른다. 이중 서재필을 비롯한 14명은 육군 도야마학교(陸軍戶山學校)에 입학한다. 1881년에서 갑신정변이 일어난 1884년 사이 70명에 가까운 조선 유학생이 일본에 유학한다.[57] 1884년 일본 유학길에 오른 구연수(具然壽, 1866.10.8.-1925.5.6.)와 1890년대 후반에 일본에 건너간 박영철(朴榮喆, 1879.2.2.-1939.3.10.)은 모두 향리 집안 출신이었다.[58]

5. 제2 신분 계층과 기독교

친미기독교파의 주요 인사 대부분은 제2 신분계층 출신이었다. 개신교는 주자성리학의 핵심 제례인 제사를 금하고 신분제와 성차별제도를 비롯하여 조선 체제를 지탱해온 각종 예법과 관습, 제도의 폐지를 주장한다. 500년 조선조를 떠받쳐온 주자성리학에 대한 정면 도전하는 사교(邪敎)요 이단이었다. 그러나 중인, 향리, 서얼, 서북인, 무반 등 제2 신분계층들에게 유교는 자신들을 차별하는 이념이었을 뿐만 아니라 조선의 근대화를 저해하는, 따라서 하루속히 버려야 하는 봉건 이념일 뿐이었다. 이들이 몰락해 가는 조선의 주자성리학 대신 채택한 사상은 유교를 철저히 배척하는 개신교였다.

다음의 표(표 9-6)는 친미기독교파 인사들 대부분이 서북인, 무반, 서얼 출신임을 여실히 보여준다.

[표 9-6]

성명	본관	생몰연도	출생신분	개종연도	교파	주요활동
고영근	?	1853 -1923	서북인, 무반	?	?	경상좌도병마절도사, 독립협회 총대위원, 만민공동회 회장, 독립협회 부회장, 우범선(민비 시해범) 사살
남궁억	함열	1863 -1939	무반	1911	감리교	동문학, 해관 내부주사, 탑골공원 조성, 독립신문, 독립협회, 황성신문 창간, 배화학당 교사, '삼천리반도 금수강산' 작사, 무궁화 보급, 한서감리교회
박용만	밀성	1881 -1928	철원 출생	?	?	한성일어학교, 일본유학, 한성감옥 수감(이승만, 정순만과 함께 '3만'), 미국 신한민보 및 신한국보 주필, 임시정부 외무총장
서재필	대구	1864 -1951	문반	1897	감리교	일본유학, 갑신정변, 미국망명, 미국 의과대학, 의사자격증, 독립신문, 독립협회

안창호	순흥	1878 -1938	서북인 (평안도)	1896	장로교	구세학당 졸업, 독립협회, 만민공동회, 미국 망명, 공립협회, 서북학회, 신민회, 대성학교, 흥사단
양흥묵	제주	1866-?	?	?	?	협성회, 독립협회, 배재학당 교사, 만민공동회, 매일신문 창간
윤치호	파평	1865 -1945	무반, 서얼	1887	감리교	일본, 미국 유학, 외부협판, 독립협회, 독립신문, 만민공동회, YMCA, 대성학교, 한영서원, 연희전문
이상재	한산	1850 -1927	문반	1903	장로교	신사유람단, 주미공사관 2등서기관, 학무아문 참의, 학무국장, 내각총서, 독립협회, 만민공동회, YMCA
이승만	전주	1875 -1965	몰락한 방계 왕실, 서북인(황해도 평산)	1905	감리교	배재학당, 협성회, 협성회보, 독립협회, 독립신문, 만민공동회, 매일신문, 제국신문, 미국망명, 상해임정부 대통령, 대한민국 초대 대통령
이승훈	여주	1864 -1930	서북인(정주), 보부상	1915	장로교	민족대표33인, 오산학교 교장, 동아일보 사장
이원긍	전주	1849-?	문반	1904	장로교	증광문과 급제, 홍문관교리, 이조참의, 북청부사, 나문아문참의, 군국기무처 의원, 독립협회, 아들: 이능화
이준	전주	1859 -1907	몰락한 방계 왕실, 서북인(북청)	?	감리교	법관양성소, 한성재판소 검사, 일본 유학, 헤이그 밀사
정교	?	1856 -1925	?	?	?	독립협회, 만민공동회, 배재학당으로 6년간 피신, 한성사범학교 외국어 학교장, 학부 참서관, 양규의숙 설립, 『대한계년사』 저술
주시경	상주	1876 -1914	황해도 봉산군 무릉골	1900	감리교	배재학당, 협성회, 협성회보, 독립신문, 만민공동회, 제국신문, 상동청년학원 국어문법과 부설, 대한 국어문법 저술, 국어연구회, 국문연구소, 한어 연구회, 조선언문회, 조선어 강습원
최병헌	?	1858 -1927	?	1893	감리교	배재학당 한문 교사, 조선 기독교인 회보 주필, 신학월보 주필, 1902년 목사 안수, 정동교회 제2대 담임목사, YMCA

홍정후	?	?-?	?	?	?	과거(전시) 합격(1872), 홍문관부수찬, 사헌부 장령, 독립협회, 만민공동회. 부인: 한메리, 딸: 홍애시덕(애스더, Esther, 이화학당 졸업, 이화보통학교 교사, 여성동지회 조직, 미국 유학, 감리교 신학교 교수)
신흥우	고령	1883 -1959	?	1896	감리교	배재학당, 협성회, 독립협회, 만민공동회, YMCA, 배재학당, 신간회, 적극신앙단, 미국 유학

특히 서북인들이 많다. 서북인에게는 출생신분 뿐만 아니라 출신 지역도 차별의 대상이 되었다. 서북인들이 주자성리학과 조선의 체제에 미련을 갖지 않은 것은 어찌 보면 당연한 일이다. 이러한 토양에 기독교가 전파된다.

서북지방에는 개신교 선교사들이 조선에 입국하기 전부터 기독교가 전파되기 시작한다. 잉커우(營口)에서 선교하고 있던 스코틀랜드 장로교회 선교사 로스 목사는 1875년부터 이응찬, 서상륜(徐相崙, 1848.7.19.-1926.1.), 김진기, 백홍준, 이성하 등의 도움으로 동료 선교사 매킨타이어(John MacIntyre, 1837-1905)와 함께 신약성서를 조선어로 번역하기 시작한다. 이들은 대부분 의주 사람들이었다.

서상륜은 1879년 로스 목사로부터 세례를 받는다. 조선 최초의 장로교 개종자다. 서상륜은 권서인(勸書人)으로 로스목사 등과 번역한 조선어 성서를 서북지방에 보급하고 황해도 장연군 송천(속칭 솔내)에 정착하여 1884년 조선인이 세운 첫 개신교회인 소래(송천)교회를 창립한다. 알렌, 언더우드, 아펜젤러, 스크랜튼이 조선에 입국하기 전이다. [로스 목사와 서상윤 장로, 서경조 목사, 그리고 한글 성서 번역에 대한 논의는 『한국 사람 만들기 III』, pp. 14-150 참조]

1897년 9월 15일자 『조선(대한)크리스도인회보』에 의하면 장로교의

30여개 전교 지역 중 18개가 황해도와 평안도에 있었고 가장 성공적인 전도가 이루어진 곳은 바로 서상륜 장로가 설립한 송천(솔내)교회였다.[59]

[표 9-8]은 1899-1900년 장로교회의 전국 통계다. 입교인 수, 집회소, 주일학당 학생수, 교회 나오는 사람, 지난 해에 세례 받은 자 수 등 모든 통계에서 평양이 압도적으로 많다. 원

서상륜

산은 절대적인 수에 있어서는 서울에 뒤지지만 인구비율로 보면 역시 압도적인 우위를 보인다.

[표 9-7] 역시 평양, 강계, 선천 등 서부지방의 선교가 여타지역에 비해 월등히 성공적임을 보여준다. 친미기독교파의 주류는 서북인, 무반, 중인, 서얼 출신들이었다.

[표 9-7] 장로교회 통계(1899~1900)

선교 파송단	교회 설립소	입교인 수	집회소	주일 학당수	주일 학당 학생수	교중 학당수	교중 학당 학도수	교회에 나오는 사람	지난해 세례 받은자
북 장 로 회	서울	1,430	48	31	1,450	10	남: 128 여: 37	3,318	320
	부산	43	2	1	50	1	남: 25 여: 256	156	27
	평양	2,230	185	189	7,166	17	남: 330 여: 50	10,055	743
	대구	4	2	?	?	?	?	40	2
	소계	3,704	237	221?	8,666?	28?	남: 483 여: 112	13,569	1,192
남 장 로 회	전주	19	7	1	30	?	?	100	10
	군산	105	3	3	192	?	?	300	81
	목포	8	1	1	50	?	?	100	60
	소계	132	11	5	272	?	?	500	151 (2년간)
캐나다 장로회	함흥 원산	90	14	2	100	2	남: 25 여: 10	360	22
	소계	90	14	2	100	2	35	360	22
호주 장로회	부산	20	2	1	50	2	남: 20 여: 25	80	21
	총계	3,946	264	229?	9,088?	32?	남: 528? 여: 147? 계: 675?	14,509	1,397

[표 9-8] 장로교의 각 지방 선교 상황표

포교구명	경성	전주	대구	재령	평양	부산	강계	선천
개시시기	1884	1908	1899	1906	1892	1891	–	1901
구역내 인구	887,740	1,150,000	1,062,991	758,207	774,266	652,107	350,000	310,000

선교사 및 의료선교사	선교사	남자	7	2	5	3	8	2	1	3
		여자	13	2	7	4	11	3	1	6
	의사	남자	2	1	1	1	1	1	-	1
		여자	2	-	-	-	1	-	-	1
한인 조력자	설교자		14	3	13	26	47	3	4	21
	교사	남자	33	6	69	70	178	9	15	165
		여자	7	-	-	13	47	1	-	-
정기설교소			117	54	105	140	201	73	20	99
경비자가 부담교회			111	38	105	140	201	73	21	108
신자			5,820	1,500	7,871	12,896	22,298	3,370	2,096	17,996
출석 평균			3,855	975	8,599	8,000	19,980	1,019	1,518	14,362
일요 학교			114	28	106	148	201	72	21	108
동출석자			4,299	4,418	8,389	10,100	20,000	2,245	1,518	14,362
학교 합계			37	6	68	83	114	10	15	133
동학생 합계			995	60	935	1,023	4,453	272	280	5,444
예배당			76	19	154	95	168	65	10	94

6. 서재필과 윤치호

친미기독교파의 태두로서 『독립신문』과 독립협회의 설립을 주도한 서재필은 명문 사대부 집안 출신이다. 1864년 1월 7일 전라도 동북군(현재 보성군) 문덕면 외가에서 태어난 그는 18세 때인 1822년 과거(별시 문과)에 합격한다. 문반 사대부로 출세의 길이 활짝 열린다. 그러나 서재필은 문반 사대부의 길을 버리고 「왜국」으로 유학을 떠나 「왜 나라 말」을 배우고 「서양오랑캐」의 학문을 배운다. 그는 과거 급제 이듬해인 1883

년 5월 일본의 후쿠자와 유키치가 설립한 게이오기주쿠(慶應義塾)에 유학하여 6개월간 일본어와 서양학문을 배운 다음 그해 11월 「도야마육군유년학교(戶山陸軍幼年学校)」에 입학한다. 1884년 4월 6일자 『漢城旬報(한성순보)』에는 「駐日生徒(주일생도)」라는 제목의 기사에 서재필의 생도생활을 보도한다.

작년 가을 생도들이 일본에 들어가 수업하고 있다는 사실은 전호에 이미 보도하였거니와 注書(주서) 徐載弼(서재필) 外(외) 14명이 일본 戶山(도야마)학교에서 上·下 士官(상, 하사관)의 業(업)을 익히면서 밤낮으로 노력하고 있다니 좋은 현상이다. 특히 徐(서)는 원래 귀족인데다 朝紳(조신: 조선의 신사, 양반) 축에드는 신분으로서 수업에 열중하여 아침 8시부터 저녁 4시까지는 教場(교장)에서 가르침을 받고 그 밖의 아침 저녁으로도 규칙적인 생활로 학습에 전념하고 있으며 또 일행인 14명에게도 다 자기가 하는 대로 하도록 권장하고 있다고 한다. 그리하여 兵技(병기)에서부터 兵書(병서)·算術(산술)에 이르기까지 모두 큰 진전을 보고 앞으로 곧 졸업할 것이라고 한다. 徐(서)가 그렇게까지 노력한다니 참으로 보기 드문 일이다. 이상은 일본의 각 신문에 게재된 것이다.[60]

서재필은 신문이 「보기 드문 일」이라고 할 정도로 다른 조선 양반들과는 다르게 자신에 대해 엄격하고 규칙을 따르고 신식학문과 근대 병법, 군사기술을 배우는데 열심이었다.

1884년 5월 31일 졸업한 후 귀국한 서재필은 「사관장」에 임명되어 일본에서 배운 근대식 군사훈련을 조선군에도 도입하고자 하지만 민씨척족의 개입으로 실패로 돌아가자 김옥균, 박영효 등과 갑신정변을 일으킨다. 갑신정변 거사일에 서재필은 동생 서재창(徐載昌, 1866.10.29.-1884.12.13.)과 함께 무장으로 참여한다.

갑신정변이 실패한 후 김옥균, 박영효, 서광범 등과 일본으로 망명한 서재필은 일본 정부가 자신들을 영웅으로 환영할 것을 기대하였다. 그리고 강력한 일본군대를 이끌고 조선으로 돌아가 청군과 싸워 조선의 독립을 쟁취할 것을 기대했다. 그러나 일본정부는 정변에 실패하고 돌아온 친일개화파를 철저하게 외면한다. [갑신정변 실패 후 일본으로 망명한 친일개화파에 대한 일본 정부의 대응에 대해서는 『한국 사람 만들기 IV』, pp. 16-18, 106-168 참조]

망명 후 이노우 가오루 외무대신과 면담 중 이노우에가 일본은 청과 전쟁할 준비가 되어 있지 않다 고하자 서재필은 격분한다.

> 사무라이가 사무라이를 어떻게 이렇게 대할 수 있나? 우리는 당신들을 믿었다. 그러나 당신들은 우리를 배반하고 버렸다. 나는 당신들과 더 이상 상대하고 싶지 않다. 나는 사람들이 서로의 인연을 중시하고 서로에게 공정하게 대하는 신세계로 갈 것이다. 나는 미국으로 가겠다.[61]

서재필은 1895년 5월 25일 미국 샌프란시스코에 도착한다. 당시 21세였다. 도쿄에서 미국 선교사들로부터 배운 기초적인 영어밖에 못 했던 그는 가구점의 광고전단을 집집마다 뿌리는 배달부직을 얻는다. 명문 사대부 집안 출신이었지만 그는 허드렛일을 마다하지 않았다. 저녁에는 YMCA 영어 교실을 다니면서 영어를 배우고 기독교에 귀의하여 교회에 출석하기 시작한다. 서재필은 1934년 동아일보에 게재한 「체미

(滯美) 50년」이란 글에 당시를 회고한다.

우리는 아는 사람도 없고 돈도 없고 언어도 통하지 않으며 이 나라 풍습에도 익지 못하였다. 이처럼 생소한 곳에서 우리는 온갖 고초를 맛보지 않을 수 없었다. 이곳에서는 금릉위(錦陵尉)이던 박영효씨나 바로 1년 전까지 와싱톤 우리 공관에서 참사관 생활을 하던 서광범씨의 지위를 알아주는 이가 전혀 없었다. 그러니 아무 명목도 없는 나인지라 나 자신 남이 몰라준다고 물론 낙심하지를 아니하였다. 우리 세 사람은 태평양의 거친 파도에 밀려서 캘리포니아 해안에 표착한 쓰레기같이 외롭고 가엾어 보이는 존재들이었다.

우리는 여러 주일 동안 말로 할 수 없는 마음의 고통과 물질의 궁핍을 겪고 치르다가 끝끝내 이처럼 세 사람이 같이 지내기는 곤란한 즉, 따로 떨어져 지내기로 결심하였다. 그래서 서광범은 조선에 제일 처음으로 파송된 장로교 선교사인 언더우드 목사의 백씨(형, 언더우드 타이프라이터의 발명가로 큰 기업인)의 호의로 뉴욕으로 가게 되었고 박영효씨는 어떤 일본인의 조력으로 일본으로 돌아갔다. 이제는 나 홀로 샌프란시스코에 떨어져 노동하며 공부를 하였다.

그때 나는 어느 한 친절한 교인을 만났는데 그를 통해서 일자리도 얻고 영어 공부도 할 기회를 얻었다. 나는 안 해본 노동이 없었다. 그 중의 제일 쉬운 일이 어느 가구상(家具商)의 광고지를 이집 저 집 문 앞에 붙이고 다니는 일이었는데 일 자체는 그다지 힘들지 않았으나 일본제의 잘 맞지 않는 구두를 신고 온 종일 뛰어다니는 것이 고통이었다. 갈라지고 해어진 발바닥이 밤에는 얼얼하고 쑤셔서 잠을 이루지 못했다. 그래도 나는 이를 악물고 그 고통을 참고 다음 날도 그 괴로운 광고지 붙이는 마라톤을 하였다.[62]

컬럼비안 대학 졸업사진(맨 뒷줄 왼쪽에서 세 번째가 서재필)

1885년 9월 탄광을 운영하는 갑부이자 자선사업가인 홀렌벡(John Welles Hollenback, 1827.3.15.–1923.6.19.)의 도움을 받아 서재필은 미국 동부의 펜실베니아주 윌크스-배리(Wilkes-Barre)시 소재 해리힐만아카데미(Harry Hillman Academy)에 등록한다. 그는 교장의 집에 기숙하면서 정원사로 일하면서 학비를 번다. 1887년 6월에는 우등생으로 뽑히고 수학, 그리스어, 라틴어 장려상을 받는다. 1888년 졸업식에서는 졸업생 대표로 연설을 한다. 서재필은 이 학교에서 처음으로 미국 국부들의 이념과 미국 헌법의 정신을 접하게 된다. 그가 처음으로 민주주의 국가의 시민들의 권리와 의무에 대한 명확한 인식을 갖게 되는 계기다.[63]

서재필은 1890년 미국의 수도 워싱턴으로 옮겨간다. 그는 미국 육군의료도서관(Army Medical Library)에서 일본어 번역사로 일하면서 한달에 125달러 월급을 받는다. 그는 이 월급으로 어느정도 경제적 안정을 찾고 학업에 전념할 수 있게 된다. 낮에는 육군의료도서관에서 일하고 저녁에는 조지워싱턴 대학(George Washington University)의 전신인 컬럼비안 대학교(Columbian University)의 코코란 과학인문대학(Corcoran School of Science and the Arts) 야간 학부 수업을 듣는다. 그리고 1890년 6월 19일 이름을 필립 제이슨(Philip Jaisohn)으로 개명하고 조선 사람 최초로 미국 시민권을 취득한다.

컬럼비안 대학교 의대에 진학한 서재필은 1892년 3월 의학박사(M.D.) 학위를 받음으로써 미국의 의사면허를 받은 최초의 조선 사람이 된다.[64] 그는 곧 이어 워싱턴의 가필드 병원(Garfield Hospital)에서 저명한 의사인 월터 리드(Walter Reed) 박사 밑에서 수련의 과정을 마치고 1893년 의사 면허를 취득한다.[65] 당시 에모리대학을 갓 졸업한 후 잠시 워싱턴을 방문하여 서재필을 만난 윤치호는 일기에 다음과 같이 쓴다.

제이슨 박사가 콜롬비아 의과학을 2등으로 졸업했으며 이 학교 병리학 임시교수로 임명되었고 한달에 100불의 봉급을 받는다는 것을 듣고 자랑스러웠다.[66]

서재필은 1894년 6월 20일 미국 철도우편국(U.S. Railway Mail Service)의 창설자인 암스트롱 대령(Colonel George Buchanan Armstrong, 1822.10.27.-1871.5.5.)의 딸 뮤리엘 조세핀 암스트롱(Muriel Josephine Armstrong, 1871-1941)과 결혼한다.[67]

조선의 명문 사대부 출신인 서재필은 일본으로 유학을 가서 「무반」의 길을 걷다가 정변에 가담하고 미국으로 망명한 후에는 의사, 즉 「의

관」의 길을 걷는다. 무반이나 의
관 모두 조선에서는 제 2신분계
층이 종사하는 직종이다. 서재
필은 그 어느 문반 사대부보다
철저하게 자신의 신분과 특권을
내 던진다. 그가 『독립신문』을
창간하면서 조선의 중화문명과
주자성리학, 그리고 이 체제를
떠 받치는 문반 사대부들의 시
대착오성을 처절하게 비판하면
서 폐기시키는데 앞장설 수 있

뮤리엘 조세핀 암스트롱

었던 이유다. 서재필은 조선의 체제를 송두리째 바꾸기 위해 1895년
12월 10년만의 귀국길에 오른다.

윤치호는 1865년 1월 23일 충청남도 아산에서 무반이자 3대 서얼인
윤웅렬의 아들로 태어난다. 할아버지 윤취동이 자수성가하여 대지주가
되고 아버지 윤웅렬과 숙부 윤영렬이 무반으로 출세하면서 윤치호는 유
복한 어린시절을 보낸다. 영민했던 윤치호는 어려서부터 한학에 뛰어
난 재주를 보였다. 그러나 과거에 급제한다고 해도 무반의 자식이자 4
대 서얼인 그가 관료로써 온갖 차별과 불이익을 받을 것은 뻔한 일이었
다. 이때 새로운 길이 열린다.

1876년 강화도조약을 통해 쇄국정책이 폐기되고 나라는 새로운 인
재들이 필요했다. 윤웅렬은 이 기회를 잡는다. 그는 1880년 8월 「별군

관」으로 제2차 수신사로 김홍집을 수행하여 도일한다. 일본에 체류하는 동안에는 이동인의 주선으로 「흥아회(興亞會)」에도 참석하고 주일 영국 공사 새토우(Ernest Satow)와도 만난다. [『한국 사람 만들기 II』, pp. 592-593, 606 참조] 일본의 발전상을 직접 목격한 윤웅렬은 아들 윤치호를 이듬해 신사유람단의 일원으로 일본에 보낸다. 윤치호는 1881년

1882년 임오군란으로 일본에 망명중인 아버지 윤웅렬과 함께

16세에 신사유람단 어윤중의 수원으로 도일, 후쿠자와 유키치의 주선으로 「동인사(同人社)」에 입학하여 1년간 일본어를 배우고 1883년 1월부터 다섯 달 간 영어를 배운다.

윤치호는 1883년 5월 18세의 나이에 초대 주조선 미국 공사 푸트의 통역관으로 귀국하지만 1884년 12월 갑신정변이 일어나자 사직하고 1885년 1월 출국한다. 정변에 직접 연루되지는 않았지만 일본유학의 경험과 개화사상을 공유했던 그는 친일개화파가 몰락하자 자진해서 망명길에 오른다. 상해로 망명한 윤치호는 영 알렌(Young John Allen)목사가 설립한 「중서서원(中西書院, Anglo-Chinese College)」에 입학하여 1888년까지 4년간 수학한다. 윤치호의 남다른 재능을 알아본 알렌 목사는 그에게 미국 유학을 적극 권한다.

1888년 23세에 미국으로 건너간 윤치호는 밴더빌트 대학에 입학하

여 1891년(26세) 우수한 성적으로 졸업함과 동시에 에모리대학 대학원
에 입학한다. 에모리대학에서 석사학위를 받고 1893년(28세) 졸업한 후
상해로 돌아간 그는 모교인 중서서원에서 교편을 잡는 한편 중국인 마
수진(馬秀珍)과 결혼한다.

1894년 청일전쟁이 일어나고 1894년 12월 제2차 갑오경장이 박영
효와 서광범의 주도하에 시작되자 윤치호는 1895년 2월 12일 30세에
귀국하여 내각참의, 학부협판, 외부협판 등을 역임한다. 1896년 4월에
는 러시아 황제 니콜라이 2세의 대관식에 조선정부의 사절 민영환의 수
행원 겸 통역으로 파견된다. 반년에 걸친 여정으로 유럽과 동남아시아
를 순방하고 돌아온다.

윤치호는 젊은 나이에 일본, 중국, 미국에서 장기 체류하면서 최고 교
육기관에서 수학하고 현지의 문화를 몸으로 체화 한다. 당시 조선의 주
류인 문반 사대부로서는 할 수 없는 일이었다. 윤치호는 조선어는 물론
한문, 일본어, 영어, 중국어를 유창하게 구사하였다. 러시아에서 귀국
하는 길에는 프랑스어를 배우기 위해 프랑스 파리에 3개월간(1896.8.21.-
11.18.) 체류한다.

각국의 역사에 해박하고 문명사의 흐름에 깊은 조예를 가지면서 조
선이 처한 국제정치적, 문명사적 상황을 누구보다도 잘 이해했다. 「사
문난적」을 죄악시하고 「소중화」를 지키고자 하였다면 불가능한 일이었
다. 최고수준의 각국 외국어를 구사한 덕분에 고종을 비롯한 조선 조정
최고위층의 통역으로 조선의 중요한 내정과 외교의 현장에 늘 있었다.
그는 미국, 일본, 영국, 독일, 프랑스, 러시아의 왕족, 귀족, 고위관료,
선교사, 사업가 등과 격의 없이 대화하고 깊은 교류를 한다. 그러나 그

의 역할은 어디까지나 「통역」 즉 「역관」에 불과했다. 갑오경장 중 정부 관직을 맡지만 다른 제 2신분계층 출신과 마찬가지로 「참의」 이상의 직책은 맡지 못한다.

윤치호는 상해 중서서원에서 기독교로 개종한다. 그가 일찌감치 개종을 할 수 있었던 것도 정통 문반 사대부가 아니었기에 가능하였다. 기독교 신앙은 현세에 대한 비판적인 기준을 제공해주고 그의 정치적, 사회적 행보에 방향성을 제공하는 한편 그의 다양한 경험과 경향에 중심을 잡아준다. 몰락하는 조선의 암울한 현실 속에서 그가 서재필이 해고되어 다시 미국으로 출국한 후 『독립신문』과 독립협회를 맡으면서 조국 근대화의 꿈을 포기하지 않을 수 있었던 이유다.

제10장

조선의 종교개혁

제10장

조선의 종교개혁

동아시아에서는 청일전쟁으로 중화질서가 무너지면서 조선이 독립국가, 민족국가로 다시 태어날 수 있는 여지가 생긴다. 동시에 갑오경장으로 개인을 신분과 성별, 지역, 나이 등으로 차별하던 유교질서가 무너지기 시작하면서 개인을 독립적이고 자유로운 존재로 재 규정할 수 있는 공간이 생긴다. 개인은 더 이상 군신, 부자, 남녀, 붕우, 장유의 관계 속에서, 그리고 신분, 지역, 성별에 의해서 정체성이 규정되는 존재가 아니었다. 그 대신 자신의 정체성을 자신이 형성해 나갈 수 있는 잠재력과 능력을 가진, 따라서 「자아실현」을 할 수 있는 존재로 상상할 수 있는 공간이 마련된다. 이 공간을 채우기 시작하는 것이 기독교다. 유럽에서 종교개혁을 통해 봉건체제가 무너지고 근대 국가와 근대인이 탄생하는 과정과 놀랍게 흡사하다.

1. 종교개혁과 근대국가, 근대인

중세 유럽은 종교개혁(Reformation)으로 무너지기 시작한다. 근대 민족국가는 종교개혁으로 촉발된 30년 전쟁(1618-1648)을 종식시킨 「베스트팔렌 조약(1648.10.24.)」을 통해서 탄생한다.

신성로마제국은 봉건체제의 전형이었다. 오스트리아, 보헤미아, 브란덴부르크, 바바리아, 폴란드를 비롯한 수백개의 영토로 나뉘어져 있던 신성로마제국은 선제후(Kurfürst), 퓌르스트(Fürst, 후작), 헤어초크(Herzog, 공작), 변경백(독일어: Markgraf[마르크그라프], 방백[方伯], 독일어: Landgraf[란트그라프], 궁정백[宮庭伯], 독일어: Pfalzgraf) 등의 영주들이 통치하였다. 이들은 조선과 안남, 버마, 류큐 등이 청의 제후국들이었던 것처럼 모두 신성로마제국 황제에게 충성하는 제후들이었다. 신성로마제국의 모든 군주와 영주들은 종교에 있어서도 로마 가톨릭 교회의 수호자였던 신성로마제국 황제를 따라야 했다. 조선과 안남, 류큐가 중국의 유교와 중화주의를 따른 것과 같은 이치다.

종교개혁은 이 질서를 무너뜨린다. 종교개혁이 확산되면서 가톨릭 교회를 버리고 개신교를 받아들이는 제후들이 생긴다. 대표적인 것이 마틴 루터(1483.11.10.-1546.2.18.)를 보호한 작센 선제후 프리드리히 3세(「현공」, 1463.1.17.-1525.5.25.)다. 30년 전쟁은 보헤미아가 반란을 일으켜 신성로마제국 황제이자 보헤미아의 국왕이었던 페르디난트 2세(Ferdinand II, 1578.7.9. -1637.2.15.)를 폐위시키고 개신교도였던 프리드리히 5세 폰 데어 팔츠(Friedrich V, 1596.8.26.-1632.11.29.)를 옹립하면서 일어난다. 30년 전쟁은 4백 5십만-8백만 명의 사망자를 내고 오늘날의 독일 영토의

페르디난트 2세   프리드리히 5세 폰 데어 팔츠

인구는 50% 감소한다.

베스트팔렌 조약은 제후들이 각자 자신이 통치하는 영토의 종교를 정하도록 한다. 이로서 군주들은 자신의 종교를 선택할 수 있게 되었고 자신의 영토 내에 통합된 교회를 세울 수 있게 된다. 신성로마제국이 상징하던 중세의 복합적이고 중첩적인 주권 체제는 무너지고 그 대신 「1국가-1종교」 체제가 성립된다. 세속적인 통치권과 교회의 권력을 모두 군주가 장악함으로써 강력한 근대국가들이 탄생한다.

종교개혁은 근대국가만 탄생시킨 것이 아니다. 근대인이 만들어지기 시작한 계기도 종교개혁이 제공한다. 중세의 유일 사상이었던 로마 가톨릭주의(Roman Catholicism)의 권위와 권력이 근본적으로 흔들리고 축소되면서 개인을 봉건체제에 묶어 놓았던 기제들이 해체되기 시작한다. 개인을 규정하던 신분제도와 이를 뒷받침하던 장원제도와 교회가 흔들

30년 전쟁

리면서 개인은 자신을 규정할 수 있는 공간이 생긴다. 봉건제의 구속에서 벗어나기 시작한 개인이 이 공간을 자신의 이기심(self-interest), 「의지(will)」, 「의도(intention)」, 「자기이해(self-knowledge)」, 「자아의식(self-consciousness)」 등으로 채워 나가기 시작한다. 「근대인(Modern Man)」은 이렇게 만들어진다.

종교개혁은 이처럼 「근대 민족국가」와 「근대 개인」이 동시에 만들어지는 계기를 제공한다. 근대인을 규정하는 「개인 대 국가」라는 담론의

30년 전쟁 중 농가를 약탈하는 군인들

뮌스터 평화 협정(베스트팔렌 조약의 일부)

틀도 이때부터 형성된다. 근대인이란 「개인」과 「국가」 사이의 긴장관계를 받아들이고 균형을 잡으려 끝없이 시도하는 인간형이다.

2. 개신교의 근대성

19세기 말 조선에서 기독교는 근대를 상징했다. 주자성리학 체제를 지키려는 기득권층과 근대화를 추동 하려는 세력이 첨예하게 충돌하고 있는 조선에서 근대주의자들이 개신교를 받아들인 것은 놀라운 일이 아니다.[1]

개신교는 근대주의자들에게 개혁을 꾀할 수 있는 탄탄한 기반을 제공한다. 교회는 근대를 꿈꾸는 인사들이 모여서 서양의 문물을 공부하고 회합을 가질 수 있는 유일한 장소였다. 근대화를 추구하는 단체가 전무했던 시절 많은 개화파 인사들이 기독교인이 되면서 근대사상은 교회와 교회들이 설립한 학교, 그 외 교회와 연관된 단체들을 통해서 전파된다.[2] 교회, 학교, 병원 등 기독교 관련 단체들은 신문과 잡지를 발행하고 YMCA를 운영한다. 이 단체들은 유교를 비판하고 근대적 사고방식과 행동양식을 전파한다. 신분제를 비판하고 여성들을 해방시킨다. 문밖을 나서지 못하던 여성들도 교회와 교회에서 운영하는 학교를 공개적으로 다닐 수 있게 된다.

다음은 당시 1891년 당시 이화학당의 교과정과 기숙생활을 소개한 내용이다.

스크랜튼 여사가 1891년 안식년으로 귀국할 때 1887년부터 여사와 함께 일하던 로스와일러(L. C. Rothweiler)양이 학당 책임자가 되었다. 그후 학당 사업에 투신한 존스 여사(혼전명: Margaret J. Bengel)는 1891년에, 페인(J.O. Paine)양과 프라이(E. Frey)양과 폴웰 여사(Follwell, 혼전명: M.WI Harris) 등은 1893년에 조선에 도착했다. 교과목은 페인양과 프라이양이 담당하고 페인양은 1893년부터 책임자가 되었다. 조선인 조교는 여자 한 사람과 상급반 학생 조교 세 사람뿐이다. 주간 몇일은 벙커(Bunker)부인이 재봉과 자수를 가르치고, 헐버트 부인은 성악을 가르친다. 생도는 기숙생이 47명이요, 통학생이 3명이다. 생도들의 평균연령은 12세인데 최연소자는 8세, 최연장자는 17세이다. 학습은 영어와 조선어(언문)를 사용하여 지식을 보급한다. 초급 영문과에서는 영어를 가르치고 서양관계 교과목의 일부와 종교는 조선어로 가르친다. 영어는 선택과목으로서 생도의 약 삼분의 일이 택하고 있다. 학교 살림살이는 재미있게 되어 있다. 이상에서 말한 조선식 또는 외국식 재봉과 자수 이외에 학생들의 의상과 재봉과 수선은 나이 많은 학생들이 마련하고 있다. 그리고 학생은 8급으로 나누어 8개 교실에서 수업하게 하고 각반에는 반장, 부반장이 있는데 매 2주일에 한 번씩 교대한다. 학생들은 숙소와 교실을 청소하기도 하고 부엌일도 돕는다. 책임자가 된 학생은 반내에서 일어나는 모든 일에 책임을 진다.... 이 학교의 목적은 철저한 기독교육 실시와 훌륭한 조선여성을 양성하는데 있다.[3]

기독교 계통 학교들은 역사, 지리, 영어 등의 인문과학과 수학, 물리학, 화학 등의 자연과학 과목들을 가르친다. 그러나 장기적인 목표는 조선을 유교로부터 해방시키는 것이었다. 아펜젤러는 「우리는 학교에서

이화학당 수업

이화학당 저학년 학생들

통역이나 기술자를 만들려는 것이 아니라 박학한 교양인의 배양에 목적을 두고 있다」고 한다.[4]

교인들은 교회당에서 다른 교인들 앞에서 기도를 인도하고 성경을 봉독하고 다양한 교회 활동에 참여해야 했다. 장로를 뽑고 교회의 다양한 현안들을 비밀투표로 결정하는 관례가 정착되고 질서 있는 토론 문화가 뿌리내린다. 교회 건물을 보수하는 것처럼 사소한 문제도 위원회를 구성하여 선교사들과 선출된 조선 교인들이 함께 사안들을 결정하였다. 기독교인들은 이러한 활동들을 통해서 자연스럽게 정치와 사회에 대한 관심을 갖게 된다.[5] 민주주의의 시작이었다. [기독교와 조선 최초의 선거에 대한 논의는 한국 사람 만들기 III, pp. 140-143 참조]

기독교 단체들은 활동가, 열사, 투사들의 훈련장 역할도 한다. 기독교인들은 신분고하와 성별을 막론하고 토론회, 강연회 등 특별 활동에 참여하면서 정치적으로 의식화되는 동시에 민주적 절차를 배운다. 1896년 배재학당 학생들은 서재필의 지도하에 「협성회」를 발족시킨다. 초기에는 13명의 회원으로 시작한 협성회는 1년만에 200명의 회원을 갖게 된다. 협성회는 매주 토요일 모여서 「국한문 혼용」, 「여성 교육」, 「노비 해방」, 「길거리에서 연설하기」, 「스무 살까지 결혼하지 않기」 등의 주제를 놓고 토론회를 개최한다. 주제 자체도 근대적인 것들이었지만 참석자들은 공개토론과 연설의 규칙과 절차, 예절을 배운다.

1986년 12월 3일자 『독립신문』 「논설」은 협성회에서 토론과 연설을 배우는 배재학당 학생들을 소개하면서 「의정부 대신네」들이 이러한 것을 배웠으면 좋겠다고 한다.

배재학당 학도들은 근일에 협
성회를 모아 의회원 규칙과 연
설하는 법을 공부들을 하는데
규칙을 엄히 지키고 속에 있는
말을 두려움이 없이 하며 일 의
논할 때에 거조(擧措, 말이나 행동
을 하는 태도)가 제제(濟濟, 삼가고
조심하여 엄숙함) 창창(蹌蹌, 모습이
나 행동이 당당하고 위엄이 있음) 하
여 혼잡한 일이 없고 꼭 중의를
쫓아 대소 사물을 결정하니 우

「독립신문」, 「논설」 1986년 12월 3일

리 생각에는 의정부 대신네들이 배재 학당에 가서 이 아이들에게 일 의논하
는 법을 배워가지고 가서 일을 의논하면 좋을 듯하더라.[6]

이러한 훈련은 배재학당에서만 진행된 것이 아니라 당시 모든 교회와
기독교 계통 학교에서 실시된다.[7]

개신교 교회와 교회관련 단체들은 개혁의 산실로서 새로운 지식과
정보를 제공해 줄 뿐만 아니라 새로운 정치사상과 제도, 절차를 가르
친다. 19세기 조선에서 이러한 역할을 하는 곳은 개신교회 밖에 없었
다. 「기독교가 조선의 유일한 구원이요 희망이다」라고 윤치호가 토로
한 이유다.[8]

3. 유교에서 기독교로

친미기독교파는 기독교의 관점에서 조선의 정치, 경제, 사회, 문화, 윤리와 도덕을 비판한다. 대부분이 왕실과 사대부에 대한 깊은 반감을 지니고 있던 제2 신분계층 출신들이었기에 중화주의와 유교에 대한 이들의 비판은 신랄했다. 「만국공법」에 따른 독립국이 되기 위해 「독립정신」을 강조하는 한편 기독교에 기반한 「만민평등 사상」을 바탕으로 신분차별, 지역차별, 성차별에 도전하면서 조선의 중화주의와 유교 체제를 공격한다.

서재필, 윤치호, 주시경, 남궁억, 이승만 등 조선의 친미기독교파들은 모두 유교 교육을 받고 자랐다. 유교의 핵심은 「문(文)」을 통해서 인간을 교화하는 것, 즉 「문화(文化)」였다. 이들은 유자(儒者)들 답게 인간은 교육과 수신을 통해 문명인이 될 수 있다는 논리를 절대적으로 신봉했다. 철학과 사상, 이론의 중요성도 굳게 믿었다. 모두 지극히 유교적인 사고방식이다.

반면 기독교는 문화나 문명을 중시하지 않는다. 『신약성서』에는 「문화」라는 개념이 등장하지도 않는다. 신앙의 궁극적인 목표는 「문화인」이나 「문명인」이 되는 것이 아니라 「구원」이었다. 특히 구원에 도달하는데 있어서 문화나 문명이 조금이라도 방해가 된다면 가차 없이 버려야 했다.[9] 루터나 칼뱅에게, 그리고 칼뱅주의를 받아들인 스코틀랜드 「장로교」, 영국의 「청교도」, 프랑스의 「위그노」, 네덜란드의 「개혁교회」 교인들은 「문화」를 만끽하는 것을 죄악시하였다.

조선에 전파된 개신교 역시 문화를 배척하고 기강, 규율, 근면, 금욕을 강조하였다. 그러나 조선의 유자 출신 개신교도들은 신앙과 문명 간에 여하 한 갈등도 느끼지 못했다. 친미기독교파 지도자들이 볼 때 「문명개화」된 사람이 곧 「이성적」인 사람이고 「영성적」인 사람이었다. 이들은 유교의 「우상숭배」나 「이단적」인 요소들을 비판하였을 뿐 문명 자체를 부정하지 않았다. 그런 의미에서 이들은 조선의 지식인들이었다.

새로운 종교가 전파되는 과정에서 기존의 사고체계의 영향을 받는 것은 당연하다. 유교처럼 500년에 걸쳐 뿌리를 내린 사유체계, 가치체계는 강한 내구성을 가지고 있고 쉽게 변치 않는다. 유교는 조선사람, 그리고 나아가서 한국사람들의 몸 속에 흐르는 피나 유전자처럼 여겨 지기도 한다.

그러나 전통이란 이념적인 측면만 있는 것이 아니라 정부, 종교, 가족 등의 사회 체제, 제도 등을 통하여 전수되고 사람들을 교화시킨다. 오래 된 전통은 그만큼 완성도를 기할 수 있는 시간이 많았다는 뜻이고 따라서 대안(이단)들을 모두 제거할 시간도 많았기 때문에 보다 뿌리가 깊고 강한 것으로 여겨지기 마련이다. 그러나 그 어떤 교화과정도 완벽한 것은 없다. 전쟁, 경제적 위기, 정치적 변혁, 그리고 외부세계와의 접촉 등을 통하여 끊임없이 도전 받기 때문이다. 이러한 고비마다 사람들은 새로운 사고를 하게 되고 사회제도를 변화시키기 마련이다.[10]

새로운 종교를 통해서 새로운 나라를 세운다는 사고방식은 지극히 유교적이다. 새 종교는 기독교여야 하고 기독교를 받아들이는데 방해가 되는 유교적인 요소들은 모두 척결의 대상으로 간주하였지만 종교를 통해서 새로운 민족, 새로운 시민, 새로운 나라를 만든다는 생각 그 자체는 유교적이다.[11] 다만 친미기독교파는 교화를 통해 주자성리학적 사유

체계, 문화, 정치체계의 폐기를 기도한다. 새로운 문명은 유교가 아니었다. 기독교와 유교가 공유하는 가치도 물론 있었지만 친미기독교파들은 이전에는 감히 상상도 할 수 없는 관점에서 유교를 해석하면서 해체시킨다.[12]

친미기독교파들은 주자 성리학자들과 마찬가지로 효(孝)를 중시하였다. 그러나 이들은 효를 모든 인간관계와 사회질서에 적용할 수 있는 절대적인 가치로 생각하지 않았다. 서재필, 윤치호, 이상재, 이승만, 안창호 등 기독교 지도자들은 임금과 관리들을 백성들의 「어버이」로 간주하게 하고 「효」를 모든 사회가치의 정점으로 간주한 유교적 가치관을 정면으로 반박하면서 정부나 관리들은 국민, 시민들의 시종임을 강조한다.[13]

안창호가 「흥사단」을 설립하면서 유교적인 의미의 수양이나 수신을 염두에 두었을 수도 있지만 안창호는 민주적인 원칙과 절차를 무엇보다 강조하였고 그가 채택한 훈련방식은 장로교의 교리문답 형식을 그대로 답습하였다. 그가 가장 중시한 조직의 형태는 그가 미국 망명 중 목격한 미국식 시민사회였다.

서재필, 윤치호, 이상재 등이 추구한 교육 목표 역시 유교적 전통에 힘입은 바 있는 것도 사실이지만 그 궁극적인 목표는 지극히 반(反) 유교적이었다. 아무리 신분이 비천한 사람들이라도 남녀노소를 막론하고 최고의 윤리-도덕적 차원에 도달하여 「성도(聖徒, Saint)」가 될 수 있다고 믿는 것은 신분이 지위의 고하는 물론이고 윤리-도덕적 우열도 가릴 수 있다는 주자성리학의 기본 전제를 정면으로 부정하는 것이었다.[14]

친미기독교파가 주자성리학의 논리와 방법론을 빌려온 것은 사실이지만 그들이 원한 것은 새나라의 건설이었다. 이들은 근대 민족국가로 이루어진 근대 국제질서를 자연스럽고 당연한 질서로 받아들였다. 새 민족국가의 민족적 정체성은 개신교를 바탕으로 형성되어야 한다고 믿었다. 사대주의와 이기주의를 조장하는 주자성리학 대신 개신교 정신이 독립정신과 공공정신을 배양하는 새나라와 새민족의 종교가 되어야 한다고 믿었다. 이들이 꿈꾼 새 나라는 입헌민주주의와 상업, 산업을 추구하는 나라였다.[15]

4. 유교 격하 운동

새 나라를 건설하기 위하여 친미기독교파는 유교와 조선체제를 비판하고 중국 격하운동을 전개한다. 그리고 유교의 대안으로 기독교를 전파한다.

윤치호는 1893년 12월 12일자 일기에서 유교를 신랄하게 비판한다. 그는 당시 미국 유학에서 돌아와 상해의 중서서원에서 교편을 잡고 있었다. 윤치호는 유교에는 좋은 가르침들을 실천으로 옮기게 하는 장치가 없기 때문에 무용하고 여성을 열등하다고 가르치고 모두를 임금에게 복종하게 하기 때문에 부패할 수밖에 없는 종교라고 한다.

간단히 말해 유교가 나아가고자 하는 최고 지향점들은 아주 좋다. 그러나 무슨 소용이 있는가? 따르는 이들로 하여금 이에 이를 수 있는 능력이 없는 신앙 체계는 훌륭한 것들로 가득 찬 중국의 선언이 시행할 의도가 전혀 없는 것만큼 나쁘다. 어떤 규칙은 그것을 유용하게 하려는 사람들 없이는 아무 쓸모가 없다. 유교사상은 그 토대가 효(孝)보다 높지 않음으로 무기력하여 쓸모가 없다. 유교는 여성이 열등하다고 가르치고 임금에게 절대 복종을 강요하며 끊임없이 「복고주의」에 사로잡혀 있어 이 가르침 자체에 부패의 씨앗을 품고 있다. 유교의 물질주의가 사람을 추잡하게 만든다. 유교에는 진보나 개선하려는 생명력, 생동감이 없다. 어떠한 가르침을 따르지 않았을 때보다 그것을 따랐을 때 더 나은 사람이 되도록 하는 힘이 없다면 그 가르침은 쓸모가 없는 것보다도 더 못한 것이다.[16]

효를 궁극적인 가치로 설정한 것은 윤리도덕의 타락을 불러온다.

유학자는 자식으로서의 도리를 다하면 덕의 가르침을 다 이루었다고 생각한다. 아주 평범한 이 덕은 그에게 특별한 것이 되어 방탕, 복수심, 거짓말, 증오, 극에 달하는 위선과 같은 모든 죄를 덮어버린다.[17]

그러면서 조선을 망친 것은 유교라고 결론 내린다.

조선은 불교 왕조 정부 아래서 더 나은 나라였다. 조선을 지옥처럼 만든 것은 유교다. 조선 사람들의 나쁜 점들이 모두 유교 때문이라는 것은 아니지만 나쁜 점들을 제어할 수 있는 것은 하나도 없이 모두 용인하고 있다. 아편이 우리의 육체에 끼치는 영향만큼 동양 사람들의 정신에 재앙을 가져온 이 중국의 학문이 조선에 전파되지 않았더라면![18]

윤치호는 1895년 11월호 『코리안리퍼지토리』에 「Confucianism in

Korea(조선의 유교)」라는 글을 싣
는다. 글의 목적은 「20세기 동
안, 그리고 특히 지난 500년 간
조선 사람들의 머리와 가슴을
완벽하게 장악」한 유교가 조선
에 어떤 영향을 끼쳤는지 살펴
보기 위해서라고 한다. 그러면
서 이 글은 유교에 대한 철학적
인 분석이라기보다는 유교가 지
난 500년간 조선 사람들의 사고
방식과 행동양식, 그리고 조선

윤치호

체제에 실제로 어떤 해악을 끼쳤는지 살펴보기 위한 것이라고 한다.[19]

나는 이 주제를 겸허한 마음으로 접근한다. 유교의 약점들이 무엇이든 유교
는 조선 사람에게 의무감을 주고 그에게 도덕적 기준을 제공하여 왔다. 나
의 의도는 철학자의 관점에서 유교를 다루기 보다 - 나는 감히 나 자신을 철
학자라고 생각하지 않는다. - 유교의 실질적인 영향에 대해 관심을 가져온
조선 사람으로서 유교를 다루고자 한다.[20]

유교가 조선 사람들을 사로잡고 있다는 사실은 「절대적인 다수가 제
사를 지내고 신분을 불문하고 공자와 그의 제자들에 대해 무한한 존경
을 표하고 유가의 원리들이 국가의 예식, 법령, 문학의 핵심적인 부분을
차지하고 있다는 사실에서 볼 수 있다」고 한다. 그러면서 「그렇다면 유

교가 조선에 기여한 것은 무엇일까?」라고 묻는다.[21] 윤치호는 자신의 질문에 대해 다음과 같이 답한다.

조심스럽지만 그러나 자신 있게 감히 말하지만 유교가 조선을 위해서 한 것은 거의 없거나 전무하다. 유교가 없었다면 조선이 어땠을지 아무도 말 할 수 없다. 그러나 유교 때문에 조선이 어떻게 되었는지는 우리가 너무나 잘 알고 있다. 조선을 보라 저 억압된 민중들을, 저 만연한 빈곤을, 저 신뢰할 수 없고 잔인하기만 한 관리들을, 저 더러움과 오물을, 저 비천한 여자들을, 저 황폐한 가족들을, 이 모든 것을 보고 유교가 조선을 위해서 과연 무엇을 했는지 각자 판단하기 바란다.[22]

그러면서 「내가 이 체제에 대해 맹목적인 편견을 갖고 있지 않음을 보여주기 위해서 가장 적나라한 단점들을 몇 가지」 열거한다.

1. 유교는 신념을 약화시키고 점진적으로 파괴한다. 유교는 무신론 체제다. 유교의 가르침에 젖어 있는 사람은 세속을 초월하는 진리가 있다는 것을 믿으려 하지 않는다.
2. 유교는 교만심을 키운다. 유교는 물이 수평이 되려고 하듯이 사람의 마음은 원래 선함을 추구한다고 한다. 그렇다면 도대체 악이란 어디에서 비롯된다는 말인가? 뿐만 아니라 유교는 도덕적인 것과 정신적인 것을 구분하지 않는다. 도덕적인 사람은, 예를 들어서 부모를 공경하는 사람은 모든 것을 다 아는 것이라고 한다. 인간의 지식에 아무런 제약이 없다고 보기 때문에 경전을 좀 암송할 줄 안다고 학자인 척하는 모든 인간

"Confucianism in Korea," The Korean Repository 2, November 1895, pp. 401-404.

들로 하여금 자신들이 전지적인 존재라고 자화자찬하는 한없는 바보로 만든다.

3. 인간을 넘어서는 이상을 설정하지 않는 유교는 신이나 신적인 존재를 상정할 줄 모른다. 유교를 추종하는 사람들은 도덕적일 수는 있지만 영적일 수는 없다. 따라서 아무리 큰 사람도 육 척 정도 밖에 안된다. 한편 크리스챤은 자신의 신앙을 시작이요 끝으로 간주하기 때문에 자신이 실제로는 아무리 작은 사람이라도 가장 높은 곳에 도달할 수 있다. 다시 말해서 유교는 사람에서 시작해서 사람에서 끝난다. 크리스챤은 사람에서 시작하지만 신에서 끝난다. 비록 인간의 불완전성으로 인하여 크리스챤이 신의 차원에는 오를 수 없을지라도 가능성은 항상 열려 있다.

4. 유교주의자들은 이기적이다. 아니, 이기심을 적극 독려한다. 가서 가르치라는 소리는 절대 하지 않고 늘 와서 배우라고만 한다. 절대 지킬 수 없는 중용의 원칙을 지키라고 함으로써 사람을 못되고 편협하고 계산적이고 양심을 품은 존재로 만듦으로써 늘 그럴듯한 핑계만 댈 뿐 가슴 트이는 모험에 절대로 나서지 못하게 한다.

5. 유교는 효를 최고의 덕목으로 격상시키는 한편 유교주의자는 이 매우

흔한 원칙을 흔치 않은 수많은 죄악들을 숨기는데 사용하면서 이 윤리
체계는 여성들을 천민이나 노예로 규정함으로써 도덕과 풍요의 근간을
무너뜨리고 있다. 공자의 쫓겨난 부인이 죽은 지 일년이 지났을 때 그
의 아들이 어머니를 그리워하며 울자 그 위대한 성인은 아버지가 아직
도 살아 있는데 아들이 어머니의 죽음을 이토록 오랜 시간이 지났음에
도 슬퍼한다면서 매우 불쾌해하였다. 유교 체제 하에서는 여성은 바보
일수록 정숙한 것으로 간주한다.

6. 유교는 법령을 통하여 사람들을 선하게 만들고자 한다. 중국의 옛 왕조
의 시조들은 위대하고 선한 사람들이었다. 그러나 이 이상적인 왕조에
서도 대부분의 군주들이 자신들의 권력을 남용했던 것은 부인할 수 없
는 사실이 아닌가? 공자와 맹자가 살았던 시대에도 대부분의 군주들은
악명 높은 폭군들 아니었는가? 공자나 맹자가 고대의 선군들의 가르침
을 따르는 선한 군주를 찾았다고 하더라도 그 뒤를 이을 군주들이 그 가
르침을 계속 따를 것을 확신할 수 있었을까? 한 나라의 도덕적 안녕을
덕을 함양하기에는 최악의 환경과 유혹에 둘러싸여 있는 절대 군주들에
게 맡긴다는 것이 얼마나 어리석은 것인지를 몰랐던 유교주의자들의 단
견은 놀라울 따름이다. 민중들 개개인을 개조함으로써 사회를 개조한다
는 생각은 한 번도 해본 적이 없는 것 같다.

7. 공자 본인이 가장 확실하게 모범을 보여주었듯이 유교는 관직에 굶주
리고 목말라 한다. 물론 나도 그가 가장 순수한 동기에서 관직을 얻고자
하였다는 것을 인정한다. 그러나 바울 사도가 위장을 위해서 포도주를
조금씩 마시라고 하였다는 것을 언급하면서 자신의 나약함을 마치 교회
의 명령을 따르는 것으로 위장하는 술주정뱅이 같이 모든 유교주의자들

은 관직을 추구하는 이유가 백성의 고혈을 짜내려는 것 밖에 없으면서도 공자의 뒤를 따르기 위해서라고 경건하게 말한다.

윤치호는 올바른 공동체를 건설하기 위해서는 하루빨리 유교를 버릴 것을 종용한다. 왜냐하면 「이 단점들은 그 어느 하나라도 이를 기반으로 정치적, 사회적 공동체를 건설하고자 하는 사람들에게 해악을 끼칠 것」이기 때문이라고 한다.

무신론을 낳고, 이기심, 교만함, 전제주의, 여성 비하를 생산하는 윤리체계는 결코 좋은 것이라고 할 수 없다. 다른 나라들이 조선보다는 잘 사용할 수 있을지 모르겠지만 조선은 하루라도 빨리 유교를 던져버릴 준비가 되어 있거나 아니면, 되어 있어야 할 것이다.[23]

5. 조선 체제 비판

500년간 유교를 국교로 삼은 조선은 몰락하고 있었다. 왕조의 실정이 극에 달하면서 백성들은 조선을 탈출하기 시작한다. 1898년 10월 15일자 『독립신문』은 「개탄론」이라는 논설에서 블라디보스톡에 거주하는 조선인 인구가 수십만 가구에 이른다는 소식을 듣고 정부가 이들을 보호하기 위해서 관리를 파견한다면서 그 배경을 설명하는 기사를 싣는다.

어느 신문을 본즉, 해삼위(海蔘威, 블라디보스톡)에 대한(大韓) 인민이 거류하는 자가 수십만 구가 되는 고로, 해지에 관원을 파송하여 보호할 일로 정부에서 회의하여 관원 파송하기를 결정이 될 듯하다 하기에, 대강 아는 대로 신문 보시는 제 군자에게 말씀하오리다.

사정인 즉「대한」의 탐관오리들의 가렴주구를 못 견딘 조선사람들이 대거 국경을 넘어 블라디보스톡으로 이주하고 있었다.

사 십년 전에 아라사에서 「애군 약조(아이훈 조약)」에 흑룡강변 좌편과 해삼위 등지 두만강 어구까지 청국 땅을 얻었는데, 그 때에 대한에 권력 있는 사람들이 권력 없는 사람을 천대하며, 때리며, 욕하며, 부리기를 금수같이 부리며, 심지어 한 나라 님군의 적자요 동포이었건마는 형제를 종이라 하고 매매하며, 벼슬하는 관인들은 시골 사람이 힘을 들여 농사를 지어 일년에 자기의 식구 먹을만큼 만들어 놓으면 어진 법률로 생명 재산을 보호할 생각은 추호도 없고 이런 사람을 큰 죄인으로 알고 탐재할 생각만 배속에 가득 차서, 각색 죄를 잡아 불효(不孝)라고도 하며, 불목(不睦)이라고도 하며, 난류(亂類: 질서를 문란하게 하는 무리)라고도 하며, 윤기(倫紀: 윤리와 기강)를 범 한다고도 하여, 잡아다가 가두기도 하며, 으르기도 하며, 주리도 틀며, 불로 지지며, 여러 가지로 몹쓸 악형을 하여, 내종에는 그 사람들이 탕패(蕩敗: 탕진) 가산 하도록 만들어주며, 또 양반은 돈 있는 사람들을 불러다가 돈을 취하여 쓰고는 갚을 각생〔생각〕은 전혀 아니하고, 만일 빚을 재촉할 지경이면 도리어 이심히(지나치다, 심하다) 여겨 원이나 어사에게나 관찰사에게나 부탁하여 그 사람을 기어이 거지를 만드니, 돈푼 있는 사람들은 다른 사람이 곤욕 당하

는 것을 보고 저도 당할까 하여
각기 위태함을 면할 길을 찾을
새, 혹 서울 와서 재상에게 돈을
주고 등을 대여 만일 이런 화단
을 당하면 구원하여 달라 하며,
혹 압제 받는 사람들은 천 량 생
기는 원을 삼만 량도 바치고 하
여, 충군 애민할 생각은 전혀 없
고 듣고 보는 것이 모두 탐관오
리 뿐이라.[24]

블라디보스톡의 조선 사람들

연해주의 조선 사람들

학정을 견디다 못한 백성들은
국경을 넘어 먼저 청나라로 간
다. 청에서는 비록 조선에서처
럼 관리들이 재산을 빼앗지는
않지만 「청국 법률도 야만의 법
률」이어서 결국은 러시아로 넘
어간다. 러시아는 이들이 학정
을 피해 온 것을 알고 생명과 재산을 보호해주고 농사 지을 수 있는 땅까
지 나눠주니 조선 사람들로서는 마치 요순시대를 만난 것 같다고 한다.

백성들이 도탄에 들어 본국에서는 압제를 견딜 수 없어서 생도 길을 찾을
새 혹은 청국으로도 가며 혹은 아라사에서 새로 얻은 땅으로 가는지라. 청

국에 간 사람들은 청국 인민들에게 압제는 받으나 대한 관인들처럼 재물을 빼앗지는 아니하기에 거류하나 청국 법률도 야만의 법률이라 어찌 악한 법률 밑에서 백성이 살기를 바라리요. 내종에는 아라사로 많이 이사하였고, 아라사에서는 대한 백성들이 관인의 학정과 양반의 압제를 이기지 못하여 오는 줄을 알고 극진히 생명 재산을 보호하여 주며 공지를 할급하여 농업을 일삼게 하니 .... 대한에 있을 때보다 인민이 요순적 풍속을 다시 만난 것 같은지....[25]

이처럼 함경도와 평안도의 백성들은 청국이나 러시아로, 경상도의 백성들은 일본으로 피난하여 그곳에 정착하고 살고 있다. 백성들이 고향을 버리고 굳이 이국 땅으로 이주하는 것은 오직 관리들, 특히 뇌물을 받는 정부 대신들 때문이다. 백성들은 이 거대한 부패의 고리를 피하여 「선영유업」을 버리고 「타국」으로 나간다.

함경도와 평안도와 경상도 백성들이 아라사며 청국이며 일본으로 가 입적하니, 인민이 고국을 버리게 된 것이 인민의 허물이 아니라. 준민고택(浚民膏澤, 백성의 고혈을 뽑아 냄)하는 관원들과 인명 재산을 무법(無法)하게 상해 양반들 죄가 없다고 할 수는 없으나, 까닭인 즉 관원을 못 견디게 하여 뇌물들 받던 정부 대신들의 허물이라. 세력 있는 양반들은 청직 천 명에 문객 천 명을 두고 사방에 심방하여, 시골 사람들이 돈푼이나 가지고 온 것을 알 지경이면 붙들어다 마구 뺏어 먹으니, 어찌 재앙이 없으리오. 지금 와서는 그 까닭에 정부 고관들이 앙화(재앙)만 받는지라. 만일 정부 관원들이 내외직 간에 장정과 규칙과 법률을 밝게 시행하고 생명 재산을 다른 나라처럼 보호하여

「개탄론」, 『독립신문』 1898년 10월 15일

주었더면, 이 사람들이 무엇이 두려워 서울 관인에게 와 붙으려 하며, 참봉, 주사, 원, 차함(실제로 근무하지는 않고 벼슬의 이름만 갖는 것)을 돈을 들여 맛보기나 하며, 선영 유업을 버리고 타국에 가 입적하리오.[26]

6. 중국 격하 운동

그렇다면 조선 정부가 이처럼 학정을 거듭하는 이유는 무엇인가? 조선은 왜 「이렇게 약하고 백성이 도탄 중에」있는가? 그 이유는 「관인과 백성이 무식한 고로 몰라서 할 일도 아니하고 안 할 일도 하는 것」때문이다. 그러나 실상을 생각해보면 이것은 관인과 백성들을 「잘못한다고 책망하기가 무리한」일이다. 나라가 관리와 백성들을 교육하지 않기 때문이다. 따라서 필요한 것은 교육이다. 그렇다고 아무 교육이나 시켜서 될 일이 아니다. 문제는 여전히 청국에서 「여러 백 년」 전에 만든 책에 있는 「한문 학문」만 교육시키고 있다는 사실이다. 그리고 한문만 배운 후 나라를 다스리려 하기 때문에 조선은 몰락하고 있다.

문명 개화한 나라에서들은 무론 남녀하고 학교에 가서 적어도 십년 동안에 각색 학문을 배운 후 비로소 세상에 나가 벼슬을 하던지 농사를 하던지 장사를 하던지 무슨 벌이를 하던지 하거늘 조선 사람들은 겨우 배우는 것이 한문만 조금 배워 가지고 그것만 믿고 총리 대신 노릇도 하려고 하고 각전 시정 노릇도 하려고 하며 육군 대장 노릇도 하려고 하고 백성 다스리는 법관 노릇도 하려고 한 즉 그 한문 학문만 가지고는 이 세상에 아무 일도 하기 어려운 것이 첫째는 한문 책이란 것은 대개 청국에서 만든 책인데 여러 백 년 된 것이 많이 있은 즉 가령 그 책들이 만들 때는 청국 백성에게 유효하였으려니와 오늘날 조선 인민에만 그 학문이 유효할 것이 없을 뿐 아니라 청국 인민에게도 해가 대단히 있는 것은 오늘날 청국을 보면 가히 알 일이라.[27]

문제는 『사서삼경』만 공부하는 유교 교육이다. 유교 교육은 조선만 망치는 것이 아니라 조선이 그토록 떠 받드는 청나라도 세계에서 굴욕적인 대접을 받는 나라로 전락시켰다.

청국에 사서삼경을 잘 아는 사람이 조선보다 많이 있고 토지와 인민이 조선보다 커 그러하되 구라파 속에 청국 십 분지 일 밖에 못되는 나라라도 세계에 대접받기를 청국보다 십배나 더 받고 정부와 백성이 백배나 강하고 부요

하니 그것은 다름이 아니라 구라파 각국에서는 적든지 크든지 인민들이 남녀 없이 적어도 십여 년을 학교에서 각색 학문을 배운 연고요.[28]

사서삼경만 공부하는 청은 「문명개화」를 통해 군대를 키우고 무기와 증기선, 철도와 전신, 전화를 만들고 국민들에게 편한 의복과 좋은 음식, 깨끗한 생활환경을 제공하는 나라와 전쟁을 할 때마다 필패한다. 특히 문명 개화한 나라의 국민들은 나라를 사랑하고 나라를 위해 죽는 것을 영광으로 생각한다. 그러나 청국 사람들은 나라를 생각하는 마음도 없다.

청국은 그저 오랜 사서삼경을 공부하는 까닭이라 그런 고로 싸움하면 청국이 늘 외국에게 지는 것은 문명 개화한 나라 사람들은 군사를 조련할 줄 알고 이로운 병장기와 화륜선과 철도와 전신과 전화와 편한 의복과 유익한 음식과 정결한 거처를 만들 줄 알고 나라 일에 죽는 것을 영광으로 하는 연고로 사람의 몸이 강하고 마음이 굳세고 지혜가 높아지거니와 청국은 이중에 한가지도 공부 안 한 즉 인민이 약하며 천하며 어리석으며 더러우며 나라 위할 마음이 없으며 남에게 천대를 받아도 천대인 줄 모르고 업수히 여김을 받아도 분한 줄을 모르는지라.[29]

반면 일본은 비록 「조그마한 나라」이지만 「청국 병정 무찌르기를 풀 베는 것 같이 하고 청국 내지와 항구에 들어가기를 평지 밟는 것 같이 하며 대만 같은 큰 나라를 빼앗고 배상을 이억 팔천만원을 받았으니」 교육을 중시하기 때문이다.

「논설」, 『독립신문』 1896년 4월 25일

일본도 삼십 년 전 같았으면 나라 형세가 청국과 똑 같았으니 어찌 조그마한 나라가 청국 같은 큰 나라를 이기리요마는 일본 사람들이 서양 각국이 부강한 곡절을 알고 곧 백성 교육하는 일을 힘써 학교가 하나도 없던 나라가 지금 전국에 공립 초학교가 오만여개요 중학교가 팔천개요 대학교가 삼십여개이니[30]

일본은 초등학교에서 대학교까지 수많은 학교들을 설립하고 근대 학문을 가르침으로써 산업을 일으키고 일반 국민들의 삶의 질을 대폭 향상시킨다.

못 만들던 화륜선을 만들고 못 놓던 철도를 놓고 못하던 장사를 하고 이기지 못하던 싸움을 이기고 없던 돈이 많이 생기고 한 층을 지은 나무 집이 삼층 사층으로 지은 벽돌 집이 되어가며 방바닥에 꿇어 안턴 사람들이 교우에 걸터 앉게 되고 더럽고 보기 싫은 두루마기 입턴 사람들이 정하고 튼튼한 양복을 입게 되고 나무신이나 짚신을 끌고 다니던 사람들이 가죽으로 만든 양화를 신게 되니 이것은 모두 학교에서 인민이 학문을 배운 까닭이라.[31]

조선도 하루 빨리 근대교육제도를 도입해야 하는 이유다.

조선도 오늘부터 시작하여 인민 교육하는 일만 몇 해 힘쓰면 불과 몇 해전에 조선 정부와 인민이 서로 도와줄 터이요 합심이 되어 참 개화라는 것이 될 터이니 그리하면 사람마다 직업이 있어 국중에 노는 사람이 없을 터이요 빈천은 없어지고 사람마다 모두 부귀케 될 터이니 이 선생의 말을 깊이들 생각하여 당장에 적은 리와 욕심을 내다 버리고 인민 교육하여 몇 해 후에는 조선도 남과 같이 되기를 바라노라.[32]

7. 유교의 반격

1896년 학부대신 신기선(申箕善, 1851-1909)은 『유학경위(儒學經緯)』라는 책을 출간하여 기독교와 근대화에 정면 도전한다. 신기선은 제2차 갑오경장 당시 박영효 내각에서 군부대신을 역임한 인물이다. 문반 사대부 출신이면서 일찍이 개화파에 합류했던 인물이다. 1877년 대과별시에 병과로 급제하고 사간원정언, 홍문관부교리, 시강원문학 등을 지냈다. 통리기무아문이 설립되고 근대화의 물결이 일기 시작하자 1882

년 통리기무아문주사, 통리내무아문참의를 거친다. 1884년 갑신정변 당시에는 김옥균 내각에서 이조판서 겸 홍문관제학에 임명된다. 정변이 실패한 한 후 1886년 전라도 여도(呂島)에 위리안치 되었다가 8년 뒤인 1894년 갑오경장으로 풀려나 호조참판을 거쳐 제1차 갑오경장 당시 김홍집 내각의 공무대신에 임명된다. 1895년 군부대신에 임명되면서 육군부장(陸軍副將)이 되었고, 중추원 부의장을 거친 후 1896년 학부대신에 임명된다.

신기선은 당시 대부분의 문반 사대부들처럼 「동도서기(東道西器)」사상을 답습한다. 그는 1883년 안종수가 근대 농법을 도입하여 저술한 농업서인 『농정신편(農政新編)』의 서문 「농정신편서(農政新編序)」에서 서양의 기술이 중국에 앞서 있다는 점을 시인한다.

> 중국은 형이상학이 밝아서 그 도(道)가 세상에 으뜸이고, 서양인은 형이하학에 밝아서 그 기(器)를 천하에 상대할 자 없다.[33]

그러나 중국의 도가 고금을 통하여 변치 않는 문명의 핵심이고 중국의 도가 유지되는 한은 서양의 기술을 받아들이는 것은 전혀 문제될 것이 없다고 한다.

> 혹자는 말한다. 「셔양인의 법은 얏소교이니, 그 법을 배우는 것은 그 야소교에 복종하는 것이다. 그러니 차라리 수양산의 고사리를 먹을지언정 어찌 배불리 먹고 따스한 생활을 도모하여 이법(이법)을 따르겠는가?」 아! 이는 도(道)와 기(器)를 구분하지 못하는 것이다.... 무엇을 기(器)라 하는가? 예악(禮

「농정신편서」　　　　　　　　　　　　「유학경위」

樂)과 형정(刑政), 복식(服飾)과 기용(기용)이 이것이다. 당우(唐虞, 요순의 나라)와 하은주 삼대 때에도 오히려 덜고 보탬이 있었는데, 더구나 오늘날 수천 년 뒤에 있어서이겠는가? 진실로 시대에 합치하고 진실로 백성에게 이익이 된 다면 이것이 비록 오랑캐의 법일지라도 시행할 수 있을 것이다.[34]

심지어는 정치와 경제에 있어도 서양이 중국에 앞서 있음을 인정한다.

그들의 땅이 차고 척박해서 부지런히 지혜를 짜내고 그 정교한 생각을 다하여 이용후생(利用厚生)하는 기술을 이루었다. 역산(曆算), 추측(推測)에 그 정묘함을 다하여 선박, 차량, 기계가 편리하고 민첩하다. 정치는 대의를 따르고 이익 추구하는 것이 귀신 같아서 천하를 주름잡고 중국에 맞서게 된 이유다.[35]

신기선이 과거에 급제한 전형적인 문반 사대부였으면서도 최초의 근대 정부기구인 통리기무아문과 통리내무아문에서 일하고 갑신정변과 갑오경장에 적극 참여한 이유다. 그러나 기독교가 전면에 등장하기 시작하고 언문이 한문을 대체하고 음력 대신 태양력이 도입되고 내각제와 입헌제가 논의되기 시작하면서 조선의 개혁이 「동도서기」에서 벗어나 「서도서기」로 변질되기 시작하자 신기선은 개혁에 제동을 건다.

신기선은 『유학경위(儒學經緯)』에서 「근세의 서양 사람들의 이른바 야소교(耶蘇敎)가 비리천망(鄙俚淺妄, 상스럽고, 속되고, 천하고 망령된) 이속지루(夷俗之陋, 오랑캐들의 더러운 습속)다」라고 비판한다.

> 예수의 가르침인 소위 천당, 화복의 설(說)은 불씨(佛氏, 불교)의 지류에 가까운 것으로서 권선하여 사람을 가르치는 소이는 여항천속지담(閭巷賤俗之談, 여염집의 천하고 속된 이야기)에 지나지 않는다. 그들의 천신(天神)을 예배하고 부모께 제사치 아니함은 종종 무천란윤지풍(誣天亂倫之風, 하늘을 속이고 윤리를 어지럽히는 바람)을 유발하는 것으로서 이로써 보면 이적(夷狄)의 누속(陋俗)이다.... 요즈음에 와서 예수교는 역시 소쇠(少衰)하고 있다. 중국 이외의 지구상의 여러 나라 즉 구라파인들은 모두 예수교를 존상(尊尙)하고 있는데, 중국의 사민(士民)들 가운데서 이를 신봉하는 사람이 있는 것은 어떠한 이유인지 모르겠다.[36]

신기선은 기독교에 대해서는 이항노의 위정척사 사상을 그대로 이어받는다. [이항노의 위정척사 사상에 대한 논의는 『한국 사람 만들기 I』, pp. 445-457 참조]

학부대신에 임명된 직후 올린 상소에서는 언문과 태양력 사용을 금지할 것을 주청하고 내각제와 입헌제에 반대한다.

국한문을 병행하여 쓴다면 앞으로 문자는 무너지고 경전은 폐지될 것입니다. 태양력이 새로 시행된다면 외국 풍속을 따라 정삭을 바꾸는 것입니다. 내각제와 입헌제는 곧 인군의 권력을 빼앗아 백성에게 주는 것입니다.[37]

학생들의 양복 착용 및 단발도 금지하고자 한다. 신기선은 한문 사용을 중지한다는 것은 곧 「동도」의 폐기를 뜻하고 정삭을 폐지하고 양력을 채택하는 것은 중화질서에서의 탈피를 뜻한다는 사실을 정확히 알고 있었다. 문반 사대부의 문명을 포기하는 것이었다.

『독립신문』은 반격에 나선다. 1896년 6월 4일자 신문 「잡보」에 세종대왕이 만든 국문이 사람을 짐승으로 만든다는 것은 선왕에 대한 모욕이며 청의 정삭을 받을 것을 요구하는 것을 보니 신기선은 청의 신하가 되는 것이 차라리 좋을 것 같다고 한다. 한문과 중화질서를 유지하고자 하는 신기선과 같은 문반 사대부들은 조선 사람이 아닌 중국 사람들이라며 적나라하게 비난한다.

학부 대신 신기선씨의 상소를 들으니 머리 깎고 양복 입는 것이 개화한 사람이 야만이 되는 시초요 조선 세종대왕이 만드신 조선 글 쓰는 것은 사람을 변하여 짐승을 만드는 것이라 하였고 태양력을 쓰지 말고 청국 정삭(正朔)을 받들자고 하였고 이런 일을 모두 하기를 이왕 정부에 있던 역적들이 한 일이라고 하였으니 우리가 다른 말은 다 상관 아니 하되 이 몇 가지 일에 말한

것은 불가불 말을 하여야 나라
가 독립국이 될터요 선왕의 하
신 일이 밝아질지라. 국문이란
것은 조선 글이요 세종대왕께
서 만드신 것이라 한문보다 백
배가 낫고 편리한 즉 내 나라에
좋은게 있으면 그것을 쓰는 것
이 옳지 이 쓰는 일은 사람을 짐
승 만드는 것과 같다고 하였으
니 선왕의 대접도 아니요 조선
사람을 위하는 것도 아니라. 청

「잡보」, 『독립신문』 1896년 6월 4일

국 정삭을 도로 받들자 하였으니 청국 황제를 그렇게 섬기고 싶은 뜻이 있
으면 청국으로 가서 청국 신하 되는 것이 마땅하고 조선 대 군주 폐하의 신
하 될 묘리는 없을 듯하더라.[38]

내각제와 입헌제가 국왕의 권력을 빼앗는 것이라는 주장은 조선의 인
민을 업신여기는 처사라고 비난한다.

정부에 규칙이 있어 백성을 자유케 한다는 것을 군권을 빼앗는다 하였으니
그것은 충심이 아니라. 조선 전국 인민을 천대하는 것이요 이런 일을 모두
이왕 정부 역적들이 하였다고 하였으니 우리가 잘 못 알지 않았으면 작년에
새 규칙들을 낼 때에 이 상소한 이도 군부대신으로 있어 칙령에 자기 이름
을 쓴 줄로 생각하노라. 이 때를 당하여 애국 애민하는 조선 사람들은 아무

「논설」, 『독립신문』 1896년 6월 11일

쪼록 바르고 정다운 말을 하여 조선이 남의 나라와 같이 되기를 힘쓰는 것이 마땅 하거늘 이런 무리하고 앞뒤가 닿지 못한 말을 하는 것은 나라 위하는 것도 아니요 다만 인심만 소동케 하는 것이니 삼가지 아니하면 세상에 다만 못생긴 사람 노릇만 할 뿐이 아니라 국가에 큰 죄를 짓는 걸로 우리는 생각하노라.[39]

『독립신문』은 1주일 후인 6월 11일자 논설에서도 신기선을 공격한다.

학부 대신이라 하는 사람이 지금 당해서는 매우 중한 것이 조선 수행을 교육하는 직무를 맡은 사람인즉 다른 대신들은 다 완고라도 학부 대신은 불가불 세계 각국 일을 능통하고 조선 학도들이 학문만 배울 뿐 아니라 남의 나라 백성들과 같이 저희 님군을 위하고 나라를 사랑하는 마음을 길러 주어야 그 사람들이 자라거든 조선도 외국과 같이 될 증조가 있거니와 만일 학부 대신이 진보하는 일을 막으며 국체를 낮추려 하며 대 군주 폐하를 남의 나라 님군 보다 낮게 하려 하며 좋은 법이라도 새것이라 하면 폐하려 하며 각 학교에 있는 학도들의 문명 진보하려는 뜻을 꺾으려고 하니 만일 학부 대신이 자기의 의사와 같이 일을 행할 지경이면 조선이 몇 해 후에나 잘 될까 하였든 여망도 없어질 터이니 어찌 통곡할 일이 아니리요. 들으니 신기선씨가 학교에 있는 학도들이 머리 깎고 양복 입는 것을 금한다 하니 우리가 알기에는 머리 깎고 양복 입는 일은 대 군주 폐하께서 칙령으로 종편 위지하라 하셨은즉 머리 깎고 양복 입는 것이 자기 생각에는 편할 듯하면 머리를 깎고 양복을 입어도 법률에 마땅하고 상투를 짜고 도포를 입는 것이 자기 생각에 편할 것 같으면 그렇게 하고 다녀도 범법이 아니라 상투 한 사람을 억지로 상투를 베는 것도 국법을 범하는 사람이요 머리 깎는 사람은 상투를 짜고 옛적 옷을 입게 하는 것도 또한 국법을 범하는 사람이니 학부대신이 무슨 권리가 있어 칙령을 어기고 머리 깎고 양복 하는 사람을 상투를 짜고 옛 복식을 입으라 하며 상투 있는 사람의 머리를 깎으라 하리요. 각 관립 학교에서들 머리 깎고 양복 한 것은 정부에서 억지로 시킨 것이 아니라 학도들이 그렇게 하는 것이 저희들에게 편한 줄로 생각하여 한 일인 즉 이것은 법률에 마땅한 일이라. 다시 남이 시켜 변하는 것은 범법하는 사람이니 학부 대신이 아무리 정부에 높은 관원이라도 자기 권리에 없는 일을 행할 거면 그것은 시행치 아니 하여야 마땅한 일이요 그른 일이라도 우리 관원이 하란다고 시행하는 사람들은 그 사람과 같이 범법하는 것이니 아무리 학부 대신이 억지로 머리를 기르고 옛 복식을 입으라 하더라도 생각해 지금 입은 복식들이 편한 줄로 생각하거든 이런 영은 듣지 아니하여도 만국 사람들이

오히려 도와줄지언정 그르다고
할 사람은 없을 터이니 조선 인
민은 대 군주 폐하의 칙령만 그
대로 시행하고 다른 사람의 말
은 둘째로 여기는 것이 신하 된
직분으로 생각하노라.[40]

『독립신문』 기사가 난지 1주
일만인 6월 11일에는 사범학교
학생들이 집단으로 퇴학서를 작
성한 후 학부에 모여 신기선을
규탄한다.

「잡보」, 「독립신문」 1896년 6월 11일

사범 학교 학도들이 학부에 청원서들을 하고 모두 퇴학하겠다고 하였는데
까닭인 즉 새로 한 학부 대신이 말하기를 조선 사람들이 조선 글을 배우는
것은 사람을 짐승으로 만드는 거라 한 연고더라. 우리 생각에는 그 지각없
는 사람의 말을 탄할 것이 없이 학도들이 학부에 가서 대신에게 연설들을 하
여 꿈을 좀 깨워주는 것이 마땅 할 듯하더라.[41]

그러나 신기선은 오히려 『유학경위』를 관립학교 교재로 채택하기 위
하여 학부편집국에서 간행하게 하는 동시에 「성균관경학과규정」을 개
정하여 유학교육 강화에도 나선다. 그러자 기독교 선교사들도 신기선의
상소 내용을 자세히 소개하면서 조선의 개혁이 퇴보하는 것을 비판한

다.[42] 신기선은 결국 학부대신직을 사임한다.

8. 동양 대 서양

1899년 9월 20일 『독립신문』 「논설」은 유교가 시대착오적인 사유체계인 이유는 시세에 따라 변하고 발전하는 대신 과거 성현들이 이룬 것을 인류 최고의 성취라면서 이를 수정하거나 뛰어넘으려 하지 않기 때문이라고 한다.

> 예로부터 인재가 다 학문에서 나는데 학문은 한량이 없으되 다만 시세는 고금이 다른 즉 학문이 또한 시세를 따라 변통함이 마땅하거늘 동양 선비들은 고금의 현수(懸殊, 현격하게 다름)한 것을 의논치 않고 항상 말하되 옛적 성현의 못하신 일을 후생이 어찌 능히 경영하며 경전에 없는 말씀을 우리가 어찌 능히 저술하리오. 새 법을 내지 말고 내 법을 고치지 않는 것이 가하다 하니 동양에 있는 나라들의 형세가 점점 빈약함이 어찌 이 까닭이 아니리오.[43]

청이 후진국으로 전락한 이유도 근대학문을 받아들이지 않고 있기 때문이다.

> 청국으로 말할진대 새학문을 귀히 여기지 아니하고.... 나라에 문학과 풍속이 고금이 같지 아니하여 차차 폐단이 생길 지경이면 시세와 형평을 따라 새 이치를 궁구하고 새 문견을 발달하여 새 학문에 진보가 되어야 그 나라

가 문명하고 부강한 법이라.[44]

선진국들이 근대문명의 이기를 누리면서 부강한 나라가 될 수 있었던 것은 구학문을 버리고 신학문을 받아들였기 때문이다.

서양에서도 만약 동양 사람과 같이 다만 교만하고 나태한 버릇으로 각기 자기 나라 이전 풍속과 법률만 좋아하고 뒤로 물러가기만 일삼았다면 전기선과 화륜선의 여러가지 기계를 누가 능히 궁구하며 철로와 광산의 모든 이익이 어디로부터 나리오. 그런 즉 오주(오대양육대주) 세계에 유명한 나라들이 다 같이 문명하고 다 같이 부강한 것이 다 옛적 썩은 학문을 버리고 향내나는 새 학문을 힘쓰는 효험이라.[45]

조선 역시 「세월만 허비하지 말고 어서 속히 이 세계에 좋은 새 학문으로 국중에 있는 완고한 구습을 통형하여 일신우일신하게 하면 대한 전국이 유리(좋은) 세계」가 될 것이라고 한다.[46]
　신구학문을 논하는 담론의 틀은 신기선이 우려하였듯이 동양의 학문, 즉 「동도」를 비판하고 서양의 학문, 즉 「서도」를 칭송하는 것으로 바뀐다. 『독립신문』에 의하면 동양의 학문은 높은 담 안에 갇힌 학문인 반면 서양의 학문은 산 정상에 오른 학문이다.

아세아 사람 모씨는 세계 각국에 널리 유람하고 동서양 학문을 깊이 섭렵한 사람이라 일찍이 말하여 가로되 동양 학문은 높은 담 안에 있는 사람이요 서양 학문은 높은 산에 올라가는 사람이라 하였으니 가장 이상적이고 옳

「논설」, 「독립신문」 1899년 9월 20일

은 평론이로다.[47]

동양의 학문은 청국에서 가장 발달하였고 「수신제가치국」의 철학을 담은 경전들이 있지만 이를 후세의 학자들이 더욱 발전시키는 대신 성현들이 이미 세상의 모든 진리를 터득하였으니 그 가르침만 입으로 외울 뿐 진리를 탐구하지 않으니 정체될 수밖에 없었다고 진단한다.

그 뜻을 궁구하여 보건대 동양 학문은 청국 천지의 개화됨이 각국 중에 제일 먼저 하였으며 몸을 닦고 집을 간직하며 나라를 다스리는 학술이 성경 현전에 존재하거늘 성경 현전의 학업을 힘쓰는 선비들이 그 학문의 이치를 더욱 강마하여 점점 총명한 지경에 나아갈 생각은 하지 아니하고 항상 말하되 옛적 성현들은 나실 때부터 지혜가 있어서 세상 이치를 배우지도 아니 하시고 공부도 아니 하셨으되 알지 못하실 것이 없다 하며 성현들이 가르치신 훈계와 기록하신 서책은 다만 입으로 읽고 외울지 언정 감히 그 학문의 이치를 해석하지 못하며 다만 한다는 말이 우리가 어찌 이전 성현들이 아시지 못한 것을 알 수 있으며 성선들이 말씀 하시지 아니한 일을 어찌 말 할 수 있으며 성현들이 궁구치 아니하시던 이치를 우리가 어찌 궁구 할 수 있으리오 하다가 혹 어떤 고명한 선비의 탁월한 이론이 있을 것 같으면 모든 선비들은 말하여 가로되 아무 선비의 의견이 계제도 없고 증거도 없는 말이라 하니 그런고로 동양 선비의 학문은 차차 잔약하여 진보될 가망은 없는지라 어찌 그 학술이 개명 되기를 바라리오.[48]

반면 「태서(泰西)」 즉 서양의 학문은 인륜은 물론 과학, 기술 분야의 성현들이 나타나 인민들의 삶에 실질적인 도움을 주었다. 그 후로도 마르코 폴로, 컬럼부스, 코페르니쿠스, 갈릴레오, 허셀, 프랭클린, 와트 등이 나오고 화학, 물리학, 의학, 신학, 이학, 농리학, 상무학 등 각 분야에서 객관적인 분석과 실험을 바탕으로 끊임없는 지식의 진보를 이룩하여 민생을 이롭게 하였다.

태서의 학문은 근본적이니 나라의 성현들이 천문 지리와 인륜의 도리를 강론하여 그 고명한 말씀과 기술이 인민에게 또한 크게 간절하여 효력이 있더니 그 후에 여러 나라 현인들이 처음으로 개척한 전답들을 해마다 거름 하고 다스릴수록 곡식이 더 잘되는 것 같이 그 학문을 점점 더 궁구하여 차차 앞으로 나아간 지라 몇 백 년 전에 이태리 사람 마고부루(마르코 폴로)씨가 동양까지 와서 산천 풍속을 보는 대로 기록하여 서책을 만들었더니 그 후에

「동서양 학문 비교」, 『독립신문』 1899년 9월 9일

코럼버(컬럼부스)씨가 그 서책을 보고 지구의 둥근 이치를 해독하여 대서양을 건너가 남북 아메리카를 찾았으며 고배니고(코페르니쿠스)라 하는 사람이 처음으로 말하되 땅이 태양을 에워 돌아간다 하였더니 그 후에 알리리구(갈릴레오)라 하는 사람이 원시경(遠視鏡, 망원경)을 만들어 천문 이치를 발명하되 달 가운데 산천이 있음을 말하고 혁실륵(허셀)씨는 천문학을 더더욱 궁구하여 천왕성을 찾으며 은하수가 모두 별로 된 것을 발명 하였고 푸링코(프랭클린)씨가 처음으로 구름 가운데 전기가 있음을 말하였더니 그 후에 선비들이 그 이치를 더욱 궁구하여 사람에게 유익할 방책을 만들새 그 기운으로 전보선과 전화기와 전기차와 전기등이 생겼으며 부와도(와트)씨가 처음으로 물 끓는 증기를 말하였더니 그 후에 학사들이 그 이치를 점점 궁구하여 만리창해에 날아 다니는 것과 같은 화륜선과 천리장정을 하루날에 내왕하는 화륜차가 생겼으며 화학가에서 물건 품질의 다르고 같은 것과 오행 기운의 합

하고 변혁함을 궁구하여 각종 약 재료를 만듦에 격치학(格致學)과 의리학이 더욱 진보가 되었으며 그 이외에 신학, 이학, 농리학, 상무학 여러가지 학문이 모두 실리를 궁구하여 헛소문과 빈 말로만 행함이 아니라 그 일을 받드시 힘을 다하여 실심으로 시험하며 비교하고 생각하여 이치에 정확한 신상을 본 연후에 그 사업을 경영하여 민생에 좋게 하였으니[49]

동서양의 학문을 이처럼 비교하는 것은 동양의 학문은 다 틀리고 서양의 학문은 다 옳다는 것을 주장하기 위한 것이 아니라 서양의 학문은 학자들이 끊임없이 공부하고 연구하기 때문에 발전하였음을 강조하기 위한 것이라고 한다.

서양 학문은 모씨의 이른바 높은 산에 올라가는 사람과 같은지라 사람이 높은데 올라가기가 평지로 내려가는 것 보다 힘은 대단히 들지마는 높이 올라갈수록 산천 초목과 허다 풍물이 눈에 다 보이리니 그와 같이 선비가 학문을 강구하여 점점 올라감으로 그 재주와 학식이 더욱 총명한 법이라. 오늘날 이같이 동서양 학문을 의논함은 동양 학문은 모두 그르고 서양 학문은 모두 옳다 함이 아니라 오직 그 힘써 나아가기에 효험을 본다 함이오 나라의 정치가 또한 학문의 진보함으로 인하여 나아가고 학문의 쇠잔함으로 인하여 어지럽나니 대개 세계의 흥망성쇠는 모두 학술에 달린 것이라 어찌 크게 주의치 아니하리요.[50]

9. 대안: 기독교

친미기독교파들이 볼 때 조선이 몰락하고 있는 이유는 조선의 윤리적, 도덕적, 정신적 타락 때문이었다. 독립과 자강을 위해서는 개인과 사회를 종교적으로, 윤리적으로 개조해야 한다고 생각했다. 서재필, 윤치호, 이상재 등은 새 나라는 새로운 윤리-도덕 체계에 기반해야 한다는 것을 믿어 의심치 않았다.[51] 인간은 도덕적인 존재이고 따라서 도덕교육을 통해서 인간을 개조할 수 있다고 생각했다. 다만 「우리 나라 교육을 도와주며 인민의 기상을 회복시킬 기개는 예수교 밖에」 없다면서 기독교를 전파한다.[52] 유교가 아닌 기독교에 기반한 근대교육, 시민교육을 통해서 인민을 개조하고 사회를 개혁해서 새로운 나라를 세워야 한다고 믿었다.

유교 역시 「교화」를 통하여 나라를 다스려야 한다고 믿었다. 그러나 이제 사대부 만이 아닌 양민과 천민, 여성들도 기독교사상과 윤리도덕 교육을 통해 변화시킬 수 있다고 믿었다. 그리고 이들이 꿈꾼 새 나라는 기독교 문명을 먼저 체화한 지식인들의 「교화」를 통해서 「서민」, 「인민」들을 개종시킬 때 비로서 건설된다고 믿었다. 따라서 유교 특유의 교육열은 기독교를 통하여 오히려 더 강화되고 그 대상도 전 국민으로 확대된다.

『독립신문』을 비롯한 신문들은 노골적으로 기독교를 전교한다. 특히 부국강병을 이룬 나라들이 대부분 기독교국가들임을 강조한다.

구라파 안에 제 일등 각국들은 다 성교(聖敎)를 하는 나라들이라.[53]

오늘날에 이르러 예수를 믿고 신구약을 펴 놓은 나라는 사람마다 본분 지킬 줄을 알아서 부강함을 이루었으니....[54]

서양 각국에 구세주를 승봉하는 나라들은 하나님을 공경하고 사람을 사랑하는 고로 법률을 실시하고 정치가 문명하여 백성이 요족하고 나라가 부강하며....[55]

조선 사람들이 항상 말하기를 유도가 제일 좋다 하니 우리도 공맹의 말씀을 그르다 하는 것이 아니로되 청국과 조선은 그 도를 인연하여 나라를 다스리되 점점 미약하고 영국 같은 나라들은 공맹을 잘 모르건마는 천하에 제일 부강하고 문명함은 하나님을 섬김이라.... 바라건대 학문만 공부할 것이 아니라 하나님의 도를 행하여 참 개화한 사람이 되기를 바라노라.[56]

제11장

조선의 문체혁명

제11장

조선의 문체혁명

친미기독교파는 조선의 중화사상을 지탱하던 한문의 보편성을 부정한다. 서구의 종교개혁가들이 『성경』을 자국의 구어(口語)로 번역하는 문체혁명을 일으킴으로써 라틴어와 라틴 교회의 보편성을 부정하였듯이 조선의 친미기독교파는 한문을 「언문」이라 불리던 「국문」, 즉 「한글」로 대체하는 문체혁명을 일으키면서 유교의 보편성을 부정한다.

문체혁명의 토대는 기독교 선교사들이 놓는다. 조선 언문의 가치를 누구보다 먼저 깨달은 개신교 선교사들은 1870년대 중반부터 『성경』을 언문으로 번역하면서 언문의 근대화를 이룬다. 서재필(徐載弼, 1864.1.7.-1951.1.5.)과 윤치호(尹致昊, 1865.1.23.-1945.12.6.), 주시경(周時經, 본명 주상호, 1876.12.22.-1914.7.27.), 이승만(李承晚, 1875.3.26.-1965.7.19.) 등이 1896년 『독립신문』을 「국문」, 즉 「언문」으로 발행할 수 있었던 이유다.

루터(Martin Luther, 1483.11.10.-1546.2.18.)가 성경을 독일어로 번역하는 과정에서 근대 독일어와 근대 독일인을 만들기 시작하였듯이 친미기독교파는 개신교 선교사들이 성서번역을 위하여 재창제한 「언문」을 「국문」으로 격상시키면서 근대 한국어와 근대 한국인을 만들기 시작한다.

조선이 중국의 속방이 아닌 독립 주권국임을 인정하는 시모노세키 조약이 조인되던 바로 그 때다.

1. 루터와 근대 독일어의 창제

성 이에로니무스(라틴어: Eusebius Sophronius Hieronymus, 347-420.9.30. 예로니모, 영어: Jerome)가 그리스어 성경을 『불가타(Vulgata, Vulgate)』로 번역하는 데 사용한 라틴어는 초기 기독교인들의 「링구아 프랑카(lingua franca)」, 즉 국제어였다. [이에로니무스의 성서 번역과 오역에 대한 논의는 『한국 사람 만들기 III』, pp. 174-182 참조] 신학은 물론 행정, 교육, 법 분야에서도 라틴어만을 사용하였다. 그러나 그 후 1,000년의 세월이 흐르면서 불가타의 라틴어를 읽

『불가타(새 라틴어 성경)』

고 쓸 수 있는 사람은 소수의 가톨릭 사제들과 왕족, 귀족, 지식인들에 불과했다. 로마 가톨릭 교회는 일반 신도들이 『불가타』를 읽는 것을 장려하지 않았고 구어체로 번역하는 것은 금지하였다. 『성경』은 오직 성직자들만 읽고 해석할 수 있었다.

1) 루터의 독일어 성경

마르틴 루터는 신앙의 준거점은 교회가 아닌 『성경』이어야 한다고 믿었다. 「오직 성서(sola scriptura)」의 원칙 하에 루터는 일반 독일인들도 자신들의 언어로 성경을 읽을 수 있어야 된다고 믿었다. [루터의 오직 성서에 대한 논의는 『한국 사람 만들기 III』, p. 160 참조] 문제는 신성로마제국의 독일어는 표준이 없었다는 사실이다. 신성로마제국만이 아니었다. 종교개혁 당시 유럽 각지의 구어(口語), 즉 일상어는 표준화되어 있지 않았다. 신성로마제국에서만 수십 내지는 수백개의 방언(方言)이 사용되고 있었고 한 지역에서 사용하는 독일어는 다른 지역의 독일 사람이 이해할 수 없는 경우가 허다했다(최초의 근대 독일어 사전은 1852년, 즉 종교개혁 300년 후에나 출판된다).[1] 이에 루터는 모든 독일인들이 읽을 수 있는 성경을 번역하기 위해 독일 각지의 수많은 방언들을 통일하는 독일어를 만들어낸다.

루터는 구어체의 독일어와 문어체의 독일어를 혼합하여 「저지 독일어(독일어: Niederdeutsch, Plattdeutsch, 영어: Low German)」와 「고지 독일어(독일어: Hochdeutsch, 영어: High German)」의 분열을 극복한다. 성경에 등장하는 인물들이 일반 독일 사람들처럼 말하게 하기 위해서 루터는 자신의 고향인 북부 작센(Meissen-Upper Saxony)의 일상 구어체를 채용한다. 그는 작센 방언의 관용구와 숙어, 속담 등 상인, 농부 등 일반인들이 시장에서, 집안에서 사용하는 언어를 사용하여 성서를 번역한다.

마르틴 루터

루터의 주된 활동 무대였던 비텐베르크(Wittenberg)에서는 남부 독일의 고지 독일어와 북부 독일의 저지 독일어가 충돌하면서 새로운 독일어가 만들어지고 있었다. 루터는 동료들에게 끊임없이 특정 저지 독일어와 고지 독일어의 단어 중 어느 것이 보다 많은 독일인들이 이해할 수 있을지 묻고 상의한다. 지역민들과도 수많은 대화를 통해 듣고 물으면서 보다 「독일 다운 독일어」를 찾아낸다. 그리고 신조어를 만들면서 성경의 그리스어, 히브리어, 라틴어를 독일인들에게 친근한 독일어로 번역해 나간다.[2]

그러나 루터 고향의 방언만으로 성경을 번역하기에는 부족한 점이 많았다. 무엇보다도 당시 작센 지방어는 거칠었다. 이에 루터는 철자법, 문법, 어순은 당시 신성로마제국 정부가 사용하는 「관청 독일어(Kanzlei-deutsch, Chancery German)」를 따른다. 관청 독일어란 신성로마제국의 관청들이 다른 지역의 관청들과 교신하기 위해서 법전과 공문서 등을 작성하는데 사용하는 글이었다. 관청 독일어는 지식인들도 사용하기 시작

하면서 독일어 글쓰기의 또 하나의 표준이 되어가고 있었다.[3]

루터는 북부 작센 지방의 일상어와 관청 독일어를 합침으로써 당시 복잡한 관용구와 고급 단어들의 특징이었던 라틴어 풍의 독일어를 거부하고 지식인들이 사용하는 독일어 대신 독일어 구어체에 기반하면서도 기품 있는 독일어를 창제한다.[4] 루터의 독일어 성서는 1522년 9월

루터의 『9월 성약(Septembertestament)』

『9월 성약(Septembertestament)』이라는 제목으로 출판된다. 『루터 성경』은 구텐베르크(Johannes Gensfleisch zur Laden zum Gutenberg, 1398-1468.2.3.)가 촉발한 인쇄혁명을 통하여 독일전역에 급속이 전파된다.

2) 구텐베르크의 인쇄혁명

구텐베르크는 1440년 인쇄기를 발명한다. 루터의 신약성서가 인쇄되기 80년 전이다. 마인츠(Mainz)의 귀족 집안에서 태어난 구텐베르크는 금세공사 겸 금속 전문가였다. 1428년경 스트라스부르크로 이주한 구텐베르크는 쉽게 형태를 바꿀 수 있으면서도 단단한 금속재질을 이용하여 인쇄판을 만들고 당시 포도주 생산으로 유명한 마인츠의 포도주

구텐베르크

구텐베르크 인쇄기(1568년)

틀(winepress)을 개조하여 인쇄기를 만든다. 인쇄기는 당시 유럽을 강타한 정치, 경제, 사회, 문화적 급변기를 맞아 급격하게 보급된다.

구텐베르크는 처음에는 양피지와 종이를 모두 사용하지만 종이가 이윤을 더 많이 남기자 주로 종이로 인쇄를 한다. 종이는 아랍상인들이 실크로드를 통해 중국으로부터 수입한다. 바

목판 책(block book)

그다드에는 이미 794년에 제지공장이 있었다는 기록이 있다. 유럽에

는 12세기경 전해진다. 15세기에 이르면 종이는 싸고 쉽게 구할 수 있을 뿐만 아니라 인쇄기를 이용한 대량 인쇄에 적합한 것으로 판명되면서 인쇄혁명을 촉진한다.[5] 1460년대까지만 해도 인기 있던 목판 책(block book)도 시장에서 밀려난다. 목판 책은 한 페이지를 목판에 공들여 새긴 후에 찍어내는 방식이었는데 목판은 몇 번만 인쇄하면 곧 닳아 버렸다. 따라서 훨씬 실용적인 금속판이 목판을 대신하게 된다.[6]

『구텐베르크 불가타 성서』, 제1권, 『구약성서』, 성 이에로니무스의 편지

『구텐베르그크 성경』은 1455년 또는 1456년 최초로 인쇄된다. 프랑스의 대재상이자 책 애

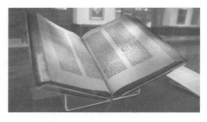

뉴욕 공공도서관 소장 구텐베르크 성경

호가였던 마자랑(Jules Raymond Mazarin, cardinal-duc de Rethel et de Mayenne et de Nevers, 1602.6.14.–1661.3.9.) 추기경의 서재에서 재발견되면서 『마자랑 성경』이라고도 불리는 구텐베르크 성경은 인쇄기 발명 이전에 사용되던 필사본(寫本, manuscript) 성경의 형식을 그대로 따랐다. 종교 개혁 이전에 살았던 구텐베르크는 가톨릭 신자였다. 그는 『시편』, 송가(canticle), 교리 책, 기도 책, 전례 등을 인쇄하였다. 대부분 라틴어였다.

15세기 말에 이르면 스트라스부르크를 비롯하여 독일의 50개 도시에서 책을 인쇄하고 출판한다. 1466년에는 최초의 독일어 성경이 출판된다. 그러나 인쇄된 책이 중세의 손으로 필사한 사본의 모습에서 벗어나 책 고유의 모습을 갖추게 되는 것은 16세기 중반에 이르러서다.[7]

3) 책 혁명

루터가 1522년 『9월 성약(Septembertestament)』을 출판할 때쯤 되면 독일의 인쇄기술은 완숙의 경지에 도달하고 있었다. 중세의 신학교수와 학생들은 필요한 책이 있을 때는 필경자(筆耕者, copyist)를 고용하여 필요한 책을 필사하도록 하는 방법 밖에 없었다. 그러나 인쇄술의 발달은 상대적으로 싼 가격의 책을 대량생산하는 것을 가능케한다. 대학교들은 초기 형태의 서점(stationarus)을 지정하여 교재용 책을 팔도록 한다.

인쇄술이 발달하면서 책들도 특유의 형태를 갖추기 시작한다. 출판사들은 책 마다 고유의 표지를 만들고 저자의 이름, 출판 날짜, 출판된 도시 등을 표기하여 책들을 구별하기 시작한다. 중세의 필사본(manuscript)들은 모두 처음부터 끝까지 계속해서 읽는 것을 전제로 했다. 그러나 교회법과 스콜라철학의 발달로 책을 읽을 때는 다른 책들을 참고하는 관례가 생기면서 책에 「찾아보기(index)」와 「용어 색인(concordance)」이 등장하기 시작한다.

근대 책의 형태가 갖추어지는 또 하나의 결정적 계기는 「띄어쓰기」였다. 16세기부터 독일의 책들은 자간에 공백을 많이 집어넣는 「띄어쓰기」를 시작한다. 중세에 책을 읽을 때 중얼거리면서 읽거나 낭송하는 관습은 문장들이 끊기지 않고 이어지기 때문에 읽던 자리를 잃지 않기 위해서 생긴 관습이었다. 그러나 「띄어쓰기」를 통하여 자간 공백이 생기면서 독자들은 책을 소리내지 않고 침묵 가운데 숙독하면서 내용을 음미할 수 있게 된다. 인쇄된 책은 더 이상 필사본의 형식을 따르지 않고 고유의 체계를 갖추기 시작한다.[8]

16세기에 출판된 일반 서적은 대개 초판이 1천-1천5백 권이었다. 전례와 관련 책이나 『성경』은 더 많이 인쇄되었다. 예를 들어 『루터 성경』 초판은 3천 부였다. 1566년에 북아프리카의 유대인들을 위해 출판된 『히브리어 성경』 초판도 3천 부였다. 루터의 저작들은 특히 인기가 많았다. 1520년 8월 5일에 출판된 루터의 『독일 기독교 귀족에게 고함 (An den christlichen Adel deutscher Nation, To the Christian Nobility of the German Nation)』이라는 논문은 출판 닷새만에 4천 부가 팔린다. 루터의 일생동안 그가 번역한 『신약성서』는 비텐베르크(Wittenberg)에서만 10만 부, 독일 전역에서는 최소 5십만 부가 팔린다.[9]

독일의 인쇄혁명을 가속화시킨 또다른 요인은 「도서전(Book Fair)」이었다. 라이프치히에서는 이미 1165년에 도서전이 개최되었다는 기록이 있다. 가톨릭 출판계의 중심이었던 프랑크푸르트에서는 1530년 최초의 도서전이 열린다. 물론 프랑크푸르트 도서전에 출품된 책들은 대부분 라틴어 책들이었다. 그러나 곧 이어 독일어 책들이 주종을 이루는 개신교 도시의 도서전들이 규모에 있어서 프랑크푸르트의 도서전을 압도한다.[10]

책의 전파는 유럽 문명을 근본적으로 바꾼다. 과거에는 개인적인 서신을 통해서만 전파되던 새로운 과학의 발견 소식은 이제 수천부의 값싼 인쇄물을 통하여 전파됨으로써 일반인들도 과학에 대한 소식과 이론을 접할 수 있게 된다. 이는 유럽 전역에 과학적 담론을 확산시키고 과학의 발달을 추동한다. 대부분의 과학과 지식에 관련된 책은 여전히 지식인 계층의 공용어였던 라틴어로 출판되었지만 일상 구어체의 책들도 점차 증가하면서 독일어, 프랑스어, 영어 등 유럽의 「국어(national language)」가 발전한다.[11]

4) 문해(文解, literacy) 혁명

종교개혁이 일어나기 전에도 독일어 사용은 서서히 확산되고 있었다. 독일어를 사용하는 신성로마제국 영토에는 15세기에 15개의 대학이 새로 설립된다. 비록 통일되지 않고 표준화되지 않은 다양한 독일 방언들이었지만 독일어를 사용하는 지역의 문자 해독률은 16세기에 들어서면서 급격히 증가한다.

1500년에 이르면 독일인구의 10%가 글을 읽고 쓸 수 있었다. 도시의 평균은 더 높았다. 수천명의 독일인들은 책, 특히 『성경』을 구입하기 시작한다. 주된 독자층이 더 이상 지식인 계층이나 교회의 성직자들이 아닌 일반인들임을 깨닫기 시작한 출판사와 저자들은 일반인들을 위해 독일어 책의 출판을 늘린다. 라틴어는 그 후로도 50년간 출판계를 주도하지만 독일어 책의 출판도 급격히 증가한다. 1513년까지만 해도 독일어로 출판된 책은 1백 종도 안 되었다. 그러나 1519년에는 2백5십 종,

1520년에는 6백 종, 1523년에는 9백 종이 넘는다. 10년만에 9배나 증가한 셈이다.[12]

독일의 인구는 1470년에서 1600년 사이 두배로 증가하여 2천만을 돌파한다. 1600년경에는 인구의 삼분의 일, 많게는 절반이 책을 읽을 줄 알았다. 출판되는 책의 숫자와 독서계층의 수는 급격히 는다.

종교개혁가들은 사람들을 개종시키는데 있어서 글이 절대적인 역할을 한다는 사실을 간파한다. 당시에는 여러 사람들 앞에서 책을 낭독하는 것이 흔한 일이었기 때문에 글을 읽지 못하는 사람들도 책의 내용을 들을 수 있었다.[13]

찬송가도 글을 읽지 못하는 사람들에게 종교개혁을 전파하는 중요한 수단이었다. 1529년 루벡(Lubeck)의 직물공이 집집마다 다니면서 루터의 찬송가를 불렀다는 기록이 있다. 1524년에는 젊은이들이 브란덴부르크의 여관에서 루터의 찬송가를 불렀다는 기록도 있다. 루터의 종교개혁을 선전하는 그림들이 그려진 인쇄물들은 손에서 손으로 전해진다. 일반 대중을 대상으로 종교문제를 다룬 일종의 논문과 같은 독일어 팜플렛들도 널리 보급된다. 『루터 성경』은 특히 인기가 높았다. 당시의 가톨릭 신학자 코클레우서(Johannes Cochlaeus, 1479-1552.1.10.)는 「독일어를 조금이라도 읽을 줄 아는 재단사들(tailors)과 제화공들(shoemakers), 심지어는 여자들과 다른 무지한 사람들도 그것이 마치 진리의 샘인 양 매우 열정적으로 읽었다. 어떤 사람들은 가슴에 꼭 움켜쥐고는 외우기도 하였다」면서 절망한다.[14]

가톨릭 교회는 인쇄술의 중요성을 뒤늦게 깨닫는다. 1590년대까지도 일부 가톨릭 사제들은 인쇄된 기도서를 사용하는 것을 거부한다. 이들은 구어체 번역서들도 물론 거부한다.[15] 1224년 「툴루즈의 공의회 (Council of Toulouse)」는 성경을 구어체로 번역하는 것을 금지했다. 1485 년 마인츠의 대주교는 구어체 성서 번역 금지령을 다시 한번 공표한다. 가톨릭 교회는 루터를 파문하고 독일어 성경을 비롯한 그의 저술들을 모두 금서로 지정한다. 그러나 때는 이미 늦었다.[16]

『루터 성경』은 독일어로 출판된 다른 어떤 책보다 독일인들 사이에서 널리 읽힌다. 신성로마제국의 독일인들은 어느 지역 출신이든지 『루터 성경』을 읽었고 읽지 못하면 다른 사람들이 낭독하는 것을 들을 수 있었다. 이들은 이때 처음으로 신이 독일어를 하는 것을 들을 수 있었다. 출판기술의 발달은 독일어 성경을 퍼뜨렸고 독일어는 집안에서, 일상생활에서, 시장에서 사용되던 방언들의 집합체에서 지역을 초월하는 존경받는 언어로 다시 태어난다. 그리고 독일어의 기준이 되면서 독일인을 만든다.[17]

2. 틴들과 근대 영어의 창제

1525년 초가을 영국 해협을 건너는 화물선에 가득 실린 옷감과 밀가루 포대들 속에 숨겨진 작은 책자들이 런던의 항구에 도착한다. 이 책자들은 요리사, 뱃사람, 벽돌공, 사제, 정치인들에게는 물론 일반 가정에도 배포된다. 책은 다음과 같은 구절로 시작한다.

I have here translated (brethren and sisters most dear and tenderly

beloved in Christ) the New Testament for your spiritual edifying,
consolation and solace.

나는 여기에 (나의 그리스도 안에 가장 친애하는 형제 자매) 여러분들의 영
적 교화, 위로와 위안을 위해 신약성서를 번역했습니다.[18]

그리고 몇 페이지 후 다음과 같은 구절이 나온다.[19]

The book of the generation of Jesus Christ, the son of David, the
son of Abraham.

이는 아브라함의 자손이시요 다윗의 자손이신 예수그리스도의 세대에 대
한 책이라.

윌리엄 틴들(William Tyndale, 1494 –1536.10.)이 역사상 최초로 그리스어
원전에서 영어로 번역한 「마태복음」의 첫 구절이다. 「마태복음」에 이어
틴들이 완역한 영어 『신약성서』가 보급되기 시작하고 『구약성서』 일부
도 보급되기 시작한다.

틴들은 영국에서 성경을 영어로 번역하는 일이 여의치 않자 유럽을
떠돌다 결국 독일에 정착한 후 번역 작업을 한다. 1526년 『신약성서』
번역을 마친 틴들은 독일 인쇄소에서 『틴들 성경』을 인쇄하여 영국으
로 밀수입 시킨다. 그러나 틴들은 『구약성서』의 영어 번역을 마치기 전
에 발각되어 처형된다.

『성경』이 영어로 번역되기 전까지 영국인들은 신이 라틴말을 한다고
생각했다. 영국에서 사용할 수 있는 성경은 1,000년 전 성 이에로니무

스(St. Jerome)가 번역한 『불가타
(Vulgate)』라틴 성경뿐이었다. 영
국인들에게 라틴어 「시편」은 이
방인들의 노래였을 뿐이다. 라
틴어로 된 「십계명」을 영국인들
이 과연 자신들의 계명으로 받
아들였을지 알 수 없다. 당시의
영국 사람들은 그리스도가 「말
씀이 육신이 되어」 자신들 가운
데 거하신다는 것을 믿었겠지만
예수가 자신들의 언어인 영어를
한다고는 감히 생각하지 못했
다. 영국 사람들은 『틴들 성경』
을 통해서 예수 그리스도가 영
어로 자신들에게 복음을 전하는
것을 처음 경험한다.[20]

틴들

그 후로 다량의 『틴들 성경』
이 불태워졌고 또 많은 사람들
이 이 책 때문에 화형을 당한다.

틴들의 처형장면. 말뚝에 묶어 목을 졸라 죽인 후 화형시켰다.
그의 마지막 말은 「하나님, 영국왕의 눈을 뜨게 하소서」였다.

영국으로 이 책을 밀수입하는 사람들도 있었고 이 책들을 금서로 지정
하고 폐기하는 사람들도 있었다. 그러나 한번 번역된 『틴들 성경』은 뿌
리뽑을 방법이 없었다. 합법적으로든 불법적으로든 영어 성경은 영국의
교회에, 영국인들의 가슴에 스며들었고 영국인들의 모국어로 영국인들

을 변화시켜 나갔다. 루터의 독일어 성경이 독일의 종교만 개혁한 것이 아니라 독일어 자체를 개혁하였듯이 틴들의 영어 성경은 영국의 종교만 개혁한 것이 아니라 영어 자체를 개혁한다.

『틴들 성경』을 금지하고 불태운 것은 영국의 가톨릭 교회였다. 이유는 두가지였다. 첫째는 번역 자체가 근본적으로 위험한 것이라고 생각했기 때문이다. 최초로 성경을 영어로 번역한 것은 위클리프(John Wycliffe, 1328-1384.12.31.)였다. 위클리프는 당시 가톨릭 교회가 사용하던 『불가타』라틴 성경을 영어로 번역했다. 위클리프 본인도 가톨릭 사제였고 신학자였다. 그러나 그의 번역을 금서로 지정한 1408년의 「옥스포드 헌법(Constitutions of Oxford, 1408)」은 다음과 같은 포고령을 내린다.

> 은총 받은 성 이에로니무스가 증언하였듯이 성경을 한 언어에서 다른 언어로 번역하는 것은 위험한 일이다. 왜냐하면 번역을 하면 같은 뜻이 그대로 유지되는 것이 쉽지 않기 때문이다.... 따라서 우리는 선포하고 명하기를 이제부터는 그 누구도 자신의 마음대로 성경의 어떤 구절도 영어나 다른 언어로 번역해서도 안 되고.... 그 누구도 그런 책의 일부분이나 전체를 읽어서는 안 된다.[21]

성경을 영어로 번역하는 것을 반대한 것은 번역이 부정확했기 때문만이 아니었다. 보다 근본적인 문제는 당시 영어의 수준이었다. 영어는 당시 영국 사람들이 일상적인 대화에 사용하였지만 엘리트들은 라틴어만 사용하였다. 정부 문서, 대학 교재와 강의, 신학과 문학은 모두 라틴어를 사용하였다. 모든 제례도 라틴어로 진행되었다. 당시의 「저속하

고」, 「투박하고」, 「녹슬고」, 「부패한」 영어로 성경을 번역하는 것은 불가능한 일로 여겨졌다.[22]

시인이며 헨리 8세의 가정교사였던 존 스켈턴(John Skelton, John Shelton, 1463-1529.6.21.)은 영어에 대해 다음과 같은 시를 남겼다.

존 스켈튼

Our natural tong is rude, (우리의 구어는 저속하다)

And hard to be enneude [brightened, ornamented, coloured] (그리고 밝게 치장하기가 어렵다)

With pullyshed terms lusty; (다듬어진 단어들은 원기가 넘치지만)

Our language is so rusty, (우리의 언어는 너무나 녹슬었다)

So cankered and so full (너무나 부패하였고 너무나도)

Of Frowardes [awkward words], and so dull, (어색하고 너무나도 지루한 단어로 너무나 가득찬)

That if I wold apply (내가 만일)

To wryte ornately, (화려한 글을 쓰고자 한다면)

I wot not where to fynd (어디서 찾을지 알 수 없다)

Terms to serve my mynde. (나의 뜻을 전할 수 있는 말들을)[23]

틴들이 살았던 시대의 영국 사람들은 「주기도문」을 외울때도 「Our Father, which art in heaven(하늘에 계신 우리 아버지)」 대신 라틴어 「Pater noster, qui es in caelis」로 시작했다. 틴들처럼 사제가 되고자 하는 젊은이들은 학창 시절 내내 라틴어만 배웠다. 그러나 틴들은 루터처럼 일반인들이 자신들의 언어로 성경을 읽고 신앙을 논해야 한다고 믿었다. 틴들 역시 신앙은 교회가 아닌 『성경』에 기반해야 한다고 믿었다. 다음은 이를 보여주는 일화다.

> 얼마 후 틴들 선생은 지식인들과 함께 자리를 하고 있었다. 이들과 대화하고 논쟁하는 중에 배운 사람 한 명이 우리는 교황의 법이 없는 것 보다는 신의 법이 없는 것이 낫다고 하는 말을 듣고 틴들 선생은 다음과 같이 답했다: 「나는 교황과 그의 모든 법을 거부한다」. 그리고 이어서 「만일 신이 나에게 여러 해를 살 수 있는 생명을 주신다면 나는 쟁기질을 하고 있는 소년도 당신보다는 성경을 더 많이 알 수 있도록 할 것이다」고 하셨다.[24]

틴들은 우선 그리스어와 히브리어로 된 성경 원전을 철저하게 숙지한다. 그리고는 당시 영국의 일반인들이 알아들을 수 있는 영어로 정확하게 번역한다. 이 과정을 통하여 영어는 전혀 새롭지만 동시에 매우 익숙한 언어로 다시 태어난다.

틴들은 성경의 내용을 보다 정확히 전달하기 위해서 수많은 영어 단어를 새롭게 만들어낸다. Intercession(중재), atonement(속죄), Passover(유월절, 과월절), mercy seat(시은좌), scapegoat(희생양)는 모두 틴들이 만들어낸 신조어들이다. 'The salt of the earth'(땅의 소금, 마태

5:13), 'Let there be light'(빛이 있으라, 창세기 1:3), 'The spirit is willing(영은 원하나 육이 약하도다)', 탕자의 비유에 나오는 'This thy brother was dead, and is alive again: and was lost, and is found'(이 네 동생은 죽었다가 다시 살아났으며 잃어버렸다가 찾았으니, 누가 15:32); 성탄을 앞두고 'There were shepherds abiding in the field'(목자들이 들에 거하며, 누가

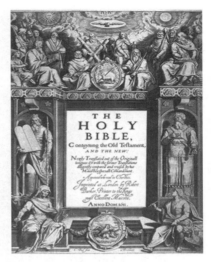

「킹 제임스 성경」(1611년) 초판 표지

2:8)라는 표현들 역시 틴들이 만들어낸 것들이다.[25]

틴들은 새 단어들과 숙어를 만들어 냈을 뿐만 아니라 새로운 표현 방식도 만들어낸다. 히브리어에 충실하기 위해서 틴들은 「히브리식 영어」 스타일을 창조한다. 대표적인 것은 「the + 명사 + of + the + 명사」의 표현이다. 즉 'beasts of the field', 'birds of the air'가 영어 표현으로 등장하는 것도 틴들이 히브리어의 「연계형(construct chain)」을 영어에 응용하면서다. 틴들은 당시의 영어의 문장구조를 따르지 않고 때로는 히브리어의 문장구조를 따르면서 영어에 히브리 색채를 가미함으로써 영어를 풍요롭게 만든다.[26]

한편 틴들은 복잡한 용어들 대신 일상 용어들을 쓰면서 간결한 영어를 만든다. 당시의 지식인들은 간혹 영어를 사용하는 경우에도 라틴식 어법과 문장구조를 채용했다. 따라서 영어는 추상적이고 다음절(polysyllab-

『킹 제임스 성경』(1611년)

ic) 단어들을 복잡한 문장구조 속에서 구사하였다. 그러나 틴들은 이러한 라틴식 영어를 모두 구어체 영어로 대체한다. 예를 들어 'illumination, 빛' 대신 'light', 'ingest, 흡입' 대신 'eat, 먹다', 'cultivate, 경작하다' 대신 'grow, 기르다', 'incinerate, 소각하다' 대신 'burn, 태우다'를 사용한다.[27]

틴들은 16세기 초 까지만 해도 영국의 지식인들과 엘리트들이 전혀 사용하지 않던 영어를 『성경』의 뉘앙스와 심오한 내용을 담아낼 수 있는 언어로 탈바꿈시킨다. 영어는 틴들의 번역을 거치면서 유연하고 강력하고 섬세한 언어로 다시 태어난다. 틴들의 영어는 셰익스피어를 낳는다.

틴들의 영어 성경이 영국에 밀수입되기 시작한 지 86년 후인 1611

년 『킹 제임스 성경(King James Version)』이 출간된다. 『킹 제임스 성경』은 그 후 300년 동안 영어의 표준이 된다. 『킹 제임스 성경』『신약성서』의 84%는 틴들의 번역을 그대로 옮긴다. 『구약성서』도 틴들이 처형당하기 전까지 완성한 부분의 76%를 그대로 사용한다. 영국의 저명한 작가이자 문학자인 루이스(C.S. Lewis, 1898.11.29.–1963.11.22.)가 「우리의 성경은 주로 틴들의 것이다」고 한 이유다.[28]

3. 「언문」에서 「국문」으로

1444년 2월 20일, 집현전 부제학 최만리(崔萬理, ?–1445.10.23.) 등 「훈민정음」 사용에 반대하는 일부 집현전 학사들은 언문 사용 반대 상소를 올린다. 이들은 조선의 사대부, 즉 중화문명의 대변인으로 「진문」과 「언문」의 차이를 명확하게 지적한다.

어찌 예로부터 시행하던 폐단 없는 글을 고쳐서 따로 야비하고 상스러운 무익한 글자를 창조하시나이까. 만약에 언문을 시행하오면 관리된 자가 오로지 언문만을 습득하고 학문하는 문자를 돌보지 않아서 이원(吏員)이 둘로 나뉘어질 것이옵니다. 진실로 관리된 자가 언문을 배워 통달한다면, 후진(後進)이 모두 이러한 것을 보고 생각하기를, 27자의 언문으로도 족히 세상에 입신(立身)할 수 있다고 할 것이오니, 무엇 때문에 고심 노사(苦心勞思)하여 성리(性理)의 학문을 궁리하려 하겠습니까.... 이렇게 되오면 수십 년 후에는 문자를 아는 자가 반드시 적어져서, 비록 언문으로써 능히 이사(吏事)를 집행한다 할지라도, 성현의 문자를 알지 못하고 배우지 않아서 담을 대하는 것처럼 사리의 옳고 그름에 어두울 것이오니, 언문에만 능숙한들 장차 무엇에 쓸 것이옵니까. 우리 나라에서 오래 쌓아 내려온 우문(右文)의 교화가 점차로 땅을 쓸어버린 듯이 없어질까 두렵습니다.... 옛것을 싫어하고 새것을 좋아하는 것은 고금에 통한 우환이온데, 이번의 언문은 새롭고 기이한 한 가지 기예(技藝)에 지나지 못한 것으로서, 학문에 방해됨이 있고 정치에 유익함이 없으므로, 아무리 되풀이하여 생각하여도 그 옳은 것을 볼 수 없사옵니다.[29]

최만리를 위시한 일부 집현전 학사들의 거센 반대에도 불구하고 세종은 훈민정음을 확산시키고자 한다. 훈민정음을 창제한지 석달 지난 1446년(세종28년) 12월 26일(음) 이과(吏科)와 이전(吏典) 선발에 훈민정음도 시험하라는 전지를 내린다.[30]

금후로는 이과(吏科)와 이전(吏典)의 취재(取才) 때에는 「훈민정음(訓民正音)」도 아울러 시험해 뽑게 하되, 비록 의리(義理)는 통하지 못하더라도 능히 합자(合字)하는 사람을 뽑게 하라.[31]

1447년(세종29년) 4월 20일 함길도 이과 시험에도 훈민정음을 포함하도록 한다. 서리들이 문서를 작성하는데 사용해 온 이두를 훈민정음으로 대체하기 위해서였다.[32]

이제부터는 함길도 자제로서 이과 시험에 응시하는 자는 다른 도의 예에 따라 6재(六才)를 시험하되 점수를 갑절로 주도록 하고, 다음 식년(式年)부터 시작하되, 먼저 『훈민정음(訓民正音)』을 시험하여 입격한 자에게만 다른 시험을 보게 할 것이며, 각 관아의 이과 시험에도 모두 『훈민정음』을 시험하도록 하라.[33]

우리신문이 한문은 아니쓰고 다만 국문으로만 쓰는거슨 상하귀쳔이 다보게 홈이라 또 국문을 이러케 귀졀을 떼여 쓴즉 아모라도 이 신문 보기가 쉽고 신문속에 잇는말을 자셰이 알어 보게 홈이라 각국에셔는 사룸들이 남녀 무론학고 본국 국문을 몬져 비화 능통한 후에야 외국 글을 비오는 법인 티 죠션셔는 죠션 국문은 아니 비오드리도 한문만 공부 학는 까둙에 국문을 잘 아는 사룸이 드물미라 죠션 국문학고 한문학고 비교학여 보면 죠션국문이 한문 보다 얼마가 나흔거시 무어신고학니 첫지는 비호기가 쉬흔이 됴흔 글이요 둘지는 이 글이 죠션글이니 죠션 인민 들이 알어셔 빅ᄉ을 한문디신 국문으로 써야 샹하 귀쳔이 모도 보고 알어보기가 쉬흘터이라

같은 해 11월 15일 기사에는 세자를 교육하는 서연(書筵)에서 「언문」을 가르쳤음을 언급하고 있다.[34] 세조도 부왕 세종의 뜻을 따라 훈민정음을 성균관 강경과(講經科) 과목으로 채택한다. 그러나 세종과 세조대 이후 훈민정음을 세자나 관리에게 가르치거나 시험 과목으로 채택했다는 기사는 나오지 않는다. 세종의 문체혁명은 실패한다. 언문이 국가 차원에서 공문서 작성을 위해 사용되는 것은 1894년 갑오경장 이후다.[35]

1896년 4월 7일 서재필은 『독립신문』 창간호 「논설」에서 한문 대신 「국문」을 사용할 것을 선포한다. 기독교 선교사들의 필사적인 노력으로 언문이 철자법과 문법체계를 갖추고 어휘와 표현력이 풍부해지기 시작한 것을 보았기 때문이다. 서재필과 윤치호는 조선 최초의 체계적인 언문교육의 산실이며 조선 최초의 민간 설립 출판사와 서점의 산실인 배재 학당과 밀접한 관계를 맺고 있던 인물들이다. 서재필과 윤치호는 언문이 이제 『독립신문』을 통해서 다루려 하는 주제, 즉 국내정치, 국제정치, 경제, 사회, 문화, 역사, 지리 등 근대사회와 근대시민이 갖추어야

할 지식과 상식을 전달할 수 있는 능력을 갖추게 되었다고 생각했다.

서재필은 최만리를 비롯한 집현전 학사들이 「야비하고 상스러운 무익한 글자」라 일컫던 바로 그 「언문」을 「국문」이라 칭하면서 사용하기로 한 이유를 밝힌다.

「독립신문 1」, 건양 원년(1896년) 4월 7일 금요일(창간호)

우리 신문이 한문을 아니 쓰고 다만 국문으로만 쓰는 것은 상하귀천이 다 보게 함이라. 또 국문을 이렇게 구절을 떼어 쓴 즉 아무라도 이 신문 보기가 쉽고 신문 속에 있는 말을 자세히 알아보게 함이라. 각국에서는 사람들이 남녀 불문하고 본국 국문을 먼저 배워 능통한 후에야 외국 글을 배우는 법인데 조선에서는 조선 국문은 아니 배우더라도 한문만 공부하는 까닭에 국문을 잘 아는 사람이 드물다. 조선 국문하고 한문하고 비교하여 보면 조선 국문이 한문보다 얼마나 아는 것이 우성인고 하니 첫째는 배우기가 쉬운 좋은 글이요 둘째는 이 글이 조선 글이니 조선 인민들이 알아서 백사를 한문 대신 국문으로 써야 상하귀천이 모두 보고 알아보기가 쉬울터라. 한문만 늘 써 버릇하고 국문은 폐한 까닭에 국문만 쓴 글을 조선 인민이 오히려 잘 알아보지 못하고 한문을 잘 알아보니 그게 어찌 한심치 아니하리요.[36](1896.4.7.)

여자들도 국문만 배우고 이를 통하여 세상 물정을 알고 지식을 쌓는다면 한문만 잘하는 사대부들보다 훌륭한 사람이 될 수 있다고 한다.

> 한문 못 한다고 그 사람이 무식한 사람이 아니라 국문만 잘하고 다른 물정
> 과 학문이 있으면 그 사람은 한문만 하고 다른 물정과 학문이 없는 사람보
> 다 유식하고 높은 사람이 되는 법이라. 조선 부인네도 국문을 잘 하고 각색
> 물정과 한문을 배워 소견이 높고 행실이 정직하면 물론 분비귀천 간에 그
> 부인이 한문은 잘 하고도 다른 것을 모르는 귀족 남자보다 높은 사람이 되
> 는 법이라. 우리 신문은 빈부귀천을 다름없이 이 신문을 보고 외국 물정과
> 내지 사정을 알게 하려는 뜻이니 남녀노소 상하귀천 간에 우리 신문을 하루
> 건너 몇 달간 보면 새 지각과 새 학문이 생길 걸 미리 아노라.[37] (1896.4.7.)

주시경은 1897년 4월 22일자 『독립신문』에 글을 기고하여 표음문자
인 국문이 표의문자인 한문보다 우월함을 논한다. 주시경은 우선 표음
문자와 표의문자의 차이를 논한다.

> 사람들 사는 땅 덩이 위에 다섯 큰 부주(대륙) 안에 있는 나라들이 제 각끔 본
> 토 말들이 있고 제 각끔 본국 글자들이 있어서 각기 말과 일을 기록하고 혹
> 간 말과 글자가 남의 나라와 같은 나라도 있는데 그 중에 말하는 음대로 일
> 을 기록하여 표(sign) 하는 글자도 있고 무슨 말은 무슨 표라고 그려 놓는 글
> 자도 있는지라. 글자라 하는 것은 단지 말과 일을 표 하자는 것이라.[38]

글자가 필요한 이유는 말과 사연을 옮기기 위해서다. 그런데 말이나
사연을 옮기는데는 표음문자가 훨씬 편리하다.

말을 말로 표 하는 것은 다시 말 하잘 것이 없거니와 일을 표 하자면 그 일의 사연을 자세히 말로 이야기를 하여야 될지라. 그 이야기를 기록하면 곧 말이니 이런 고로 말 하는 것을 표로 모아 기록하여 놓는 것이나 표로 모아 기록하여 놓은 것을 입으로 읽는 것이나 말에 마디와 토가 분명하고 서러움이 똑같아 이것이 참 글자요.[39]

그런 의미에서 표의문자는 글자라 할 수조차 없다고 한다.

무슨 말은 무슨 표라고 그려 놓는 것은 그 표에 움직이는 토나 형용하는 토나 또 다른 여러 가지 토들이 없고 또 음이 말 하는 것과 같지 못하니 이것은 꼭 그림이라고 이름 하여야 옳고 글자라 하는 것은 아주 아니 될 말이라.[40]

표음문자는 배우기도 쉽다.

또 이 두 가지 글자들 중에 배우기와 쓰기에 어렵고 쉬운 것을 비교하여 말하면 음을 조차 쓰게 만드는 글자는 자모 (모음이란 것은 소리가 나가는 것이요 자음이란 것은 소리는 아니 나가되 모음을 합하면 모음의 도움으로 인하여 분간이 있게 소리가 나가는 것이라) 음에 분간 되는 것만 각각 표 하여 만들어 놓으면 그 후에는 말을 하는 음이 돌아 가는 데로 따라 모아 쓰나니 이러 함으로 자연히 글자 수가 적고 문리가 있어 배우기가 쉬우며 글자가 몇 시 못 되는 고로 획수를 적게 만들어 쓰기도 쉬우니 이렇게 글자들을 만들어 쓰는 것은 참 의사와 규모와 학문이 있는 일이요.[41]

반면 표의문자는 배우기가 어렵다.

무슨 말은 무슨 표라고 그려 놓는 것은 물건들의 이름과 말 하는 것 마다 각
각 표를 만들자 한즉 자연히 표들이 몇 만 개가 되고 또 몇 만 개 표의 모양
을 다 다르게 그리자 한즉 자연히 획수가 많아져서 이 몇 만 가지 그림들을
다 배우자 하면 몇 해 동안 애를 써야 하겠고 또 획수들이 많은 고로 쓰기가
더디고 거북 할 뿐더러 이 그림들의 어떠한 것이 이름진 말 표인지 움직이
는 말 표인지 형용 하는 말 표인지 암만 보아도 알 수가 없고 또 잊어 버리
기가 쉬우니 이는 때를 공연히 허비 하고 애를 공연히 쓰자 하는 것이니 참
지각이 없고 미련 하기가 짝이 없는 일이라.[42]

뿐만 아니라 세계의 문명국들은 모두 페니키아 문자에서 나온 표음문
자들을 사용하고 있다.

옛적 유럽 속에 있던 혜니쉬아(페니키아)란 나라에서 만든 글자들은 자모 음
을 합 하여 스물 여섯 자로되 사람들의 말하는 음들은 다 갖추었는 고로 어
떤 나라 말의 음이던지 기록지 못 할 것이 없고 또 쓰기가 쉬움을 인 하여 지
금 문명한 유럽 속에 여러 나라들과 아메리카 속에 여러 나라들이 다 이 글
자로 저희 나라 말의 음을 좇아 기록 하여 쓰는지라. 조선 글자가 혜니쉬아
에서 만든 글자 보다 더 유조 하고 규모가 있게 된 것은 자 모 음을 아주 합
하여 만들었고 단지 바침만 임시 하여 너코 아니 너키를 음의 돌아 가는 데
로 쓰나니 혜니쉬아 글자 모양으로 자 모 음을 옳게 모아쓰려는 수고가 없
고 또 글자의 자 모음을 합 하여 만든 것이 격식과 문리가 더 있어 배우기

가 더욱 쉬우니 우리 생각에는 조선 글자가 세계에 제일 좋고 학문이 있는 글자로 여기노라.[43]

조선은 기자(箕子)가 온 후로「한토 학문」즉 중국의 학문을 가르치고자「한토 글자」, 즉 한문을 가르쳤다. 무척 배우기 힘들고 쓰기 어려웠으나 아무 글자가 없는 것 보다는 유익함이 있었다고 한다.

조선이 가장 처음에는 말을 기록하는 표가 없는 까닭에 기자께서 조선에 오신 후로부터 한토 학문을 전 하고자 하신 즉 이로 말로만 가르치실 수가 없어 한토 글자를 가르치셨고 한토의 사적을 배우려 하는 사람들도 그 글자를 모르고는 염양 하기가 어려운 고로 차차 그 글자를 공부하는 사람들이 많아졌는지라 이 글자들은 무슨 말은 무슨 표라고 도무지 학문이 없게 그려 놓은 그림인 고로 배우기가 어렵고 쓰기가 어려우나 이 그림으로 학문도 그려서 배우며 사기도 그리며 편지도 그려서 사정도 통 하였으니 그 전에 이런 그림 글자나마 없을 때 보다는 좀 유조 함이 있어[44]

기자 이후로 한문을 몇 천년 써내려 오다가 드디어 세종대왕이「세계에서 제일 좋고 학문이 있는 글자」『훈민정음』을 창제한다.

몇 천 년을 써서 내려 오다가 조석 세종대왕께서 문명의 정치를 힘쓰사 더욱 학문을 국 중에 넓히시고자 하시고 서울과 시골에 학교를 많이 세우시며 국내에 학식이 있는 선배들을 부르사 여러 가지 서책들을 많이 만들어 내시며 백성을 다 밝게 가르치자 하시나 한문 글자가 배우기와 쓰기에 어렵고 지리 한 것을 염려 하시고 서장국 글자를 인 하여 말 하는 음을 좇아 쓰게 글자들을 어리석은 아이라도 하루 동안만 배우면 다 알게 만드사 국내에 백성을 가르치시며(이름은 훈민정음이라 하셨으니 뜻은 백성을 가르쳐 음을 바르게 하시는 것) 한문 책들을 이 글자로 뜻을 새겨서 판에 박아 내시고 또 새 책들도 많이 만드사 그 한문 글자를 모르

주시경

는 인민들도 다 알게 하옵셨는지라 이 글자들은 자음이 여덟 가지 표요 모음이 열 한 가지 표로 합 하여 만드셨는데 (ㅣ 이 표는 모음에 든 것인데 바침으로도 쓰고 ㅏ · 이 두 가지 모음 표는 모양은 다르나 음은 다를 것이 없고 단지 · 이 표는 바침이 많이 들어 가는 음에만 쓰자는 것) 흐린 자음은 맑은 자음에다가 획을 더 넛코 자음 마다 모음을 합 하여 맑은 음 일곱 줄은 바른 편에 두고 흐린 음 일곱 줄은 왼 편에 두고 그 가운데에 모음을 끼어서 이것은 이름을 반절이라 하고 특별히 글자 음의 높고 나즌대에 다 세 가지 표 하는 것이 있으니 나즌 음 글자에는 아무 표도 없고(없는 것이 표라) 반만 높이는 음 글자에는 점 하나를 치고 더 높이는 음 글자에는 점 둘을 치는지라(이 표 하는 말은 『독립협회회보』 첫째 번으로 난 책 지석영씨 국문 논에 자세히 낫더라) 참 아름답고 은혜롭도다 (미완)[45]

주시경은 최만리의 논리를 뒤집으면서 한문에 비한 언문의 우수성을 설파한다.

『독립신문』이 「언문」을 「국문」으로 격상시키고 국내 정치, 국제 정세, 역사, 지리, 사회, 경제, 문화, 교육 등 모든 분야에 대한 기사와 논설을 작성하기 시작하자 조선 사람들은 언문을 자신들의 「국문」으로 급속히 받아들인다. 그리고 새삼 「한문」이 실용가치가 없는 외국의 글임을 깨닫는다.

조선의 방방곡곡에서 수많은 선비들과 유학자들은 경전을 학습했다. 그들은 소리 높여 경전을 읽는 데 능숙하고, 탁상공론을 늘어놓는 데 익숙하다. 그러나 그들은 바로 대문 밖의 가게에서 쌀값이 얼마나 하는지도 모른다. 그들은 고전과 역사, 시문, 그리고 순수 문학 작품의 모호한 의미를 이해하는 데는 익숙하다. 그러나 그들은 오늘날의 세태에 대해서는 전혀 알지 못한다. 그들은 40년 또는 50년 동안 수백 권의 경전을 읽고 암송하는 데 모든 노력을 바쳐왔지만, 조그만 생계수단 하나도 제대로 마련하지 못하는 족속들이다.[46]

아! 왜 우리 민족은 지난 500여 년간 마치 한글이 전혀 필요 없는 물건인 것처럼, 우리의 고유한 글자를 버려 놓은 채로, 오직 외국(중국)에서 수입된 한자만 숭배해왔을까? 왜 헛되이 중국어의 사성(四聲)을 구분하느라 시간을 허비하고, 여덟 가지 한자의 서체(八體)를 배우느라 허송세월을 보냈단 말인가?[47]

우리의 위대한 반만년 역사가 오늘날 이토록 비참하게 먹구름에 휩싸여버린 것에는 여러가지 이유가 있다. 그 중에서도 최고의 주범은 바로 한자다.[48]

지구상에서 영토는 자연스럽게 분할되어 있으며, 각각의 인종들은 (「한 떨기 인종」) 이렇게 분할된 땅 위에서 그들의 기후와 풍토에 걸맞은 그 지역의 소리를 만들어 사용하고 있다. 게다가 그들은 각각 자신의 인종에 어울리는 문자를 창조하기도 한다. 이런 식으로 특정한 언어와 문자가 한 나라에 따로 존재하는 것은 이 나라가 「자주국」임을 자연스럽게 보여주는 암시가 되는 것이다.[49]

하늘 아래 모든 나라는 제 나라의 말과 제 나라의 문자를 가지지 않은 나라가 하나도 없다.[50]

중국의 글자는 중국이라는 영토의 민족적 언어다.[51]

국문은 우리 민족의 문자다. 한자는 중국의 문자다.[52]

오늘날 아직도 한자보다 한글을 우습게 여기는 자들이 있다면, 그를 과연 한국인이라 부를 수 있겠는가?[53]

급격한 탈중화주의는 한문을 「중국 민족」의 문자로 격하시키고 국문을 「우리 민족의 문자」로 격상시키면서 시작된다. 해체되기 시작한 중화주의를 대체하는 것이 「인민」, 「국민」, 「민족」이다. 시모노세키조약으로 국제법상 독립국의 지위를 확보한 조선이 비로소 진정한 「독립국」, 「자주국」으로의 모습과 의식을 갖추게 되는 것은 「국문」을 갖게 되면서다.

4. 「언문」의 한계

『윤치호 일기』는 1883년 1월 1일부터 시작한다. 윤치호가 일본에서 영어를 배우고 있던 때다. 그의 영어 선생은 리지 굿휴 밀렛(Lizzie Goodhue Millet, 1853.10.5.-1920.5.27.)과 간다 나이부(神田 乃武, 1857.3.22.-1923.12.30.) 였다. 밀렛은 도쿄제국대학의 철학 및 정치경제 교수였던 어네스트 프란시스코 페놀로사(Ernest Francisco Fenollosa, 1853.2.18.- 1908.9.21.)의 부인 이었다. 간다는 미국의 앰허스트 고등학교와 앰허스트 대학을 졸업한 후 도쿄제국대학 문학부 강사를 역임하고 있었다. 훗날 교육자, 영문학 자로 일본의 영어 교육에 막대한 영향을 끼친 인물이다.

윤치호는 1883년부터 1887년까지 첫 4년 간은 한문으로 일기를 쓴다. 그러나 상해의 「중서서원(Anglo-American College)」 학생 시절이던

리지 굿휴 밀렛

간다 나이부

1887년 11월 25일(음력 10월 11일) 「이날로부터 일기를 국문(國文)으로 한
다」고 선언한 후 「아국 말」 즉 한글로 일기를 쓴다.[54] 그러나 미국 내
슈빌의 밴더빌트 대학(Vanderbilt University)에 다니기 시작한지 1년 만인
1889년 12월 7일(음 11월 15일)부터는 한글을 포기하고 영어로 일기를 쓸
것을 선언한다. 그 이유는 「아국 말」의 「어휘가 충분하지 않아서」였다.

> 지금까지 일기를 「아국 말(Korean)」로 썼으나, 말하고자 하는 바를 모두 표현
> 하기에는 아직 어휘가 충분하지 않아서 영어로 쓰기로 마음먹었다.[55]

마지막으로 한글로 쓰던 일기를 영어로 쓰기 시작하는 이유를 보다
자세히 설명한다.

> 오늘부터 영어로 일기하기 작정하다. 그 연고는 첫째 아국 말로는 당시 각
> 색(각가지)일을 다 세세히 쓰기 어렵고 둘째는 백사(백 가지 일)를 세세히 쓰기
> 어려운 고로 매일 궐하는(빠뜨리는) 일이 많아 일기가 불과 일수(날자)와 음청
> (흐리고 맑음)을 기록할 뿐이요 셋째는 영어로 일기하면 별 필묵을 바꾸지 않
> 고 넷째는 영어를 배우기가 더 속한(빠른) 고로 이리 하노라.[56]

실제로 영어로 전환하기 직전의 국문 일기만 보더라도 당시 「아국 말」
의 한계가 여실히 드러난다.

> 11월 초이 (청, 입사, S): 발이 아파 걷기 어렵기로 예배당에 못 가고 종일
> 책 보다.

11월 초삼 (음, 입오, M): 음침하고 비 오다. 일과 여전하다.

11월 초사 (음, 입륙, Tu): 음침하나 춥지 않다. 임선생의 편지 보다. 아베에
　　게 편지하다.

11월 초오 (음, 입칠, W): 일과 여전하다.

11월 초육 (청, 입팔, Th): 오늘은 미국 사은일 (Thanksgiving Day, 추수
　　감사절) 휴과하다. 일전 임선생이 보낸 『만국공보』에 상해 중서
　　서원의 일을 말하는 논(글)이 있기로 번역하여 존선생께 보내다.
　　작야(지난밤) 눈 오다.

11월 초칠 (청, 입구, F): 일과 여전하다.

11월 초팔 (청, 삼십, Sa): 발이 아파 문밖에 나지 않다.

11월 초구 (청, 십이월초일, S): 발이 아파 종일 방에 유하다. 밤 매주 전교
　　회의 아국 풍토 글 읽다.

11월 초십 (청, 초이, M): 발이 아파 휴과하다.

11월 십일 (청 초삼, Tu): 일과 여전하다.

11월 십이 (청, 초사, W): 일과 여전하다.

11월 십삼 (청, 초오, Th): 일과 여전하다. 임선생께 편지하다.

11월 십사 (청, 초육, F): 일과 여전하다. 임, 풍양선생의 편지 보다.

반면 영어로 일기를 쓰기로 한 첫 날인 「십오(청, 초칠, Sa)」 영어 일기는
내용이 비할 수 없이 풍성하다.

발이 아파 교회에 갈 수 없어 마음이 몹시 언짢았다. 아르메니아 친구 제이
콥(Jacob)이 찾아왔다. 이곳에서 사귄 절친한 친구 중 하나다. 특유의 종교

적 열정, 순수한 행동, 친절한 성품으로 그를 아는 모든 이들의 사랑을 받고 있다. 그는 비록 가난하지만(나보다도 더 가난하다), 하나님의 뜻에 모든 걸 맡기고 하나님의 섭리를 굳게 확신하기 때문에 부자들보다 더욱 흡족한 듯 삶을 꾸린다. 그가 말하기를, 남부 사람들은 흑인을 짐승처럼 아주 경멸하고 흑인들이 계속 무지한 상태에 머물러 있기를 바란다면서 북쪽의 양키들이 생각이나 행동 면에서 더욱 포용적이라고 한다.[57]

놀라운 변화다. 발이 아플 뿐만 아니라 아파서 「마음이 몹시 언짢았다」고 한다. 제이콥이라는 「절친한 친구」의 「종교적 열정, 순수한 행동, 친절한 성품」을 묘사할 수 있고 그가 하나님의 섭리를 「굳게 확신」하고 있고 따라서 「부자들보다 더욱 흡족한 듯」한 삶을 살아가고 있다고 한다. 또 미국의 「남부 사람들은 흑인을 짐승처럼 아주 경멸하고」 있다고 한다. 당시의 한글로는 표현할 수 없는 내용들이었다.[58]

일기를 「아국 말」에서 영어로 바꾸자 윤치호는 즉각 각종 사안에 대한 자신의 감정과 견해를 갖고 있으며 자아의식이 뚜렷하게 형성된 존재로 다시 태어난다. 영어와 당시 한글의 차이였다. 당시의 한글로는 확고한 자아의식을 갖고 있는 자아의 내면세계를 묘사하고 자신의 견해를 표현할 수 없었다. 윤치호처럼 조선어와 한문은 물론 일어, 영어, 중국어에 능통한 지식인도 마찬가지였다.[59]

1884-1885년 주조선 부영사를 역임한 카를스(W. R. Carles, 1848-1929)는 1888년에 출간한 『조선에서의 삶(Life in Korea)』이라는 책에서 조선의 언문을 언급한다. 카를스는 「조영수호통상조약」 재협상이 진행중이던 1883년 조선을 처음 방문하고 1884년 3월 17일 주조선 임시부영

사에 임명되어 1885년까지 주재한다. 조선에 체류한 기간은 총 18개월이었다.[60]

카를스는 책의 마지막 장인 제20장에서 「조선어」, 「음률의 변화」, 「일본어와의 유사성」, 「철자법의 문란」, 「공식 글은 한문」, 「조선어와 광동어의 유사성」 등의 소제목 하에 조선의 언문을 다룬다.[61] 저자는 언문이 「11개의 모음과 14개의 자음으로 구성된 순수한 표음문자로 조선 글을 읽고 쓰는 것은 너무나도 쉬운 일이어서 가르칠 필요도 없다」고 한다. 그러나 조선 말은 특유의 존칭 때문에 외국인이 배우기가 쉽지 않다.

> 교착어(agglutinative language)의 하나로 일본어와 가장 유사한데 특히 말하는 사람과 대화의 주제, 대화 상대의 사회적 지위에 따라 동사의 존칭형이 바뀐다. 「하다(he does)」에도 12가지 정도가 있다고 하고 이는 다른 동사의 경우에도 마찬가지다. 같은 말을 하는 방식이 너무 많아서 외국인들은 본의 아니게 거만하거나 불필요하게 자신을 비하하는 실수를 자주 저지를 수밖에 없으며 따라서 대화에는 본토 통역사들을 고용하는 경우가 흔하다.[62]

가장 큰 문제는 철자법이었다.

> 철자법이 매우 문란해졌는데 이는 이 언어를 가르치는데 아무런 관심을 두고 있지 않기 때문에 나타나는 현상이다. 잘 인쇄된 책에도 단어의 마지막 음절과 첫 음절이 엉뚱한 음절에 붙어있는 등 화자(話者)의 부주의한 발음에서 생기는 오류도 고쳐지지 않고 그대로 인쇄된다. 다음절(polysyllabic)언어에서는 각 음절이 고유의 의미를 갖고 있고 단어 전체의 뜻은 그것을 구성하

고 있는 음절들에 기반하고 있
다. 그러나 음절들을 구별하는
데 주의를 기울이지 않을 경우
최소한 외국인들에게는 각 음
절이 뜻의 실마리를 제공하기
는커녕 오히려 뜻을 오도한다.
영어를 하는 사람에게 "Cart-
horse" 나 "hand-spun"는 쉬
운 말들이지만 같은 말을 "car-
thorse" 나 "hands-pun"이라
고 쓸 경우 그 뜻을 이해할 수

카를스(1889년)

있을 때까지 몇시간이 걸릴 수도 있으며 사전을 찾아본다 한들 길을 찾을
확률은 매우 낮다.[63]

언문이 방치되고 있는 이유는 공식언어로 쓰이지 않고 있기 때문이
다. 「언문 문학」이란 거의 존재하지 않는다.

조선 사람들이 자신들의 글을 읽고 쓰는 것을 너무나 쉽게 배울 수 있기 때
문에 조선의 언문은 경멸의 대상이며 이를 사용하는 사람들은 거의 전부가
여자이거나 무지한 사람들뿐이다. 공식 문건은 형벌에 관한 방을 붙일 때
를 제외하고는 언문을 사용하지 않는다. 문학은 거의 존재하지 않는다.[64]

언문은 천대받는 반면 중국 문자 한문은 언문을 완전히 대체하고 있

다. 그나마 조선사람들이 사용하는 한문은 놀랍게도 1,000년전의 한문이다. 조선의 조정에서는 당나라때 들여온 관복을 여전히 착용하고 있듯이 한문도 당나라때 도입된 것을 사용한다.

출판이나 서신에서 언문을 거의 완벽하게 대체하고 있는 것은 중국어다. 그러나 한문의 문장구조는 비록 맞지만 지극히 노후한 것이며 중국의 단어들의 뜻은 오늘의 것이 아닌 1,000년 전의 것이다. 그 당시 중국은 조선에 거대한 영향력을 끼치고 있었으며 이는 오늘날에도 볼 수 있다. 중국에서 보다 더 좋은 중국 문헌 판본들이 존재할 만큼 중국 책들을 귀중히 여기는 것 외에도 중국의 영향은 복식에서도 나타난다. 현재 조선 조정에서 착용하는 특유의 사모관대는 당나라(618-905)때 처음 도입된 것이다.[65]

언문은 거의 사용하지 않기 때문에 어휘도 부족하다. 언문을 사용하더라도 사용하는 단어는 대부분 중국어에서 유래한 것들이다.

조선 언문에 대한 중국어의 영향을 가늠해 볼 수 있는 또 다른 척도는 중국어에서 유래한 수많은 단어들이다. 명사들은 현대 광동어와 발음이 거의 완벽하게 같다. 어떤 단어들은 자음만 하나 바꿨을 뿐이다. 마지막 음절의 자음만 바꾼 경우도 있다.[66]

카를스는 조선어와 중국어 두 언어를 조금이라도 할 수 있는 사람이라면 즉시 발음이 흡사하다는 사실을 알 수 있다면서 예시를 위해 다음의 표를 제공한다.[67]

[표 11-1]

중국어 (북경어)	중국어 (광동어)	한자	조선어	영어
Fu	Fu	父	Pou(부)	Father
Fan	Fan	返	Pan(반)	To turn
Fu	Fuk	福	Pok(복)	Good fortune
Mu	Muk	木	Mok(목)	Wood
Fa	Fat	法	Pop(법)	Rule
Chia	Ka(old form, kat)	價	Kap(값)	Price
Yao	Ngok	藥	Yak(약)	Medicine
Pai	Pak	百	Paik(백)	100
Pei	Pak	北	Pouk(북)	North
I	I	億	Ok(억)	100,000,000
Li	Lai	禮	Ryei(예의)	Propriety
Lai	Loi	來	Rai(래)	Come
Liu	Luk	六	Ryouk(육)	Six
Wan	Man	萬	Man(만)	10,000
Liang	Leung	良	Nyang(냥)	Ounce
Nu	Nu	女	Nyo(녀)	Woman
Yin	Yam	陰	Am(암)	Female
Nan	Nam	南	Nam(남)	South
Chin	Keum	金	Keum(금)	Gold
San	Sam	三	Sam(삼)	Three
Hsin	Sun	信	Sin(신)	Belief
Pa	Pat	八	Hpal(팔)	Eight
Ma	Ma	馬	Mal(말)	Horse
I	Yat	一	Il(일)	one

중국어에서 빌린 단어들 중에는 조선어의 뿌리를 갖고 있는 경우도 있다. 그러나 「주목할 만한 예외가 있으니 다름 아니라 성씨(family name)

인데 내가 아는 한 모두 순수한 중국의 성들이다.」 조선 사람들은 이름만큼은 완벽하게 중국의 것을 쓴다.[68]

가벨렌츠

독일의 저명한 언어학자이자 중국학자인 가벨렌츠(Hans Georg Conon von der Gabelentz (1840.3.16.- 1893.12.11.)도 1892년에 발표한 「조선의 글과 음성표기에 대한 평가(Zur Beurteilung des korean- ischen Schrift-und Lautwesens)」라는 글에서 조선 언문의 표기법을 분석한다. 가벨렌츠는 조선의 언문이 「내가 아는 한 그 어느 민족의 글보다 간결하다」고 한다.[69] 그러나 동시에 당시 철자법의 문란을 안타까워한다.

여기에 더해 철자법은 혼란 그 자체(anarchy)이며 어형[격] 체계의 일부도 그렇다. 조선어가 얼마나 오랫동안 천시당했음을 상기하면 이는 물론 이해할 수 있는 일이다.... 일본어는 최소한 일본사람들에게 귀하게 여김을 받고 있으며 오래된 고유의 문학은 문헌학적 방법론을 동원하여 연구의 대상이 되고 있다.... 조선에는 이와 유사한 것이 없다. 고유의 글을 표준화하려는 시도는 단 한 번도 없었던 것 같다.... 이처럼 무질서하고 자의적인 철자법, 조선 문헌의 이 비-철자성(an-orthograph).... 언제쯤에나 과학이 이 상황에 질서를 가져올 수 있을지 알 수 없다. 비-문학적 글(non-literary language) 보다 더 나쁜 것이 있다면 그것은 문학적인 용도로 쓰이면서도 문학적으로 세련되지도 않고 안정적이지도 않은 글이다.[70]

5. 조선의 책 출판과 유통

조선 시대 언문의 상태를 가늠해 볼 수 있는 가장 확실한 척도는 언문 책의 출판과 유통 구조다. 조선시대의 책 간행은 국가의 몫이었다. 출판의 주체는 관청이었다. 유교 국가는 백성들의 「교화」를 담당하는 기관이었다. 왕조의 기틀을 잡아가던 세종이 「주자소」를 설치하고 당시 세계 최첨단 인쇄술을 개발하면서 「편찬사업」을 일으킨 것도 백성들에게 새로운 이념인 주자성리학을 가르치기 위해서였다. [세종의 인쇄술 개발과 주자소에 대해서는 『한국 사람 만들기 I』, pp. 144-149 참조] 따라서 조선에 책은 많았다. 그러나 책의 절대 다수는 「관판본(官版本)」, 즉 정부 관청에서 인쇄하는 책들이었다. 관판본은 모두 한문책이었고 판매용도 아니었다.[71] 정부가 필요하다고 결정하면 책을 인쇄하여 특정 개인이나 기관에 나눠줬다.[72] 관판본 책을 배부 받고 읽은 것은 관료-사대부뿐이었다.

한편 불교사찰에서 간행한 「사찰판(寺刹板)」, 서원에서 간행한 「서원판(書院板)」, 문중에서 간행한 족보나 문집 등 「사판본(私版本)」들도 인쇄되었다. 이 책들은 민간에서 간행한 책들이었지만 역시 한문 책들이었고 판매용도 아니었다.[73] 글을 읽을 수 있는 계층이 사대부들과 극소수의 승려 등으로 국한되어 있는 상황에서 조정에서 간행한 관판본과 민간의 사판본 만으로도 별도의 서적 출판-유통구조 없이 조선의 책 수요는 충족되었다.[74]

조선에서 간행된 한문책은 관판본이든 사판본이든 양은 많았지만 종류는 많지 않았다. 인쇄된 책들 대부분이 『사서삼경』과 같은 중국 책이었고 조선 사람이 저술한 책이 인쇄된 것은 거의 없었다. 박지원(朴趾源, 1737.3.5.-1805.12.10.)의 『열하일기(熱河日記)』, 정약용(丁若鏞, 1762-1836)의 『목민심서(牧民心書)』, 이규경(李圭景, 1788.8.5.-1856.5.16.)의 『오주연문장전산고(五洲衍文長箋散稿)』 등은 조선시대에는 인쇄되지 않은 채 필사본으로만 전해 내려오다 20세기에 들어서 처음으로 인쇄된다. 20세기 이전에 이 책들을 읽은 독자는 저자의 지인이나 제자 등 극소수에 불과했다.[75]

17세기말에는 『구운몽(九雲夢, 1867년?)』, 『사씨남정기(謝氏南征記)』, 『숙향전(淑香傳)』 등 일명 「고소설(古小說)」이라 불리는 언문소설들이 등장한다. 이 작품들의 원작은 모두 한문 소설이었을 가능성이 높다. 이 당시 한문 소설이 조선에 등장하게 되는 이유는 『삼국지연의』, 『수호전』, 『서유기』, 『금병매』, 『홍루몽』 등 「장회소설(章回小說)」이라 불리는 장편소설들이 명-청대에 유행했기 때문이다.[76] 이 소설들은 문언문(文言文), 즉 고전 한문이 아닌 백화문(白話文)으로 쓰여진 소설들이었다. 특히 청대는 중국 백화 장편소설의 전성기였다. 조선에 고소설이 출현하는 것은 중국의 장편소설들을 읽고 언문으로 번역하는 과정에서 한문소설과 언문소설을 쓰면서다.

중국 소설들을 언문으로 번역하고 조선의 작가들이 직접 한문소설을 쓰고 언문으로 번역하는 계기는 궁중의 여성들과 사대부 집안 여성들 등 조선 상류층 여성들의 수요 때문이었다. 『사씨남정기』, 『숙향전』 등 장편 『가문소설(家門小說)』의 주 독자는 소수의 사대부 집안 여성들이었다.[77]

조태억 초상. 1711년 일본의 제6대 쇼군 도쿠가와 이에
노부의 쇼군 취임축하 사절로 일본에 갔을 때 에도 막부
의 관료화가 가노 츠네노부(狩野常信 1636-1713)가 그림

권섭 초상

　당시 한문과 언문 소설들의 독자가 사대부집 여성들이었다는 사실
은 여러 기록을 통해 확인할 수 있다. 영조 때 대제학, 좌의정 등을 역
임한 조태억(趙泰億, 1675-[음] 1728.10.4.)의 어머니 권씨(1647-1698)는 명나
라의 「신마소설(神魔小說)」『봉신연의(封神演義)』를 번역한 『서주연의(西周演
義)』를, 「황강구곡가」, 「도통가」, 『옥소집』 등을 저술한 문인 권섭(權燮,
1671-1759)의 할머니 이씨(1622-1663)는 『삼국지』를, 권섭의 어머니 이씨
(1652-1712)는 『소현성록(蘇賢聖錄)』, 『조승상칠자기(趙丞相七子記)』, 『한씨삼
대록(韓氏 三代錄)』, 『설씨삼대록(薛氏三代錄)』, 『의협호구전(義俠好逑傳)』, 『삼
강해록(三江海錄)』 등을 필사했다는 기록이 있다.[78] 이 기록에서도 볼 수
있듯이 사대부집 여성들이 주 독자층을 형성하였던 고소설들은 모두 필
사본이었다. 여성들끼리 필사하여 나누어 보았을 뿐 인쇄되거나 보다

광범위한 유통망을 통해서 배포
된 것은 없었다.

언문책들의 독자층이 부분적
으로나마 확대되기 시작한 것은
18세기 중반 한양에 「세책(貰冊)
집」이 생기면서다. 세책집은 책
을 빌려주는 가게였다. 그러나
조선의 세책집 역시 인쇄본이
아닌 필사본을 빌려주었다.[79]

언문소설의 독자층이 다시 한
번 확대되는 계기는 1840년대

「소현성록」

후반 「방각본(坊刻本)」 언문소설이 출현하면서 마련된다. 「방각본」은 민
간에서 상업적인 목적으로 출판한 목판본 책이었다. 조선 최초의 상업
용 책 출판이었다. 한문 방각본은 사대부계층의 교양과 지식을 요약한
책이었던 반면 언문 방각본은 서민들의 오락용 책이었다.[80] 이로써 고소
설의 독자층은 서민층 부녀자들로 확산된다.[81]

그러나 세책과 방각본 언문소설은 서울과 전주 지역을 제외한 다른
지역에서는 유통되지 않았다. 언문 고소설이 전국적으로 유통되기 시작
한 것은 1912년 근대 활판인쇄로 출판된 책들이 판매되기 시작하면서
다.[82] 최초의 「신소설」로 간주되는 이인직의 『혈의 누』가 1906년 저자
의 이름을 밝히고 출판됨으로써 최초로 근대 소설의 형식을 갖춘다. 이
듬해인 1907년에는 단행본으로 출판되면서 오히려 신소설이 고소설보
다 먼저 전국적으로 유통된다. 근대적 인쇄기술인 활판인쇄로 출판이

보편화되기 시작하고 책의 전국 유통이 시작된 후인 1912년에야 고소설들도 출판, 유통되기 시작한 것이다.[83]

『홍길동전』과 『춘향전』 역시 조선 후기 세책집에서 만들어서 빌려주던 언문 소설들이다. 그 후 방각본이 출현하면서 세책을 축약한 이본(異本)들이 서울과 전주, 안성에서 제한적으로 유통된다. 홍길동의 작자는 허균(許筠, 1569.-1618.12.10.)이 아닌 이름 없는 서민이다. 『홍길동전』에는 숙종(재위: 1674.9.12.-1720.7.12.) 당시 활동한 도둑 장길산의 이름이 언급되고 숙종대인 1708년에야 비로소 전국적으로 실행된 대동법을 담당한 「선혜당상」이란 직책이 등장한다. 광해군(재위: 1608.2.2.-1623.3.14.) 때인 1618년 처형된 허균이 이러한 내용을 알 수 없었다.[84]

『홍길동전』이 널리 알려지기 시작한 것은 호러스 알렌(Horace Newton Allen)이 1889년 *Korean Tales*라는 책에 『홍길동전』을 영어로 번

알렌의 *Korean Tales* 표지

모리스 쿠랑

역하여 실으면서다. 1890년 조
선 주재 프랑스 공사관에 근무
했던 프랑스의 동양학자 모리스
쿠랑(Maurice Auguste Louis Marie
Courant, 1865.10.12. -1935.8.18.)은
1894년 『한국 서지(Bibliographie
Coréenne)』 3권을 내면서 『홍길
동전』을 언급한다. 그러나 알렌
도, 꾸랑도 『홍길동전』의 저자
에 대한 아무런 언급도 하지 않
는다. 이들이 『홍길동전』을 접
할 당시 허균이 저자라는 정보

BIBLIOGRAPHIE CORÉENNE

TABLEAU LITTÉRAIRE DE LA CORÉE

contenant la nomenclature des ouvrages publiés dans ce pays jusqu'en 1890
ainsi que la description et l'analyse détaillée
des principaux d'entre ces ouvrages

PAR

MAURICE COURANT
INTERPRÈTE DE LA LÉGATION DE FRANCE À TOKYO

TOME PREMIER

PARIS
ERNEST LEROUX, ÉDITEUR
LIBRAIRE DE LA SOCIÉTÉ ASIATIQUE
DE L'ÉCOLE DES LANGUES ORIENTALES VIVANTES, ETC.
28, RUE BONAPARTE 28
1894.

『한국 서지(Bibliographie Coréenne)』 1894년 표지

이해조

최남선

는 없었기 때문이다.[85]

『춘향전』역시 서울의 세책집에서 서민작가가 쓴 책이 인기를 끌자 그 내용을 축약한 방각본이 나온다. 서울에서 출판된 방각본(경판)은 세책의 내용을 20-30% 정도로 축약한 다양한 이본이 나온다. 이어서 전주에서 소위 「완판본」이 여럿 나오지만 대부분이 축약본이라기 보다 개작에 가까운 내용들이었다. 그 중 가장 유명한 것은 1900년대 초에 나온 『열녀 춘향수절가』이다. 『춘향전』이 전국적으로 읽히는 것은 1912년 이해조 (李海朝, 1869.2.27.-1927.5.11.)가 개작한 『옥중화』 그리고 1913년 최남선 의 『고본춘향전』이 근대 활판인쇄로 출판되면서다.[86]

6. 「언문 성경」

오랜 세월 방치되어 모든 체계가 무너진 언문의 가치를 알아보고 본 격적인 재창제의 작업에 착수한 것은 기독교 선교사들이었다. 『성경』을 번역하기 위해서였다.

그럼에도 불구하고 선교사들을 뛸 듯이 기쁘게 한 것은 놀라운 보물이 그들 을 기다리고 있었다는 사실이다. 「열려라 참깨」라 외치며 수많은 보물을 훔 친 알리바바도 언문 표음문자의 존재를 발견한 언더우드와 아펜젤러보다 기쁠 수는 없었다. 아름다운 표음문자 체계는 수 백 년 전에 이미 발명되었 다. 그러나 러시아의 피터 대제가 네덜란드로부터 가져온 수많은 발명품들 이 수 백 년 동안 박물관 수장고 원래 박스에 포장된 채로 그대로 묻혀 있었듯이 언문도 마찬가지였다. 「놀라움의 계단을 통해 낙원에까지 올라간」 복음의 전령들은 이 문자를 이용하여 서간, 소책자, 책, 그리고 궁극적으로 살아있는 신의 말씀을 그 안에 모셨다.[87]

윤치호는 1887년 국문으로 일기 쓰는 것을 포기한다. 그러나 1875년경부터 언문으로 성경을 번역하는 작업을 시작한 로스 목사는 1882년 최초의 『언문 성경』인 『예수셩교 누가복음젼셔』와 『예수셩교 요안ᄂᆡ복음젼셔』를 출판한다. 윤치호가 국문 일기를 포기한 1887년 여름에는 언더우드의 『마가의젼ᄒᆞᆫ보금셔언히』가 출간된다. 윤치호가 1885년부터 10년간 해외로 망명을 떠난 기간 동안 기독교 선교사들은 그가 일기 쓰는데 사용하는 것을 포기했던 언문을 재창제한다. 서재필과 윤치호가 각기 10년에 걸친 해외 망명생활 끝에 귀국했을 때 언문은 신문 발행에 사용할 수 있을 정도의 체계와 내용을 갖추게 된다.

1) 로스와 매킨타이어

조선어 성경을 만들고자 하는 시도는 개신교 선교사들이 조선 땅을 밟기 전부터 시작된다. 1875년 만주에서 선교활동을 펼치고 있던 스코틀랜드 장로교회의 로스(John Ross, 1842-1915) 목사와 매킨타이어(John McIntyre, 1838-1904) 목사는 의주에서 중국을 오가며 장사를 하던 이응찬(李應贊, ?-1883.9), 서상륜(徐相崙, 1848.7.19.-1926.1.), 김진기(金鎭基), 백홍준(白鴻俊), 이성하(李成夏), 이익세(李益世) 등 조선 사람들을 만나게 되고 이들

로스 목사

『조선어 교본(Korean Primer)』(1877년)

이 중국어(한문)성경을 읽을 수 있다는 사실을 알게 되면서 이들과 함께 성경을 조선의 언문으로 번역하기 시작한다. 1877년에는 『조선어 교본 (Korean Primer)』을 출간한다. 23과로 구성된 『조선어 교본』은 의주 방언 으로 된 조선어를 언문으로 쓰고 그 오른편에는 로마자로 발음을, 왼편 에는 영어 뜻풀이를 넣는다.[88]

로스와 매킨타이어 이응찬, 서상륜 등은 1878년부터 한문성경 『신앙 전서문리(信仰全書文理)』를 대본으로 번역을 시작하여 8-9차의 수정을 거 친다. 그리스어 성경을 참조하면서 수차례 수정하는 한편 조선의 가톨 릭 신부들에 의해 일본에서 출간된 『한불자전(韓佛字典)』도 구입하여 조 선어를 익히고 번역하는데 사용한다. 당시 영국에서 갓 출간된 『킹제임 스 성경(King James Version) 개역본 신약전서』도 참조하면서 또다시 수정 을 거친다.[89]

랴오닝으로 가는 길 위의 매킨타이어 목사 일행(1889년경)

1882년 3월 최초의 『언문 성경』인 「예수셩교 누가복음젼셔」 3천 부가 인쇄된다. 출판사는 심양의 「문광셔원」이었다. 최초의 언문 신문인 『독립신문』이 창간되기 14년 전이다. 조선 사람이 역사상 최초로 조선의 말로 접한 성경 구절은 다음과 같다.

되기열어사람이부슬들어우리가운데일운일을긔슐ᄒ되처음으로붓뎌친이보고도를뎐ᄒ넌쟈우리를쥰비갓티ᄒ엿기로닉쏘여모둔일을자세이근원을좃차ᄎ례로써긔인테오비노의존젼에앙달ᄒ문긔인볼ᄂ보인부의실졍을알게ᄒ미라(1:1-4)[90]

5월에는 『예수성교 요안늬복음젼서』 3천 부도 출간된다. 2천 부는 의주 말, 1천 부는 서울 말로 인쇄한다. 「요한복음」에도 먼저 출간된 「누가복음」 같이 「강명편(講名編)」 즉 「용어 해설」을 첨부한다. 「세례(bapitism)」는 「밥팀네: 예수교에드넌법이니물로써ᄒ너니라」, 「할례」는 「할네: 예수젼에유듸국교에드ᄂ법인데시조압라함이셔운비라」로 설명한다. 그 외에도 「사밧일(Sabbath day)」, 「넘년졀(Passover Feast)」, 「쟝막졀」, 「유듸」, 「예루사렴」, 「셩뎐」, 「사마랴」, 「가니늬(Gallilee)」, 「로마」, 「예수」, 「키리수토(Christ)」, 「발이ᄉ(Pahrisees)」, 「사투긔(Sadducees)」, 「제사(쟝)」 등이 수록된다. 1884년 출간된 「마태복음」에는 「피덜(Peter)」, 「랍비」, 「사탄」, 「별시불(Beelzebul)」 등이 추가된다. 처음으로 「앞띄어쓰기」를 채용한 『예수성교 요안늬복음젼서』는 다음과 같이 시작한다.[91]

처음에도가이스되도가하느님과함께ᄒ니도는곳하느님이라이도가처음에하느님과함께ᄒ믜만물이말무야다지여스니지은비는ᄒ나토말무디안코지으믜업넌이라도에셩명이이스니이셩명이사람에빗치라빗치어두운데빗치우되어두운데는아디못ᄒ더라(1: 1-5)[92]

최초의 언문 성경은 「조미수호통상조약(1882.5.22.)」이 체결되던 해에 출판된다. 로스 등의 번역자들은 당시의 감격을 다음과 같이 기록한다.

최초의 언문성경의 발행이 조미수호통상조약 공표와 거의 동시에 이루어졌다는 것은 하나님의 섭리다. 이제 완고한 「고려문」이 「열린 문」이 되면 곧바로 복음이 그 민족 안으로 들어갈 것이다.[93]

최초의 언문성경이 출판되었
지만 기독교를 이단으로 규정하
고 철저하게 금하는 조선에 『성
경』을 배포하는 것은 쉬운 일이
아니었다. 로쓰와 매킨타이어
는 조선의 상인들이 정기적으로
봉천(선양)에서 공문서 폐지들을
사서 조선에 가져온다는 사실
을 알고 『성경』을 제본하지 않
고 다른 폐지들 사이에 넣어 두
루마리로 만든다면 조선 국경을

최초의 언문 성경 「예수성교 누가복음전서」

통과할 수 있을 것이라는 데 착안한다.

> 그 때에 조선상인들이 정기(定期)로 봉천에 와셔 관용(官用)의 고지(古紙)를 만
> 이 무역(貿易)하야 인부에 배부(背負)로 영거(領去, 함께 가지고 감)하는지라. 인
> 쇄된 복음을 제본하지 않고 그 상인의 고지와 동봉하면 검사하는 관리의 주
> 목을 피할가 하여 그 방책으로 선문(鮮文, 조선의 글, 언문)의 성서가 조선에 시
> 입(始入, 최초로 들어감)케 되엿....[94]

『틴들 성경』이 제본되지 않은 상태로 영국에 밀수입되는 과정과 흡사하
다. 언문 『성경』은 이렇게 조선에 들어온다.[95]

1883년 10월 초에는 「예수성교성셔 누가복음데자힝젹」 3천 부, 「예

수셩교셩셔 요안늬복음」5천 부, 1884년 3월에는 「예수셩교셩셔 맛듸
복음」5천 부, 1884년 봄에는 「예수셩교셩셔 말코복음」5천 부, 1885
년에는 「예수셩교셩셔 요안늬복음 이비쇼셔신」1만 부, 「예수셩교셩
셔 맛되복음」개정판 1만 부가 출간된다. 그리고 1887년에 언문 최초의
신약전서인 『예수셩교젼셔』5천 부가 「성경 문광셔원 활판」으로 간행
된다. 총 339페이지에 20.5×12.5cm의 크기였다.[96] 다음 표는 1882년
에서 1893년까지 출판된 로스역의 발행부수다.[97]

연도	신약	단편성경	누계
1882-1887	5,000	62,040	67,040
1888			67,040
1889		5,000	72,040
1890		6,000	78,040
1891			78,040
1892		5,000	83,040
1893		11,000	94,040

『로스역』은 조선에서 근대 인쇄기술로 인쇄된 최초의 언문 책이다. 조
선 역사상 십만 부가 배포된 책은 없었다. 『로스역』은 당시까지 인쇄된
조선의 책 가운데 가장 많이 배포되고 가장 많이 읽힌 책이다. 『언문 성
경』은 조선 최초의 베스트셀러였다.

2) 이수정, 언더우드, 아펜젤러

같은 때에 일본에서도 미국성서공회 요코하마 지회(American Bible Society in Yokohama)의 루미스(Henry Loomis, 1839.3.4.-1920.8.27.) 목사가 이수정에게 「마가복음」을 조선 언문으로 번역하도록 한다. 1885년 언더우드, 아펜젤러, 스크랜튼이 일본에서 조선으로 건너올 때 그들은 이수정이 번역한 「마가복음」을 지참하고 들어온다. 선교사들이 선교지에 도착할 때 선교지의 언어로 번역한 성경을 들고 들어오는 것은 극히 드문 일이었다.[98] [이수정의 한글 성서 번역에 대해서는 『한국 사람 만들기 III』, pp. 150-151 참조]

언더우드와 아펜젤러는 조선에 입국한지 반년만인 1885년 10월부터 공동으로 성경번역에 착수한다. [언더우드와 아펜젤러의 입국과정에 대해서는 『한국 사람 만들기 III』, pp. 70-78 참조] 이수정의 번역본에 문제가 발견되면서였다. 철자 문제가 컸지만 어휘도 문제였다. 다음은 아펜젤러가 「성서공회」 길만(Edward Whiting Gilman, 1823-1900)총무에게 보낸 편지의 일부분이다.

우리는 귀 성서공회에서 이수정씨를 통해 번역한 성경을 오래전부터 익히 알고 있었습니다. 우리는 그것을 조선인들에게 보이고 평가하도록 하였습니다. 그 결과 우리는 그것을 사용하지 못하도록 결정할 수밖에 없는 몇 가지 오류를 발견하게 되었습니다. 예수 그리스도가 귀신의 아들이라는 인상을 조선인에게 심어 주어서는 안 된다고 판단한 것입니다.... 우리는 이와는 다르고 좀더 나은 번역이 필요하다고 느꼈습니다. 그래서 우리는 이수정씨의 역본을 저본을 삼아 번역을 시작하였습니다.[99]

이수정이 번역한 「마가복음」 1장 1절에는 「신(神)의 즈(子) 예슈쓰 크리슈도스(耶蘇基督)」이라는 표현이 나온다. 『킹제임스 성경』의 'Jesus Christ, the Son of God'의 번역이다. 문제는 당시 조선 사람들에게 「신」은 곧 「귀신」을 뜻했다. 따라서 'God,' 'Lord of Heaven'을 어떤 용어로 번역할 것인가는 심각한 문제였다. 로스 목사는 이미 「귀신들」에 대해 검토한 후 「하나님(Hananim)」을 사용할 것을 주장한바 있다.

> 조선 사람들은 'Lord of Heaven'의 뜻인 이 용어로 언제나 한문의 「上帝(Shangti, 상제)」를 번역하며 神(Shen)은 언제나 「귀신(Kueishen)」으로 번역하는데, 이 둘은 늘 결합되어 있다. 모든 사람들로부터 나는 「하나님」이라는 이름을 들어왔는데, 과거 중국에서 훌륭한 사람들의 의견을 그렇게 슬프고 보기 흉하게까지 갈라놓은 문제에 관한 어려움의 그림자를 막을 수 있는 용어를 조선 사람들이 가지고 있다는 것에 감사했다.[100]

로스는 시종일관 「하나님」을 사용한다. 조선에서는 'God'을 둘러싼 심각한 용어 논쟁이 일어나지 않은 이유다.[101]

언더우드와 아펜젤러는 로스역에 대해서도 문제를 제기한다. 로스역은 실제로는 거의 전체를 조선 사람들이 번역하였다. 로스 목사나 매킨타이어 목사는 중국어는 유창했지만 조선의 「언문」으로 성경을 번역할 정도로 조선어가 능숙하지 않았다. 언더우드는 미국 북장로교회 해외선교본부 총무 엘린우드 박사(Frank F. Ellinwoood, 1826-1908)에게 보낸 편지에 다음과 같이 이 문제를 언급한다.

미국성서공회가 출판한 역본 역시 그렇게 유용하지 않은 것 같습니다. 그리고 본토인들만이 개정하고 살필 수 있었던 성경 역본을 발간하는 것은 약간 위험하다고 생각합니다. 일본의 루미스는 「마가복음」과 「누가복음」을 읽고 수정해 달라고 부탁하였으나, 현재로서는 이것이 불가능합니다. 본토인들과 대화는 할 수 있지만 책을 수정하는 것은 아직 불가능합니다.[102]

제대로 된 성경 번역을 위해서는 궁극적으로 조선말이 유창한 외국인이 번역을 주도하고 개정해야 한다는 것이다. 그러나 언더우드가 인정하고 있듯이 본인이나 아펜젤러의 조선어 수준은 아직 제대로 된 성서번역을 감당할 수준에 도달하지 못하고 있었다. 결국 조선에 입국한 개신교 선교사들은 자신들의 조선어 실력이 향상될 때까지 성경 번역을 미룰 수밖에 없었다. 언더우드, 아펜젤러 등은 조선어 공부에 매진한다.[103]

언더우드는 조선에서 선교활동을 벌이던 가톨릭 신부들에게 조선어를 가르치던 송덕조(宋德祚, ?-1902.6.11.)에게 조선어를 배운다. 1885년 7월 6일 엘린우드 박사에게 보낸 편지에 다음과 같이 쓰고 있다.

나는 어학공부에 매진하고 있습니다.... 한 천주교 신자가 어학교사로 봉사해 주기로 했습니다. 처음 얼마 동안은 천주교인을 고용해야 좋을지 몰라 망설였으나 그가 나라에서 제일가는 교사이고(적어도 그는 모든 곳에서 그러한 명성을 가지고 있습니다.) 또 고용되기를 원하였으므로 받아들이기로 결정하였습니다.

그는 7, 8명의 프란치스코회 신부들을 가르쳤기 때문에 외국인을 상대하는 데에 정통해 있었고, 『한불자전(韓佛字典)』을 편집하는 데도 관계한 자입니다. 나는 그를 교사로 채용한 이후에도 당분간 그것이 현명한 행동이었는지 의심했으나 지금은 그것이 섭리였다고 확신합니다. 그저께 그가 내게 와서 말하기를 만일 나를 계속 가르친다면 신부들이 자신의 성사(聖事)를 금지시키겠다고 했는데 그가 굽히지 않자 신부들은 그의 모든 가족들의 성사까지 금지시켰다고 했습니다.

얼마 전에 신부들이 그에게 이 땅에는 두 종류의 기독교, 곧 그들의 것과 이단이 있는데 후자는 매우 나쁘다고 말했다고 합니다. 그러나 그는 생각하기를 만일 그것이 진정으로 잘못된 것이라면 그것을 알아볼 수 있을 것이고 그것에 대해 좀 안다고 해서 해(害)는 안되리라고 보고 나를 찾아와 배우려고 했던 것입니다.

그는 계속해서 말하기를 우리가 성경을 읽는 것을 발견했는데, 얼마 전에 그 일부를 손에 넣었으나 신부들이 그것을 빼앗고는 나쁜 책이므로 읽어서는 안 된다고 말했다고 합니다. 그러나 그는 지금까지 읽어 본 성경이 좋았으며 그가 계속 더 읽어보려고 할 경우 그렇게 해 주겠느냐고 물었습니다. 물론 저는 아주 기쁘게 응하였습니다. 그러나 현재 저는 많이 가르치지는 못하는데, 그것은 그가 영어를 한 마디도 못하고 저도 아직 조선어로 신학적인 토론을 할 정도가 못되기 때문입니다.[104]

언더우드는 송덕조에게 조선어를 공부하면서 이미 18세기 말부터 조선에서 선교활동을 펼치던 로마 가톨릭교의 성서, 교리서 번역의 경험과 과실을 전수받는다. 최초의 언문 천주교 교리서는 정약종(丁若鍾, 1760-1801.2.26.)이 1799년에 저술한 『주교요지(主敎要旨), 상, 하』였다. 게

일 목사(James Scarth Gale, 奇一, 1863.2.19.-1937.1.31.)는 1916년 언더우드 목사를 추모하는 글에서 조선 가톨릭 신자들의 「국문수용법」이 얼마나 중요하였었는지를 명확히 한다.

> 朝鮮語(조선어)를 學習(학습)홀 시 고 丁若鏞(정약용), 李家煥(이가환), 南尙敎(남상교), 洪鐘三(홍종삼) 諸氏(제씨)의 規定(규정)한 國文需用法(국문수용법)을 채용ᄒ야 英韓字典(영한자전)과 新舊約(신구약) 聖書繙譯(성서번역)에 착수ᄒ니 國文需用法(국문수용법)의 一枚짐(일매짐: 고르고 가지런함)이 自此爲始(자치위시: 이렇게 시작)ᄒ엿다.[105]

아펜젤러는 이정민(Lee Chung Min, 이충민?), 최병헌, 송춘수, 조한규(趙閑奎, 혹은 조성규) 등으로부터 조선어를 배우고 번역에도 도움을 받는다. 특히 조성규는 아펜젤러의 어학선생 겸 비서였고 배재학당 초기 교사와 서기 역할도 하였다. 그 역시 송덕조와 마찬가지로 원래는 가톨릭 신자였다. 그는 1902년 6월 아펜젤러와 함께 목포의 레놀즈(Reynolds) 집에서 열리는 성경번역자회의 참석차 제물포에서 배를 타고 목포로 향하던 중 어청도 앞바다에서 사고를 당해 아펜젤러와 함께 순교한다.[106]

조선말을 처음 배우던 당시의 당혹스러움을 아펜젤러는 다음과 같이 표현한다.

> 처음으로 외국어와 부딪혀 씨름하면서 길을 알 수 없는 언어의 밀림에 갑자기 빠진 모든 개척 선교사들은, 아마도 사전을 편찬하고자 하는 욕구를 느꼈을 것이다. 그들이 처음으로 공책이나 묵은 편지의 뒷장이나 소매, 종이

등 무엇이든 가까이에 있는 평평한 바닥에다 단어장을 만들기 시작했을 때, 「아, 사전만 있다면 얼마나 좋겠는가」하는 것이 그들의 갈망이었다. 문법의 법이나 시제, 혹은 관용구 등을 찾아내면서 그들은 마치 자기가 콜럼버스나 아르키메데스가 된 것 같은 느낌을 흔히 가졌다. 다행히 프랑스의 선교사인 리델(Ridel) 주교가 숲 속에 길을 뚫어 놓긴 했지만, 사람들은 각자 자기가 원하는 용어들을 찾아내야만 했다. 깊은 고뇌의 경험으로부터 정확한 단어들을 찾는 것은 격심한 펌프질을 연상시키는 힘든 작업이었다. 그러나 많은 단어 목록들이 만들어지기는 했지만 그것이 사전으로 편찬되는 일은 거의 없었는데, 사전들 중에서는 언더우드와 게일의 것이 제일 유명했다.[107]

그러면서도 이수정역에 대한 수정은 끊임없이 이어 나간다. 1887년 여름 언더우드는 「마가의젼훈보금셔언히」 2천 부를 요코하마에서 출간한다. 다음은 제1장 1-4절이다.

샹뎨의아돌예수그리스도복임이니그처음이라二션지쟈의긔록흔바에닐너스되보라내가나의ᄉ쟈롤네압희보내여써네도롤 곳초게ᄒ리라ᄒ 말과 곳치三들에사롬의소리잇서웨쳐닐ᄋ 딕쥬의도롤 곳초아그길을곳게흔다 ᄒ더니四요한이들에서셰례롤베푸러뉘웃쳐곳치ᄂ세례롤젼ᄒ야ᄒ여 곰죄샤홈을엇게ᄒ니(1: 10-4)

이수정역「신약마가젼복음셔언히」와 비교하면 상당한 용어, 표기, 인명, 지명 등의 변화가 있다.

용어, 표기의 변화[108]

신	샹뎨
즈	아돌
예슈쓰	예수
예언즈	션지쟈
드을	들
요한네쓰	요한
바뎨슈마	세례

인명과 지명[109]

2:14	네뷔	레위
3:18	쮈닙보스	필닙보
3:18	틔ᄯㅑ요스	다다요
1:9	나자레트	나사렛
7:26	수로 포니기샤	슈로보니사

한자어를 고유어로 바꿈[110]

1:38	향촌	고을
2:5	신	밋음
2:26	편	썩
3:28	설독	더러온말
7:6	위션즈	거줏착ᄒᆞ쟈
4:1	교회ᄒᆞ실ᄉᆞ	ᄀᆞ루치실ᄉᆞ
4:31	ᄀᆞ종일입	계즈씨ᄒᆞ나
9:41	일빅수	ᄒᆞ잔물
9:43	마셕	밋돌

10:4	의졀	브리기
10:30	닉셰	훗셰샹
12:23	깅싱헐 찌	다시살째
14:24	신약을입ᄒᆞ는피	언약을세우는피
14:27	목ᄒᆞ는ᄌ	양기르는이

신(神) 대신 「샹뎨」나 「뎐」을 사용[111]

1:1	신	샹뎨
1:14	신국	뎐국
2:26	신에궁	샹뎨의궁
3:35	신의지	샹뎨의뜻

한자음 교정[112]

1:2	사ᄌ	ᄉᆞ쟈
1:8	셩녕	셩령
3:22	사ᄌ	ᄉᆞᄌ
5:25	혈누	혈루
6:8	노ᄌ	로ᄌ
6:21	듸부	대부
8:15	효	교
9:36	십이졔ᄌ	십이뎨ᄌ
9:44	지옥	디옥
11:15	합죠	합됴
14:1	졔효졀	졔교졀

용어, 어휘 변경[113]

1:2	예언쟈	션지쟈
1:4	밥뎨슈마	셰례
1:10	방울시	합됴
1:24	치패	패망
1:27	귀셧	못쓸샤귀
1:28	헌자	진동
1:31	몽양	시종
2:17	올흔ᄉ람, 죄인	의인, 죄인
3:1	죠약손	조막손
9:35	역ᄉ	하인
9:37	교졉	졉딕
9:40	신통	령젹
9:44	싱도	뎐당
12:7	긔업	산업
13:27	션민	간션쟈
14:3	라병	창병
14:23	잔	술잔
14:30	휘	빅반
15:7	작난	역젹질

언더우드의 「마가의젼혼보금셔언히」가 출판되면서 조선에는 「로스역」, 「이수정역」, 「언더우드역」 등 세 종류의 「마가복음」이 존재하게 된다. 북부지방에는 주로 로스역이, 서울과 중부지방에는 이수정역이, 언더우드역은 중부와 남부지방에 주로 배포된다.[114]

선교사들은 언더우드역 「마가복음」이 출판되는 것을 계기로 언문을 이용한 성서번역 사업을 보다 조직적으로 추진하기 위하여 1887년 「상

언더우드   아펜젤러

임성서위원회(The Permanent Bible Committee)」를 조직한다. 그러나 상임성
서위원회는 여러가지 제약으로 제 역할을 하지 못하면서 번역은 선교사
개개인의 노력으로 계속 진행된다. 가장 큰 문제는 번역을 통일하는 문
제였다. 특히 로스역과 언더우드-아펜젤러역 중 어느 것을 선택할 것인
지 합의를 보기가 어려웠다.

   1893년 5월 8일 영국성서공회(British and Foreign Bible Society, BFBS)의 중
국 중남부지방 총무를 담당하는 켄뮤어(Alexander Kenmure, 1856-1910)가
서울을 방문한다. 켄뮤어는 영국 출생으로 스코틀랜드 글래스고대학 재
학 중 중국 선교사로 지원하여 1886년 부인과 함께 홍콩에 도착한 후
1887년 2월부터는 마카오에서 선교사로 활동한다. 1891년에는 영국
성서공회가 중국의 남부지부와 중부지부를 통합하면서 켄뮤어는 번역
출판과 회계 업무를 담당한다. 그는 조선을 처음 방문하는 길에 만주 센

존스

레놀즈

양에 들러 로스 목사를 만난다.[115]

서울에 도착한 켄뮤어는 1893년 5월 16일 상임성서위원회에 참석하여 영국성서공회, 미국성서공회(The American Bible Society, ABS), 스코틀랜드 성서공회(NBSS)의 세 공회가 연합으로 운영되는 「중국위원회」를 모델로 한국 상임성서위원회(PEBC) 조직을 개편하도록 제안한다. 그리고 영국성서공회(BFBS)로 하여금 「로스역」의 반포를 포기하도록 설득한다. 켄뮤어는 1895년 10월 18일 만주-조선 담당 임시 총무로 선임되고 1896년 5월 20일에는 영국성서공회 조선지부를 개설하고 초대총무로 취임한다. 이때부터 성경 번역은 조선에서 선교활동을 펼치는 언더우드, 아펜젤러 등이 주도한다.

1895년 11월에는 서울에 거주하는 외국인들이 「조선 사람들을 위한 기독교 문헌(Christian literature) 현황과 수요」를 파악하기 위한 특별 모임을 개최한다. 이 자리에서 켄뮤어와 빈튼 등을 위원으로 임명하여 「조선의 독자들을 위한 기독교 문헌 보급 계획」을 수립하는 임무를 부여한다. 이 위원회는 기독교 문헌에 대한 수요를 조사한 후 우선 한문으로 번역된 기독교 문헌들을 중국으로부터 대량 수입하여 한문을 읽는 식자층에게 보급하는 한편 일반인들을 위하여 책자들을 언문으로 번역하기로 결정한다.

3) 기독교 문학의 출현

1890년대에 이르면 언문 회화집, 문법, 사전 등이 출간된다. 언더우드는 1890년 『조선어회화입문서(An Introduction to the Korean Spoken Language)』를 출간한다. 제1부는 「문법주석(Grammatical Notes)」, 제2부는 「영어를 조선어로(English into Korean)」였다. 동시에 헐버트(Homer Bezaleel Hulbert, 흘법[訖法], 허흘법[許訖法], 할보[轄甫], 허할보[許轄甫], 1863.1.26.–1949.8.5.)와 게일의 도움으로 『간이 조선어 사전(A Concise Dictionary of the Korean Language)』도 펴낸다. 조선어-영어 부분과 영어-조선어 부분으로 나뉘어진 이 사전은 최초의 한영사전이다. 1888년 조선에 정착한 게일은 뛰어난 어학실력으로 1893년 *Korean Grammatical Forms*를 발간하고 1897년에는 『한영대자전』을 펴낸다.[116]

언문 기독교 서적에 대한 수요는 폭증한다. 언더우드는 1888년 잉커우의 로쓰에게 언문으로 번역하여 출판한 교리문답을 「적어도 천 부」 보내 달라는 편지를 보낸다.[117] 「조선성교서회(The Korean Religious Tract

Society, 현「대한기독교서회」)는 설립
첫해인 1885년 89만 페이지의
전도문건과 소책자를 간행한
다. 1886년도에는 3만 2천6백
부에 이르는 책과 전도문건 인
쇄를 주문하고 1만 7천654권을
판매한다.[118]

게일

1893년 언더우드는 네비우스
(Mrs. H.S.C. Nevius)의 *The Sav-
ing Faith Catechism*을 언문
으로 번역한『그리스도 문답』을
간행한다. 올링거(Franklin Ohlinger, 1845-1919)는 영국 선교사 존 그리피스
(John Griffith)가 중국의 대중 계몽과 전도를 목적으로 중국어로 집필한 복
음 소설『인가귀도(引家歸道, *Leading the Family in the Way*)』를 언문으로 번역
하여 1894년에「삼문출판사」에서 출판한다.[119]

그 외에도 교리문답,「주기도문」,「사도신경」,「십계명」등 기독교의
신조해석서(信條解釋書, formulae of the Christian religion)와 당시 동아시아에서
가장 널리 읽힌 기독교 관련 서적인 마틴(W. A. P. Martin, 丁韙良, 1827.4.10.-
1916.12.18.)의『천도소원(天道溯原, *Evidences of Christianity*)』을 비롯하여『하
나님의 본성(*The Nature of God*)』,『기독교의 제 문제(*Controverted Points of
Christianity*)』,『로마교와 프로테스탄트교(*Romanism and Protestantism*)』등의
기독교 변증론(Christian apologetics) 책들이 언문으로 출간된다. 1894년에
는「내 주를 가까이 하려함은」을 포함한 찬송가가 출판된다.[120]

『천로역정』 표지   『천로역정』 속표지   김준근의 삽화

1894년에는 게일이 언문으로 번역한 번연(John Bunyun, 1628.11.28.-1688.8.31.)의 『천로역정』이 출간된다. 게일은 『천로역정』을 번역하게 된 계기를 다음과 같이 설명한다.

> 동양사람의 심리는 선비든 노동자든 같은 틀로 찍어낸 듯 하나다. 모든 사고
> 가 비유, 상징, 그림을 통해 이루어진다. 그렇기 때문에 우화(allegory)나 암시
> 적인 문헌을 특별히 중시하는 것 같다.[121]

문학사에서 중요한 위치를 차지하는 번연의 『천로역정』은 등장인물들과 사건들로 하여금 기독교의 주요 개념들을 상징하게 함으로써 독자들이 보다 쉽게 추상적인 개념들을 이해할 수 있게 한다. 또한 당시 독자들에게 익숙한 우화와 비유를 적극 사용함으로써 독자들이 작가의 의도를 쉽게 이해하고 공감할 수 있게 하고 꿈과 환상을 활용하여 독자들에게 현실과 초현실의 경험을 제공한다.

『천로역정』은 특히 근대 소설의 중요한 특징인 주인공의 캐릭터 발

전(character development)을 보여준다. 번연은 주인공 크리스찬(Christian)의 여정을 통하여 영혼 구원과 신앙의 중요성을 생생하게 보여준다. 이를 위해 『천로역정』은 당시 소설에서 흔히 볼 수 없었던 독창적인 순환 서사 구조를 채용하여 주인공의 내면 갈등과 성장을 그려냄으로써 개인의 내면성을 탐구하고 인간 존재의 의미에 대한 질문을 던진다. 그런 점에서 『천로역정』은 보편적인 근대인의 실존적인 문제와 질문을 지극히 근대적인 문학기법을 통하여 다룬 소설이다. 『천로역정』은 조선 사람들이 읽은 최초의 근대 언문 소설이다.

7. 문해 혁명

배재학당의 교과과정은 언문, 한문, 영어 등 3개 언어로 진행된다. 교과 중에서 「감리교 교리문답」 등 기독교 관련 과목은 「물론 언문으로 진행된다.」[122] 1893년 북감리교회의 의료 선교진으로 조선에 파견된 버스티드(John B. Busteed, 1869-1901.3.11.)는 동학난, 청일전쟁, 갑오경장이 일어난 1894년 정동의 시병원 시설을 상동으로 옮기는 등 의료 사업을 추진하면서 한 해 동안 총 3천 1백 건에 달하는 진료를 한다. 그 외에도 그는 안식년을 맞아 미국으로 일시 귀국한 아펜젤러를 대신하여 배재학당의 교장을 맡는다. 다음은 그 당시 버스티드가 담당한 성서번역과 성경공부 내역이다.

.... 나는 상임성서번역위원회의 공식 위원으로 로마서를 번역하고 야고보

서의 일부도 번역하였습니다. 그 외에도 저는 매주 일요일 성경공부를 준비하기 위해 복음과 서한들을 총 1,080구절 번역하였습니다. 이는 각 25구절씩 총 43장에 달하는 양입니다. 그 외에도 창세기의 열 한 장, 출애굽기의 여섯 장, 시편의 네 장을 번역하였고 웨슬리의 『일요 예배(*Wesley Sunday Service*)』도 번역하였습니다.[123]

배재학당의 많은 강좌는 언문으로 진행되었을 뿐만 아니라 교재도 선교사들이 직접 언문으로 번역하여 교내의 「삼문출판사」에서 인쇄한 교재들을 이용하였다.

이화학당의 2대 교장을 역임한 로드와일러(Louisa C. Rothweiler, 1853.3.9.–1899.)는 1892년 『코리안리퍼지토리』에 기고한 「우리는 우리의 여학교에게 무엇을 가르칠 것인가?(What Shall We Teach in our Girl's Schools?)」라는 제목의 글에서 언문 교육의 중요성을 강조한다. 로드와일러는 자신들의 교육목표는 「조선에 축복이 되는 여성들을 만드는 것(We want to make such women of them as shall be a blessing to Korea)」이며 「우리의 여아들을 외국인으로 만들기를 원하는 것이 아니라 보다 훌

로드와일러 이화학당 2대 교장

아펜젤러와 배재학당 학생들

륭한 조선 사람을 만들기를 바란다」고 한다. 그러면서 구체적인 교과목
에 대해서 다음과 같이 말한다.

가장 중요한 것은 물론 언문이다. 언문은 읽기와 쓰기는 물론 철자법, 작문,
편지쓰기 등을 가능한 한 철저하고 정확하게 가르쳐야 한다. 조선 글은 조
선말과 많이 다르고 서간체(epistolary)는 그 자체가 현학적이라 할 수 있을
정도로 어렵다.

읽기는 매우 쉬운 듯이 보일 수 있다. 언문의 글자들을 알아보고 발음하
고 글자들을 조합해서 쓸 수 있는 사람도 간단한 문장 하나도 제대로 못 읽
는 경우도 있다. 내가 조선에 도착한지 얼마 안 되어서 우리 여아들을 가르
치는 선생 한 분이 학생들 중 일부는 언문을 다 배웠기 때문에 더 이상 언문
공부에 시간을 낭비할 필요가 없다고 하였다. 그들은 「반절」을 읽는 법을 배

웠지만 「마가복음」의 단 한 페이지도 제대로 읽을 수 없었다. 우리는 처음 언문을 공부할 때 다음 단어가 어디에서부터 시작하는지 알기 위해서 모든 단어 앞에 표시를 했던 것을 기억한다. 이는 어른이든 아이든 조선 사람들의 경우에도 마찬가지다. 언문을 제대로 읽을 수 있는 능력은 끈기 있는 훈련과 오랜 연습을 통해서만 습득할 수 있다. 우리는 초보자도 곧바로 언문을 읽을 수 있는 듯이 보이는데 속아서는 안 된다. 실제로는 외운 것을 암송하는 것에 불과하기 때문이다.

…

이 훈련은 학생이 우리의 언문 책들 중 그 어느 것이라도 읽을 수 있게 되고 다른 사람들에게 읽을 수 있게 가르칠 수 있게 될 때까지 계속되어야 한다.

…

철자법은 언문의 가장 어려운 부분이다. 왜냐하면 선생마다, 책마다 공유하는 철자법이 아직 없기 때문이다. 그러나 우리는 이러한 상황속에서도 최선을 다 할 뿐이다.[124]

8. 출판 혁명

조선 최초의 출판사는 1891년 아펜젤러와 올린저(Ohlinger)가 설립한 「삼문출판사(Tri-lingual Press of the Methodist Mission)」다. (로스 목사의 언문 성경은 심양의 「문광서원」에서 인쇄했다.) 「삼문」이란 영어, 한문, 언문을 뜻했다. 조선 최초의 독립 출판사인 동시에 조선 유일의 인쇄소였다. 출판사는 배재학당 경내에 세운다. 원래는 1888년 설립할 예정이었으나 재정난 등으로 인하여 1891년에나 설립된다. 설립자 중 한 사람이자 초대 사장인 올린저는 설립 초기의 상황을 다음과 같이 기록한다.

> 우리가 겪고 있는 역경이란 이루 헤아릴 수 없을 정도이다. 물건은 거의 다 중국과 일본에서 사들여야 하고, 수입과 운반으로 인하여 우리 제품은 비싸게 된다. 미성년자들을 많이 고용하고 있는 일본의 대규모 인쇄시설과 맞서서 경쟁할 수도 없다. 더욱이 일감이 적어서 식자 자금으로 공부하는 학생이나 겨우 지탱할 정도였다.[125]

「삼문출판사」는 그러나 초기의 재정난을 극복하고 폭증하는 기독교 서적에 대한 수요에 부응한다. 1894년 감리교 선교본부의 연차보고서에 「삼문출판사」 감독인 헐버트 선교사는 「우리는 올해 2백만 페이지를 인쇄하였다. 대부분은 소책자였다」고 보고한다.[126] 1895년 연차보고서에 헐버트는 당시의 현황을 다음과 같이 보고한다.

> 우리의 노동력은 10명에서 16명으로 늘었고 월급 수령자 수는 60% 증가하였습니다. 금화 300달러의 예산배정은 대부분 3가지 크기의 언문 글자체의 주형과 주조기계를 구입하는데 사용하였습니다. 덕분에 조선 언문 글자체를 일본으로부터 끊임없이 주문하기 위해서 고갈되던 예산을 절약할 수 있게 되었습니다. 우리는 1년 안에 투자비용을 회수할 수 있을 것으로 생각합니다. 우리는 아직 소량이지만 인쇄 장비의 보급소(depot) 역할도 시작하여 서울에 있는 다른 2개의 출판사에 종이와 그 밖에 재료를 제공하였습니다. 곧 선교본부가 지속적인 수익을 볼 수 있을 것으로 예상됩니다.[127]

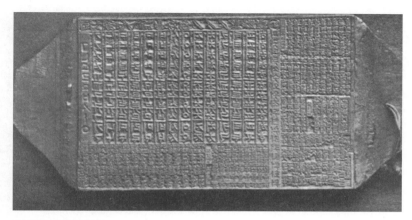
「삼문출판사」의 언문 인쇄판

1894년 한 해 동안 출판사가 인쇄한 페이지 수자가 95만 7천에 달하고 그 중 14만 4천 페이지만 영어였다.[128] 언문 인쇄는 80만 페이지에 달했다. 「삼문출판사」는 독일과 영국, 프랑스, 네덜란드 등지에서 종교개혁과 문체혁명을 촉진한 인쇄소와 같은 역할을 수행한다.

「삼문출판사」는 급증하고 있는 기독교 서적에 대한 수요를 충족시키기 위해서 설립되었지만 또 다른 설립목적은 학생들에게 장학금을 제공하기 위해서였다. 배재학당은 설립초기부터 「워크-스터디(work-study)」원칙을 수립한다. 모든 학생들은 원칙적으로 수업료를 내야 했다. 그리고 재정적 지원이 필요한 학생들에게는 장학금을 제공했지만 장학생들은 장학금을 받는 대신 교내에서 일을 해야 했다. 아펜젤러는 1890년 1월의 감리교 해외선교위원회 연례보고서에 다음과 같이 보고한다.

모두가 수업료(tuition)를 내야하고 누구도 자신이 직접 벌지 않는 한 돈을 주는 경우는 없습니다.[129]

배재학당 장학생들은 교내의 인쇄소에서 식자공으로 일했다. 「삼문출판사」가 설립되기 전인 1889년에도 배재학당 학생 5명이 출판사에서 일하고 있었다.

우리 선교 출판사는 5명의 학생들을 고용하고 있습니다.[130]

「삼문출판사」는 배재학당의 학생들 중 학비를 낼 수 없는 학생들에게 워크-스터디(work-study) 장학금을 주는 대신 출판사에서 교정과 교열을 보는 일을 하도록 하였다. 이 중에는 주시경(주상호)도 있었다.

『독립신문』은 「삼문출판사」에서 인쇄한다. 이로 인해 인쇄소의 작업량은 대폭 늘어난다. 특히 언문 『신약전서』 출판을 늘리고 있던 시점이었다. 어떤 복음서와 서간들은 8천 내지 2만 부씩 출판한다. 따라서 『독립신문』을 인쇄하는 계약을 맺으면서 「삼문출판사」는 과부하가 걸린다.

이렇게 많은 작업량으로 우리는 더 큰 시설들이 필요했다. 이로 인해서 5월달에 새로운 기회가 생겼는데 『독립신문』 전체를 인쇄하기 위해서 2년간 인쇄소 전체를 2년간 빌려주기로 했다. 이러한 계약은 내가 국내에 없는 동안에 체결되었다. 나는 이 계약에 『독립신문』을 인쇄하기로 계약한 것을 아직도 후회한다. 만일 할 수만 있었다면 나는 이 계약을 끝까지 반대했을 것

이다.[131]

그러나 「삼문출판사」가 『독립
신문』을 인쇄하게 됨으로써 주
시경은 자연스럽게 『독립신문』
국문판의 교정과 교열을 맡게
된다. 주시경이 언문에 대하여
그 누구보다도 깊은 이해와 전
문성을 습득하고 언문이 국문으
로 다시 태어나는 산파의 역할
을 할 수 있었던 이유다.

최병헌

기독교 선교사들은 언문 성서 출간과 동시에 이를 유통시키기 위해 성
경 보급소와 서점을 개설한다. 조선 최초의 성서 보급소는 1893년 말에
설립된다. 당시 영국성서공회(British and Foreign Bible Society, BFBS)의 만주,
조선 담당 부총무 하몬(Harmon)은 로스의 언문 성경 반포를 위하여 중국
인 권서인 류지화(Liu Chi-fah)를 서울에 파견하여 성경보급소(depot)를 개
설하게 한다. 류지화는 조수 왕영상(Wang Yung-shiang)과 함께 조선 사람
들에게 성경을 판매하고 한양에 거주하는 중국 신자들을 위한 성경공부
반도 개설한다. 그러나 이 보급소는 청일전쟁의 발발로 개설한지 1년도
안 된 1894년 6월 사업을 중단할 수밖에 없었다.[132]

영국성서공회 성경보급소의 뒤를 이은 것은 아펜젤러가 설립한 「대
동서시(大東書市)」다. 이미 1886년에 돈의문 밖에 서점을 열었던 경험이

있던 아펜젤러는 1894년 6월 최병헌(崔炳憲, 1858-1927)을 책임자로 종로에 조선 최초의 근대 서점을 개설한다. 최병헌은 훗날 아펜젤러의 후임으로 정동교회 목사를 역임한다.

其後甲午年傾에一般民智를啓發홀目的으로大東書市라는書鋪를설립ᄒ고各種의新書籍을購入하야販賣도ᄒ며縱覽도식혀公衆의有益을도모ᄒ엿다이것이朝鮮에셔는첫번되는縱覽館이오 圖書館이였다.
(그후 갑오년경에 일반인들의 지식을 계발할 목적으로 대동서시라는 서점을 설립하고 각종 신서적을 구입하여 판매도 하며 마음대로 구경할 수 있도록 하여 공중의 유익을 도모하였다. 이것이 조선에서는 첫번째 책방[종람관]이오 도서관이다.)[133]

9.「국문」만들기

서재필은 국문을 사용하겠다고 선포한 『독립신문』 창간호 논설에서 국문이 여전히 체계가 잡혀 있지 않다는 사실을 토로한다.

또 국문을 알아보기가 어려운 건 다름이 아니라 첫째는 말 마디를 떼지 아니하고 그저 줄줄 내려쓰는 까닭에 글자가 위로부터 인지 아래부터 인지 몰라서 몇 번 읽어 본 후 에야 글자가 어디부터 인지 비로소 알고 읽으니 국문으로 쓴 편지 한 장을 보자 하면 한문으로 쓴 것 보다 더디 보고 또 그나마 국문을 자주 아니 쓰는 고로 서툴러서 잘못 봄이라. 그런고로 정부에서 내리는 명령과 국가 문제를 한문으로만 쓴 즉 한문 못하는 인민은 남의 말만 듣고 무슨 명령인 줄 알고 이편이 친히 글을 못 보니 그 사람은 무단이 병신이 됨이라.

서재필은 전격적으로 띄어쓰기를 도입한다. 그리고는 윤치호, 주시경 등은 『독립신문』을 통해서 국문 개혁에 대한 논의를 이어간다. 윤치호는 1897년 5월 27일자 『독립신문』에 「아래 아」자를 폐지하는 안을 기고한다.

> 윤치호씨가 조선 국문 일로 글을 지어 신문사에 보내었기에 좌에 기재하노라. 우리 나라 국문은 지극히 편리하고 지극히 용이하나 아(ㅏ)음이 둘이 되고 고로 가령 네 사람이 사람인자를 쓰랴면 혹은 (사람) 혹은 (사룸) 혹은 (ᄉᆞ람) 혹은 (ᄉᆞ룸)이라 쓰니 뉘가 옳고 뉘가 그른지 어찌 알리요. 글자 쓰는 법이 이 같이 모호 하면 서책을 만들기와 아이들을 가르치기가 심히 착란을 하니 이제로 부터는 아래 아자는 다만 뒤 받치는 자(개, 내 대)와 토끝 (가 는 를 다 만) 맞추는 데만 쓰고 다른 데는 모두 큰 아(ㅏ)자를 통용하면 대단히 편리할 듯. 내 말을 옳게 아시는 제군은 이대로 시행하시고 합의하지 안 한 제군은 무슨 다른 방편을 말하여 조속히 일정한 규모를 광용케 하면 진실로 우리 나라 교육에 크게 유익 할 듯.[134]

이에 서재필은 다음과 같이 답한다.

> 윤치호씨의 일정 하게 작정하자는 말은 좋은 말이로되 아래 아 자를 다만 뒤

바치는 데와 토 끝 마치는 데만 쓰자는 말은 윤치호씨가 국문을 자세히 모르고 한 말이라. 언제든지 윗 아자는 긴 음에 쓰는 것이요 아래 아자는 짜른 음에 쓰는 것이라. 비유하건대 말하면 타고 다니는 말이란 말이요 말이라면 사람 하는 말을 말이라 하는 것이라. 조선 사람들이 조선 말을 공부한 일이 없는 고로 쓰기를 규칙 없이들 하니까 대단히 모호 하고 착란 나는 일이 많이 있으되 만일 말을 공부를 하여 국문으로 옥편을 만들어 놓거드면 그 옥편을 가지고 사람마다 공부를 하여 전일한 규모가 국 중에 생길 터이니 우리는 바라건대 학부에서 이런 옥편을 하나 만들어 조선 사람들이 자기 나라 글을 바로 쓰게 하여 주는 것이 사업일 듯하더라.[135]

「아래 아」를 폐기해야 한다는 주장은 기독교 선교사들 사이에 이미 거론되고 있었다. 숭실대학교 설립자이자 초대 학장을 역임한 베어드(William Martyn Baird, 배위량[裵偉良], 1862.6.16.-1931.11.29.)는 1895년 5월호 『코리안리퍼지토리』에 기고한 「조선 음의 로마자표기(Romanization of Korean Sounds)」라는 장문의 글에서 「언문(unmoon)」의 문제점들을 짚어낸다.[136]

당시 사용되고 있던 「아래 아」는 15세기 조선어를 표기하는 데는 유용하였으나 이미 19세기 서울과 중부지방에서 사용하는 조선어에서는 사라진 음을 표기하였고 따라서 「위 아」와 구분할 수 없게 되었다. 또 「ㅈ」, 「ㅊ」, 「ㅅ」, 「ㄷ」, 「ㅌ」 끝에 있는 모음 「ㅑ」 역시 오래전에 사라진 조선어의 표기 방식이었다. 서울이나 중부지방에서는 자-쟈-댜 나 차-챠-탸, 사-샤를 구분하지만 평안도와 함경도 북부를 제외하고는 다른 지역에서는 자-차-사 만 사용하였다.[137]

『독립신문』이 1899년에 폐간된 후에도 개신교 선교사들은 계속해서 언문을 갈고 닦는다. 1903년 7월 17일 상임실행위원회에서 「게일 시스템(Gale system)」 또는 「개혁철자(reformed spelling)」가 정식 거론된다. 이미 장로회공의회, 남북감리회, 대상서교서회, 그리스도신문 등이 게일 철자법을 채택하고 있었고 번역자회의에서도 만장일치로 통과되었다. 게일 시스템의 핵심은 다음과 같았다.

윤치호가 1897년 5월 27일자 『독립신문』에 기고한 국문 관련 글. 「윤치호씨가 죠션 국문 일로」

1) 아래아(ㆍ)의 폐기(아, ㅇ → 아)
2) 목적격 ㅇ→ 으(롤→를, 슬→슬)
3) ㅅ, ㅈ, ㅊ + 복모음→단모음(서, 셔→서, 자, 쟈, 즈, 댜→자)[138]

게일의 철자법은 「한소리 한글자(one sound one character)」의 원칙에 기반하였다. 게일 철자법을 사용할 경우 170개였던 음절수는 140으로 줄어 들어 인쇄활자 수도 줄어들 뿐만 아니라 전국의 철자법이 통일될 것으로 기대되었다. 그러나 서북지방 교인들의 강력한 반대로 결국 구철자법을 계속 사용하기로 결정한다. 아래아가 성경에서 사라지는 것은 1936년의 『개역 성경』에서 부터였다. 그러나 이러한 논의는 성서번역가들이 얼마나 언문 표준화에 많은 열정과 노력을 기울였는지 알 수 있게 해준다.

게일 철자법 논쟁이 진행되는 와중에도 번역자회는 급격히 증가하는 성서에 대한 수요 때문에 1903년 3월 잠정역을 출간하기로 한다. 1904년 5월 구철자법을 이용하여 개정이 완료된 『신약』은 일본에서 인쇄를 진행

윤치호의 제안에 대한 서재필의 답

하기로 한다. 그러나 1904년 2월 러일전쟁이 발발하면서 일본의 우편선이 전쟁에 징발되고 우편업무가 마비되자 켄뮤어(Alexander Kenmure, 1856.4.19.–1910.12.25.)는 5월말 일본으로 직접 건너가 7월 초까지 요코하마에 머물면서 「4복음서」와 「사도행전」 인쇄를 진행한다. 그러나 이 과정에서 번역에 많은 문제가 있음을 발견하고는 다시 서울로 돌아온다. 그는 7월 7일 번역자회에 참석하여 「사도행전」에서 발견한 120개의 오류를 지적하고 다음 6가지 문제점 지적한다.[139]

1) 수정된 고유명사표를 줄 수 있는가?
2) 마가, 요한에는 「-의긔록ᄒ대로복음(Gospel according to)」이 붙어 있으나, 마태, 누가에는 없는 이유는?
3) 쌔(쎄), 짜의 사용 혼동
4) 철자통일이 되어있지 않음(예: 나모-나무, ᄀ만히-ᄀ만이, 다른-다른)
5) 인용시 다양한 방법 사용
6) 「사룸」과 「인」의 혼란[140]

언더우드는 켄뮤어가 지적한 총 150개의 오류를 대부분 수용한다. 게일은 「로마서」를, 언더우드는 「고린도전후서」를, 게일과 레널즈는 「골로새서」 이후를 다시 검토한다. 켄뮤어는 7월 23일 일본으로 다시 출발하기전까지 번역자들과 함께 수백 개의 오류를 수정한다. 특히 오류가 많았던 이유는 게일의 신철자법이 받아들여지지 않으면서 신철자법으로 번역하였던 신약을 다시 구철자법으로 환원하면서 「마가」, 「누가복음」은 8년 전의 원고로 대치되었기 때문이다. 또한 정서하는 과정에서 필사가들이 실수하거나 빠뜨리는 경우도 있었다.[141]

켄뮤어는 1904년 7월부터 12월까지 요코하마에 머물면서 『신약전서』의 원고와 교정지를 수정한다. 11월 23일에는 4호 활자 『신약견셔』의 초판을 조선으로 발송하고 12월 21일에는 제5차 『신약』 수정지에 대한 최종 검토를 끝내고 조선으로 귀국한다. 785페이지에 달하는 『신약견셔』는 1904년 「대한 광무 팔년 갑진년」 「요코하마복음인쇄회사」에서 출판된다.[142]

챤숑ㅎ리로다 하느님 우리 쥬 예수 그리스도의 아바지시여 주비ㅎ신 아바지시오 모든 위로를 주시는 하나님이로소이다 뎌가 우리 모든 환난즁에서 우리를 위로ㅎ샤 우리로 ㅎ여곰 하나님 씌 밧난 위로로써 모든 환난즁에 잇는 쟈를 능히 위로ㅎ게 ㅎ시ㄴ니 대개 그리스도의 고난이 우리의게 만흔 것 곳치 우리의 위로도 그리스도로 말미암아 만흔지라(고린도후서 1:3-5)[143]

러일전쟁 중에 출판된 『신약견셔』는 1만 5천 부가 출판된다.

주시경의 『대한 국어 문법』 목각 인쇄본은 1906년 출간된다. 그가 학부(교육부)의 「국문연구소」 주임으로 임명되는 것은 1907년이고 「국어연구학회」를 조직하는 것은 1908년이다.

제12장

『독립신문』과 독립협회

제12장

『독립신문』과 독립협회

일본은 1894년 7월 흥선대원군을 복권시켜 국정을 맡긴다. 제1차 갑오경장을 추진하기 위해서였다. [갑오경장을 전후로 한 대원군의 재집권 과정에 대해서는 『한국 사람 만들기 IV』, pp. 361-373 참조] 10년만에 권력을 다시 잡은 대원군은 1884년 갑신정변 실패 후 미국으로 망명한 서재필과 서광범을 귀국시킬 것을 일본측에 요청한다.[1] 개화파와 연합전선을 펼쳐 민씨척족에 맞서기 위해서였다. 대원군은 3년간 바오딩에 억류되었다가 1885년 10월 3일 귀국하여 경운궁에 유폐된 후에도 당시 일본에 망명 중이던 김옥균, 박영효 등과 연계를 시도한 바 있다. [대원군의 석방과 귀국에 대해서는 『한국 사람 만들기 III』, 695-712페이지 참조]

대원군의 부탁을 받은 일본 외무성은 8월초 워싱턴 주재 일본 공사 구리노 신이치로(栗野 慎一郎, 1851.11.29.-1937.11.15.)를 통해 서광범과 서재필을 접촉한다. 서광범이 귀국에 동의하자 일본 외무성은 귀국비용 700엔(369달러 25센트)을 제공한다. 서광범은 신응희(申應熙, 1858/1859.11.2.-1928.2.12.), 정훈교 등과 함께 동경에 도착하여 조선 정부의 공식적인 귀국 허가를 기다린다.[2]

반면 서재필은 일본 공사의 귀국 제의를 거절한다. 구리노는 9월 8일 다음과 같이 본부에 보고한다.

서재필은 이곳에서 의술 개업 면허를 얻어 Dr. Philip Jaisohn이라 하여 개업을 하고 있고, 특히 그의 처(妻)는 미국인이어서 지금 어떻게 권고를 하여도 도저히 가능성이 없습니다.[3]

한편 대원군은 일본 덕분에 권력은 되찾았지만 근대화를 위한 개혁은 거부한다. 대원군의 방해로 제1차 갑오경장이 동력을 잃기 시작하자 일본 정계의 거물 이노우에 가오루(井上馨, 1836.1.16.-1915.9.1.)가 주조선 공사를 자원하여 10월 26일 한양에 부임한다. [이노우에 가오루의 조선 공사 부임 과정에 대해서는 『한국 사람 만들기 IV』, pp. 504-509 참조] 이노우에는 대원군이 일본을 견제하기 위해 비밀리에 러시아의 개입을 요청하고 평양의 청군, 삼남의 동학군과 내통하면서 반일의 선봉에 서고자 했다는 증거를 보이며 대원군을 정계에서 은퇴시킨다. [일본을 상대로 한 대원군의 암약에 대해서는 『한국 사람 만들기 IV』, pp. 428-437 참조] 그리고 박영효, 서광범 등 10년 전 갑신정변을 시도했던 친일개화파에게 제2차 갑오경장을 맡긴다.

12월 9일 이노우에는 고종과 민비를 설득하여 박영효와 서광범에게 사면령을 내리도록 한다. 12월 17일 박영효가 내무대신에, 서광범이 법무대신에 임명되면서 제2차 갑오개혁이 시작된다. 일본 정부가 추가로 제공한 여비 300엔을 받은 서광범은 1895년 1월 13일 인천에 도착한다.[4] [제2차 갑오내각의 수립과정에 대해서는 『한국 사람 만들기 IV』, pp. 553-564참조]

실권을 잡은 개화파는 고종을 설득하여 1895년 3월 1일 김옥균과 서재필, 서재창(徐載昌, 1866.10.29.
-1884.12.13.) 등에 대해 사면, 복
권령을 내리도록 하고 6월 2일
서재필을 외부협판(차관)에 임명
한다.[5] 그러나 서재필은 이 역시
거절한다. 정부는 7월 9일 윤치
호를 외부협판에 임명한다.

1895년 7월 중 제2차 갑오경
장이 실패하고 다시 일본 망명
길에 오른 박영효는 미국을 방
문하여 서재필을 만난다. [제2차

서재필

갑오경장의 성취와 실패에 대해서는 『한국 사람 만들기 Ⅳ』, pp. 718-724 참조] 박영효는
서재필에게 귀국을 종용한다. 서재필은 당시 상황을 다음과 같이 회고
한다.

신혼생활을 시작한 지 얼마되지 않는 그 이듬해, 즉 1896년 1월 1일에 나는
본국을 떠난 지 열 두 해 만에 별안간 서울로 돌아왔다.

본국으로 떠나오기 얼마 전에 나는 일본을 거쳐 미국으로 망명해 온 박영
효를 천만 뜻밖에 워싱턴에서 만나게 되었다.

그동안 나는 본국 사정을 들어보지도 못하였고, 또 본국 사람을 만난 일
도 없었다. 1888년 무자(戊子)에 미국에 입적하여 미국 시민의 한 사람으로
되었고, 이름도 미국식으로 제이슨이라 고친 후, 12년 동안 본국과 인연을
끊었던 것이다.

박영효에게 본국 사정을 듣
게 되자, 나는 직각적으로 국가
를 위하여 큰일을 하여 볼 좋은
기회가 닥쳐왔다고 깨달았다.
미국에서 오랫동안 내가 마음
깊이 그리던 자유와 독립의 이
상을 실천할 천재일우의 시기
가 돌아온 것이라고 고국으로
돌아온 것이다.[6]

서재필과 부인 뮤리엘 암스트롱

서재필이 귀국에 동의하자 조선 정부는 그를 주미 조선공사관 3등 서
기관에 임명하고 공사관의 방을 무료로 빌려주고 생활비도 제공한다.[7]
서재필은 1895년 12월 25일 제물포로 입항하여 서울에 도착한 후 아
펜젤러 집에 여장을 푼다.[8] 그러나 그는 여전히 관직은 거부하고 정부
고문직만 수락한다.

내가 서울로 돌아와 본 즉 민중전은 벌써 그 전 해에 왜인들한테 피시되었
고, 내각으로 말하면 김홍집이가 총리대신, 내무대신엔 유길준이가 되어 일
본 세력에 의한 정권이 성립된 때였다. 그때, 일본 공사는 고무라(小村壽太郎)
인데, 고무라는 미국 하아버드대학 졸업생으로 영어에 능통하였다. 당시,
김홍집 내각이라는 것이 결국 고무라의 손안에서 놀아나는 것이었다. 고무
라는 나와 면회하고 조선은 미국과 사상이 다르고 민도가 뒤떨어진 나라이
니 미국 사상인 민권주의사상, 즉 데모크라시를 전파해서는 안 된다고 주의

비슷한 말을 하였다. 그리고 김홍집과 유길준은 나에게 외무대신이 되어달라고 요청하였다.[9] 나는 고무라의 말을 재미롭지 않게 생각하였을뿐더러 또 정계에는 아무러한 야심이 없고 환국한 주요 목적이 인민을 가르치고 인민을 지도 계발하려는데 있었던 까닭으로 그 요청을 굳게 거절하였다. 그리고 나는 미국의 한 시민으로서 고문이 되기로 하였다.[10]

1. 「조선에서 가장 시급한 것」

서재필이 관직을 사양한 이유는 조선의 나라 상태가 정부 주도로 개혁을 할 수 있는 단계를 이미 지났다고 생각했기 때문이다. 갑신정변을 일으켜 위로부터의 급진개혁을 시도하였으나 실패했던 그는 조선의 「수백년 된 체제를 개혁」하는 방법은 오직 교육뿐임을 뼈저리게 느낀다. 서재필은 귀국한지 2달만인 1896년 3월 「조선에서 가장 시급한 것(What Korea Needs Most)」이라는 장문의 영문 글을 통해 자신이 품고 있는 조선 개혁 방안을 밝힌다.

그는 12년만에 찾은 고국의 상황이 자신이 망명길에 올랐을 때 보다 오히려 더 피폐해져 있음을 통탄하면서 글을 시작한다.

난 12년만에 내가 태어나서 자란 나라로 돌아왔다. 그 사이에 나라나 국민들의 삶 전반에 걸쳐 무언가 개선된 것이 있을 것이라는 기대를 가득 품고. 그러나 조선을 알아갈수록 나의 실망감은 매일 더 커지고 있다. 사실 나라의 상태는 내가 12년전 떠날 때보다 더 나쁘다. 내 가슴을 찢어지게 하는 것

『코리안리퍼지토리』

은 우선 인민들의 상황이다.[11]

더욱 절망스러운 것은 조선의 백성들이 자신들의 삶을 개선하기 위해서 무엇을 해야 할지 모르고 자신들이 갖고 있는 권리가 무엇인지조차 모른다는 사실이었다.

그들은 완벽하게 무기력하며 생계유지를 위해서 무엇을 해야 좋을지 아무런 계획도 없다. 조선 사람들은 독립 문명국의 시민들의 권리와 특권들이 무엇인지 알지 못한다. 이들은 수백 년 동안 이 은자의 왕국에 내버려졌고 그들은 자신들의 삶에 만족하고 있었다. 외국과의 교류가 시작된 초기부터 역사상 어려운 시기를 여러 번 지나야 했고 앞으로 또 얼마나 많은 문제와 고통을 받게 될지 알 수 없다.[12]

갑오경장을 추진중인 정부는 개혁을 시도하는 모습을 보이지만 정책은 조변석개하고 백성들은 그 내용이 무엇인지도 모른다.

최근에는 정부가 각 부처를 개혁하기 시작했다. 그리고 단번에 수백 년 된 법과 관습들이 법전에서 지워졌다. 새로운 규범과 법규들은 아직 익숙하지 않고 대부분 인민들은 그 내용을 알지도 못한다. 정치적 지평선에는 검은 먹구름이 드리워 있고 정부의 정책은 번개처럼 변하고 있다.[13]

정부가 추진하는 개혁이 무엇을 목표로 하는지도 모른 채 절망하고 있는 백성들이 마지막 수단으로 동원할 수 있는 것은 소요와 폭동, 민란뿐이다.

인민들은 아직까지도 새 개혁의 과실을 따 먹을 수 없고 오직 소요와 폭동 등으로 인하여 생업을 빼앗기고 많은 경우에는 목숨마저 잃었다.[14]

인민들이 정부를 믿지 못하는 것은 당연한 일이다. 문제는 인민들의 동참 없이는 번영하는 나라를 건설할 수 없다는 사실이다.

그렇다면 마음속에 불신과 의심으로 가득 차 있다는 것이 놀라울 것이 있는

가? 역사는 인민들의 협력 없이는 이 세상의 그 어떤 나라도 번영할 수 없다는 것을 가르쳐준다.[15]

이러한 상황을 극복할 수 있는 방법은 무엇인가? 서재필은 정치는 아니라고 한다.

이 글에서 나는 정치를 논하고자 하는 것이 아니라 이 심각한 상황을 어떻게 타개할 수 있는지에 대한 나의 생각을 밝히고자 한다.[16]

서재필은 번영하는 나라의 첫번째 조건은 정부가 인민들이 어떻게 살고 있는지 알아야 되고 인민들은 정부 정책이 무엇인지를 아는 것이라고 한다.

정부는 인민의 상황을 알아야 하고 인민은 정부의 목표가 무엇인지 알아야 한다. 정부와 인민들이 서로를 이해할 수 있게 할 수 있는 유일한 방법은 양측을 모두 교육하는 것이다.[17]

따라서 조선이 가장 필요로 하는 것은 인재와 이들을 양성할 수 있는 교육체제다.

조선이 오늘날 필요한 것은 인재, 아주 많은 수의 인재다. 조선은 정부 각 부처에 나라를 다스리는 방법을 이해할 뿐만 아니라 목동이 흩어진 양떼를 몰듯이 다른 사람들을 가르치고 올바른 길로 인도할 줄 아는 사람들이 필요하다. 조선 사람들은 어떤 과학이나 기술을 배울 능력이 있고 그들은 선천적으로 합리적인 사고방식을 갖고 있다. 제대로 가르친다면 그들은 출중한 통치자가 되고 선생이 될 것이다. 나는 현재의 상황이 아무리 절망적이라도 조선이 궁극적으로 동양에서 열강이 될 것임을 믿어 의심치 않는다. 인민들을 진심으로 가르치고 사랑하는 인물들이 필요할 뿐이다.[18]

조선의 과제는 수백 년 된 체제를 급격히, 가장 기본적인 것부터 개혁하는 것이다. 그러나 급진개혁은 인민들을 불안하게 만든다. 교육을 통해 인민들에게 교육의 필요성을 설득해야 하는 이유다.

수백 년 된 체제를 개혁하기 위해서는 개혁가들이 고치는 것뿐만 아니라 개혁의 과정을 이해해야 하지만 일단 개혁이 시작되면 한시바삐 고치기 시작해야 한다. 조선은 현재 모든 것이 혼돈의 극치이기에 아직 가장 기초적인 개혁이 필요한 때다. 이러한 상황에서는 치자들이든 인민들이든 모두 여러 가지 불편과 피로를 경험할 수밖에 없고 인민들의 경우에는 당연히 치자들에 대한 불신과 의심이 팽배할 수밖에 없다. 인민들을 교육시키지 않는 한 그들은 정부의 선한 의도를 이해하지 못할 것이고 정부 관료들은 좋은 법들을 만들 수 없을 것이다. 법을 만드는 자들은 법의 기본적인 원리를 알아야 좋은 법을 만들 수 있고 인민들은 이 법들이 왜 필요한지를 이해하고 그 선한 효력들을 받아들여야 할 것이다. 그렇게 된다면 인민들은 법이 공표되는 즉시 따를 것이다.[19]

개혁이 시급한 상황에서 교육을 운운하는 것이 우습다고 하는 자들도 있겠지만 인민을 구제하는 방법 중「가장 효과적이고 영구적인 방법」
은 교육임을 확신한다.

혹자는 나의 생각들, 즉 나라의 상황은 즉각적인 해결책이 필요할 만큼 다
급한데 점진적인 교육을 통해서 그것들을 해결하겠다는 것이 우스꽝스럽
다고 할 수 있다. 그러나 내가 가늠해보기로는 조선인민을 구제하는 작업은
아직 시작하지도 않았다. 구제의 방법은 여럿이 있을 수 있다. 그러나 교육
은 그 중 가장 효과적이고 영구적인 방법이다. 정부는 때에 따라 바뀔 수 있
고 나라의 정치적 성격도 상황에 따라 바뀔 수 있겠지만 인민들은 늘 그 자
리에 있을 것이다.[20]

지금 조선의 상황이 절망적으로 보여도 나라 전체가 교육의 중요성을
깨닫고 젊은이들을 교육하기 시작하면「우리가 노력의 과실을 생각보
다 훨씬 일찍 볼 수 있을 것이라는 사실을 믿는다」고 한다.

배고픈 사람이 가만히 앉아서 자신들의 처지만 비관하고 있으면 절대 부자
가 될 수 없다. 그 대신 그는 기름진 땅에 어떻게 씨를 뿌리고 그래서 언젠가
는 자신의 노동의 과실을 추수할 수 있어야 한다. 조선의 청년들을 교육하
는 것은 바로 씨를 뿌리는 작업이다. 조선은 지금은 무기력하고 희망이 없
어 보이지만 이 나라의 모든 사람들은 교육의 중요성을 깨닫고 오늘부터 젊
은이들을 교육하기 시작해야 한다. 나는 우리가 노력의 과실을 생각보다 훨
씬 일찍 볼 수 있을 것이라는 사실을 믿는다.[21]

서재필은 조선이 근대사상을 흡수하는 것 못지 않게 기독교 문명을 습득하는 것이 중요하다고 한다.

이 젊은 세대가 새로운 사상들을 흡수하고 기독교 문명을 습득한다면 조선에 어떤 복이 내릴지 알 수 없고 이 나라 백성들의 고달픈 삶에 어떤 꽃망울들이 맺히기 시작할 지 아무도 알 수 없다.[22]

마지막으로 정부가 「각종 학교들, 특히 기술을 훈련하는 학교들」을 설립하는데 많은 예산을 써 줄 것을 종용하면서 글을 마친다.

조선을 사랑하는 모든 사람들은 정부가 각종 학교들, 특히 기술을 훈련 (manual training)하는 학교들을 설립하는데 모든 역량과 노력을 기울여 줄 것을 간절히 바라고 있다. 산업, 농업, 의학교들을 서울뿐만 아니라 나라의 각 군에 설립하여 인민들로 하여금 자식들을 보내도록 해야 한다. 이 어린이들과 젊은이들이 학교에서 졸업하면 정부는 그들 개개인의 능력에 따라 고용해야 한다. 그렇게 된다면 얼마 가지 않아 인민들이 아이들을 학교에 보내서 교육시키는 것이 얼마나 이로운지 알게 될 것이고 교육받은 젊은이들은 지도자들을 도와 국가의 중요한 각종 사안들을 개혁하고 재 조직하는 작업을 도울 수 있을 것이다. 뿐만 아니라 이들이 자신들이 교육을 통해 얻은 지식으로 생계를 꾸려 나갈 수 있게 된다면 정부의 노력에 고마움을 느낄 것이고 평상시에나 전쟁시에나 정부와 협력할 것이다. 나는 개인적으로 정부 예산의 보다 많은 부분이 다른 어떤 부문보다 교육에 배정되기를 바랄 뿐만 아니라 인류를 사랑하는 모든 이들이 가난하고 억압받는 조선 사람들의 교

육을 위해 노력해 주기를 바란다.[23]

2. 유길준과 『독립신문』

서재필과 윤치호는 일본과 미국에서의 오랜 생활을 통해 신문의 힘을 실감한다. 이들은 이미 1880년대 초 일본 유학 시절 후쿠자와 유키치(福澤諭吉, 1835.1.10.–1901.2.3.)로부터 신문의 중요성을 배운다. 후쿠자와는 「문명론이란 사람의 정신 발달의 의논이다. 그 취지는 한 사람의 정신 발달을 논하는 것은 아니고 천하대중을 일체로 모아서, 그 일체의 발달을 논하는 것이다」면서 「천하대중 일체의 발달」을 위해서 가장 효과적인 것이 「신문」이라고 한다. [『한국 사람 만들기 II』, p. 702 참조]

1882년 『지지신보(時事新報, 시사신보)』를 창간한 후쿠자와는 김옥균, 박영효, 유길준, 서재필, 윤치호 등 친일개화파에게도 신문의 중요성을 설파하고 조선에서 신문을 창간할 것을 적극 권장한다. 1882년 9월 임오군란으로 희생된 일본인들에 대한 「사과 사절단」의 특명전권대사 겸 수신사로 일본을 방문한 박영효는 귀국시 후쿠자와의 도움으로 구입한 신문 인쇄기와 함께 후쿠자와의 제자 우시바 등 일본인 신문 편집 전문가와 기술자를 3명씩 대동한다. [『한국 사람 만들기 II』, p. 702 참조]

귀국 후 조선의 첫 신문 창간 준비를 맡은 것은 유길준이었다. 유길준은 게이오 의숙(慶應義塾, 경응의숙) 유학시절 후쿠자와가 쓴 「문자의 교」라는 글을 「한언(漢諺) 혼용」 즉, 한문과 한글 혼용으로 번역한다. 자신의 모든 저술과 『지지신보』에 한문과 일본의 언문인 「히라가나(ひらがな)」

를 혼용한 후쿠자와가 조선에서도 개화사상을 퍼뜨리기 위해서는 모든 책과 글을 한문과 언문 혼용으로 출판할 것을 권하였기 때문이다. 실제로 후쿠자와는 유길준에게 조선의 첫 신문도 한언혼용으로 발행할 것을 권한다.

> 선생님께서 이전부터 조선인의 교육상 그 문장을 평이하게 하기 위하여 그 나라의 언문, 즉 가나(仮名) 문자를 한자와 혼합 사용하는 일에 착안하시고 유길준이 미타(三田)에 있는 선생님의 댁에 임시로 거처하고 있었을 때 유길준에게 명하여 「문자의 교」의 문장을 한언 혼용, 즉 언문이 섞인 문장으로 번역시키고 문장은 이렇게 하지 않으면 안 된다고 말씀하셨다.[24]

그러나 민씨척족의 방해로 결국 조선 최초의 신문인 『한성순보(漢城旬報)』는 민영목(閔泳穆, 1826-1884.12.), 김만식(金晚植, 1834-1900) 등에 의해서 순 한문으로 발간된다. [조선 최초의 신문 출판과 후쿠자와, 유길준의 역할에 대해서는 『한국 사람 만들기 II』, pp. 702-703 참조]

그 후 갑신정변의 실패로 서재필과 윤치호는 10년에 걸친 해외 망명길에 올랐고 정변 당시 미국 유학중이던 유길준은 정변 소식을 듣고는 유학을 중단하고 유럽 각국을 순방한 후 1885년 12월 귀국하여 가택연금에 처해진다. 그는 7년 간의 가택연금 기간 동안 『서유견문』을 집필한다. 갑오경장이 시작되면서 친일개화파가 다시 정권을 잡자 유길준은 1895년 내부대신에 임명된다. 『서유견문』은 이때 출간된다.

서재필이 귀국하여 신문 발행에 착수한 것이 바로 이때다. 유길준은 서재필을 적극 지원한다. 유길준은 서재필을 중추원에 임명하여 「정부

공보 업무」를 맡긴다.[25] 중추원은 비록 실권은 없었으나 다른 관직을 거절하는 서재필에게 정부 자금을 제공할 수 있는 명분을 제공하였다. 유길준은 신문 발행을 위해 5,000원을 지원할 것을 약속한다. 서재필은 당시를 다음과 같이 회고한다.

나는 우리나라의 독립을 오직 교육, 특히 민중을 계발함에 달렸다는 것을 확신하였기 때문에 우선 신문 발간을 계획하고 당시 내무부대신인 유길준에게 그 사정을 설파하였더니, 자기 개인의 힘으로는 할 수 없으나 국고에서 5천원을 지출하겠다는 승인서를 받았다. 이것을 토대 삼아 우선 인쇄기를 일본 오오사까에서 구입하기로 하고, 장소는 정동 미국 공사관 뒤에 마침 정부 소유의 빈집이 있으므로 그곳을 사용키로 하였다.[26]

유길준을 통한 정부의 지원이 확정되자 서재필은 1월 28일 윤치호를 만나 신문 발간 사업에 동참해 줄 것을 요청한다. 윤치호는 일기에 다음과 같이 쓴다.

「정부 공보 업무」를 맡기 위해 높디높은 중추원에 임명된 제이슨 박사를 만났다. 그는 영문과 언문을 병용한 신문을 창간해 운영하는 일에 동참해 주기를 요청했다. 기관차를 운전하는 것만큼이나 신문을 운영하는 일에는 별로 아는 것이 없다고 얘기하자, 박사는 자신이 신문사 운영을 모두 잘 해 낼 수 있다고 자신 있게 말하면서 번역부를 맡아 달라고 했다. 그는 3월 1일부터 발간할 예정이다. 그는 신문 하나를 좀 더 일찍 시작하지 못한 것에 대해 우리가 어리석었다고 생각하고 있다.[27]

유길준

박정양

　서재필이 유길준의 지원으로 신문 창간을 준비한다는 소식이 전해지면서 조선에 거주하는 일본인들이 거세게 반발한다. 이에 서재필은 신문 발간을 포기할 생각도 한다. 1월 31일 윤치호 일기다.

　오후 4시에 제이슨 박사의 요청으로 그를 방문했다. 신문 발간 계획을 포기해야 할 것이라고 얘기해 나를 놀라게 했다! 그는 이렇게 말했다. 「일본인들이 이를 묵과하지 않으려 합니다. 그들은 두 개의 신문을 운영할 만큼 조선이 발전되지 못했고 그들의 「신문」이 계속되어야 하기 때문에 경쟁이 되는 신문을 발간하려는 어떠한 시도도 단호히 배격할 것이라고 말합니다. 그들은 일본의 호의에 반하는 일을 하는 사람은 누구라도 살해해 버리겠다고 은근히 협박합니다. 그들은 나를 독약처럼 미워합니다.... 나는 이곳에서 고독합니다. 미국정부가 나를 지지하지 않으려 합니다. 조선 정부와 조선인이 나를 일본인 자객들로부터 보호해 줄 수도 없고 보호하려 하지도 않습니다. 아무런 호위병도 없이 외롭습니다. 나는 아무 일도 할 수가 없습니다!」[28]

그러나 2주 후 아관파천으로 친일개화파 내각이 붕괴하고 일본의 영향력이 일시 증발하면서 신문출판은 다시 힘을 받는다. 비록 유길준은 실각하고 일본으로 또 다시 망명길에 오르지만 유길준의 후임으로 내부대신에 임명된 박정양은 『독립신문』 발행을 진행시킨다. 새 정부는 신문사 창립비로 3,000원, 서재필의 관사 매입비로 1,400원 등 총 4,400원을 지급하고 정동의 정부 소유 건물을 독립신문사 사옥으로 사용하도록 내준다.[29] 서재필은 사장 겸 주필을 맡고 회계 겸 교보원에는 주상호(주시경, 周時經, 1876.12.22.-1914.7.27.)를 임명한다. 기자는 관청 출입기자 1명, 그리고 시정 출입기자로 손승용(孫承鏞, 1855-1928)을 채용한다.[30]

3. 『독립신문』의 창간

『독립신문』은 1896년 4월 7일 창간호를 낸다. 영문 창간호는 『독립신문』이 「조선인의 이익을 위한 신문(a periodical in the interest of the Korean people)」임을 선포한다.

조선사람들을 위한 조선(Korea for Koreans), 깨끗한 정치, 외국과의 교린 강화, 조선의 자본을 이용하여 점진적이지만 안정적으로 조선의 자원들을 개발, 가능한 한 외국의 지도 하에, 교과서들을 빠르게 조선어로 번역함으

로써 청년들이 역사, 과학, 예
술, 종교의 위대한 성취들을 외
국어를 배우지 않고도 배울 수
있도록, 폐하의 만수무강을 위
하여.[31]

창간호는 국문과 영문 합본이
었다. 총 4면 중 3면이 국문판이
었고 나머지 1면이 영문판이었
다. 첫해에는 주 3회(화, 목, 토) 발
행하였고 1897년부터는 국문

「독립신문」 창간호

판과 영문판을 분리하여 각각 4면씩 발행한다. 국문판은 1898년 7월 1
일부터는 주 6회(일요일 제외) 발행하는 일간지로 바뀐다. 영문판은 계속해
서 주 3회 발행한다.[32]

신문은 4페이지나 되는 상당히 큰 것으로 인쇄 직공은 여덟 사람을 사용하
여 1주일에 세 번씩 화, 목, 토의 순으로 발행하였는데, 기자는 손주사(孫主
事) 외에 한 사람이었고, 손주사의 보수는 매삭 15원이었다. 매삭 150원 내
지 180원의 손해를 보았으나 그것은 전부 내 자신의 부담이었다. 손 기자의
임무는 시내 각 상점과 시장을 돌아다니며 그날그날의 물가 시세를 조사하
여 신문에 게재하는 것이었고, 그 외 한 기자는 소위 관청 출입기자였는데
서임 사령(敍任辭令)이며, 기타 관청의 모든 행사를 적어오는 것이었다. 신문
에는 논설, 광고, 물가시세, 관보, 외국 통신, 잡보 등이었는데, 물가 시세와

관보는 두 사람의 기자가 재료를 구해 왔고, 그 외에 논설이며 모든 것은 내가 혼자 원고를 썼으므로 잠시라도 쉴 틈이 없었던 것이다.[33]

영문판을 발행한 이유는 다음과 같다.

영자신문을 발행한 이유는 우리 조선 사정을 널리 세계 각국에 소개하여, 우리 조선 사람은 이러한 문자로 이러한 신문을 발행하는 문명인이라는 것을 세계에 인식시키기 위함이었다. 그런데, 그 영자신문은 의외로 구독자가 늘어 미, 영, 노, 중국 등에 상당한 부수가 발송되었으니, 이것은 당시 그들이 우리나라 일에 관심을 많이 가지고 그 내용을 알아보기 위해서였던 것이다.[34]

『독립신문』, 1896년 4월 9일 제2호에는 다음과 같은 광고가 실린다.

『독립신문』 이 본국과 외국 사정을 자세히 기록할 터이요 정부 속과 민간 소문을 다 보고 할 터이라 정치상 일과 농사 장사 의술상 일을 얼마큼씩 이 신문상 매일 기록함 값은 일년에 일원 삼십 전 한 달에 십이 전 한 장에 동전 한 푼 『독립신문』 분국이 제물포 원산 부산 파주 송도 평양 수원 강화 등지에 있더라 신문을 달로 정하든지 일년 간으로 정하여 사 보고 싶은 이는 정동 『독립신문』 사로 와서 돈을 미리 내고 성명과 집이 어디라고 적어 놓고 가면 하루 걸러 신문을 보내줄 터이니 신문 보고 싶은 이는 속히 성명을 보내기 바람 물론 누구든지 물어 볼 말이 있든지 세상 사람에게 하고 싶은 말 있으면 이 신문사로 간단하게 귀절 떼여서 편지하면 대답할 만한 말이든지

신문에 낼만한 말이면 대답할 터이요 내기도 할 터이오 한문으로 한 편지는
당초에 상관 아니함 경향 간에 물론 누구든지 길거리에서 장사하는 이 이 신
문을 가져다가 놓고 팔고자 하거든 여기 와서 신문을 가져다가 팔면 열 장에
여덟 장만 셈하고 백장에 여든 장만 셈[35]

『독립신문』에 대한 대중의 반응은 뜨거웠다. 4월 9일 발간된 제2호
국문판 「잡보」란에는 다음 기사가 실린다.

길에서 신문지들을 보고 상하 노소 귀천 없이 다 말하기를 이 신문지에 한
말이 지극히 옳고 또 볼 만한 말이 많다고 하는데 그 중에 유지각(有知覺) 한
이와 각 부 관원들이 하기를 신문사원을 보고 이 신문하는 것이 매우 기쁘
고 감사하다고 하더라.[36]

4월 9일자 영문판에는 다음 기사가 실린다.

자화자찬이란 소리를 들을 수도 있겠지만 *The Independent*가 언론계에
출현 한 이후 신문에 관련한 언급들을 여기에 옮기지 않을 수 없다. 외국
인들 중에는 「좋은 일」, 「조선이 꼭 필요한 것」, 「중대한 혁신」을 얘기하는
것을 들을 수 있다. 우리는 이러한 표현들이 첫 호의 형태나 내용에 대한
것이라기보다는 신문의 전반적인 취지에 대한 칭찬이라고 생각한다. *The
Independent*는 그 이름과 존재의 필요성을 증명할 수 할 수 있도록 시간
을 주어야 한다.[37]

조선 사람들이 얼마나 신문을 반겼는지는 첫 호가 매진된 속도를 보면 알수 있다. 물론 단순한 호기심에 산 사람들도 있을 수도 있다. 그러나 첫 호를보고 정기구독을 한 사람들의 숫자를 보면 우리가 발행부수를 2,000에서3,000으로 즉각 늘릴 수밖에 없다는 사실을 알 수 있을 것이다.[38]

4월 11월 제3호 『독립신문』에는 다음과 같은 기사도 실린다.

이 신문이 아직 시골을 못 갔으니 시골 사람들에 말은 못 들었으나 서울에있는 유지각한 사람들은 모두 와서 사다 보고 칭찬들 하며 어떤 사람들은자기 어머니 누희 아내 딸들 주겠다고 다섯 여섯 장식 한 번에 사가더라 이것을 보면 조선 사람들도 혹 자기 집에 있는 부인네들을 위하고 사랑하는마음이 있는 것 같더라[39]

같은 날 최돈성이라는 독자가 투고한 글도 실린다.

대조선국건양원년 천지간에사람되어 자주독립기뻐하세
진충보국제일이니
임금께 충성하고 인민들을 사랑하고 정부를 보호하세
나라 기틀 높이 달세 나라 도울 생각으로
부녀 경대 자식교육 시종여일 동심하세
사람마다 할 것이라 집을 각기 흥하려면
우리나라 보전하기 나라 먼저 보전하세
자나 깨나 생각하세 나라 위해 죽는 죽음

국태평가안락은 영광 이제 원한 없네

사농공상 힘을 쓰세 우리나라 흥하기를 문명지화 열린 세상

비나이다 하나님께 말과 일과 같게 하세

아무것도 모른 사람 감히 일언하옵내[40]

「소중화」에 대한 자긍심 대신 「애국심」이란 새로운 개념이 확산되기
시작한다.

1896년 4월호 『코리안리퍼지토리』는 『독립신문』의 발행을 환영하
는 기사를 싣는다.

이 신문은 오늘, 4월 7일, 수도에 등장했다. 「조선의 상업, 정치, 문학, 역
사, 그리고 예술」에 관한 신문이다. 조선에서 태어났지만 현재는 미국 시민
인 필립 제이손 박사가 편집자다. 신문의 주 독자층은 조선 사람들이다. 언
문과 영어 두 언어로 출간된다. 첫 두 장은 조선과 관련된 내용들이고 세번
째는 광고들, 그리고 네번째 장은 「영어를 할 줄 아는 조선 사람들이 영어
실력을 향상시키는 동기를 부여하기 위해서」, 그리고 「조선에서 현재 일어
나고 있는 일들에 대해 정확한 정보를 얻을 수 있는 다른 수단이 없는 사람
들을 위한」 영문판이다.
...
우리는 『독립신문』이 이와 같은 노선을 따른다면 조선사람들을 위해 더
할 나위 없이 값진 것이 될 것이며 이미 열렬한 환영을 받고 있다.
편집자는 우리가 보기에는 슬기롭게도 중국 글자를 버리고 언문만을 사

용한다. 우리는 내각의 대신 중 한 명이 자신은 이 신문을 읽을 수 없다고 불평한 것으로 전해지지만 우리는 감히 말하건대 이 신문을 읽지 못하는 대신과 사대부 한 명당 읽을 수 있는 서민(plebian)이 수백명 있을 것이며 우리는 그들에게서 진보의 희망을 찾아야 한다. 우리는 『독립신문』을 환영하며 대성을 기원한다.[41]

사대부 계층의 반발은 거셌다. 1896년 7월 9일 진사(進士) 정성우(鄭惺愚)는 갑신정변을 일으킨 후 「그물에서 새어나간 역당」 서재필이 외국으로 도망쳤다가 갑오경장과 을미사변을 일으켰다며 그를 처벌할 것과 『독립신문』을 폐간시킬 것을 상주하는 상소를 올린다.

아! 애통합니다. 갑신년(1884) 10월에 그물에서 새어나간 역당(逆黨)이 바다 건너 외국에 종적을 감추었다가 갑오년(1894) 6월의 변란을 만들어 냈으며 갑오년 6월의 역적들은 을미년(1895) 8월의 큰 반역 음모를 빚어냈습니다. 이것으로 본다면 전후한 반역 음모를 다 소탕하지 못하면 반드시 국가의 화근(禍根)이 되는 것이니 어찌 피를 뿌리며 통분해하고 안타까워하지 않겠습니까?

흉악한 무리 서재필(徐載弼)은 만고에 용서받을 수 없는 죄를 지었는데 제멋대로 본국으로 돌아와서 어찌 감히 밝은 해를 이고 살면서 국병(國柄)을 희롱한단 말입니까? 또 더구나 폐하의 앞에서 스스로 외국의 신하라고 하였는데 그가 만일 외국의 신하라면 어째서 조선의 국사(國事)에 관계합니까? 그의 이른바 『독립신문(獨立新聞)』이라는 것은 비방하는 데 지나지 않는 것으로서 의리를 전혀 무시하고 있으니 이것은 나라를 위한 것이 아니고 백성들을 위한 것도 아닙니다. 단지 선왕의 법제를 고치고 순전히 본국을 경복(傾覆)하려는 것이니 이와 같은 흉역(凶逆)을 어떻게 하늘땅 사이에 용납할 수 있겠습니까?

...

흉도(凶徒) 서재필은 더욱 그대로 둘 수 없는 자입니다. 이제 만약 인순(因循)하여 내버려두면 다른 날 갑신년과 같은 짓을 다시 하지 않으리라고 어찌 알겠습니까? 사전(赦典)을 환수하고 빨리 방형(邦刑)을 바로잡아야 할 것입니다. 갑오년의 간당에 대해서도 방형을 적용해야 할 것입니다.[42]

4. 근대사상의 전파

『독립신문』은 조선 사람들이 처음 접해보는 근대 문명의 사상과 제도, 이론과 체제, 개념과 사고방식, 가치관을 직설적으로 설파한다.

1) 여성의 권리

『독립신문』은 4월 21일자 제7호 신문에서 남녀차별 관습의 야만성을 고발한다. 신문은 조선 여성이 차별당하고 억압당하고 업신여김을 당하는 것이 「문명 개화 못 되어」 「야만」과 다름없는 조선 남자들 때문이라고 적나라하게 비판한다.

세상에 불쌍한 인생은 조선 여편네니 우리가 오늘날 이 불쌍한 여편네들을 위하여 조선 인민에게 말하노라 여편네가 사나이 보다 조금도 나진이(낮은 사람) 아닌데 사나이들이 천대하는 것은 다름이 아니라 사나이들이 문명 개화가 못 되어 이치와 인정은 생각하지 않고 다만 자기의 팔심만 믿고 압제하려는 것이니 어찌 야만에서 다름이 있으리요. 사람이 야만과 다른 것은 정의와 예법과 의리를 알아 행신을 하는 것이어늘 조선 사나이가 여편네 대접하는 것을 보거드면 정도 없고 의도 없고 예도 없고 참 사랑하는 마음도 없이 대접하기를 사나이 보다 천한 사람으로 하고 무리하게 압제하는 풍속과 억지와 위엄으로 행하는 일이 많이 있으니 그 여편네들을 대하여 어찌 불쌍하고 분한 마음이 없사리요.[43]

「장부」는 자신보다 강한 사람에게 맞설 줄 알고 자신보다 약한 사람들을 보호할 줄 아는 남자에게 붙이는 호칭이다. 그러나 조선의 남성들은 자신들보다 약한 여성들을 업신여기고 억압한다.

장부라 하는 것은 강하고 교만한 사람을 업신여기고 약하고 곤한 인생을 높이고 위해 주는 법인데 여편네라는 것은 사나이 보다 약하니 장부의 도리에 약한 이를 존경하고 위하는 것이 높고 마땅한 일이라. 조선 여편네들이 약한 고로 자유한 권이 없어졌고 대접 받기를 옥에 갇힌 죄인 같이 하니 그 사나이들의 무리한 죄상을 생각하면 매우 천하고 괘씸하더라.[44]

조선의 남자들은 여성들 보다 성적으로 문란하다. 조선의 사회제도와 관습은 남자들이 첩을 두고 외도를 하는 것에 대해 관대하지만 여성의

「정결」에 대해서는 엄격하기 이를 데 없다.

> 조선 남녀의 행실을 비교하여 볼진대 여편네가 사나이 보다 백 배가 낳은
> 것이 첫째는 사나이 중에 음행하는 자가 더 많고 첩 둔 사람이 많이 있으되
> 여편네 중에는 음행하는 이도 적고 간부 둔 여편네도 적은 즉 어찌 사나이
> 보다 높고 정결하지 안 하리요 무리한 사나이들이 풍속 만들기를 저희는 음
> 행하며 장가든 후 첩을 두어도 부끄러움이 없고 자기 아내는 음행이 있든
> 지 간부가 있으면 대변으로 아니 그런 고르지 못한 일이 어찌 있으리요.[45]

그럼에도 불구하고 조선의 남성들은 여성들의 「음행」을 끊임없이 의
심하면서 이들을 억압하고 걸핏하면 내친다.

> 자기 행실이 옳고 정결한 후 자기 아내가 행실이 그르면 그 때는 그 아내를
> 쫓는다든지 법률로 다스리는 것은 마땅하거니와 자기 행실이 그른 즉 자기
> 아내 책망하는 권력이 없는지라. 조선 사나이 중에 음행을 하든지 첩을 두
> 는 자는 음행 있는 여편네 다스리는 법률로 다스리는 것이 마땅하니라. 조선
> 천한 사나이 생각에 자기 아내가 못 미더워 문밖에 임의로 나가지 못하게 하
> 고 내외하는 풍속을 마련하여 죄인 같이 집에 가두어 두고 부리기를 종 같이
> 하고 천대하기를 자기 보다 나진 사람으로 여기니 어찌 분치 아니하리요.[46]

부인과 사별한 남자가 「후취」하는 것은 당연하지만 남편이 죽은 후 부
인이 재가하는 것은 수치스러운 일로 간주하는 이중 잣대도 만연한다.

아내가 죽으면 후취 하는 것은 저희들이 옳은 법으로 작정하였고 서방이 죽으면 개가하여 가는 것은 천히 여기니 그것은 무슨 의린지 모를러라 가난한 여편네가 소년에 과부가 되면 개가하여도 무방하고 사나이도 소년에 상처하면 후취 하는 것이 마땅 하니라[47]

조선의 여성들이 남성들과 같은 권리를 누리고 「어리석고 무리한 사나이들을 교육」하기 위해서는 「학문」밖에 없음을 강조한다.

조선 부인네들도 차차 학문이 높아지고 지식이 널러지면 부인의 권리가 사나이 권리와 같은 줄을 알고 무리한 사나이들을 제어하는 방법을 알리라. 그렇기에 우리는 부인네들께 권하노니 아무쪼록 학문을 높이 배워 사나이들 보다 행실도 더 높고 지식도 더 넓혀 부인의 권리를 찾고 어리석고 무리한 사나이들을 교육하기를 바라노라[48]

2) 백성의 권리

『독립신문』은 사회계약론을 펼친다. 「백성의 생애 권리」, 즉 생존권은 천부적으로, 또는 자연으로부터 받은 권리로서 국가에 우선한다고 주장한다.

백성의 생애 권리는 정부도 압제를 못하거든....[49]

「나라 생긴 본의」 즉 정부가 존재하는 이유는 오직 백성들을 위해서라고 한다. 관리들이 존재하는 이유도 세금을 걷는 이유도 모두 백성들을 위해서라고 한다.

> 당초에 나라 생긴 본의는 여러 사람이 의논들 하여 전국에 있는 인민을 위하여 각색 일을 마련한 것이요 각색 관원도 백성을 위하여 만든 것이며 백성이 정부에 세 바치는 것도 백성들이 자기 일을 위하여 바치는 것이라[50]

나라가 백성들을 착취하고 억압할 수 없는 것은 백성들을 위하여 일을 하라고 만들었기 때문이다. 『독립신문』은 정부를 만든 이유가 백성들 간의 시비를 가리기 위해서라고 한다. 따라서 정부의 역할은 백성의 생명과 재산을 보호하는 것이다. 백성은 나라의 근본이고 관리들은 백성들의 고용인이다.

> 상고적을 생각하여 보건대 먼저 백성이 있은 연후에 나라가 되고 나라가 있은 후에 정부를 설시 한지라 여러 사람들이 한 지방에 모여 살진 대 자연히 그 중에 시비가 항상 일어나는 고로 그 시비를 판단하고자 하여 학문도 있고 지혜 있는 몇 사람을 택출하여 두고 관장을 삼아 만일 백성 중에 시비가 있거든 그 택정한 사람에게 가서 시비와 곡직을 판결하여 상벌이 분명하게 하는 것이라 그런 즉 관원들은 법률을 공정히 하여 백성의 생명과 재산을 보호 하며 정사에 골몰 하여 다른 생애는 주선 할 여가가 없는 고로 백성들이 돈을 모아 국고에 저축 하고 관원들의 봉급을 마련하여 줌이라 그렇고 본 즉 백성들은 나라의 근본이오 관원들은 백성들의 고용과 같거늘 만일 관장이

백성을 엄숙히 여기며 재물을 토색 할진대 어찌 근본을 저버림이 아니리오 관원들의 직무는 아무쪼록 여러 백성으로 하여금 시비 없이 살게 하며 이롭고 편하게 하며 만일 도적이 그 백성을 침노 할진대 자기의 몸이 죽어도 돌아 보지 아니 하고 백성을 구호 하는 것이 당연한 의무라.[51]

문제는 조선의 백성들이 자신들의 권리가 무엇인지조차 모르고 있다는 사실이다.

조선 사람들은 독립 문명국의 시민들의 권리와 특권들이 무엇인지 알지 못한다.[52]

조선의 백성들이 권리를 갖고 있다는 사실조차 알지 못하고 따라서 권리를 찾아올 생각도 못하는 것은 동양의 「전제정치」 때문이다. 정부가 시민들의 「권리와 특권」을 말살하고 모든 권리와 특권을 독점하고 있는 체제 하에 사는 백성들이 자신들의 권리를 모르는 것은 어찌 보면 당연한 일이다.

그러하나 삼천 년 이래로 전국 권리를 정부가 주장함으로 백성은 그런 권리 있는 줄로 모르던 터인데 지금 졸지에 백성이 어찌 권리를 찾는다 하리오 하물며 동양이 전제정치를 쓰는 고로 백성이 매양 고단 하고 정부는 강악 하여 나라 득실을 정부가 혼자 맡아 지내는 고로 그 나라 흥망이 매양 그 정부의 손에 있었음 즉 백성이 어찌 능히 권리를 아는 체 하였으리오....

백성들의 권리를 무시하는 전제정치는 나라를 피폐하게 만든다. 나라다운 나라는 백성의 권리를 존중해주는 나라다.

> 백성의 권리로 나라가 된다.[53]

부강한 나라는 백성과 정부가 서로의 역할과 의무를 정확히 이해하고 따를 때 만들어진다.

> 조선서도 정부와 인민이 정부 만든 본의와 백성의 직무를 자세히 알아 정부에서 정부 도리를 하고 백성은 백성의 직책을 하여 서로 사랑하고 서로 도와 일을 할 것 같으면 정부 관인들이 자기에게 당치 안 한 돈을 협잡하여 먹을 생각도 없을 터이요 백성들이 내여야 할 돈을 내기 싫어 할 이도 없는지라 나라가 이 지경이 되여야 비로소 세계에 내로라고 하지 지금 같이 서로 의심하고 서로 해하려 하며 내 몸 하나만 생각하고들 관민이 일을 하거드면 나라가 늘 약하고 소란 할지니 사람마다 자기의 직무를 생각하여 그 직무만 하고 남의 권리를 해롭게도 말고 내 권리를 남이 해롭지 못하게 할 것 같으면 자연히 일심이 되어 나라가 중흥이 될 듯하더라[54]

> 관민이 합심하여 정부와 백성의 권리가 상반(相伴: 서로 짝을 이룸)된 후에야 대한이 만억(万億)년 무강 할 줄로 나는 아노라.[55]

전제국가에서 나라나 국왕, 조정이 자진해서 백성들에게 권리를 제공해 주고 보호해 줄리 없다. 조선 백성들의 권리는 조선 백성들 스스로 되찾는 길 밖에 없다.

나라가 진보되어 가는지 안 가는지 첫째 보이는 것은 그 나라 사람들이 자기들의 백성된 권리를 찾으려고 하는 것이라.[56]

백성들이 자신들의 권리를 알고 되찾기 위해서는 교육에 힘쓰는 길밖에 없다. 역사와 법을 공부하여 정부와 탐관오리들이 잘못하는 것을 바로잡을 수 있다.

대한 전국에 폐맥을 궁구 하여 보건대 그 근원은 백성들이 어두운데 있고 어두운 것은 교육을 힘쓰지 않는데 있고 교육이 없음으로 자기의 권리를 잃고 권리가 없는 고로 관원의 학대를 받되 아무 말도 못 하는지라 지금 태서에 영(英) 법(法國, 프랑스) 같은 나라와 동양에 일본국을 볼지라도 백성이 먼저 열린 후에 정부의 폐맥을 고쳐 문명에 진보가 되었으니 대한 백성들도 하루 바삐 각국 사기와 본국 법률 책을 공부한 후에 정부 명령의 공정함도 알 것이오 탐관 오리의 불법함도 바로잡을지니 우리는 대한 전국 백성의 어두운 것을 기리 탄식 하노라.[57]

3) 정부 감시의 의무

백성들이 권리를 되찾기 위해서는 정부가 본분을 다하고 있는지, 백성들의 안위와 풍요로운 삶을 보장하는 법과 제도를 만들고 시행하며 외국과 통상을 제대로 함으로써 본연의 역할을 하고 있는지 늘 감시하고 비판해야 한다.

> 나라가 흥하고 망하는 것은 그 나라 백성들이 백성의 직무를 하고 아니 하는데 있는 것이라. 백성의 직무는 다른 것이 아니라 제일 정부가 애군 애민 하는 정부인지 아닌지 그것을 밝혀서 만일 정부에서 하는 일이 위로는 임금을 존경하고 아래로는 백성을 사랑하여 사람마다 생애가 있고 직업이 있어 안락하게 살도록 법률과 규칙을 만들며 그런 법률과 규칙을 만든대로 추호라도 어김없이 시행하는 것을 살펴야 하며 밖으로는 외국과 교제를 잘 하여 통상 제국들과 친밀하게 지내어 상당한 대접과 신의를 두텁게 하는 것이 애군 애민 하는 정부라.[58]

만일 정부가 백성들의 생애(생존), 직업(사유재산권), 안락(행복추구권)을 보장하지 못하면 이를 보장할 수 있는 새로운 정부를 세워야 한다고 주장한다.

> 만일 백성들이 알기에 정부가 애군 애민 하는 사업을 못 할 지경이면 그 소이연을 법률에 마땅하게 말하여 아무쪼록 애군 애민 하는 정부가 서도록 하는 것이 백성의 직무라.[59]

정부가 잘못을 저지를 때는 항의하는데 그치는 것이 아니라 정부를 끝까지 저지하는 것이 백성의 본분이다.

백성의 직무가 다만 앉아 정부를 시비하는데 끊치는 것이 아니라 만일 정부에서 나라에 해로운 일을 하거드면 기어히 그런 일을 못 하도록 하는 것이 백성의 직분이요.[60]

백성들이 정부 정책에 대해 시시비비를 가리는 것은 조선 고유의 유교 정치전통에 따르면 있을 수 없는 일이지만 문명개화한 선진국의 정치사상에 의하면 정부 정책을 끊임없이 비판하고 옳고 그름을 가리는 것이야말로 백성의 본분이다.

이 나라에서 근일에 민심이 그 전과 투철히 달라서 정부에서 하는 일을 시비도 하고 의논도 하니 이전 학문으로 보면 이것이 대단히 불가하나 개화한 문전으로 헤아리면 백성이 능히 정부 시비하는 것이 그 직분이요 또 도리라[61]

4) 자유와 법치

정부는 백성이 하늘로부터 부여받은 「생애」, 「직업」, 「안락」을 지켜주기 위해 존재한다. 정부가 자의적으로 통치를 해서는 안 되는 이유다. 반면 백성들은 정부가 「압제」할 수 없는 권리, 즉 「자유」를 갖는다. 그러나 자유란 「마음대로」 행동할 수 있는 권리가 아니다. 진정한 자유는 법의 틀 안에서 행사할 때 비로소 존재한다. 이를 논증하기 위하여 『독립신문』은 「최다수의 최대행복」이라는 공리주의(utilitarianism)의 원칙과 스피노자(Baruch Spinoza, 1632.11.24.-1675.2.21.), 아리스토텔레스(384 BCE-

322 BCE)를 인용하여 논리를 전개한다.

독립에 대해서 얘기하다 보면 과연 자유란 무엇인가하는 질문이 제기될 수 있다. 우선 자유란 각자가 자기 마음대로 행동할 수 있는 상태를 말하는 것이 아니다. 이는 무정부상태다. 사람들 간의 이해관계가 충돌함으로써 아무도 자신이 원하는 것, 또는 해야만 하는 것을 할 수 없게 된다. 자유가 자기 마음대로 하는 것이 아니면 과연 무슨 뜻인가?

자유는 좋은 것(good)이라고 누구나 인정한다. 그렇다면 그 결과물도 개인이나 사회를 위해서 좋아야 할 것이다. 따라서 우리는 자유를 다음과 같이 정의할 수 있다: 최다수의 최대 선(善)으로 가는 문이라고.

스피노자는 「나는 이성을 따르는 사람이 자유로운 사람이라고 생각한다」고 했고 아리스토텔레스는 「자유로운 인간은 남이 아닌 자신에게 속하는 사람」이라고 했다. 이는 다 일면 옳은 말들이지만 후자는 어떻게 보면 완전히 틀렸다. 사람은 각자 자신에게만 속하지 않는다. 그는 사회에 속하고, 그의 시대에 속하고, 그의 나라에 속한다. 자유에 대한 제대로 된 정의를 내리기 위해서는 의무와 본분의 문제를 제기하지 않으면 안 된다.

이 문제를 이렇게 생각하다 보면 인간은 가장 좋은 방법으로 가장 좋은 것을 하거나 할 수 있을 때 자유롭다는 결론에 도달한다. 어떤 사람이 이렇게 할 수 있는 것을 나라가 막는다면 이는 자유를 억압하는 것이다.

따라서 법은 (자유의) 매우 중요한 요소가 된다. 법이 완벽할수록 자유는 증대된다. 좋은 법은 각자가 자신의 능력껏 최고의 것을 할 수 있도록 길을 열어준다. 이것이 자유다.

사람은 자유롭게 날아다니거나 물속에 살 수 없다. 그렇게 만들어지지 않았기 때문이다. 사람이 자신이 할 수 있는 가장 좋은 것을 할 수 있도록 하는 법이 완벽한 법이며 그 법을 가장 완벽하게 따르는 사람이 가장 자유로운 사람이다.

「완벽한 법에 대한 완벽한 복종」이 진정한 자유라면 조선 사람들이 중국으로부터 독립하여 진정한 자유를 누리기 위해서는 청의 속방 지위에서 벗어나는 것뿐만 아니라 스스로 좋은 법을 만들어 따라야 한다.

조선 사람들은 중국의 속박으로부터 자유로워졌지만 자신들의 미신과 악습으로부터 자유롭지 않다. 조선은 좋은 법이 있을 때까지, 모든 시민이 가장 쉽게 자신의 생계를 유지할 수 있고 자신과 자식들을 교육시키고 자신과 가족에게 도덕적 훈련을 제공할 수 있는 그런 법이 생길 때까지 자유를 누리지 못할 것이다.

법은 사람이 잘못할 때까지 아무 말도 하지 않는다. 그렇기에 조선의 시민들이 법이 좋다는 것을 깨닫고 법이 열어주는 모든 길을 따라가기 전까지 조선은 자유롭지 않을 것이다.

물론 좋은 법을 만드는데 만 그쳐서는 안 된다. 좋은 법을 만들어서 제대로 운용하는 진정한 법치가 이루어져야 조선의 인민들이 자유를 누릴 수 있다.

마지막으로 지적하고 싶은 것은 다음과 같다. 자유가 있기 위해서는 법이 제대로 운용되어야 한다. 법이 아무리 좋고 법을 따르고자 하는 의지가 있

더라도 그 법이 제대로 운용되지 않는다면 아무 소용이 없다. 따라서 자유
에 대한 제대로 된 정의를 내리자면 자유란 완벽하게 운용되는 완벽한 법에
대한 완벽한 복종이다.

그렇다면 분명한 것은 이 세상에 완벽한 자유란 없고 다만 근사치만 있을
수 있다는 것이다. 조선에서도 좋은 법이 잘 운용되는 날이 하루빨리 오기를
기원한다. 그날이 오면 이 인민들도 자유를 누리게 될 것이다.[62]

5) 언론의 자유

『독립신문』은 언론의 자유가 왜 중요한지, 선진국에서 왜 독립언론을
만들고 정부를 비판하는 역할을 맡기는지 설명한다. 독립언론이 필요한
것은 자유와 법치를 지키기 위해서다. 언론의 자유가 없이는 정부가 백
성들을 탄압하는 것을 막을 방법이 없다.

언권 자유(言權自由)는 천생 권리라 하늘이 주신 권리를 어찌 진중히 보존하
지 아니 하리오 어느 정부든지 그 인민의 생명과 재산과 권리를 보호함이
가장 큰 직분이오 또 언권 자유 하는 권리를 없이 하면 공론이 없어지고 공
론이 없어지면 정부 관인들이 기탄이 없이 인민을 압제하여 국가가 위태 하
게 되는지라 그런 고로 동서양 사기를 보면 언론을 창개하여 여론을 채용
하는 나라는 성하고 입을 틀어막아 시비를 못 하게 하는 나라는 위태하기로
한문에 말 하되 백성의 입을 막기가 내물 막기 보다 어렵다 하고 서양 말에
말 길을 열면 난 길을 막는다 하였으니 언어 자유가 나라 다스리는 큰 강령

됨을 짐작 하겠도다.[63]

언론의 자유는 곧 국가를 흥하게 하는 길이다.

언권 자유를 백성에게 주는 것이 국가를 흥하는 근본인 것을 알겠도다.[64]

언론의 자유는 남을 비방하고 허황된 말을 퍼뜨림으로써 타인의 명예를 훼손하는 것이 결코 아니다.

자유라 하는 것은 우리 마음에 있는 욕심대로 하는 것이 아니오 욕심을 능히 어거 하여 좋은 일이면 나의 마음대로 하고 글은 일이면 하지 아니 하는 것이 실상 자유의 본의라 언권 자유가 있다 하고 신문에든지 연설에 방자한 말을 하거나 허랑한 말을 하거나 사혐을 인 하여 남의 권리와 명예를 손상하게 말 하거나 음담 패설로 풍속과 기강을 어지럽게 하는 것은 언권을 몹시 쓰는 것이요 자유를 지키는 것이 아니라.[65]

6) 재산권

정부가 존재하는 이유는 백성들의 재산을 지키기 위해서다. 영국에서는 이미 5백년전(『독립신문』이 간행되던 19세기말 시점에서 볼때) 「마그나카르타 (1215년)」를 통하여 국왕이 백성들의 동의 없이는 세금을 걷지 못하게 되었다. 미국이 영국으로부터 독립하게 된 것도 영국 정부가 미국 식민지

정착민들의 동의 없이 차(茶) 세금을 걷으려 하였기 때문이다. 『독립신문』은 의회의 동의 없이는 세금을 걷을 수 없으며 정해진 법에 따라 국가가 걷는 세금 외 일체의 세금은 거둘 수 없다고 한다.

재산 보호하는 것이 정부의 큰 직책이라. 일 푼 일 호라도 백성의 재물을 법외로 세를 받으면 백성의 막중한 권리를 침범하는 고로 오백 년 전에 영국 백성들이 그 때 영국 왕에게 몇 가지 약조를 받을 때에 세를 마구 못 받기로 작정 하고 백 여 년 전에 영국이 미국 백성의 허락 없이 차 세를 받으려 하다가 미국 사람이 분발 하여 영국을 떼어 버리고 독립 하였으니 세 받는 일이 지극히 중대 하여 국회가 있는 나라에는 상하 의원에서 작정 하고 군주 전치 하는 나라에서는 정부에서 작정하여 일정한 법으로 몇 가지 세를 받되 어느 한 마을이나 어느 한 대신이나 어느 한 회사에서 감히 세를 작정 하거나 받지 못 하나니.[66]

선진국에서는 법치가 이루어지면서 정부가 백성의 생명과 재산, 어려움을 일일이 살핀다. 뿐만 아니라 백성들의 재산을 일일이 파악하고 있어 선거 때에 누가 투표권을 갖는지 알 수 있다.

세계에 개명한 나라들은 정치가 문명하고 법률이 실시되며 정부에서 백성 사랑하기를 극진히 하여 생명과 재산을 보호하고 민간에 질고를 세세히 살피어 아무쪼록 편리하게 하여주며 백성의 세간 집물을 정부에서 일일이 적간 하여 어떤 사람은 재산이 얼마가 되며 누구는 돈이 몇 만 원어치가 있는 것을 다 알아야 무슨 투표할 때를 당 하면 재산의 다과를 헤아려 가량 천원

이상 재산을 가진 자라야 투표하기로 작정이 될 것 같으면 재산이 그 수효가 못 되는 백성은 투표하는 권리가 없게 마련하며....[67]

반면 조선에서는 탐관오리들이 「백성의 피부를 벗기고 고택을 빨아 냄에」 백성들의 삶은 도탄에 빠져있다.

대한서는 아직 그렇지 못하여 외양으로는 개화이니 자주이니 하되 실상 형편을 살펴 보면 관인들은 백성의 생명과 재산을 보호하기는 고사하고 탐학하기로 위주하여 무명 잡세를 혁파 하라시는 칙령이 여러 번 나리셨는데 각도 관찰사와 군수들은 백성의 피부를 벗기고 고택을 빨아 냄에 백성들이 빈부 간에 그 학정을 견디지 못하여 집에 들면 부모와 처자가 서로 근심 하고 밖에 나아가면 친척과 붕우가 서로 원망하여 유리 개걸 하는 이도 많이 있고 원억 함을 이기지 못하여 혹 당을 지어 법사에 호소하고자 하면 정부 관인들은 염연히 듣지도 못하고 알지도 못 하는 체 하여 고담준론 하기를 백성이 되어 나라 법을 봉행하지 아니 하고 무단이 야료 하는 것은 곧 난민이라 하고 그 불쌍한 인민을 늑박하고자 하며 외양으로는 수령을 택용 한다 칭 하면서 속으로는 협잡이 무쌍 한 고로 인심이 오오 하여 각 처에 도적이 일어나거늘....[68]

7) 세금

백성이 세금을 내는 이유는 정부가 그 돈으로 임금과 백성을 위하여 일하도록 하기 위해서다. 따라서 정부는 거둔 세금을 어디에 어떻게 썼는지 낯낯이 기록하여 백성들에게 알려야 한다.

나라마다 정부에서 백성에게 세전(세금)을 받아 그 돈을 가지고 정부에서 어떻게 쓰는 것을 그 돈 낸 백성들에게 알게 하는 것이 규칙이라. 백성이 세전을 정부에 바치는 뜻인 즉 우리가 이 돈을 거두어 정부에 바쳐 나라 일을 하여 달라 한 것은 즉 그 돈을 받아가지고 열 두 달 동안에 임금과 백성을 위하여 어떻게 썼다는 것을 낯낯치 자세히 기록하여 백성에게 알리는 것이 돈 거래하는 때 마땅 하고 또 백성들이 그 돈을 어떻게 썼는지 자세히 알아야 그 이듬 해에 또 돈을 내라고 하여도 즐거워서 또 낼 터이라.

재정부가 회계를 명확히 하고 세금을 사용하여 백성들에게 어떤 이익이 돌아왔는지 밝힌다면 백성들은 기꺼이 세금을 낼 것이다.

정부 탁지부는 백성이 낸 돈 맡아가지고 일년 동안에 국민을 위하여 돈을 쓰는 마을인 즉 그 탁지부가 곧 전국 인민의 회계하는 회계소라 회계관이 돈을 맡아 가지고 쓰면서 얼마가 들어오고 얼마가 나갔으며 나갔으면 무엇에 어떻게 나간 것을 돈 준 사람에게 일러주지 아니 하면 그 돈 낸 사람들이 그 회계관을 의심하여 다시 돈 내기를 좋아 아니 할지니 그런 고로 외국서는 해마다 세입 세출을 국 중에 광고하고 백성들이 탁지부에서 무슨 일에는 돈이 얼마 든 것을 알고 그 돈 쓰기를 백성을 위해 쓴 줄로 알 것 같으면 그 돈 낸 사람이 일년에 자기가 돈을 얼마를 내었는데 자기에게 돌아오는 이익인 즉 얼마인 것을 헤아려 만일 한 사람이 일년에 오 원을 내고 효험 받기는 백원이나 이백 원어치를 배울 것 같으면 누가 그 돈 내기를 싫어하리오.

근대 사회계약론을 통해서 성립되는 개인의 절대적인 권리, 정부도 침해할 수 없는 생존권, 재산권, 행복추구권을 설명하기 위해서는 「이익(interest)」이라는 개념에 대한 이해가 필요하다. 그러나 봉건 왕조에 사는 조선의 백성들은 「이익」이라는 개념조차 모른다.

우리가 이익이라고 말을 하였는데 조선 사람들이 이 이익 두자 뜻을 자세히 모를 듯한 고로 우리가 설명 하노라. 세계에 이익이란 것이 여러 가지가 있는데 항다반 이익이라고 장사하는 데서 쓰는 것은 이조로 가지고 하는 말이요 또 돈을 드려서 돈 이익은 못 보더라도 그 대신 목숨과 재산을 보존 한다든지 높은 명예를 얻는다든지 의리에 옳다든지 나라 명예와 영광에 생각이 있다든지 남을 도와주어 하나님께 옳게 보이는 것이 모두 이익이라.

이렇게 거둬들인 세금은 첫째, 임금이 일국의 군주로서의 역할을 할 수 있도록 편의를 제공하는 데 쓰이고 둘째, 관리들로 하여금 먹고 사는 문제에 신경 쓰지 않고 나라 일을 하라고 「월급」을 주는데 사용한다.

정부에서 백성에게 세를 받아 첫째, 임금의 의복 음식과 거처와 범백을 편하시도록 하여 드리는 것이 백성에게 유조(有助: 도움이 되는, 유리) 한지라. 그 임금이 다른 사람의 임금이 아니라 그 백성의 임금이신 즉 그 백성들이 그 임금을 잘 보호하고 범절을 세계 제왕과 같이 하시도록 하는 것이 나라 명예와 영광에 생각이 되는 일이니 백성에게 크게 유조 하고 정부에 있는 일 하는 관인들을 그 일 하는 까닭에 다른 벌이는 하여 먹을 수가 없은 즉 백성들이 월급을 주어 나라 일을 하여 달라 한 것이요 그 사람들이 없으면 나라 일이 되지 못할 터인 즉 만일 나라 일이 아니 되면 백성에게 큰 해가 있을지라.

세금은 또한 군대와 경찰을 유지하고 학교를 세우고 도로와 가로등, 상하수도 등 국가의 인프라를 유지, 보수하는데 사용된다.

그런고로 그 사람들을 월급을 주어 가며 백성을 위하여 일하여 달라 한 것이요 군사와 순검을 배설 하여 나라를 어지럽게 하는 것을 막자는 것인 즉 그것도 세전 내는 백성을 위하여 돈이 많이 들지마는 나라마다 해륙군과 순검을 크게 배설하여 나라를 방어하고 보호하게 하니 그것도 이익이 있어서 하는 것이요 정부에서 돈을 들여 학교를 배설하는 것도 나라에 후진을 교육시켜 그 후진들이 후일에 학문 있는 백성들이 되여야 나라가 진보하고 부강하여 갈 터인 즉 이가 드리는 돈 보다 더 남는 까닭에 나라마다 교육을 힘쓰는 것이요 국 중에 도로를 돈을 들여 수리 하고 위생을 돈을 들여 힘 쓰며 밤에 도로에 불을 켜 도적과 협잡 하는 일이 적게 하며 인민이 왕래하기에 편리하게 하는 것이 돈 드리는이 보다는 이익이 더 나는 까닭에 나라 마다 사람 사는 동리에는 첫째 길을 수리 하고 밤에 가로에 불을 켜고 동리에서 먹는 물을 정한 물로 집집마다 대어 주어 인민이 병이 없게 하는 것이라.

이처럼 정부와 백성의 의무, 세금을 걷는 이유 등을 명확히 하여 관리와 백성들이 서로 이해하고 협력한다면 부정부패, 가렴주구를 일소하고 나라를 일으킬 수 있다.

5. 독립문

서재필은 독립문의 건립 장소로 조선이 중국의 속국임을 상징하던 영은문과 모화관 자리를 택한다. 1882년에 미국, 영국, 독일 등과 수호통상조약을 체결하면서 조선이 자주 독립국임을 확인한 바 있고 1885년 이홍장과 이토가 체결한 「톈진협약」을 통해서, 그리고 1895년 「시모노세키 조약」을 통해서 조선이 자주 독립국임을 수 없이 확인한 바 있지만 조선은 여전히 영은문과 모화관을 허물지 못하고 있었다. 서재필은 영은문을 「더러운 표」, 「더러운 문」 이라고 한다.

> 조미수호통상조약에도 우리나라가 자주 독립국임이 확인되었고, 톈진조약에나 청일전쟁의 결과인 시모노세키 조약에도 그것이 확인된 그때까지 「우리가 남의 노예」라는 표인 영은문을 그대로 두어서야 인민의 수치라 아니할 수가 없었다. 내가 본국에 돌아와서 제일 먼저 눈에 뜨인 것이 영은문이었다. 무엇보다도 이 더러운 표, 부끄러운 이 문을 없애야겠다고 굳은 결심을 하였다. 이 문을 없애 버리는 것이 우리 인민의 소원일 것이다. 영은문을 헐어버리고 그 자리에다 우리나라가 노예의 굴레를 벗어버리고 완전히 자주독립국이 되었다는 기념으로 새로이 독립문을 세우기로 한 것이다.[69]

영은문은 「천자」의 「칙사」가 무악재를 넘어 서울에 당도하면 조선 임금이 「삼궤구고두례(三跪九叩頭禮)」를 행하며 「칙령」을 받던 곳이다. 모화관은 칙사가 잠시 휴식을 취하는 장소였다. 청으로부터의 독립을 꾀하면서 「독립당」의 별칭을 얻었던 「개화파」의 일원이었던 서재필은 영은

문과 모화관의 역사와 상징성을 그 누구보다 잘 알고 있었다.

> 나의 개혁하려던 것은 청국을 의뢰하는 사대당을 몰아내고 청국의 간섭을
> 받지 않고 자주독립의 완전한 국가를 만들어보려는 것이었다. 이 때문에 나
> 는 생명을 내어놓고 싸우다가 도리어 역적이라는 누명을 뒤집어쓰게 되었
> 고, 그 때문에 부모, 처자까지 참혹한 최후를 당한 것이다. 나는 돌아오는 길
> 로 우선 무악재 안의 영은문(迎恩門)이라는 것을 헐어버리고 그 자리에 우리
> 가 바라고 기다리던 독립문을 세우기로 하였다.[70]

그는 50년 후에 구술한 자서전에서도 영은문과 모화관의 역사를 정
확히 기억하고 있다.

> 지금 서대문 밖 적십자병원(옛날 경기감영) 앞 네거리에서 서북쪽으로 전찻길
> 을 따라가면 영천 종점이다. 그 종점에서 좀 더 서북쪽으로 가면 무악재이거
> 니와 그 전차 종점 얼마 전에 화강석 독립문이 있고, 그 돌문 앞에는 큰 돌기
> 둥 두 개가 섰다. 옛날에는 그 큰 돌기둥 두개 위에 나무기둥 두 개를 세우고
> 그 위에 지붕을 만들고, 그 아래로 사람이며 말이며 차가 통행하였다. 이 문
> 은 처음에 기둥만 세우고 지붕은 없이 그 위로 가로나무 창살을 만들고 붉은
> 칠을 하였기 때문에 「홍(紅)살문」이라는 이름이 있었다. 그것은 이조의 이태
> 조가 명나라와 종속관계를 맺어 명나라를 상국(上國)으로 섬기게 되어, 우선
> 나라 이름도 화령(和寧), 조선(朝鮮) 두 가지를 써서 명나라에 주청하였던 바,
> 화령은 이태조의 고향 이름이요, 조선은 옛날부터 써오던 것일뿐더러 이름
> 이 아름답다고 허가가 되어 나라 이름을 조선을 정하였고, 또 이태조가 국

내에서는 고려 왕씨 조정을 전복시키고 왕이라 자칭하였지마는, 명나라의 정식 허가는 얻지 못하였으므로 명나라에 대하여 자기의 지위를 말할 때에는 조선권지국사(朝鮮權知國事)라 하였을 뿐, 왕이라는 칭호는 쓰지 못하였던 것이다. 그러던 것이 태종 때에 이르러서야 비로소 명나라에서 조선왕이라는 허가장이 오게 되어 그때서야 왕이라는 이름을 마음대로 쓰게 된 것이다. 상국 명나라 황제의 조서나 명령을 가진 사신이 오게 되면 우리나라 임금은 친히 무악재 밑까지 그 사신을 맞는 것이 예가 되어 그곳에 홍살문(보통사람은 그리로 다니지 못하도록 구별하기 위한 것이다)을 세웠던 것이다.

그 후 중종(中宗) 31년에 김안로(金安老, 1481~1537.10.27.)의 주청으로 홍살문을 헐고, 그 위에 지붕을 만들고 청기와를 입히고 문 이름을 「영조문(迎詔門)」이라 하였다. 영조문이란 글자 그대로 명나라 황제의 조서(詔書)를 맞아들인다는 뜻이다. 영조문이 속칭으로 「영주문」이 되어 지금까지도 이 문을 연주문이라 부르는 이가 많다....[71]

...

그런지 몇 해 후, 중종(中宗) 34년에 명나라 사신 셰팅충(薛廷寵, 설정총)이란 자가 서울 와서(대개 명나라 사신이 올 때에는 칙서만아 아니라 칙령[勅令], 상사[賞賜] 같은 것도 가지고 온다) 다만 조서만 맞는다는 것은 문의 이름으로 적당치 않다고 「영은문(迎恩門)」이라 석 자를 써서 현판을 하여 그때부터 영은문이라 부르던 것이다. 영은문이라는 의미도 글자 그대로 명나라의 은혜를 맞아들인다는 것이다.

그 후 선조대왕 때 임진왜란 통에 그만 그 문의 현판도 없어지고 말았던 것이다. 명나라 말년에 사신으로 주즈판(朱之蕃, [음] 1558. 3.1.~[음] 1626.10.7.)이가 서울 왔었는데, 그는 그때 명나라에서도 글씨 잘 쓰기로 유명한 사람이

영은문

었다. 문에 현판이 없어진 것을 보고 다시 「迎恩門」이라 석자를 쓰고, 낙관
에는 「흠차정사주지번서(欽差正使朱之蕃書)」라고 하여 달게 하였다.

　　명나라가 망하고 청나라가 일어나자 우리나라에서 청과 싸우다가 그만
실패하여 역시 청나라와 종속관계를 그대로 계속하는 동시에 영은문도 종
전대로 그 자리에 엄연하게 오늘날까지 이르게 되었다.[72]

　　다시 말하면 영은문은 우리나라 사람이 중국의 명, 청 양국을 상국으로 섬
길 때에 생긴 것이매 우리가 중국의 노예라는 표라고 볼 수 있다.

　　1896년 6월 말 서재필은 독립문 건립에 대한 고종의 재가를 받아낸
다. 그는 『독립신문』 기사에 당시의 감격을 쓴다.

　　조선 인민이 독립이라 하는 것을 모르는 까닭에 외국 사람들이 조선을 업신

「청의 사신 아극돈(阿克敦, 1685-1756)을 맞이하는 조선 국왕」, 『봉사도(奉使圖)』의 일부

여겨도 분한 줄을 모르고 조선 대군주 폐하께서 청국 임금에게 해마다 사신을 보내서 책력을 타 오시며 공문에 청국 연호를 쓰고 조선 인민은 청국에 속한 사람들로 알면서도 몇 백 년을 원수 갚을 생각은 아니 하고 속국인 체하고 있었으니 그 약한 마음을 생각하면 어찌 불쌍한 인생들이 아니리요

백성이 높아지려면 나라가 높아져야 하는 법이요 나라와 백성이 높으려면 그 나라 임금이 남의 나라 임금과 동등이 되서야 하는데 조선 신민들은 말로 임금께 충성이 있어야 한다고 하되 실상은 임금과 나라 사랑 하는 마음이 자기의 몸 사랑하는 것만 못한 까닭에 몇 백 년을 조선 대군주 폐하께서 청국 임금 보다 나진 위에 계셨으되 그 밑에서 벼슬하든 신하들과 백성

들이 한 번도 그것을 분히 여기는 생각이 없어 조선 대군주 폐하를 청국과 타국 임금과 동등이 되시게 한 번을 못하여 보고 삼 년 전 까지 끌어 오다 가 하나님이 조선을 불쌍히 여기셔서 일본과 청국이 싸움이 된 까닭에 조선 이 독립국이 되어 지금은 조선 대군주 폐하께서 세계 각국 제왕들과 동등 이 되시고 그런 까닭에 조선 인민도 세계 각국 인민들과 동등이 되었는지라

이 일을 비교하여 볼진대 남의 종이 되었다가 종 문서를 물은 셈이니 이것 을 생각하거드면 개국 한지 오백여 년에 제일 되는 경사라. 조선 대군주 폐 하께서 즉위하신 이후로 애국 애민 하시는 성의가 열성조에 제일이시고 나 라가 독립이 되어 남의 제왕과 동등이 되시려는 것은 곧 폐하의 직위만 높 으시려는 것이 아니시라 폐하의 직위를 높이 서야 신민들이 높아지는 것을 생각 하심이라. 조선 인민이 되어 이러 하신 성의를 아는 자는 그 임금을 위 하여 목숨을 버려도 한이 없을 터이요 성의를 받들어 점점 나라가 튼튼하여 질 터이니 독립된 그 권리를 잃지 말고 권리가 더 늘어 가고 견고 하게 대군 주 폐하를 도와 말씀을 하며 전국에 있는 동포 형제들을 사랑하여 일을 행 하는 것이 신민의 도리요 또 나라가 보존할 터이라

근일에 들으니 모화관에 이왕 연주문 있던 자리에다가 새로 문을 세우되 그 문 이름은 독립문이라 하고 새로 문을 그 자리에다 세우는 뜻은 세계 만 국에 조선이 아주 독립국이라 표를 보이자는 뜻이요 이왕에 거기 섰던 연 주문은 조선 사기에 제일 수치 되는 일인 즉 그 수치를 씻으라면 다만 그 문 만 헐어 버릴 뿐이 아니라 그 문 섰던 자리에 독립문을 세우는 것이 다만 이 왕 수치를 씻을 뿐이 아니라 새로 독립하는 주추를 세우는 것이니 우리가 듣기에 이렇게 기쁘고 경사로운 마음이 있을 때에야 하물며 조선 신민들이 야 오직 즐거우리요

남의 나라에서들은 승전을 한다든지 국가에 큰 경사가 있다든지 하면 그 자리에 높은 문을 짓는다든지 비를 세우는 풍속이라. 그 문과 그 비를 보고 인민이 자기 나라에 권리와 명예와 영광과 위엄을 생각하고 더 튼튼히 길러 후생들이 이것을 잊어버리지 않게 하자는 뜻이요 또 외국 사람들에게도 그 나라 인민의 애국하는 마음을 보이자는 표라

만일 그 독립문이 필력이 되거드면 그 날 조선 신민들이 외국 인민을 청하여 독립문 앞에서 크게 연설을 하고 세계에 조선이 독립국이요 조선 인민들도 자기들의 나라를 사랑하고 대군주 폐하를 위하여 죽을 일이 있으면 죽기를 두려워 아니하는 것을 세계에 광고함이 좋을 듯하더라[73]

서재필은 독립문 근처에 독립공원을 조성하는 안도 내각에 상정하여 재가를 받는다. 공원은 「과실수, 임업, 화초, 외국 종 관목을 재배하는 실험의 장이 되는 동시에 공중 놀이공원과 레크리에이션 장소」의 역할을 하도록 한다.[74] 그러나 보다 중요한 목적은 「일주일에 한번 내지 두 번 모든 계층이 함께 모여 유익한 강연들을 듣거나 중요한 사안들에 대한 연설을 들을 수 있는」 열린 공간을 제공하기 위해서였다.[75] 독립공원은 조선 최초의 「공론의 장」, 「광장」으로 조성된다.

6. 독립협회

고종과 내각이 독립문 건립 제안들을 받아들이자 서재필은 1896년 7월 2일 뜻을 같이하는 동료들과 내각의 고위 관료들을 중추원 사무실

에 모아 독립문과 독립공원, 독
립관 건설 사업을 추진하는 주
체로 독립협회를 결성한다.

이채연

독립협회를 결성한 또 다른
이유는 『독립신문』만으로는 조
선 백성들에게 개혁사상을 전파
하기에 역부족이라고 생각했기
때문이다. 뿐만 아니라 『독립신문』을 지켜줄 시민단체가 필요했다. 서
재필은 정부로 하여금 인민에 대한 책임을 다 하도록 하기 위해서는 정
부를 자유롭게 비판할 수 있는 언론이 필요하다는 사실을 잘 알고 있었
다. 그리고 언론이 인민의 목소리를 대변할 수 있기 위해서는 인민이 언
론자유의 중요성을 깨닫고 지킬 줄 알아야 했다. 조선처럼 정부의 권력
은 절대적인 반면 인민의 교육 수준은 낮고 문맹률은 높은 사회에서 언
론의 중요성에 대해 인민을 「의식화」시키는 한편 정부를 상대로 공익을
지키는 역할을 할 수 있는 것은 「자발적 협회(voluntary association)」 또는
「자발적 결사체」, 즉 「시민 단체」 밖에 없었다.

나는 신문만으로는 대중에게 자유주의, 민주주의적 개혁사상을 고취하기
가 곤란할 듯하여 여러가지로 생각하다가, 무슨 정치적 당파를 하나 조직
하여 여러 사람의 힘으로 그 사상을 널리 전파시켜야겠다고 『독립신문』
을 창간한지 7, 8삭 후, 우리집에서 비로소 독립협회라는 것을 창설하였
는데, 그때 처음 이 회에 참가한 분들이 위에 말한 일시 미국 공사관에 피
신하였던 이상재(李商在, 1850.10.26.-1927.3.29.), 이완용(李完用, 1858.7.17.-

이상재   이완용   이윤용

1926.2.12.), 이윤용(李允用, 1854-1939.9.8.), 윤치호, 한성부윤인 이채연(李采
淵, 1861-1900.8.15.)이었고, 고문은 나, 회장은 이완용, 서기는 이상재로 이
들을 세상에서 정동파라 불렀던 것이다.[76]

　독립협회는 조선 역사상 최초로 민주주의 원칙에 기반하여 민간이 자
발적으로 설립한 결사체(association)다. 정기 회의와 특별 회의 규정을 두
고 위원과 위원회, 위원장, 회장, 간사 등의 숫자와 직책, 임무를 명시하
고, 다수결에 의한 의사결정구조를 채택하고 모든 회원에게 적용되는
회칙을 만든 조선 최초의 자발적 시민 결사체다.[77]「독립협회규칙」은 단
체의 직책, 책임 분야, 범위, 인원, 임기, 선출 방식 등을 구체적으로 명
시한 조선 최초의 규정이다.

獨立協會規則	독립협회규칙

獨立協會規則

第一條　本會는 獨立協會로
　　　　稱홀 事
第二條　獨立協會에셔는 獨立
　　　　門과 獨立公園 建設
　　　　ᄒᆞ는 事務를 管掌홀 事
第三條　獨立協會의 職員은
　　　　左開 ᄒᆞ되로 定홀 事
　　　　- 會長一人
　　　　- 委員長一人
　　　　- 委員二十人內外 內에
　　　　若干人은 書記掌簿看
　　　　役等 差備를 掌홀 事
　　　　- 幹事二十人內外 內에
　　　　若干人은 書記掌簿看
　　　　役等 差備를 掌홀 事
　　　　- 會計長一人
　　　　- 會員無定數
第四條　會長은 會議時에 參席
　　　　ᄒᆞ야 議件에 決裁홀 事
第五條　會長이 有實故時에는 委
　　　　員長이 臨時代辦홀 事
第六條　會議時에 議員中 失
　　　　儀와 或 違章ᄒᆞ는
　　　　者는 輕重을 隨ᄒᆞ야
　　　　或罰金 或黜會ᄒᆞ되
　　　　罰金은 一元 以上五
　　　　元 以下로 定홀 事
第七條 會議홀 日時는 每 土曜
　　　　日 午后二時로 ᄒᆞ고

독립협회규칙

제1조　본회는 독립협회로 부
　　　　른다.
제2조　독립협회에서는 독립
　　　　문과 독립공원 건설하
　　　　는 사무를 관장한다.
제3조　독립협회의 직원은 아
　　　　래와 같이 정한다.
　　　　- 회장 1인
　　　　- 위원장 1인
　　　　- 위원 20인이내외에
　　　　약간인은 서기장부를
　　　　보는 역할 등을 임시
　　　　로 정한다.
　　　　- 간사 20인내외 내에
　　　　약간인은 서기장부를
　　　　보는 역할 등을 임시
　　　　로 정한다.
　　　　- 회장 1인
　　　　- 회원 수는 정원을 두
　　　　지 않는다.
제4조　회장은 회의시에 참석
　　　　하여 안건을 결재한
　　　　다.
제5조　회장 유고시 위원장이
　　　　임시 대행한다.
제6조　회의시에 의원중 품위
　　　　를 잃거나 규정을 위
　　　　반하는 자는 경중에
　　　　따라 벌금을 물거나

但 特別會議 時에는
書記로 ᄒ야금 各員에
게 通知ᄒ 事
第八條 會長以下 諸員이 原定會
日 或特別會日에 實
病實故 外에는 반다시
參席 事
第九條 委員長은 委員의 首席이
라 會中 大小事務를
반다시 各委員의 議를
收ᄒ야 會長에게 決
裁를 請ᄒ 事
第十條 委員長이 有故ᄒ 時에
는 之次 委員이 代辦
ᄒ 事
第十一條 委員은 工役의 計劃과
制度와 式樣과 圖形과
費用을 議定ᄒ 事
第十二條 委員은 何項事件이
던지 各其 意見을 具
ᄒ야 會席에 提出ᄒ
야 可否問 多數로 議
決ᄒ 事
第十三條 各項 費用은 各委員이
協議ᄒ야 委員長을 經
ᄒ야 會長에게 決裁
ᄒ 後에 會計長이 支
出ᄒ 事
第十四條 原定會議 時에 支出
及 收納ᄒ 文簿를 詳
細이 修正ᄒ야 議席에

혹은 제명하되 벌금은
1원 이상, 5원이하로
정한다.

제7조　회의 시간은 매 토요
일 오후 2시로 정하고
단 특별회의 때는 서
기로 하여금 각 위원
에게 통지한다.

제8조　회장 이하 제 위원은
정기회의나 특별회의
때 병중이거나 사고가
난 경우 외에는 반드
시 참석한다.

제9조　위원장은 위원의 수석
이기에 회의 중 대소
사무를 반시의 각 위
원의 뜻을 모아 회장
에게 결재를 받아야
한다.

제10조　위원장이 유고시에는
차석 위원이 대행한다.

제11조　위원은 공사의 계획과
제도와 양식과 도형,
비용을 논의하여 결정
한다.

제12조　위원은 모든 사안을 형
식을 갖추어 회의 중에
안건으로 올리고 가부
를 다수결로 정한다.

제13조　모든 비용은 각 위원
이 협의하여 위원장을

供홀 事

第十五條 補助金은 收納을 隨
ᄒᆞ야 銀行에 任置ᄒᆞ되
獨立協會條로 謄記出
納홀 事

第十六條 會計長은 印章을 另造
ᄒᆞ야 各項 費用을 出
衲에 捺印署名홀 事

第十七條 幹事ᄂᆞᆫ 大小事務를 委
員의 指揮를 承ᄒᆞ야
從事홀 事

第十八條 幹事ᄂᆞᆫ 各項 士木鐵石
等 物을 購入홀 時에
願賣各商工의 打算
標를 受集ᄒᆞ야 最廉
者를 擇用홀 事

第十九條 幹事員 中에 書記와
掌簿와 看役 等 各差
備ᄂᆞᆫ 會席에 議定ᄒᆞ야
塡差 或 改定홀 事

第二十條 會員은 補助金 送付ᄒᆞᆫ
人員으로 定홀 事

第二十一條 會員은 獨立協會大
會에 會參홀 事[78]

거쳐 회장에게 결재
받은 후 회계장이 지
출한다.

제14조 정규회의 때 지출 및
수납 내역을 상세히
기록하여 참석자들과
공유할 것.

제15조 보조금은 수납에 따라
은행에 임치하되 독립
협회 명의로 등기 출
납할 것.

제16조 회계장은 인장을 별도
로 만들어 각 항목 비
용 출납시 날인 서명
할 것.

제17조 간사는 대소사를 위원
의 지휘에 따라 처리
할 것.

제18조 간사는 모든 건축자재
등 물품을 구입할 때
에 각 상회의 견적서
를 받아 가장 저렴한
곳을 선정할 것.

제19조 간사 중에 서기와 장
부와 간역 등 임시직은
회의 중에 의결을 통하
여 정하거나 바꾼다.

제20조 회원은 회비를 납부한
인원에 한정한다.

제21조 회원은 독립협회 대회
에 참석한다.

『독립신문』은 독립협회의 공식 기관지는 아니었지만 독립협회의 모임과 활동을 자세하게 보도하였을 뿐만 아니라 독립협회의 주장을 일반 대중에 전하는 통로의 역할을 함으로써 실질적으로는 독립협회의 기관지 역할을 수행한다. 독립협회의 회원모집과 모금활동도 『독립신문』을 통하여 이루어진다.[79]

독립문과 독립공원, 독립관 건립을 위한 모금 활동은 대중들의 적극적인 호응을 얻는다. 1896년 7월-1897년 7월 사이에 6천 원가량이 걷힌다. 왕세자(순종)가 1천원, 농부들과 학생들이 헌납한 몇 전에 이르기까지 다양한 계층이 적극 호응한다. 기부자 중에는 베베르 주조선 러시아 공사도 있었다.[80]

7. 독립문의 설계와 건립

독립문의 설계는 서재필이 러시아 건축가 사바틴(아파타시 세레딘사바틴, 1860.1.1.–1921)의 도움을 받아서 직접 한다. (서재필은 회고록에서 사바틴을 「독일 공사관에 근무하는 스위스 사람」이라고 기억하지만 러시아인이었다.)

그 독립문의 모양을 어떻게 하였으면 좋을까 하여 나는 여러 가지로 생각해 보았으나 별 방법이 생각나지 않아서 처음에는 영은문처럼 위에 지붕을 만들고 기와를 덮어 조선식 건물로 세워볼까 하였다. 그렇게 하면 경비는 적게 들 것이로되 내가 서양도 다녀온 사람으로 구식건물을 짓는다면 남이 웃을 것도 같고, 또 나의 생각에도 탐탁치 않아 서양식으로 정해버렸다. 그리하

여 서양식 건물의 모양을 이것
저것 생각해 보았으나 그것도
별로 마음에 맞는 것이 없었다.
때마침 내가 가진 화첩 중에 불
란서의 서울 파리의 개선문(이것
은 나폴레옹 1세가 이탈리아를 정벌하
여 큰 승리를 얻고 돌아와 지은 凱旋門
[개선문]이다)의 사진이 끼었던 것
이 생각나서 그 모양을 확대해
보았으나 너무나 규모가 굉대
하여 그 전체만큼 크게 할 수는

사바틴의 작품인 정동의 러시아 공사관 유적

없어 그 규모를 축소하여 모양만은 똑같이 하기로 하였다. 내가 그림을 대
강 그려보았으나 건축용의 설계도는 아니었다. 그래서 그때 독일 공사관에
근무하는 스위스 사람이 보통 그림도 잘 그렸거니와 더욱 설계도를 잘 한다
는 말을 듣고 그에게 부탁하여 자세한 설계도를 작성하였다.[81]

건축은 심의석(沈宜錫, 1854-1924)에게 맡긴다. 심의석은 미국 감리교 선
교사들과의 교류를 통해 서구 건축을 배운 목수였다. 그가 건설에 참여
한 최초의 서양식 건축물은 배재학당 교사(1887년)였고 1890년에는 시
병원을 건립한다. 정동교회(1895-1898), 정동 이화학당 본관(1897-1899),
상동교회(1900-1901), 협률사(1902. 조선 최초의 극장), 덕수궁 석조전(1909) 등
도 심의석의 작품이다. 심의석은 근대건축 뿐 아니라 원구단과 황궁우,
석고단, 광화문의 기념비각 등 전통건축물도 짓는다.[82]

정동제일교회

상동교회

협률사(1902년) 조선 최초의 국립극장

석조전

　독립문의 설계는 서재필과 사바틴이 맡고 건축은 심의석이 책임지지만 건설 현장의 일군들은 중국인 노동자들이었다. 윤치호는 중국으로부터의 독립을 기리는 독립문을 건립하는데 중국인 노동자들을 사용할 수밖에 없는 역설을 일기에서 지적한다.

　수많은 중국인 노동자들이 독립문 건립 현장에서 일하고 있다. 이 단순한 구조물에 얼마나 많은 역사적 우여곡절이 담겨 있단 말인가![83]

독립문을 건축하는데 중국인 노동자들을 고용한 이유는 조선인 노동자들에 비해 부지런하고 능률적으로 일하였기 때문이다. 심의석에게 자신의 새 집 건축을 의뢰한바 있는 윤치호는 심의석 목수 밑에서 일하는 조선인 노동자들에 대하여 다음과 같이 쓴다.

나를 가장 격분하게 만드는 것은 끔찍하게 큰 바지를 입고 긴 담뱃대를 늘 입에 물고 다니는 조선인 일꾼의 어리석고, 무례하고, 굼벵이 같은 행동이다. 조선인 일꾼을 일하게 만드는 유일한 방법은 물리력이다. 조선인 일꾼은 수백 년 동안 그저 야만적인 물리력에만 익숙해왔기 때문에 언쟁이나 친절은 효과가 없는 것 같다.[84]

1896년 11월 21일, 정부 고위 관리들, 외교사절과 선교사들, 일반인, 학생 등 5-6천 명이 운집한 가운데 독립문 정초식이 거행된다. 아펜젤러 목사의 기도로 시작한 정초식에서 안경수, 서재필, 이채연, 이완용 등이 연설하고 외교사절들의 축사, 배재학당 학생들의 축가가 있었다.

건양 원년 십일월 이십 일 일 독립문 주춧돌 놓는 예식이라 ○ 홀기 ○ 조선 노래는 배재학당 학원이 하고 기도는 교사 애편셸어씨가 하고 회장의 연설은 회장 안경수씨가 하고 어찌 하면 독립을 영구히 보존 할 연설은 한성 판윤 이채연씨가 하고 독립가는 배재학당 학원이 하고 우리 나라 전정이 어떠한 연설은 외부 대신 이완용씨가 하고 조선에 있는 외국 사람 영어와 조선 말은 독립 신문사장 제손씨가 하고 진보가는 배재학당 학원이 하고 체조는 영어 학교 학원이 하고 그 끝에 차와 실과가 있다더라.[85]

1896년 11월 21일 독립문 정초식 장면

완공 직후의 독립문, 독립회관, 영은문 초석

독립공원 조성은 자금 부족으로 중단되지만 모화관을 독립관으로 개조하는 작업은 순조롭게 진행되어 1897년 5월 23일 완성되고 왕태자(순종)의 친필 「독립관」 현판이 걸린다.[86] 독립관은 독립협회의 모임 장소로 사용된다. 독립문의 건립도 순조롭게 진행되어 1898년 1월 완성된다. 독립문의 남쪽 면에는 국문으로 「독립문」이라는 현판을 걸고 중국을 향하는 북쪽 면에는 한자로 쓴 「獨立門」이라고 쓴 현판을 건다.

8. 「독립협회보」의 발간

독립협회는 1896년 11월 30일부터 공식 기관지 『대조선독립협회회보』를 격주로 발행하기 시작한다. 『독립신문』 과는 달리 협회보는 한문과 국문, 언한문(諺漢文)의 사용을 허용했다. 한문교육을 받은 독자들이 언문으로만 된 글을 읽는데 어려움을 겪고 글을 기고하기도 어려웠기 때문이다. 실제로 대신들 중에는 『독립신문』을 읽을 수 없다고 불평한 경우들도 있었다.[87]

『대조선독립협회회보』는 1896년 11월 30일에서 1897년 8월 15일까지 18호가 발행된다. 『독립신문』 과 마찬가지로 조선의 인민들을 계몽하기 위해 광범위한 주제들을 다뤘고 각 호는 20-24페이지에 달했다. 독립협회의 취지와 활동을 소개하는 글들은 물론 모금 내역도 상세히 보도한다. 국문과 한문의 장단점을 비교하는 글들, 동서양의 문명을 비교하는 글들, 독립의 의미, 미국의 독립혁명이 조선에 주는 교훈, 국가를 다시 흥하게 하는 방법, 교육의 시급성, 국가의 흥망성쇠 등 실로

다양한 주제를 다룬다. 또한 구
미 선진국들과 일본, 중국의 정
치, 법, 국방, 산업, 통상, 농업,
금융, 교육, 통신, 교통, 외교에
대한 글들도 싣는다.

『독립신문』 창간호

협회보는 미국의 대통령 선거
와 새로운 정부의 조각, 일본 의
회의 개원, 쿠바, 에티오피아, 필리핀, 안남 등지의 정정불안과 소요사
태에 대해서도 상세하게 보도한다. 뿐만 아니라 위생, 건강, 광업, 직조,
임업, 양잠업, 수산업, 원예, 해운업, 통상에 대해 가르치기 위한 자세
한 글들을 싣는다.

협회보에 대한 대중의 반응 역시 뜨거웠다. 1897년 3월에는 2천부
가 발행된다. 그러나 8월 15일 이후 협회보는 갑자기 정간된다. 재정 부
족 때문이었을 것으로 추정된다. 독립문의 건립과 독립관의 보수 등으
로 인하여 독립협회의 재정은 적자일 수밖에 없었고 결국 독립공원의
조성을 포기하고 협회보의 발간을 중단한 것으로 보인다. 『독립신문』
은 1898년 초 수차례 추가 모금을 시도하지만 『대조선독립협회회보』
는 결국 폐간된다.[88]

9. 수구파의 반동과 김가진 사건

고종이 독립협회 설립을 재가하자 정부의 고위 관료들도 수구파, 개화파를 막론하고 모두 협회 회원으로 등록한다. 『코리안리퍼지토리』는 「대부분의 조선 공직자들은 현재 협회 회원명부에 이름을 올렸거나 지금은 없더라도 과거에 한 번쯤 은 올렸을 것이다」라고 한다.[89] 협회 초기에는 회비를 내는 사람이면 누구에게나 회원자격을 주었다. 1896년 말이 되면 회원수가 2,000명에 달한다.[90]

정부와 대중의 적극적인 관심과 지지 속에서 독립문과 독립관, 독립공원 건립이라는 구체적인 목표를 갖고 개방적인 회원정책을 유지하던 초기 독립협회는 다양한 성향과 신분의 구성원을 갖게 된다. 그러나 이러한 구성원으로 독립협회 본래의 개화, 근대화 노선을 견지하는 것은 불가능했다. 독립문과 독립회관의 완공으로 설립 초기의 목표를 달성하자 독립협회 구성의 모순이 노정된다. 독립협회는 새로운 목표와 비전, 보다 명료한 정체성이 필요했다.

더구나 아관파천 이후 조선에는 다시 수구의 물결이 인다. 고종은 러시아 공사관에 머물면서 갑오경장을 무효화시킨다. 삼국간섭과 을미사변으로 일본의 영향력이 급감한 상황에서 러시아가 조선 정국을 장악하지만 고종과 각별한 개인적인 친분을 유지하면서 일본의 조선 내정 간섭에 비판적이었던 베베르 러시아 공사는 개혁을 추진하지 않는다. 일본 공사관과는 달리 러시아 공사관은 조선 내정에 간섭하지 않겠다는 이유였다. 러시아 국내의 여론조차 베베르의 불간섭 정책에 대해 비판적이었다. [제1장, 7. 「아관파천과 조선의 개혁」 참조]

윤치호는 민영환 특사를 수행하여 출국한 지 10개월 만인 1897년 1월 27일 귀국한다. 그러나 귀국 후 독립협회와 거리를 둔다. 모든 개혁이 중단되고 수구반동의 물결이 일고 있는 와중에 다양한 구성원으로 정체성마저 흐려진 독립협회가 노선을 명확히 하지 못하고 있었기 때문이다.

윤치호는 귀국 직후 쓴 일기에 「보수적인 반동」이 일고 있음을 걱정한다.

> 보수적인 반동의 물결이 서서히 고조되고 있다. 소매가 긴 「도포」를 입고 다니는 사람을 거리에서 종종 마주친다. 심지어 우산의 인기도 떨어졌다. 전하께 상소하는 제도 또는 관습이 부활했고 사악한 「선비」, 즉 유학자 무리들이 사람들을 갈취하고 구폐와 터무니없는 것들을 복구하자며 더러운 일을 하고 있다.[91]

반동은 전혀 예상치 못한 방향에서도 일어난다. 1897년 9월 14일 『독립신문』은 황해도 관찰사로 부임한 김가진(金嘉鎭, 1846~1922)의 부패상에 대한 충격적인 소식을 전한다. 김가진은 오랫동안 개화파의 일원이었고 『독립신문』의 창간에도 적극 협조한 인물이었다.

> 조선의 친구들에게는 매우 실망스럽게도 가장 전도가 유망한 관료들이 과거의 관행 즉 백성들의 고혈을 짜고(sqeezing) 거짓말을 일삼고(lying) 고문을 하고(torturing)을 일삼는다는 사실을 알게 되면서 가장 놀라운 일중 하나는 황해도 관찰사 김가진이 임지에서 어떻게 행동하고 있는가 하는 일이다. 여러 독자들은 이미 알고 있듯이 김씨는 수 년간 조선 정계에서 꽤 지명도가 있는 인사다. 그는 항상 개혁을 지지한다고 하였고 이 나라의 진보인사들 중 높은 위치를 차지하고 있다. 그러나 최근 그가 황해도에서 보여준 행

태는 그동안 그가 자신의 진정
한 색채를 드러내지 않고 행동
해 왔거나 아니면 도지사로 부
임한 이후 마음이 바뀐 것이다.
그가 한 일들은 가장 수구적인
사람들조차도 수치스러워할 일
들이다.[92]

김가진

기사는 김가진이 황해도민에
게 내린 포고령의 내용도 소개
한다. 이 포고령에서 김가진은
신분제 폐지가 「시대의 범죄」라고 선언한다.

최근 도지사는 조선사람이라면 생각 해 낼 수 있는 모든 주제를 다루면서도
새로운 아이디어라고는 찾아볼 수 없는 놀라운 포고령을 도민들에게 내렸
다. 포고령은 전체가 그저 중국 고전의 구절들을 짜깁기한 것에 불과하다.
그러나 그 중에는 공개적으로 집고 넘어갈 한두가지 내용이 있다. 그는 단
호하게 조선의 신분제를 폐지하는 것은 이 시대의 범죄라고 한다! 그는 인
민들에게 양반주의(yangbanism)를 지킬 것을 명령하면서 평민들에게는 유
서 깊은 양반 계층의 특권을 인정할 것을 요청하였다.

그러면서 『독립신문』은 김가진이 서얼 출신이란 사실을 지적한다.

만일 도지사가 요청하는 대로 신분제도가 부활된다면 그 자신이 불리해질 것이라는 점을 우리는 지적하고 싶다. 전통관습 대로라면 그가 장관이나 도지사의 자리에 오를 수 없었을 것이라는 사실을 그도 우리만큼 잘 알고 있을 것이다. 그와 같은 출신 배경을 가진 자는 어떤 관직에는 결코 오를 수 없었다. 그 자신을 위해서라도 그는 이 문제에 대해서는 함구하는 것이 좋을 것이다.[93]

10. 토론회로의 진화

윤치호가 독립협회에 본격적으로 간여하기 시작하는 것이 이때다. 윤치호가 처음 독립협회에 나간 것은 귀국 후 6개월만인 1897년 7월 25일이었다. 1897년 8월 13일 창립 1주년 기념식 준비 위원회를 구성하기 위한 모임에 참석하기 위해서였다. 그러나 그는 독립협회에 대해 지극히 부정적인 인식을 갖고 돌아온다.

독립협회는 웃음거리다. 독립협회는 이해하기 어려운 요소들의 복합체이다. 독립협회에는 당분간 상호 이해관계 때문에 결속한 이완용과 그 무리가 있다. 또 대원군파, 러시아파, 일본파, 왕실파 등등의 무리도 있다. 무리들은 제각각 여기저기 무리 지어 다니고, 나 같은 국외자는 자리를 찾지 못하고 있다.[94]

윤치호는 이때 서재필에게 협회를 「토론회(debate club)」로 바꿀 것을 제안한다. 8월 8일, 서재필과 윤치호는 독립협회를 「토론회(debating club)」로 바꾸는 안을 통과시킨다.

> 오늘 오후 독립협회에서 서재필 박사와 나는 독립협회를 유익한 기관으로 전환하자고 강력하게 제안했다. 결국 3명으로 구성된 위원회를 구성하여 독립협회를 일종의 토론회(debating club)로 조직할 규정을 작성하기로 결정했다. 권재형, 박세환, 그리고 내가 위원으로 임명되었다.[95]

위원회는 매주일요일 오후 3시에 독립회관에서 토론회를 개최하기로 결정한다.

독립협회가 토론회로 전환할 수 있었던 것은 배재학당 학생들의 조직인 「협성회(協成會)」가 정기적으로 토론회를 개최하여 큰 반향을 불러일으키고 있었기 때문이다. 협성회는 서재필이 귀국 직후 배재학당에서 행한 연설들에 감명 받은 배재 학생들이 1896년 11월 28일 결성한 단체다.

1) 협성회

서재필은 귀국 직후 배재학당에서 강연을 한다.

> 『독립신문』 사장이 일주일간 목요일 오후 삼시에 배재학당에 가서 만국지리와 다른 학문상 일을 학도들에게 연설한다더라.[96]

유럽과 미국의 민주정치 전통과 제도에 대한 소개, 특히 인권과 민권, 의회 토론 등에 대한 서재필의 소개는 배재학당 학생들에게 강한 인상을 남긴다. 서재필의 강연과 독립문 건설에 고무된 배재학생들은 이승만(李承晩, 1875.3.26.-1965.7.19.), 양홍묵(梁弘默, 1866-?), 주상호(주시경) 등의 주도 하에 독립문 정초식 1주일 후인 1896년 11월 28일 「협성회」를 결성하고 『협성회보』도 간행한다.

『독립신문』은 협성회보에 대한 광고를 싣는다.

> 협성회 회보는 대한 학도들이 주장하여 출판하는 것인데 학문과 시국에 유조한 논설과 본국에 긴요한 소문과 외국 형편과 회중 잡보와 각 처 광고가 있으니 학문 상에 유의하는 이들은 그 회보를 정동 배재학당 제 일방으로 가서 사 보시오.[97]

협성회는 결성 1년만에 회원이 200명으로 늘어난다. 1897년 11월 30일에는 설립 1주년 기념식을 연다.

> 십일월 삼십일은 협성회 초도 일인데 회소를 국기와 본회 기호로 단장 하고 개회 예식을 제제 창창히 마련하여 하오 이 점 종에 개회 하였는데 회원과 기외 손님들이 많이 오고 그 시에 부회장 노병선씨가 주석 하였는데 양홍묵씨가 본회 설립한 본의를 잡아 말하기를 우리 나라가 폭원(면적)과 인구가 과히 적은 것이 아니언마는 사람들이 다 학문이 없고 합심이 되지 못한 고로 진보 하는 기상이 적고 지우금 일하여 만사가 다 남의 뒤가 되었으니 우리가 학교에서 각종 유익한 학문을 공부하는 동안에 이 회를 설립하고 의

회원 규칙으로 모본 하여 공부 하여 물론 대소사 하고 중의를 좇아 결정 하는 예식을 학습하며 또 우리나라 사람의 생각에는 내가 관인이 되여야만 나라를 위하고 나라 일을 하지 그렇지 못하면 나라 일에 도무지 상관 없이 알고 만일 나라 일이 잘 못 되면 재위 한 관인들만 탓 하니 이러하고야 나라가 잘 되어 가기를 어찌 바라리오.

협성회회보

우리 회원들은 그런 어리석은 학문은 다 버리고 무슨 일이든지 가히 나라를 위할만한 일이어든 일심 합력하여 나라를 돕는 것이 옳다고 연설하고 노병선씨는 일년 전 오늘날 십삼인이 이 회를 설립 한 것이 오늘 회원이 근 이백 명이 된 것과 그 동안 회원들이 삼십 조목을 토론 한 것과 회원들 중에서 미국과 일본과 상해와 해삼위에 유람 하고 온 것과 각국에 있어 공부하는 것과 기간 우리 회를 설립한 후에 목적이 같은 독립관 토론회가 설시 되었으며 장연에도 협성회가 하나 설시 된 것과 회 중에 재정과 여러 가지 지낸 일을 다 말 하고 우리 회가 이와 같이 된 것이 막배(존경하는) 제손씨(제이손 씨, 서재필)의 찬조 함이요.[98]

서재필의 찬조연설도 있었다.

제손씨가 말씀하기를 세상에 생장하는 이치 밖에 무서운 것이 없으니 비유하건대 상수리를 한줌에 수십 개를 움킬만한 것이 그 씨 하나가 땅에 떨어져 싹이 나 불과 수십 년을 지내면 그 지엽이 무성하여 운소를 능멸히 하고 또한 가이 수천인을 가리려 풍우를 피하게 되는지라.

이 협성회가 처음에 열세 사람이 설립할 때에 초초 영성하여 그 성취를 예정하기 어려울 듯하더니 오늘날 이 회가 아주 성냥이 되었다는 것은 아니나 대저 불과 일 주 년에 회원이 근 이백 인이 되었으니 오늘 내가 더욱 기쁜 바는 내가 몇 가지 일을 시작한 중에 이 회 설립된 것이 그 중 하나이라. 오늘 이 회가 이만큼 진보하였으니 매우 고마운 일이라. 이제 내가 회 중에 권면할 말은 사람이 세상에 남에(태어나서) 이 네 가지를 불가불 견수(굳게 지켜) 불실(잃지 않아야) 하여야 할 것이니 첫째는 상제께서 각인에게 허급 하신 권리를 보호하는 것이오, 둘째는 나라를 위하는 성력이오, 셋째는 가권을 보호하는 것이오, 넷째는 자기를 관리하는 도리니 이 네 가지는 암만 어려운 일이 있어도 기어히 직분과 심력을 다하여 지켜야 할 것이라.[99]

윤치호도 연설한다.

....아이가 나서 돌이 되면 왕돈을 꿰여 채우나 이런 회에 돌이 되면 여러 가지 덕담들을 하되 내가 이 회에 와서 돌이 되었다고 왕돈을 꿰여 주거나 덕담을 하면 오히려 범연 한 것이기에 왕돈 같이 꿰여 놀 것은 아무쪼록 거짓을 숭상하지 말라고 하는 것이니 우리 나라가 모두 거짓 것으로 결단 나게 된 것이 다른 것은 다 그만 두고라도 지금 각 궁역과 치도 하는 데를 가 보면 일본 사람이나 청인은 열 사람이 할 일을 대한 사람은 사십 여 명이 종일 어

야 데야 하는 소리로 세월을 보내니 그 사람들에게 주는 공전은 다 시골 불쌍한 백성에게서 난 것이니 어야 데야 하는 것이 거짓이오 그뿐 아니라 우리 의관과 예절이 모두 거짓이니 나는 바라건대 이 회에서는 일절 거짓은 버리고 참된 것을 일 삼아 내 왕돈으로 알라.[100]

기념식은 독립가를 제창하고 끝난다. 기자는 「여러 회원과 손님들이 기쁜 얼굴로 석양을 띠고 돌아 가더라」고 쓴다.[101]

2) 토론회

독립협회의 첫 토론회는 1897년 8월 29일 오후 4시에 열린다.[102] 첫 회부터 청중들이 독립회관을 가득 메운다. 주제는 「조선의 급선무는 인민의 교육」이었다. 서재필이 귀국 직후 『코리안리퍼지토리』에 기고한 글의 주제이기도 했다. 형식은 주제에 대해 찬반 양편으로 나누어 토론을 진행한 후 참석한 사람들이 각자 의견을 개진하는 방식을 채택한다. 학부 대신 이완용, 법부 대신 한규설(韓圭卨, 1856.2.29.–1930.9.22.), 농상 대신 이윤용도 참석한다.

요전 일요일 오후에 독립 협회 토론 회에서 처음으로 토론회를 열고 문제를 내어 회원들이 강론하는데 문제인 즉 조선에 급선무는 인민의 교육으로 작정함. 이 문제를 가지고 우편은 이경직 씨와 조병건씨가 의논하고 좌편은 백성기씨와 이건호(李建鎬)씨가 연설한 후에 회원 중에 여럿이 좌우편을 도와 연설들을 하는데 매우 재미 있고 학문 상에 유조한(도움이 되는) 말들이 많이 있더라.

학부 대신 이완용씨와 법부 대신 한규설씨와 농상 대신 이윤용씨와 기외 다른 유명 한 이들이 각기 이 문제에 당하여 소견대로 말들 하더라. 이 토론회는 대단히 회원들에게 유조 할 것이 일주 간에 한 번씩 모여 사회 상에 유조 한 문제를 가지고 사람마다 각기 의견을 말하여 서로 통정들을 하니 사람에게마다 큰 공부요 또 자주 이렇게 모하 애국 애민 하는 말로 목적을 삼아 가지고 토론을 하며 교분을 두텁게 하니 첫째는 사회 상에 큰 복이요 둘째는 전국에 대단한 사업이라.

우리가 바라건대 회원마다 정성을 들여 회에 참례하여 자기 소견들을 다 말 하며 남의 소견들도 들으며 사람 사귀기를 임금 사랑하고 백성 사랑하는 목적을 가지고 사귀거드면 친구의 정의가 다른 목적 가지고 사귀는 것보다 두터울 터이요 참 높고 맺는 친구들이 될 터이니 이 회가 성하여 차차 편당과 시기가 조선 사람의 마음 속에 없어지고 모두 공평하고 정직한 충신 열사들이 되기를 우리는 깊이 축수 하노라.

요다음 일요일 오후에 모여 토론할 터인데 문제인 즉 위생 하는 데는 도로 수정하는 것이 제일 방책으로 결정 하옴. 우의에 이완용 이채연 양씨요 좌우에 권재형 이상재 양씨라더라. 모두 와서 들으시오[103]

토론회에 대한 반응은 뜨거웠다. 1897년 11월호 『코리안리퍼지토리』는 독립협회 토론회에 대한 다음 글을 싣는다.

협회는 매주 토론회를 개최하여 교육, 종교, 풍습, 통상과 산업 등의 주제를 논한다. 우리도 이 중 한 토론회에 참석하였다. 독립회관 안팎으로 조선사람 청중 500명이 모였다. 협회장 안경수가 사회를 보았고 그 주변에는 이완용, 조병식, 정낙용, 민용기, 문추석 등 정부 고관을 비롯한 유명인사들이 모여 있었다.[104]

출석을 부르고 지난번 모임의 회의록을 승인한 다음 방문자들 소개, 신입회원 소개와 제청이 있은 후 안경수 회장이 이번 토론회의 주제가 「노예제도는 도덕적으로, 정치적으로 범죄이며 따라서 허용되어서는 안된다」임을 선언하였다. 토론은 매우 기품 있게(in a most dignified manner) 진행되었다. 「가(affirmative)」 측이 일방적으로 이기는 듯하였지만 「부(negative)」 측도 쉽게 양보하지 않았다. 「부」측의 주된 논리는 서비스(service)는 필요한 제도이며 노예도 일종의 서비스라는 것이었다. 흥미로운 것은 발언자 중 한사람이 중언부언하기 시작하자 고학년 학생 박윤구씨가 즉시 일어나 의사진행발언을 요청하여 발언자가 주제에서 벗어난 말을 하고 있다고 한 것이었다![105]

많은 사람들이 「가」 편에서 발언하였다. 윤치호씨는 노예제가 출현한 곳에는 참상이 뒤따랐고 그 영향은 인간성 파괴(dehumanizing)였다고 하였다. 그는 어린시절 이웃이 막대한 부를 축적하였다는 말을 듣고 그 사람이 어떻게 부를 축적하였는지 물었는데 시장에 내다 팔 노예를 길러서였다고 하는 얘기를 들었다고 한다. 이완용씨는 노예제를 폐지할 수 있는 유일한 방법은 노예주들이 각자의 마음속으로 자신들의 소유권을 포기하는 방법 밖에는 없다고 하였다. 그때야 노예제도가 완전히 사라질 것이라고 하였다. 이 말이 의미심장했던 것은 발언자가 이 토론회에 오기 전에 자신이 소유하고 있던 노예 30명을 해방시키고 노예문서를 불태웠다고 한다.[106]

토론회는 서재필씨의 유려한 연설로 막을 내렸다. 서재필 박사는 미국의

독립협회 토론회를 보기 위해 모여든 청중들

흑인 노예제의 참상을 얘기하였다. 그리고는 만장일치로 이 결의안에 찬성하는 사람들은 모두 자신들이 소유한 노예를 해방시키기로 약속하는 결의안을 채택하였다. 이 토론회의 영향은 막대하였다. 이 날의 토론회의 직접적인 결과로 최소한 100여명의 노예가 자유를 얻었다고 자신 있게 말할 수 있다.[107]

1897년 11월 28일 토론회의 주제는 「부요하고 공명함은 각기 조상의 분묘들을 좋은 땅에 쓴 까닭」이었다. 12월 5일의 주제는 「인민을 위생코자 하려면 의약의 학문을 급선무로 정한다」였다. 날씨가 추워지자 토론회 장소를 새문 밖 한성부로 옮긴다.[108]

공개된 장소에서 국정의 주요 과제와 사회 문제들을 주제로 정부 고관들과 사회지도층 인사 간에 벌어진 토론회를 일반 백성들이 참관하는 것은 초유의 일이었다. 독립협회의 토론회는 정부가 일반 백성들이 감히 접근할 수 없는 무시무시한 존재라는 이미지를 불식시키고 오히려 인민과 사회에 봉사하기 위한 존재라는 인식을 퍼뜨리기 시작한다. 또한 참관자들에게 조선을 반란이나 정변이 아닌 평화적인 방법으로 개혁할 수 있다는 희망과 용기를 준다.

독립협회가 토론회로 바뀌고 급진적인 주제로 토론회가 열리기 시작하면서 정부 관료들과 수구파들이 탈퇴한다. 탈퇴 속도는 독립협회가 러시아에 대한 비판적인 입장을 취하기 시작하자 더욱 빨라진다. 『코리안리퍼지토리』는 다음과 같이 보도한다.

> 폐하께서 독립협회를 승인하셨다는 사실이 알려졌을 때 나라의 고관대작들과 그들의 추종자들이 협회를 가득 메웠다. 그러나 특정 공사관이 협회를 싫어한다는 소문이 돌기 시작하자 그들은 모두 추풍낙엽처럼 떨어져 나갔고 그 자리를 메운 것은 지배계층에 대해 불만을 갖고 있는 사람들이었다.[109]

독립협회는 1898년 1월 조직을 개편한다. 서기에는 정교(鄭喬, 1856.7.8.-1925.3.15.), 회계에는 권재형(權在衡)과 인근영, 제의(提議)에는 이채연(李采淵), 이계필(李啓弼), 이종하(李鍾夏)가 선출되고 위원으로는 정교, 주사 이병목(이병목) 외에도 배재학당과 『독립신문』의 주상호(周相鎬, 주시경), 배재학당 교원 양흥묵(梁興默), 이준일 등이 위원으로 선출된다.[110]

반면 김가진을 위시하여 김종한(金宗漢, 1844.6.10.-1932.11.13.), 민상호(閔商鎬, 1870-1933), 심상훈(沈相薰, 1854.-?), 유기환(兪箕煥, ?-?), 민영기(閔泳綺, 1858.8.1.-1927.1.6.), 조병직(趙秉稷), 민종묵(閔種默, 1835.2.14.-1916.7.20.), 김재풍(金在豊), 이인우(李寅祐) 등 고위관직자들은 더 이상 독립협회에 간여하지 않는다.[111]

정교의 『대한계년사』

1898년 2월 27일에는 지도부도 교체한다. 이완용이 회장, 윤치호가 부회장, 남궁억(南宮檍, 1863-1939)이 서기, 이상재와 윤효정이 회계, 정교, 이건호와 양홍묵이 제의에 선출된다. 그러나 3월에 이완용이 전라북도 관찰사에 임명되면서 윤치호가 회

정교의 『대동역사』

장을 대행하게 된다. 이로써 독립협회는 설립 이후 처음으로 개화 세력이 위원의 주류가 된다.

11. 러시아의 내정간섭 비판

독립신문과 독립협회는 정부와의 충돌을 피한다. 정부의 지원을 받고 고종의 후원을 받는 단체로서 조선 사람들의 정치의식을 고취시키는데 주력하면서도 정부의 정책에 대한 비판은 삼가하였다. 그러나 러시아의 내정간섭이 노골화되고 고종이 조선을 러시아의 보호령으로 만들려고 획책하였다는 사실이 밝혀지면서 독립신문과 독립협회는 정부와 충돌한다.

러시아 군사교관으로 하여금 조선군을 훈련시키는 문제로 러시아와 일본이 협상을 하고 있음이 밝혀지고 러시아 정부가 고종의 요청으로 파견한 러시아 세관원 알렉세예프가 탁지부 고문과 조선 해관장을 겸하기로 하였다는 사실이 알려지면서 독립협회는 1897년 11월부터 본격적으로 정부 비판에 나선다.

특히 당시 외부대신 조병식과 러시아 공사 스페예르의 공식 합의문에 탁지부 고문과 해관장은 러시아 정부가 임명하는 러시아인만이 맡을 수 있다는 조항은 서재필과 윤치호를 격앙시킨다. 고종도 외부대신 조병식도 독립국이 무엇인지, 독립을 어떻게 유지하는 것인지 모르고 있다는 사실이 밝혀진다. 독립협회는 이때부터 본격적으로 토론회를 열고 시위를 벌이면서 나라의 재정권을 다른 나라 정부에 양도하는 정부를 맹렬히 비난한다.

귀국 후 서재필은 미국 공사 실(John M. B. Sill, 1831.11.23.-1901.4.6.)의 주선으로 고종을 알현한다. 서재필은 고종과 나눈 대화를 다음과 같이 회고한다.

> **고종:** 어떻게 해야 좋아?

> **서재필:** 대궐로 돌아가십시오. 조선은 폐하의 땅이요, 조선 인민도 폐하의 인민입니다. 이 땅과 이 백성을 버려서는 안 됩니다. 인민과 땅을 떠나서야 나라가 설 수가 없지 않습니까? 이 땅과 이 나라를 버릴 수는 없습니다. 빨리 대궐로 돌아가시는 것이 상책입니다. 한 나라의 임금으로서 대궐에 계시지 않고, 남의 나라 공사관에 계신다면 우선 체면이 손상될 뿐 아니라 남의 나라 사람들이 웃을 것입니다. 빨리 대궐로 돌아가십시오.

> **고종:** 글쎄, 그렇지만 무서워 어디 갈 수가 있어야지.

> **서재필:** 염려하실 것 없습니다. 폐하께 해를 끼칠 사람은 한 사람도 없습니다. 어서 빨리 돌아 가십시오.[112]

고종은 계속 러시아 공사관에 머물지만 『독립신문』은 아관파천을 비판하는 기사를 다루지 않는다. 아관파천은 고종의 자발적인 결정이었다. 서재필은 사태를 일단 긍정적으로 해석한다. 민비가 시해된 상황에서 신변의 위협을 느낀 고종이 러시아 정부의 보호를 요청한 것은 불가피한 측면도 있다고 생각했기 때문이다. 더구나 서재필은 니콜라이2세 대관식 특사 민영환(閔泳煥, 1861.8.7.-1905.11.30.)의 임무가 조선을 러시아의 보호령으로 만드는 것이라는 사실을 몰랐다. 고종이 니콜라이에게 전달한 5개의 요청 사항에 대해서도 알 수 없었다. 그 전말을 알고 있던 윤치호는 아직 귀국 전이었다.

『독립신문』은 1896년 10월 24일 민영환의 귀국을 열렬히 환영하는 기사를 싣는다. 역사상 처음으로 조선의 사절이 독립국의 대표로 수많은 나라들의 대표들과 어깨를 나란히 하면서 국위를 선양하고 왔고 더구나 러시아 정부의 협조를 받아 조선군을 조련할 수 있는 군사교관들을 대동하고 왔음을 치하한다.

러시아 갔던 공사 민영환 씨가 여러 달 만에 본국에 돌아왔으니 우리는 민 공사를 반갑게 치하하고 조선 정부를 외국에 가서 대접 받도록 행세를 하고 왔으니 어찌 가히 치하하지 안 하리오. 조선서 러시아로 사신 보낸 것이 여러 가지가 유조 한지라. 첫째는 러시아 황제 대관례에 세계 각국이 다 대사를 보내어 러시아 황제와 인민을 대하여 치하를 하는데 조선도 남의 나라와 같이 사신을 보냈은즉 양국 교제상에 매우 유조한 일이고, 둘째는 조선 사기(역사)에 처음으로 공사를 구라파에 보내어 조선이 자주 독립한 나라로 세계 각국에 광고를 하였으니 나라에 경사요, 셋째는 공사가 러시아 정부의 허락을 받아 육군 교사를 얻어 오는데 정영이 하나요 위관이 둘이요 군의가 하나요 하사관이 열이라.

서재필은 세계 최대의 규모와 최강의 전투력, 최고의 군율을 자랑하는 러시아군 교관들이 조선군을 조련한다면 조선도 드디어 군대다운 군대를 갖게 될 것이라며 반긴다.

조선이 되려면 첫째 나라가 조용하여야 할 터인데 국 중에 소란한 일이 없게 하려면 튼튼한 군사가 있어야 할지라. 조선 사람들이 세계에 강병이 될 만한 것이 본래 사람들이 병학에 재조가 있은 즉 군사 조련하는 일을 속히 배우고 또 조선 사람들이 본래 몸이 튼튼하여 청인이나 일본 사람들 보다 얼마큼 더 강하나 그러하나 조선 군사가 지금 외국 군사만 못한 것은 군 중에 규칙이 없어 장관이나 군사가 규모가 깨이지 못한 까닭이라. 조선이 큰 군사는 두지 못할지 언정 적어도 강하고 규모 있는 군사를 두어 대군주 폐하의 성체를 염려 없이 보호할 만하고 국 중에 비도들이 없게는 하여야 할지라.

러시아 육군과 해군은 세계에 매우 엄한 법률을 군중에서 쓰는 고로 이런 학교에서 교육한 사관들이 조선 군사를 조련하거든 조선 군사도 규모가 그러하게 깨일 터이니 우리는 그러하게 속히 되기를 바라노라.

끝으로 민영환도 이제 넓은 세상을 직접 보고 유럽과 아시아의 여러 나라의 인민들이 어떻게 살고 있는지도 보았으니 보고 듣고 배운 것을 활용하여 조선을 중흥시키는 마음이 생겼을 것이라며 기사를 마무리한다.

민영환씨는 러시아에 가서 세계에 유명한 잔치를 구경하고 세계 각국 공사들을 만나 보고 러시아 황제께서 훈장을 주시고 그 나라 황족들과 고관들이 굉장하게 대접들 하고 구라파와 아시아 대륙을 건너고 태평양과 인도양을 건너며 각국 인민의 사는 법을 구경하고 본국에 돌아왔으니 이 학문만 하여도 조선에 매우 드문지라. 아마 민공사도 자기의 본국을 한 번 외국과 같이 중흥하려는 마음이 더 있을 듯하더라. 새로 된 의정부 안에 할 일이 많이 있으니 아무쪼록 힘을 백배나 더 써서 조선을 러시아와 같이 되도록 만들기를 바라노라.[113]

그러나 『독립신문』은 1897년 하반기부터 러시아를 비판하기 시작한다. 조선 군대를 훈련시키는 문제에 대해 러시아가 일본과 협상을 벌이고 있다는 소식을 접하면서였다. 러시아가 조선군을 조련하는 문제를 조선이 아닌 일본과 협상을 벌이는 것은 조선에서 두 열강의 「영향권(sphere of influence)」을 나누기 위해서였다. 이는 전형적인 제국주의 열강의 행태였다.

1897년 8월 28일자 『독립신문』 영문판 사설은 러시아와 일본의 행태를 비꼰다.

우리는 여러 경로로 러시아와 일본이 조선 정부가 러시아 군사교관을 고용하는 문제에 대한 협상이 곧 타결될 것이라는 소식을 들었다. 우리 두 이웃나라들이 조선이 요청하지도 않았는데 이처럼 조선 문제에 대해서 협상, 비망록, 의정서 등을 통하여 애써 조정하려는 모습을 보이는 것은 참으로 고마운 일 같아 보인다. 우리는 두 열강들이 이 모든 수고를 하는 이유가 조선의 독립을 유지하기 위한 것이라고 수차례 얘기한 것을 의심하는 것이 결코 아니다. 그들은 극동의 평화와 질서를 지키기 위해서 조선을 돕고 있는 것이라고 거듭 대중들을 안심시키고자 한다. 이 모든 것에 대해 감사할 따름이다. 그러나 만일 두 열강이 진정 조선을 독립국으로 여긴다면 그들은 조선 문제에 관해서 두 열강이 합의하는 것이 그 내용이 무엇이든 조선이 따를 것이라고 생각해서는 안 될 것이다. 우리가 이해하는 바로는 오쿠마 백작과 로젠 후작 간의 협상은 두 정부 간에 조선에 대한 명확한 합의에 이르기 위해서라고 하지만 조선은 이 협상에 결코 참석할 수 없다고 한다. 따라서 조선은 두 열강 사이의 합의를 지키거나 인정할 여하 한 의무가 없다. 우리는 이 두 선린 열강들이 조선이 정당하게 주장하는 권리를 인정하고 그들이 그토록 지켜주겠다고 선언한 그들의 약한 이웃을 모든 해로운 간섭으로부터 지켜줄 것을 확신한다.[114]

12. 알렉세예프 고문 임명 사건

『독립신문』이 정부를 실랄하게 비판하기 시작한 것은 고종이 러시아의 개입을 적극적으로 사주하고 있음이 밝혀지면서다. 서재필은 고종이 민영환을 통하여 러시아의 재정고문을 요청했고 이에 러시아 정부가 알렉세예프를 파견하였다는 사실을 알게된다. 뿐만 아니라 러시아 공사 스페예르가 알렉세예프를 조선 해관장에 임명시키고자 아직 계약도 끝나지 않은 영국인 해관장 브라운(John Mcleavy Brown)을 해임시키려고 획책한다는 사실도 알게된다. 스페예르는 알렉세예프를 해관장에 임명하라고 탁지부 대신 박정양에게 압력을 넣고 영국 영사 조르단은 브라운을 해임하려는 조선 정부에 강력히 항의하자 박정양은 사직한다. 그러자 외부 대신 조병식이 스페예르와 합의문에 조인한다. [제8장 참조]

윤치호는 11월 6일자 일기에 다음과 같이 쓴다.

어제 들은 이야기에 따르면, 현재 외부대신인 조병식은 스페예르와 조선의 모든 재정 관련 부서들의 관리를 이제부터 러시아인에게 맡긴다는 취지의 계약, 또는 조약을 체결했다고 한다. 조단 씨(주조선 영국 총영사)는 조병식에게 계약 체결을 삼일만 연기해달라고 사정했다고 한다. 조병식은 전하께 조단 씨의 청을 말씀드리겠다고 대답했다. 하지만 조병식은 궁으로 가는 대신 외부의 인자을 가지고 김홍륙의 집으로 갔고, 그곳에서 계약을 체결했다.[115]

『독립신문』은 1897년 11월 16일 탁지부 대신 박정양이 사직 상소를 올렸음을 보도한다. 조병식(趙秉式, 1823-1907)과 스페예르의 합의문에 대해서도 상세히 보도한다.

대한 외부 대신 조병식씨와 러시아 대리 공사 스파여씨가 이달 오일 오후 사시 삼십 분에 외부에서 좌(左, 세로쓰기를 할 때 '좌'는 가로쓰기 할 때 '아래'와 같음)와 같은 약조를 합동 하였는데 그 합동서에 가로되 대한국 대황제 폐하께서 전권 공사 민영환을 명하사 대아(大俄)제국 정부에 청구 하시기를 러시아 탁지부에 깊이 익숙한 관원 일인을 대한에 보내어 반드시 대한 탁지부에 모든 사무를 총판하게 하고 겸하여 대한 해관에 관계 되는 모든 일을 관리하게 하여달라 하신 고로 러시아 제국 정부에서 이 청구함을 허락하고 이 주고를 인연 하여 해국에 한 근 각원(閣員) 그 일전에 온 알렉시예프를 명하여 대한 경성에 가게 함이라 그런 고로 한국 외부 대신 조병식씨와 아국 흠명 공사 스파여씨가 각기 자기의 정부를 대신하여 알렉시예프가 장차 판리를 함을 행 할 사무외 정황을 함께 모하 상의하여 좌와 같이 조관을 타정 함이라.[116]

기사는 이어서 합의문의 8개 조항을 열거한 후 과연 조병식이 무슨 권한으로, 어떤 절차를 거쳐서 나라의 재정 문제를 이렇게 결정할 수 있는지 묻는다.

러시아 대리 공사 스파여가 세상 사람들이 대한 정부에서 러시아 대리 공사
와 무슨 약조를 하여 대한 탁지와 해관을 러시아로 주었다 하는데 자연히 이
약조 사연을 알고 싶어 할 이도 많이 있을 터이요 또 이런 일은 대한 인민이
되어 알아야 마땅 할지라 이 약조를 기재하였으니 사람마다 자기 소견껏 이
약조가 대한에 유조 할는지 아니 할는지 생각들 하려니와 우리가 알 수 없
는 일은 전권 공사 민영환 씨가 러시아에 가서 어떻게 청구를 하였는지 그
사연을 우리가 모른 즉 참 청구하였는지 아니 하였는지 우리가 모르거니와
아마 외부 대신이 그렇다고 할 때에는 민영환 씨가 청구함은 분명 한지라[117]

　서재필은 고종이 민영환을 러시아 특사로 파견한 이유가 조선을 러시
아의 보호령으로 만들기 위한 것이었음을 비로소 알게 된다. 러시아 정
부가 알렉세예프를 파견하여 조선 탁지부 고문 및 해관장에 임명할 것
을 요구한 것도 모두 고종의 요청이었음을 알게 된다. 조선의 탁지부 고
문은 러시아인만이 맡을 수 있고 이를 위하여 러시아 정부의 동의를 얻
어야만 한다는 조병식-스페예르 합의문 조항은 조선을 러시아의 보호
령으로 만들려는 고종의 계획의 일환일 뿐이었다.

　서재필은 「자주권이 어디로 갔는지 우리는 용렬한 고로 알수가 없다」
고 비꼬면서 「온통 정부 권리를 타국 정부에 주어 내 것을 남의 손에 넣
는 것」이 대한제국에서는 「지혜있다고 생각 할는지」 모르지만 진정한
독립국에서는 이러한 일을 「내 수족을 내 손으로 동이는 것과 같다」고
한다며 고종과 정부를 질타한다.

　언제든지 대한에 인재가 있어 탁지 고문관 노릇 할 만한 사람이 있으면 러시

아와 대한이 의논하여 러시아 고문관을 해고하고 대한 사람으로 고문관을 시키자 하였으니 만일 대한에 학문 있는 이가 있어 탁지 대신이 되거드면 고문관은 쓸데가 없고 대한 사람이 재정에 익으면 대신이나 협판으로 탁지에서 일을 하지 어찌 고문관으로 일을 하리오. 이 자리는 러시아 사람 외에는 외국 사람을 고립하지 못 한다 하였으니 그 어찌 그렇게 하여야 대한에 유조한 까닭을 말 아니 하였은즉 알 수 없으나 만일 대한 정부가 외국 사람을 고립 하려면 대한 정부에서 아무 나라 사람이고 요량하여 할 권리가 있는데 이 약조대로 시행하거드면 러시아 정부 허락을 받아야 부릴 사람도 고립 할 모양이니 자주 권이 어디로 갔는지 우리는 용열 한 고로 알 수가 없고 정부에서 외국 고문관 두는 것은 나라마다 혹 있는 일이거니와 어느 나라 사람이고 그 정부에서 쓰고 싶은 대로 고립하여 그 사람과 합동하여 부리는 것은 전례가 많이 있거니와 온통 정부 권리를 타국 정부에 주어 내 것을 남의 손에 넣는 것은 대한서나 지혜 있게 생각 할는지 다른 자주 독립국 경계로는 이 일이 내 수족을 내 손으로 동이는 것과 같으나....[118]

고종이 칭제건원을 하고 대한제국을 선포하던 바로 그 때 나라의 재정권을 러시아에 넘기는 일을 획책하고 있었다는 사실이 드러나면서 서재필은 본격적으로 정부를 정면으로 비판하기 시작한다.

서재필은 고종과 조선 조정이 이토록 독립의 의미를 모르고 하찮게 생각하는 이유가 시모노세키 조약을 통해 원하지도 않던 독립을 하게 되었기 때문이라고 한다.

이 러시아 고문관이 범대한 재정 일을 모두 총섭하며 총판하는 권리를 주게 하였으니 만일 대한이 자주 독립국이 아닐 것 같으면 대한 전국 재정을 타국 정부에 맡겨 국 중에 각색 세전을 그 정부 사람 더러 받아 가지고 얼마큼씩 차하 해서 얻어 쓰고 지낼 것 같으면 대한에 도로 유조 할는지도 모르거니와 대한이 마관 약조(시모노세키 조약) 까닭에 되기 싫은 독립이나마 명색이 독립국이 되었은즉 독립국 쳐 놓고는 그 나라 전곡 갑병을 남의 나라 정부 손에 넣어 주는 법이 없는지라.[119]

윤치호는 11월 11일자 일기에 다음과 같이 쓴다.

조선인은 몇 백 년 동안 중국에 의지했기 때문에 조선이 열강의 속국이 되어야 한다고 생각하고, 느끼고 있다. 오리가 물을 찾듯이 조선인은 자연스럽게 외국의 신하가 된다.[120]

지난 3년 동안 조선은 명목상으로는 독립국이다. 하지만 독립과 개혁의 명확한 이점을 백성들에게 제시하기 위해 어떤 일이 진해되고 있는지 말할 수 있을까? 일 년 내내 뇌물 수수, 불법적 과세, 변덕스러운 정부의 변화, 억압, 환관, 특진관, 음모, 모의가 판친다. 백성들은 가난과 속박이 주는 비참한 상황에 놓여 있기 때문에 목숨과 재산을 보호해주기만 한다면 러시아인, 일본인, 또는 남아프리카의 미개인종일지라도 기꺼이 주인으로 섬길 준비가 되어 있다.[121]

13. 절영도 사건

1898년 1월 6일 스페예르는 조병식 외부대신에게 갓 개항한 목포와 진남포에 영사관을 짓기 위해 각 항구에 280,000 평방 미터의 땅을 구입하겠다고 한다. 각 항에는 외국인 거주를 위해 총 900,000 평방 미터가 지정되었기 때문에 러시아에게 그토록 많은 땅을 파는 것은 불가능한 일이었다. 스페예르는 결국 이 요구를 철회한다. 그러나 이때부터 조선 정부는 러시아가 조선에서 부동항을 찾고자 하는 시도를 본격화 한 것으로 의심하기 시작한다.

알렉세예프를 조선 해관장으로 임명하는 문제를 놓고 스페예르와 갈등을 빚던 조병식이 1월 31일 해임되고 후임 외부대신에 이도재가 임명된다. 그러자 3일 뒤인 2월 3일 스페예르가 이번에는 부산항의 절영도(영도)에 석탄저장고를 짓기 위해 80,000평방미터를 구매하겠다고 한다. 러시아나 일본은 이미 제물포 항의 월미도에 석탄저장고를 갖고 있었고 일본은 절영도에도 이미 석탄저장고를 갖고 있었다. 베베르는 1897년 8월에 민종묵 외부대신을 통하여 고종의 재가를 받은 바 있다. 그러나 당시 실질적인 구매계약은 체결되지 않았다. 스페예르는 중단되었던 구매절차를 재개하고자 한다. 그러면서 목포와 진남포 땅의 구매 건도 다시 제기한다.[122] 스페예르는 목포와 진남포 땅 구매 요구는 다른 외교 사절들의 반대로 철회한다. 그러나 절영도 땅 구매의사는 포기하지 않는다.

1898년 2월 13일 독립협회가 움직인다. 이날 독립협회의 일요일 정기 모임에서는 「노예상태에 굴복하는 것은 하늘과 인간에게 모욕이다」

라는 주제로 토론회가 열린다.
조선이 곧 러시아의 노예라는
발언도 나온다. 윤치호는 일기
에 다음과 같이 쓴다.

조병식

3시에 [서재필] 박사와 함께 독립
협회에 갔다. 회의 전에 노예 상
태에 굴복하는 것은 하늘과 인
간에게 모욕이라는 주제가 나
왔다. 그 주제는 급진적인 연설
을 많이 끌어냈다. 심지어 전하
께서 어떤 열강의 노예라는 사
실을 암시하는 연설도 나왔다.
우리를 노예로 만들고 있는 나
라는 지금 시베리아 철도를 놓
고 있으며, 우리가 그 나라의 노
예가 되면 그 철도에서 강제노
역을 하게 될 것이라는 이야기
도 나왔다. 마치 갇혀 있던 강물
이 댐에 생긴 아주 작은 구멍 때
문에 맹렬하게 터져 나오듯, 수
백 년 동안 억압받아 입에 재갈

부산에서 바라본 1905년 경의 절영도(영도)

이 물려졌던 사람들은 처음으로 자유롭게 발언할 기회를 갖게 되자 지혜롭

기보다는 열성적으로 이야기를 하고 있다. 이런 발언들이 독립협회에 해를 끼칠까 두렵다.[123]

윤치호는 마무리 발언을 하면서 독립협회 이름으로 상소를 올릴 것을 제안한다.

독립협회 회장님이 우리에게 제시한 주제에 대해서 이미 많이 논의가 되어 그에 대해서는 더 이상 할 말이 없습니다. 지나치게 많은 이야기를 하신 분도 계시고, 지나치게 말수가 적은 분도 계십니다. 하지만 하나의 정신, 하나의 소원이 모든 것에 생기를 불어넣고 있습니다. 즉 우리의 나라와 우리의 군주는 다른 나라와 동등하며 어느 누구 못지 않습니다. 이제 오늘 이곳에서 들은 이야기를 종합해 볼 때, 참석하신 분들은 모두 현재 우리나라의 상황이 몹시 위태롭다고 생각하고 계십니다. 백성들은 억압받고 있지만, 전하께서는 백성들의 현실에 대해서 아무것도 듣지 못하십니다. 하지만 외국의 전함이 우리의 바다에 나타나게 허락하십니다. 이해관계에 얽힌 사람들이 전하께 두려움을 주고 있습니다. 우리는 독립협회의 자격으로 왕국의 안전을 위협하는 것은 외국 함대가 아니라 국내의 실정(失政)이라는 사실을 알려드려야 합니다. 우리가 이런 취지로 상소문을 올려서는 안 될 이유라도 있습니까?[124]

윤치호는 조선이 위태로운 이유는 열강의 위협 때문이 아니라 고종이 나라의 현실에 대해 모르고 있고 실정을 거듭하기 때문이라고 못 박는다. 절대 왕정체제 하에서 이를 절대군주 고종에게 전달하는 방법은 상소 밖에 없었다.

상소를 올리자는 제안은 표결에 붙여졌고 찬성 50, 반대 4로 통과한다.

이윤용과 이완용은 반대했다. 하지만 이완용은 회의가 끝난 뒤 그 제안이 상당히 마음에 든다고 말했다. 상소문을 준비하기 위해 5인 위원회가 구성되었다.[125]

상소문 위원회는 20일 상소문 안을 협회에 제출한다.

오후 3시에 상소문 준비위원회가 자신들이 작성한 상소문 사본을 독립협회에 제출하였다. 그 상소문은 받아들여졌다. 나는 그 상소문을 한자와 한글로 쓰자고 제안했다. 각계각층의 백성들이 전하께 올리는 상소문 내용을 알 수 있게 하기 위해서이다. 이완용은 반대했다. 그 제안은 57대 67로 통과되지 못했다. 대중들은 독립협회 회관을 빽빽하게 메워 적극적인 관심을 보여주었다. 우리가 대중들에게서 강력한 애국심을 끌어내고, 그 애국심을 이끌어 나가기를 바란다.[126]

당시의 뜨거웠던 분위기는 『코리안리퍼지토리』도 기록하고 있다.

이 중요하고 영향력 있는 조직은 13일 열린 공개회의에서 상소 초안을 마련하여 일주일 후의 회의 때 제출할 5인 위원회를 임명하였다. 대중의 관심이 집중된 사안이었기에 엄청난(immense) 청중이 상소문의 낭독을 듣기 위해 20일 운집하였다. 회당은 가득 찼고 문과 유리창틀에도 듣고 싶어하는 조선 사람들로 가득했으며 수백명은 가청거리 내에 들어올 수가 없었다. 조선의 회의(assembly)는 대부분 놀랍게 질서정연하고 열정은 찾아보기 힘들게 마련이다. 그러나 20일의 경우는 달랐다. 상소가 정당한 것이고 절실한 것이라는 공감대에서 우러나오는 열정이었다. 상소문은 만장일치로 채택되었다.[127]

『코리안리퍼지토리』는 영역한 상소문도 기사와 함께 싣는다.

1898년 2월 21일(음력 2월 1일) 독립협회는 회장 안경수(安駉壽, [음] 1853.6.29.-[음] 1900.5.1.) 명의로 조선 내정에 외세가 간섭하는 것을 비판하는 상소를 올린다.

삼가 저희들은 나라가 나라의 모양을 갖추는 방법으로는 두 가지가 있다고 생각합니다. 하나는 자립해서 다른 나라에 의지하지 않는 것이고 다른 하나는 제힘으로 배우고 닦아서 온 나라에 정치와 법률을 행하는 것입니다. 이 두 가지는 하늘이 우리 폐하께 준 하나의 큰 권한입니다. 이 권한이 없다면 그 나라도 없는 것입니다. 그래서 저희들이 독립문을 세우고 독립협회를 만들어, 위로는 폐하의 지위를 높이고 아래로는 인민의 의지를 단단히 하여, 억만년토록 무강 할 기초를 확립하려 한 것입니다. 가만히 요즈음 나라의 형편을 살펴보니 위태로운 듯합니다. 모든 시행과 조치가 백성의 기대에 크게 어긋납니다.

자립에 대해 말씀드리겠습니다. 재정권은 다른 사람에게 넘겨주는 것이 옳지 않은데도 그것을 다른 사람에게 넘겨주었고, 군사권은 스스로 쥐는 것이 옳은데도 그것을 다른 사람에게 쥐게 했습니다. 심지어 신하들에 대한 인사권 또한 혹 자유롭지 못한 바가 있습니다. 이 어찌 간사하고 좀스러운 무리가 기회를 틈타 중간에서 제멋대로 하며, 혹은 외세에 의지하여 폐하를 위협하고, 혹은 터무니없는 거짓말이나 떠도는 말로 폐하의 귀를 현혹시켜서 그리 된 것이 아니겠습니까? 서리를 밟을 때가 되면 얼음이 얼 때도 곧 닥치는 것은, 필연적인 이치라 하겠습

안경수

니다. 하루 이틀 한 건 두 건, 매우 빨라 만약 여기에서 그치지 않는다면, 몇 날 몇 달 안에 온 나라의 권세를 모두 다른 사람에게 넘겨주고 태아(太阿)의 칼을 거꾸로 쥐는 후회가 있지 않으리라는 것을 어찌 알겠습니까?

제힘으로 배우고 닦는 것에 대해 말씀드리겠습니다. 무릇 나라라고 부르는 것은, 나라에는 문물제도와 법률제도가 있기 때문입니다. 지금 우리나라에는 문물제도가 있다고 할 수 있습니까? 법률제도가 있다고 할 수 있습니까? 옛 제도는 폐지했다 하여 시행하지 않고, 새 제도는 비록 정해진 것이 있다고는 해도 또한 시행하지 않습니다. 시행하지 않으면 이는 있으면서도 없는 것입니다. 이미 문물제도나 법률제도가 없으니 이는 나라가 아닙니다. 나라가 이미 나라 노릇을 못하니 사람들의 마음은 자연히 다른 나라에 의지하게 되며, 다른 나라 또한 의도한 바는 아닐지라도 내정에 간섭하게 됩니다.[128]

독립협회의 상소문에 대하여 고종은 「도리에 맞는 말은 요컨대 그것을 행하는 데 달려 있을 뿐이다」라는 모호한 비답을 내린다.[129] 그러나 독립협회가 상소를 올린다는 소식을 들은 정부는 발칵 뒤집힌다.

> 상소문 제안이 관료집단에서 일종의 돌풍을 불러 일으키고 있다. 관직을 떠난 사람과 민주주의 원리를 알고 있는 사람들은 그 움직임에 찬성했지만, 「관직 안」에 있는 자들은 강력하게 반대했다.[130]

조병식 후임으로 임명된 이도재도 절영도를 러시아에 조차(租借)하는 것을 거부하자 스페예르는 고종으로 하여금 이도재마저 해임시키고 그 후임으로 민종묵을 다시 외부대신에 임명하도록 한다. 민종묵은 적극적으로 스페예르와 협력한다. 1898년 2월 25일 민종묵은 외무아문으로 가서 절영도 조차 문서를 손수 작성하여 스페예르에게 보낸다.

3월 1일자 『독립신문』은 민종묵의 행동을 자세히 보도한다. 기사에 의하면 민종묵이 스페예르에게 보낼 문서를 작성하기 위해 외무아문에 갔을때는 직원들이 모두 퇴근하고 아무도 자리에 없었다. 외무아문의 공식 레터헤드(letterhead)도 찾을 수 없었다. 민종묵은 일반 종이에 문서를 작성할 수밖에 없었다.

> 민씨가 돌아간 토요일에 외부에 가서 러시아에 우리 나라 절영도를 허락하여 주려는 편지를 써서 러시아 공사에게 보내려는데 외부에 모든 관원은 다 파 하고 없는지라 민씨가 외부에서 쓰는 인찰지(레터헤드)를 얻으려 하나 누가 갔다 줄 리가 있으리오 민씨가 자기의 수대 속에 있는 화전지를 내어

사사 편지로 써서 러시아 공사
에게 보내었다는데 그 편지 사
연은 차 호 신문에 기재 하겠노
라[131]

3월 3일자 『독립신문』은 민종
묵이 스페예르에게 보낸 편지를
게재한다.

공경하여 대답 하옵거니와 부
산항 절영도에 석탄 고지 터를

민종묵

가르쳐 정할 일로 상년 팔월에 이미 귀 전임 공사 위패(베베르)씨가 조회로 청
한 것이 있고 아울러 그 땅을 답감 척량한 그림을 해 지방관이 외부에 올려
보낸 것이 있는지라 또 귀 공사께서 이 일을 인연 하여 전후 외부 대신에게
여러 번 말씀하셨는데 그 일 결말 하기를 지금까지 지체하여 끌어 오니 과
연 겸연쩍은지라 생각하건대 우리 대한과 러시아 두 나라의 두터운 정의는
다른 나라들에게 비하거드면 형별히 다르기로 이에 특히 허락하여 더욱 정
리 좋은 것을 깊게 하거니와 다만 그 석탄고 건축하려는 땅에 우리 대한 백
성이 많이 사는 터이니 절장 보단 하여 방편하게 하기를 간절히 비나이다[132]

2월 27일 독립협회는 회원 129명과 수백명의 청중이 모인 가운데 회
의를 연다. 이상재, 윤치호, 남궁억, 정교, 이건호, 양홍묵 등이 토론을
이끈다. 다음은 정교의 연설이다.

옛말에 이르기를, 「선대의 임금님들이 물려주신 강토는 한 치라도 남에게 줄 수 없다」고 했습니다.... 근래에 베트남은 사이공 강어귀의 섬과 만을 프랑스에게 넘겨주어 마침내 속국이 되었습니다. 청나라는 교주만(膠州灣, 자우저우만)을 프러시아에 조차했으니, 장차 박을 쪼개듯이 분할되기에 이를 것입니다. 지난 날의 교훈이 이와 같이 명백한데, 지금 러시아가 우리 대한에게 절영도를 요구하고 있습니다.

아! 우리 태조께서 외지에서 온갖 고난을 다 겪으며 우리나라의 토대를 만드셨고, 대대로 임금님들이 이어받아 어렵고 커다란 사업을 보전하셨습니다. 지금 황제 폐하께서는 자주독립의 권리를 세워 만국과 더불어 나란히 서게 되었거늘 그 신하 된 자들이 만약 한 치 한 자의 땅이라도 다른 나라 사람에게 준다면 이는 황제 폐하에게는 반역하는 신하요 대대의 임금에게는 죄인이며 우리 대한 이천만 동포 형제에게는 원수가 됩니다. 본 회에서는 이러한 뜻으로 외부 대신 서리에게 편지를 보내 질문하는 것이 좋을 것 같습니다.[133]

협회는 정교로 하여금 민종묵 외무대신 서리에게 보낼 공개 서신을 작성하도록 한다.

공손히 아룁니다. 듣자 하니 「러시아인들이 절영도에 석탄창고를 짓기 위해 8만 평방미터를 요구했다」고 합니다. 이미 조차(租借)해주었습니까, 아직 조차해주지 않았습니까? 장차 조차 해주려 합니까? 만약 조차 해 줄 경우에는 일본인에게 잠시 조차 해준 합동조관에 의거할 것입니까, 러시아인의 요청에 의하여 조차 해줄 것입니까? 잠시 조차 해주는 것입니까, 영영 주는 것입니까? 정부 회의를 거친 이후에 행하는 것입니까, 귀부(貴部)에서 단독으로 도장 찍은 것입니까? 본회 회원은 모두 대한의 신하 된 백성으로서 이 사건에 대해 부득불 참여하여 들을 권리가 있습니다. 이에 우러러 알리오니 사정을 잘 살피신 후 곧바로 상세히 회답 해주시기를 간절히 바랍니다.[134]

같은 날 일기에 윤치호는 다음과 같이 기록한다.

이런 독립협회의 행보가 조선의 정세를 더 낫게 변화시키지는 못할 것이다. 하지만 인민들이 조선 대신들의 공적 행동을 조사하기 시작했다는 것은 분명히 주목할 만한 일이다.[135]

민종묵은 같은 날 독립협회에 답신을 보낸다. 정부의 관리가 시민단체의 공개 질의에 공식적인 답변을 보낸 것은 초유의 일이었다.

지난해 8월 러시아 공사 베베르가 절영도 석탄창고 터를 지정하여 조회로 요청하는 것을 연달아 접했습니다. 그때 제가 조회문을 소매에 넣어 다니면서 정부 대신에게 두루 보여주었더니 모두들 「어쩔 수 없이 그래야 한다」고 했습니다. 이에 막 정부에 의결을 요청하려 하자 「몇 해 전 월미도 석탄창고 터의 조차를 허가할 때에도 내각의 의결을 요청한 적이 없고, 외부(外部)에서 법에 따라 처리했다」고 했습니다. 그러므로 결국 전례를 살펴서 시행했습니다. 부산 감리에게 훈령을 내려, 러시아 관원과 서로 도와 현지를 답사하고 아울러 그 차지한 자리를 그림으로 그려 올려 보내도록 했습니다. 이 안건은 이미 작년에 시행했습니다.

다시 스페예르 공사가 편지하여 그 일을 재촉했는데 어떤 곳은 「안 된다」, 어떤 곳은 「괜찮다」는 양단 간의 것뿐이었습니다. 1월에 본부의 대신이 그 석탄창고 터를 확정하여 완결 짓는 일을 가지고 의결을 요청하는 문서를 당일 회의에 넣으려 하니 그때 여러 사람들의 의견이 다 말하기를 「반드시 정부에 의견을 올릴 필요는 없고 외부에서 타당하게 결정하는 게 좋겠다」고 했습니다. 그러므로 일전에 석탄창고 터를 본받아 시행한 일은, 반드시 정부의 논의를 거칠 필요 없이 한결같이 일본에 석탄창고를 조차(租借)한 예에 의거하여 시행한 것입니다. 따라서 앞으로의 합동 조관도 차이는 없을 것 같습니다. 면적에 관한 사항은 순전히 해당 지역 내에 상인 등의 백성들이 모여 살고 있기 때문에 생업이 정해지기까지 여유를 주는 뜻이라고 편지로 자세히 말했습니다. 상의하여 처리하는 날에 면적을 줄이는 문제는 자연히 알맞게 마무리될 것입니다. 이것이 그 대강입니다.[136]

의정부를 거치지 않고 독단적으로 스페예르에게 편지를 보낸 사건으로 의정부 내에서뿐만 아니라 독립협회로부터의 거센 비난에 봉착하자 민종묵은 1898년 3월 2일 사직 상소를 올린다.

석탄 창고 터를 빌려주는 한 가지 문제로 말하면 이미 지난해 8월에 시행되었던 일이라서 월미도(月尾島)를 조차(租借)해 줄 때 청의서(請議書)가 없었던 전례에 따라 외부에서 전례를 상고하여 시행하였던 것입니다. 지난달 의정부에서 열린 회의 석상에서 외부 대신 이도재(李道宰)가 석탄 창고 터를 확정하는 일과 관련하여 의논서(議論書)를 들이기를 청하였으나 여러 의논들은 대부분 「의정부에서 헌의(獻議)할 필요 없이 외부에서 시행하는 것이 좋겠다」고 하였으니, 이는 대체로 정부에서 이미 익숙하게 들어 알고 있는 것입니다.

...

신이 변변치 못함으로 인하여 의정부의 여러 신하들이 신에 대해 내칠 것을 논의하기에 이르렀으니, 신이 어떻게 감히 하루라도 편안한 마음으로 얼굴을 들고 벼슬자리에 나올 수 있겠습니까? 삼가 바라건대, 성명께서는 굽어 살피시어 신이 맡고 있는 탁지부의 직임과 외부 서리의 직함을 모두 체차하심으로써 여론에 사례하고 보잘것 없는 분수를 편안하게 해 주소서.[137]

이에 대하여 고종은 다음과 같은 비답을 내리면서 민종묵의 사직서를 수리한다.

나라가 있고 의정부가 있는 만큼 일마다 회의하여 결정하지 않는 것이 없다. 경도 스스로 헤아리는 것이 있겠지만 옳고 그름을 논할 때에는 의당 소견을 한 번 펴보고자 하는 것이다. 청한 바대로 시행하라.[138]

그러나 고종은 외부대신 서리 민종묵의 사표를 수리한 바로 다음날인 3월 3일 그를 외부대신에 임명한다. 탁지부 대신에는 조병호를 임명한다.[139] 같은 날 친러파가 자객을 보내 정교를 암살하려 하지만 실패한다.[140]

독립협회는 3월 6일 회의를 개최한다. 이 모임에서 이건호는 「외부대신 서리 민종묵이 탄핵을 받아 사직했다가 며칠 되지 않아 곧바로 다시 임명되었습니다. 이는 틀림없이 간사하고 좀스러운 무리들이 황제 폐하를 위협하여 이 지경에 이른 것입니다. 정부에 편지를 보내어 간사하고 좀스러운 무리들의 성명을 자세히 조사하여 법에 따라 징벌하는 것이 좋겠습니다」고 한다.[141] 협회는 정부에게 모든 열강과의 석탄저장고 합의를 취하할 것을 요구하기로 한다. 협회는 이상재, 정교, 이건호에게 민종묵 외부대신에 보낼 서한을 작성하도록 하고 3월 7일 외부(외무부)에 전달한다.

> 대체로 보아서 오늘날 러시아인이 석탄창고 터를 달라고 요구하는 것은 이전에 일본이 먼저 조차(租借)한 것을 핑계한 것입니다. 그렇다면 다른 날 다른 나라가 오늘날 일본과 러시아가 조차를 허락받아 누리는 이익을 고르게 받으려 하지 않겠습니까? 만일 여기에서 그치지 않는다면 전국의 토지는 순서를 매길 겨를도 없이 다른 나라 사람에게 조차가 허락될 것이니 우리나라 사람은 장차 어느 땅에서 생활한다는 말입니까?
>
> 뛰어난 의사는 병의 근원을 먼저 다스립니다. 현재 토지 조차 문제의 근원은 일본의 석탄창고에서 비롯되었습니다. 귀 대신께서 일본 공사에게 조회를 보내 일본 석탄창고를 철거하여 그 땅을 돌려보내도록 통지한다면, 각국으로부터 치우치게 후하거나 치우치게 박하다는 책망은 자연히 막을 수 있을 것입니다. 그리하여 밖으로는 교분이 화평해지고 안으로는 국권이 공고해질 것입니다. 헤아려 살피시어 밝게 드러내 보이기를 바랍니다.[142]

같은 날 협회는 의정부에도 공개편지를 보낸다. 민종묵이 외부대신 서리에서 해임된 지 하루 만에 다시 외무대신에 임명된 문제를 거론한다.

대체로 보아서 민씨의 죄는 외부대신서리로 인한 것이므로 책임을 물어 그 직책에서 해임한 것입니다. 그런데 우리 대황제 폐하께서 해와 달 같은 명철하심으로 과단성 있는 정치를 널리 발휘하시고는 하루 이틀 사이에 혼란스럽게 마구 고치실 리는 결코 없습니다. 이것은 반드시 힘이 세어 제어할 수 없이 날뛰는 간사한 역적들이 외세를 믿고 임금을 협박하며, 제 몸 만을 살찌우려는 욕심을 다하려고 중간에서 핍박하고 억누르며 이르지 못하는 곳이 없어, 국가의 법령을 문란케 하고 임금과 신하의 크나큰 의리를 헐어 무너뜨린 것입니다.

정부의 여러분들께서도 헤아리는 바가 있었기 때문에 재차 연명으로 상소하여 「교체와 유임이 겨우 이틀 사이에 있었다」고 했고, 또 「대신 한 사람이면 정부의 일을 다 하기에 충분하다」고 하셨습니다. 그러므로 여러분께서 논의한 바는 오직 해당 대신의 진퇴가 여전히 더디므로 임금을 위협하고 제어하는 간사한 역적들을 자세히 조사해 밝혀 처형해야 한다는 것에 있었습니다.[143]

독립협회는 같은 날 「조러은행」 설립에 반대하는 편지도 정부에 전달한다.[144]

14. 스페예르의 최후통첩

3월 7일 스페예르는 외(交)부에 최후통첩을 보낸다.

저는 최근 서울에서 귀국의 인민들 중 할 일 없는 사람들이 자신들이 유능한 정치인이라고 칭하면서 러시아의 이익에 반대하여 소요를 일으키고 있는 개탄할 상황이 전개되고 있다는 사실을 알게 되었습니다. 이러한 상황으로 저의 주군이신 러시아 황제께서도 당연히 매우 놀라워하십니다. 러시아 정부는 귀국의 군주 폐하와 정부의 요청에 따라 군사들을 훈련시키고 궁궐을 지킬 군사교관들을 보내고 탁지부 고문을 파견했습니다. 우리 정부의 이러한 결정은 러시아가 귀국을 이웃으로서 돕고 귀국의 독립을 강화시키고자 한다는 사실을 명확히 보여주고 있습니다. 그러나 귀국 정부는 그 당시에도 러시아의 결정이 얼마나 중요한지 제대로 이해하는 것 같지 않았으며 이제는 러시아가 귀국에게 유리하고 이익이 되는 일들을 성취하는 것을 모두 막고 있습니다. 귀국 정부의 이러한 태도는 너무나 명확하기에 러시아는 이러한 상황을 더 이상 견디기 어렵습니다. 따라서 우리 황제께서는 귀국 황제께 상황을 모두 보고하고 조선이 여전히 러시아의 도움을 받고 싶은지 아니면 아닌지 문의하고 만일 귀국 황제와 정부가 군사교관과 탁지부 고문이 필요하지 않다고 생각한다면 우리 정부도 그에 따라 대처 할 것이며, 그러나 귀국 정부는 앞으로는 귀국의 독립을 유지하는데 자력에 의지해야만 할 것입니다. 저는 답을 기다리고 있습니다. 그리고 24시간 이내에 답해주시기를 바랍니다. 또한 대신께서는 우리 황제 폐하께서 저에게 내리신 지시 사항을 귀국 황제 폐하께 전달할 수 있도록 귀국 황제 폐하와의 알현을 주선해 주시기를 바랍니다.[145]

고종은 민종묵에게 이미 은퇴한 김병시와 조병세와 함께 답변을 준비하도록 한다.[146]

3월 7일 윤치호는 김홍륙이 자객들을 고용해서 독립협회 지도자들을 제거하려는 음모를 꾸미고 있다는 첩보를 접한다.

믿을 만한 소식통에 의하면, 김홍륙이 암살자들을 고용해서 독립협회의 지도자들을 제거하려고 했지만, 그 자들은 김홍륙의 제안을 거절했다고 한다.... 오늘 아침 아내에게 내가 처한 위험에 대해 알려주었다. 아내는 차분하게 이렇게 말했다. 「독립협회에서 탈퇴하면, 당신 평판에 손상을 입을 겁니다. 저는 이 문제에 대해서는 어떤 식으로든 당신한테 이래라저래라 하지 않을 거예요. 넘 걱정하지 마세요.」 얼마나 사랑스러운 아내란 말인가!
독립협회 지도층 세 사람을 만났다. 정교와 최정식은 밤인데도 상당히 격앙되어 있었다. 두 사람은 상당히 풀이 죽은 채 낙향 이야기까지 했다! 나는 그렇게 하지 말라고 설득했다. 마침내 우리는 앞으로 일어날 사건을 기다리기로 결정했다. 어떤 사건이 일어나든 말이다. 다들 속속들이 썩어 버려 어떤 계층의 사람도 신뢰할 수 없다.[147]

스페예르의 「최후통첩」이 독립협회에 알려지면서 협회가 신속히 움직인다. 정교는 『대한계년사』에 당시의 정황을 다음과 같이 기록하고 있다.

이때 제이슨(서재필)이 은밀히 정교에게, 한러은행과 밀접히 관련되는 러시아 사관(士官)의 고용 기한이 이미 만료되었으니, 종로에서 만민공동회를 열고 정부 및 외부(외무부)에 편지를 보내 탁지부 고문과 알렉세예프와 군부 교련사관에 대한 해고를 요청하는 문제를 논의하여 정할 것을 부탁했다.[148]

윤치호는 일기에 다음과 같이 쓴다.

오늘 아침에 이완용씨가 찾아와서 이런 이야기를 들려주었다. 자신과 서재필 박사는 종루 근처에서 대중 집회를 소집하기로 결정했다. 독립협회는 배후에 있어야 한다. 러시아 고문과 관련된 현 사태를 인민들에게 설명할 연사를 많이 소개받고 있다. 인민의 대표단을 대신들에게 보내 러시아 교관들을 보내야 하고, 만약 러시아 교관들을 보내지 않으면 인민들은 정부를 정부로 여기지 않을 것이라고 강력하게 충고해야 한다.[149]

윤치호는 이완용에게 대중집회를 개최하는 것은 위험하다고 한다.

나는 이완용씨에게 이런 대중 집회에는 심각한 위험이 도사리고 있다고 말해주었다. 인민들은 집회의 규율, 아니 모든 규율에 대해서 무지하다. 연사는 대중들의 그럴싸하고 격앙된 감성에 호소할 것이다. 김홍륙을 살해하거나 전하를 궁으로 귀환하시게 만드는 등의 감성 말이다. 인민들은 금방 폭도로 변할 것이고 당국은 그들을 범법자로 처벌할 것이다. 그렇게 되면 러시아인들은 약점을 잡아 전하를 위협하여 앞으로 모든 대중 집회를 진압할 것이다.[150]

윤치호는 서재필을 만나 같은 우려를 전한다.

서재필 박사를 방문하여 내가 우려하는 바를 말하였다. 박사는 내 말에 웃으면서 조선의 인민들에게는 권위에 대항하여 일어날 용기가 없다고 대답했

다. 하지만 인민이 자신들의 협
박을 실현할 수 없기 때문에 대
표단(러시아 공사관)이 정부를 위
협해서는 안 된다고 말하자 박
사는 내 말에 동의했다. 최선을
다해 오늘 대중 집회에 참여하
는 사람들에게 대중을 통제하
라고 설득하였다.[151]

리드 목사

3월 9일 윤치호는 리드(Clar-
ence F. Reid, 이덕[李德], 1849.7.14.
-1914.8.8.)목사로부터 피신하라는 제안도 받는다. 1895년 10월 조선에
부임한 리드는 미국의 남감리교회가 조선에 최초로 파견한 선교사다.

오늘 아침 리드 박사가 위험을 피해 송도로 피신하라고 말했다. 어딘가로
피신해야 한다면, 차라리 외국으로 가고 싶다. 하지만 지금 서울을 떠나면
불명예를 안게 될 것이다. 일본 은행에서 일하는 일본인 친구 하라다가 일
본 대사인 가토 씨의 전갈을 전해주었다. 그 전갈에 따르면 스페예르도 독
립협회의 지도자들을 체포하려고 하는 것 같지 않고, 우리가 지나친 두려움
을 보일 필요는 없다고 한다.[152]

3월 10일 『독립신문』은 종로 집회에 대한 간략한 공고를 낸다.

오늘 오후 두 시에 종로에서 유명한 유지각 한 이들이 좋은 연설을 한다고 뜻 있는 군자들을 청하였다더라[153]

15. 만민공동회

첫 만민공동회는 1898년 3월 10일 오후 2시 종로 종각 앞에서 「연설과 위원회, 결의 등 가장 보편적인 민권의 원칙에 기반하여」 개최된다.[154]

8,000명에 이르는 군중이 운집한 가운데 종로의 종각 앞 솜 조합(Cotton Guild) 앞에서 개최되었다. 서울의 거상 중 한 명인 나홍석씨가 사회를 보았다. 스페예르와 그의 부하 직원들을 포함한 많은 외국인들도 참관하였다. 집회는 질서정연했으며 연설들은 매우 절제되었고....[155]

『대한계년사』는 첫 만민공동회를 다음과 같이 기록한다.

3월 9일(실제로 10일) 종로에서 만민공동회를 열어 이승만, 홍정후(洪正厚, ?-?) 등이 재정권과 군사권은 타인에게 넘겨줄 수 없다는 내용의 연설을 했다. 많은 백성들이 박수를 보내며 옳다고 하지 않는 사람이 없었다.[156]

윤치호는 일기에 이렇게 쓴다.

대중 집회는 무사히 잘 끝났다. 독립협회 회원은 아무도 연설하지 않았다. 하지만 회원들은 대중 집회가 정당한 범위 밖으로 넘어가지 않도록 유지하는 일을 지원했다. 연사들은 대부분 배재학당과 경성학교(Seoul School) 학생이었다. 군부와 탁지부의 러시아 고문을 해고할 것을 정부에 촉구하기 위해 3인 위원회가 구성되었다.[157]

3월 11일 민종묵이 스페예르에게 정부의 공식 답변을 전달한다. 『독립신문』은 정부 답변 전문을 싣는다.

조회하는 일은 우리나라 책력 본 월 칠일에 접준한 귀 조회에 사관과 고문관의 긴요 여부 물은 일사로 수삼 일을 기다려 대답할 줄로 이미 답 조회 하였거니와 우리 나라가 을미 변란 이후로 부터 간세배가(奸細輩) 중간에 성 하여서 국보가 간난 하고 종사가 위급한 때를 당하여 우리 대황제 폐하께서 이필 하사 귀 공관에서 해를 지내시와 우리 황실이 힘 입어서 안태 하시고 우리 국가가 곤란에 면 하기는 실로 귀국 방조로 말미암아 크게 힘이 있음이라.

우리 대황제 폐하께서 깊이 귀국으로써 덕을 삼고 우리 정부 신민이 또한 그 은혜를 감사히 여기는데 이어 또 귀국 대황제 폐하께서 돈목한 의를 생각 하시고 특히 교련 사관과 및 탁지 고문관을 보내어 우리 나라에 이익한 사무를 방조하고 우리 나라가 점점 개명하는데 나아 가기를 인도하여 반드시 나라 힘이 발달하게 하기를 기약하고 또 우리 나라 독립의 기초를 보전하게 하였으니 이것은 다 우리 나라 신민이 성히 생각하심을 흥감하여 일체 분발한 것이러니 귀 공사 조회에 우리 서울 안에 무슨 가히 슬픈 사정이 있는데 또는 업 없는 한가한 백성이 거짓 관청의 착한 재조라 칭하고 망령 되이 격동하는 끝을 지어 써 심히 귀국 대황제 폐하가 의심하게 하여 칙명을 이어 교련 사관과 고문관의 불긴(不緊, 꼭 필요하지 아니함) 여부를 물었으니 이는 우리 대황제 폐하께서와 및 정부의 크게 겸탄한 바이라.

대개 사기가 이에 이른 것은 그 책임이 우리 정부에 있으니 우리 정부가 스스로 마땅히 돌이켜 살필 것이라 종금 이후로 깨우고 신칙 하기를 스스로 힘써 소우(疏虞, 조심하지 아니하여 잘못을 저지름) 한 것이 없기를 기약하여 써 다시 귀국 대황제 폐하의 변로 하심을 끼치지 아니 하기로 도모 하노라.

이왕에 귀국 대황제 폐하와 및 정부가 우리 나라를 대하여 권렴한 후의가 전혀 병정(兵政)과 재무(財務)의 허다 진보하게 한데 있었는데 해 고문관과 및 사관이 깊이 귀국의 돌아보는 뜻을 몸 받아 폭로(暴露)를 혐의 하지 아니 하고 신근현로(辛勤賢勞) 하여서 시위대는 가히 익숙히 그 직무를 알았으며 재물 정사도 또한 다 차제로 취서(就緒) 하였으니 다 이것이 귀국에서 준 바이라.

그 큰 공덕을 낮하 낸 것은 영세 불망 하겠으나 그러나 우리 정부에서 지금은 기견(起見)이 있어서 이제부터는 군사 정사와 재물 직무를 귀국에서 이왕 가르치던대로 그 법을 써서 전혀 우리 나라 사람으로 하여금 주관하여 담당시키고 무릇 외국 사관과 고문관은 일제히 쓰지 아니 하기로 확실히 질정한 것이 있으니 이는 원로(元老) 대신과 및 정부의 소원이요 또한 온 나라 신민의 공의와 물론이라.

이제 이 사세가 이에 이른 것도 또한 귀국 대황제 폐하와 및 정부에서 우리 나라 사무에 자자 하고 우리 나라 독립을 방조하여 오늘날 주의를 길러 준대서 말미암은지라. 귀국 대황제 폐하와 정부가 만일 우리 나라 인민도 지식이 점점 열려서 능히 국체 형편을 아는 본의를 자세히 알거드면 생각하건대 또한 우리 정부의 바라는 바를 흔연히 낙종(樂從) 할 것은 곧 본 대신의 실심으로 확실히 믿는 받자라.

우리 나라 국력(國力)이 발달하기 전에는 불가불 각국의 우의(友誼)로 방조 하는 것을 의지하여 힘 입으려 하였으나 그러나 우리 나라 자주 독립의 진 보하는 것은 또한 불가불 돌아보아 생각 하겠으니 청컨대 이제로부터는 더 욱 화목하는 의만 닦아서 혹 잃고 떨어지는 것이 없게 함은 곧 우리 대황제 폐하께서와 정부 신민의 일체로 바라는 자이라.

처음에는 고문관과 사관들을 보내어 극히 그 양조(讓助) 하였거니와 지금 은 공을 마쳐 깊이 편의 한데 이르렀으니 귀국에서 먼저 이 의논을 한 것은 더욱 감사 한지라 지금 본 대신은 성지를 봉유(奉有)하였는데 우리 대황제 폐 하께서 깊이 귀국 후의를 치사 하사 대사(大使)를 파(派)하야 귀국 서울에 가 서 공경하여 우리 대황제 폐하의 치사 하시는 뜻을 받들어 귀국 대황제 폐 하께 면주(面奏) 하기로 비겼기에 본 대신은 먼저 이 뜻을 잡아 각하(閣下)에 보 하노니 귀 공사 대신은 우항(右項) 일체 정형을 조량 하여 굴러 귀국 대황 제 폐하께 품 하여 우리 대황제 폐하께서와 및 정부의 속 정을 통실 하시게 하는 것이 가 하다고 하였더라.[158]

『코리안리퍼지토리』는 「외교 관계가 시작된 후 조선의 외교부에서 나 온 문서 중 최고의 명문장」이라고 칭송한다.[159] 윤치호는 「놀랄 만한 답 변서이다. 러시아파 정부가 어떻게 이렇게 대담한 편지를 쓸 수 있단 말 인가!」라고 일기에 쓴다.[160]

3월 13일 윤치호는 친러파가 독립협회를 파괴하고자 한다는 얘기를 독립협회장 이완용으로부터 듣는다.

오늘 아침 이완용씨가 아주 이른 시간에 만나자고 요청했다. 이완용 씨는 경무사 김재풍이 보낸 서한을 보여주었다. 그 서한에 따르면, 러시아파가 오늘 독립협회를 파괴하기 위해서 2-3천 명을 고용했고, 전하께서는 독립협회에서 대중 집회를 중단하기를 바라신다고 한다. 이완용씨는 오늘 개최될 대중 집회를 연기할 수는 없지만, 우리(이완용 씨와 나)는 대중 집회에 대한 전하의 생각을 알고 있기 때문에 집회에 불참하자고 제안했다. 나는 독립협회가 어려움에 처한 시기에 도리상 불참할 수는 없다고 답했다. 그러자 이완용 씨는 김재풍에게 서한을 보내 경찰을 많이 보내 달라고 요청하겠다고 했다.[161]

3월 14일 독립협회는 윤치호, 정교, 김정현의 이름으로 정부가 스페예르의 최후통첩을 과감하게 무시하고 러시아 고문을 해촉한 것을 축하하는 편지를 보낸다.

이번에 러시아 공사가 조회하여 그 나라에서 파견한 군부 교련사관과 탁지부 고문관을 해고한 일은, 실로 우리 대황제 폐하께서 훌륭한 도량으로 하늘의 도리를 체득하시고 해와 달처럼 밝게 결단하시어 독립의 권리를 굳건히 하고, 정부의 여러분께서 서로 협력하고 조회의 답장을 확정하여 유지해야 할 책임을 능히 지켜낸 데서 연유했습니다.

우리 2천만 동포가 덩실덩실 춤을 추며 기뻐하는 정성이 어찌 그 끝이 있겠습니까? 본회 회원들도 감격하여 경축의 말씀 올리지 않을 수 없습니다. 이에 감히 소리를 모아 축하를 올립니다. 삼가 바라옵건대 여러분께서는 뒤처리를 잘하시는 데에 더욱 힘쓰셔서 위로는 황제 폐하의 은혜에 보답하고 아래로는 만민의 마음을 편안하게 하시기를 보잘것없는 저희들은 바랍니다.[162]

3월 17일 스페예르는 조선 외부에 서한을 보내 조선 조정의 뜻에 따라 궁의 러시아 관료와 탁지부의 고문을 철수할 것임을 통보한다. 『독립신문』은 스페예르의 공문 내용을 3월 19일자 신문에 게재한다.

귀 대한국에서 이미 친히 러시아에 청 하여 하여금 군부 소관과 탁지부 고문관을 보내 달라 하였는 고로 러시아에서는 청 한 것을 따라 사관과 고문관을 파송하여 온 것일러니 지금 귀 대한국에서 생각 하기를 러시아 사관과 고문관은 쓸데가 없고 스스로 능히 사무를 판리 하겠노라 한즉 러시아 나라에서는 다만 귀 대한국이 이 같이 오래지 못한 사이에 이미 이렇듯이 발달 한데 이르러 독립의 스스로 능 한데 기리 나아 가고 전혀 외국 군사와 사관과 고문관등의 방조하는 것은 쓰지 아니 하고 스스로 장차 자기의 완연 독립하는 것을 보전하자는 것만 하례 하는지라 본 대신은 이미 긴요히 조치하게 할 것을 만들어 러시아 나라의 사관들과 고문관을 다시 대한국 사무를 보지 않게 하였고 글을 갖추어 조복 하노라고 하였다더라.[163]

그러나 스페예르가 러시아 군관들과 탁지부 고문 등을 모두 철수시키기로 한 것은 독립협회의 압력 때문이 아니었다. 고종의 결단 때문은 더더욱 아니었다. 고종이 러시아 고문들의 해촉에 동의한 이유는 대한제국의 독립을 위해서가 아니라 다만 러시아군 파견이 지연되고 3백만달러 차관 요청도 제공될 기미가 보이지 않자 러시아에 대한 관심을 잃었기 때문이다. 더구나 스페예르의 과격한 행동거지와 김홍륙의 전횡에 불쾌하고 불안하던 고종은 이들을 제거할 기회로 생각한다.

러시아 군관들과 고문들이 조선에서 철수한 것은 만주를 관통하는 철도건설계획을 성사시키고 뤼순을 조차하는데 성공한 러시아 정부가 조선에서 더 이상 일본을 자극하는 것을 원치 않았기 때문이다. 즉, 만주에서 획득한 막대한 전략적 이점을 유지하기 위한 전략적 후퇴였을 뿐이다. [제8장 참조]

윤치호는 이러한 사실을 3월 19일 정부 고문이자 법무부 협판인 그레이트하우스(Clarence Ridgley Greathouse, 1846.9.17.–1899.10.21.)를 통하여 알게 된다.

오후에 그레이트하우스 장군을 방문했다. 장군은 다음과 같은 이유로 러시아 교관들이 예상치 않게 철수했다고 말했다.

러시아는 모든 노력을 경주해야 하는 일을 중국에서 벌이고 있다. 러시아는 일본과 분쟁을 일으키는 것을 원하지 않는다. 현재의 [일본]내각은 러시아와의 평화를 지지하고 있다. 하지만 다음 의회는 러시아가 조선 문제에 있어서 절제된 모습을 보이지 않으면 전쟁을 요구할 공산이 크다. 따라서 도쿄의 현재 내각을 유지하고 호전적인 의회에 구실을 주지 않기 위해서는 친러 내각이 전복되지 않게 해야 한다. 러시아 정부는 적어도 한 동안은 조선에 대한 무례한 내정 간섭을 철회할 것이다.[164]

그럼에도 불구하고 러시아의 내정 간섭과 조선 정부의 굴욕적인 대외 정책에 논리적으로, 조직적으로 저항한 『독립신문』과 독립협회는 조선 사람들에게 독립언론과 시민단체의 역할과 의미에 대한 깊은 인상을 남긴다.

16. 서재필의 해고

고종은 서재필과 『독립신문』, 독립협회를 눈엣가시로 여긴다. 비록 러시아 고문들을 축출하는데 자신과 보조를 맞췄지만 국정에 일일이 간섭하는 것은 용납할 수 없었다. 윤치호는 고종이 서재필과 독립협회를 극도로 싫어한다는 사실을 스페예르와의 대화를 통해 확인하게 된다. 윤치호는 1897년 12월 12일 스페예르를 만나 다음과 같은 대화를 나눈다.

윤치호: 스페예르 씨는 왜 서재필 박사와 친분을 맺지 않습니까? 요전 날 서재필 박사가 말하기를, 지금 조선에는 강력한 인도자가 필요하기 때문에 자신은 스페예르 씨를 지지할 만반의 준비를 갖추고 있다고 했습니다. 박사는 당신과 러시아의 대의명분에 우호적이고, 그 대의명분이 조선의 이해관계와 충돌하지 않는 한 앞으로도 그럴 것입니다.

스페예르: 하지만 서재필 박사는 그런 생각을 드러내지 않고 있습니다. 또 전하께서 서재필 박사를 무척 싫어하십니다. 전하께서 워낙 싫어하시기 때문에 지금까지 전하께 서재필 박사와 박사의 악영향에 대해서 말씀드릴 생각조차 해본 적이 없습니다. 전하께서 서재필 박사에 대해서 말씀하실 때

처럼 분노하시는 모습은 한 번도 보지 못했습니다. 전하는 아무리 평화롭고 차분한 상태에서라도 박사 이야기만 나오면 분노로 얼굴이 붉어지십니다. 아니, 나는 아직까지는 서재필 박사에 반대하는 행동이나 말을 한 적이 업습니다. 하지만 박사가 지금까지 그랬던 것처럼 계속 어리석게 행동하고 자신이 이 세상에서 가장 박식한 사람인 것처럼 거드름을 피운다면, 그렇게도 사랑하는 미국으로 돌아가게 될 것입니다. 전하의 최측근으로부터 들은 말에 따르면 서재필, 이윤용, 심상훈은 대원군과 은밀한 관계를 유지하고 있다고 합니다. 만약 그렇다면 그 자들이 그렇게 하도록 내버려둘 것입니다. 서재필 박사는 나와 러시아인 몇 명을 죽일 수도 있습니다. 하지만 그 사람은 조선이 러시아의 손아귀, 그것도 강력한 손아귀에 있다는 사실을 깨닫게 될 것입니다.[165]

12월 13일 조병식 외부대신이 알렌 공사를 찾는다. 조병식은 조선 정부가 서재필을 해고할 것을 통보하는 동시에 이를 해명하고자 왔다면서 알렌의 눈치를 살핀다. 알렌은 조병식과의 대화를 다음과 같이 기록한다.

오늘 조병식 외부대신이 내방, 부끄러워하는 태도로 다음과 같이 말했다. 「대한 정부는 서재필을 해임할 예정인데, 이에 대한 해명편지를 나에게 보내기 전에 친구로서 찾아왔다.」 대한 황제는 어제 나에게 전갈해 오기를 그저께 러시아 공사관 통역관 김홍륙이 러시아 공사관에서 작성된 공문서를 자기한테 가져왔는데 그 내용인즉슨 대한 외부(外部)가 서재필 박사를 해임해야 한다는 것이었다.

그래서 나는 서재필 박사를 만나보았는데, 그는 아메리카 동양광업개발 주식회사(American Mining Co.)로부터 좋은 조건으로 그 회사 통역관 겸 회사 전속 외과의사로 와달라는 특별 초빙을 받았기 때문에 계약상 남은 8년 치 봉급을 지불해준다면 중추원 고문직을 그만둘 의향이 얼마든지 있다고 말했다.

황제는 이것이 순전히 자기가 결정한 일이므로 내가 화를 내지 않기를 바란다고 했다.

조병식은 말하기를 서재필은 1884년 갑신정변의 역적이며 그는 불청객으로 귀국해서 1895년 역적내각(김홍집 친일내각)의 고문관으로 10개년 고빙계약을 체결했다고 했다. 서재필은 자신의 신문에 정부에 모욕적인 기사를 게재했기 때문에 우리는 이 이상 그를 원하지 않는다고 했다.[166]

알렌은 이어진 대화도 자세히 기록한다.

알렌: 서재필은 그래도 언론에 관심이 있어서 신문을 발행하고 있으며, 게다가 이 『독립신문』은 정부 지출금으로 발행되기 때문에 정부가 이 신문들을 반정부 신문이라 생각되어 싫다면 언제든지 마음대로 정간시킬 수 있다고 봅니다. 그는 공적으로 조선 국왕에게 매수된 것이며 그의 재산은 정부에 반환되었고, 대한 황제의 아관파천(1896.2.11.) 후에 그의 고빙계약이 추인된 것입니다. 만약 그를 해임할 경우 귀하는 그의 계약 만료까지의 봉급 전액을 지불해야 할 것입니다.

조병식: 당신은 조선 사정을 너무나 잘 알고 있습니다. 당신도 알다시피 그는 진정 조선 사람입니다. 조-미 간의 우의를 고려해서라도 왜 당신은 계속

서재필을 비호하십니까?

알렌: 그는 현재 미국시민권을 가진 미국인이기 때문에 우리 미국 공사관에서 그를 보호할 의무가 있으며, 또 그는 당연히 보호를 받게 될 것입니다.

조병식: 그러면 조선 정부가 고빙계약상의 잔여 봉급 전액을 그에게 지불하게 되면 당연히 그는 조선을 떠나야 것입니다.

알렌: 본인이 알기로는 서재필은 아메리카 동양광업주식회사의 초빙을 받아 그 회사로 가게 될 것입니다. 그러므로 조선을 떠날 수 없을 것입니다.

조: 아닙니다. 그는 한국을 떠나야 합니다. 그렇지 않으면 우리는 그에게 돈을 한 푼도 주지 않을 것입니다.

알렌: 그가 한국을 떠날 것인가 체재할 것인가는 나로서는 결정할 일이 아닙니다. 본인이 알기로는 귀하가 그를 해고한다면 그에게 계약상 잔여 기간 봉급 전액을 지불해야 하며, 그가 떠날 것인가 체재할 것인가는 전적으로 그 자신이 결정할 일입니다. 본인으로서는 타당한 이유 없이 한 사람을 강제 추방할 수 없습니다.

조: 귀하도 알다시피 역적의 몸으로 조선에 그대로 머물러 있겠다 하면 이는 파렴치한 소행이 아닙니까?

알렌: 본인은 그에게 적용되는 그와 같은 조건을 듣고 싶지 않습니다. 그는 국적 여하를 개의치 않고 모든 외국인과 함께 이곳 서울에 와 있습니다. 일반 서민들은 서재필을 독립투사로 추앙하고 있으며, 양반계층도 그를 훌륭한 인물로 존경하고 있습니다. 그의 젊었을 때의 과실(갑신정변 가담)만 하더라도 칙령에 의해 사면을 받았기 때문에 대한 황제뿐만 아니라 대한 인민 전

체가 그의 죄과를 용서할 것입니다.

조: 그렇다면 만약 조선 정부가 잔여분 봉급을 지불하지 않고 그를 해고한다면 당신은 어떻게 하시겠습니까?

알렌: 본인은 이 사실을 우리 미국 정부에 보고할 것입니다. 그리고 설사 그 돈이 정부 재산으로 귀속되는 한이 있어도 우리는 공동보상금을 청구, 이를 획득할 수 있는 여러가지 방안을 강구할 것입니다.

조: 그러면 본인은 돌아가서 이 문제를 협의한 후 다시 귀하를 만나겠습니다.[167]

같은 날 윤치호는 정부가 서재필을 해고하고자 조병식이 알렌을 만났다는 사실도 알게 된다.

정부, 아니 정부라기보다는 조병식이 서재필 박사를 해고하는 문제를 놓고 미국 공사관과 협상 중이라고 한다.[168]

닷새 후인 12월 18일 윤치호는 서재필이 미국으로 돌아갈 계획을 하고 있다는 사실을 직접 확인한다.

오전 9시에 서재필 박사를 방문했다. 박사는 보수를 받는다면 갈 것이라고 했다. 나는 만약 박사가 간다면 내가 『독립신문』의 한글판을 맡고 싶다고 했다.[169]

1898년 2월 28일 서재필은 『독립신문』을 외국인에게 매각하려고 생각 중임을 윤치호에게 털어 놓는다.

> 서재필 박사가 말하기를, 신문사를 외국인에게 매각하려고 생각 중이고, 내가 기존 기조에 따라 신문을 계속해주었으면 좋겠으며 신문사를 매입할 외국인으로 하여금 나에게 급여를 주고 고용하도록 설득하겠다고 하였다. 자신은 돈을 벌 수 있는 기회를 만들어보고 싶다고 하였다. 나는 언제라도 관직에 나아갈 수 있다면 기꺼이 신문사 운영을 해보겠다고 했다.[170]

한편 고종은 스페예르와 러시아 고문들을 축출하는데 성공하자 즉시 독립협회에 대한 탄압을 시작한다. 1898년 3월 20일 고종은 정교, 이원긍(李源兢, 1849-?), 여규형(呂圭亨, 1848-1921), 지석영(池錫永, 1855.5.15.-1935.2.1.), 안기중(安沂中, ?-?) 등을 체포하라는 영을 내린다. 정교는 피신했지만 이원긍 등은 경무청에 수감된다.

> 이원긍, 여규형, 지석영, 안기중은 마음가짐이 음흉하고 행실이 비열하다. 제멋대로 유언비어를 만들고 인심을 선동하여 현혹시켰으니, 그 소리를 들을 때마다 아주 통분해하고 미워한다. 모두 법부(法部)로 하여금 유(流) 10년 정배(定配)에 처하게 하라.[171]

법부(法部)는 이원긍을 용천군(龍川郡) 신도(薪島)에, 여규형과 지석영은 풍천군(豊川郡) 초도(椒島)에, 그리고 안기중은 장연군(長淵郡) 백령도(白翎島)로 귀양을 보낸다.[172]

여규형이 각색한 춘향전, 기존 국문본 춘향전을
순한문으로 개작한 것. 규장각 소장

지석영

그러나 독립협회는 3월 20일 경무사 김재풍에게 항의 편지를 보낸다.

작년 11월 2일 반포한 법률 제2호 제11조를 보면, 「서울 관내에서의 형사
사건에 대하여 체포된 범인을 표를 받들어 체포했는지 여부와 어떠한 죄목
인지 누구의 명령을 받들었는지를 막론하고 체포 후 24시간 내에 재판소
로 넘겨 보낸다」는 등의이 조항이 있으니 이를 받들어 의거하겠습니다. 지
금 듣자오니 요사이 귀 경무청에서 범인을 체포하여 여러 날 구금하면서도
재판소로 넘겨 보내지 않는다고 합니다. 이것은 칙령을 받들어 정한 법률을
어기는 것입니다. 본 회 회원 중 몇 사람도 체포 시한이 지났다고 합니다. 그
러므로 이에 편지를 올려 알아보는 것이오니, 사정을 살피고 밝혀 그 이유
를 상세하게 회신하여 주시기 바랍니다.[173]

고종에게도 직접 항의할 것을 결의한다.

어제 전하께서 이원긍, 안기중 등 4명에게 10년 동안의 유배형에 처한다는 칙령을 내리셨다. 이런 전하의 처사는 명백히 범죄자에게 형을 선고할 때에는 반드시 재판을 거쳐야 한다는 법률의 문자와 정신 양면에 걸쳐 위반하는 것이다. 독립협회의 주요 멤버들과 논의한 뒤 결국 전하께 정식으로 항의하기로 결정했다.[174]

3월 26일에는 법부 대신 이유인(李裕寅, ?-?)에게 항의 편지를 보내고 3월 27일에는 정기 토론회에서 「민, 국을 안보하랴면 일뎡한 법을 긴급히 준행 ᄒᆞ여야 홈」을 주제로 토론회를 개최하여 고종과 법부를 규탄한다.[175]

정부는 독립협회가 편지를 보낼 때 마다 정중히 답신한다. 3월 22일에는 김재풍 경무사가 독립협회 총대위원 이건호 앞으로 답신을 보낸다.[176] 이유인 법부대신은 3월 28일 협회로 답신을 보낸다.[177] 같은 날 탁지부 대신 조병호(趙秉鎬)도 독립협회에 답신을 보낸다.[178]

3월 27일 윤치호는 서재필 대신 『독립신문』을 운영하기로 한다.

낮 12시에 르젠드르 장군, 심상훈, 남정철과 함께 식사했다... 르젠드르 장군은 심상훈에게 『독립신문』을 사들여서 조선인에게 맡겨 정부 조직으로 만들라고 말했다. 나는 신문사를 인수해서 나에게 운영을 맡겨달라고 부탁했다. 그는 몹시 친절하게 나의 제안을 받아들였다.

저녁 식사 후에 서재필 박사를 만났다. 박사는 신문사를 판 뒤 내가 책

임지고 운영을 맡는다면 기쁠 것이라고 했다. 박사는 총 5,000 원을 요구했다.[179]

3월 28일 윤치호는 이원긍, 여규형, 지석영, 안기중 등을 무고 한 김영준(金永準)을 만난다. 고종의 측근인 김영준은 윤치호가 독립협회에서 활동하고 있는 것에 대해 고종이 언짢아 한다는 사실을 알린다.

김영준: 내가 할 수 있는 일을 다 했지만, 전하께서는 선생에 대해서 매우 언짢아 하십니다. 몇 사람이 전하께 선생께서 외국 복장을 하고 독립협회 배지를 달고 다닌다고 고했습니다. 나는 전하께 그렇지 않다고 말씀드렸습니다. 전하께서는 법부대신에게 보낸 서한 때문에 선생한테 화를 내고 계십니다. 어젯밤 전하께서는 나한테 이렇게 말씀하셨습니다. 「윤치호가 나한테 왜 이런 짓을 하는지 모르겠구나.」 선생은 그 서한과 아무런 관련이 없다고 최선을 다해 전하를 설득하였습니다.

윤치호: 정말 감사합니다. 하지만 지나치게 나를 변호하려고 애쓰지 마십시오. 수백 명이나 되는 사람들이 내가 그 서한과 관련되었다는 사실을 알고 있기 때문에 당신이 내가 그 서한과 아무 관련이 없다고 할 수는 없습니다. 나는 독립협회를 배신할 수 없습니다.

김: 이미 그건 지나간 일입니다. 같은 문제에 관해서 더 이상 서한을 쓰지 않도록 조심만 하시면 됩니다. 틀림없이 전하께서는 더 이상 법을 위반하지 않으실 것입니다.

윤: 나는 독립협회 회장으로서 회원들이 올바로 바뀌어야 한다고 판단하고

회원들의 판단이 옳음 한 항의를 중단할 수 업습니다. 우리나라는 위기에 처해 있습니다. 전하께서는 옳은 일을 하셔야만 하고, 그렇지 않을 경우 국가가 위태로울 것입니다.

김: 만약 내가 경무사라면 독립협회에서 떠드는 자들을 모두 체포하여 목을 자를 것입니다. 전하께서는 이 땅의 최고 군주이십니다. 전하의 행동에 문제를 제기하는 것은 조선에 민주주의를 도입하려는 처사이기 때문입니다.

윤: 만약 조선이 예전의 쇄국 시대로 회귀한다면 절대군주제가 가능하겠지요. 하지만 지금은 조선의 문이 모두 개방되었고 외국인들이 조선에서 일어나는 일을 예의주시하고 있습니다. 조선은 과거로 돌아갈 수 없습니다.

김: 도대체 무엇을 믿고 전하를 거역하고 불쾌하시게 만드는 것입니까?

윤: 당신도 아주 잘 알고 있듯이, 저는 믿는 것이 없습니다. 내가 주장하는 정의로운 대의명분이 유일한 방어물입니다.

김: 정의라뇨! 그건 껍데기요! 내 말을 들어보십시오. 선생이 법부에 항의 서한을 더 보내는 일을 막으려고 최선을 다하고 있다고 전하께 보고드릴 것입니다. 그 항의 서한의 책임자는 선생이 아니라 이상재라고 말해도 되겠습니까?

윤: 독립협회가 그 문제에 관해서 더 이상 항의 서한을 보내지 않도록 막기 위해 할 수 있는 일은 다 할 것입니다. 하지만 나를 위해 이상재를 희생양으로 만드는 일은 받아들일 수 없습니다.

김영준은 이상재를 연루시키지 않겠다고 약속한다. 이에 윤치호는 서

재필 박사가 조선에 머물 수 있도록 해달라고 한다.

> **윤**: 할 수 있다면 서재필 박사를 이곳에 있게 하십시오. 그렇게 되면 당신뿐
> 아니라 이 나라에도 도움이 될 것이오. 서울의 정세가 변할 때마다 서재필
> 박사는 개인적인 도움을 줄 것입니다.

김영준은 서재필을 조선에 체류시키도록 노력하겠다고 한다. 그러면
서도 다음과 같이 묻는다.

> **김**: 서재필 박사는 이윤용 무리들과 어울리지 않습니까?
>
> **윤**: 걱정하지 마십시오. 내가 그 일을 챙기겠습니다. 당신이 옳은 한 서재필
> 박사는 당신의 친구가 될 것입니다.[180]

4월 25일 독립협회가 정부에 편지를 보내 서재필의 해고에 항의한다.

> 어느 부서를 막론하고 외국인을 고문관으로 고용한 것은 사무가 잘 되어갈
> 때까지 자문하기 위해서입니다. 중추원 고문관 제이슨을 초빙한지 지금까
> 지 4년이 되도록 한 번도 시험삼아 써보지 못했는데 이제 해고하여 미국으
> 로 돌려보낸다는 소식을 들었습니다. 이것은 다만 나라의 재물을 허비할 뿐
> 실효를 거두지 못한 것입니다. 이는 당초 고문관을 설치한 본래의 뜻도 아
> 니고 또 인민들을 개명시키는 데에 관계된 것이 적지 않습니다. 이에 편지
> 를 보내오니 잘 헤아리셔서 다시 그 고문관을 초빙해 사무의 실적을 이루
> 시길 바랍니다.[181]

이에 정부는 의정부 참정(議政府參政) 박정양 명의의 답변을 보낸다.

귀 편지를 받아보니 중추원 고문관을 해고하는 일에 대하여 「초빙한 후 시험삼아 써보지도 못하고 다만 나라의 재물만 허비했다」고 했습니다. 중추원의 정해진 규정은 아직 실시되지 않았기 때문에 중추원에서 시험삼아 써보지 못한 것입니다. 그리고 그 고문관은 초빙된 몇 해 사이에 인민들에게 연설을 하기도 하고 신문에 논설을 쓰기도 했습니다. 오늘날 귀회에서는 나라의 재정이 허비되었다고 애석해하고 있습니다. 인민들의 개명이 목적이라면 또한 그 고문관의 성과가 없지 않으니 어찌 나라의 재정을 허비했다고 하겠습니까?

지금 다시 초빙해 당초 약속한 기한을 채우고자 하셨습니다. 해고 이후에 그가 떠나거나 머무는 것은 그 고문관의 자유이므로 정부가 만류하기는 곤란합니다. 이것이 정부의 의견입니다. 또 인민의 개명은 인민 각자가 제힘으로 배우고 닦는 데에 달려 있습니다. 인민들이 모두 제힘으로 배우고 닦아 개명한다면 한갓 중추원뿐만 아니라 각 부에서 어찌 고문관을 채용하겠습니까?

귀하의 개명된 훌륭한 견해로 마땅히 잘 헤아리시기 바랍니다. 각자 제힘으로 배우고 닦아서 발전하여 앞으로 나아가 국가 독립의 기초를 확고하게 수립하여 다시는 외국 고문관을 초빙할 생각을 않기를 간절히 원합니다.[182]

4월 30일에는 독립협회 일부 회원들이 숭례문에서 집회를 열고 서재필이 조선에 남을 수 있도록 해달라는 편지를 정부에 전달한다. 그리고는 서재필에게도 편지를 보낸다. 윤치호는 다음과 같이 일기에 쓴다.

최근에 서재필 박사의 해임 문제를 두고 독립협회에서 소동이 일어나고 있다. 서재필 박사를 유임하도록 정부에 서한을 보냈다. 지난 주 토요일에 동료 3명이 남대문 밖에서 군중을 소집하여 몇 명이 연설을 한 뒤, 서재필 박사를 유임하도록 외부에 요청할 방법을 고안하기 위해 자신들 3명으로 위원회를 구성했다. 그들은 이 집회를 구민들의 대중 집회라고 칭하고 스스로를 인민의 대표라고 칭했다![183]

윤치호는 독립협회가 러시아 고문 해임 및 절영도 조차를 좌절시켰다고 생각한 나머지 성공에 취해 중심을 잃어가고 있다고 생각했다. 서재필 박사의 해임을 막고자 독립협회가 집회를 열고 정부에 편지를 보내는 것은 정부의 반동을 불러올 것임을 알았다.

높은 언덕 꼭대기에서 공이 구르기 시작했다. 장애물조차 아래로 굴러가는 그 공의 속도를 높이는 데 일조한다. 사람들은 모두 일단 성공의 물살을 타기 시작하면 자신의 명성을 높이는 일을 하기 위해 이웃들과 다투게 된다.[184]

윤치호는 서재필이 조선을 떠나기로 이미 마음을 굳히고 구체적인 준비를 하고 있다는 사실을 잘 알고 있었다.
윤치호는 독립협회 일부 회원들이 남대문 집회를 열기 8일 전인 4월 22일 서재필 박사를 만난다.

저녁 식사 후에 서재필 박사를 방문했다. 박사는 조선 정부로부터 10년 치

봉급을 모두 받았고 이제 떠나야만 한다고 말했다. 박사는 이곳에 머물고 싶지만 정부가 공식적으로 이곳에 머물 것을 요청하지 않는다면 머물 수가 없다. 박사는 운도 좋고 약삭빠르기도 하다. 그는 십년 동안 매달 300달러를 받는 조건으로 계약했다.

그는 국내에 체류하는 동안은 그가 다른 일을 하는 것은 허가되지 않았다. 하지만 지금 그는 자신이 원하는 것은 무엇이든 추구할 수 있는 돈과 자유를 얻었다. 그는 조선 사람들에게는 지옥이지만 외국인 고문에게는 완전히 금광인 어리석은 조선 정부와 한 몫 잡을 수 있는 또 다른 계약을 체결하려고 시도하는 것 같다.

서재필 박사에 의하면 새로 부임한 러시아 공사는 매달 천 달러 이하로는 절대로 조선 정부에서 일하지 말라고 자신에게 충고했다고 한다. 또 알렌 박사는 조선 정부와 새로운 계약을 체결할 경우 최소한 월 600 달러를 요구할 것을 충고했다고 한다.

이는 엄밀히 말해서 사심 없는 애국심이라고 할 수 없다. 우선 300달러면 훌륭한 봉급이다. 특히 박사가 미국에서도 매달 그만큼 벌기 힘들기 때문이다.

또한 그는 그 돈이 자신이 그렇게 소리 높여 동정을 표했던 조선의 가난한 백성들 주머니, 아니 피에서 나온다는 사실을 기억해야만 한다. 다른 사람들은 돈만 쫓는다고 비난하던 사람이 「매달 600달러는 주지 않으면 나는 복무하지 않을 것이요」라는 식으로 말 해서는 안 된다. 특히 그는 조선에게는 불행하게도 아무런 노력도 하지 않고 28,800달러를 착복할 수 있을 정도로 운이 좋은 사람이기에 더욱 그렇다. 고혈을 짜내는 방법은 여러 가지다.[185]

서재필은 이미 조선을 떠나기로 마음을 정한 상태였다. 충분한 금전적 보장은 그의 결심을 더욱 굳게 해주었다.

윤치호는 5월 6일 서재필을 만난다.

오후 7시에 서재필 박사가 만나자고 청했다. 박사는 나에게 조선어판과 영문판 『독립신문』을 책임져달라고 말했다. 박사는 이렇게 말했다. 「선생과 나를 위해서가 아니라 인민을 위해서 맡아 주시길 바랍니다. 현 정부 아래서 협판이 되는 것보다 더 나은 중요한 일입니다. 러시아인들은 신문사를 1만 원에 판매하라고 청하지만, 러시아인에게 신문사를 파느니 차라리 굶는 편이 낫습니다. 선생이 신문사를 맡으면 정치나 유명 인사들과의 교류를 자제해야 합니다. 최소한 일이 년 정도 신문사를 운영하고 유지한다면, 변화를 맞이할 것입니다.[186]

5월 11일에는 독립신문사와 계약을 체결한다.

독립신문사 협약에 서명했다. 신문사 측은 서재필 박사, 아펜젤러 목사이다. 내가 일 년 동안 편집장이자 실제로 독립신문사의 경영을 맡았다. 편집장이자 사주인 서재필 박사는 매년 600달러는 받는다. 신문사는 아펜젤러 목사에게는 매년 360달러를, 나에게는 매년 720달러를 지불한다. 서재필 박사와 함께 민영찬 씨 댁에서 조용히 저녁식사를 했다.

일 년 동안 신문사를 책임져야 한다는 부담감 때문에 상당히 불편하고 혼란된 상태로 귀가했다. 신문사를 어떻게 운영해 나갈 수 있을지 모르겠다. 잠도 이루지 못하고 식욕도 없다.[187]

5월 14일 서재필이 조선을 떠나 미국으로 돌아간다. 당시 34세였다. 만 20세때인 1884년 갑신정변을 일으키고 거사에 실패하자 일본을 거쳐 미국으로 건너가 10년여에 걸친 망명생활을 청산하고 귀국한지 29개월 만이었다.

> 오전 10시에 서재필 박사를 배웅하기 위해 용산에 갔다. 30명이 넘는 독립협회 회원들이 참석했다. 다들 눈물을 흘렸다. 서재필 박사에게는 참으로 영광스러운 변화이다. 1884년, 서재필 박사는 각계각층의 증오와 저주를 받으며 조선을 떠났다. 그 뒤 박사를 개처럼 죽이는 조선인은 누구라도 왕국에서 가장 충실한 신하로 간주되었을 것이다. 하지만 오늘 서재필 박사는 서울을 떠난다. 부패한 지배세력은 박사를 증오하지만, 인민들은 그와 함께 있다. 인민들은 박사를 존경하고 사랑한다. 많은 이들이 박사를 죽이려고 하는 대신 필요하다면 기꺼이 박사에게 목숨까지 바칠 것이다(적어도 그들은 그렇게 말하고 있다.)[188]

서재필이 미국으로 돌아간 후 『독립신문』과 독립협회의 운영과 책임은 윤치호에게 돌아간다. 윤치호는 서재필이 미국으로 돌아가기 이틀전인 1898년 5월 12일부터 『독립신문』 편집을 맡는다.

> 독립신문사 사무실에서 업무를 시작했다. 하루 종일 마음이 어둡고 예민한 상태였다.[189]

서재필이 떠난 지 1주일이 지난 5월 23일 윤치호는 『독립신문』을 운영하는 일이 얼마나 힘든지에 대해 한탄한다.

일주일 동안 신문사 업무를 보았다. 힘든 일이다. 신문을 발행한 뒤에는 늘 완전히 탈진 상태가 된다. 이런 식으로 어떻게 해 나갈 수 있을까?[190]

17. 독립협회 대 정부

독립협회는 고종이 조선을 러시아의 보호령으로 만들려는 시도를 좌절시키고자 노력한 것 외에도 정부의 실정을 끊임없이 비판하고 시정을 요구한다.

1) 외교

스페예르 후임으로 부임한 러시아 공사 마튜닌(Nikolai Gavrilovich Matiunin, 재직: 1898.4.-1898.12.)은 1898년 5월 7일 목포와 진남포 일대의 토지를 사겠다는 제안서를 외부(外部, 외무부)에 보낸다. 외부 대신 조병직은 러시아의 요구를 들어주겠다는 답신을 보낸다. 조병직의 답신을 입수한 독립협회는 5월 15일 총대위원 정항모(鄭恒謨) 등의 이름으로 외부대신 조병식에게 질의서를 보낸다.

방금 들으니 러시아 공사관의 조회가 외부에 도착했다고 합니다. 그런데 조회의 내용은 「목포, 증남포에 러시아의 참장을 파견합니다. 목포의 경우 조계 밖 사방 10리 안쪽의 섬은 빠짐없이 러시아 정부는 그 지역의 땅을 모두 사들일 것을 요청합니다. 목포 감리(木浦監理)와 각 관원에게 그들을 보호하게 해 주십시오. 공문을 분명하고 자세하게 별도로 만들어 관인을 찍어서 보내주십시오」라는 것이라고 합니다. 그 가운데 「일전에 귀 대신께서 직접 말로써 허락했습니다」라고 하고 있는데 그 허락은 어떠한 것입니까?[191]

조병직은 5월 18일 협회에 답한다.

「직접 허락했다」는 말은 지난 번 러시아 공사가 직접 만나서 말하길 「목포, 증남포에 관원을 파견하여 가서 영사관의 터와 조계를 골라 정하겠다」며 여행 시에 보호를 요청하는 공문의 발급을 청한 까닭에 허가한 것입니다. 섬을 사겠다는 한 가지 일에 대해서는 지금 보내온 조회에서 비로소 처음 이야기했기 때문에 공문을 통해 항의했습니다. 그러므로 말로 허락했을 리는 없으니 다른 것은 많이 따질 필요도 없습니다.[192]

협회는 답변에 만족하지 않고 5월 23일에 또 한 번 질의를 보낸다. 토지 매각은 무산된다.

2) 사유 재산권

1898년 5월 30일에는 법부대신 겸 고등재판소 재판장 이유인이 독립협회 회원인 홍재욱(洪在旭)의 집을 빼앗으려 한 사건이 터진다. 협회 회원들은 5월 30일 고동재판소 앞에서 집회를 갖고 대표단을 파견하여 재판소에 들어가 판사 마준영(馬駿榮)에게 법정을 공개하고 방청을 허락할 것을 요청한다.[193] 마준영이 방청을 허락하자 협회 회원들은 재판을 방청한 다음날 이유인에게 항의 편지를 보낸다. 6월 6일에는 홍긍섭을 비롯한 협회 회원 5명은 재판을 이유인에게 유리하게 편파적으로 진행했다는 이유로 마준영을 고등재판소에 고소한다.[194]

처음부터 심리나 판결은 없이 먼저 집행하기를 인민의 가옥을 널빤지로 막고 못을 박아 남녀 모두가 출입할 수 없도록 했습니다. 또 올해 5월 30일 공개 재판 때에 방청하니, 해당 원고, 피고와 참고인을 위협하고 억눌러 제어하며, 그들이 의견을 표시하는 것을 받아들이지 않고 물리쳤습니다. 이와 같은 사항을 대하니 온 나라 인민을 보호하는 법률에 위반됩니다. 이에 우러러 조사해 살필 것을 청하며 저희들과 해당 판사 마준영을 공개재판에 회부하는 것을 허락해 줄 것을 바랍니다.[195]

고종은 결국 6월 10일 이유인을 면직시키지만 곧바로 중추원 1등 의관에 임명한다. 정교는 「궁중에서는 독립협회를 꺼려, 만약 이유인을 법부 대신에서 면직한다면 협회의 세력이 더욱 확대될까 두려워했다. 그래서 6월 10일에 이유인의 직책을 옮긴 것이다」라고 한다.[196] 이유인 후임으로 법부대신 겸 고등재판소 판사에 임명된 조병직은 결국 독립협회의 압력으로 마준영을 면직시킨다.[197]

3) 화폐

독립협회는 1898년 6월 18일 탁지부 전환국장 이용익(李容翊, 1854.1.6.
-1907.2.)이 화폐를 마구 주조하는 것에 대해 탁지부 대신 심상훈에게 편
지를 보낸다.

곧바로 아룁니다. 나라에 화폐가 있는 것은 사람에게 핏줄이 있는 것과 같습
니다. 핏줄이 통하지 않으면 원기가 시들어 약해집니다. 화폐가 막히면 백
성의 생활이 괴롭고 고달파집니다. 하물며 모든 나라가 교류하면서부터는
화폐가 관계된 것이 긴요합니다. 따라서 갑오경장 이후에 화폐를 주조하는
방법은 본위화폐와 보조화폐의 두 종으로 구분이 현격하게 다릅니다. 이는
귀 대신의 고상하고 현명한 학식과 문견으로, 마땅히 꿰뚫어 헤아리시리라
생각합니다.

그런데 듣자 하니 근래에 전
환국(典圜局)에서 새로 화폐를
주조하는데 다만 백동화(白銅貨)
와 적동화(赤銅貨) 두 종류의 보
조화폐만을 주조할 뿐, 본위화
폐인 은화는 아주 없다고 합니
다. 그렇게 되면 우리나라의 물
품과 재화를 외국과 무역을 할
때 온갖 폐단이 함께 생겨서 백
성의 생활이 괴롭고 고달픈 지

이용익

경에 이르는 것이 깊고 절실해질 것입니다.

본회 회원은 이 사건에 대하여 매우 괴로워하고 있습니다. 이에 우러러 알리오니 그 속내가 어떠하며 앞으로의 이해득실을 살펴 헤아려 상세히 회답해 주시기를 삼가 바랍니다.[198]

협회의 진정으로 이용익은 더 이상 마음대로 화폐를 주조하지 못한다.

4) 관리의 해임

독립협회는 1898년 7월 17일 회의를 열어 의정부참정(議政府參政) 조병식에게 사직을 권유하는 편지를 보내기로 한다.

공손히 아룁니다. 각하는 명문 집안의 후예로서 나라의 은혜를 치우치게 받았으니 보답하기를 꾀하는 정성도 다른 사람에 견줄 바가 아닐 것입니다. 호서(湖西)에 임하여(조병식은 전에 충청감사[忠淸監司] 였다) 백성에게 해독을 끼치고 관북(關北)을 살피며(조병식은 전에 함경감사[咸鏡監司]로 있으면서 방곡령[防穀令]의 일로 일본인에게 모욕을 당했다) 이웃 나라의 모욕을 부르고 나라에 피해를 입혔습니다(조병식의 방곡령 일로 인해서 정부는 일본인에게 콩 값 9만여 원을 배상했다). 외교의 임무를 맡고서는(조병식은 전에 외부 대신이었다) 조약을 멋대로 맺어서 국고가 손해를 본 것이 적지 않습니다. 사법권을 쥐고는(조병식은 전에 법부대신이었다) 혼잡과 부정이 어지러이 널렸습니다. 이것이 각하가 지나온 행적이니 이미 시험해본 바 백성과 나라에 손대는 곳마다 폐단이 생겨났다는 것은 온 나라의 인민이 함께 듣고 함께 보고 함께 하는 바입니다.

　이번에 참정에 임명되었으니 이것이 비록 위대한 성인(聖人)께서 치욕을 참고 아니꼬운 것을 감추어주는 덕이라고 할지라도 인민은 모두 「안 된다」고 할 것입니다. 여러 사람의 마음이 마땅치 않게 여기는 까닭에 본회에서는 온 나라 동포의 정의(情誼)에서 각하와 여러 백성 사이에 함께 걱정하고 함께 사랑하는 마음으로 이에 우러러 알리오니 살펴 헤아리시어 사퇴하시기를 바랍니다.[199]

　조병식은 7월 19일 답신을 보내 「관직에 나아가고 물러나는 문제에 이르러서는 오직 황제의 처분에 달려 있는 것입니다. 따라서 신하 된 도리로서 스스로 멋대로 대답 드리기 곤란합니다. 살펴 헤아리시기 바랍니다」면서 사직을 거부한다.[200] 회장 윤치호와 다수의 협회 회원들은 조병식의 집으로도 찾아가지만 조병식은 계속해서 회피한다. 7월 20일에도 조병식이 독립협회 대표단을 만나기로 약속하지만 역시 약속 장소에 나타나지 않는다.

　이날 고종이 윤치호를 불러 독립협회에 대해 묻는다.

　윤치호는 회원들은 충군애국을 가장 중요한 것으로 여기며 독립의 권리를 공고히 하는 것을 주요한 취지로 하고 있다고 대답했다. 황제는 크게 칭찬하고 장려하면서 더욱 힘쓰라고 했다. 윤치호는 돌아와 회원들에게 이를 알렸다. 여러 회원을 이를 듣고 모두 감격하여 눈물을 흘리며 만세를 불렀다.[201]

　수차례 약속을 어긴 조병식은 결국 21일 프랑스 공사관의 통역이었던 이인영(李寅榮)의 집에서 독립협회 회원들을 만나지만 사직은 거부한다. 고종은 그날 조병식을 면직시킨다.

5) 용병

1898년 9월 초 고종은 법부 고문 그레이트하우스(Clarence Ridegley Greathouse)에게 상하이에서 외국인 용병 30명을 모집하여 오도록 한다. 미국인 9명, 영국인 9명, 프랑스인 5명, 독일인 5명, 러시아인 2명 등으로 구성된 이 부대는 70 멕시코 달러 또는 엔 은화를 월급으로 지급하고 주택, 제복, 무기 등을 지급하기로 한다. 계약 기간은 5년이었다. 역할은 「궁궐 경찰」이었다.[202]

『독립신문』은 9월 20일자 논설을 통하여 「자주독립된 당당한 제국」이라면서 궁궐수비를 위해 외국인 용병을 고용한 고종의 결정을 신랄하게 비판한다.

이달 십 칠일 오후 두 시에 독립협회 회원들이 본 회 사무소로 모여 공의 하여 가로되 우리 대한이 세계에 자주독립 된 당당한 제국이라 정부가 자재 하고 순검이 자재 하고 병정이 자재 하고 인민이 자재 하니 다 각기 충군 애국하는 마음만 가졌으면 우리 황상 폐하의 성궁을 안녕 보호하여 나라가 태평하고 백성이 편안 할 것이어늘 지금 들은 즉 법부 고문관 구례(그레이트하우스)씨가 궁내부 관인 장봉환씨와 함께 상해에 가서 구미 각국 사람 합 삼십 인을 고빙 하여 데리고 와서 황실을 보호 하기로 한다니 그런 즉 우리 나라 정부와 궁내서 순검들과 시위대며 친위대에 병정들과 전국 인민들은 자기의 황실도 보호를 못하고 무엇을 한다 하리오.[203]

『독립신문』은 러시아 고문들을 해고한지 얼마 되지 않아 또다시 외국인을 요직에 공요하는 행태는 수치스럽고 욕된 일임을 지적 한다.

올 봄에 우리 나라 정부에서 말 하기를 우리 나라 일은 우리 나라 사람들이 이제는 능히 다 할 터이기로 무릇 외국 사람들을 다시 아니 쓰겠으니 위선 탁지부에 러시아 재무관과 군부에 사관들을 해고하여 물려 보내노라 하여 놓고 지금 도로 외국 사람을 고빙 할진대 비단 외국 사람에게만 거짓 말 하여 실신할 뿐만 아니라 대한 전국은 모두 사람 없는 지경으로 정부에서 자처하는 모양이니 세계에 이런 수치와 욕이 어디 있으리오.[204]

자국의 힘으로 황제를 지키지 못해 외국인 용병을 고용하는 것은 마치 부모를 봉양하지 못해 다른 사람에게 대신 봉양해 달라고 부탁하는 것과 같은 이치라고 한다.

우리가 죽으면 말려니와 살아서 대한 신민이 되고는 차마 얼굴을 들고 세계에 서지 못하겠으며 우리가 충군 애국한다는 목적을 가지고 우리 황상 폐하의 성궁도 보호를 못하고 남의 나라 사람들 고빙 하여다가 우리 황상 폐하를 보호시키는 것은 곧 내 부모를 내가 봉양 아니하고 남더러 내 부모를 봉양하라 함과 같으니 그 지경에 이르거드면 어찌 임금의 신민이라 하며 어찌 부모의 자식이라 하리오.[205]

독립협회 회원들은 외(交)부 정문 앞에서 집회를 연다.[206] 협회 대표들
을 면담한 군부대신 심상훈은 자신도 이 결정이 잘못되었다고 생각한다
며 용병들을 해고 하겠다고 한다.

총대 위원들이 각기 가서 질문 한 즉 참정은 가로되 나도 당초에 몰랐더니
일전에 상해 신문을 본즉 과연 구례씨가 상해 가서 외국 사람을 고빙 하였
는지라 나도 이 일을 대단히 불가히 여기니 귀 회원들 같이 외국인을 기어
이 쓰지 않고 물리치겠노라 군부 대신은 가로되 나도 이 일을 몰랐더니 이
제 구례씨가 말 하기를 상해 가서 각국 사람 삼십 명을 매 명에 매 삭 월은
각 칠십 원씩 일년 정한 하고 고빙 하여 왔노라 하더이다 타국에도 혹 외국
인을 고용 하는 전례가 있다 하지요 하거늘 회원들이 그 불연지유를 자세히
설명 한데 심씨 가로되 아무쪼록 외국인을 물려 보내기로 하오리다 외부 대
신 서리는 강정에 나갔는지라 회원들이 가서 질문 한즉 서리가 가로되 나는
당초에 몰랐소 그러나 외국인을 고빙 한다는 일은 천만 부당 하니 기어이
물려 보내고 아니 쓰겠소[207]

9월 21일 밤 외부대신 서리 박제순이 전화로 정부가 외국용병을 해고
하기로 결정했음을 독립협회 총대 위원들에게 알린다.

(보호군 해고) 그저께 밤 십이 시쯤 되어 외부 대신 서리 박제순씨가 정부 회
의석에서 전어기(전화기)로 독립 협회 총대 위원 제씨에게 말하기를 구례씨
가 상해 가서 금번에 새로 고빙 하여 온 각국 사람 삼십 명을 쾌쾌히 해고하
여 돌려보내기로 이미 작정이 되었으니 그대로 회 중에 가서 보고하라 하

였다더라.[208]

18. 의회정치를 향하여

『독립신문』은 1898년 3월 29일 다음 정기 토론회 주제를 「의회원을 설립하는 것이 정치상에 제일 요무(要務)」로 정했다는 공고를 냄으로써 조선 역사상 처음으로 의회 정치의 도입을 공론화한다.

독립협회 내 일요일 연설할 문제는 의회원을 설립하는 것이 정치 상에 제일 요무로 결정함 우의에 유영석 박승봉 좌의에 정항모 박승조 제씨라더라[209]

4월 9일에는 토론회를 개최했음을 보도한다.

돌아간 일요일 오후에 독립협회 회원들이 독립관에 모여 의회원를 설립하는 것이 정치 상에 제일 긴요 하다는 문제를 가지고 토론들 하는데 정치 상에 긴요 하고 유조한 말이 만히 있더라[210]

윤치호는 조선 백성들에게 너무나도 낯선 토론(debate)이 무엇이고 어떻게 하는 것인지 그리고 협회가 무엇이고 어떻게 운영하는지 설명하기 위해 로버트(Henry M. Robert)의 *Pocket Manual of Rules of Order for Parliamentary Assemblies*를 『의회통용규칙』이란 제목으로 번역 출판한다. 1876년에 미국에서 출판된 이 책은 미국 의회의 규칙과 관행들

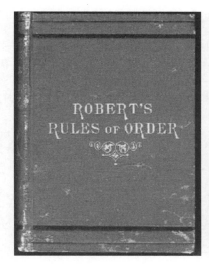

Robert's Rules of Order   헨리 로버트

을 자발적 결사체(voluntary association), 즉 시민단체가 사용할 수 있도록 개정한 것이었다. 저자는 당시 미 육군 소령이었다.

윤치호는 3월 19일자 일기에는 다음과 같이 기록한다.

오전에는 로버츠의 의사규칙(Robert's Rules of Order)을 번역하였다.[211]

1898년 4월호 『코리안리퍼지토리』는 『의회통용규칙』의 번역출판을 축하하는 기사를 낸다.

윤치호씨가 수도와 전국 각지의 사회단체들이 사용할 수 있도록 *Robert's Rules of Order*를 요약, 번안하여 번역하였다. 윤씨보다 이러한 일을 잘 수행할 수 있는 조선 사람은 없다. 책자는 29개 장으로 구성되어 있으며 국한문 혼용체로 쓰여졌으며 두터운 하얀 종이에 깨끗하게 인쇄되어 한 부당 5센트에 판매된다. 우리는 초판 1,000부는 아주 빨리 매진될 것으로 예측한다. 젊은 조선은 이런 문제에 있어서는 마치 오리가 물을 좋아하듯이 받아들인다. 인쇄기들이 계속해서 책자를 찍어 내기를![212]

『독립신문』은 1898년 4월 30일자 신문 논설을 통하여 의회 설립의 필요성을 설파한다.

대한도 차차 일정 규모를 정부에 세워 이 혼잡하고 규칙없는 일을 없애려면 불가불 의정원이 따로 있어 국 중에 그 중 학문 있고 지혜 있고 좋은 생각 있는 사람들을 뽑아 그 사람들을 행정 하는 권리는 주지 말고 의논하여 작정하는 권리만 주어 좋은 생각과 좋은 의논을 날마다 공평 하게 토론하여 이해 손익을 공변 되게 토론하여 작정하여 대황제 폐하께 이 여러 사람의 토론하여 작정한 뜻을 품어여 재가를 물은 후에는 그 일을 내각으로 넘겨 내각서 그 작정한 의사를 가지고 규칙대로 시행만 할 것 같으면 두 가지 일이 전수히 되고 내각 안에 분잡 한 일이 없을 터이라[213]

『의회통용규칙』 광고도 싣는다.

천하 만국이 의회 하는 통용 규칙을 미국 학사 라베츠씨가 만들고 대한 전 협판 윤치호씨가 번역하여 박혀 파오니 의회 하는 규칙을 배우고자 하는 이들은 독립 신문사로 와서 사다가 보시오 값은 매 권에 동전 오푼 씩이오[214]

1898년 7월 3일 윤치호는 독립협회의 이름으로 상소를 올린다. 고종에게 의회정치를 제안하기 위해서였다. 윤치호는 상소의 대부분을 정사가 제대로 이루어지고 있지 않음을 비판하는데 할애한다. 「홍범14조」도 발표하고 정사를 바로잡겠다는 조칙도 여러 번 반포하였건만 정치는 나아지지 않고 있음을 지적하며 법령이나 규칙이 잘못된 것이 아니라 아무도 이를 실천할 의지도 능력도 없기 때문이라고 한다.

> 신들은 모두 변변치 못한 사람으로서 다행히 훌륭한 폐하(陛下)를 만나 폐하에게 충성하고 나라를 사랑하는 마음을 품고 독립회(獨立會)를 설치하여 황실(皇室)을 보호하고 국권을 유지할 것을 도모한 지 이미 여러 날이 되었습니다. 지난달 25일에 내리신 조칙을 삼가 읽고서 경축하는 마음 그지없었습니다.
>
> ...
>
> 이어 생각해 보면 폐하께서 독립의 기초를 세우고 오대주(五大洲)에 균등하게 시행되는 권한을 잡고서 홍범(洪範)을 종묘와 사직에 고하고 법령을 신하와 백성들에게 반포하였으니, 법이 훌륭하지 않은 것이 아니고 규정이 좋지 못해서가 아닙니다. 이것을 실천하여 나간다면 훌륭한 정사를 이룩하지 못함을 어찌 근심하겠습니까?
>
> 그런데 어찌하여 의정부에는 청류(淸類)가 다 없어지고 탁류(濁類)가 횡류하여 위로는 성지(聖旨)를 받들어 널리 알릴 것을 염두에 두지 않고, 아래로는 현명하고 능한 자에게 사양할 것을 생각하지 않으며 수치를 무릅쓰고 녹봉만 받으면서 태연히 차지하고 있으니 의정(議政)의 직책에 있는 자가 그 적임자라고 할 수 있겠습니까?

공정한 도가 문란해지고 부정한 길이 거듭 생겨 크고 작은 일과 높고 낮은 관직 보기를 거간꾼이 물건 보듯 하니 인사를 맡은 자가 그 적임자라고 할 수 있겠습니까? 기강이 문란하고 송사(訟事)를 처리함이 공평하지 못하여 형옥(刑獄)이 함정을 설치하는 격이 되고 있으니 법을 집행하는 자가 그 적임자라고 할 수 있겠습니까?

장수가 군사를 알지 못하며 군사가 장수에게 복종하지 않고 문벌에 기대어 절충(折衝)의 직임을 함부로 맡고 병략(兵略)에 전혀 어둡고 단속하는 제도조차 알지 못하니 군사를 맡은 자가 그 적임자라고 할 수 있겠습니까?

외교의 정성과 신뢰가 믿음을 받지 못하고 외교부서의 응대가 예의에 어두워 위협하는데 겁을 먹고 능욕과 모멸을 당하니 교섭하는 직무를 맡은 사람이 그 적임자라고 할 수 있겠습니까?

부세가 균등하지 못하고 화폐가 퍼지지 못하여 간악한 짓이 거듭 생기고 나라의 재정이 궁색해지니 재정을 맡은 자가 그 적임자라고 할 수 있겠습니까?

선비를 양성한다고 이름을 걸고 창고의 쌀만 허비하며 겉치레에만 물들며 실학(實學)을 배우기에 힘쓰지 않으니 선비 양성을 맡은 자가 그 적임자라고 할 수 있겠습니까?

농부는 그 본업을 잃었고 상인은 그 이득이 없으며 제조하는 방도에 어둡고 이름과 실지가 맞지 않으니 생업을 장려하는 자가 그 적임자라고 할 수 있겠습니까?

궁중이 엄숙하지 못하고 경계와 호위가 엄격하지 않아 소인배들이 틈을 엿보아 들어오고 정직한 자가 용납되기 어려우니 경찰(警察)을 맡은 자가 그 적임자라고 할 수 있겠습니까?

이름은 자문하는 원(院)이라고 하면서도 아침에 임명하였다가 저녁에 파면시켜 중앙과 지방의 관직에 나아가고 물러나는 길을 만들고 있으니 중추원(中樞院)을 맡은 자가 그 적임자라고 할 수 있겠습니까?

적폐를 일소하고 정사를 바로잡기 위해서는 무엇보다도 「어질고 훌륭한 사람」을 선발하는 것이 필요하다고 한다.

삼가 바라건대 밝으신 성상께서는 속히 배척해 물리치시고 어질고 훌륭한 사람을 다시 선발하여 각각에 맞는 직무를 맡기소서. 그렇게 하면 정사가 잘 시행되지 않음을 어찌 근심하겠습니까?

윤치호는 이 대목에 이르러 비로소 의회의 설치를 제안한다.

또한 요즘 구라파(歐羅巴)의 여러 나라들에서 비록 전제 정치(專制政治)라고 하더라도 국사(國事)를 의논하는 상, 하 의원(議院)을 둠으로써 국시(國是)를 자문하며 언로(言路)를 널리 열어 놓았습니다. 이는 조칙에서 한 번 상을 주고 한 번 벌을 주는 일을 함부로 시행하지 말고 다 공론에 부치라고 하신 뜻이 너그럽고 위대하니 더없이 넓고 높은 성덕(聖德)이 옛날의 훌륭한 정사에 부합되며 만국에 통행하는 규례에 맞습니다. 비록 신들이 우매함으로도 더욱더 감격한 마음을 이길 수가 없어 성상의 위엄을 피하지 않고 감히 어리석은 충심을 진술합니다.

삼가 바라건대 성상께서는 준수하고 훌륭한 선비를 널리 구하고 여론을 겸손히 따르시어 크고 작은 정령(政令)에 대해 위로는 백료(百僚)로부터 아래로는 백성들에 이르기까지 널리 묻고 널리 받아들여 시행하신다면 만백성이 매우 다행일 것이며 천하가 매우 다행일 것입니다.[215]

상소의 진의를 파악하지 못한 고종은 독립협회가 협회 지도자들에게 관직을 제수하기를 바랬던 것으로 생각한다. 고종은 8일 윤치호, 이건호, 윤하영, 정교 등 독립협회 회원 40명을 중추원에 새로 임명한다.[216]

7월 10일 일요일 윤치호가 리드 박사의 예배에 참석하고 있을때 고영근(高永根, 1853-1923)이 찾아온다.

고영근씨가 리드 박사 댁에 있는 나를 찾아와서 폐하의 명이라며 전하께서 독립협회를 어떻게 처리하는 것이 최선인지 물었다.... 그래서 독립협회를 처리하는 방법은 두 가지라고 전하께 고하라고 답했다. 하나는 전하께서 원하신다면 칙령을 공포해서 독립협회를 폐쇄하는 것이다. 다른 방법이자 더 나은 방법은 독립협회를 측근에 두는 것이다. 또 나에게는 정도를 걷는 것 외에는 다른 방법이 없다고도 고하라고 했다. 내 위치에서 흥정을 시도하는 것은 나에게뿐 아니라 전하에게도 치명적일 것이다. 전하께서 독립협회를 침묵시키는 가장 좋은 방법은 훌륭하고 정당한 법을 도입하고 집행하시는 것이다. 나는 한편으로는 인민들을, 다른 한편으로는 폐하를 대할 때 솔직하게 정도를 걸어야 한다. 「저는 전하께는 이렇게 말하고 인민들에게는 저렇게 말할 수 없습니다.」[217]

고영근은 고종이 중추원을 새롭게 구성하고 윤치호를 의관으로 임명하였다는 사실을 알려주면서 관 보에 이 소식이 실리는 즉시 고 종을 알현할 것을 조언한다. 윤 치호에게 별도로 사람을 보내 입궐을 명할 경우 이목이 집중 되는 것이 싫어서 자신에게 입 궐하라는 말을 대신 전하라고 명하였음도 덧붙인다.[218]

고영근

고영근과의 대화 직후 윤치 호는 독립협회에 나간다. 협회 에는 「사람들이 가득 차 있었

다.」[219] 협회가 7월 3일 올린 상소에 대한 고종의 답변이 도착해 있어 이 를 듣기 위해서였다. 고종의 답은 다음과 같았다.

아뢴 내용이 비록 나라를 근심하고 백성을 사랑하는 마음에서 나온 것이 라 하더라도 조정의 일에 대해 지위를 벗어나 망녕되이 논해서는 안 될 것 이다.[220]

협회 회원들은 고종의 답변에 「몹시 불쾌해한다.」

누군가가 황제의 답변에 경의를 표하면서 폐하를 위해 만세삼창을 하자고 제안하자 격렬한 논쟁이 뒤따랐다. 상당수를 차지하는 소수파가 만세삼창 은 의례적으로 하는 것이 아니라 기쁘고 감사한 마음으로 해야 한다는 이

유로 그 제안에 반대했다. 하지만 근소한 차이로 우리는 만세삼창을 해야 했다.[221]

독립협회는 고종이 탄원을 거절한 이유를 묻기 위해 다시 상소를 올리기로 하고 5인 위원회를 구성한다. 협회는 7월 12일 다시 상소를 올린다.

신들은 모두 성상의 백성으로서 나라의 형편이 피폐한 때를 만나 현재 위망(危亡)의 근심을 감히 앉아서 볼 수가 없기 때문에 만 번 죽는 것을 피하지 않고 어리석은 소견을 감히 아뢰었습니다. 그런데 삼가 비지(批旨)를 읽어 보면 내용에 「아뢴 내용이 비록 나라를 근심하고 백성을 사랑하는 마음에서 나온 것이라 하더라도 조정의 일은 지위를 벗어나 망령되이 논해서는 안 된다」고 하였으니 황송하기 그지없는 가운데 다시 의혹이 더욱더 심해집니다.

대체로 군국(君國)에 대한 근심은 관리나 백성이나 차이가 없기 때문에 《대학(大學)》의 장구(章句) 가운데 신안(新安) 주문공(朱文公)의 주석(註釋)에 이르기를 「비록 처지가 천한 필부라도 역시 그 임금을 요(堯) 순(舜)으로 만들고 그 백성을 요(堯) 순(舜)의 백성으로 만들려고 하는 것은 자기 분수 안에 있는 일이기 때문이다」 하였고 《시경(詩經)》에 이르기를, 「풀 베고 꼴 베는 자에게 묻는다」고 하였으며 구라파(歐羅巴)의 경계하는 글에도 「여러 사람들의 의견을 모으면 나라가 이 때문에 편안해진다」라는 말이 있습니다. 그렇다면 국가의 치란(治亂)에 관한 말은 그 지위에 있어야만 말할 수 있는 것이 아니라는 것이 확실합니다.

그러므로 신들이 지난번에 아뢴 내용은 모두가 현재 폐단의 근원에 정확히 근거한 것이었고 그것을 바로잡을 방도는 법령은 홍범(洪範)을 다 준수하고 정승은 어질고 훌륭한 사람으로 다시 선발하고 이득과 폐단은 백성들의 의견을 널리 수렴하는 것이 오늘 급선무의 대강령(大綱領)과 대제목(大題目)이라 하였습니다. 그런데 성상의 비답 가운데 「지위를 벗어나서 망령되이 논했다」 하셨으니 어리석은 신들로서는 아무리 생각해 보아도 이해할 수가 없습니다.

대저 오늘날 나라의 형편이 이와 같이 급하게 된 것은 첫째, 정승을 그 적임자로 등용하지 못했기 때문이며 둘째, 정승이 그 직무를 감당하지 못했기 때문이며 셋째, 정승이 종묘 사직의 안위에 대해서는 애당초 우려하지 않고 다만 사정(私情)으로 처리하고 녹봉이나 타먹을 것을 생각하며 어질고 능한 사람을 시기하고 질투하는 것을 일삼고 있기 때문입니다.

이러한 정승과 신하들을 포용하고서 즉시 내쫓지 않는 것은 폐하께서 잘 다스려지기를 간절히 바라는 훌륭한 뜻이 아닙니다. 그러니 간사하고 미련한 무리들이 어찌 기회를 타서 등용될 것을 꾀하여 아첨하는 습성으로 폐하의 총명을 가리며 백성과 나라를 해치지 않겠습니까?

지금 폐하께서는 다만 눈앞의 편안한 계책을 위하여 순순히 받들고 어기지 않는 사람들을 등용하고 심지어 위에 고하고 아래에 선포한 홍범(洪範) 14조(條)와 새로 정한 법령들은 시행하기도 하고 시행하지 않기도 하여 실제 적용하는 것이 한결같지 않습니다.

이것을 통하여 보면 법령의 폐단과 나라가 위태로워진 것은 실로 이러한 정승에게만 책임을 추궁할 것이 아니라 아마도 폐하께서 위태로운 변란을 자초하고자 하시는 듯하니 어찌 하늘에 호소하고 통곡하지 않겠습니까?

훌륭한 덕을 지니신 우리 폐하께서 이렇게 훌륭한 일을 할 수 있는 때를 만나 하나의 정령, 하나의 조치를 취함에 있어서도 마땅히 가다듬고 쇄신하신 후에야 천하에 쌓인 수치를 통렬히 씻을 수 있으며 부강(富强)의 기초를 확고히 마련할 수 있을 것입니다. 그런데 어째서 임시방편의 안일한 방법으로 장구한 계책을 잊어버려 위로는 태조(太祖)께서 풍찬노숙하며 이루어 놓은 간고하고도 큰 왕업을 무너뜨리며 아래로는 백성들이 곤궁하여 흩어지는 상황을 살피지 않습니까? 아, 동양과 서양의 여러 나라들이 날로 번성하고 강대해지는 이유가 모두 백성들의 의견을 묻고 협의하지 않은 것이 없기 때문이라는 명백한 증거가 있습니다. 그런데 오늘날 우리나라의 미약한 형편으로 천하의 나라와 비교한다면 더이상 달리 짝할 만한 나라가 없으니 이는 진실로 군신 상하가 모두 통탄해 마지않을 일입니다. 이 때문에 감히 폐하의 위엄을 무릅쓰고 다시 다급한 목소리로 일제히 호소합니다.

삼가 바라건대 폐하께서는 결단성 있게 단안을 내려 실지로 홍범을 따르고 어질고 훌륭한 사람을 다시 선발하고 백성들의 의견을 널리 채용하는 세 가지 문제를 특별히 윤허하여 이천만 백성들을 구렁텅이와 도탄에서 구제하신다면 종묘 사직에 더 없는 다행이 될 것입니다.[222]

고종은 다음과 같은 비답을 내린다.

말한 내용에서 혹 취할 것이 있지만 이와 같이 여러 차례 번거롭게 구는 것이 지루하지 않은가?[223]

두번째 상소는 의회나 상원, 하원 등을 일체 언급하지 않았다. 그 대신 윤치호는 1898년 7월 16일 『독립신문』 사설을 통해 중추원을 신랄하게 비판한다. 설립목적이 무엇인지, 역할이 무엇인지조차 불분명한 무용지물인 중추원을 없애 버리고 차라리 그 예산으로 소학교 하나라도 더 지을 것을 종용한다.

본래 중추원을 배설(排設, 설립)할 적에 그 주의가 무엇이던지 그 규칙이 무엇이던지는 지금 상고할 것이 아니거니와 이삼 년 이래로 중추원을 쓰기는 불과시 정부에 한 벽창으로 누구든지 쓸데없으면 갔다 너두었다가 쓸 때 되면 다시 끌어내는 마을이 되어서 중추원 의관이라 하면 능 참봉 차합 비스름하게 천히 되어 중대한 관작의 명예를 더럽게 하였더니 이 중추원을 다시 조직하여 규칙 장정을 각국 회의원 규칙에 모방하여 낸다 하며 의관들은 조야에 유명한 사람으로 문벌과 논색은 보지 않고 직언 극간 하고 민국 간 이해를 숙달한 사람들을 뽑아 시켜 위로는 정부 정령을 보총 하고 아래로는 민간 정형을 살펴서 이를 흥하고 폐를 막는 큰 사업을 하려 한다. 하기에 우리는 기쁨을 이기지 못하여 이 새 중추원이 속히 조직이 되며 이 새 규칙이 속히 반포가 되며 이 새 의관들이 속히 나기를 바랐더니 규칙 반포는 아니 되었으나 의관들만 모저 낫기에 눈을 씻고 본 즉 그 속에 지체 좋은 사람도 있고 상총(上寵, 임금의 총애) 있는 사람도 있고 대신 지낸 사람도 있고 협판 지낸 사람도 있고 상소 하던 사람도 있고 신문 하는 사람도 있으나 그 사람네들이 하상 이왕 갈린 의관들 보다 더 나흘 것도 없고 또 그 사람네들이 능히 직언 극간으로 사색을 무서워 않고 시비를 돌아다보지 않고 민국 사를 의논 하는 지 알 수 없으며 이전에는 의관들이 암만 만 하여도 국재 한 푼 허비는 아니 하였거니와 새로 난 의관들은 월급을 먹는다 하니 그렇고 보면 이 사십 여 명 의관은 그 전 의관들 보다 더 나라에 해만 있고 이는 없을 터이라 조금이라도 실심으로 국가를 위 하려는 사람들이야 누가 이 시위 소찬 노릇을 하려 하리오 우리 생각에는 도무지 중추원은 아직 무용지물일 듯하니 좀 더 닫혀 두었다가 몇 해 후에나 다시 조직을 하든지 그렇지 아니 하면 아주 폐하여 버려 그 마을에 드는 경비로 소학교나 더 세우던지 하는 일이 매우 좋을까 하노니 당로 하신 제공들은 쓸데 없는 마을은 없이 하며 쓸데 없는 저희들을 파하여 다만 하나이라도 쓸데 있는 학교를 배설 하게 하기를 바라노라[224]

19. 김홍륙 독다사건(毒茶事件)

스페예르의 비호 아래 고속 승진을 거듭하며 승승장구하던 김홍륙은 1898년 3월 11일 정2품 한성부 판윤에 임명된다. 그러나 러시아가 조선에서 손을 떼기로 결정하자 2주 후인 3월 26일 사직한다.[225] 스페예르는 4월 12일 본국으로 소환된다. 후임 마튜닌(Nikolai Gavrilovich Matiunin)은 전임자와 달리 김홍륙을 멀리한다. 고종은 8월 23일 김홍륙을 탐오한 죄로 유배 보낸다.

정2품 김홍륙(金鴻陸)은 말로써 일찍이 약간의 공로를 세웠기에 조정에서 그 벼슬을 높여주고 그 봉급을 후하게 한 것은 대체로 염치를 기르기 위해서였다. 그런데 교활한 성품으로 속임수가 버릇이 되어 공무(公務)를 빙자하여 사욕을 채우는 데에 온갖 짓을 다하였으니 백성들의 마음에 울분이 오래도록 그치지 않고 있다. 이처럼 재직 중에 탐묵(貪墨)한 자는 규례대로 판결하는 것만으로 그쳐서는 안 된다. 법부(法部)로 하여금 의율(擬律)하여 유

배하게 하라.[226]

8월 25일 김홍륙의 유배지는 흑산도로 정해진다.

법부 대신(法部大臣) 신기선(申箕善)이 「삼가 조칙(詔勅)을 받들고 죄인 김홍륙
(金鴻陸)을 『대전회통(大典會通)』「금제조(禁制條)」의 저 사람을 빙자하여 둘 사
이에서 뇌물을 받아먹은 자는 사형을 감하여 정배(定配)한다는 율문에 따라
태(笞) 100대를 쳐서 종신 유형(流刑)을 보내되 배소(配所)는 지도군(智島郡) 흑
산도(黑山島)로 마련하겠습니다」라고 상주(上奏)하니 윤허하였다.[227]

9월 11일 고종과 태자가 커피를 마시다가 구토를 시작하고 태자는 이
내 정신을 잃는다. 고종은 태자를 껴안고 울면서 「이게 무슨 일인가?」라
며 소리친다. 황제와 태자가 마시다가 남긴 커피 찌꺼기를 먹고 중독되
어 토하고 설사하고 정신을 잃는 수라간 인원이 십여 명이었다.[228] 그날
밤 궁내부 대신 이재순, 군부 대신 심상훈, 탁지부 대신 겸 경무사 민영
기 등이 입시한 가운데 이재순이 아뢴다.

방금 삼가 듣건대 전하(殿下)와 태자(太子)가 동시에 건강을 상하였다고 하는
데 수라(水剌)를 진공(進供)할 때 애당초 신중히 살피지 못하여 몸이 편치 않
게 되었으니 너무나 놀랍고 송구합니다. 거행한 사람들을 모두 법부(法部)로
하여금 철저히 구핵(鉤覈)하게 하고 근본 원인을 조사하여 나라의 형률을 바
로잡게 하는 것이 어떻겠습니까?[229]

고종은 경무청으로 하여금 수사를 명하고 민영기는 즉시 김종호 등 아홉 명을 체포하고 이튿날 전선사(典膳司, 궁중의 연회, 음식에 관한 일을 맡아보던 관청)의 주사(主事) 공홍식(孔洪植)과 김홍륙의 처 김소사(金召史)를 체포한다.[230]

독립협회는 9월 12일 독다사건 소식을 전해 듣는다.[231] 김홍륙 본인이 흑산도로 귀양 가 있는 상황에서 경무청에서 발표하는 사건전모를 보다 정확히 파악하기 위해 협회는 총대위원 3명을 보내 죄인들의 구두 진술을 방청하도록 한다.

독립협회는 이 과정에서 김홍륙의 부인을 포함한 모든 용의자들이 가혹한 고문을 받았다는 사실을 확인한다. 동시에 중추원 의원 서상우(徐相雨, 1831-1903)가 9월 26일 「노륙법(孥戮法)」을 부활시킬 것을 요청하는 상소를 올렸다는 사실도 알게 된다. 노륙법이란 남편 또는 아비, 스승의 죄로 인하여 처자 또는 제자를 연좌하여 모두 참형에 처하는 법으로 갑오경장 중 연좌제(緣坐制)와 함께 폐지된 법이었다.[232]

독립협회는 즉각 김구현, 최정덕, 홍정후 등으로 하여금 편지를 작성케 하여 충추원 의장 신기선에게 보낸다.

삼가 아룁니다. 국가의 표준은 법률에 있으며 법률이 공평해야 백성들이 믿고 의지하여 그들의 생명을 보전할 수 있습니다. 만약 세계 여러 나라에서 널리 실행되고 있는 명백한 법률과 다르면 국제법에서는 나라로 부르지 아니하며 세계 여러 나라들로부터 평등한 대우를 받을 수가 없습니다.

이 때문에 오직 우리 대황제께서는 자주독립의 권리를 잡으시고 모든 것을 품어 아는 크고 넓은 덕을 베푸시어 개국 503년 6월 28일 연좌법을 일체 시행치 말라는 재가를 내리셨습니다. 이 해 12월 12일에는 종묘와 사직에 맹세해 고하신 홍범(洪範)의 제 열세 번째 조목에 이르기를 「민법과 형법을 엄격하고 명백히 제정해 함부로 감금하거나 징벌하지 못하게 하여 백성들의 생명과 재산을 보호한다」하셨습니다. 그런 즉 철석같이 이를 지키며 봄이 오면 여름이 오고 가을이 오면 겨울이 오는 것처럼 이를 믿어 서양 여러 나라들과 법률 권리를 거의 고르게 행할 수 있었습니다.

요즘 듣기에 귀 중추원 의관들이 회의를 열어 업무를 보는 당초 목적은 법률의 변경 한 가지 일로서 옛것을 회복하고 새것을 버려 노륙법을 다시 시행하려는 뜻을 담은 글을 연명으로 올려 바치셨다 합니다. 이는 위로는 대황제의 덕에 부끄러움과 누를 끼치게 하고 아래로는 백성의 마음을 현혹시키는 것입니다. 밖으로는 세계 여러 나라로부터 업신여김을 받으며 안으로는 독립권을 약화시키는 것입니다. 이처럼 의관들이 법률에 대해서는 새카맣게 모르면서 나라에 손해를 끼치려고 하니 어찌 자문의 책을 질 수 있겠습니까?

이에 우러러 아룁니다. 연명 상소 안에다 서명한 의관은 모조리 아뢰어 해임시키고 귀 의장도 또한 사임하여 국법을 문란케 하는 폐단이 없게 하기를 삼가 바랍니다.[233]

신기선은 9월 27일 협회에 답신을 보낸다.

금번 궁궐 주방에서 일어난 사변은 개국 이래로 없던 일입니다. 만일 하늘과 역대 임금님께서 묵묵히 돌보고 은연중 복을 내리시지 않으셨다면 어찌 오늘날이 있을 수 있겠습니까? 무릇 우리 조정의 신하 된 자라면 누구인들이 역적을 손수 갈기갈기 찢어 그 살코기를 먹고 그 가죽을 베개삼아 자고 싶지 않겠습니까?

갑오경장 이래로 사형은 다만 목매달아 죽이는 것만으로 한정했습니다. 비록 세계 여러 나라에서 널리 시행되는 법률이라고 말하지만 우리 나라의 풍속을 헤아려 볼 때 대역 죄인에 대한 형벌을 허둥지둥 목매달아 죽이는 것으로만 처리해버린다면 결코 귀신과 사람의 분노를 다 씻을 수 없고 역적의 쓸개를 다 갈아버릴 수가 없습니다.

따라서 법률을 개정한 지 일주년이 되지 않아서 을미년(1895) 8월의 일찍이 유례없던 역적의 변고(을미사변)가 발생했고 계속해서 반역을 도모한 범죄사건이 없는 해가 없다가 금번의 변고에 이르러 극도에 달했는데 이는 분명히 역적을 다스리는 것이 엄하지 않았기 때문입니다.[234]

그러면서 신기선은 독립협회가 선진국의 법률을 무비판적으로 모방하려고만 할 뿐 역적의 준동을 막을 생각은 하지 않는다고 비난한다.

이제 여러분들은 다만 법률은 반드시 다른 나라와 똑같아야만 하고 새 법은 조금도 바꿀 수 없다고만 생각합니다. 준엄한 말로 엄중하게 배척하여 여러 의관을 마치 국정을 그릇되게 하고 어지럽히는 소인배 취급하고 있습니다. 안목을 갖춘 다른 분들이 곁에서 가만히 의논하기를 「여러분들은 국가의 역적이 불어나는 것은 걱정치 않고 홀로 법률의 과중함 만을 걱정한다」 할 줄은 어찌하여 생각하지 않습니까?[235]

또한 비록 죄인의 가족까지 처벌하는 법은 다시 부활시킬 수 없을지 몰라도 참형만큼은 부활시킬 것을 상주해보고 받아들여지지 않으면 사직하겠다고 한다. 그러면서 일개 「민회(民會)」가 어떻게 대신들의 사임문제를 감히 거론할 수 있는지 묻는다.

비록 부족한 저희들이 고위 관리의 자리를 욕되게 차지하고 있지만 저희들이 나아오고 물러가며 나서고 들어앉는 것이 어찌 민회에서 언급할 수 있는 일입니까? 이것도 역시 세계 여러 나라의 규정입니까? 아랫사람이 윗사람을 능멸하여 윗사람의 권위를 떨어뜨리니 제멋대로 하며 전혀 한계가 없습니다. 대신의 나아 오고 물러가는 문제를 스스로 직권 안의 일이라 간주하면서 술에 취한 듯 미친 듯 오직 자기 말 대로 따르고 나를 어기지 말라 하고 있습니다.[236]

신기선은 「가만히 여러분들을 위해 걱정합니다. 이만 줄입니다」라는 말로 답신을 마무리한다.[237]

답신을 받은 독립협회 회원들은 일제히 신기선의 사저로 가지만 그가 고등재판소에 있다는 말을 듣고 재판소로 발길을 돌린다. 그러나 신기선은 이들이 재판소로 들어오는 것을 막고 그 대신 10월 1일 오후 2시 중추원에서 만날 것을 제안한다. 협회원들은 일단 물러난다.[238]

그 사이 감옥에 있는 공홍식이 고문을 견디다 못해 스스로 칼로 찔러 자결을 시도한 사건이 발생한다. 독립협회는 10월 1일 정항모 등 다섯 명을 보내 중추원에서 법부대신 신기선을 만난다. 이들은 참형을 부활시키는 것에 대한 반대를 표하고 옥중의 공홍식이 어떻게 칼을 입수하여 자결을 시도할 수 있었는지 추궁하면서 신기선에게 사직할 것을 요구한다. 신기선이 끝내 거부하자 독립협회는 그를 고등재판소에 고발한다.

그러나 고등재판소 검사 함태영(咸台永, 1873.12.11.-1964.10.24.)은 고발장 접수를 거부한다.

금번 이 고발의 피고 두 사람은 칙임관(勅任官)에 해당되기 때문에 법부 대신이 먼저 황제께 보고 드린 뒤에야 구금할 수 있습니다. 그런데 법부 대신이 바로 피고입니다. 누가 보고드릴 수 있겠습니까? 직권의 소재로 보아 제멋대로 편리하게 처리할 수 없는 일입니다.[239]

독립협회는 결국 의정 심순택에게 편지를 보내 고종에게 사안을 설명하고 신기선과 이인우를 처벌할 것을 요청하기로 한다. 남궁억 등 세 사람이 심순택에서 편지를 전달한다.

삼가 아룁니다. 금번 범죄 사건은 예전엔 결코 없었던 변고입니다. 신하나 백성 된 사람이라면 누군들 마음이 서늘하고 간담이 떨리지 않겠습니까? 원래 공홍식은 범죄 사건의 정황에 관계된 증거가 매우 중대한 죄인이니 어찌 소홀히 감금할 수 있겠습니까? 요즈음 듣자니 그 죄수가 그 자신의 목을 칼로 찔렀다고 합니다. 대체 이 칼은 하늘에서 떨어졌습니까? 땅에서 솟았습니까?

형옥을 맡은 제뢰관(堤牢官)은 「죄수에게 마땅히 금해야 할 것을 금하지 않은 잘못(因應禁而不禁之律)을 범했습니다. 그리고 법조문 단옥편(斷獄編) 「죄수에게 쇠나 칼을 주어 벗겨 준 조목(與因金刃解脫條)을 보면 「스스로 자신에게 상처를 입히거나 혹은 다른 사람으로부터 상처를 입었거나 했을 경우 만약 형옥을 맡은 제뢰관이 알고도 행동을 취하지 못했으면 똑 같은 죄로 적용한다」고 했습니다.

본 협회는 사법위원을 고발인으로 해서 법부대신 신기선과 협판 이인우를 들어 고등재판소에 고발했습니다.... 귀 대신은 모든 관리들을 총괄하여 옳고 그름을 결정하는 직권을 가지고 있습니다. 그러므로 이에 우러러 아룁니다. 자세히 살피시어 해당 대신과 협판을 위에 아뢰고 해임하여 위에 보고하고 구금하여 징계하는데 편리하게 해주시기를 삼가 바랍니다.[240]

독립협회는 같은 내용의 편지를 참정 윤용선(尹容善, 1829-1904)에게도 전달한다.

10월 6일 중추원은 의장 겸 법부대신 신기선의 주도 하에 윤치호 등 독립협회 회원들을 연좌제로 처벌할 것을 결의하고 고종에게 청한다.

지난번 중추원(中樞院)에서 노적(孥籍)의 법을 복구시키자는 논의는 실로 공정한 의리에서 나온 것이었습니다.

의관(議官) 윤치호(尹致昊)는 독립협회(獨立協會)가 주장하는 의견과 같지 않다고 하면서 망령되이 흉서(凶書)를 올렸는데, 노륙(孥戮)을 옛날처럼 시행한다면 위로는 군부(君父)를 욕되게 하고 아래로는 나라의 체통을 더럽히는 것이며 공적으로는 만민(萬民)의 권리를 해치고 사적으로는 일신의 명예를 손상하게 된다고 하였습니다. 대체로 역적을 토벌하는 논의가 군부를 욕되게 하고 나라의 체통을 더럽히는 것이라면 반드시 역적을 비호한 뒤에야 군부를 욕되게 하지 않고 나라의 체통을 더럽히지 않을 수 있단 말입니까? 만약 역적을 토벌하는 것이 명예를 손상시키는 것이라고 한다면 역적을 비호하는 것이 도리어 명예를 얻게 된단 말입니까? 구구절절이 사특하고 망령되어 역적을 사랑하고 비호하는 내용이 아닌 것이 없습니다.

...

이른바 독립협회라는 것은 역적의 괴수 서재필(徐載弼)과 흉악한 무리 안경수(安駉壽)가 창립한 것입니다. 서재필의 갑신년(1884) 정변에 대해서는 거리의 아이들과 심부름꾼이라도 모두 모반부도(謀叛不道)하여 용서할 수 없는 역적이라는 것을 알고 있으며 안경수는 바로 서재필의 측근 심복입니다. 이른바 아무개 아무개 회원이라는 자들이 진실로 조금이나마 떳떳한 천품을 지니고 있다면 어찌 충성과 반역을 따지지도 않고 바람결에 쏠리듯 일제히 좇아서 그 물살을 밀어 그 물결이 이는 것을 도울 수 있었겠습니까? 겉모습을 번지르하게 꾸미고서 거짓으로 임금을 돕는다고 하면서 위로 폐하를 속여 윤허를 받기에 이르자 이에 방자하게 얼굴을 드러내 놓고 무리 지어 지내며 재신(宰臣)을 핍박하고 모욕하는 것을 능사로 간주하였습니다.

...

삼가 바라건대 폐하께서는 법사(法司)로 하여금 독립협회를 윤허한 명을 환수하게 하시고 사악한 말에 물든 회원들을 염탐해서 잡아다가 찬축(竄逐)의 형전에 둠으로써 향배(向背)의 구분을 엄히 하소서. 그리고 속히 정부에 명하시어 좋은 쪽으로 회의하게 하며, 새 법으로서 정도(正道)를 벗어난 것은 일체 혁파하게 하소서. 하(夏) 나라와 은(殷) 나라 이래로 여러 훌륭한 선왕(先王)들이 벽적을 다스리던 법을 다시 구안(舊案)에 적용하여 역적들의 공초(供招)에서 나온 모든 흉도(凶徒)들에게 모두 연좌의 형률을 행하심으로

써 난신적자(亂臣賊子)들로 하여
금 두려워 그칠 바를 알게 한다
면 비단 오늘날의 다행일 뿐만
아니라 장차 만세에 법을 드리
워 영원히 태평한 복을 누리게
될 것입니다. 그렇게 되면 그 막
대한 공(功)은 우(禹) 임금이 홍

경운궁(덕수궁)의 정문이었던 인화문. 1902년경 철거

수를 막고 무왕(武王)이 사나운 짐승을 몰아낸 것에 못지 않을 것입니다.[241]

그러나 고종은 「그대들은 그 지위에 있지 않으면 그 정사를 도모하지 않
는다는 의리를 알고 있는가?」라고 오히려 꾸중한다.[242]

독립협회는 10월 7일 인화문 앞에서 집회를 열면서 또 다시 상소를
올린다. 이번 상소에서는 신기선과 이인우만 탄핵하는데 그치지 않고
의정 심순택, 참정 윤용선, 궁내부 대신 이재순, 군부대신 심상훈, 탁지
부 대신 민영기도 탄핵한다. 고종은 같은 날 비답을 내린다.

상소문을 보고 빠짐없이 갖추어 자세히 알았다. 죄수가 칼로 상처를 입은
것은 과연 놀랄 만한 일이다. 그러므로 법을 맡은 신하에 대해서는 이미 정
부의 보고에 따라 경고하는 뜻을 보였다. 그 밖의 여러 사람들에 대해서 마
땅히 의심하지 말아야 할 곳에 공연한 의심을 두는 것은 옳지 않다. 법류의
경우는 이에 조정에서 때에 알맞게 제정하는 것이니 아래에서 함부로 논의
할 수 있는 바가 아니다.[243]

독립협회는 10월 8일 또 다시 상소하여 신기선, 이인우, 심순택, 윤용선, 이재순, 심상훈, 민영기 등 7명의 대신들의 과오를 열거한 후 이들을 해임할 것을 주청한다.

엎드려 빌건대 폐하의 명철함으로 그윽이 깊이 살피시어 빨리 일곱 대신과 모든 의관들을 내쫓으소서. 또 바로 그날로 공정하고 깊이 믿으시는 신하 한 사람에게 명하여 저희들이 엎드려 있는 곳에 몸소 이르게 하소서. 무릇 저희들이 마음속으로 하고 싶었던 말씀과 상소로는 모두 아뢸 수 없었던 것을 즉각 마땅히 낱낱이 들어 조목조목 아뢰도록 하겠습니다. 백성의 마음이 위로 통할 수 있으며 황제 폐하의 은혜는 아래로 미칠 수 있고 「태」를 이루고 「태로」 돌아올 선대로부터 물려받은 왕업(王業)은 여기에 달려 있습니다. 엎드려 생각하건대 폐하의 명철함을 드리워 굽어살피소서.[244]

그러나 고종은 같은 날 비답을 내려 7대신 해임 요청을 거부한다.

상소문을 보고 빠짐없이 갖추어 자세히 알았다. 말이 나라를 걱정하고 사랑하는 마음에서 나와 괴이하게 도를 넘은 것은 없다. 그러나 참으로 책임을 다하도록 요구하려고 해도 그만한 사람이 드물다. 내가 바야흐로 다스리는 방법을 구하는데 급하여 조정의 신하에게 지시를 내리었다. 각자가 주의하고 조심하도록 하였으니 이전의 허물을 거의 고치고 다가올 효험을 기다려도 될 것이다. 자세히 알아듣고 물러가 다시는 번거롭고 버릇없이 굴지 말도록 하라.[245]

그날 밤 군부대신 심상훈은 퇴청하는 길에 인화문 앞에서 시위하고 있는 협회원들을 찾아와 「저도 역시 회원입니다」라면서 자신에 대한 탄핵을 멈춰줄 것을 요청하지만 협회원 현제창(玄濟昶)이 「탄핵을 받고 있는 대신이 무슨 일로 여기에 왔는가?」라며 꾸짖자 얼굴을 붉히고 돌아간다.[246]

10월 9일 오후 4시경 한성부 판윤 이채연이 인화문 앞에서 시위하고 있는 협회원들에게 고종의 말을 전한다.

내가 말하려고 하는 것은 이미 여태까지의 상소에 대한 비답에서 자세히 모두 다 말했다. 그런데도 너희들이 궁궐 문이 지척인 땅에서 날을 보내고 밤을 지새며 오래도록 물러가지 않았다. 이는 비록 임금에게 충성하고 나라를 사랑하는 마음에서 나온 것이긴 하지만 너희들이 요청한 바를 바야흐로 헤아려 생각하고 있는 중인데 오늘 즉시 거행하라고 연달아 요청하는 것은 일의 형편에도 어긋날뿐더러 또한 너희들의 충성하고 사랑하는 목적에도 조금 흠이 될 것이다. 방금 정부에 거듭 타일러 곱절로 경계하고 힘쓰게 하였으니 너희들은 룰라가 처분을 기다리는 것이 일의 형편상 진실로 합당할 것이다.[247]

독립협회는 곧바로 글을 지어 이채연을 통하여 고종에게 전달하도록 한다. 회원들은 집회를 조용히 진행하겠다고 한다. 그러나 7대신을 해임하기 전까지는 물러나지 않겠다고 한다.

저희들은 삼가 황제 폐하의 타이르는 말씀을 받들었는데 말뜻이 거듭 순박

하시니 감격의 눈물이 줄줄 흐릅니다. 성은이 이와 같으신데 어찌 감히 행하지 않겠습니까? 다만 일곱 신하가 관직에서 떠나가지 않으니 백성과 나라의 걱정이 가실 때가 업습니다. 그러므로 감히 물러가지 못하는 것입니다. 황제 폐하의 건강이 병으로 말미암아 편치 않으시니, 절박함을 이길 수가 없습니다. 저희들이 각별히 단속하여 시끄럽게 떠드는 폐단이 완전히 없어지도록 하겠습니다.[248]

독립협회는 7대신의 죄상을 나열하면서 이들을 해임할 것을 거듭 상주한다.

많은 백성들이 모인 것은 모두가 일곱 대신들의 평소 행정에서 비롯되었습니다. 이 일곱 대신들은 정해진 규정을 일부러 어기고 법률을 지키지 않으며 인재를 가려 쓰지 않고 사적인 뇌물을 받는 것만을 오로지 일삼았습니다. 잡다한 세금을 어지러이 긁어모으고 더러운 관리를 쫓아내지 않았습니다. 그 결과 백성들은 생명을 보호하기 어렵고 재산을 빼앗게 되었습니다. 이에 피맺힌 분노가 가슴속에 가득 차올라 앞으로 나아와 엎드려 호소할 즈음에 자연히 시끄럽게 떠들어댔으니, 더욱 매우 몹시 황송함을 이길 수가 없습니다.

지금 강한 이웃 나라가 틈을 엿보고 기다리는데, 내정을 닦지 아니하여 민심이 편안치 못하면 오이를 나누듯이 땅을 떼어 줄 염려가 임박해올까 두렵습니다. 그러므로 근본을 단정히 하고 근원을 깨끗이 하기 위해 일곱 신하를 물리치시고 재주 있고 슬기로운 인재를 널리 구해 정해진 규정을 실시하시기를 우러러 호소합니다.

일곱 신하가 하루라도 관직에서 떠나가지 않으면 저희들 역시 하루라도 여기서 물러가지 아니하고 일곱 신하가 백 일을 떠나가지 않으면 저희들도 백 일을 물러가지 않겠으니 저희들은 매우매우 황송하여 몸 둘 바를 모르겠습니다.[249]

10월 10일에도 장문의 상소를 다시 올린다.

아! 저 심순택, 윤용선, 이재순, 심상훈, 민영기, 신기선, 이인우 등은 나아가서는 임금의 아름다운 뜻을 받들어 순종하지 못하고 물러가서는 그 아름다운 뜻을 백성들에게 널리 알리지 못했습니다. 단지 아첨만을 일삼으면서 구차하게 벼슬을 보존하고 녹봉만 타먹고 있습니다. 그리하여 황제 폐하의 2천만 백성들을 곤경에 처해 부르짖으며 도탄에 빠지게 했습니다.

비록 오늘날 끓어오르는 의논이 아니더라도 하늘이 천벌을 내려 죽이고 귀신이 죽음을 내리는 것은 필연적인 이치입니다. 하지만 운수가 항상 승하여 정해진 이치가 굽어지기 쉬운지라 종묘 사직의 위태로움과 백성들의 위급함은 당장 눈앞에 닥쳐왔습니다. 저희들은 이 때문에 큰 소리로 급히 부르며 연명으로 된 글을 가지고 대궐 문을 두드리면서 그만 둘 줄을 모르며 감히 물러가지도 못하는 것입니다.[250]

고종은 10월 12일 의정부 참정 윤용선, 군부대신 심상훈, 탁지부 대신 민영기를 해임하고 박정양을 의정부 참정 서리에, 조병호를 탁지부 대신에, 민영환을 군부 대신에 임명한다. 한성판윤 이채연은 고종의 훈령을 갖고 인화문 앞에서 시위를 벌이던 협회 회원들에게 와서 훈령 내

중화전 완공 이전의 경운궁. 인화문과 대한문, 중문으로 사용되던 돈례문이 보인다.

용을 알린다.

오늘 오후 4시에 일곱 신하를 모두 내쫓은 다음 지시하신 말씀의 뜻은 이와 같습니다. 「상소문을 가지고 나와 엎드렸던 만큼 그에 대한 비답을 받았으면 즉각 물러가야 마땅하다. 그런데 궁궐 문을 지청에 두고 거리낌 없이 집회를 여니 이 이상 더 놀라운 일이 없다. 더구나 여러 차례에 걸쳐 지시를 내렸는데도 줄곧 지시에 항거하기만 하니 이게 무슨 원칙이며 이게 무슨 도리인가. 연명으로 된 상소의 우두머리 윤치호를 우선 무겁게 견책하라. 내부(內部)에 분부하여 물러가도록 잘 타이르게 하라.[251]

회원들은 고종을 위해 만세를 부른 후 협회로 돌아간다.

20. 「조규 2안」

7대신 해임에 고무된 독립협회는 정부와 공식적인 면담을 요청한다. 초유의 일이었다. 면담을 요청하는 이유는 정부 정책의 잘잘못을 지적하고 시정을 요구하기 위해서였다. 10월 13일 협회 총대위원 이건호 등의 이름으로 의정 서리 박정양에게 편지를 보낸다.

폐하의 훌륭하신 뜻을 널리 알리기 위해 시무(時務)의 폐단과 백성들의 폐단에 관한 조건을 자세히 늘어놓아 정부에 질의를 구하려고 이에 우러러 전달합니다. 정부에 계시는 여러분께서 어느 날, 어느 때, 어느 곳으로 자리를 함께 하시든 본 협회의 여러 회원 또한 여러분이 계시는 곳으로 나아가 협의 타결하여 백성과 나라를 모두 편하게 하고자 합니다. 헤아려 살피시고 날짜와 장소를 지정하시어 회답해 주시기를 삼가 바랍니다.[252]

10월 14일 박정양이 답장한다. 놀랍게도 긍정적인 답변이었다. 약속 날짜와 시간, 장소까지 모두 보내온다.

삼가 답장합니다. 귀 협회에서 연명으로 보낸 서한을 즉각 받들어 보았습니다. 모든 사실을 알게 되어서 기뻐해 마지 않으며 하나 같이 옳다고 여깁니다. 이 달 15일 오후 4시에 회동하기로 삼가 정하고 여러 동료들은 정부에서 기다리기로 했습니다. 즉각 헤아려 살피시고 기일이 되면 왕림하여 주시기 바랍니다. 이만 줄입니다.[253]

입궐하는데 문제가 없도록 궁을 지키는 경찰에게도 일러놨다고 한다.

　돈례문을 지키는 순검에게 거듭 타일러 두었습니다. 기한이 되면 오셔서 기
　다리고 즉각 통지해 주시기 바랍니다.

　독립협회는 10월 15일 임시회를 개최하고 정부와의 면담에서 제출할
내용들을 미리 정리한 「조규 2안」을 마련한다. 총대위원으로 선출된 홍
정후, 남궁억, 유맹, 안영수, 박언진 등 5명은 돈례문으로 간다. 돈례문
순검이 평민복으로는 대궐에 들어갈 수 없다고 하자 평복차림으로 들어
갈 수 있게 허락을 해 달라고 고종에게 주청한다. 고종은 이를 허락한다.
독립협회의 대표 5인은 대궐에서 내각의 대신들과 대면한다.

　황제가 평복 차림으로 들어오도록 허락하자 정부에서는 평복 차림으로 들
　어오도록 즉각 허락했다. 이에 독립협회 총대위원들은 수검을 따라 정부로
　들어갔다. 사무실에 올라가 있던 여러 대신들이 일어서서 서로 대면했다. 먼
　저 자기에 앉도록 청하며 여러 차례 서로 사양했다. 여러 대신들이 먼저 자
　리를 잡은 다음 독립협회 총대위원들과 마주하고 앉았다.

　외부대신 박제순이 자신이 정부측 대표이며 협회에서는 누가 먼저 발
언할 것인가를 묻자 남궁억이 「말로써 상의하려 한다면 혹 서로 어긋
날 우려가 있으므로 글로 기록해 왔습니다」 면서 준비해온 「조규 2안」
을 건넨다.

제1조: 법률로 정한 바 이외에 함부로 명목을 더한 잡다한 세금은 모두 혁파할 일.

제2조: 중추원을 다시 조직하는데 관제는 정부와 독립협회 회원 가운데 공평하고 정직한 사람으로 총대위원을 선정하고 이들이 회동하여 의논해 정할 일.

제2조의 세칙

하나, 의관의 절반은 정부에서 추천하여 뽑으며 나머지 절반은 독립협회에서 투표로 추천해 뽑고 황제께 아뢴 다음 칙명을 받들어 임명할 일.

하나, 의장은 정부에서 추천한 사람이 맡고 부의장은 독립협회 회원 가운데 추천된 사람이 맡되 모든 의관이 투표하여 뽑을 일.

하나, 규정은 외국 의회의 규칙을 본뜨고 중추원에서 기안하여 정부의 의논을 거친 다음 재가를 받들어 시행할 일.[254]

정부 대표 박정양은 일요일까지 회답할 것을 약속한다. 총대위원 안영수는 「오백 년 이래로 관과 민 사이에 서로 마주 대하고 논의하기는 처음 있는 일입니다」라고 한다.[255]

『독립신문』 영문판은 「한 발 앞으로」라는 제목의 기사에서 이 내용을 자세히 보도한다.

7명의 영향력 있는 대신들이 평민들로 구성된 협회의 평화적 요청으로 해임되었다! 전제적인 조선에서 초유의 일이다. 수많은 사람들이 놀라고, 양반들이 이를 갈고 있으며 독립협회라 불리는 이 작지만 대담한 협회를 억압하려는 계획과 음모, 상소가 넘쳐나는 것도 당연하다. 협회는 고위층의 부패와 잔인함에 대해 단호히 맞서고 있다. 협회는 누군가가 제어하지 않았다면 「94년과 95년의 개혁(갑오경장)」의 모든 흔적을 지워버릴 수도 있었던 수구주의의 역류에 맞서 지금까지 성공적으로 싸워왔다.

따라서 협회는 양반주의, 온갖 종류의 전제주의와 야만주의 등 낡은 질서를 사랑하는 모든 사람에게 증오의 대상이다. 협회의 미래는 조선의 미래처럼 어둡다. 협회는 자신이 처한 위험을 충분히 인식하고 있지만 그만큼 정의의 힘도 충분히 인식하고 있다. 지금까지 적어도 고의로 비난받아 마땅한 일을 하지 않았다는 사실을 자랑스럽게 여기며 견딜 수 없는 학정으로 인해 파멸 직전에 이른 조선을 어떻게든 구할 수 있다는 희망을 놓지 않으면서 침착하게 당면한 새로운 임무를 수행하고 있다. 지금까지 협회의 활동은 비판으로 일관해 왔다.

그러나 끌어내리는 것은 그 나름 흥분되는 일이지만 적폐를 제거하거나 개혁을 도입하는 데는 효과적이지 않다는 것을 깨닫게 되었다. 인민들에 대한 학대가 회복 불가능 한 선을 넘기 전에 막기 위해서는 입법과정에 인민들의 목소리가 반영되어야 한다. 바로 이러한 목적을 염두에 두고 독립협회는 이번 달 13일 의정부의 신임 대신들에게 「국민과 정부의 상생」을 도모할 수 있는 방안을 모색하기 위해 협회 대표단과 면담할 시간과 장소를 지정해 달라고 간곡히 요청하는 편지를 보냈다.[256]

기사는 이어서 대신들이 이번 달 15일 오후 4시에 독립협회 대표단을 의정부 회의실에서 만나기로 동의했다는 내용과 독립협회가 제시한 「조규 2안」의 내용도 자세히 보도한다.[257]

21. 황국협회의 등장

10월 16일 황국협회 회원들이 찬정 박정양의 집 앞에서 시위를 벌인다. 황국협회는 보부상(褓負商) 단체였다. 보부상은 조선시대의 대표적인 상인들로 장시(場市)를 무대로 활동하는 행상(行商)들이었다. 조선의 농촌에는 19세기까지도 상설 점포가 드물었다. 상인들이 한 곳에 상주하면서 장사를 하기에는 상업이 활성화되지 못했고 경제 규모가 너무 작았기 때문이다. 상인들은 생계를 위하여 여러 장시를 돌아다녀야 했고 상인들이 순회하는 4-5곳의 장시가 하나의 상권을 형성했다.

상인들 중에는 도보로 이동하는 육상(陸商), 그리고 배로 이동하는 선상(船商)이 있었고 육상 중에는 봇짐을 이용하는 보상, 등짐을 이용하는 부상이 있었다. 이들을 통칭하여 「보부상」이라 하였다.[258] 보부상은 자체적인 조직을 갖고 있었고 국가의 보호를 받기도 했다. 임진왜란, 병자호란, 병인양요 등 국난시에는 국가에 동원되어 전투에 투입되거나 식량과 무기를 운반, 보급하기도 했다.[259]

1882년 6월에는 임오군란으로 다시 권력을 잡은 대원군을 상대로 민영익이 보부상들을 이끌고 저항하기도 한다.[260] 이에 대원군은 보부상을 삼군부에 통합시켰다가 이내 군대 편성에서 제외시키고 본래의 상업으로 돌아가도록 한다. 그러나 대원군이 청군에 납치된 후 민씨척족은 1883년 8월 보부상을 「혜상공국(惠商公局)」이라는 이름으로 재조직한다. 당상에는 민씨척족의 영수 민태호(閔台鎬, 1834-1884.10.18.)를 임명하여 보부상들의 상업독점권을 강화시켜주는 동시에 민씨척족의 정치폭력세력으로 이용하고자 한다.

갑신정변을 주도한 개화파는 1884년 12월 정강에 혜상공국 폐지를 포함시킨다. 이때부터 개화파와 보부상들은 서로 원수가 된다.[261] 갑신정변이 실패로 돌아간 후 민씨 척족은 1885년 보부상을 「상리국」으로 개칭하고 부상을 좌단(左團, 左社), 보상을 우단(右團, 右社)으로 구별함으로써 보부상을 정부가 본격적으로 보호하고 관리하기 시작한

민태호

다. 1894년 동학난 중 민씨척족은 다시 한번 보부상을 동원하여 동학군과 싸운다.[262] 이처럼 민씨척족의 첨병 역할을 하던 보부상은 1898년 6월 30일 「황국협회」로 이름을 바꾼다. 독립협회와 싸우기 위해서였다. 다음은 황국협회 설립 직후인 7월 7일자 『독립신문』 기사다.

황국 협회 개회식을 비가 와서 이왕 작정하였던 날 어저께는 행하지 아니하고 오늘 오후에야 전 훈련원에서 회식을 설행 한다는데 그 회의 취지 대강은 나라를 문명 부강하게 하려는 도리는 황실을 존숭 하고 충군 하는 대의를 밝힌다 하였으며 회표는 이화 국기 장에 「대한 황국 협회 충군 애국」 열 자로 새겨 차고 통상 회는 매월에 제 이 제 사 일요일로 하며 총회는 매년 삼월 구월로 하고 각 지방에 지회를 설하며 회중 책임은 회장 이하로 합열 일곱 자리인데 임원 액수는 도합 일백 일곱씩이더라[263]

황국협회는 박정양 찬정 집 앞에서 시위를 벌인 이유가 조정이 독립협회를 감싸고 돌면서 황국협회를 차별하고 있기 때문이라 한다. 전날 독립협회가 창덕궁에 입궐하여 대신들과 만났을 때 황국협회가 돈례문에 먼저 도착하였는데도 독립협회만 입궐을 시키고 자신들을 무시했다면서 「똑같이 대우해야 할 다 같은 백성인데 무슨 까닭으로 아끼고 미워하는 것이 판이하게 다릅니까?」라고 다그친다. 박정양은 「독립협회와는 회동하자는 사전 약속이 있었으므로 들어오도록 요청한 것입니다. 귀 협회는 아주 짧은 말 한마디도 없다가 갑자기 들어가게 해달라고 요청했습니다. 그러므로 허락하지 않은 것입니다」라고 답한다.[264]

그러자 이번에는 황국협회가 요청한 「하의원(下議院)」을 인가해 주지 않는 이유를 따진다. 이에 박정양은 다음과 같이 답한다.

정부와 중추원은 스스로 맡은 바 임무가 있으니 인민들 사이의 불편한 일의 실마리나 국가 경영상에 유익한 일이 있으면 스스로 마땅히 의논하여 시행합니다. 또 관제에 없는 하의원을 제멋대로 허가해줄 수는 없습니다.[265]

말문이 막힌 황국협회 회원들은 일단 해산하지만 곧 바로 다시 집결하여 박정양의 사직을 요구한다. 박정양은 사직하겠다고 한다.

인민들이 말하기를 나를 믿고는 안심하고 살 수 없다고 하니 어찌 잠시라도 관직에 머무를 수 있겠습니까? 즉각 마땅히 사직하겠습니다. 귀 협회는 밤을 세우지 말고 모름지기 즉각 물러가도록 하십시오.[266]

황국협회 대표들은 「우리들은 귀 대신이 벼슬에서 갈린 뒤에야 물러갈 수 있습니다」라고 한다. 박정양이 「비록 열 번의 상소를 올려서라도 기어이 사직하겠으니 염려말고 물러들 가십시오」라면서 재차 사직의사를 밝히니 황국협회는 결국 박정양 집 앞에서의 시위를 푼다.[267]

박정양은 17일, 18일, 19일 연이어 사직상소를 올리지만 고종은 중추원 의장 서리 직책에서만 해임한다. 10월 17일 고종은 조병식을 의정부 찬정에 임명한다.[268] 조병식은 절영도 조차(租借) 문제 등으로 독립협회의 집중적인 탄핵을 받고 7월 21일 해임되었던 인물로 서재필의 해임에 앞장섰던 인물이다. 조병식은 의정부 참정으로 복귀하면서 독립협회 탄압에 앞장선다.

22. 중추원 개혁안

10월 20일 고종은 독립협회를 비판하면서 협회 회관 등 원래 정해진 장소에서만 모일 것을 명하는 칙령을 내린다.

> 대개 듣건 대 외국의 규례에는 「협회」라는 것이 있고 「국회」라는 것이 있다고 한다. 「협회」라는 것은 백성들이 사적으로 설치한 것으로서 하는 일은 공동으로 토론하는 것을 가리키는 것에 불과하다. 「국회」라는 것은 나라에서 공적으로 세운 것으로서 바로 국민들의 이해관계에 대해서 의논하고 결정하는 곳이다.
>
> 우리나라에도 인민들이 사적으로 설립한 협회라는 것이 있는데 처음부

터 개명과 진보를 이룩하는 데 하나의 도움도 되지 않는 것은 아니다. 그러나 정치적 명령을 평론하고 벼슬을 떼거나 올리는 논의에 참여하는 것은 원래 협회의 규정은 아니다.

심지어 자리를 떠나 모임을 열며 상소를 올리고 대궐 문을 지키며 대신을 협박하는 등 전혀 제한받지 않는 것처럼 행동하는 경우는 비록 국회라고 하더라도 이런 권한이 없는 것인데 하물며 협회의 경우야 더 말할 것이 있겠는가? 말과 생각이 여기에 이르니 한심하기 그지없다.

오늘부터 작하여 내부(內部)로 하여금 경무사와 각 지방관을 단속하고 타일러서 무릇 협회라고 이름하는 것은 이런 회 저런 회를 따지지 말고 만약 규례에 의거하지 않고 예전처럼 제멋대로 무리 지어 쫓아다니며 치안을 방해하는 자는 엄격히 금지토록 하라. 만약 명령을 따르지 않는 자가 있으면 나라에는 규정된 법이 있는 만큼 이치상 용서받기 어려울 것이다.

그에 대해서는 통상적인 규정이 있으니 단지 원래 정해진 장소에서만 토론하고 그만 두는 자는 저지하지 말도록 하라. 그리하여 백성들의 지식이 발달하는 효과를 거둘 수 있게 힘쓰도록 하라.[269]

10월 21일에는 윤용선이 의정부 의정대신(議政大臣)에 임명된다.[270] 10월 12일 독립협회의 압력으로 의정부 참정직에서 해임한지 9일만이었다. 승진이었다. 고종은 같은 날 위정척사파의 거두 최익현을 의정부 찬정(贊政)에 임명한다.[271]

10월 22일에는 경무관 위홍석(魏洪奭)과 장윤환(張允煥)이 순검 수십명을 대동하고 독립협회 사무소에 와서 집회를 협회본관에서만 개최해야 한다는 고종의 칙령을 전한다.

황제 폐하의 지시 안에 「각 회는 그 정해진 장소를 떠나서 모임을 열지 말라」고 하셨으니 사무소에서 모임을 열 수 없습니다. 그러므로 본관으로 물러가 토론해야 옳습니다.[272]

한성부 판윤 이채연도 한성부 주사를 보내 같은 영을 전달한다.

협회원들은 독립협회가 고종의 허가로 설립되었고 고종이 하사금을 내렸을 뿐만 아니라 황태자가 독립회관 휘호도 하사한 사실을 경무관들에게 상기시키며 장소를 옮기라는 영을 거부한다. 또한 칙령을 이토록 즉각적으로 집행하는 경우는 본 적이 없다며 경무청 앞에서 칙령을 거역하면서 시위를 벌이는데 대한 사죄 상소를 올리기로 한다.[273]

독립협회원들이 경무청 앞에서 철야 시위를 하자 고종은 다음날 독립협회에 우호적인 박정양을 다시 의정부 참정에 임명하고 한규설을 중추원 의장에, 윤치호를 부의장에 임명한다.[274] 또한 「중추원 관제 가운데 타당치 못한 곳이 많다. 정부에서 즉각 의장과 부의장을 불러다 상의하여 개정토록 하라」는 영을 내린다.

고종이 또 다시 독립협회에 우호적인 태도를 취하자 윤치호는 대신들과 만난다. 대신들은 고종이 언급한 중추원 개혁안을 제시한다. 정교에 의하면 그 내용은 「백성들의 의견을 널리 채택하는 사안에 대해서는 확실하지 않았고 또한 크게 관계된 것도 없었다.」[275] 윤치호가 대신들에게 「이대로 시행할 것입니까?」라고 묻자 한 대신이 「이 관제를 가지고 협회에서 의논해 뺄 것은 빼고 넣을 것은 넣어 확정한 다음 내일 오후 4시까지 가지고 오십시오」라고 한다. 윤치호가 일어서려고 하자 대신들은 「중추원을 실시하면 협회는 없어지는 것입니까?」라고 묻는다. 이에 윤치호는 다음과 같이 답한다.

> 중추원을 조직하는데 민회(民會)가 있건 없건 무슨 상관있습니까? 만약 중추
> 원을 실시하는 정치적 명령이 공평하고 정직하게 시행된다면 협회는 기쁜
> 마음으로 찬양하고 문명의 개화와 진보에 종사할 것입니다. 협회에서 정치
> 의 득실을 논한 것도 부득이한 데서 나온 것입니다.[276]

협회는 경무청 앞에서의 집회를 이어가는 동시에 윤치호가 정부로부
터 받아온 중추원관제를 개정한다. 정교, 이건호, 이상재 등이 개정에
참여한다.[277]

윤치호는 10월 24일 개정안을 정부에 제출한다.

> **제1조:** 중추원은 의정부의 자문에 응하며, 중추원의 건의를 위하여 아래
> 사항을 심사하고 의논하여 결정하는 곳으로 한다.
> 하나, 법률과 칙령에 관한 안건.
> 둘, 의정부에서 논의를 거쳐 황제께 아뢰는 모든 사항.
> 셋, 중추원에서 임시로 건의하는 사항.
> 넷, 인민이 바친 의견을 채용하는 사항.
> **제2조:** 중추원은 아래 직원들로 구성한다.
> 의장 1명
> 부의장 1명
> 의관(議官) 50명 주임관(奏任官, 3품-6품), 반수는 독립협회에서 회원
> 의 투표로 뽑는다.

참서관(參書官) 2명 이하 주임관

주서(主事) 4명 이하 판임관(判任官, 7품-9품)

제3조: 의장과 부의장은 칙임관, 의관은 주임관으로 하는데 모두 등급은 없다. 단 칙임관은 의정(議政)이 책명을 받들어 임명하고, 주임관은 의정이 황제께 아뢰고 임명한다.

제4조: 의장, 부의장 및 의관의 임기는 12개월로 정한다.

　　　…

제8조: 의정부와 중추원의 의견이 합치되지 않을 때는, 의정부와 중추원이 한 자리에 모여 협의하고 타당하게 가결한 다음 시행한다.

제9조: 국무대신은 위원에게 명하여 그가 주로 맡은 사항을 가지고 의정부 위원이라는 이름으로 중추원에 이르러 의안의 취지를 분명하게 설명토록 한다.

제10조: 국무 대신 및 각 부 협판은 중추원 회의에 와서 의관이 되어 출석할 수 있다. 다만 그 자신이 주로 맡는 사항에 대해서는 의결하는 인원 수에 더해질 수 없다.

제11조: 이 법령은 반포하는 날부터 시행한다.[278]

대신들 중에는 「좋다」고 하는 사람들도 있었으나 일부는 독립협회가 의원의 반수를 선출하는 것에 이의를 제기하면서 황국협회도 독립협회와 똑 같이 대우해 줄 것을 요구한다.

윤치호: 비록 똑 같이 대우해야 할 다 같은 인민이라 할지라도 선택하자면 어찌 그 우열을 보지 않겠습니까?

대신: 무엇으로 누가 좋고 누가 그른지를 알겠습니까?

윤치호: 독립협회는 설립된 지 이미 오래되었으니 독립협회의 여태까지 사업의 좋고 그름을 알아서 선택할 수 있을 것입니다. 황국협회에게 무슨 뚜렷한 업적이 있습니까?

대신: 만약 정부와 독립협회, 황국협회 두 협회 사람들이 일을 논할 때 그 사리의 옳고 그름을 따져 들면 어찌 되겠습니까? 장차 편파적인 당파가 될 것입니다.

윤치호: 만일 황국협회의 사업을 본다면 가부를 가릴 만한 것이 없습니다. 금년 봄 이후로 독립협회는 다만 정부와 함께 일을 의논하길 바랬을 뿐입니다. 중추원에 들어가는 문제는 뜬구름이나 흐르는 물처럼 덧없는 것으로 알고 있습니다. 황국협회 회장으로 부의장을 삼고 의관의 반수는 독립협회에게 허락하든지 아니면 단지 황국협회 사람만으로 의관의 반수를 선정하고 정치적 명령의 득실에 관한 언론권을 독립협회에게 허락하든지 해주십시오.[279]

대신들은 윤치호의 요구사항을 고종에게 고한다. 고종은 궁내부대신을 통해 다음과 같이 명한다.

똑같이 대우해야 할 다 같은 백성인데, 한쪽으로만 치우쳐 바라볼 수는 없다. 독립협회에게 17명을 허락하니 화합토록 하라.[280]

이에 윤치호는 협회원들과 상의해서 회답하겠다고 한다.

독립협회는 10월 25일 다시 상소를 올리고 윤치호는 그날 저녁 정부 대신들과의 회의에 참석하여 「중추원의 관제를 관제에 의거해 시행하지 않는다면 저희 협회에서는 참여하지 않겠습니다」라고 한다. 그러자 고종이 윤치호를 불러 「중추원을 조직할 때 반드시 충성심이 두텁고 독실하며 신중하고 지식과 견문이 있는 사람을 특별히 발탁해 기필코 실효를 거둘 수 있도록 하라」고 이른다.[281]

윤치호는 이상재와 상의한 후 다시 대신들과 만난다.

독립협회에서 당초 의관 자리의 반수를 요청한 것은 한 개인의 사사로움을 위해서가 아닙니다. 이는 공공의 이익을 위하려는 본 뜻에서 나온 것입니다. 만약 반수를 허락해주지 않는다면 결코 의관이 되지 않을 것입니다. 비록 의관으로 뽑히지 않을지라도 역시 원망할 생각은 없습니다. 황국협회 가운데서 의관의 반수를 모두 발탁하는 것이 매우 좋겠습니다.[282]

대신들은 즉각 황국협회 회장 이기동(李基東, 1856-1922)을 불러들인다.

대신: 황국협회의 생각은 어떻습니까?

이기동: 독립협회와 황국협회 두 협회는 비록 설립한 데는 선후의 구별이 있었지만 모임이기는 매 한가지입니다. 의관으로 선택된 숫자는 두 협회가 똑같아야 옳을 것입니다.

박정양: 독립협회는 모두 발탁되는 것을 원치 않고 있습니다. 황국협회에서 반수를 담당해 가지고서 정부와 함께 나라 일을 논의함이 마땅할 것입니다.[283]

황국협회에서도 의관을 선출하여 추천할 것을 제안하자 이기동은 오히려 난색을 표하며 답변을 못하다가 「반나절이 지난 뒤에야」 황국협회 회원들과 상의한 다음 3일 후에 답을 주겠다고 한다. 이에 윤치호가 「이일은 이처럼 질질 끌 게 아니라 이 자리에서 당장 결정해야 할 일입니다. 무슨 불편한 단서가 있습니까?」라고 하자 박정양도 즉답을 요구한다.

박정양: 이 자리에서 속히 성실하게 딱 잘라 말해 보십시오.

이기동: 지금 바로 협회의 외원 일동에게 가서 충분히 상의토록 하겠습니다. 그리고 만약 스물 다섯 사람 가운데 비록 한 사람이라도 추천에 적합하지 않을 경우에는 본 협회는 다시는 의관 선택 문제에 간섭하지 않겠습니다. 마땅히 모레 오후 3시까지는 되돌아와서 알려 드리겠습니다.[284]

이기동은 10월 27일 돌아와서 황국협회는 중추원 의관을 낼 수 없다고 답한다.[285]
『독립신문』은 사태를 다음과 같이 보도한다.

독립 협회에서 당초에 정부에 상의 하고 중추원을 조직 하자는 것은 실상 의관 벼슬을 얻어 하자는 욕심이 아니고 일단 공심으로 정부에 법률 장정을 실시하여 백성의 생명 재산을 보호하려 함인 고로 중추원 의관 반수를 독립 협회 회원 중으로 투표 선정 하여지이라고 하였더니 정부에서 어찌 생각 하고 그리 할 줄로 중추원 규칙을 독립 협회 회중에서 개정하여 들이라 한 고로 본 회에서 그 규칙을 개정하여 들렸더니 정부에서 다시 어찌 생각 하고 중추원 의관 몇 자리를 황국 협회 회원 중으로 시키려 하거늘 독립 협회에서 다시 공의하여 결정하기를 독립 협회나 황국 협회가 다 같은 대한 인민이라 누가 의관을 하든지 이국편민 할 일만 하였으면 제일이지 독립 협회 회원들이 하상 의관 얻어 하자는 사심(私心)이 아닌즉 중추원 의관 반수를 본 회에서 하지 아니 할 지경이면 구태여 남과 해힝 하잘 것이 없으니 중추원 의관은 모두 황국 협회 회원으로 시키라 하고 독립 협회에서는 중추원 의관 일절은 다시 상관 아니 하기로 작정 하였다더라.[286]

10월 27일 윤용선이 사직한다. 고종은 수차례 윤용선의 사직 상소를 거절했지만 결국 독립협회의 압력에 굴복한다.

23. 관민공동회

독립협회는 10월 26일 경무청 시위를 푼 뒤 회의를 열어 중추원 의관에 추천할 인사들을 초청하여 「관민공동회(官民共同會)」를 개최할 것을 결정한다. 장소는 종로로 정한다. 10월 27일 대신들에게 초청장이 발송된다.

삼가 아룁니다. 지금 나라의 형세가 매우 위태로워 강한 이웃 나라가 틈을 기다리고 정치가 서지 않아 민심은 끓어오르고 있습니다. 본 협회는 임금께 충성하고 나라를 사랑하는 것을 목적으로 연이어 상소하고 대궐문에 나아가 엎드려 호소하여 황제 폐하의 비답을 이미 받들었는데 「무릇 신하와 백성 된 도리로서 폐단이 있으면 수습하려고 해야 하는데 거기에는 스스로 반드시 아뢰어야 하는 의리가 있다」 하셨습니다. 이제부터는 당대의 폐단과 백성에게 끼친 폐해에 대해서 스스로 마땅히 조목조목 아뢰겠습니다. 관리와 백성이 서로 믿음성이 없을 경우에는 서로 거슬리기는 쉽고 일을 이루기는 어렵습니다. 이 때문에 자리를 함께 하여 상의해서 확정하려는 뜻으로 우러러 알리니 살펴 헤아리시기 바랍니다. 내일 오후 한 시에 종로의 모임을 여는 장소로 왕림해주시기 바랍니다.[287]

정부 대신들은 관민공동회가 독립협회관이 아닌 종로에서 거행된다면 고종의 칙령을 어기는 것이기 때문에 참석할 수 없다고 알려온다.[288] 독립협회는 대신들이 참석하지 않더라도 관민공동회 개최를 강행하기로 한다.

10월 28일 오후 1시 독립협회장 윤치호와 회원들이 종로에 도착한다. 윤치호를 비롯한 연사들이 관민공동회의 취지에 대해 연설한다. 박정양은 편지를 보내 독립협회가 종로에서 집회를 열 수 없음을 거듭 지적한다. 독립협회는 장소문제에 대해 박정양이 보내온 편지에 대해 답장을 보낸다.

삼가 답장 드립니다. 어제 귀 정부의 답장을 받아보았습니다. 이에 의거해 조사해보니 독립관이 본래 독립협회의 토론 장소였습니다. 그런데 금번에 이처럼 종로에서 집회를 여는 이유는 바로 크고 작은 관리와 백성들이 일차로 협동하여 나라와 백성의 폐단을 제거하기 위해서입니다. 그러므로 평상시의 토론과는 현저히 다를 뿐만 아니랍니다. 종로는 서울의 중앙에 자리하고 있기 때문에 수많은 사람들이 보고 들어 회극(會極: 왕도를 지켜 공평무사한 정치

관민공동회(만인공동회) 종로 집회 전경

를 하게 되면 인심이 임금에게 귀의하게 된다는 뜻. 『서경』, 「홍범」)의 뜻을 펼치기에 편
리하고 쉬우며 임금께 충성하고 나라를 사랑하지 않음이 없는 본뜻을 뚜렷
이 드러낼 수 있습니다.

　만약 왕림하지 않으신다면 관리와 백성이 협의하는 그러한 날은 끝내 오
지 않을 거입니다. 공무를 깨끗이 마무리하고 먼지가 휘날리도록 수레를 바
삐 몰아 서둘러 오시기를 목 빠지게 기다립니다. 비록 날을 보내고 밤을 지
새는 경우에 이르더라도 군주의 마음을 막고 장소를 바꿀 길은 전혀 없습니
다. 사정을 살펴 헤아리시고 다행스럽게 즉각 길 떠날 차비를 갖추도록 명
하시기 바랍니다.[289]

　박정양은 「정부에 몸담고 있는 사람으로서는 나아가 참석할 도리가
전혀 없습니다. 사정을 살펴 헤아리시어 화급히 독립관으로 옮겨 자리

대안문 앞에서 시위를 벌이는 군중들

를 설치하여 공동으로 협상하는 곳으로 삼기를 바랍니다」고 답한다. 참
정 박정양과 찬정 이종건(李鍾健, 1843-1930)은 새벽에 집회 참석자들을
찾아 해산할 것을 종용한다. 경무사 신태휴(申泰休, ?-?) 역시 경무관을 보
내 집회를 허가할 수 없음을 알린다. 독립협회는 움직이지 않는다.[290]

그러자 고종이 회장 윤치호와 부회장 이상재를 부른다. 대신들은 입
궐한 윤치호와 이상재를 맞이하고 고종의 이름으로 묻는다.

고종: 곧바로 듣건대 협회 회원들은 본관으로 나가려고 하지만 회장과 부회
장이 나아가려고 하지 않는다고 한다. 과연 그런가 그렇지 아니한가?

윤치호: 당초 이런 말을 한 적은 없습니다.

고종: 무슨 목적을 가지고 모여서 일하는가?

윤치호: 집회를 여는 큰 취지는 황실을 보호하고 다음으로는 국정 계획과 백성들이 걱정하는 문제를 다루려는 것입니다. 그러므로 이미 뭇 사람들에게 설명했습니다.[291]

궁내부 대신 민병석이 대화내용을 고종에게 전달하자 고종은 「좋다」고 한다. 때는 오후 5시를 지나고 있었다.[292]

10월 29일 고종은 대신들이 관민공동회에 참석하는 것을 윤허한다. 박정양이 윤치호에게 이를 알린다.

삼가 답장 드립니다. 어제 밤 본 대신이 황제 폐하의 말씀을 받들어 귀 협회에 알린 뒤에는 이미 집회를 그만 두엇을 것이라고 생각했습니다. 지금 보내오신 편지를 받아보니 「금번의 이 집회는 단지 일개 독립협회를 위한 것이 아니라 관리와 백성이 공동으로 협의하기 위한 것이니 중앙 지역에서 집회를 여는 것이 옳습니다」 했습니다. 그러므로 즉각 마땅히 나아가 참석하겠습니다. 사정을 살펴 헤아리시기 바랍니다.[293]

10월 29일 오후 2시 종로에서 관민공동회가 속개된다.

각 부(府)와 부(部)의 관리 및 신사(紳士), 각 협회, 순성회(順成會, 북촌의 부인들이 중심이 되어 만든 부인단체), 각 학교 학생, 가게 상인, 맹인, 승려, 백정 등이 모두 청첩장을 받고 왔다.[294]

서정순   고영희(제주도의 중인 출신, 제9장 참조)   한규설

관민공동회에 참석한 정부 관리는 다음과 같다.

의정부 참정 박정양, 찬정 이종건, 법부 대신 서정순(徐正淳, 1835-1908),
농상공부 대신 김명규(金明圭, 1848-?), 탁지부 대신 서리 고영희(高永喜,
1849.12.16.-1916.1.24.), 중추원 의장 한규설(韓圭卨), 원임 대신 심상훈(沈
相薰), 이재순(李載純), 정낙용(鄭洛鎔), 민영환, 민영기, 한성 판윤 이채연(李采
淵), 학부 협판 이용직(李容稙), 의정부 참찬 권재형(權在衡), 찬무(贊務) 르장드
르(Charles William Legendre, 李善得).[295]

많은 조직과 단체도 참석한다.

황국협회, 총상회(총상회), 협성회, 광무협회(광무협회: 일본인들이 진고개에 일어학
교를 세워 우리나라 소년들을 가르쳤는데 그 학교 학생들의 토론회이다), 진신회(搢紳會),
친목회(親睦會: 중인 현학표[玄學杓] 등이 설립했다. 그 가운데는 등짐장수들이 많다), 교
육회(敎育會: 신사 어윤적[魚允迪]등이 설립한 것이다), 국민협회(國民協會: 신사들이 설

립한 것이다), 진명회(進明會: 보부상들의 상민회[商民會]), 일진회(一進會: 송병준이 설립한 친일단체와는 다른 단체인듯), 보신사(保信社: 1898년 10월에 창립된 소상인, 금융업자들의 단체) 등이다.[296]

24. 「헌의 6조」

10월 29일 관민공동회는 윤치호를 회장으로 선출한다. 윤치호가 집회의 취지를 설명한 다음 참정 박정양이 발언한다.

> 어제 밤에 이 자리에 와서 폐하의 말씀을 전하고 돌아가 아뢰니 폐하께서 지시한 말씀 안에 「인민들이 차가운 곳에서 날을 보내고 있다. 오늘은 정부의 여러 대신들이 일찍부터 나아가 합성하여 나라를 이롭게 하고 백성을 편리하게 하는 그 방책을 들어보도록 하라」하셨습니다. 그러니 협의한 뒤에 각각 흩어져 돌아가도록 한다면 즉시 돌아가 아뢰겠습니다.[297]

이에 참석자들은 만세를 부른 뒤 각자 의견을 개진한다.

첫번째 발제자는 백정 박성춘(朴成春)이었다. [박성춘에 대해서는 『한국 사람 만들기 III』, pp. 126-131 참조]

> 이놈은 바로 대한에서 가장 천한 사람이고 매우 무식합니다. 그러나 임금께 충성하고 나라를 사랑하는 뜻은 대강 알고 있습니다. 이제 나라를 이롭게 하고 백성을 편리하게 하는 방도는 관리와 백성이 마음을 합한 뒤에야 가능

하다고 생각합니다. 저 차일(遮日, 천막)에 비유하건대 한 개의 장대로 받치자면 힘이 부족하지만 만일 많은 장대로 힘을 합친다면 그 힘은 매우 튼튼합니다. 삼가 원하건대 관리와 백성이 마음을 합하여 우리 대황제의 훌륭한 덕에 보답하고 국운이 영원토록 무궁하게 합시다.[298]

참석자들은 의견을 개진한 후 6개조의 큰 항목과 5개조의 세부 항목으로 된 총 11조목의 결의안을 채택한다. 대신들 중에는 박정양, 이종건, 서정순, 김명규, 한규설, 고영희, 권재형, 이용직, 민영찬(궁내부 협판), 이채연, 심상훈, 민영기, 이재순, 조희일 등이 서명하고 민영환은 구두로 찬성을 표한다.[299] 한규설은 감격한다.

오늘 관리와 백성들이 협의하는 것은 나라를 세운지 5백 년 이래로 처음 있는 일입니다. 의결한 바 6개 조목은 모두 법률 안에 원래 정해진 사안들입니다. 사람의 몸에다 비유하여 말하자면 정부는 피부이고 인민은 오장 육부입니다. 관리와 백성이 합심하여 범위를 넘지 말고 기필코 영원히 하나가 되기를 간절히 바랍니다.[300]

박정양도 「오늘 관리와 백성이 합동으로 6개 조목을 협의하고 타당하게 결정했으니 관리와 백성이 한 마음이 되었음을 알 수 있습니다」라면서 축하한다. 대신들이 관민공동회가 합의한 6개조를 고종에게 아뢰기로 하고 돌아간 후 회원들 대부분도 정회하고 해산한다. 놀라운 밤, 흥분의 밤에 회원 중 50여 명만 남아서 밤을 지샌다.[301]

박정양은 같은 날(10월 29일) 관민공동회에서 제시한 여섯 개의 강령을 고종에게 보고한다.

의정부 참정(議政府參政) 박정양(朴定陽) 등이 「이달 29일에 백성들이 종로 거리에 크게 모여 「관민공동회(官民共同會)」라 일컬으며 나라의 폐단과 백성들의 고통에 대해 의논하여 제거할 것이 있다고 하면서 의정부의 여러 신하들이 함께 모임에 참가할 것을 요구하였습니다.

신들이 삼가 생각건대 관리와 백성의 협상이 비록 처음 있는 일이기는 하지만 백성들이 이미 나라의 폐단과 백성들의 고통에 대해 의논하여 제거할 것이 있다고 말하였기 때문에 의정부의 직책에 있으면서 도리상 배척해 버리기가 곤란하여 서로 이끌고 회의에 갔습니다. 회의에 참가한 백성으로서 여섯 가지 조항의 강령으로 된 의견을 올린 사람이 있었는데 모두 다 일제히 좋다고 외쳤으며, 또한 신들에게 이것을 상주할 것을 요구하였습니다.

신들이 생각건대 그 여섯 가지 조항은 바로 나라의 체면을 존중하고 재정을 정돈하며 법률을 공평하게 하고 규정을 따르는 문제로서 모두 응당 시행해야 할 것들이었습니다. 그러므로 삼가 해당 접본(摺本)을 열거하여 아룁니다.

첫째, 외국인에게 의지하지 말고 관리와 백성들이 마음을 함께하고 힘을 합쳐 전제 황권(專制皇權)을 굳건히 한다.
둘째, 광산(鑛山), 철도(鐵道), 석탄(石炭), 산림(山林) 및 차관(借款), 차병(借兵)은 정부(政府)가 외국인과 조약을 맺는 것이니 만약 각 부의 대신(大臣)들과 중추원 의장(中樞院議長)이 합동하여 서명하고 날인한 것이 아니면 시행할 수 없다.

셋째, 전국의 재정은 어떤 세금이든지 막론하고 모두 다 탁지부(度支部)에서 관할하고 다른 부(府)와 부(部) 및 사적인 회사(會社)에서 간섭할 수 없으며 예산과 결산을 사람들에게 공포한다.

넷째, 이제부터 중대한 범죄에 관계되는 것은 특별히 공판(公辦)을 진행하되 피고에게 철저히 설명해서 마침내 피고가 자복한 후에 형을 시행한다.

다섯째, 칙임관(勅任官)은 대황제 폐하가 정부(政府)에 자문해서 과반수의 찬성에 따라 임명한다.

여섯째, 규정을 실지로 시행한다.」

이상입니다.

고종은 「의정부로 하여금 조처하도록 하겠다」고 답한다.[302]

10월 30일 관민공동회는 종로에서 다시 집회를 열고 고종이 「헌의 6조」 선포를 기다린다. 기다리는 동안 회원들은 중추원 의관을 선출하는 문제를 논의한다. 황국협회가 의관을 선출할 수 없다고 한 이상 독립협회에서 중추원 의관의 절반인 25명을 11월 2일 독립관에서 선거를 통하여 선출하기로 한다.[303]

저녁 8시까지 기다렸지만 고종의 발표는 없었다. 바로 그때 사방에서 돌멩이가 날아들어왔다. 젊은 회원들이 돌을 던진 자들을 급히 쫓아갔으나 잡지 못했고 집회장을 감시하고 있던 순검과 군졸들은 돌팔매를 한 자들을 일부러 쫓지 않는다.

잠시 후 의정부 총무국장 이상재와 참서관 윤달영이 고종의 말을 전하러 온다. 고종은 「헌의 6조」 가운데 단 한 글자도 더하거나 뺄 만한 곳이 없다고 여긴다는 말을 전한다. 이에 관민공동회 참석자들은 만세를 부른 후 사무원 50명만 집회장에 남겨둔 채 해산한다.[304]

10월 31일 관민공동회가 종로에서 또 한 번 개최된다. 이 자리에 농상공부 대신 김명구가 와서 고종이 「헌의 6조」를 재가했다는 소식을 전하자 회원들은 일제히 만세를 부른다. 그러나 이승만은 다음과 같이 말한다.

모든 나라 일에는 매번 정부에서 조처토록 하라는 황제 폐하의 지시가 있었습니다. 그러나 그대로 실시되는 것은 보지 못했습니다. 이는 옳지 못한 일을 바로잡도록 말하지 않았기 때문입니다. 본 관민공동회는 가벼이 흩어지지 말고 여러 대신들이 만약 지시대로 실시하지 않으면 다투어 논박하여 그대로 실시되는지 살펴보는게 좋겠습니다.[305]

참석자들은 모두 이승만의 제안을 따르기로 한다.

10월 31일은 고종이 황제로 즉위한 계천기원절(繼天紀元節)이었다. 독립협회는 독립관에서 경축연을 연다. 회장 윤치호는 축사를 한다.

오늘은 바로 우리 황제 폐하께서 대황제라는 존귀한 이름을 가지게 되신 계천경축일이니 대한의 신하와 백성 된 사람들은 이를 몹시 크게 경축 드리는 중입니다. 금번 관민공동회에서 황실을 공고히 하고 인민을 문명 개화시키며 영토를 보존할 목적으로 여섯 개 조항의 의견안을 바쳤습니다.

오늘은 황제 폐하의 재가를 받들고 또 황제 폐하께서 다섯 개 조항의 지시를 내리신 두 가지 경사가 함께 겹친 날입니다. 황제 폐하의 뜻을 우러러 생각하자니 오늘은 온 나라의 동포가 다시 태어난 날에 해당됩니다. 진실로 우리 대한의 가장 큰 경사입니다. 이제부터는 해마다 이날을 특별히 기념합시다.[306]

독립협회는 「조칙 5조」와 「헌의 6조」를 1만장 인쇄하여 전국에 배포하기로 결정한다. 경축연을 마치고는 회원들이 종이 꽃을 머리에 꽂은 채 국기와 독립협회기를 앞세우고 축가를 부르며 큰길을 따라 인화문까지 행진하여 만세를 부른다. 이어서 종로 만민공동회로 간다. 정교는 모인 인파가 「몇 천 명인지 모를 정도로 많았다」고 한다.[307]

25. 의회민주주의

고종은 11월 2일 「중추원 관제 개정건(中樞院官制改正件)」을 재가(裁可)하는 칙령(勅令) 제36호를 내린다.

중추원은 아래에 열거한 사항을 심사하고 의정(議定)하는 곳으로 할 것이다.

1. 법률(法律), 칙령(勅令)의 제정과 폐지 혹은 개정하는 것에 관한 사항
2. 의정부(議政府)에서 토의를 거쳐 임금에게 상주하는 일체 사항
3. 칙령에 따라 의정부에 문의하는 사항
4. 의정부에서 임시 건의하는 것에 대하여 문의하는 사항

5. 중추원에서 임시 건의하는 사항

6. 백성들이 의견을 올리는 사항.

중추원의 직원은 의장(議長) 1인, 부의장(副議長) 1인, 의관(議官) 50인, 참서관(參書官) 2인, 주사(主事) 4인으로 정한다. 의장은 대황제 폐하가 글로 칙수(勅授)하고, 부의장은 중추원에서 공천에 따라 폐하가 칙수하며, 의관은 그 절반은 정부에서 나라에 공로가 있었던 사람을 회의에서 상주하여 추천하고 그 절반은 인민 협회(人民協會) 중에서 27세 이상 되는 사람이 정치(政治), 법률(法律), 학식(學識)에 통달한 자를 투표해서 선거할 것이다. 의장은 칙임관(勅任官) 1등이고, 부의장은 칙임관 2등이며, 의관은 주임관(奏任官)인데 등급을 주는 것은 없고 임기는 각각 12개월로 정할 것이다. 단 의관은 임기가 차기 한 달 전에 후임 의관을 미리 뽑을 것이다. 참서관은 주임관이고 주사는 판임관(判任官)이니 등급을 주는 것은 일반 관리와 같이 할 것이다.[308]

11월 4일 참정 박정양이 독립협회에 편지를 보내 중추원 의관 절반을 선발하여 명단을 보낼 것을 요청한다.

삼가 아룁니다. 중추원관제를 이미 반포했습니다. 본 관제 제3조와 제16조에 의거하여 의관의 절반 숫자를 마땅히 귀 독립협회 외원 가운데에서 선거해야 합니다. 이처럼 알려드리니 사정을 살펴 헤아리시고 회원 스물 다섯 명을 투표로 선정해 며칠 안으로 그 명단을 기록해 보내주시어 서 황제 폐하께 아뢰고 임명하는 바탕을 편리하게 하여 주시기 바랍니다.[309]

독립협회는 11월 5일 독립관에 모여 투표로 중추원 관원을 선출하기로 한다. 정교는 당시의 기쁨을 다음과 같이 기록하고 있다.

서울 안의 인민들은 이 소식을 듣고 「우리나라에 처음 있는 훌륭한 일이다. 그리고 이로부터 정치의 중흥은 눈을 씻고 볼 만하게 되었다」라고 말하며 기뻐하지 않는 이가 없었다. 독립협회 회원들 역시 기쁨에 넘쳐 펄쩍 펄쩍 뛰었다.[310]

같은 날(11월 4일) 고종은 윤치호를 부른다. 고종은 윤치호에게 독립협회가 언제 어떻게 중추원 의관들을 선출할 것인지 등을 묻는다.

오후 6시에 궁궐 문지기가 사무실에 와서 전하께서 즉시 나를 만나고 싶어 하신다고 전했다. 어두워진 뒤라서 혼자서 궁으로 가는 것이 안전하지 못할 것 같았지만 전하의 소환에 불응할 수는 없었다. 그래서 궁으로 가서 환관들의 숙소로 안내되었다. 황국협회 회장인 이기동이 있었다. 「아첨꾼」 김명제도 함께 있었다. 저녁 9시에 전하를 알현했다. 전하께서는 언제 어떻게 독립협회에서 중추원 의관들을 선출할 것인지 하문하셨다. 나는 내일 투표를 통해 민선 의관을 선출할 것이라 고하였다.[311]

윤치호는 고종을 알현하고 퇴궐하면서 조병식이 중추원 사무실에 혼자 앉아있는 것을 목격한다.[312]

26. 수구파의 역습

한때 독립협회 회원이었고 협회 창립 모임부터 참석했던 조병식은 1898년 11월 4일 밤 수하들을 시켜 광화문 등 큰 길가에 익명의 별보를 붙이게 한다. 윤치호가 고종을 알현한 후 퇴궐하면서 조병식을 보았을 바로 그때다. 경무관 구범서(具範書)가 벽보들을 수거하여 경무청으로 보내고 경무청은 대궐로 보낸다. 이에 조병식은 군부대신 서리 유기환, 법부 협판 겸 황국협회장 이기동과 함께 벽보의 내용을 고종에게 보고한다. 유기환은 1881년 신사유람단 수행원으로 일본을 시찰하였고 부산항 방판(釜山港幫辦), 궁내부 협판, 한성부관찰사 등을 역임하고 독립협회 간사도 지낸 인물이었다.[313]

> 독립협회가 11월 5일 본관에서 대회를 열고 박(정양)을 대통령으로 윤(치호)를 부통령으로 이(상재)를 내부대신으로, 정(교)를 외부 대신으로, 그 나머지 회원 가운데 이름난 사람들을 각 부 대신 및 협판으로 선출하여 나라의 체제를 공화정치 체제로 바꾸려고 합니다.[314]

고종은 곧바로 김정근을 경무사에 임명하여 총순 및 순검 등을 데리고 독립협회 회원들을 체포하도록 한다. 그리고는 「이른바 협회(協會)라고 이름한 것은 모두 혁파하라」는 조령(詔令)을 내린다.

> 지난번에 독립협회(獨立協會)에 관해 한계를 정하고 그 이상 활동하지 못하도록 신칙(申飭, 엄하게 타이름) 한 것은 따뜻하고 정중히 한 것일 뿐만 아니라

지혜를 발달시키고 개명한 데로 나아가도록 한 것이며 회의 순서를 정하고 규정을 따르도록 한 것이었다. 이것은 깨우쳐 인도하는 지극한 뜻에서 나온 것인데 발길을 돌리지 않고 그 자리에서 패거리를 모아 더욱 위세를 부리고 명령을 거역함이 갈수록 방자해져서 심지어는 조정을 꾸짖고 대신을 쫓아내는 데까지 이르렀다.

대궐을 떠나지 않으면서 상소를 올렸을 때의 일을 생각하면 간절한 칙령을 여러 차례 내렸건만 울부짖는 소리가 온 도성 안을 떠들썩하게 하였으니 만약 신민(臣民)으로서 조금이라도 양심이 있다면 어찌 이런 수가 있겠는가? 마지막에는 바로 폐단을 수습한다고 빙자하여 네거리에 목책을 치고 백성들을 지휘하여 움직여서 높은 벼슬아치를 위협하고는 결재할 것을 청하도록 다그쳤다. 그리하여 난리의 싹과 재앙의 기미가 당장 나타나게 되었다. 생각이 이에 미치게 되니 나도 모르게 한심하다.

이것을 심상히 처리해서는 안 될 것이니 이른바 협회(協會)라고 이름한 것은 모두 혁파하라. 내부(內部), 법부(法部), 경무청(警務廳), 한성부(漢城府)로 하여금 일체 단속하고 신칙하도록 하되 각 회 중에서 가장 드러나게 남들을 부추겨 현혹시키고 사리에 어그러지게 흉악한 짓을 한 자에 대해서는 사실을 명백히 조사하고 엄격히 잡아다 그날로 조율(照律)하라. 해당 관원은 높고 낮음을 막론하고 만일 털끝만치라도 인정에 끌려서 용서해 주고 숨겨주는 폐단이 있으면 보고되는 대로 범한 모든 죄를 결단코 용서하지 않을 것이다. 그 밖에 선비와 백성으로서 나이가 어리고 지각이 없는 무리들 중 덩달아 따라다닌 자들은 모두 죄를 따지지 말고 그대로 놔두고 각별히 신칙하고 풀어주어서 편안히 생업에 종사하도록 하라.

고종은 관민공동회에 참석하여 「헌의 6조」에 합의하고 고종에게 재가를 요청했던 대신들도 해임한다.

일전에 관민회(官民會)에서 여섯 가지 조항을 논하여 진술한 것은 아닌게아니라 뽑아 쓸 만한 것이 있으며 또한 조목별로 나눈 규정 중에도 있다. 대신은 이미 직책상 알지 못할 리가 없으나 잘못을 충고하는 의리로 볼 때 혼자서 보고하거나 여러 명이 연명으로 상소를 올려도 안 될 것이 없는데 민회(民會)로부터 재촉을 받고 나서 손 가는 대로 옳다고 쓰고 갑자기 결재할 것을 청하였으니 짐(朕)에게 불안한 점이 있다. 이에 그대로 둘 수 없으니 당시의 시임 대신을 모두 본관에서 파면시키도록 하라.[315]

반면 독립협회에 반대하고 관민공동회를 음해한 인물들은 다시 대거 기용한다. 조병세(趙秉世)는 의정부 의정(議政府議政)에, 조병식(趙秉式)은 의정부 참정(議政府參政)과 법부 대신(法部大臣) 서리(署理)에, 박제순(朴齊純)은 농상공부 대신(農商工部大臣)에, 남정철(南廷哲)과 조병직(趙秉稷)은 의정부 찬정에, 민종묵은 외부 대신과 내부 대신 서리에, 민영기(閔泳綺)는 탁지부 대신 겸 호위 총관(扈衛總管) 서리에 임명된다.[316]

11월 5일 아침 독립협회 회원들이 체포된다. 이날 체포된 회원 명단은 다음과 같다.

이상재(의정부 총무국장, 독립협회 부회장), 정교(시종원 시종, 독립협회 평의원 겸 사법위원), 남국억(전 내무 토목국장, 독립협회 평의원 겸 사법위원), 이건호(李建鎬, 중추원 의관, 독립협회 평의원), 방한덕(方漢德, 농상공부 관산국장, 독립협회 평의원), 김두현(김두현, 전 차함[借啣] 현감, 독립협회 평의원), 윤하영(윤하영, 중추원 의관, 독립협회 평의원), 염중모(염중모, 탁지부 재무관, 독립협회 평의원), 김구현(김구현, 전 웅천 현감, 독립협회 평의원), 한치유(한치유, 내부 참서관), 유맹(유맹, 전 차함 군기시 판관, 독립협회 평의원), 현제창(현제창, 중추원 의관, 독립협회 평의원), 정항모(정항모, 전 주사, 독립협회 평의원), 홍정후(홍정후, 독립협회 평의원).[317]

윤치호는 수구파가 독립협회 탄압에 나설 것이라는 소문이 돌면서 본인의 신변도 위험할 것이라는 소식을 듣고는 11월 4일 밤 무예청 출신 최순달이란 사람을 불러 자신의 집에서 밤새 머물게 한다. 11월 5일 새벽 총순(경찰)이 윤치호를 체포하러 오자 최순달은 총순을 알아보고 윤치호에게 피신하라고 급히 이른다.

오전 5시에 일어나 품위 있고 평화롭게 선거를 치를 최선의 방법을 고민하였다. 오전 6시 무렵 우물가에서 어린 하녀의 비명소리가 들렸다. 나를 만나러 오던 강문수씨가 우리 집 대문 안에서 체포된 것이다. 나는 강문수씨가 빚 때문에 곤경에 빠졌다고 생각하고 그다지 놀라지 않았다. 나는 잠옷만 입은 채 서재에서 우리 집에서 함께 자자고 요청했던 전 무예청(武藝廳) 최순달과 이야기를 나누고 있었다. 서재 창문 쪽으로 누군가가 다가오는 모습이 보였다. 최순달은 그 자가 총순(總巡)이라고 했다. 「들어오라고 하시오」 내가 이렇게 말하자 최순달은 깜짝 놀라며 이렇게 말했다. 「안됩니다. 저 자는 박인환이라고 아주 유명한 경찰입니다. 중요한 범인을 잡을 때면 언제나 저 자를 보냅니다. 무슨 일이 생긴 것 같습니다. 조심하십시오.」

나는 조금 긴장된 상태로 침실로 들어갔다. 지나가면서 작은 문 밖에 두세 명이 서있는 모습을 보았다. 아내는 즉시 달아나라고 사정했다. 아내는 나를 재촉했고, 자신은 밖으로 나가 총순과 이야기를 나누면서 그 자의 관심을 끌었다. 머뭇거릴 여유가 없었다. 지체없이 위험에서 벗어나야 했다.

서둘러 옷을 갈아입고 며칠 전에 만든 작은 뒷문을 통해 밖으로 나왔고 가톨릭성당에서 피신처를 찾아야겠다고 생각하며 집 뒤 언덕 아래로 내려갔다. 하지만 서소문의 가톨릭 신부는 기독교적인 관용을 베풀지 않았다. 상당히 이른 시간이라 거리에는 오가는 사람이 많지 않았지만 지나가는 사람마다 다들 나를 쳐다보는 것 같았다. 떨리는 마음으로 서소문을 통과하여 철도 캠프로 갔지만 퍼거슨(Ferguson)씨는 이미 출타한 뒤였다. 그곳에서 인력거를 불러 「M.E. 여성의 집(Ladies' Home)」까지 타고 있다. 경찰들이 서대문을 철통같이 지키고 있었다.

M.E. 여성의 집에서 아펜젤러 씨 댁으로 갔다. 여성들과 아펜젤러씨 부부는 최대한의 친절을 베풀었다. 그들은 친절하게도 아내를 찾아갔고, 그 상냥하고 용감한 작은 여인이 무사하고 침착하게 지내고 있다는 사실을 알게 되었다. 주여, 감사합니다. 그렇다, 오늘 아침 아내는 남자 열 명보다 더 훌륭한 경호원이었다![318]

피신한 윤치호는 독립협회 주요인사 17명이 체포되었다는 소식을 듣는다. 그리고 조병식 등 부정부패를 일삼고 실정을 거듭하여 독립협회의 비판을 받아온 대신들이 최고위직에 다시 임명되었다는 소식도 듣는다.

중추원 부의장인 조병식은 법부와 궁내부 대신 대리에 임명되었다. 민종묵은 다시 나왔다. 김홍륙에 자신의 첩을 제공하여 궁내부 대신 자리에 올랐던 가증스러운 인간인 남정철은 어제 밤에 고문관이 되었다.[319]

『관보』에 독립협회를 해산하고 「헌의 6조」를 승인한 대신들을 해임한다는 칙령이 공표되었다는 것도 알게 된다. 윤치호는 고종에 대한 분노를 감추지 못한다.

이런 사람이 바로 왕이다! 아무리 감언이설로 사람을 속이는 비겁자라도 대한제국의 대황제보다 더 야비한 짓을 저지르지는 않을 것이다![320]

27. 독립협회의 저항

이때 이승만과 양홍묵이 윤치호를 찾아온다. 이들은 고종이 독립협회와 관민공동회에 대한 탄압을 시작했음을 대중에게 즉각 알리고 협회원들이 수감된 경무서 앞에서 시위를 벌일 것에 합의한다.

『제국신문』 편집장인 이승만과 배재학당 보조교사인 양홍묵이 찾아왔고 우리는 가능한 한 빨리 대중에게 이 일을 알려야 한다는 데 동의했다. 두 사람은 나가서 다른 이들의 지원을 받아 경무서 앞에서 군중을 소집했다. 군중들은 자신도 체포되어 독립협회 회원들과 함께 처벌받겠다고 주장했다.[321]

윤치호는 독립협회에 대한 탄압이 고종 주변의 친일파들과 친러파들이 주동하고 있다고 생각한다.

정부는 지금 친일파의 노예인 유기환과 친러파 악당인 조병식 손아귀에 놓여 있다. 즉 러시아인과 일본인이 탐나는 권리를 양도받기 위해 한창 자신들 노예를 후원하고 있는 것이다. 망할 일본인들! 일본인들은 곧 조선의 마지막 희망, 즉 독립협회를 깨부수기 위해 러시아인을 지원할 이유를 찾을 것이고 그렇게 되기를 진심으로 바란다.[322]

윤치호는 독립협회에 대한 탄압이 허위로 작성된 익명의 벽보 때문이었다는 사실을 알고는 조소를 금치 못한다. 벽보가 가짜임을 고종이 모를 리 없다고 생각했기 때문이다.

독립협회에 대한 이번 음모의 가장 웃기는 점은 못된 것들이 독립협회가 작성했다고 하는 익명의 선언문을 써서 박정양이 새 공화국의 대통령, 윤치호(나)가 부통령, 이상재가 내부대신이 될 것이라고 인민들에게 선포했다는 것이다. 전하는 이런 정신 나간 얘기들에 겁을 먹거나 겁먹은 척하고 있다![323]

윤치호는 동시에 흥분한 독립협회원들이 폭력을 동원하는 것을 어떻게든 막고자 한다.

정부는 무력을 쓰겠다고 협박하고 있다. 사람들은 군인과 맞설 태세가 되어 있다. 아니 적어도 그렇게 말하고 있다.... 리드 박사가 미국 공사 알렌 박사를 찾아가서 영향력을 발휘하여 정부가 군중을 향해 발포하지 못하도록 설득해줄 것을 요청했다.... 폭력적인 행동을 하지 말라고 독립협회 회원들을 설득하는데 최선을 다했다. 폭력은 외국인의 동정심을 잃게 만들고 정부가 무력을 쓸 구실을 만들어주기 때문이다.[324]

윤치호는 무엇보다도 정치의식이 없는 일반 인민들의 「가공할 무관심」을 한탄한다.

독립협회 회원들은 여전히 저항하고 있다. 하지만 나를 가슴 아프게 만드는 것은 일반 대중의 가공할 만한 무관심이다. 대중은 이 투쟁을 독립협회 회원들과 정부의 사적 분쟁으로 간주한다. 수백 년 이어온 폭압과 노예의 아이들은 「헌의 6조」가 국가와 국민 모두의 이익과 직결된 것이라는 사실을 알아차리지 못한다! 이런 인민한테 희망을 품다니, 우리가 더 바보였다. 왕이나 인민이나 똑 같다! 그들에게 어울리는 것은 노예 상태뿐이다![325]

11월 7일 고종은 황국협회장 이기동을 윤치호의 부친 윤웅렬(尹雄烈, 1840.4.17.–1911.10.2.)에게 보내 윤치호에게는 아무 유감이 없음을 전한다.

폐하께서는 선생의 아드님에게는 아무 유감도 없으십니다. 폐하께서는 선생의 아드님을 아끼시고 아드님이 상하이에 가서 한 달 정도 체류하기를 바라고 계십니다. 폐하께서는 아드님이 상하이에서 필요한 돈을 보내라고 민영익에게 편지를 쓰시겠다고 약속하셨습니다. 폐하는 독립협회에 대한 강력

한 조치 때문에 선생의 아드님이 불충한 마음을 품지 않기를 바라십니다.[326]

11월 8일 유기환(兪箕煥, 1858-?)은 윤치호가 당국에 항복할 경우 모든 문제가 해결될 것이라는 말을 간접적으로 전한다.[327] 9일 윤치호는 서재필 박사의 편지를 받는다. 어떤 일이 있더라도 신문사를 유지해달라는 부탁이었다.[328]

11월 10일 독립협회는 고종에게 「만민공동회」와 공동명의로 상소를 올려 익명의 거짓 벽보를 올린 자들을 색출할 것을 요청한다. 이때부터 윤치호는 「관민공동회」 대신 「만민공동회」라는 명칭을 사용한다. 관민공동회가 정부와 정면 대치하기 시작하면서 정부 대신들이 참석할 수 없게 되고 참석했던 대신들은 해임된 상황에서 더 이상 「관민공동회」이란 이름은 의미가 없어졌기 때문이다.

고종은 「부도덕한 자들」이 벽보를 작성하였을 것이기 때문에 찾을 수 없을 것이 분명하고 독립협회가 무고함을 확신하고 있다면서 협회 지도자들이 체포된 것은 벽보 때문이 아니라 칙령을 어겼기 때문이라고 한다.[329]

체포된 독립협회 회원들은 11월 10일 고등법원에서 재판을 받는다. 고등재판소 검사 함태영, 검사 김낙헌(金洛憲), 검사시보 정석규(鄭錫圭) 입회 하에 고등재판소장 한규설, 판사 이만교(李萬敎), 박이양(朴彜陽) 등이 재판을 진행한다. 고등재판소장 한규설은 17명의 피고에게 태형 40대의 형벌을 내린다. 대명률의 잡범편(雜犯編)에 있는 「마땅히 하지 말아야 할 조문」에 「대개 마땅히 해서는 안 될 행위를 한 것에 대한 법률」에 따라서였다.[330] 그러나 고종은 「현직이 없는 자와 시임(時任) 사이에는 차이가 있는 만큼 특별히 관전(寬典)을 베풀어 면속(免贖)하여 방송(放送)하라」고 한다.[331]

고종은 동시에 「종1품 박정양(朴定陽), 서정순(徐正淳), 정2품 이종건(李鍾健), 김명규(金明圭), 종2품 조신희(趙臣熙)에 대해 특별히 징계를 사면하라」고 명하고[332] 이종건을 중추원 의장(中樞院議長)에 임용하고 칙임관(勅任官) 1등에 서임(敍任)한다.[333] 박정양과 이종건은 독립협회와 관민공동회에 대해 우호적이고 적극적으로 참여한 인물들이다.

같은 날 고종은 중추원 관제를 또 다시 개정하여 반포한다.

본 년 칙령 제36호 가운데에 중추원 관제 중 제3조와 제4조는 아래와 같이 개정하고 제16조는 빼 버리며 제17조는 제16조로 개정할 것이다. 제3조: 의장(議長)은 대황제 폐하가 글로 칙수(勅授, 칙명으로 벼슬을 제수)하고, 부의장(副議長)은 중추원(中樞院)의 공천을 거쳐 칙수하며, 의관(議官)은 정부에서 나라에 공로가 있는 자와 정치, 법률, 학식에 통달한 자를 회의하여 주천(奏薦)할 것이다. 제4조: 의장(議長)은 칙임관(勅任官) 1등이고 부의장(副議長)은 칙임관 2등이며 의관(議官)은 주임관(奏任官)인데 등급과 임기는 없앨 것이다.[334]

이 개정안에는 독립협회가 선출하여 임명하기로 한 25명의 의관과 의관들에 대한 임기 보장 등의 조항은 삭제되고 모든 의관을 고종이 자의적으로 임명하고 해임할 수 있게 한다. 중추원은 독립적인 대의 기구로서의 면모를 완전히 상실한다.

28. 독립협회의 급진파

11월 12일에는 윤웅렬이 아들 윤치호에게 「따로 통지를 할 때까지 자중하라」는 편지를 보낸다. 이때 체포되었다가 재판을 받고 훈방된 독립협회 회원 17명 중 2명이 윤치호를 찾아온다.

수감되었던 17명 중 조한우(趙漢禹)와 유학주(兪鶴柱)가 찾아와서 만약 내가 체포되었더라면 17명은 11월 5일 당시 살해당했을 수도 있었다고 말했다. 반 독립협회인 경무사 김정근의 그날 계획은 나를 체포하자마자 방해받지 않기 위해 경무서에서 나를 죽이고 17명을 해치우는 것이었다. 하지만 내가 달아났기 때문에 계획을 수정했고 몇 시간 뒤 대중 시위가 열려 상황이 완전히 바뀐 것이다.[335]

만민공동회는 조병식, 유기환, 이기동, 민종묵, 김정근 등 「5흉(五凶)」을 처벌하고 국민이 신뢰하는 인물로 정부 각료를 다시 구성하고 독립협회를 재건하기 위해 「헌의 6조」를 재가하고 시행할 것 등을 요구하는 상소를 올린다.

11월 13일 체포했다가 풀어준 17명을 다시 체포하라는 명령이 내려지고 추가로 정부가 싫어하는 80명에 대한 체포령이 떨어진다. 형사와 경찰들이 만민공동회장을 급습하지만 17명을 찾지 못하자 철수한다.[336]

다급해진 독립협회 회원들 중에는 일본과 손을 잡자는 사람들도 있었다.

일본에 사람을 보내 양쪽이 다 받아들일 수 있는 조건으로 도움을 요청해야 한다고 제안하는 사람들도 있다. 나는 그 제안에 반대한다.

1) 그렇게 되면 조선인은 또 왜놈들(Japs)의 억압적인 지배 하에 들어가게 되고 그것은 우리의 애국적인 정책에 반한다.
2) 왜놈들은 절대 신뢰할 수 없다. 그들은 전하께 우리의 제안을 일러바칠 수 있다. 그러면 황제는 무서워서 일본이 요구하는 모든 것을 다 들어줄 것이다. 왜놈들은 불확실한 상황에 처한 독립협회 보다는 절대권력을 휘두르는 황제와 거래를 하기를 원할 것이다.[337]

일부 회원들은 독립협회를 탄압하는 대신들 집에 불을 지를 것을 주장한다. 윤치호는 이 역시 반대한다.

1) 그렇게 하면 정부에게 폭력을 쓸 구실을 제공하게 된다.
2) 겁을 먹은 인민들이 우리에게 등을 돌리게 되로 외국인의 동정도 잃게 될 것이다.
3) 폭력 행위는 우리의 적에게 선례를 제공함으로써 독립협회 회원들의 목숨과 재산이 위협받게 될 것이다.
4) 나쁜 사람들 몇 명 집에 불을 지른다고 우리가 얻을 수 있는 것은 아무 것도 없다.[338]

윤치호는 그 대신 만민공동회가 상소를 작성할 때 도움을 받을 수 있도록 양반 출신 전직 관료들 몇 명을 초청하는 동시에 독립협회가 어떤 대의명분 하에 투쟁하고 있는지 인민들에게 설명하기 위해 전국에 「강

연 위원회」를 파견하기로 한다.[339]

11월 15일, 독립협회는 경운궁(덕수궁) 앞에서 시위를 시작한다. 탁지부 고문 겸 해관 총세무사 브라운 (John McLeavy Brown, 1835.11.27. –1926.4.6.)은 윤치호에게 조선 주재 6개국 공사관 중 둘은 「인민들」 편이고 둘은 고종이 독립협회의 요구사항들을 거부하도록 돕고 있고 하나는 독립협회에 반대하는 세력과 동조하고 있으며 나머지는 중립적이라고 알려준다.[340] 한편 이기동, 길영수(吉永洙, ?–?), 유기환 등 황국협회 지도부는 만민공동회의 시위는 프랑스 혁명을 촉발시킨 군중시위와 같은 것이라고 고종에게 계속 고하면서 강력하게 진압할 것을 종용한다.[341]

리드 박사의 집에 피신해 있던 윤치호는 상황이 절망적임을 안다.

이 모든 일이 어디에서 끝날 것인가? 사방이 어둠과 침묵으로 덮인 리드 박사 서재에서 무릎에 프랑스 책을 올려놓고 혼자 앉아 있자니 몹시 슬프다. 현재의 투쟁에 대해서는 그다지 불평하지 않는다. 하지만 미래는 어떠한가? 단계마다 개인적 국가적 위험과 위협이 따르면서도 성공할 수 있다는 희망이라도 있다면 이 암담함을 가끔씩 잊을 수 있으련만![342]

11월 16일 고종은 조병식, 민종묵, 유기환, 이기동, 김정건 등 독립협회를 모함한 「5흉(五凶)」의 체포와 처벌을 명하고 보부상들을 한양에서 추방할 것, 그리고 10월 29일 합의한 「헌의 6조」를 시행할 것을 명한다.[343] 그러나 중추원의 관제를 원래대로 복원시키는 것은 거부한다. 독립협회와 만민공동회의 시위는 계속된다.

윤치호는 고종이 「항복의 신호를 보이고 있다」면서 「모두 아주 다행스럽다」고 일기에 쓴다.[344] 그러면서도 수 없이 약속을 어겨 온 고종이 이번에는 과연 약속을 지킬 것인지 의문을 제기한다.

> 하지만 전하께서 인민을 극도로 빈번하게 기만했기 때문에 나는 전하의 진심을 심각하게 의심하고 있다. 인민들은 또 다시 기꺼이 기만당하고 말 것인가?[345]

고종이 어떤 결정을 내리든 독립협회나 인민들이 그 결정에 저항 할 방법이 없다는 사실도 절감한다.

> 하지만 무엇을 할 수 있겠는가? 황제가 인민을 속이거나 억압하지 못하게 만드는 유일한 방법은 그렇게 할 수 있는 권력을 황제에게서 빼앗는 것이다. 하지만 현 상황 하에서 이런 일은 생각조차 할 수 없다.[346]

29. 보부상의 습격

수구파는 보부상들을 끊임없이 한양으로 불러들인다.

만민공동회가 경무청 문 앞에서 열리던 때에, 이기동 등은 전국 각지에 통지문을 보내 등짐장수 수천명을 서울로 불러모으고 여러 곳에 숨겨 두었다. 이달 11월 16일 등짐장수들은 머리에 패랭이(平凉子)를 쓰고 목화 솜뭉치를 그

위에 꽂고는 서울 안을 두루 돌아다니면서 위세를 드러내 보이려 했다.[347]

영문 『독립신문』도 서울시내를 장악한 보부상들에 대한 기사를 싣는다.

지금 한양의 거리는 소위 보부상들로 가득 차 있다. 그들은 일종의 비공식 경호원으로서 지방에서 한양으로 불려 왔다. 그들은 고관들로부터 높은 급여를 받고 있으며, 소위 용맹한 일을 할 준비를 갖추고 있다고 들었다. 94년 전쟁(청일전쟁) 이전에도 조정은 보부상들을 급할 때 믿고 의지할 수 있는 세력으로 후원했다는 점을 기억할 필요가 있다. 조정의 편애를 받은 보부상들은 버릇이 없어지면서 청일전쟁 전 조선을 황폐화시킨 여러 재앙들 중 하나였다. 개화파는 보부상을 폐지시켰다. 그러나 이기동을 비롯한 조정의 간신배들의 장난으로 보부상이라는 골칫거리는 부활했다. 쓰라린 경험을 하고도 배우지 못하는 인간들이 꼭 있다.[348]

보부상들은 농상공부에 몰려가서 「상무소(商務所)」를 공식으로 인가해 줄 것을 요구한다. 정부가 인가한 공식 단체로 등록하기 위해서였다. 전국의 보부상들이 한양으로 모여들자 고종이 전화로 농상공부 대신 김명규에게 인가장을 내어줄 것을 지시한다. 정부는 19일날 보부상의 「상무소」를 공식으로 인가해준다.[349] 『독립신문』도 이 사실을 보도한다.

농상공부에서 부상의 상무소를 인가하여 주었다 하며 부상들이 종로에 많이 모여 있다더라.[350]

보부상들은 지도부를 꾸려 홍인문 밖에 본부를 차리고 과천 군수 길영수(吉永洙)를 13도 보부상의 도반수(十三道負商都班首)로, 홍종우(洪鍾宇), 김영적(金永迪), 원세성(元世性), 박유진(朴有鎭) 등 4명을 두목으로 임명한다.[351] 홍종우는 김옥균 암살범이다.

모든 등짐장수들에게 매일 식비로 엽전 1냥2전씩을 내주었는데 그 돈은 탁지부 대신 민영기가 은밀히 황제의 지시를 받아 지급한 것이었다.[352]

보부상들은 세력을 과시하면서 공포분위기를 조성한다.

11월 20일 등짐장수들이 의기양양해하며 일제히 이동했다. 길영수가 가운데 있었는데 그를 좌우에서 호위하고 앞뒤에서 둘러싸면서 종로를 향해 나아갔다. 그 호령은 마치 황제가 거둥할 때 시위하는 병사를 지휘하는 것과 같았으며 그 구령 소리를 전쟁터의 군가와 같아서 길가던 인민들이 다닐 수 없었다. 종로에 도착해서는 군대가 진치는 형태로 죽 늘어서 앉았는데 거들먹거리며 위세당당한 모습에 사람들은 똑바로 쳐다볼 수가 없었다.[353]

11월 20일 오후 7시, 고종이 의정서리 김규홍(金奎弘, 1845-?), 참정 김성근(金聲根, 1835.3.19.-1919.11.27.) 대신 민영기, 경무사 민병한(閔丙漢, 1861-?), 시위 대대장 김명제(金明濟) 등을 만민공동회에 보낸다.

백성들이 원하는 것 중에는 이미 벌써 시행한 것도 있고 더러는 시행하지 못한 것도 있다. 상소한 가운데 있는 다섯 죄인은 응당 체포하여 철저히 조

사할 것이며 칙임관, 주임관을 임명할 때에는 참으로 지식과 기술을 갖춘 사람을 뽑을 것이며 재정은 모두 탁지부로 옮겨 관장할 것이며 법률을 자주 고치는 폐단은 없앨 것이다. 협회를 복설하는 문제는 그 규정을 만민회에서 자세히 다듬어 바쳤으니 정부에서 판단해 결정할 것이다.[354]

만민공동회는 「정부가 여러 번 인민을 속이니 인민 가운데 그 누구도 정부를 믿고 복종하지 않는다. 확실히 그것이 실시되는 것을 보고서야 물러갈 것이다」라면서 해산을 거부한다.[355]

11월 21일 새벽, 보부상들이 만민공동회를 습격한다.

등짐장수 무리 2천여 명이 두 패로 나뉘었는데 한 패는 정동 병문(屛門, 골목으로 접어드는 어귀)으로 진격하고 한 패는 길영수가 우두머리, 홍종우가 부도

목이 되어 새문고개를 통해 진격했다. 정동 병문으로 진격해 간 등짐자수
들은 경운궁 앞 큰 길의 동서 양쪽을 지키던 군사 및 순검에게 짐짓 막히는
듯했지만 별다른 어려움 없이 돌진해 들어갔다. 새문고개로 진격해 간 등짐
장수들은 병사와 순검이 처음에는 막고 저지하는 듯했다. 그러나 마침내는
곧 물러났다. 이에 두 갈래로 나뉘어진 등짐장수들이 크게 고함지르며 만
민공동회로 진격했다. 나무 몽둥이로 마구 내려치니 부상을 입은 회민(會民)
이 셀 수 없이 많았다.[356]

아무런 준비가 없던 만민공동회 참석자들은 속수무책으로 당한다. 현
장에 있던 군사들과 순검들은 보부상들을 돕는다.[357] 근처 독일 공사관
의 독일 외교관이 만민공동회 수십명을 공사관 안으로 피신시킨다.[358]
이승만은 보부상의 우두머리인 길영수와 마주친다.

이승만이 분함을 참지 못하고 머리로 길영수의 가슴 한복판을 들이박으며 말하기를 「네가 먼저 나를 죽여라!」 했다. 길영수는 단지 미소만 지을 뿐이었다. 이승만은 마침내 배재학당으로 들어갔는데 정교와 이건호 등을 만나자 땅에 엎어지며 기절했다.[359]

병사들과 순검들의 비호 하에 보부상의 횡포는 더 심해지고 조정에서는 쌀밥과 고깃국을 보부상들에게 대접한다.[360] 그러나 보부상들의 횡포에 분노한 도성의 인민들이 반격을 시작한다.

그 당시 도성 안팎의 인민들은 울분이 복받쳐 대낮부터 가게문을 닫고 하늘에다 대고 울부짖으며 정동마을 병문에 무리 지어 모였는데 인산인해를 이루었다. 조그만 돌멩이를 주워 모은 것이 쌓여서 성곽을 이루었는데, 등짐장수들을 때려죽이려는 것이었다.[361]

상황이 불리해지자 보부상들이 도망치기 시작하고 군중이 이들을 추격한다.

등짐장수 무리들이 새문 밖으로 도망치려 하자 인민들이 돌멩이를 던지며 추격했는데 부상자가 제법 생겨났다. 그들이 영국 공사관으로 도망쳐 들어가려고 한 것을 영국 공사가 거절하도록 지시하자 그 문지기가 또한 돌멩이로 때려 내쫓았다. 인민들이 등짐장수를 추격하여 새문에 이르니 수비하던 병사들이 등짐장수는 지나가게 놓아두고 인민들은 저지하고 막으니 문으로 나갈 수 없었다. 인민들의 분함이 하늘 끝까지 끓어올랐다. 애타게 부르짖으며 말하기를 「등짐장수 무리들이 인민들을 때려죽이려 하므로 인민들이 내쫓았다. 정부에서는 등짐장수는 보호하고 인민은 죽이려 하니 이 정부 밑에서 어찌 살 수 있겠는가!」하고 울음을 삼키며 흐느끼지 않는 사람이 없었다. 등짐장수 무리들은 길 가던 인민을 마구 때려 죽을 지경에 이른 사람이 두 명이었다.[362]

보부상들의 공격으로 흩어졌던 만민공동회 회중은 종로에 다시 집결한다. 이승만과 양홍묵은 정부가 의도적으로 보부상을 조직하여 만민공동회를 공격했음을 알린다. 울분에 찬 참석자 중 한 사람이 발언을 하면서 약속을 수 없이 번복하는 고종이나 정부를 믿을 수 없으며 현재는 「정부가 없는 상황」이라고 한다.

우리들은 임금께 충성하고 나라를 사랑하는 마음으로 삼천 리 강산과 이천만 동포를 보호하고 5백년 종묘와 사직을 튼튼히 하려고 했다. 밤을 지새고 한데서 지낸 것은 앞으로 목적을 확립하려고 한 것이다. 간신들은 조정에 가득 메우고 난민들로 패거리를 만들어 충성되고 의로운 백성을 쳐서 없애려 했다. 조정의 명령은 아침저녁으로 뒤바뀌었고 정부는 백성을 보호하지 않았으니 우리들은 이제 황제의 지시를 믿을 수 없다. 정부가 없는 상황이니 이를 앞으로 어찌할 것이나. 또 죽거나 다친 우리 동포가 적지 않으니 이는 누가 한 짓인가! 우리들이 어찌 잠자코 그냥 보아 넘길 수 있단 말인가![363]

고종은 또 다시 경무사 민병한, 한성부 판윤 이근용 등을 만민공동회에 보내 회민들을 타이른다. 그러자 회민들은 「우리를 학대한 정부 아래서 무슨 소원이 있겠으며 우리를 위협하고 막았던 군대가 무엇을 보호한단 말이나!」 면서 민병한을 에워싼다. 민병한은 간신히 민가로 피해 화를 면한다.[364]

격분한 만민공동회원들은 조병식 등 대신들의 집에 불을 지른다.

도성 밖 땔나무 상인이 도성 안으로 들어와 땔나무를 팔고는 돌아가는 길에 이기동의 집을 부수어 버렸다. 또한 분하고 원통함을 참지 못한 만민회 백성이 앞다투어 가서 조병식, 민종묵, 홍종우, 길영수, 유기환, 윤용선, 민영기의 집을 깨부수었다. 또 신의상무소(信義商務所, 보부상의 본부)를 파괴했다.[365]

만민공동회가 다시 종로에 집합했을 때 한 사람이 이렇게 외친다.

대한제국은 오늘 백성으로 백성을 공격케 했으니 백성을 없애고자 하는 것이다. 백성은 곧 나라의 근본이다. 근본이 없어졌는데 간사한 신하 대여섯 명으로 나라를 보전할 수 있겠는가! 옛말에 「스스로 재앙을 불러들인다」라고 했다. 이는 오늘 대한제국이 스스로 그 재앙을 불러들인 것과 같으니 동서양의 오랜 역사를 통틀어도 처음 있는 일이다. 혼자 편안하고자 하나 그럴 수 있겠는가?[366]

11월 22일 마포에서 만민공동회원들과 보부상들 간의 충돌이 또 한 차례 일어났다. 회원 중 한 명이 죽고 10여명이 다친다.[367]

30. 고종의 타협 시도

고종은 조병식, 민종묵, 유기환, 이기동, 김정근, 홍종우, 길영수, 박유진 등을 파면하고 유배 보낸다. 그리고는 윤치호를 중추원 부의장에 임명한다. 독립협회를 복설 할 것도 명한다.[368] 동시에 보부상들의 본부인 「상무소」를 혁파하고 13도의 보부상들에게 내려 보낸 인허장도 다시 거두도록 한다.[369]

11월 23일 시위가 계속되는 가운데 윤치호가 고종을 알현하고 나와 만민공동회로 돌아와 「독립협회를 복설하고 등짐장수 모임을 혁파했으며 조병식 등 8명을 귀양 보내기로 했다」고 알린다. 오후 8시 윤치호의 제의에 따라 만민공동회는 해산하고 회원 3백명을 뽑아 독립협회 회관으로 보내고 1백명을 선발하여 시내를 사찰케 한다. 또 홍정후의 제의로 부상당한 사람들에게는 각각 5원씩 치료비를 보내 병원에 보내고 회복할 때까지 돕기로 하고 죽은 사람 유족에게는 의연금을 보내 후하게 장례를 치르도록 하는 한편 유족들에게 다달이 은화를 보내 생활을 돕기로 한다.[370] 같은 날 고종은 윤치호를 한성부 판윤에 임명한다.[371]

11월 26일 고종이 친히 돈례문에서 만민공동회와 보부상들을 함께 부른다.

수백 명의 병정들이 정동길을 엄히 지켰다. 각 대신과 각국 공사, 영사 등을 불러 좌우에 나누어 세웠다. 또 시위대 병정들을 양쪽에 가지런히 줄지어 세웠다. 오후 1시에 황제가 노랑색 작은 가마를 타고 군대의 막사에 이르렀다. 만민공동회를 부르자 회원 2백 명이 황제 앞에 이르러 무릎 꿇고

절을 했다.[372]

농상공부 대신 권재형이 칙유를 읽는다.

짐(朕)은 다음과 같이 말한다. 너희들 모두는 짐의 말을 들을 것이다. 전후하여 내린 조칙(詔勅)에 대해서 너희들은 대부분 따르지 않고 밤새도록 대궐 문에서 부르짖었으며 네거리에 가설로 문을 설치하고 제 마음대로 도리에 어긋나게 사나운 짓을 하면서 사람들의 가산을 파괴하는 데까지 이르렀다. 이것이 어찌 500년간 전제 정치의 나라에 마땅히 있어야 할 일이겠는가?

너희들은 한 번 그 죄가 어떠한 것인가를 생각해 보아라. 나라에 떳떳한 법이 있는 만큼 중형에 처해져야 할 것이다. 그러나 짐이 나라를 다스린 이래로 정사가 뜻대로 되지 않아 점차 소동을 일으키게 되었는데 오직 너희 만백성의 죄는 나 한 사람에게 있다는 것을 오늘 바로 크게 깨닫고 짐은 매우 부끄러워한다.

물론 정부(政府)의 모든 신하들이 짐의 뜻을 받들어 나가지 못함으로써 아래 실정이 위에 전달되지 못하게 하여 중간이 막힘으로 해서 의구심이 생기게 되었다. 오직 너희 백성들이 먹을 것이 없어 울부짖는 것이 어찌 너희들의 죄이겠는가? 짐이 오늘 직접 대궐문에 나와서 어린아이를 품에 안듯이 하고 간곡히 타일렀으니 글 한자, 눈물 한 방울은 하찮은 사람에게도 믿음을 주고 목석 같은 사람에게도 감동을 주리라.

오늘부터 시작하여 임금과 신하, 상하 모두가 한결같이 믿음을 가지고 일해 나가며 의리로써 서로 지키고 온 나라에서 어질고 유능한 사람을 구하며 무식한 자의 의견에서도 좋은 생각을 가려서 받아들이고 근거 없는 말을 너희들은 퍼뜨리지 말며 미덥지 않은 계책을 짐은 쓰지 않을 것이다.

새벽 이전까지의 일에 대해서는 죄가 있건 죄가 없건 간에 경중을 계산하지 않고 일체 용서해주며 미심쩍게 여기던 것을 환히 풀어주어 모두 다같이 새롭게 나갈 것이다.

아! 임금은 백성이 아니면 누구에게 의지하며 백성은 임금이 아니면 누구를 받들겠는가? 이제부터 권한의 범위를 넘어서거나 분수를 침범하는 문제는 일체 철저히 없애도록 하라. 이와 같이 개유(開諭)한 후에 혹 혼미한 생각을 고집하며 뉘우치지 못하고 독립의 기초를 견고하지 못하게 만들며 전제 정치에 손상을 주게 되는 것과 같은 것은 결코 너희들이 충애하는 본래의 뜻이 아니다. 나라의 법은 삼엄하여 결코 용서하지 않을 것이니 각각 공경스럽게 지켜 날로 개명(開明)으로 나아가도록 하라.

짐은 식언(食言)하지 않으니 너희들은 삼가야 할 것이다. 민회(民會)의 사람들과 상인들은 모두 짐의 적자(赤子)이다. 지극한 뜻을 잘 받들어 자애롭고 사이좋게 손을 잡고 함께 돌아가 각기 생업에 안착하라.[373]

이에 독립협회는 회의를 결어 다섯 개 조항을 결의하여 고종에게 올린다.

폐하의 은혜가 하늘과 같습니다 지척의 거리에서 폐하를 뵈었는데, 이것은 우리나라 4천 년 역사상 처음 있는 일입니다. 이 기회를 틈타 백성들의 생각을 폐하께 전달합시다.[374]

하나, 독립협회를 복설할 것.
하나, 대신을 가려 임명할 것.

하나, 이른바 등짐장수(負商)라고 하는 것은 요즈음 폐단을 끼친 것이 적지 않다. 따라서 비록 황제의 명령으로 혁파하더라도 이름을 다시 바꾸어 이전의 폐단을 그대로 따라할 우려가 있으니 영원히 매섭게 혁파할 것.

하나, 법령을 규정대로 시행할 것.

하나, 조병식, 유기환, 이기동, 김정근, 민종묵, 홍종우, 길영수, 박유진을 처형할 것.[375]

협회는 고영근, 윤치호, 이상재를 총대로 선출하여 고종에게 5개 조항을 전달하도록 한다. 윤치호는 「다섯 개 조항과 예전의 헌의 6조를, 황제가 지시한 5조와 함께 시행될 수 있도록 허락하기를 원한다」고 아뢴다. 고종은 독립협회는 복설하되 「정부에서 시행하는 조처에 대해서 간섭하는 것은 허락할 수 없다」고 한다. 협회가 처벌을 요구하는 7대신 중 5명은 이미 유배형에 처했고 홍종우를 비롯한 세사람은 「상민 두목」이니 「만민공동회와 등짐장수 양쪽 백성들이 서로 사이좋게 잘 지내려는 마당에 어찌 너그럽게 용서하지 않겠느냐?」고 한다. 윤치호 등은 만세 삼창 후 물러난다.

고종은 이어서 오후 4시에 보부상 2백명을 부른다. 권재형이 칙어를 대독한다.

너희들은 모두 짐(朕)의 말을 들을 것이다. 아! 너희들은 무엇 하러 왔는가? 백성들이 대궐문에서 떠들며 밤새도록 시끄럽게 한 것은 너희들이 보고 듣기에도 놀라운 일인데 조령(詔令)을 듣지 않고 제멋대로 소란을 피우며 여염을 선동을 하였으니 죄가 아니고 무엇이겠는가? 이치상 중한 형벌에 넘겨 처단하여야 하겠지만 백성들의 고통을 짐이 상한 것과 같이 여기고 어린아이를 보호하는 것과 같이 돌보아야 할 의리에 있어서 진실로 차마 법에 의해 처리할 수 없다. 이에 대궐 전각 아래에 불러다 직접 나와서 효유하는 바이다.

너희들이 산 넘고 강 건너 먼 길을 와가지고 허송세월 하면서 떨며 굶주리는 것이 걱정된다. 너희들의 부모가 동구 밖에 나와서 기다리고 처자가 문가에 서서 날마다 돌아오기를 기다리는 정을 왜 생각하지 않는가?

무릇 백성들에게 죄가 있고 없건 간에 오늘부터 시작하여 일체 다 용서할 것이니 각각 서로 이끌고 물러가서 각기 상업에 안착하여 더욱 충애하는 데 힘써라. 만일 이전의 습성을 다시 되풀이한다면 나라에는 떳떳한 법이 있는 만큼 너희들은 삼가야 할 것이다. 민회(民會)의 사람들과 상인들은 모두 짐의 백성들이다. 누구나 차별 없이 대우하는 뜻을 명심하고 상호 자애롭고 사이좋게 지내며 태평을 함께 누릴 것이다.[376]

고종이 보부상들에게도 청원할 것이 있는지 묻자 보부상들은 홍종우, 박유진, 길영수 등을 초대위원으로 뽑아 3가지 조항을 고종에게 바친다.

하나, 지난번에 「상무소」를 허가 받았는데 충성스러운 의기가 불끈 솟아나 만민회와 서로 싸우게 되었습니다. 그런데 정부 대신들은 신(臣)들의 진정한 뜻을 잘못 알고 상무소를 폐지해 버렸습니다. 삼가 바라옵건대 신들의 참된 마음을 가엽게 생각하시어 상리국과 각 지방 임방(任

局)을 다시 설치하여 생업에 편안히 종사할 수 있도록 하소서.

하나, 만민회는 그 이름은 비록 다를지라도 전의 독립협회와는 일체입니다.
모두 폐지하소서.

하나, 조병식 등 8명은 무죄임이 증명되었으니 모두 석방해 주소서.[377]

이에 고종은 다음과 같이 답한다.

원래 상리국은 농상공부와 같은 성격이므로 결코 허가할 수 없다. 그러나
너희들이 생업에 편안히 종사할 수 있도록 농상공부에 지시해 적절히 처리
하도록 할 것이다. 제2조의 경우 독립협회의 성질을 전과 다르게 바꾸도록
이미 지시를 내렸다. 제3조의 경우 마땅히 재판을 열어 그 죄의 유무에 따라
처분할 것이다. 그러니 너희들은 그리 알고 물러가도록 하라.[378]

11월 29일 고종은 독립협회 회원 17명, 보부상 29명, 대신 4명을 중
추원 의관으로 임명한다. 그러나 독립협회 회원 17명 중 윤치호, 이상재
등은 포함되지 않았다. 그 대신 남궁억, 고영근, 이승만, 양홍묵, 최정덕
등 상대적으로 젊은 급진파들이 임명된다. 절대적인 수적 열세에도 불
구하고 독립협회는 16일 열리는 중추원 첫 회의에 참석하기로 한다.[379]

12월 4일, 고종은 또 한 번 개각을 단행한다.[380] 12월 5일, 조병세가
의정부 의정에 임명된다.[381] 한편, 고종은 11월 6일 친히 독립협회 회원
들을 만나 약속한 것을 전혀 이행하지 않는다. 보부상도 해체되지 않고
여전히 도성내를 활보하고 다닌다. 독립협회가 12월 6일 또 다시 상소
를 올리자 고종은 다음과 같이 답한다:

지난번에 직접 유시한 이래로 짐(朕)은 한창 생각을 가다듬어 새로운 정사를 해 나가고 있는데 너희들은 어째서 직업에 안착하지 않고 또다시 이렇게 시끄럽게 구는 것인가? 특별히 참작하여 주겠으나 만약 또 고집부리면 나라의 법이 지극히 엄하다. 알았으니 물러들 가라.[382]

31. 박영효 사면 탄원

대정부 투쟁이 장기화되면서 독립협회 내부에서 투쟁 방식에 대한 이견이 일기 시작한다. 12월 6일 독립협회가 또 다시 대중집회를 시작하자 윤치호는 「대중이 분개하거나 공감할 대의명분이 충분하지 않았고 자금 없이 대중 집회를 시작해서는 안 되기 때문이다」면서 반대한다. 여기에 일부 「급진파」 회원들은 투석꾼들과 함께 보부상들을 공격할 것을 결의한다. 윤치호는 끝까지 반대하여 이를 무산시킨다. 그러나 평화로운 집회까지 막을 수는 없었다.[383]

이때부터 독립협회의 집회는 이승만, 양홍묵, 윤길평, 고영근 등 급진파가 주도하기 시작한다. 협회는 집회를 여는 동시에 각국 공사관에 공문을 보내 고종이 약속을 지키지 않고 있음을 알리는 한편 같은 내용을 『독립신문』에 싣는다.[384] 협회는 12월 7일, 8일, 13일에도 거듭 상소문을 올린다. 만민공동회는 13일 경복궁 앞의 각 정부 부처 문 앞에 모여 등, 퇴청하는 대신들 앞에서 시위를 벌인다. 이에 「각부 대신과 협판 등은 그들을 두려워하고 꺼려하며 모두 정부에 모였다. 그리고 각 비서과장과 국장들에게는 정부(당시 정부는 궁중에 있었다)에 들어와서 그 사무를 맡아 처리토록 했다.」385

집회가 장기화되면서 독립협회와 만민공동회에 대한 시민들의 시선
은 싸늘해진다. 특히 집회에 필요한 막대한 자금을 모금하기 위하여 부
자들로부터 돈을 갹출하면서 독립협회와 만만공동회는 기피의 대상이
된다.

거의 20일 동안 집회에서 8천-1만 명의 투석꾼 식비로 매일 2백-백 엔씩 돈
을 지출하였다. 앞으로 남은 돈이 없기 때문에 집회 지도층은 서울의 부자들
에게 기부금을 요청하는 어리석지만 필요한 일을 하였다. 따라서 이 집회는
한양의 영향력 있는 집단에게 역겨운 대상이 되고 말았다.386

이때 독립협회와 만민공동회 해산의 직접적인 원인이 되는 사건이 일
어난다. 12월 12일 윤치호는 츠네야 모리후쿠(恒屋盛服)를 만난다. 츠네
야는 김옥균과 박영효가 일본에 망명 시절 「흥아회(興亞會)」를 통해서 그
들을 알게 되어 열렬한 지지자가 된다. [흥아회에 대해서는 『한국 사람 만들기 II』,
pp. 606-610 참조] 갑오경장 중에는 조선 내각의 고문으로 부임하여 박영
효를 보좌한다. 박영효가 또다시 일본 망명길에 오른 후에도 츠네야는
조선에 남아 박영효의 복권을 위해 움직인다.

츠네야는 윤치호에게 독립협회가 중추원을 통해 박영효의 귀국을 추
진할 것을 제안한다. 고종과 민비가 원수로 생각하는 박영효를 귀국시
킬 것을 종용하는 츠네야에게 윤치호는 다음과 같이 답한다.

그것은 불가능합니다. 인민당(People's Party, 독립협회와 만민공동회)은 정부에

반대하기 때문에 상당히 취약합니다. 집회에서 박영효에 대해 한마디라도 언급하면 즉시 궁과 무지한 대중의 공격에 노출될 것입니다. 몇 사람이 사적으로 상소문에 박영효에 관해서 언급하게 합시다. 지금 그런 취지의 계획이 진행 중이라는 소문을 들었습니다. 하지만 나는 지난 12개월 동안 박영효의 이름을 공개적으로 언급하는 데 단호하게 반대해 왔습니다.[387]

윤치호의 제안대로 독립협회가 직접 움직이는 대신 홍승하(洪承河, 1863-1918) 등 독립협회내의 급진파가 개인 명의로 상소를 올린다. 홍승하는 일본 무관학교에 유학 중 박영효를 알게 된 인물이다. 독립협회와 만민공동회의 실패 후 목사 안수를 받고(1902년) 1903년 하와이 이민단의 일원으로 도미하여 신민회를 조직하는 인물이다. 홍승하 등은 12월 15일 박영효를 귀국시켜 중책을 맡길 것을 상주하는 상소를 올린다.

또 박영효는 그 마음 씀씀이가 오로지 공정하고 그 뜻은 수많은 어려움에도 굽히지 않았으며 학문은 나라와 천하를 편안히 다스리는 것을 기약할 수 있고 사업은 문명케 하는 데에 있었습니다. 그런데 간사하고 흉악한 무리들이 그를 모함하고 해치려고 꾸미는 것을 어찌 생각이나 했겠습니까? 이것은 비단 온 세상이 모두 알뿐만 아니라 또한 폐하께서도 잘 아시는 것입니다. 그런데도 오히려 관직을 되돌려주어 등용하라는 명령을 받지 못했으니 신들은 삼가 괴상하고 의심스러움을 참을 수 없습니다.[388]

홍승하 등이 돈례문 밖에 이르러 비서원을 통해 상소를 바치자 비서원승(祕書院丞)은 상소를 읽은 후 되돌려주면서 「이 같은 상소는 황제께 아

뢰어 바칠 수 없습니다」면서 접
수를 거부한다.[389]

홍승하 목사

독립협회 급진파들은 포기하
지 않고 박영효의 소환과 복권
을 중추원을 통해 공식적으로
요구하기로 한다. 12월 15일 오
후 6시 중추원이 부의장을 선출
하기 위해 모인다. 의관 50명 중
29명이 출석한 가운데 1차 투표
에서는 후보자 7명 중 5명이 각
1표, 이중하(李重夏, 1846-1917)가
6표, 윤치호가 16표를 받는다. 2차 투표에서는 이중하가 6표, 윤치호가
19표를 받아 윤치호가 선출된다.[390]

12월 16일 오전 11시 중추원 회의가 다시 열린다. 최정덕(崔正德 1865-
?), 이승만 등 독립협회 소속 의관들은 국정을 바로잡을 수 있는 인사들
을 선정하여 정부에 추천할 것을 제안한다. 모든 의관들이 각자 자신이
추천하고 싶은 인물들 이름을 무기명으로 제출하고 그 중 표를 가장 많
이 받은 11명을 정부에 천거할 것을 결의한다. 투표 결과 뽑힌 11명의
득표순 명단은 다음과 같다. (괄호안은 득표수다.)

민영준(18점), 민영환(15점), 이중하(15점), 박정양(14점), 한규설(13점),
윤치호(12점), 김종한(11점), 박영효(10점), 서재필(10점), 최익현(10점),
윤용구(8점).[391]

11명 중에는 민씨척족의 대표인 민영준과 민영환은 물론 위정척사파 최익현과 이조판서를 역임한 윤용구 등이 포함되어 있다. 박정양, 한규설 등 독립협회에 우호적이면서 고종의 신임을 받고 있는 대신들도 포함된다. 박영효와 서재필의 천거의 충격을 그나마 완화시키기 위한 독립협회 의관들의 전략적 투표의 결과였다.

중추원은 12월 17일 정부에 공문과 함께 선정된 11명의 명단을 보낸다.

삼가 말씀드립니다. 이번 달 12월 16일에 저희 중추원이 회의를 열었을 대회중에서 안건을 제기했습니다. 현재 나라의 형세와 백성들의 형편이 날로 황급해지는 때를 맞아 각 부(府), 부(部), 원(院), 청(廳)의 주무 장관은 적임자가 아니면 국정을 정리할 수 없게 되었고 민심을 다스려 복종시킬 수 없게 되었습니다.

생각건대 우리 의관들은 토론하고 건의하는 자리에 참여해 있는데 편히 쉬면서 입을 닥 다물고 말하지 않으며 헛되이 봉급만 허비한다면 중추원의 제도를 실시하는 그 의의가 어디에 있겠습니까? 오늘 회의에 참석한 여러 의관들은 각자 심사숙고하여 시무를 대략 알고 재주와 기량이 쓰일 만한 사람들을 뽑았습니다. 관리, 선비, 일반 사람이나 나라 밖, 나라 안을 막론하고 무기명으로 11명씩 투표했습니다. 거두어 합해서 드러난 사람을 추천한 후 그 중 점수가 많은 사람 11명을 선발하여 정부에 들여보내 황제께 문서로 올렸으니, 후에 채용 여부는 위에 있고 실시되는 것은 아래에 있습니다.... 선발된 사람의 성명을 다음과 같이 적어 제출합니다.[392]

박영효와 서재필을 추천하는 사유도 열거한다.

그 중 박영효는 지금도 죄명이 있는 사람이어서 경솔하게 함께 기록하기가
매우 황송합니다. 서재필은 이미 바로 외국 국적을 가진 사람이니 마음대로
추천하는 것도 또한 매우 온당하지는 않습니다. 그런데 이미 여러 사람들이
함께 결의한 안건이기에 무엄하게도 삼가 답장합니다. 조사하여 살피신 후
헤아려서 황제께 아뢰어 주기를 삼가 요청합니다.[393]

최정덕, 이승만 등은 이러한 사실을 만민공동회에 알리면서 「마땅히
법부에 청원하여 박영효를 불러들여 재판하고 정말로 죄가 있으면 그를
다스리고 죄가 없으면 징계를 풀어주어 등용하는 것이 옳다」고 한다.[394]
12월 18일 중추원이 제2차 회의를 개최하기 위해 의장인 이종건에게
개회를 요청하지만 이종건은 병을 핑계로 오지 않는다. 의관 중 모인 사
람도 17명에 불과하여 회의는 열리지 못한다.[395] 박영효와 서재필을 천
거한 것을 부담스럽게 여기는 의관들이 불참했기 때문이다. 만민공동회
는 또 다시 집회를 연다.
12월 18일, 전 내부주사(內部主事) 이석렬(李錫烈) 등 30여 명이 연명으
로 상소하여 박영효를 귀국시켜 중용할 것을 주청한다. 이석렬은 제2차
갑오개혁 당시 내부 대신이었던 박영효가 주사로 임명했던 인물이다.

금릉위 박영효는 갑신정변 때 도망쳐 숨은 죄가 있으나 폐하께서 이미 죄명
을 깨끗이 씻어주어 다시 등용했으니 신들은 진실로 감히 폐하의 귀를 방자
하게 더럽히지 않겠습니다. 을미사변 때에 이르러서는 간사한 신하들에게

무고를 당해 「몰래 반역을 꾀했다(陰圖不軌)」는 네 글자의 지목을 받게 되었으나 뭇 사람들은 마음속으로 따르기 어려웠습니다. 이미 「몰래(陰)」라고 했으니 그것이 분명히 드러나지 않았음을 알 수 있으며 「꾀했다(圖)」라고 했으니 그 흔적이 없다는 것을 가히 판단할 수 있습니다.

또 그의 형편을 말한다면 홀홀 단신으로 다른 나라에서 많은 고통을 겪으면서 정처 없이 떠돌아다녔고 짧은 잠 한 조각 꿈속에서나마 고국 산천을 오락가락 한 지 어언 3-4년이 되었습니다. 폐하께서 친인척을 근심하며 걱정하는 따뜻한 마음으로 그를 예우하고 관대하게 용서하였으니, 다른 사람보다 특별히 대하는 것은 매우 당연한 것입니다.

…

폐하께서 명령을 내리시어 그의 죄를 용서해주고, 그의 재주를 사용한다면 그도 역시 폐하의 큰 은혜에 감동하여 눈물을 흘릴 것입니다. 비록 그는 뼈가 부수어지고 그 몸이 가루가 되더라도 반드시 티끌의 만분의 일이라도 보답할 것이고, 온 나라 신하와 백성들은 모두 폐하의 살리기를 좋아하는 어진 덕(好生之德)을 노래할 것이고, 여러 나라의 눈과 귀는 폐하께서 적임자를 얻는 다스림을 우러러볼 것입니다.[396]

전 참봉 김병재(金炳在) 등도 상소한다.

금릉위 박영효는 선왕이 아끼시던 사위로써 훌륭한 기량이 있었습니다. 한성부를 맡게 되어서는 재판이 공정했고 멀리 배타고 외국 사신으로 가서는 임금의 명령을 욕되게 하지 않았습니다.

그런데 다만 운수가 고르지 못하여 외국으로 달아나 숨은 것이 한 번 하고도 두 번이었습니다. 여관의 외로운 등불만이 고향을 생각하는 그의 마음을 상대해 주었습니다. 대궐에 계시는 폐하께서 어찌하여 그를 그리워하는 생각이 없겠습니까?

하물며 마지막에 적힌 그의 죄명인 「몰래 도모했다(陰圖)」는 두 글자의 경우 이미 뚜렷이 드러난 자취가 없었으니 그는 마음속으로는 승복하기 어려웠을 것입니다. 따라서 범죄의 실상이 확실하지 않는 경우 가볍게 처벌한다는 폐하의 훌륭한 덕에 흠이 될까 두렵습니다.[397]

고종은 보부상들을 동원하여 만민공동회를 습격하고 탄압한 민영기를 평안남도 관찰사에, 보부상들의 폭력행사를 용인한 경무사 김영준을 강원도 관찰사에 임명한다.[398] 만민공동회는 12월 20일 민영기 등을 고등재판소에서 재판할 것을 청원한다.[399]

12월 21일 결국 윤치호가 우려하던 일이 벌어진다. 고종은 박영효를 임용할 것을 요청하는 상소를 올린 것을 철저히 조사하라는 영을 내린다.

도망간 죄인을 용서하지 않는 것은 나라의 떳떳한 법이다. 이제 듣건대, 박영효(朴泳孝)를 임용하는 문제를 가지고 버젓이 상소를 올린 것이 한두 번이 아니라고 한다. 이것이 어찌 신하와 백성으로서 입 밖에 낼 말이겠는가? 너무도 놀랍고 한탄스러워서 차라리 말하고 싶지도 않다. 원래의 상소는 비록 비서원(祕書院)에서 물리쳤다고 하더라도 이에 대해서 엄격히 징계하지 않으면 법은 시행되지 않고 나라는 나라 구실을 할 수 없을 것이다. 법부(法部)로 하여금 경무청(警務廳)에 신칙해서 소두(疏頭) 이석렬(李錫烈) 등 여러 범인들을 염탐하여 체포하도록 한 뒤에 철저히 조사하여 실정을 캐낸 다음 조율 (照律)하여 등문(登聞)하도록 하라.[400]

12월 22일, 고종은 군대로 하여금 각 부처와 고등재판소를 지키도록 한다. 이에 만민공동회는 종로에서 다시 집회를 연다.[401] 그러자 고종은 12월 23일 군사들을 풀어 만민공동회를 강제로 해산시킨다.[402] 12월 25일에는 만민공동회의 죄를 묻는 칙유를 내리고[403] 집회를 금하는 조령을 내린다.

짐이 민회(民會)의 일로 방금 칙유(勅諭)를 내렸다. 만일 우둔한 무리들이 오만 무례하게 두려워할 줄 모른 채 다시 지난날의 버릇을 답습하여 열 명, 다섯 명씩 거리에 모여 모임을 열려고 하는 자들이 있으면 파수 순검(把守巡檢)과 순찰 병정(巡察兵丁)으로 하여금 철저히 규찰하여 즉시 엄격히 금지시키도록 하라. 또한 거리와 마을에서 일이 없이 떠돌아다니는 백성들로서 방청(傍聽)한다는 핑계로 빙 둘러서서 구경하는 자들도 역시 금단(禁斷)하며 불량하고 잡된 무리들 중 보부상(褓負商)에 가탁하는 행동거지가 수상한 자들도 일체 엄격히 단속하라고 내부(內部)와 군부(軍部)에 신칙하도록 하라.[404]

32. 폐회, 폐간

12월 27일 윤치호는 만민공동회가 실패했음을 받아들인다. 그는 일기에 「이런 일을 저지르고 그들은 살 길을 찾기 위해 그 어리석은 행동

을 지지하도록 만민공동회를 설득하였다」라고 쓴다.[405]

인민당(People's Party)이 박영효의 소환을 제안한 중추원의 행동을 지지하자
마자 대중의 정서는 독립협회와 만민공동회에 등을 돌렸다. 왕실은 이 기회
를 잡았고 모험을 무릅쓰고 무력을 사용하여 집회를 해산시켰다. 이달 22
일과 23일 만취한 병사들이 집회의 주요 연사들을 공격하고 모욕하고 폭
행하였다. 인민들은 황제에 대한 최대의 반역자인 박영효를 무리하게 데려
오려 한다는 이유로 대중지도자들을 반역자라고 욕했다.... 대중의 우호적
인 여론 때문에 존재했던 만민공동회는 대중의 공감을 상실하여 결국 실패
했다.[406]

만민공동회가 실패한 이유도 자세히 분석한다.

지난 며칠 동안 급진파는 또 다시 만민공동회를 시작하기 위해 계속 애쓰고
있다. 나는 이번에는 다음과 같은 이유로 그런 소요에 반대한다.

1) 우리에게는 자금이 없다. 마지막 집회 이후 우리는 3천 2백 달러 이상
   빚을 지게 되었다. 일단 집회가 시작되면 기금을 모을 수 있을 것이라는
   비현실적인 희망을 품기도 했다. 하지만 이 「일단」이 너무 빈번했다.
2) 우리는 박영효를 소환하자는 경솔한 제안을 해서 인민의 공감을 잃었
   다. 게다가 지금은 인민이 우리편에서 분노해 줄 수 있을 만한 이유가 하
   나도 없다.
3) 지금 국고가 고갈되었다. 세금이 걷히지 않는다. 병사들에게 지급할 돈
   이 전혀 없다. 만약 지금 우리가 대중 소요를 일으킨다면 궁에서는 세금

체납, 국고 고갈 등의 문제가 우리 때문에 일어났다고 비난할 것이다. 그렇게 되면 병사들은 우리에게 보복을 할 것이다.

4) 우리가 지금 대중 시위의 형태로 어떤 일을 하든 우리가 그렇게 함으로써 이득을 얻는 측은 일본인과 러시아인뿐이다.

5) 만약 우리가 궁궐로 쳐들어가서 지금 전하의 판단을 그르치게 만드는 잔당들을 일소할 수 없다면 단순한 거리 집회만으로는 아무런 효과를 거둘 수 없을 것이다. 따라서 정부에게는 당분간 개혁을 하거나 기형적으로 바뀔 기회를 주고, 우리는 정신을 차리고 과열된 머리를 식히기 위해 당분간 은신하고 있는 편이 이치에 맞다.[407]

1899년 1월 1일, 윤치호는 「5흉」 중 유기환과 이기동이 유배형에서 사면되었다는 소식을 듣는다. 윤치호는 독립협회의 급진파들이 박영효를 천거함으로써 고종의 탄압을 자초한 것에 대해 비판적이었지만 박영효를 반역자라고 생각하는 고종과 그의 생각을 무비판적으로 따르는 인민들을 더욱 신랄하게 비판한다.

소위 황제, 황제에 대해서 말해봤자 아무 소용이 없다. 단지 황제가 그렇게 말했다는 이유로 박영효를 반역자라고 생각하는 인민은 지금 왕좌에 있는 꼭두각시보다 더 나은 왕에게 통치받을 자격이 없다. 그 왕에 그 인민이다.[408]

1899년 1월 5일, 윤치호는 독립협회 내의 「급진파」가 또 다시 대중 집회를 시작하려고 한다는 소식을 듣고 고영근을 찾아가 왜 지금 상황에서 집회를 열면 안 되는지 설명한다. 독립협회의 재정 상태는 최악이었다.

> 나를 가장 괴롭히고 두렵게 만드는 것은 거의 3천 2백 달러나 되는 돈을 지불하라고 요구하는 식품 노점상들의 외침이다. 마지막 집회 대는 거의 6천 달러나 지불했다! 돈 문제 관한 한 절대 조선인들을 믿을 수 없다. 아무리 훌륭한 사람이라고 해도 제 몫만 챙기려고 한다. 17일 동안 6천 달러를 쓰다니! 최악의 상황은 그 부채 중 상당 부분을 내가 감당해야만 한다는 것이다.[409]

1899년 1월 7일, 윤치호는 원산 감리에 임명된다. 「감리」란 부산, 인천, 원산 등 개항장의 행정수반이었다. 윤치호의 부모는 아들이 독립협회 일에 간여하는 것을 극구 반대한다.

> 부모님께서는 내가 계속 독립협회 일을 하는 데 적극 반대하신다! 부모님의 소원은 내가 아무것도 하지 않는 것이다. 나를 가장 낙담하게 만드는 것은 이런 말씀이다. 「너는 너 자신만의 안전을 생각해서는 안 된다. 왜 소위 애국심 때문에 우리 목숨까지 위험하게 만들고 있느냐?」 과거에 고생을 많이 하셨기 때문에 두 분 다 완전히 용기를 잃으셨다. 부모님께서는 조금만 두려워도 벌벌 떠시고 실제로 경련을 일으키신다. 부패한 왕실에 반대하는 시위에 참여한 내 행동이 아무리 정당해도 부모님 뜻에 거슬려가면서까지 격렬하게 행동할 수는 없다.[410]

원산 감리직을 받아들인다면 독립협회와 만민공동회를 그만 두는 것은 물론 『독립신문』 편집도 포기해야 했다.

> 끔찍한 곤경에 처했다. 독립신문사 일은 어떻게 하면 좋은가? 리드 박사는 송도의 교육 사업을 일으키기 위해서 내가 자신과 함께 선교활동에 참여하기를 바란다. 부모님께서는 협박 반, 뇌물 반으로 현 상황에서는 어떤 일도 할 수 없으므로 이 화산대를 떠나라고 강권하신다.[411]

1899년 1월 11일 전도사(前都事) 정환직(鄭煥直)이 박영효와 서재필 「두 역적을 불러내려고 하는」 중추원의 의안을 비판하는 상소를 올린다.

> 오늘 신문에서 이석렬(李錫烈)의 상소문 초고와 의관(議官) 최정덕(崔廷德) 등의 의안(議案)을 보니 종이 가득 장황하게 떠들어댄 것이 흉악하고 도리에 어긋난 말이 아닌 것이 없었는데 바로 박영효(朴泳孝)와 서재필(徐載弼) 두 역적을 불러내려고 하는 내용이었습니다. 이것이 어찌 신하로서 입 밖에 내고 글로 써서 감히 폐하께 아뢸 수 있는 것이겠습니까? 저것들이 범한 죄는 두 역적보다 더 엄중하며 몇 달 동안 번거롭고 시끄럽게 한 것은 사실 임금에게 충성하고 나라를 사랑하여서 가 아니라 바로 두 역적을 불러내려는 속셈이었습니다. 속히 유사(有司)에게 명하여 그들의 죄를 바로잡고 그들의 당여(黨與, 같은 편에 속하는 사람들)를 쫓아냄으로써 그들의 세력이 자라나지 못하게 하소서.」

고종은 다음과 같이 비답한다.

떳떳한 본성을 지닌 사람이면 당연히 이런 말을 할 것이다.[412]

이때부터 독립협회와 만민공동회를 탄핵하는 상소가 빗발친다. 정교
는 대한 계년사에 탄핵상소를 올린 「신사」들의 명단을 올리면서 「....와
같은 무리들은 모두 황제의 뜻에 아첨하고 간사한 패거리에 아부하여
관직을 얻기나 바라고 도모하며 옳고 그름에 대해서는 전혀 생각지 않
았다」고 기록한다.[413]

1899년 1월 23일자 일기에 윤치호는 「보부상 무리와 최악의 노동자
들로 철저하게 반 개혁적인 정부가 구성되었다」고 쓴다.[414] 2월 1일에
독립협회와 만민공동회에 대해 술회한다.

나를 낙담시키고 마음 아프게 하는 것은 경솔함도, 폭력도, 과거 대중 시위
의 실패도 아니다. 이런 운동은 조선에서 일어난 완전히 새로운 실험이었고
민이나 이 같은 바보나 사기꾼을 제외하고 정부의 부패를 저지하려고 애쓰
는 이들을 비웃거나 학대하는 사람은 없다. 하지만 나를 힘들고 절망적으로
만드는 것은 독립협회나 만민공동회 회원 열에 아홉이 철저히 부패했다는
사실이다. 그들 중에서 다른 이들이 기부한 돈을 횡령한다는 유혹을 뿌리칠
수 있는 사람은 없다. 정직하고 진실하다고 내가 무한한 신뢰를 보냈던 문
태원(文台源), 김광태(金光泰), 방한덕(方漢德), 임진수(林珍洙) 등은 그저 도둑일
뿐이었다. 일본에서 몇 년 동안 지내다 온 청년들은 더 심하다. 그들은 속속
들이 썩어 의심하지 않는 바보들을 속여 돈을 갈취하는 것은 범죄라고 여기
지도 않고 있다. 역겹고 놀랍게도 관료의 부패를 가장 큰 소리로 맹렬하게

비난하는 사람들이 최악 중의 최악인 관리만큼이나 부도덕하고 믿을 수 없는 자들이라는 사실이 드러나고 있다! 우리가 이런 악당들을 위하여 지난 시간 심신의 안녕을 희생했단 말인가? 이런 자들과 함께 그리고 이런 자들을 위하여 대중집회를 시작하는 것은 미친 짓이다. 이 민족의 피는 새로운 교육, 새로운 정부와 새로운 종교에 의해서 바꿔어야만 한다.[415]

2월 3일, 윤치호는 원산감리직을 받아들이기로 한다.

일본 대사 가토 씨에게 편지를 보내 내가 어디로 가야하면 좋을지 자문을 구했고 그의 자문에 따르겠다고 했다. 가토 씨는 전하와 음모를 꾸미는 적들에게 내가 불충한 의도를 품고 있지 않다는 사실을 보여주기 위해 서울을 떠나 원산으로 가야 한다고 답변했다. 원산으로 가기로 결정했다. 우리 중에 예언자는 없다. 나는 좀 더 바르고 명예로운 길을 가야 하고 나머지는 주님의 뜻에 맡겨야 한다.[416]

2월 10일, 음력 정월 초하루, 윤치호는 미국의 서재필에게 편지를 쓴다.

문제는 내가 서울에 남느냐, 원산으로 가느냐가 아니라 원산으로 가느냐, 아니면 원산 외 다른 곳으로 가느냐입니다. 즉 나는 당분간 이 도시에서 떠나 있어야 합니다. 아펜젤러 씨, 알렌 박사, 브라운 씨, 가토 씨는 내가 신문사 일을 얼마나 양심적으로 결정했는지 지켜본 목격자들입니다. 작년에는 재정적으로 성공을 거두었습니다. 아펜젤러 씨가 맡고 있는 박사님 계좌에는

490달러가 있습니다. 아펜젤러씨, 존스씨는 지난 목요일부터 『코리안리퍼지토리(Korean Repository)』 지방판을 발간하기 시작했습니다. 지방판은 매주 발간됩니다. 그들은 독립신문사가 새롭게 시작되면 언제라도 그것을 포기할 작정입니다.[417]

윤치호가 원산감리로 부임하자 1899년 1월 아펜젤러가 『독립신문』 주필로 취임한다. 정부비판을 자제하고 계몽적인 내용의 기사와 논설을 싣는다. 그러나 정부는 비판적인 기사를 쓰는 기자들을 구속하는 등 계속해서 신문을 탄압한다. 1899년 6월 1일 영국인 선교사 엠벌리(H. Emberley)가 사장 겸 주필로 취임하지만 2주만에 신문발간은 중단된다. 정부는 7월 18일에는 독립신문사 사옥의 반환을 요구한다.[418]

윤치호는 1899년 12월 31일자 일기에 다음과 같이 쓴다.

조선의 신문은 철저히 억압당했다. 엠벌리씨가 『독립신문』의 운영을 맡았다. 영문판은 매주 발간되었는데, 문법 뿐 아니라 구두법, 철자가 엉망이었다. 영문판과 언문판 모두 12월에 발간 중단되었다. 정부가 신문사 시설 전부를 4천 달러에 매입했다고 한다. 독립신문사의 믿을 만한 회계원 이준일이 보낸 편지에 따르면 엠벌리 씨는 저속하고 잔혹해서 신문사 사람들이 전부 혐오했다고 한다! 안타깝게도 선교사 몇 명은 자신의 성격을 제어하지 못해 옳은 일을 위한 영향력을 상실하고 있다.[419]

『독립신문』은 12월 4일 제4권, 제278호를 끝으로 종간된다. 정부는 매수 당시 외국인을 고용해 신문을 속간하겠다고 발표하지만 인수 후

『독립신문』을 영구 폐간시킨다.

결론

결론

　『독립신문』과 독립협회의 정치혁명은 실패한다. 실패는 기정사실이었다. 독립 언론과 시민 사회는 전제군주제와는 상극이다. 고종을 위시한 조선의 위정자들이 당시 서구나 미국, 심지어는 일본의 언론들과 시민사회가 어떤 역할을 하고 있었는지 조금만 관심을 갖고 알아보고자 하였다면 『독립신문』과 독립협회 설립을 허가했을 리 없다.

　본의 아니게 허가는 해 주었지만 『독립신문』이 조정의 정책과 고위관리들에 대한 비판 기사와 논설들을 쏟아내고 독립협회가 정부의 실정을 일일이 지적하고 시정을 요구하는 시위를 벌이기 시작하자 고종과 조정은 『독립신문』과 독립협회를 회유와 협박으로 길들이고자 한다. 「민(民)」이 국가 정책을 논하고 비판하는 등 국정에 개입하는 것이 일절 금지되던 조선이었다. 고종은 결국 서재필을 해고하여 미국으로 돌려보내지만 뒤를 이어 『독립신문』과 독립협회를 이끈 윤치호가 의회정치의 도입을 공개적으로 요구하자 고종은 결국 신문과 협회를 모두 강제로 폐쇄시킨다.

　친미기독교파의 혁명은 3년만에 막을 내린다. 그러나 혁명을 가능하게 했던 여건들은 이미 성숙한 후였다. 조선의 제2신분계층은 근대사회가 요구하는 전문가 계층으로 이미 문반 사대부를 대신하여 정치, 경제, 사회, 문화계의 주도세력으로 부상하고 있었다. 『독립신문』과 독립협회는 독립정신과 민권사상, 민족주의의 씨앗을 뿌렸다. 친미기독교파는 조선판 계급혁명, 종교개혁, 문체혁명을 통하여 근대사회의 기초를 마련하는데 성공한다.

그러나 국내외 정치 상황은 악화일로였다. 일본이 주도한 갑오경장마저 실패한 후 열강들은 조선은 더 이상 자체의 힘으로 개혁을 하는 것은 물론 자치조차 불가능한 나라라는 결론에 도달한다. 문제는 누구의 「보호」아래 개혁하는가였다. 1899년 의화단 운동이 터지면서 이를 진압하기 위해 8국 열강(Eight-Nation Alliance)이 연합군을 보내 베이징과 즈리(直隸)를 점령하고 러시아는 만주에 대군을 진주시키면서 일본과 러시아 사이에 전운이 감돌기 시작한다.

『독립신문』과 독립협회는 대한제국을 수립하면서 전례 없는 전제왕권을 장악한 고종을 견제할 수 있는 유일한 세력이었다. 이 견제 세력마저 제거되자 고종과 측근들의 전횡은 극에 달한다. 그러나 『독립신문』과 독립협회가 실패로 돌아간 후에도 기독교는 계속해서 수많은 학교와 병원, 교회, 부속단체들을 설립하여 조선 사람들을 교육시키고 치료하고 개종시키면서 근대사회의 이념과 청사진을 제공한다.

『독립신문』과 독립협회에 직간접적으로 간여하였고 기독교 사상을 공유했던 윤치호, 서재필, 주시경, 이상재, 이승만, 유성준, 남궁억, 안창호, 길선주, 등 수많은 인재들은 민족지도자로 조선의 근대화를 위하여 매진한다.

주(註)

서론

1. Kyung Moon Hwang, *Beyond Birth: Social Status in the Emergence of Modern Korea* (Cambridge, MA: Harvard university Asia Center, Harvard University Press, 2004.)
2. 『숙종실록』, 숙종 12년 (1886) 7월 6일 무자 1번째 기사. 『한국 사람 만들기 I』, p. 285.
3. Chung-Shin Park, *Protestantism and Politics in Korea*, (Seattle: University of Washington Press, 2003,) p. 120.
4. Park, *Protestantism and Politics in Korea*, p. 120.
5. Park, *Protestantism and Politics in Korea*, pp. 120-121.
6. 앙드레 슈미드 지음, 정여울 옮김, 『제국 그 사이의 한국 1895-1919』 (서울: 휴머니스트, 2007,) p. 183.
7. Ross King, "Nationalism and Language Reform in Korea: The *Questione della Lingua* in Precolonial Korea," in Pai Hyung-Il and Timothy R. Tangherlini eds., *Nationalism and the Construction of Korean Identity* (Berkeley: Institute of East Asian Studies, University of California, 1998,) pp. 35-36. Henry H. Em, *The Great Enterprise: Sovereignty and Historiography in Modern Korea* (Durham and London: Duke University Press, 2013,) p. 67.
8. 이윤석, 『조선시대 상업출판: 서민의 독서, 지식과 오락의 대중화』 (서울: 민속원, 2016,) p. 2.
9. 이윤석, 『조선시대 상업출판』, p. 3.
10. William D. Reynolds, "How We Translated the Bible into Korean," *Union Seminary Magazine* 22 (1910-1911), pp. 292-303, p. 294.
11. 『독립신문』, 1897년 11월 18일.
12. 윤치호 저, 박정신, 이민원 역 『국역 윤치호 영문 일기 3』 (과천: 국사편찬위원회, 2015,) 1897년 11월11일, pp. 110-111.
13. 『독립신문』, 1897년 2월 2일.
14. Em, *The Great Enterprise*, p. 79.
15. Benedict Anderson, *Imagined Communities* (London, New York: Verso, 1991,) p. 35.
16. Anderson, *Imagined Communities*, p. 35.

제1장 • 독립 아닌 독립: 아관파천

1. "The Independence of Korea," *Korean Repository*, Vol. II, May 1895, pp. 194-195.
2. "The Independence of Korea," *Korean Repository*, Vol. II, May 1895, pp. 194-195.
3. "The Independence of Korea," *Korean Repository*, Vol. II, May 1895, pp. 194-195.
4. "The Independence of Korea," *Korean Repository*, Vol. II, May 1895, pp. 194-195.
5. 『독립신문』, 1898년 3월 17일.

6. Lensen, *The Balance of Intrigue, Vol. II*, p. 576-577.
7. Lensen, *The Balance of Intrigue, Vol. II*, p. 577.
8. Lensen, *The Balance of Intrigue, Vol. II*, p. 577.
9. Lensen, *The Balance of Intrigue, Vol. II*, p. 577.
10. Lensen, *The Balance of Intrigue, Vol. II*, p. 577.
11. Lensen, *The Balance of Intrigue, Vol. II*, p. 578.
12. Lensen, *The Balance of Intrigue, Vol. II*, p. 578.
13. Lensen, *The Balance of Intrigue, Vol. II*, p. 580.
14. Lensen, *The Balance of Intrigue, Vol. II*, p. 579.
15. Lensen, *The Balance of Intrigue, Vol. II*, p. 579.
16. Lensen, *The Balance of Intrigue, Vol. II*, p. 580.
17. Lensen, *The Balance of Intrigue, Vol. II*, p. 580.
18. Lensen, *The Balance of Intrigue, Vol. II*, p. 580.
19. Lensen, *The Balance of Intrigue, Vol. II*, p. 580.
20. Lensen, *The Balance of Intrigue, Vol. II*, p. 580.
21. Lensen, *The Balance of Intrigue, Vol. II*, pp. 580-581.
22. Lensen, *The Balance of Intrigue, Vol. II*, p. 581.
23. Lensen, *The Balance of Intrigue, Vol. II*, p. 581.
24. Lensen, *The Balance of Intrigue, Vol. II*, p. 581.
25. Lensen, *The Balance of Intrigue, Vol. II*, p. 581.
26. Lensen, *The Balance of Intrigue, Vol. II*, p. 582.
27. Lensen, *The Balance of Intrigue, Vol. II*, p. 582.
28. Lensen, *The Balance of Intrigue, Vol. II*, p. 583.
29. Lensen, *The Balance of Intrigue, Vol. II*, p. 583.
30. Lensen, *The Balance of Intrigue, Vol. II*, p. 583.
31. Lensen, *The Balance of Intrigue, Vol. II*, p. 583.
32. Lensen, *The Balance of Intrigue, Vol. II*, pp. 583-584.
33. Lensen, *The Balance of Intrigue, Vol. II*, p. 584.
34. Lensen, *The Balance of Intrigue, Vol. II*, p. 584.
35. Lensen, *The Balance of Intrigue, Vol. II*, p. 584.
36. Lensen, *The Balance of Intrigue, Vol. II*, p. 584.
37. Lensen, *The Balance of Intrigue, Vol. II*, p. 584-586.
38. Lensen, *The Balance of Intrigue, Vol. II*, p. 586.
39. Lensen, *The Balance of Intrigue, Vol. II*, p. 586.
40. Morinosuke Kajima, *The Diplomacy of Japan 1894-1922, Vol. 1: Sino-Japanese War and Triple Intervention* (Tokyo: The Kajima Institute of International Peace, 1976,) pp. 417-418.
41. Lensen, *The Balance of Intrigue, Vol. II*, p. 588.
42. 駐韓日本公使館記錄 9권, 三. 機密本省往來 一 ·二, (8) 朝鮮國 大君主 및 世子宮 러시아 公使館에 入御한 顚末報告.
43. 駐韓日本公使館記錄 9권, 三. 機密本省往來 一 ·二, (8) 朝鮮國 大君主 및 世子宮 러시아 公使館에 入御한 顚末報告.

44. 駐韓日本公使館記錄 9권, 三. 機密本省往來 一 ·二, (8) 朝鮮國 大君主 및 世子宮 러시아 公使館에 入御한 顚末報告.
45. 정교 저, 조광 편, 김우철 역주, 『대한계년사 2』(서울: 소명출판, 2004,) pp. 157-158.
46. 駐韓日本公使館記錄 9권, 三. 機密本省往來 一 ·二, (8) 朝鮮國 大君主 및 世子宮 러시아 公使館에 入御한 顚末報告.
47. 정교, 『대한계년사 2』, p. 162.
48. 정교, 『대한계년사 2』, p. 162.
49. 駐韓日本公使館記錄 9권, 三. 機密本省往來 一 ·二, (8) 朝鮮國 大君主 및 世子宮 러시아 公使館에 入御한 顚末報告.
50. 駐韓日本公使館記錄 9권, 三. 機密本省往來 一 ·二, (8) 朝鮮國 大君主 및 世子宮 러시아 公使館에 入御한 顚末報告.
51. Lensen, The Balance of Intrigue, Vol. II, p. 588.
52. 駐韓日本公使館記錄 9권, 三. 機密本省往來 一 ·二, (8) 朝鮮國 大君主 및 世子宮 러시아 公使館에 入御한 顚末報告.
53. 駐韓日本公使館記錄 9권, 三. 機密本省往來 一 ·二, (8) 朝鮮國 大君主 및 世子宮 러시아 公使館에 入御한 顚末報告.
54. 駐韓日本公使館記錄 9권, 三. 機密本省往來 一 ·二, (8) 朝鮮國 大君主 및 世子宮 러시아 公使館에 入御한 顚末報告.
55. 駐韓日本公使館記錄 9권, 三. 機密本省往來 一 ·二, (8) 朝鮮國 大君主 및 世子宮 러시아 公使館에 入御한 顚末報告.
56. 駐韓日本公使館記錄 9권, 三. 機密本省往來 一 ·二, (10) 지난 11일 事變顚末 보고 후의 상황.
57. 駐韓日本公使館記錄 9권, 三. 機密本省往來 一 ·二, (10) 지난 11일 事變顚末 보고 후의 상황.
58. Lensen, *The Balance of Intrigue, Vol. II*, p. 590.
59. Lensen, *The Balance of Intrigue, Vol. II*, p. 590.
60. Lensen, *The Balance of Intrigue, Vol. II*, p. 590.
61. Lensen, *The Balance of Intrigue, Vol. II*, p. 590.
62. Lensen, *The Balance of Intrigue, Vol. II*, p. 597.
63. Lensen, *The Balance of Intrigue, Vol. II*, p. 597.
64. 『국역 윤치호 영문 일기 3』(국사편찬위원회), 1896년 2월 14일, pp. 136.
65. Lensen, *The Balance of Intrigue, Vol. II*, p. 597.
66. Lensen, *The Balance of Intrigue, Vol. II*, p. 597.
67. Lensen, *The Balance of Intrigue, Vol. II*, p. 598.
68. Lensen, *The Balance of Intrigue, Vol. II*, p. 599.
69. Lensen, *The Balance of Intrigue, Vol. II*, p. 600.
70. Lensen, *The Balance of Intrigue, Vol. II*, p. 600.
71. Lensen, *The Balance of Intrigue, Vol. II*, p. 591.
72. Lensen, *The Balance of Intrigue, Vol. II*, p. 590.
73. Lensen, *The Balance of Intrigue, Vol. II*, pp. 590-591.
74. Nikhamin, V. P. 1948. "Russko-iaponskie otnosheniia (Russo-Japanese Relations) I Koreia 1894-1898." Candidate dissertation, Vysshaia diplomaticheskaia shkola ministerstva inostrannykh del SSSR, pp. 211-214. Lensen, *The Balance of Intrigue, Vol. II*, p. 591에서 재인용.

75. Lensen, *The Balance of Intrigue, Vol. II*, p. 591-592.
76. Lensen, *The Balance of Intrigue, Vol. II*, p. 592.
77. Lensen, *The Balance of Intrigue, Vol. II*, p. 592.
78. Lensen, *The Balance of Intrigue, Vol. II*, p. 593.
79. Lensen, *The Balance of Intrigue, Vol. II*, p. 593-595.
80. Lensen, *The Balance of Intrigue, Vol. II*, p. 595.
81. Lensen, *The Balance of Intrigue, Vol. II*, p. 592-593.
82. Lensen, *The Balance of Intrigue, Vol. II*, p. 593.

제2장 • 러시아의 순간

1.   Peter Duus, *The Abacus and the Sword: The Japanese Penetration of Korea, 1895-1910* (Berkeley: University of California Press, 1995,) p. 118.
2.   Duus, *The Abacus and the Sword*, p. 119.
3.   Duus, *The Abacus and the Sword*, p. 119.
4.   Duus, *The Abacus and the Sword*, p. 120.
5.   Duus, *The Abacus and the Sword*, p. 120.
6.   Duus, *The Abacus and the Sword*, pp. 120-121.
7.   Duus, *The Abacus and the Sword*, p. 121.
8.   Duus, *The Abacus and the Sword*, p. 121.
9.   Lensen, *The Balance of Intrigue, Vol. II*, p. 602.
10. Lensen, *The Balance of Intrigue, Vol. II*, pp. 602-603.
11. Lensen, *The Balance of Intrigue, Vol. II*, p. 604.
12. Lensen, *The Balance of Intrigue, Vol. II*, p. 604.
13. Lensen, *The Balance of Intrigue, Vol. II*, p. 604.
14. Lensen, *The Balance of Intrigue, Vol. II*, p. 604.
15. Lensen, *The Balance of Intrigue, Vol. II*, p. 606.
16. Lensen, *The Balance of Intrigue, Vol. II*, p. 607.
17. Lensen, *The Balance of Intrigue, Vol. II*, p. 607.
18. Lensen, *The Balance of Intrigue, Vol. II*, p. 607.
19. Lensen, *The Balance of Intrigue, Vol. II*, pp. 607-608.
20. Lensen, *The Balance of Intrigue, Vol. II*, p. 608.
21. Lensen, *The Balance of Intrigue, Vol. II*, p. 609.
22. Lensen, *The Balance of Intrigue, Vol. II*, p. 609.
23. Ian Ruxton, ed., *The Diaries of Sir Ernest Satow, British Minister in Tokyo (1895-1900): A Diplomat Returns to Japan* (Morrisville, North Carolina: Lulu Press, Inc. 010,) p. 67.
24. Lensen, *The Balance of Intrigue, Vol. II*, p. 609.
25. Lensen, *The Balance of Intrigue, Vol. II*, pp. 609-610.
26. Lensen, *The Balance of Intrigue, Vol. II*, p. 610.
27. Lensen, *The Balance of Intrigue, Vol. II*, p. 610.
28. Lensen, *The Balance of Intrigue, Vol. II*, p. 610.

29. Lensen, *The Balance of Intrigue, Vol. II*, p. 610.
30. Lensen, *The Balance of Intrigue, Vol. II*, p. 611.
31. Lensen, *The Balance of Intrigue, Vol. II*, p. 611.
32. Lensen, *The Balance of Intrigue, Vol. II*, p. 611.
33. Duus, *The Abacus and the Sword*, p. 119.
34. Lensen, *The Balance of Intrigue, Vol. II*, p. 611.
35. Lensen, *The Balance of Intrigue, Vol. II*, pp. 611-612.
36. Lensen, *The Balance of Intrigue, Vol. II*, p. 612.
37. Lensen, *The Balance of Intrigue, Vol. II*, p. 612.
38. Lensen, *The Balance of Intrigue, Vol. II*, p. 612.
39. Lensen, *The Balance of Intrigue, Vol. II*, p. 614.
40. Lensen, *The Balance of Intrigue, Vol. II*, p. 614.
41. Lensen, *The Balance of Intrigue, Vol. II*, pp. 614-615.
42. Lensen, *The Balance of Intrigue, Vol. II*, p. 615.
43. Lensen, *The Balance of Intrigue, Vol. II*, p. 616.
44. Lensen, *The Balance of Intrigue, Vol. II*, p. 616.
45. Lensen, *The Balance of Intrigue, Vol. II*, pp. 617-618.
46. Lensen, *The Balance of Intrigue, Vol. II*, p. 620.
47. 이승만 편저, 김용삼, 김효선, 류석춘 번역, 해제, 『쉽게 풀어 쓴 청일전기』 (서울: 북앤피플, 2015,) pp. 328-330. 정교 저, 조광 편, 김우철 역주, 『대한계년사 2』(서울: 소명출판, 2004,) pp. 170-171. Lensen, *The Balance of Intrigue, Vol. II*, pp. 625-626.
48. Lensen, *The Balance of Intrigue, Vol. II*, p. 626.
49. Lensen, *The Balance of Intrigue, Vol. II*, p. 628.
50. Lensen, *The Balance of Intrigue, Vol. II*, p. 628.
51. Kajima, *The Diplomacy of Japan 1894-1922, Vol. 1*, pp. 436-437.
52. 정교 저, 『대한계년사 2』(서울: 소명출판, 2004,) pp. 171-172. Morinosuke Kajima, *The Diplomacy of Japan 1894-1922, Vol. 1*, p. 444-445.
53. Lensen, *The Balance of Intrigue, Vol. II*, p. 634. Kajima, *The Diplomacy of Japan 1894-1922, Vol. 1*, pp. 445-446. 이승만, 『청일전쟁기』, pp. 330-331
54. Jordan to MacDonald, no. 25, Seoul, Mar. 10, 1897, EA, FO 405-73, pp. 66-68. Lensen, *The Balance of Intrigue, Vol. II*, p. 637에서 재인용.

제3장 • 러시아의 만주 장악

1. Ian Nish, *The Origins of the Russo-Japanese War* (London and New York: Longman, 1985,) pp. 37-38.
2. Andrew Malozemoff, *Russian Far Eastern Policy: 1881-1904* (Berkeley and Los Angeles: University of California Press, 1958,) p. 69.
3. Malozemoff, *Russian Far Eastern Policy: 1881-1904*, p. 69.
4. Malozemoff, *Russian Far Eastern Policy: 1881-1904*, p. 69.
5. Malozemoff, *Russian Far Eastern Policy: 1881-1904*, p. 69.

6. Lensen, *The Balance of Intrigue, Vol. II*, p. 480.
7. Lensen, *The Balance of Intrigue, Vol. II*, p. 480.
8. Lensen, *The Balance of Intrigue, Vol. II*, p. 480.
9. Lensen, *The Balance of Intrigue, Vol. II*, pp. 480-481.
10. Lensen, *The Balance of Intrigue, Vol. II*, p. 481.
11. Lensen, *The Balance of Intrigue, Vol. II*, p. 481.
12. Lensen, *The Balance of Intrigue, Vol. II*, p. 481.
13. Lensen, *The Balance of Intrigue, Vol. II*, p. 482-483.
14. Lensen, *The Balance of Intrigue, Vol. II*, p. 483-484.
15. Lensen, *The Balance of Intrigue, Vol. II*, p. 483-484.
16. Lensen, *The Balance of Intrigue, Vol. II*, p. 484.
17. Lensen, *The Balance of Intrigue, Vol. II*, p. 484.
18. Lensen, *The Balance of Intrigue, Vol. II*, p. 484
19. Lensen, *The Balance of Intrigue, Vol. II*, p. 486.
20. Lensen, *The Balance of Intrigue, Vol. II*, p. 487.
21. Lensen, *The Balance of Intrigue, Vol. II*, pp. 487-488.
22. Lensen, *The Balance of Intrigue, Vol. II*, p. 488.
23. Lensen, *The Balance of Intrigue, Vol. II*, p. 488.
24. Lensen, *The Balance of Intrigue, Vol. II*, p. 489.
25. Malozemoff, *Russian Far Eastern Policy: 1881-1904*, p. 72.
26. Lensen, *The Balance of Intrigue, Vol. II*, p. 489.
27. Lensen, *The Balance of Intrigue, Vol. II*, p. 489.
28. Malozemoff, *Russian Far Eastern Policy: 1881-1904*, p. 73.
29. Anrew Malozemoff, *Russian Far Eastern Policy: 1881-1904*, p. 73에서 재인용.
30. Nish, *The Origins of the Russo-Japanese War*, p. 30.
31. Nish, *The Origins of the Russo-Japanese War*, p. 30.
32. Malozemoff, *Russian Far Eastern Policy: 1881-1904*, p. 73.
33. Nish, *The Origins of the Russo-Japanese War*, p. 15.
34. Nish, *The Origins of the Russo-Japanese War*, p. 15.
35. Nish, *The Origins of the Russo-Japanese War*, p. 16.
36. Nish, *The Origins of the Russo-Japanese War*, p. 16.
37. Nish, *The Origins of the Russo-Japanese War*, p. 16.
38. Nish, *The Origins of the Russo-Japanese War*, p. 16.
39. Nish, *The Origins of the Russo-Japanese War*, p. 17.
40. Nish, *The Origins of the Russo-Japanese War*, p. 17.
41. Lensen, *The Balance of Intrigue, Vol. II*, p. 494.
42. Lensen, *The Balance of Intrigue, Vol. II*, p. 494.
43. Lensen, *The Balance of Intrigue, Vol. II*, p. 494.
44. Lensen, *The Balance of Intrigue, Vol. II*, p. 494.
45. Malozemoff, *Russian Far Eastern Policy: 1881-1904*, p. 78.
46. Malozemoff, *Russian Far Eastern Policy: 1881-1904*, p. 79.
47. Lensen, *The Balance of Intrigue, Vol. II*, p. 495.

48. Malozemoff, *Russian Far Eastern Policy: 1881-1904*, p. 79.
49. Lensen, *The Balance of Intrigue, Vol. II*, p. 495.
50. Lensen, *The Balance of Intrigue, Vol. II*, p. 496.
51. Malozemoff, *Russian Far Eastern Policy: 1881-1904*, p. 79.
52. Malozemoff, *Russian Far Eastern Policy: 1881-1904*, p. 79.
53. Lensen, *The Balance of Intrigue, Vol. II*, p. 496.
54. Lensen, *The Balance of Intrigue, Vol. II*, p. 496.
55. Malozemoff, *Russian Far Eastern Policy: 1881-1904*, p. 79.
56. Lensen, *The Balance of Intrigue, Vol. II*, pp. 497-498.
57. Lensen, *The Balance of Intrigue, Vol. II*, p. 498.
58. Lensen, *The Balance of Intrigue, Vol. II*, p. 498.
59. Lensen, *The Balance of Intrigue, Vol. II*, pp. 498-499.
60. Lensen, *The Balance of Intrigue, Vol. II*, p. 498.
61. Lensen, *The Balance of Intrigue, Vol. II*, p. 499.
62. Lensen, *The Balance of Intrigue, Vol. II*, pp. 499-500.
63. Lensen, *The Balance of Intrigue, Vol. II*, p. 500.
64. Lensen, *The Balance of Intrigue, Vol. II*, p. 500.
65. Lensen, *The Balance of Intrigue, Vol. II*, p. 500.
66. Lensen, *The Balance of Intrigue, Vol. II*, pp. 505-501.
67. Lensen, *The Balance of Intrigue, Vol. II*, p. 501.
68. Lensen, *The Balance of Intrigue, Vol. II*, p. 501.
69. Lensen, *The Balance of Intrigue, Vol. II*, p. 501.
70. Lensen, *The Balance of Intrigue, Vol. II*, p. 502.
71. Lensen, *The Balance of Intrigue, Vol. II*, p. 502.
72. Lensen, *The Balance of Intrigue, Vol. II*, p. 502.
73. 이승만 편저, 김용삼, 김효선, 류석춘 번역, 해제, 『쉽게 풀어 쓴 청일전기』 (서울: 북앤피플, 2015,) pp. 315-318.
74. Lensen, *The Balance of Intrigue, Vol. II*, pp. 502-503.
75. Lensen, *The Balance of Intrigue, Vol. II*, p. 503.
76. Lensen, *The Balance of Intrigue, Vol. II*, pp. 503-504.
77. Lensen, *The Balance of Intrigue, Vol. II*, p. 504.
78. Lensen, *The Balance of Intrigue, Vol. II*, p. 504.
79. Lensen, *The Balance of Intrigue, Vol. II*, p. 504.
80. Lensen, *The Balance of Intrigue, Vol. II*, pp. 504-505.
81. Lensen, *The Balance of Intrigue, Vol. II*, p. 505.
82. Lensen, *The Balance of Intrigue, Vol. II*, p. 505.
83. 이승만 편저, 『쉽게 풀어 쓴 청일전기』, pp. 318-321.
84. Lensen, *The Balance of Intrigue, Vol. II*, p. 505.
85. Malozemoff, *Russian Far Eastern Policy: 1881-1904*, p. 93.
86. Malozemoff, *Russian Far Eastern Policy: 1881-1904*, p. 93.
87. Malozemoff, *Russian Far Eastern Policy: 1881-1904*, p. 94.
88. Lensen, *The Balance of Intrigue, Vol. II*, p. 507.

89. Lensen, *The Balance of Intrigue, Vol. II,* pp. 507-508.
90. Lensen, *The Balance of Intrigue, Vol. II,* p. 508.
91. Lensen, *The Balance of Intrigue, Vol. II,* p. 509.
92. Lensen, *The Balance of Intrigue, Vol. II,* p. 510.
93. Lensen, *The Balance of Intrigue, Vol. II,* p. 510.
94. Malozemoff, *Russian Far Eastern Policy: 1881-1904,* pp. 94-95.
95. Nish, *The Origins of the Russo-Japanese War,* p. 18.
96. Malozemoff, *Russian Far Eastern Policy: 1881-1904,* p. 95.

제4장 • 조선을 러시아의 보호령으로

1. Lensen, *The Balance of Intrigue, Vol. II,* p. 648.
2. Lensen, *The Balance of Intrigue, Vol. II,* p. 648.
3. Lensen, *The Balance of Intrigue, Vol. II,* p. 648.
4. 『국역 윤치호 영문 일기 3』, p. 119.
5. 윤치호, 『윤치호 일기 4』 (국사편찬위원회, 1975,) pp. 164-165., 『국역 윤치호 영문 일기 3』, p. 155.
6. 김용구, 『러시아의 만주, 반도 정책사, 17-19세기』 (서울: 푸른역사, 2018,) p. 188
7. 『윤치호 일기 4』, pp. 164-165., 『국역 윤치호 영문 일기 3』, p. 155.
8. 『국역 윤치호 영문 일기 3』, pp. 155-156.
9. 『국역 윤치호 영문 일기 3』, pp. 156-157.
10. 『국역 윤치호 영문 일기 3』, p. 158.
11. 『국역 윤치호 영문 일기 3』, p. 158.
12. 『국역 윤치호 영문 일기 3』, pp. 158-159.
13. 『국역 윤치호 영문 일기 3』, p. 159.
14. 『국역 윤치호 영문 일기 3』, pp. 159-160.
15. 『국역 윤치호 영문 일기 3』, p. 160.
16. 『국역 윤치호 영문 일기 3』, p. 161.
17. 『국역 윤치호 영문 일기 3』, p. 163 (번역 일부 수정)., 『윤치호 일기 4』, p. 173.
18. 『국역 윤치호 영문 일기 3』, pp. 165-165 (번역 일부 수정). 윤치호, 『윤치호 일기 4』 (국사편찬위원회, 1975,) p. 174.
19. 『국역 윤치호 영문 일기 3』, p. 166 (번역 일부 수정). 『윤치호 일기 4』, p. 176.
20. 『국역 윤치호 영문 일기 3』, pp. 166-167.
21. 미국의 작가 워싱턴 어빙(Washington Irving)이 1819년에 출간한 "The Sketch Book of Geoffrey Crayon Gent"의 한 장인 "Westminster Abbey."
22. 영국의 작가 조셉 애디슨(Joseph Addison)이 1711년에 발표한 "On Westminster Abbey."
23. 『국역 윤치호 영문 일기 3』,p. 167 (번역 일부 수정). 『윤치호 일기 4』, p. 177.
24. 『국역 윤치호 영문 일기 3』, pp. 167-168.
25. 『국역 윤치호 영문 일기 3』, p. 169.
26. 『국역 윤치호 영문 일기 3』, p. 169 (번역 일부 수정)., 『윤치호 일기 4』, p. 179-180.
27. 『국역 윤치호 영문 일기 3』, p. 170.

28. 『국역 윤치호 영문 일기 3』, p. 170.
29. 『국역 윤치호 영문 일기 3』, pp. 170-171.
30. 『국역 윤치호 영문 일기 3』, p. 171.
31. 『국역 윤치호 영문 일기 3』, p. 172.
32. 『국역 윤치호 영문 일기 3』, p. 173.
33. 『국역 윤치호 영문 일기 3』, pp. 173-174.
34. 『국역 윤치호 영문 일기 3』, pp. 174-175.
35. 『국역 윤치호 영문 일기 3』, p. 177.
36. 김용구, 『러시아의 만주, 한반도 정책사, 17-19세기』, p. 188, 『국역 윤치호 영문 일기 3』, pp. 186-187.
37. 『국역 윤치호 영문 일기 3』, p. 187.
38. 『국역 윤치호 영문 일기 3』, pp. 187-188.
39. 『국역 윤치호 영문 일기 3』, pp. 188-189.
40. 『국역 윤치호 영문 일기 3』, p. 189.
41. 『국역 윤치호 영문 일기 3』, p. 189.
42. 『국역 윤치호 영문 일기 3』, p. 189.
43. 『국역 윤치호 영문 일기 3』, p. 190.
44. 『국역 윤치호 영문 일기 3』, p. 190.
45. 『국역 윤치호 영문 일기 3』, p. 191.
46. 『국역 윤치호 영문 일기 3』, p. 192.
47. 『국역 윤치호 영문 일기 3』, p. 193.
48. 『국역 윤치호 영문 일기 3』, p. 194.
49. 『국역 윤치호 영문 일기 3』, p. 195.
50. 『국역 윤치호 영문 일기 3』, p. 195.
51. Lensen, *The Balance of Intrigue, Vol. II*, p. 650.
52. Lensen, *The Balance of Intrigue, Vol. II*, p. 650.
53. 『국역 윤치호 영문 일기 3』, pp. 197-198.
54. 『국역 윤치호 영문 일기 3』, pp. 201-202.
55. 『국역 윤치호 영문 일기 3』, p. 202.
56. 『국역 윤치호 영문 일기 3』, p. 202.
57. 『국역 윤치호 영문 일기 3』, p. 202.
58. 『국역 윤치호 영문 일기 3』, p. 202.
59. 『국역 윤치호 영문 일기 3』, p. 202.
60. 『국역 윤치호 영문 일기 3』, p. 203.
61. 『윤치호 일기』, 1896년 6월 25일., 『국역 윤치호 영문 일기 3』, p. 203.
62. 『국역 윤치호 영문 일기 3』, p. 205.
63. 『윤치호 일기』, 1896년 6월 30일., 『국역 윤치호 영문 일기 3』, p. 203.
64. Lensen, *The Balance of Intrigue, Vol. II*, pp. 651-652.
65. Lensen, *The Balance of Intrigue, Vol. II*, p. 652.
66. Lensen, *The Balance of Intrigue, Vol. II*, p. 651.
67. Lensen, *The Balance of Intrigue, Vol. II*, pp. 650-651.
68. Lensen, *The Balance of Intrigue, Vol. II*, p. 652.

69.	Lensen, *The Balance of Intrigue, Vol. II*, p. 652.
70.	Lensen, *The Balance of Intrigue, Vol. II*, p. 652.
71.	Lensen, *The Balance of Intrigue, Vol. II*, p. 652.
72.	Lensen, *The Balance of Intrigue, Vol. II*, pp. 652-653.
73.	Lensen, *The Balance of Intrigue, Vol. II*, p. 653.
74.	Lensen, *The Balance of Intrigue, Vol. II*, p. 653.
75.	Lensen, *The Balance of Intrigue, Vol. II*, pp. 653-654.
76.	Lensen, *The Balance of Intrigue, Vol. II*, pp. 653-654.
77.	Lensen, *The Balance of Intrigue, Vol. II*, p. 654.
78.	Lensen, *The Balance of Intrigue, Vol. II*, p. 654.
79.	Lensen, *The Balance of Intrigue, Vol. II*, p. 654.
80.	Lensen, *The Balance of Intrigue, Vol. II*, p. 654.
81.	Lensen, *The Balance of Intrigue, Vol. II*, p. 654.
82.	Lensen, *The Balance of Intrigue, Vol. II*, p. 654.
83.	Lensen, *The Balance of Intrigue, Vol. II*, p. 654.
84.	Lensen, *The Balance of Intrigue, Vol. II*, pp. 654-656.
85.	Lensen, *The Balance of Intrigue, Vol. II*, p. 654.
86.	Lensen, *The Balance of Intrigue, Vol. II*, p. 656.
87.	Lensen, *The Balance of Intrigue, Vol. II*, p. 656.
88.	Lensen, *The Balance of Intrigue, Vol. II*, p. 656.
89.	Lensen, *The Balance of Intrigue, Vol. II*, p. 658.
90.	Lensen, *The Balance of Intrigue, Vol. II*, p. 688.
91.	Lensen, *The Balance of Intrigue, Vol. II*, p. 658.

제5장 · 고종의 환궁

1.	『고종실록』 34권, 고종 33년 2월 16일 양력 1번째기사 1896년 대한 건양(建陽) 1년. https://sillok. history.go.kr/id/kza_13302016_001 駐韓日本公使館記錄 9권 〉三. 機密本省往來 一 ·二 〉(10) 지난 11일 事變顚末 보고 후의 상황.
2.	Lensen, *The Balance of Intrigue, Vol. II*, p. 638.
3.	Lensen, *The Balance of Intrigue, Vol. II*, p. 638.
4.	Lensen, *The Balance of Intrigue, Vol. II*, pp. 638-639.
5.	Lensen, *The Balance of Intrigue, Vol. II*, p. 639.
6.	駐韓日本公使館記錄 6권, 五. 日淸事變前後 機密公信 및 機密書<제2권 제8장의 후반부, (10) [朝鮮國 王 還宮의 件]
7.	Lensen, *The Balance of Intrigue, Vol. II*, pp. 641-642.
8.	『駐韓日本公使館記錄 6권』, 五. 日淸事變前後 機密公信 및 機密書<제2권 제8장의 후반부>, (10) [朝鮮國 王 還宮의 件], 1896년 8월 28일 러시아 代理公使와 사이온지(Saionzi) 후작의 회담 요지.
9.	『駐韓日本公使館記錄』 6권, 五. 日淸事變前後 機密公信 및 機密書<제2권 제8장의 후반부>, (10) [朝鮮國 王 還宮의 件], 1896년 8월 28일 러시아 代理公使와 사이온지(Saionzi) 후작의 회담 요지.
10.	『駐韓日本公使館記錄』 6권, 五. 日淸事變前後 機密公信 및 機密書<제2권 제8장의 후반부>, (10) [朝

鮮國 王 還宮의 件], 1896년 8월 28일 러시아 代理公使와 사이온지(Saionzi) 후작의 회담 요지.

11. 『駐韓日本公使館記錄』6권, 五. 日淸事變前後 機密公信 및 機密書<제2권 제8장의 후반부> 〉 (10) [朝鮮國王 還宮의 件]

12. 『고종실록』 34권, 고종 33년 8월 23일 양력 1번째기사 1896년 대한 건양(建陽) 1년. https://sillok.history.go.kr/id/kza_13308023_001

13. 『韓國近代史資料集成』17권 17권 프랑스외무부문서 7 조선 VI·1895-1896 〉 정치공문 1888-1896 조선 1895-1896 권6 G. 르페브르 씨, 콜랭 드 플랑시 씨 〉【124】조선 국왕의 명례궁으로 이어 문제. https://db.history.go.kr/id/hk_017_0010_1240

14. 『韓國近代史資料集成』17권 17권 프랑스외무부문서 7 조선 VI·1895-1896 〉 정치공문 1888-1896 조선 1895-1896 권6 G. 르페브르 씨, 콜랭드 플랑시 씨 〉【91】조선의 정치 상황. https://db.history.go.kr/id/hk_017_0010_0910

15. Lensen, *The Balance of Intrigue, Vol. II*, p. 683.

16. 『韓國近代史資料集成』17권 17권 프랑스외무부문서 7 조선 VI·1895-1896 〉 정치공문 1888-1896 조선 1895-1896 권6 G. 르페브르 씨, 콜랭드 플랑시 씨 〉【91】조선의 정치 상황. https://db.history.go.kr/id/hk_017_0010_0910

17. 『韓國近代史資料集成』17권 17권 프랑스외무부문서 7 조선 VI·1895-1896 〉 정치공문 1888-1896 조선 1895-1896 권6 G. 르페브르 씨, 콜랭드 플랑시 씨 〉【91】조선의 정치 상황. https://db.history.go.kr/id/hk_017_0010_0910

18. 『韓國近代史資料集成』17권 17권 프랑스외무부문서 7 조선 VI·1895-1896 〉 정치공문 1888-1896 조선 1895-1896 권6 G. 르페브르 씨, 콜랭드 플랑시 씨 〉【91】조선의 정치 상황. https://db.history.go.kr/id/hk_017_0010_0910

19. 『韓國近代史資料集成』17권 17권 프랑스외무부문서 7 조선 VI·1895-1896 〉 정치공문 1888-1896 조선 1895-1896 권6 G. 르페브르 씨, 콜랭드 플랑시 씨 〉【91】조선의 정치 상황. https://db.history.go.kr/id/hk_017_0010_0910

20. 韓國近代史資料集成 17권 17권 프랑스외무부문서 7 조선 VI·1895-1896 〉정치공문 1888-1896 조선 1895-1896 권6 G. 르페브르 씨, 콜랭드 플랑시 씨 〉【91】조선의 정치 상황. https://db.history.go.kr/id/hk_017_0010_0910

21. 『韓國近代史資料集成』17권 17권 프랑스외무부문서 7 조선 VI·1895-1896 〉 정치공문 1888-1896 조선 1895-1896 권6 G. 르페브르 씨, 콜랭드 플랑시 씨 〉【91】조선의 정치 상황. https://db.history.go.kr/id/hk_017_0010_0910

22. 『韓國近代史資料集成』17권 17권 프랑스외무부문서 7 조선 VI·1895-1896 〉 정치공문 1888-1896 조선 1895-1896 권6 G. 르페브르 씨, 콜랭드 플랑시 씨 〉【91】조선의 정치 상황. https://db.history.go.kr/id/hk_017_0010_0910

23. "Where is Seoul," *Korean Repository*, Vol. IV, January 1897, pp. 28-29.

24. "Where is Seoul," *Korean Repository*, Vol. IV, January 1897, p. 29.

25. "Where is Seoul," *Korean Repository*, Vol. IV, January 1897, p. 29.

26. 『승정원일기』, 고종 33년 병신(1896) 1월 19일(갑인, 양력 3월 2일).

27. 『국역 윤치호 영문 일기 4』, 1897년 1월 9일, pp. 5-6.

28. 『국역 윤치호 영문 일기 4』, 1897년 1월 10일, p. 7.

29. 『국역 윤치호 영문 일기 4』, 1897년 1월 10일, p. 8.

30. 『국역 윤치호 영문 일기 4』, 1897년 1월 10일, p. 8.

31. 『국역 윤치호 영문 일기 4』, 1897년 1월 10일, p. 8.

32. 『국역 윤치호 영문 일기 4』, 1897년 1월 25일, p. 14.
33. 『국역 윤치호 영문 일기 4』, 1897년 2월 2일, p. 18.
34. 『국역 윤치호 영문 일기 4』, 1897년 2월 6일, p. 19.
35. 『국역 윤치호 영문 일기 4』, 1897년 2월 7일, p. 20.
36. 『국역 윤치호 영문 일기 4』, 1897년 2월 8일, p. 23.
37. 『고종실록』 35권, 고종 34년 2월 20일 양력 1번째기사 1897년 대한 건양(建陽) 2년. https://sillok.history.go.kr/id/kza_13402020_001
38. 황현 저, 이장희 역, 『매천야록』中 (서울: 명문당, 2008,) pp. 198-199.
39. Lensen, *The Balance of Intrigue*, Vol. II, p. 641.
40. "The King Leaves the Russian Legation," *Korean Repository*, Vol. IV, no. 2, February 1897, p. 74.
41. "Local Items," *The Independent*, Vol. 2, No. 22, Tuesday, February 23, 1897. 『독립신문』 7, 영문판 I, p. 202.
42. 『고종실록』 35권, 고종 34년 2월 20일 양력 3번째기사 1897년 대한 건양(建陽) 2년. https://sillok.history.go.kr/id/kza_13402020_003
43. 『고종실록』 35권, 고종 34년 2월 21일 양력 3번째기사 1897년 대한 건양(建陽) 2년. https://sillok.history.go.kr/id/kza_13402021_003
44. 황현, 『매천야록, 中』, p. 188.
45. 『국역 윤치호 영문 일기 4』, 1897년 2월 20일, p. 27.

제6장 • 러시아의 후퇴

1. Lensen, *The Balance of Intrigue*, Vol. II, p. 658.
2. Lensen, *The Balance of Intrigue*, Vol. II, p. 658.
3. Lensen, *The Balance of Intrigue*, Vol. II, p. 658.
4. Anrew Malozemoff, *Russian Far Eastern Policy*, p. 90.
5. Lensen, *The Balance of Intrigue*, Vol. II, p. 658.
6. Lensen, *The Balance of Intrigue*, Vol. II, p. 658.
7. Malozemoff, *Russian Far Eastern Policy*, pp. 89-90.
8. Lensen, *The Balance of Intrigue*, Vol. II, pp. 659-660.
9. Lensen, *The Balance of Intrigue*, Vol. II, p. 660.
10. Lensen, *The Balance of Intrigue*, Vol. II, p. 660.
11. Lensen, *The Balance of Intrigue*, Vol. II, p. 660.
12. Lensen, *The Balance of Intrigue*, Vol. II, p. 660.
13. Lensen, *The Balance of Intrigue*, Vol. II, p. 660.
14. Lensen, *The Balance of Intrigue*, Vol. II, p. 661.
15. Lensen, *The Balance of Intrigue*, Vol. II, p. 661.
16. Lensen, *The Balance of Intrigue*, Vol. II, p. 661.
17. Lensen, *The Balance of Intrigue*, Vol. II, p. 661.
18. Lensen, *The Balance of Intrigue*, Vol. II, p. 661.
19. Lensen, *The Balance of Intrigue*, Vol. II, p. 662.

20. Lensen, *The Balance of Intrigue, Vol. II*, p. 662.
21. Lensen, *The Balance of Intrigue, Vol. II*, p. 662.
22. Lensen, *The Balance of Intrigue, Vol. II*, p. 662.
23. Lensen, *The Balance of Intrigue, Vol. II*, p. 662.
24. Lensen, *The Balance of Intrigue, Vol. II*, p. 664.
25. Lensen, *The Balance of Intrigue, Vol. II*, p. 665.
26. Lensen, *The Balance of Intrigue, Vol. II*, p. 665.
27. Lensen, *The Balance of Intrigue, Vol. II*, p. 665.
28. Lensen, *The Balance of Intrigue, Vol. II*, p. 665.
29. Lensen, *The Balance of Intrigue, Vol. II*, pp. 665-555.
30. Lensen, *The Balance of Intrigue, Vol. II*, p. 666.
31. Lensen, *The Balance of Intrigue, Vol. II*, p. 666.
32. Lensen, *The Balance of Intrigue, Vol. II*, p. 667.
33. Lensen, *The Balance of Intrigue, Vol. II*, p. 667.
34. Lensen, *The Balance of Intrigue, Vol. II*, p. 667.
35. Lensen, *The Balance of Intrigue, Vol. II*, p. 667.
36. Malozemoff, *Russian Far Eastern Policy*, p. 90.
37. Lensen, *The Balance of Intrigue, Vol. II*, p. 668.
38. Lensen, *The Balance of Intrigue, Vol. II*, p. 668.
39. Lensen, *The Balance of Intrigue, Vol. II*, pp. 668-669.
40. Lensen, *The Balance of Intrigue, Vol. II*, p. 669.
41. Lensen, *The Balance of Intrigue, Vol. II*, p. 669.
42. Lensen, *The Balance of Intrigue, Vol. II*, pp. 669-670.
43. Lensen, *The Balance of Intrigue, Vol. II*, p. 670.
44. Lensen, *The Balance of Intrigue, Vol. II*, p. 670.
45. Lensen, *The Balance of Intrigue, Vol. II*, p. 670.
46. Lensen, *The Balance of Intrigue, Vol. II*, p. 671.
47. Lensen, *The Balance of Intrigue, Vol. II*, p. 671.
48. Lensen, *The Balance of Intrigue, Vol. II*, p. 672.
49. Lensen, *The Balance of Intrigue, Vol. II*, p. 673.
50. Lensen, *The Balance of Intrigue, Vol. II*, p. 673.
51. Lensen, *The Balance of Intrigue, Vol. II*, p. 674.
52. Lensen, *The Balance of Intrigue, Vol. II*, p. 675.
53. Lensen, *The Balance of Intrigue, Vol. II*, p. 673.

제7장 • 칭제건원과 대한제국

1. 『고종실록』 33권, 고종 32년 윤5월 20일 경신 3번째기사 1895년 대한 개국(開國) 504년. https://sillok.history.go.kr/id/kza_13205120_003
2. T. H. Yun, "The Whang-chei of Dai Han, or The Emperor of Korea," *The Korean Repository, Volume 4*, pp. 385-390, p. 385.

3. Lensen, *The Balance of Intrigue, Vol. II*, p. 642.
4. 「국역 윤치호 영문 일기 4」, 1897년 5월 27일, p. 58.
5. 황현, 「매천야록, 中」, pp. 219-220.
6. Lensen, *The Balance of Intrigue, Vol. II*, p. 642.
7. 황현, 「매천야록, 中」, pp. 219-220.
8. T. H. Yun, "The Whang-chei of Dai Han, or The Emperor of Korea," p. 385.
9. 황현, 「매천야록」中 (서울: 명문당, 2008,) pp. 221-222.
10. 황현, 「매천야록, 中」, pp. 222-223.
11. 황현, 「매천야록, 中」, p. 223.
12. T. H. Yun, "The Whang-chei of Dai Han, or The Emperor of Korea," p. 385.
13. 황현, 「매천야록, 中」, p. 223.
14. 「국역 윤치호 영문 일기 4」, 1897년 10월 3일, p. 96.
15. T. H. Yun, "The Whang-chei of Dai Han, or The Emperor of Korea," p. 385.
16. T. H. Yun, "The Whang-chei of Dai Han, or The Emperor of Korea," p. 386.
17. Lensen, *The Balance of Intrigue, Vol. II*, pp. 642-643.
18. T. H. Yun, "The Whang-chei of Dai Han, or The Emperor of Korea," p. 386.
19. "Coronation Ceremony," *The Independent*, Vol. 2, No. 122, Thursday, October 14, 1897. 「독립신문」 8, 영문판 II: Independent: 1897. 8. – 1898. 4. (사단법인 새생활국민운동협회, 독립신문영인간행위원회, 1981,) p. 126.
20. 「고종실록」 36권, 고종 34년 10월 13일 양력 2번째기사 1897년 대한 광무(光武) 1년.
21. Lensen, *The Balance of Intrigue, Vol. II*, pp. 643-644.
22. Allen to Sherman, no. 18, DS, Seoul, Oct. 14, 1897, USSD, Korea, 134/13. Lensen, *The Balance of Intrigue, Vol. II*, p. 644.
23. Jordan to MacDonald, no. 87, Seoul, Oct. 21, 1897, EA FO 405-74, p. 166. Lensen, *The Balance of Intrigue, Vol. II*, p. 644.
24. Rosen to Muraviev, no. 46, Toky, Oct. 2/14 1897, RA, AVPR, Iaponskii stol, 1897, delo 902. Lensen, *The Balance of Intrigue, Vol. II*, p. 645.
25. Allen to Sherman, no. 50, DS, Seoul, Dec. 23, 1897, USSD, Korea, 134/14. Lensen, *The Balance of Intrigue, Vol. II*, p. 645.
26. Okuma to Hayashi, no. 87, Oct. 22, 1897, JA〈 TEL 1897/1270. Lensen, *The Balance of Intrigue, Vol. II*, p. 645.
27. 27. Papers Relating to the Foreign Relations of the United States, With the Annual Message of the President Transmitted to Congress December 5, 1898 Document 403, https://history.state.gov/historicaldocuments/frus1898/d403
28. Lensen, *The Balance of Intrigue, Vol. II*, p. 645.

제8장 · 만한교환

1. Lensen, *The Balance of Intrigue, Vol. II*, p. 682.
2. Duus, *The Abacus and the Sword*, p. 125.
3. Lensen, *The Balance of Intrigue, Vol. II*, pp. 674-675.

4. Lensen, *The Balance of Intrigue, Vol. II*, p. 675.
5. Lensen, *The Balance of Intrigue, Vol. II*, p. 675.
6. Lensen, *The Balance of Intrigue, Vol. II*, p. 675.
7. Lensen, *The Balance of Intrigue, Vol. II*, p. 676.
8. Lensen, *The Balance of Intrigue, Vol. II*, p. 676.
9. Lensen, *The Balance of Intrigue, Vol. II*, pp. 676-677.
10. Lensen, *The Balance of Intrigue, Vol. II*, p. 677.
11. Lensen, *The Balance of Intrigue, Vol. II*, p. 677.
12. Lensen, *The Balance of Intrigue, Vol. II*, p. 677.
13. Lensen, *The Balance of Intrigue, Vol. II*, p. 678.
14. Lensen, *The Balance of Intrigue, Vol. II*, p. 678.
15. Lensen, *The Balance of Intrigue, Vol. II*, p. 678.
16. 『고종실록』 36권, 고종 34년 11월 7일 양력 3번째기사 1897년 대한 광무(光武) 1년. https://sillok.history.go.kr/id/kza_13411007_003
17. 『고종실록』 36권, 고종 34년 11월 13일 양력 3번째기사 1897년 대한 광무(光武) 1년. https://sillok.history.go.kr/id/kza_13411013_003
18. Lensen, *The Balance of Intrigue, Vol. II*, p. 679.
19. Lensen, *The Balance of Intrigue, Vol. II*, p. 679.
20. Lensen, *The Balance of Intrigue, Vol. II*, p. 679.
21. Lensen, *The Balance of Intrigue, Vol. II*, p. 679.
22. Lensen, *The Balance of Intrigue, Vol. II*, p. 680.
23. Lensen, *The Balance of Intrigue, Vol. II*, p. 680.
24. Lensen, *The Balance of Intrigue, Vol. II*, p. 681.
25. Lensen, *The Balance of Intrigue, Vol. II*, p. 681.
26. Lensen, *The Balance of Intrigue, Vol. II*, pp. 681-682.
27. Malozemoff, *Russian Far Eastern Policy: 1881-1904*, pp. 96-97.
28. Malozemoff, *Russian Far Eastern Policy: 1881-1904*, p. 96.
29. Nish, *The Origins of the Russo-Japanese War*, p. 38.
30. Malozemoff, *Russian Far Eastern Policy: 1881-1904*, p. 97.
31. Nish, *The Origins of the Russo-Japanese War*, p. 39.
32. Nish, *The Origins of the Russo-Japanese War*, p. 39.
33. Nish, *The Origins of the Russo-Japanese War*, p. 39.
34. Nish, *The Origins of the Russo-Japanese War*, p. 40.
35. Nish, *The Origins of the Russo-Japanese War*, p. 40.
36. Nish, *The Origins of the Russo-Japanese War*, p. 41.
37. Nish, *The Origins of the Russo-Japanese War*, p. 41.
38. Malozemoff, *Russian Far Eastern Policy: 1881-1904*, p. 102.
39. Nish, *The Origins of the Russo-Japanese War*, p. 42.
40. Nish, *The Origins of the Russo-Japanese War*, p. 42.
41. Nish, *The Origins of the Russo-Japanese War*, p. 43.
42. Nish, *The Origins of the Russo-Japanese War*, p. 43.
43. Nish, *The Origins of the Russo-Japanese War*, p. 43.

44. Nish, *The Origins of the Russo-Japanese War*, pp. 43-44.
45. 『대한계년사 3』, pp. 23-24. 『고종실록』 37권, 고종 35년 2월 22일 양력 8번째기사 1898년 대한 광무(光武) 2년. https://sillok.history.go.kr/id/kza_13502022_008
46. Lensen, *The Balance of Intrigue, Vol. II*, p. 683.
47. 『고종실록』 34권, 고종 33년 11월 15일 양력 4번째기사. https://sillok.history.go.kr/id/kza_13311015_004
48. 『윤치호 일기』, 1897년 3월 16일. 『국역 윤치호 영문 일기 4』, p. 29.
49. Lensen, *The Balance of Intrigue, Vol. II*, p. 683.
50. Lensen, *The Balance of Intrigue, Vol. II*, p. 683.
51. Lensen, *The Balance of Intrigue, Vol. II*, p. 683.
52. 독립신문 3, 광무 2년(1898년) 2월 24일 목요일, p. 92. 독립신문영인간행위원회, 1981.
53. Lensen, *The Balance of Intrigue, Vol. II*, p. 684.
54. 『알렌일기』, pp. 190-193.
55. Lensen, *The Balance of Intrigue, Vol. II*, p. 685.
56. 『독립신문』 제3권, 제24호, 광무 2년(1898년) 3월 1일 화요일, p. 99.
57. Gaimushö, Komma gaiköshi, 1:93-97; NGB, 31.1, 165-68. Duus, *The Abacus and the Sword*, p. 124.
58. Gaimushö, Komma gaiköshi, 1:93-97; NGB, 31.1, 165-68. Duus, *The Abacus and the Sword*, p. 124.
59. Duus, *The Abacus and the Sword*, pp. 124-125.
60. Duus, *The Abacus and the Sword*, pp. 124-125.
61. Lensen, *The Balance of Intrigue, Vol. II*, p. 796.
62. Nish, *The Origins of the Russo-Japanese War*, p. 45.
63. Nish, *The Origins of the Russo-Japanese War*, p. 45.
64. Nish, *The Origins of the Russo-Japanese War*, p. 46.
65. Nish, *The Origins of the Russo-Japanese War*, p. 46.
66. Nish, *The Origins of the Russo-Japanese War*, p. 46.
67. Nish, *The Origins of the Russo-Japanese War*, p. 47.
68. Nish, *The Origins of the Russo-Japanese War*, p. 48.
69. 'Allen to Sherman,' no. 96, DS, Seoul, Apr. 12, 1898, USDD, Korea, 134/14. Lensen, *Balance of Intrigue, Vol. II*, p. 706에서 재인용.

제9장 · 조선의 계급혁명

1. Hwang, *Beyond Birth*, p. 33.
2. 『고종실록』 19권, 고종 19년 7월 22일 병오 1번째기사. https://sillok.history.go.kr/id/kza_11907022_001
3. Hwang, *Beyond Birth*, p. 33.
4. 원창애, 박현순, 송만오, 심승구, 이남희, 정해은 지음, 『조선 시대 과거 제도 사전』 (경기도 성남시: 한국학 중앙연구원 출판부, 2014,) p. 277-304 자료 사용.
5. Hwang, *Beyond Birth*, p. 34.

6. 「서얼금고법」, 『민족문화대백과사전』, https://encykorea.aks.ac.kr/Article/E0027919
7. Hwang, *Beyond Birth*, p. 34.
8. 「서얼금고법」, 『민족문화대백과사전』, https://encykorea.aks.ac.kr/Article/E0027919
9. 「서얼금고법」, 『민족문화대백과사전』, https://encykorea.aks.ac.kr/Article/E0027919
10. Hwang, *Beyond Birth*, pp. 34-35.
11. Hwang, *Beyond Birth*, p. 35.
12. Hwang, *Beyond Birth*, p. 35.
13. 이중환 저, 이민수 역, 『택리지』 (을재, 2012,) p. 33.
14. 이중환, 『택리지』, pp. 37-38.
15. 『윤치호 일기 4』, 1897년 7월 14일, pp. 164-165. 『국역 윤치호 영문 일기 3』, p. 74.
16. Hwang, *Beyond Birth*, pp. 47-48.
17. Hwang, *Beyond Birth*, pp. 48-49.
18. Hwang, *Beyond Birth*, p. 48.
19. Hwang, *Beyond Birth*, p.48.
20. Hwang, *Beyond Birth*, pp. 49-50.
21. Hwang, *Beyond Birth*, p. 50.
22. Hwang, *Beyond Birth*, p. 50.
23. Kenneth Quinones, "The Prerequisites for Power in Late Yi Korea," p. 83. Kyung Moon Hwang, *Beyond Birth*, p. 368에서 재인용. 황경문 지음, 백광열 옮김, 『출생을 넘어서: 한국 사회 특권층의 뿌리를 찾아서』, p. 507에서 재인용.
24. Kenneth Quinones, "The Prerequisites for Power in Late Yi Korea," p. 83. Kyung Moon Hwang, *Beyond Birth*,p. 368에서 재인용. 황경문 지음, 백광열 옮김, 『출생을 넘어서: 한국 사회 특권층의 뿌리를 찾아서』, p. 507에서 재인용.
25. Kenneth Quinones, "The Impact of the Kabo Reforms on Bureaucratic Role Allocation in Late Yi Korea," p. 11. Kyung Moon Hwang, *Beyond Birth*, p. 368.
26. Hwang, *Beyond Birth*, p. 51.
27. Hwang, *Beyond Birth*, p. 51.
28. [네이버 지식백과] 간리론 [奸吏論] (여유당전서 - 시문집 (산문) 12권, 성창훈, 박석무, 송재소, 임형 택, 성 백효)
29. Hwang, *Beyond Birth*, p. 47.
30. Hwang, *Beyond Birth*, p. 53.
31. Hwang, *Beyond Birth*, p. 53.
32. Hwang, *Beyond Birth*, p. 54.
33. Hwang, *Beyond Birth*, p. 55.
34. Hwang, *Beyond Birth*, pp. 56-58. 황경문, 『출생 을 넘어서』, pp. 96-97에서 재인용.
35. Hwang, *Beyond Birth*, p. 55.
36. Hwang, *Beyond Birth*, p. 55.
37. Homer B. Hulbert, "Korean Reforms," The Korean Repository,
38. 함재봉, 『한국 사람 만들기 IV: 친일개화파 2』(경기도 광주: 에이치(H)프레서, 2022,) pp. 386-387 에서 재인용.
39. 柳永益 著, 『甲午更張硏究』 (서울: 一潮閣, 1997,) pp. 141-142.
40. 함재봉, 『한국 사람 만들기 IV』, pp. 386-387에서 재인용.

41. 함재봉, 『한국 사람 만들기 Ⅳ』, pp. 386-387에서 재인용.

42. 柳永益 著, 『甲午更張研究』 (서울: 一潮閣, 1997,) p. 141.

43. 「군국기무처 의정안 (1894. 7. 30 – 10. 29)」, 柳永益 著, 『甲午更張研究』, pp. 229-239, p. 230. 황경문, 『출생을 넘어서서』, p. 104에서 재인용.

44. 『한말근대법령 자료집』 1, pp. 31-32. 황경문, 『출생을 넘어서: 한국 사회 특권층의 뿌리를 찾아서』, p. 105에서 재인용.

45. 『구한국관보』 2, p. 79 (1895. 1. 29). Kyung Moon Hwang, *Beyond Birth*, p. 67. 황경문, 『출생을 넘어서: 한국 사회 특권층의 뿌리를 찾아서』, p. 105 에서 재인용.

46. Hwang, *Beyond Birth*, p. 67.

47. 柳永益, 東學農民蜂起와 甲午更張 (서울: 일조각, 1998,) pp. 85-86.

48. Hwang, *Beyond Birth*, p. 68.

49. Hwang, *Beyond Birth*, p. 69.

50. Hwang, *Beyond Birth*, p. 69.

51. Hwang, *Beyond Birth*, p. 69.

52. 김효전, 『법관양성소와 근대 한국』 (서울: 소명출판, 2015,) p. 18. 김정희, 『송암 함태영』 (서울: 연세대학교 대학출판문화원, 2022,) p. 34에서 재인용.

53. 송병기외 편, 『한국근대법령자료집 1』 (서울: 국회도서관, 1970,) pp. 279-280. 김정희, 『송암 함태영』, p. 35에서 재인용.

54. 김기수, 『일동기유(日東記遊)』 제1권, 차견(差遣) 2칙. 함재봉, 『한국 사람 만들기 Ⅱ: 친일개화파』 (개정판) (경기도 광주: 에이치(H)프레스, 2021,) p. 514에서 재인용.

55. Hwang, *Beyond Birth*, p. 72.

56. Hwang, *Beyond Birth*, p. 73.

57. Hwang, *Beyond Birth*, p. 75.

58. Hwang, *Beyond Birth*, p. 76.

59. 『조선크리도인회보』 33호, 1897년 9월 15일. 이만열, 한국 기독교 수용사 연구 (서울: 두레시 대, 1998,) p. 460.

60. 「駐日生徒」, 『한성순보(漢城旬報)』, 1884. 04. 06. 국립중앙도서관 「대한민국 신문 아카이브」 http://www.nl.go.kr/newspaper/

61. F.A. *McKenzei, Korea's Fight for Freedom*, pp. 39-40.

62. 이정식, 『서재필: 미국 망명 시절』 (서울: 정음사, 1984,) pp. 22-23.

63. 이정식, 『서재필: 미국 망명 시절』, pp. 26-29.

64. 이정식, 『서재필: 미국 망명 시절』, p. 41.

65. 이정식, 『서재필: 미국 망명 시절』, p. 42.

66. 『국역 윤치호 영문 일기 2』, 1893년 8월 14일, p. 150.

67. 이정식, 『서재필: 미국 망명 시절』, p. 45.

제10장 · 조선의 종교개혁

1. Chung-Shin Park, *Protestantism and Politics in Korea*, p. 121.

2. Park, *Protestantism and Politics in Korea*, p. 122.

3. D.L. Gifford, "Education in the Capital of Korea," *The Korean Repository*, August 1896,

pp. 409-410.

4. *M.E. North Report for 1892*, p. 285. 백낙준 저, 『한국개신교사: 1832-1910』 (서울: 연세대학교 출판부, 2010, p. 240에서 재인용.
5. Park, *Protestantism and Politics in Korea*, p. 123.
6. 「논설」, 『독립신문』, 1986년 12월 3일.
7. Park, *Protestantism and Politics in Korea*, p. 122.
8. 윤치호, 『국역 윤치호 영문 일기 2』 (국사편찬위원회), 1893년 2월 19일, p. 33.
9. Kenneth M. Wells, *New God, New Nation: Protestants and Self-Reconstruction Nationalism in Korea, 1896-1937* (Honolulu: University of Hawaii Press, 1990,) p. 11.
10. Wells, *New God, New Nation*, p. 12.
11. Wells, *New God, New Nation*, p. 12.
12. Wells, *New God, New Nation*, p. 12.
13. Wells, *New God, New Nation*, p. 13.
14. Wells, *New God, New Nation*, p. 14.
15. Wells, *New God, New Nation*, p. 14.
16. 『국역 윤치호 영문 일기 2』, 1893년 12월 12일, pp. 228-229.
17. 『국역 윤치호 영문 일기 2』, 1893년 12월 12일, p. 229.
18. 『국역 윤치호 영문 일기 2』, 1893년 12월 12일, p. 229.
19. "Confucianism in Korea," *The Korean Repository 2, November 1895*, pp. 401-404, pp. 403-404.
20. "Confucianism in Korea," *The Korean Repository 2, November 1895*, pp. 403-404.
21. "Confucianism in Korea," *The Korean Repository 2, November 1895*, pp. 403-404.
22. "Confucianism in Korea," *The Korean Repository 2, November 1895*, pp. 403-404.
23. "Confucianism in Korea," *The Korean Repository 2, November 1895*, pp. 403-404.
24. 『독립신문』 1898년 10월 15 일.
25. 『독립신문』 1898년 10월 15 일.
26. 『독립신문』 1898년 10월 17일.
27. 「논설」, 『독립신문』 1896년 4월 25일.
28. 「논설」, 『독립신문』 1896년 4월 25일.
29. 「논설」, 『독립신문』 1896년 4월 25일.
30. 「논설」, 『독립신문』 1896년 4월 25일.
31. 「논설」, 『독립신문』 1896년 4월 25일.
32. 「논설」, 『독립신문』 1896년 4월 25일.
33. 申箕善, 「農政新編序」, 『農政新編』(1883), 백천, 「양원(陽園) 신기선(申箕善)의 생애와 대외 인식」, 『역사 학연구』 제61집, 2016년 2월, pp. 97-123, p. 107에서 재인용.
34. 申箕善, 「農政新編序」, 『農政新編』(1883), 백천, 「양원(陽園) 신기선(申箕善)의 생애와 대외 인식」, p. 102에서 재인용.
35. 申箕善, 宇宙述贊, 『儒學經緯』(1896), 백천, 「양원(陽園) 신기선(申箕善)의 생애와 대외 인식」, p. 107에서 재인용.
36. 申箕善, 『儒學經緯』(1896), pp. 41-42. 이만열, 『한국 기독교 수용사 연구』, p. 469 에서 재인용.
37. 申箕善, 「抵城外辭學部大臣疏」, 『陽園遺集卷三 (양원유집 권3)』, p. 58. 백천, 「양원(陽園) 신기선(申箕善)의 생애와 대외 인식」, p. 108에서 재인용.

38. 「잡보」, 『독립신문』 1896년 6월 4일.
39. 「잡보」, 『독립신문』 1896년 6월 4일.
40. 「논설」, 『독립신문』 1896년 6월 11일.
41. 「잡보」, 『독립신문』 1896년 6월 11일.
42. *The Korean Repository*, Vol. 3, January – December 1896, pp. 248-250.
43. 「논설」, 『독립신문』 1899년 9월 20일.
44. 「논설」, 『독립신문』 1899년 9월 20일.
45. 「논설」, 『독립신문』 1899년 9월 20일.
46. 「논설」, 『독립신문』 1899년 9월 20일.
47. 「동서양 학문 비교」, 『독립신문』, 1899년 9월 9일.
48. 「동서양 학문 비교」, 『독립신문』, 1899년 9월 9일.
49. 「동서양 학문 비교」, 『독립신문』, 1899년 9월 9일.
50. 「동서양 학문 비교」, 『독립신문』, 1899년 9월 9일.
51. Wells, *New God, New Nation,* p. 11.
52. 『국역 윤치호 일기 1』, p. 556.
53. 『독립신문』, 1899년 9월 9일.
54. 『그리스도신문』 5권, 21호, 1901년 5월 23일. 이만열, 『한국 기독교 수용사 연구』, p. 470에서 재인용.
55. 『독립신문』, 3권 224호, 1898년 12월 24일.
56. 『조선크리스도인회보』 23호, 1897년 7월 7일. 이만열, 『한국 기독교 수용사 연구』, p. 470에서 재인용.

제11장 • 조선의 문체혁명

1.   Ruth H. Sanders, *German: Biography of a Language* (Oxford: Oxford University Press, 2010,) p. 117.
2.   Sanders, *German,* p. 137.
3.   Keller 1978, pp. 375-377. Sanders, *German,* p. 137.
4.   Sanders, *German,* p. 138.
5.   Sanders, *German,* p. 118-119.
6.   Sanders, *German,* p. 119.
7.   Sanders, *German,* p. 119.
8.   Sanders, *German,* p. 120.
9.   Sanders, *German,* p. 120.
10. Sanders, *German,* p. 120.
11. Sanders, *German,* p. 121.
12. Sanders, *German,* p. 121.
13. Flood, 1998, p. 79. Sanders, *German,* p. 122에서 재인용.
14. Flood, 1998, p. 90. Sanders, *German,* p. 122에서 재인용.
15. Flood, 1998, p. 24. Sanders, *German,* p. 122에서 재인용.
16. Sanders, *German,* p. 122.

17. Sanders, *German,* p. 118.
18. Scott Hubbard, "The Reformation of English: How Tyndale's Bible Transformed Our Language," *Desiring God,* 2021. 10. 31. https://www.desiringgod.org/articles/the-reformation-of-english
19. Hubbard, "The Reformation of English".
20. Hubbard, "The Reformation of English".
21. Brian Moynahan, *Book of Fire: William Tyndale, Thomas More and the Bloody Birth of the English Bible* (London: Hatchett Digital, 2002,) p. 22.
22. Hubbard, "The Reformation of English".
23. Hubbard, "The Reformation of English"에서 재인용.
24. *Acts and Monuments* (1563), p. 514: and IV, p. 117. David Daniell, *William Tyndale: A Biography* (New Haven: Yale University Press, 1994,) p. 79에서 재인용.
25. Hubbard, "The Reformation of English".
26. Hubbard, "The Reformation of English".
27. Hubbard, "The Reformation of English".
28. Hubbard, "The Reformation of English".
29. 『세종실록 103권』, 세종 26년 2월 20일 경자 1번째기사 1444년 명 정통(正統) 9년.
30. 백두현, 『조선시대의 한글 교육과 확산』(경기도 파주: 태학사, 2023,) p. 14.
31. 『세종실록』 114권, 세종 28년(1446년) 12월 26일 기미 3번째기사
32. 백두현, 『조선시대의 한글 교육과 확산』, p. 16.
33. 『세종실록』 116권, 세종 29년(1447년) 4월 20일 신해 1번째기사.
34. 『세종실록』 118권, 세종 29년(1447년) 11월 15일 계묘 2번째기사.
35. 백두현, 『조선시대의 한글 교육과 확산』, p. 23.
36. 『독립신문 1』, 건양 원년 1896년 4월 7일.
37. 『독립신문 1』, 건양 원년 1896년 4월 7일.
38. 『독립신문 2』, 1897년 4월 22일.
39. 『독립신문 2』, 1897년 4월 22일.
40. 『독립신문 2』, 1897년 4월 22일.
41. 『독립신문 2』, 1897년 4월 22일.
42. 『독립신문 2』, 1897년 4월 22일.
43. 『독립신문 2』, 1897년 4월 22일.
44. 『독립신문 2』, 1897년 4월 22일.
45. 『독립신문 2』, 1897년 4월 22일.
46. 신해영, 「한문자와 국문자의 損益如何」, 『대조선독립협회회보』, 15호, 1897년 6월 30일 . 앙드레 슈미 드 지음, 정여울 옮김, 『제국 그 사이의 한국 1895-1919』 (서울: 휴머니스트, 2007,) pp. 184-185에서 재인용.
47. 한흥교(韓興敎), 「국문과 한문의 관계」, 『대한유학생학보』 1호, 1907, p. 29. 앙드레 슈미드, 『제국 그 사이의 한국 1895-1919』, p. 184에서 재인용.
48. 이보경, 「국문과 한문의 과도시대」, 『태극학보』 21호, 1908년 3월, p. 17. 앙드레 슈미드, 『제국 그 사이의 한국 1895-1919』, p. 184에서 재인용.
49. 주시경, 「국어와 국문론의 필요」, 『서우』 2호, 1907년 1월, 32쪽.
50. 『황성신문』 1906년 9월 7일.

51. 이종일, 「논국문」, 『대한협회회보』 2호, 1908년 5월 25일, 11-14쪽.
52. 이승교, 「국한문론」, 『서북학회월보』 1호, 1908년 6월, 20쪽.
53. 신채호, 「국한문의 경중」, 『대한매일신보』, 1908년 3월 17-19일.
54. 『윤치호일기 1』, p. 287.
55. 『국역 윤치호 영문 일기 1』, 1889년 12월 7일, p. 3.
56. 『윤치호일기 1』, p. 407.
57. 『국역 윤치호 영문 일기 1』, 1889년 12월 7일, pp. 3-4.
58. Em, *The Great Enterprise*, p. 63.
59. Em, *The Great Enterprise*, p. 63.
60. http://anthony.sogang.ac.kr/Carles/WilliamRichardCarles.html
61. W. R. Carles, *Life in Korea* (London and New York: Macmillan and Co., 1888,) pp. 309-314.
62. Carles, *Life in Korea*, pp. 310-311.
63. Carles, *Life in Korea*, p. 311.
64. Carles, *Life in Korea*, pp. 311-312.
65. Carles, *Life in Korea*, p. 312.
66. Carles, *Life in Korea*, p. 313.
67. Carles, *Life in Korea*, p. 313.
68. Carles, *Life in Korea*, p. 313.
69. Gabelentz, G., von., 1892, "Zur Beurteilung des koreanischen Schrift-und Lautwesens," [An assessment of Korean writing and phonetics, 조선의 글과 음성표기에 대한 평가], *Sitzungsberichte der Königlich Preussischen Akademie der Wissenschaften zu Berlin, Bd. XXIII. Berlin: Königlich Preussische Akademie der Wissenschaften zu Berlin,* pp.587-600. Ross King, "Western Protestant Missionaires and the Origins of Korean Langauge Modernization," *Journal of International and Area Studies,* 2004, Vol. 11. No. 3, Special Issue: Modernity in Korea (2004), pp. 7-38, p. 14에서 재인용.
70. Gabelentz, "Zur Beurteilung des koreanischen Schrift-und Lautwesens," Ross King, "Western Protestant Missionaires and the Origins of Korean Langauge Modernization," p. 14에서 재인용.
71. 이윤석, 『조선시대 상업출판: 서민의 독서, 지식과 오락의 대중화』 (서울: 민속원, 2016,) p. 1.
72. 이윤석, 『조선시대 상업출판』, p. 43.
73. 이윤석, 『조선시대 상업출판』, p. 2.
74. 이윤석, 『조선시대 상업출판』, p. 3.
75. 이윤석, 『조선시대 상업출판』, p. 3-4.
76. 이윤석, 『조선시대 상업출판』, p. 133.
77. 이윤석, 『조선시대 상업출판』, p. 134.
78. 임치균, 「소현성록 연구」, 『한국문화』 16, 1995년 12월호, pp 31-73, p. 31. 이윤석, 『조선시대 상업출판』, p. 134, 각주 16.
79. 이윤석, 『조선시대 상업출판』, p. 4.
80. 이윤석, 『조선시대 상업출판』, p. 3.
81. 이윤석, 『조선시대 상업출판』, p. 135.
82. 이윤석, 『조선시대 상업출판』, p. 142.

83. 이윤석, 『조선시대 상업출판』, p. 142.

84. 이윤석, 『조선시대 상업출판』, pp. 149-165

85. 이윤석, 『조선시대 상업출판』, p. 161.

86. 이윤석, 『조선시대 상업출판』, pp. 168-169.

87. William Elliot Griffis. *A Modern Pioneer in Korea: The Life Story of Henry G. Appenzeller* (New York: Fleming H. Revell Company, 1912,) p. 187. 함재봉, 『한국 사람 만들기 III: 친미기독교파 1』 (경기도 광주: 에이치(H)프레스, 2021,) pp. 146-147에서 재인용.

88. 류대영, 옥성득, 이만열 공저, 『대한성서공회사 I: 조직, 성장과 수난』 (서울: 대한성서공회, 1993,) p. 47.

89. 류대영, 옥성득, 이만열 공저, 『대한성서공회사 I』, pp. 49-53.

90. 류대영, 옥성득, 이만열 공저, 『대한성서공회사 I』, p. 68.

91. 류대영, 옥성득, 이만열 공저, 『대한성서공회사 I』, pp. 68-69.

92. 류대영, 옥성득, 이만열 공저, 『대한성서공회사 I』, p. 69.

93. "The Gospel for Corea," QR, Oct., 1882, p. 718. 류대영, 옥성득, 이만열 공저, 『대한성서공회사 I: 조직, 성 장과 수난 (서울: 대한성서공회, 1993,) p. 69에서 재인용.

94. 『實記』, p. 20. 류대영, 옥성득, 이만열 공저, 『대한성서공회사 I』, p. 92.

95. William D. Reynolds, "How We Translated the Bible into Korean," *Union Seminary Magazine 22* (1910-1911), pp. 292-303, p. 294.

96. 류대영, 옥성득, 이만열 공저, 『대한성서공회사 I』, pp72-74.

97. 류대영, 옥성득, 이만열 공저, 『대한성서공회사 I』, p. 76.

98. Reynolds, "How We Translated the Bible into Korean,", pp. 292-303, p. 294.

99. 류대영, 옥성득, 이만열 공저, 『대한성서공회사 I』, p. 199.

100. J. Ross, "The Gods of Korea," GAL, August 1888, p. 370. 류대영, 옥성득, 이만열 공저, 『대한성서공회사 I』, pp. 199-200에서 재인용.

101. 류대영, 옥성득, 이만열 공저, 『대한성서공회사 I』 p. 200, 각주 82.

102. H.G. Underwood's letter to Dr. Ellinwood, April 16, 1886. 류대영, 옥성득, 이만열 공저, 『대한성서공회사 I』, p. 200.

103. 류대영, 옥성득, 이만열 공저, 『대한성서공회사 I』, pp. 182-197.

104. H. G. Underwood's letter to Dr. Ellingwood, July 6, 1885, FM, Nov., 1885, pp. 272-273. 류대영, 옥성득, 이 만열 공저, 『대한성서공회사 I』 p. 184에서 재인용.

105. 츕一(기일, J. S. Gale), 「원목사행장」, 『신학세계』, 1916년 10월, p. 157. 류대영, 옥성득, 이만열 공저, 『대한성 서공회사 I』, p. 184에서 재인용.

106. 류대영, 옥성득, 이만열 공저, 『대한성서공회사 I』, p. 189.

107. 이만열 편, 『아펜젤러』, pp. 167-168. 류대영, 옥성득, 이만열 공저, 『대한성서공회사 I』, p. 193에서 재인용.

108. 류대영, 옥성득, 이만열 공저, 『대한성서공회사 I』, p. 209.

109. 류대영, 옥성득, 이만열 공저, 『대한성서공회사 I』, p. 209.

110. 류대영, 옥성득, 이만열 공저, 『대한성서공회사 I』, p. 209.

111. 류대영, 옥성득, 이만열 공저, 『대한성서공회사 I』, p. 209.

112. 류대영, 옥성득, 이만열 공저, 『대한성서공회사 I』, p. 209.

113. 류대영, 옥성득, 이만열 공저, 『대한성서공회사 I』, pp. 209-210.

114. 류대영, 옥성득, 이만열 공저, 『대한성서공회사 I』, p. 210.

115. 한국컴퓨터선교회, http://kcm.kr/dic_view.php?nid=22484&key=8&kword=&page=
116. 류대영, 옥성득, 이만열 공저, 「대한성서공회사 I」, p. 194.
117. *Annual Report of the Religious Tract Society of London for 1890,* p. 196. 백낙준, 「한국개신교사」 (서울: 연세대학교 출판부, 1973,) p. 256에서 재인용.
118. 백낙준, 「한국개신교사」, p. 256.
119. 백낙준, 「한국개신교사」, pp. 256-257.
120. 백낙준, 「한국개신교사」, pp. 154-155.
121. 백낙준, 「한국개신교사」, p. 257.
122. *Annual Report of the Board of Foreign Missions of the Methodist Episcopal Church: Korea Mission: 1884-1943* (서울: 한국기독교역사연구소, 2012), p. 91.
123. *Annual Report of the Board of Foreign Missions of the Methodist Episcopal Church: Korea Mission: 1884-1943,* p. 108.
124. L. C. Rothweiler, "What Shall We Teach in our Girl's Schools?" *The Korean Repository 2,* March 1892, pp. 90-91.
125. M.E. North Report for 1891, p. 272. 백낙준, 「한국개신교사」, pp. 157-158에서 재인용.
126. Annual Report of the Board of Foreign Missions of the Methodist Episcopal Church: Korea Mission: 1884-1943, p. 94.
127. *Annual Report of the Board of Foreign Missions of the Methodist Episcopal Church: Korea Mission: 1884-1943,* p. 106.
128. *Annual Report of the Board of Foreign Missions of the Methodist Episcopal Church: Korea Mission: 1884-1943,* p. 106.
129. *Annual Report of the Board of Foreign Missions of the Methodist Episcopal Church: Korea Mission: 1884-1943,* p. 46.
130. *Annual Report of the Board of Foreign Missions of the Methodist Episcopal Church: Korea Mission: 1884-1943,* p. 46.
131. *Annual Report of the Board of Foreign Missions of the Methodist Episcopal Church: Korea Mission: 1884-1943,* p. 149.
132. 류대영, 옥성득, 이만열 공저, 「대한성서공회사 I」, p. 249.
133. 김진호, 「고 최병헌선생약력」, 「신학세계」 12-2, 1927, p. 101. 류대영, 옥성득, 이만열 공저, 「대한성서공 회사 I」, p. 251에서 재인용.
134. 「독립신문 2」, 1897년) 5월 27일, p. 253.
135. 「독립신문 2」, 1897년) 5월 27일, p. 253.
136. W. M. Baird, "Romanization of Korean Sounds," *The Korean Repository 2,* May 1895, pp. 161-175.
137. Baird, "Romanization of Korean Sounds,", pp. 161-175.
138. 류대영, 옥성득, 이만열 공저, 「대한성서공회사 II: 번역, 반포와 권서사업」 (서울: 대한성서공회, 1994,) p. 60.
139. 류대영, 옥성득, 이만열 공저, 「대한성서공회사 II」, pp. 61-62.
140. 류대영, 옥성득, 이만열 공저, 「대한성서공회사 II」, p. 62.
141. 류대영, 옥성득, 이만열 공저, 「대한성서공회사 II」, pp. 62-63.
142. 류대영, 옥성득, 이만열 공저, 「대한성서공회사 II」, p. 63.
143. 류대영, 옥성득, 이만열 공저, 「대한성서공회사 II」, p. 63에서 재인용.

1. 『駐韓日本公使館記錄(주한일본공사관기록)』 4권, 六. 歐文電報往復控 一, (295), 「朝鮮의 내정개혁상황 보고」, 1894년 8월 1일 오후 11시 10분 발신, 수신자: 大臣 陸奧.
2. 「조선인 서광범에게 귀국여비교부의 건」, 1894년 9월 8일. 일본외무성 편집 『일본외교문서』 제27권 제1책, 동경, 1953,) p. 555. 이정식, 『서재필: 미국 망명 시절』, p. 60에서 재인용.
3. 「조선인 서광범에게 귀국여비교부의 건」, 1894년 9월 8일. 일본외무성 편집 『일본외교문서』 제27권 제1책, 동경, 1953,) p. 555. 이정식, 『서재필: 미국 망명 시절』, p. 60에서 재인용.
4. 주한일본공사관기록·통감부문서 駐韓日本公使館記錄 2권, 五. 機密本省及其他往來, (70) 徐光範에 대한 貸 與金의 件. 機密送第88號, 1894년 11월 14일, 발신자: 外務大臣 子爵 陸奧宗光, 수신자: 在朝鮮 特命全權公使 伯爵 井上馨.
5. 『秦本』(議政府 編) 第4冊, 開國 504年 3月 1일조, 「秦本 第14號 및 復官爵秩」. 신용하, 「서재필의 독립협회 운동과 사상」, 『서재필과 그 시대』 (서재필기념회, 2003,) pp. 119-162, p. 121.
6. 金道泰, 『徐載弼博士自敍傳』 (서울: 乙酉文化社, 1972,) p. 194.
7. 『국역 윤치호 영문 일기 4』, 1897년 10월 8일, pp. 9798.
8. 『駐韓日本公使館記錄』 7권, 五. 「機密通常和文電報往復 一, 二 第3冊 (35) 「徐載弼의 變裝入國」. 윤치호, 『국역 윤치호 영문 일기 3』, 1895년 12월 26일, p. 107.
9. 金道泰, 『徐載弼博士自敍傳』, pp. 229-230.
10. 金道泰, 『徐載弼博士自敍傳』, pp. 229-230.
11. "What Korea Needs Most," *Korean Repository, Vol. III,* March 1896, pp. 108-110.
12. "What Korea Needs Most," *Korean Repository, Vol. III,* March 1896, pp. 108-110.
13. "What Korea Needs Most," *Korean Repository, Vol. III,* March 1896, pp. 108-110.
14. "What Korea Needs Most," *Korean Repository, Vol. III,* March 1896, pp. 108-110.
15. "What Korea Needs Most," *Korean Repository, Vol. III,* March 1896, pp. 108-110.
16. "What Korea Needs Most," *Korean Repository, Vol. III,* March 1896, pp. 108-110.
17. "What Korea Needs Most," *Korean Repository, Vol. III,* March 1896, pp. 108-110.
18. "What Korea Needs Most," *Korean Repository, Vol. III,* March 1896, pp. 108-110.
19. "What Korea Needs Most," *Korean Repository, Vol. III,* March 1896, pp. 108-110.
20. "What Korea Needs Most," *Korean Repository, Vol. III,* March 1896, pp. 108-110.
21. "What Korea Needs Most," *Korean Repository, Vol. III,* March 1896, pp. 108-110.
22. "What Korea Needs Most," *Korean Repository, Vol. III,* March 1896, pp. 108-110.
23. "What Korea Needs Most," *Korean Repository, Vol. III,* March 1896, pp. 108-110.
24. 함재봉, 『한국 사람 만들기 II: 친일개화파』 (개정판) (경기도 광주: 에이치(H)프레스, 2021,) p. 703.
25. 『국역 윤치호 영문 일기 3』, 1896년 1월 28일, pp. 126-127.
26. 金道泰, 『徐載弼博士自敍傳』, p. 241.
27. 『국역 윤치호 영문 일기 3』, 1896년 1월 28일, pp. 126-127.
28. 『국역 윤치호 영문 일기 3』, 1896년 1월 31일, pp. 127-128.
29. 신용하, 『한국 개화사상과 개화운동의 지성사』 (경기도 파주: 지식산업사, 2010,) p.336.
30. 신용하, 『한국 개화사상과 개화운동의 지성사』, p 337.
31. *The Independent,* 1896년 4월 7일, 9월 5일 "Editorial"
32. 유영렬, 「독립협회의 조직과 사상」, p. 194.
33. 金道泰, 『徐載弼博士自敍傳』, p. 246.

34. 金道泰, 『徐載弼博士自敍傳』, p. 245.
35. 『독립신문』, 1896년 04월 09일, 광고.
36. 『독립신문』, 1896년 04월 09일, 「잡보」.
37. *The Independent,* Thursday, April 9 1896, 'Local Items.' 『독립신문 1』, p. 8.
38. *The Independent,* Thursday, April 9 1896, 'Local Items.' 『독립신문 1』, p. 8.
39. 『독립신문』, 「잡보」, 1896년 04월 11일.
40. 『독립신문』 1896년 4월 11일.
41. "The Seoul Independent," *The Korean Repository,* Vol. 3, p. 171.
42. 『고종실록』34권, 고종 33년(1896년) 7월 9일 양력 1번째기사. 정성우가 역적을 처벌할 것을 주장하는 상소를 올리다.
43. 「논설」, 『독립신문』, 1896년 4월 21일, 1면 2단.
44. 「논설」, 『독립신문』, 1896년 4월 21일, 1면 2단.
45. 「논설」, 『독립신문』, 1896년 4월 21일, 1면 2단.
46. 「논설」, 『독립신문』, 1896년 4월 21일, 1면 2단.
47. 「논설」, 『독립신문』, 1896년 4월 21일, 1면 2단.
48. 「논설」, 『독립신문』, 1896년 4월 21일, 1면 2단.
49. 「논설」, 『독립신문』, 1898년 10월 01일, 1면 2단.
50. 「논설」, 『독립신문』, 1897년 4월 17일, 1면 1단.
51. 「논설」, 『독립신문』, 1899년 5월 6일, 1면 3단.
52. 「조선에서 가장 시급한 것」이라는 글에서 서재필은
53. 「논설」, 『독립신문』, 1898년 12월 15일, 1면 2단.
54. 「논설」, 『독립신문』, 1897년 1월 12일, 1면 1단.
55. 「논설」, 『독립신문』, 1898년 12월 15일, 1면 2단.
56. 「논설」, 『독립신문』, 1897년 3월 9일, 1면 2단.
57. 「논설」, 『독립신문』, 1899년 5월 6일, 1면 3단.
58. 「나라가 흥하고 망하는 것은 그 나라 백성들이 백성의 직무를」, 『독립신문』, 1898년 01월 11일, 1면 1단.
59. 「나라가 흥하고 망하는 것은 그 나라 백성들이 백성의 직무를」, 『독립신문』, 1898년 01월 11일, 1면 1단.
60. 「나라가 흥하고 망하는 것은 그 나라 백성들이 백성의 직무를」, 『독립신문』, 1898년 01월 11일, 1면 1단.
61. 「경부의 직분」, 『독립신문』, 1898년 8월 5일.
62. "Talking of independence the question might arise, what is liberty." 『독립신문』(영문), 1897년 10월 7일, 2 면 1단.
63. 「논설」, 『독립신문』, 1899년 1월 10일, 1면 2단.
64. 「논설」, 『독립신문』, 1899년 1월 10일, 1면 2단.
65. 「논설」, 『독립신문』, 1899년 1월 10일, 1면 2단.
66. 「논설」, 『독립신문』, 1898년 8월 15일, 1면 2단.
67. 「논설」, 『독립신문』, 1899년 8월 15일, 1면 2단.
68. 「논설」, 『독립신문』, 1899년 8월 15일, 1면 2단.
69. 金道泰, 『徐載弼博士自敍傳』, pp. 233.
70. 金道泰, 『徐載弼博士自敍傳』, pp. 229-230.

71. 金道泰,『徐載弼博士自敍傳』, pp. 230-231.
72. 金道泰,『徐載弼博士自敍傳』, pp. 232.
73. 『독립신문 1』, 건양 원년(1896년) 6월 20일. 「조선 인민이 독립이라 하는 것을 모르는 까닭에 외국 사람 들이」. https://nl.go.kr/newspaper/detail.do?content_id=CNTS-00098985994&from=%EC%8B%A0%EB%AC%B8%20%E A%B2%80%EC%83%89
74. The Korean Repository 5, 1898, p 284.
75. The Korean Repository 5, 1898, p 284.
76. 金道泰,『徐載弼博士自敍傳』, pp. 247-248.
77. Vipan Chandra, Imperialism, Resistance, and Reform in Late Nineteenth-Century Korea: Enlightenment and the Independence Club (Institute of East Asian Studies, University of California, Berkeley, 1988,) pp. 115-116.
78. 「獨立協會規則」,『대조선독립협회회보』제1호, 1896년 11월 30일. https://db.history.go.kr/modern/level.do?levelId=ma_006_0010_0030
79. Chandra, Imperialism, Resistance, and Reform in Late Nineteenth-Century Korea, p. 113.
80. 신용하,『독립협회의 민족운동 연구』, p. 10. Chandra, Imperialism, Resistance, and Reform in Late Nineteenth-Century Korea, p. 113.
81. 金道泰,『徐載弼博士自敍傳』, pp. 233. 회고록에는 「스위스 사람」이라고 하였으나 1898년 코리아리포지터리에 기고한 글에서는 러시아인이라고 적고 있다.
82. 「심의석」,『한국민족문화대백과사전』.
83. 『국역 윤치호 영문 일기 4』, 1897년 2월 22일, p. 28.
84. 『국역 윤치호 영문 일기 4』, 1897년 2월 22일, pp. 27-28.
85. 『독립신문』, 1896년 11월 22일.
86. 『독립신문』1897년 5월 25일. 정교,『대한계년사』2, p. 195.
87. The Korean Repository 3, 1896, p. 171.
88. Chandra, Imperialism, Resistance, and Reform in Late Nineteenth-Century Korea, pp. 115-116.
89. The Korean Repository 4, November, 1897, p. 437.
90. 『독립신문』, 1896년 12월 31일.
91. 『국역 윤치호 영문 일기 4』, 1897년 2월 22일, p. 28.
92. The Independent, 1897년 9월 14일, "Editorial Notes"
93. The Independent, 1897년 9월 14일, "Editorial Notes"
94. 『국역 윤치호 영문 일기 4』, 1897년 7월 25, p. 76.
95. 『국역 윤치호 영문 일기 4』, 1897년 8월 8일, p. 79.
96. 『독립신문』, 「잡보」, 1986년 5월 23일.
97. 『독립신문』, 1898년 2월 1일.
98. 『독립신문』, 「논설」, 1897년 12월 4일.
99. 『독립신문』, 「논설」, 1897년 12월 4일.
100. 『독립신문』, 「논설」, 1897년 12월 4일.
101. 『독립신문』, 「논설」, 1897년 12월 4일.
102. 『국역 윤치호 영문 일기 4』, 1897년 8월 29일, p. 84.
103. 『독립신문』, 1897년 8월 31일

104. *The Korean Repository 4*, 1897, pp. 437-438.
105. *The Korean Repository 4*, 1897, pp. 437-438.
106. *The Korean Repository 4*, 1897, pp. 437-438.
107. *The Korean Repository 4*, 1897, pp. 437-438.
108. 『독립신문』, 1897년 12월 04일.
109. *Korean Repository 5*, July 1898, p 271.
110. 『독립신문』, 1898년 02월 01일.
111. Chandra, *Imperialism, Resistance, and Reform in Late Nineteenth-Century Korea*, p. 121.
112. 金道泰(김도태), 『徐載弼博士自敍傳(서재필박사 자서전)』, pp. 242-243.
113. 『독립신문』, 1896년 10월 24일.
114. "Editorial," *The Independent*, August 28, 1897.
115. 『국역 윤치호 영문 일기 4』, 1897년 11월 10일, p. 110.
116. 『독립신문』, 1897년 11월 16일.
117. 『독립신문』, 1897년 11월 16일.
118. 『독립신문』, 1897년 11월 16일.
119. 『독립신문』, 1897년 11월 18일.
120. 윤치호, 『국역 윤치호 영문 일기 4』(국사편찬위원회), 1897년 11월 11일, p. 111.
121. 윤치호, 『국역 윤치호 영문 일기 4』(국사편찬위원회), 1897년 11월 11일, p. 111.
122. Chandra, *Imperialism, Resistance, and Reform in Late Nineteenth-Century Korea*, pp. 161.
123. 『국역 윤치호 영문 일기 4』, 1898년 2월 13일, pp. 128-129.
124. 『국역 윤치호 영문 일기 4』, 1898년 2월 13일, p. 129.
125. 『국역 윤치호 영문 일기 4』, 1898년 2월 13일, p. 129.
126. 『국역 윤치호 영문 일기 4』, 1898년 2월 20일, p. 130.
127. "The Memorial of the Independence Club," *The Korean Repository, Vol. 5,* February 1898, p. 74-75.
128. 정교 저, 조광 편, 김우철 역주, 『대한계년사 3』(서울: 소명출판, 2004,) pp. 23-24. 『고종실록』 37 권, 고종 35년 2월 22일 양력 8번째기사 1898년 대한 광무(光武) 2년.
129. 정교, 『대한계년사 3』, pp. 23-24. 『고종실록』 37권, 고종 35년 2월 22일 양력 8번째기사 1898년 대한 광무(光武) 2년.
130. 『국역 윤치호 영문 일기 4』, 1898년 2월 15일, p. 132
131. 『독립신문』, 1898년 03월 01일.
132. 『독립신문』「, 1898년 03월 03일.
133. 정교, 『대한계년사 3』, pp. 28-29.
134. 정교, 『대한계년사 3』, pp. 29-30.
135. 『국역 윤치호 영문 일기 4』, 1898년 2월 27일, p. 132.
136. 정교, 『대한계년사 3』, pp. 31-32.
137. 『고종실록』 37권, 고종 35년 3월 2일 양력 1번째기사.
138. 『고종실록』 37권, 고종 35년 3월 2일 양력 1번째기사.
139. 『고종실록』 37권, 고종 35년 3월 3일 양력 1번째기사.
140. 정교, 『대한계년사 3』, pp. 33.

141. 정교, 『대한계년사 3』, pp. 33.
142. 정교, 『대한계년사 3』, p. 35.
143. 정교, 『대한계년사 3』, pp. 36-37.
144. 정교, 『대한계년사 3』, pp. 37-38.
145. "Right about face," *The Korean Repository,* Vol. 5, March 1898, p. 113. "The Foreign Office received a dispatch from the Russian Minister M. de Speyer," 『독립신문』 (영문), 1898년 03월 10일.
146. 『국역 윤치호 영문 일기 4』, 1898년 3월 10일, p. 136. "Right about face," *Korean Repository 5,* March 1898, pp. 114-115.
147. 『국역 윤치호 영문 일기 4』, 1898년 3월 7일, p. 135.
148. 정교, 『대한계년사 3』, pp. 40-41.
149. 『국역 윤치호 영문 일기 4』, 1898년 3월 10일, pp. 136-137.
150. 『국역 윤치호 영문 일기 4』, 1898년 3월 10일, p. 137.
151. 『국역 윤치호 영문 일기 4』, 1898년 3월 10일, p. 137.
152. 『국역 윤치호 영문 일기 4』, 1898년 3월 9일, p. 136.
153. 『독립신문』, 1898년 03월 10일.
154. "Right about face," *Korean Repository 5,* March 1898, pp. 114-115.
155. "Right about face," *Korean Repository 5,* March 1898, pp. 114-115.
156. 정교, 『대한계년사 3』, p. 41.
157. 『국역 윤치호 영문 일기 4』, 1898년 3월 10일, p. 137.
158. 『독립신문』, 1898년 03월 15일.
159. "Right about face," *Korean Repository 5,* March 1898, p. 115.
160. 『국역 윤치호 영문 일기 4』, 1898년 3월 12일, p. 138.
161. 『국역 윤치호 영문 일기 4』, 1898년 3월 13일, p. 138.
162. 정교, 『대한계년사 3』, p. 42.
163. 『독립신문』, 1898년 03월 19일.
164. 『국역 윤치호 영문 일기 4』, 1898년 3월 19일, p. 140.
165. 『국역 윤치호 영문 일기 4』, 1897년 10월 12일, p. 102.
166. 金源模 完譯, 『알렌의 日記』 (서울: 檀國大學校出版部, 2017,) pp. 187-188.
167. 金源模 完譯, 『알렌의 日記』, pp. 188-190.
168. 『국역 윤치호 영문 일기 4』, 1897년 12월 13일, p. 117.
169. 『국역 윤치호 영문 일기 4』, 1897년 12월 20일, p. 120.
170. 『국역 윤치호 영문 일기 4』, 1898년 2월 28일, p. 133.
171. 『고종실록』 37권, 고종 35년(1898년) 3월 20일 양력 2번째기사.
172. 『고종실록』 37권, 고종 35년(1898년) 3월 20일 양력 2번째기사.
173. 정교, 『대한계년사 3』, pp. 47-48.
174. 『국역 윤치호 영문 일기 4』, 1898년 3월 21일, p. 141.
175. 정교, 『대한계년사 3』, p. 47.
176. 정교, 『대한계년사 3』, pp. 48-50.
177. 정교, 『대한계년사 3』, p. 50.
178. 정교, 『대한계년사 3』, p. 50.
179. 『국역 윤치호 영문 일기 4』, 1898년 3월 27일, p. 142.

180. 『국역 윤치호 영문 일기 4』, 1898년 3월 27일, pp. 143-144.
181. 정교, 『대한계년사 3』, p. 51.
182. 정교, 『대한계년사 3』, pp. 51-52.
183. 『국역 윤치호 영문 일기 4』, 1898년 5월 5일, p. 152.
184. 『국역 윤치호 영문 일기 4』, 1898년 5월 5일, p. 152.
185. 『국역 윤치호 영문 일기 4』, 1898년 4월 22일, p. 148.
186. 『국역 윤치호 영문 일기 4』, 1898년 5월 6일, pp. 153.
187. 『국역 윤치호 영문 일기 4』, 1898년 5월 11일, pp. 154.
188. 『국역 윤치호 영문 일기 4』, 1898년 5월 14일, pp. 155.
189. 『국역 윤치호 영문 일기 4』, 1898년 5월 12일, p. 154.
190. 『국역 윤치호 영문 일기 4』, 1898년 5월 23일, p. 155.
191. 정교, 『대한계년사 3』, pp. 59-60.
192. 정교, 『대한계년사 3』, p. 61.
193. 정교, 『대한계년사 3』, p. 65.
194. 정교, 『대한계년사 3』, p. 70.
195. 정교, 『대한계년사 3』, p. 71.
196. 정교, 『대한계년사 3』, p. 72.
197. 정교, 『대한계년사 3』, p. 74.
198. 정교, 『대한계년사 3』, pp. 74-75. 『독립신문』, 「논설」, 1898년 06월 21일, 1면 1단.
199. 정교, 『대한계년사 3』, pp. 91-92.
200. 정교, 『대한계년사 3』, pp. 92-93.
201. 정교, 『대한계년사 3』, p. 97.
202. 『독립신문』, 1898년 09월 17일, 3면 3단.
203. 『독립신문』, 「논설」, 1898년 9월 20일, 1면 2단.
204. 『독립신문』, 「논설」, 1898년 9월 20일, 1면 2단.
205. 『독립신문』, 「논설」, 1898년 9월 20일, 1면 2단.
206. 정교, 『대한계년사 3』, p. 149.
207. 『독립신문』, 논설, 1898년 9월 20일, 1면 2단.
208. 『독립신문』, 1898년 9월 21일, 2면 3단.
209. 「잡보」, 『독립신문』, 1898년 3월 29일, 4면 2단.
210. 「잡보」, 『독립신문』, 1898년 4월 9일, 4면 2단.
211. 『국역 윤치호 영문 일기 4』, 1898년 3월 18일, p. 139.
212. "議會通用規則 의회통용규측," *The Korean Repository 5*, April 1898, p. 157.
213. 「논설」, 『독립신문』, 1898년 4월 30일, 1면 1단.
214. 「광고」, 『독립신문』, 1898년 4월 30일, 4면 2단.
215. 『고종실록』 37권, 고종 35년(1898년 대한 광무(光武) 2년) 7월 9일 양력 2번째기사. 「상소 대개」, 『독립신문』, 1898년 7월 5일, 2면 2단.
216. 정교, 『대한계년사 3』, p. 86.
217. 『국역 윤치호 영문 일기 4』, 1898년 7월 10일, p. 163.
218. 『국역 윤치호 영문 일기 4』, 1898년 7월 10일, p. 163.
219. 『국역 윤치호 영문 일기 4』, 1898년 7월 10일, p. 164.
220. 『고종실록』 37권, 고종 35년(1898년 대한 광무(光武) 2년) 7월 9일 양력 2번째기사

221. 『국역 윤치호 영문 일기 4』, 1898년 7월 10일, p. 164.
222. 『고종실록』 37권, 고종 35년1898년(대한 광무(光武) 2년) 7월 22일 양력 1번째기사
223. 『고종실록』 37권, 고종 35년1898년(대한 광무(光武) 2년) 7월 22일 양력 1번째기사
224. 「논설」, 『독립신문』, 1898년 7월 16일, 1면 2단.
225. 『독립신문』, 1898년 3월 26일, 1면 3단.
226. 『고종실록』 37권, 고종 35년(1898년) 8월 23일 양력 2번째기사.
227. 『고종실록』 37권, 고종 35년(1898년) 8월 25일 양력 1번째기사.
228. 정교, 『대한계년사 3』, p. 142.
229. 『고종실록』 38권, 고종 35년(1898년) 9월 12일 양력 2번째기사.
230. 정교, 『대한계년사 3』, p. 142.
231. 정교, 『대한계년사 3』, p. 142.
232. 정교, 『대한계년사 3』, p. 158.
233. 정교, 『대한계년사 3』, pp. 158-159.
234. 정교, 『대한계년사 3』, p. 160.
235. 정교, 『대한계년사 3』, p. 161.
236. 정교, 『대한계년사 3』, p. 161.
237. 정교, 『대한계년사 3』, p. 162.
238. 정교, 『대한계년사 3』, p. 162.
239. 정교, 『대한계년사 3』, p. 166.
240. 정교, 『대한계년사 3』, p. 167.
241. 『고종실록』 38권, 고종 35년1898년(대한 광무(光武) 2년) 10월 6일 양력 2번째기사.
242. 『고종실록』 38권, 고종 35년1898년(대한 광무(光武) 2년) 10월 6일 양력 2번째기사.
243. 정교, 『대한계년사 3』, p. 174.
244. 정교, 『대한계년사 3』, p. 181.
245. 정교, 『대한계년사 3』, pp. 181-182.
246. 정교, 『대한계년사 3』, p. 183.
247. 정교, 『대한계년사 3』, p. 184.
248. 정교, 『대한계년사 3』, pp. 184-185.
249. 정교, 『대한계년사 3』, p. 185.
250. 정교, 『대한계년사 3』, pp. 186-187.
251. 정교, 『대한계년사 3』, p. 199.
252. 정교, 『대한계년사 3』, pp. 200-201.
253. 정교, 『대한계년사 3』, p. 202.
254. 정교, 『대한계년사 3』, pp. 203-204.
255. 정교, 『대한계년사 3』, p. 205.
256. A FORWARD MOVEMENT, 『독립신문』(영문), 1898년 10월 18일, 2면 1단.
257. A FORWARD MOVEMENT, 『독립신문』(영문), 1898년 10월 18일, 2면 1단.
258. 이영훈, 『한국 경제사 I: 한국인의 역사적 전개』(서울: 일조각, 2017,) pp. 424-425.
259. 「보부상」, 『한민족문화대백과사전』.
260. 「보부상」, 『한민족문화대백과사전』.
261. 신용하, 『한국 개화사상과 개화운동의 지성사』, p.200.
262. 「보부상」, 『한민족문화대백과사전』.

263. 『독립신문』, 1898년 07월 07일, 3면 1단.
264. 정교, 『대한계년사 3』, p. 207.
265. 정교, 『대한계년사 3』, p. 207.
266. 정교, 『대한계년사 3』, p. 208.
267. 정교, 『대한계년사 3』, p. 208.
268. 정교, 『대한계년사 3』, p. 209
269. 정교, 『대한계년사 3』, pp. 213-214. 『독립신문』, 1898 년 07월 07일, 3면 1단.
270. 정교, 『대한계년사 3』, p. 214.
271. 정교, 『대한계년사 3』, p. 214.
272. 정교, 『대한계년사 3』, p. 216.
273. 정교, 『대한계년사 3』, pp. 216-217.
274. 정교, 『대한계년사 3』, p. 225.
275. 정교, 『대한계년사 3』, p. 225.
276. 정교, 『대한계년사 3』, p. 226.
277. 정교, 『대한계년사 3』, p. 226.
278. 정교, 『대한계년사 3』, pp. 227-228.
279. 정교, 『대한계년사 3』, pp. 228-229.
280. 정교, 『대한계년사 3』, p. 229.
281. 정교, 『대한계년사 3』, p. 234.
282. 정교, 『대한계년사 3』, p. 235.
283. 정교, 『대한계년사 3』, p. 235.
284. 정교, 『대한계년사 3』, pp. 235-236.
285. 정교, 『대한계년사 3』, p. 236.
286. 『독립신문』, 「독립회 공의」, 1898년 10월 27일, 2면 2단.
287. 정교, 『대한계년사 3』, p. 239.
288. 정교, 『대한계년사 3』, p. 240.
289. 정교, 『대한계년사 3』, pp. 242-243.
290. 정교, 『대한계년사 3』, pp. 243-244.
291. 정교, 『대한계년사 3』, p. 242.
292. 정교, 『대한계년사 3』, p. 242.
293. 정교, 『대한계년사 3』, p. 245.
294. 정교, 『대한계년사 3』, pp. 245-246.
295. 정교, 『대한계년사 3』, p. 246.
296. 정교, 『대한계년사 3』, p. 246.
297. 정교, 『대한계년사 3』, p. 247.
298. 정교, 『대한계년사 3』, p. 248.
299. 정교, 『대한계년사 3』, p. 248.
300. 정교, 『대한계년사 3』, pp. 248-249.
301. 정교, 『대한계년사 3』, p. 249.
302. 『고종실록』 38권, 고종 35년(1898년 대한 광무(光武) 2년), 10월 30일 양력 2번째기사.
303. 정교, 『대한계년사 3』, pp. 249-250
304. 정교, 『대한계년사 3』, pp. 250-251.

305. 정교, 『대한계년사 3』, p. 255.
306. 정교, 『대한계년사 3』, pp. 255-256.
307. 정교, 『대한계년사 3』, p. 256.
308. 『고종실록』 38권, 고종 35년 (1898년 대한 광무(光武) 2년) 11월 2일 양력 2번째기사.
309. 정교, 『대한계년사 3』, p. 262.
310. 정교, 『대한계년사 3』, p. 262.
311. 『국역 윤치호 영문 일기 4』, 1898년 11월 4일, p. 170.
312. 『국역 윤치호 영문 일기 4』, 1898년 11월 4일, p. 170.
313. 「유기환」, 『한민족대백과사전』
314. 정교, 『대한계년사 3』, p. 263.
315. 『고종실록』 38권, 고종 35년 (1898년, 대한 광무(光武) 2년) 11월 4일 양력 1번째기사.
316. 『고종실록』 38권, 고종 35년 (1898년, 대한 광무(光武) 2년) 11월 5일 양력 2번째기사.
317. 정교 저, 조광 편, 김우철 역주, 『대한계년사 3』(서울: 소명출판, 2004,) pp. 263-264.
318. 『국역 윤치호 영문 일기 4』, 1898년 11월 5일, pp. 171-172.
319. 『국역 윤치호 영문 일기 4』, 1898년 11월 5일, p. 172.
320. 『국역 윤치호 영문 일기 4』, 1898년 11월 5일, p. 172.
321. 『국역 윤치호 영문 일기 4』, 1898년 11월 5일, p. 172.
322. 『국역 윤치호 영문 일기 4』, 1898년 11월 5일, p. 172.
323. 『국역 윤치호 영문 일기 4』, 1898년 11월 6일, p. 173.
324. 『국역 윤치호 영문 일기 4』, 1898년 11월 6일, p. 173.
325. 『국역 윤치호 영문 일기 4』, 1898년 11월 6일, p. 172.
326. 『국역 윤치호 영문 일기 4』, 1898년 11월 7일, p. 174.
327. 『국역 윤치호 영문 일기 4』, 1898년 11월 8일, p. 175.
328. 『국역 윤치호 영문 일기 4』, 1898년 11월 9일, p. 175.
329. 『국역 윤치호 영문 일기 4』, 1898년 11월 10일, p. 176.
330. 정교, 『대한계년사 4』, pp. 66-67.
331. 『고종실록 38권』, 고종 35년(1898년 대한 광무(光武) 2년) 11월 10일 양력 4번째기사.
332. 『고종실록 38권』, 고종 35년(1898년 대한 광무(光武) 2년) 11월 12일 양력 1번째기사.
333. 『고종실록 38권』, 고종 35년(1898년 대한 광무(光武) 2년) 11월 12일 양력 2번째기사.
334. 『고종실록 38권』, 고종 35년(1898년 대한 광무(光武) 2년) 11월 12일 양력 3번째기사.
335. 『국역 윤치호 영문 일기 4』, 1898년 11월 12일, p. 177.
336. 『국역 윤치호 영문 일기 4』, 1898년 11월 13일, p. 178.
337. 『국역 윤치호 영문 일기 4』, 1898년 11월 13일, pp. 178-179.
338. 『국역 윤치호 영문 일기 4』, 1898년 11월 13일, p. 179.
339. 『국역 윤치호 영문 일기 4』, 1898년 11월 13일, p. 179.
340. 『국역 윤치호 영문 일기 4』, 1898년 11월 15일, p. 179.
341. 정교, 『대한계년사 4』, p. 98.
342. 『국역 윤치호 영문 일기 4』, 1898년 11월 15일, pp. 179-180.
343. 『고종실록 38권』, 고종 35년1898년(대한 광무(光武) 2년) 11월 16일 양력 1번째기사.
344. 『국역 윤치호 영문 일기 4』, 1898년 11월 16일, p. 180.
345. 『국역 윤치호 영문 일기 4』, 1898년 11월 16일, p. 180.
346. 『국역 윤치호 영문 일기 4』, 1898년 11월 16일, p. 180.

347. 정교, 『대한계년사 4』, p. 102.
348. "The streets of Seoul are now full of Peddlers so called," *The Independent* (『독립신문』, 영문), 1898년 11월 19일, 2면 2단.
349. 정교, 『대한계년사 4』, pp. 102-103.
350. 『독립신문』, 1898년 11월 21일, 2면 2단.
351. 정교, 『대한계년사 4』, p. 104.
352. 정교, 『대한계년사 4』, p. 104.
353. 정교, 『대한계년사 4』, p. 104.
354. 정교, 『대한계년사 4』, p. 110.
355. 정교, 『대한계년사 4』, p. 110.
356. 정교, 『대한계년사 4』, p. 113.
357. 정교, 『대한계년사 4』, p. 114.
358. 정교, 『대한계년사 4』, p. 114.
359. 정교, 『대한계년사 4』, p. 114.
360. 정교, 『대한계년사 4』, p. 115.
361. 정교, 『대한계년사 4』, p. 115.
362. 정교, 『대한계년사 4』, pp. 115-116.
363. 정교, 『대한계년사 4』, p. 116.
364. 정교, 『대한계년사 4』, p. 117.
365. 정교, 『대한계년사 4』, p. 117.
366. 정교, 『대한계년사 4』, pp. 119-120.
367. 정교, 『대한계년사 4』, p. 124.
368. 『고종실록 38권』, 고종 35년1898년 (대한 광무(光武) 2년) 11월 22일 양력 5번째기사.
369. 정교, 『대한계년사 4』, p. 127.
370. 정교, 『대한계년사 4』, pp. 132-133.
371. 정교, 『대한계년사 4』, p. 134.
372. 정교, 『대한계년사 4』, p. 141.
373. 『고종실록 38권』, 고종 35년(1898년 광무(光武) 2년)11월 26일 양력 1번째기사.
374. 정교, 『대한계년사 4』, p. 143
375. 정교, 『대한계년사 4』, pp. 143-144.
376. 『고종실록 38권』, 고종 35년(1898년 대한 광무(光武) 2년) 11월 26일 양력 2번째기사.
377. 정교, 『대한계년사 4』, p. 147.
378. 정교, 『대한계년사 4』, p. 147.
379. Vipan Chandra, *Imperialism, Resistance, and Reform in Late Nineteenth-Century Korea*, p. 205
380. 정교, 『대한계년사 4』, p. 168.
381. 정교, 『대한계년사 4』, p. 169.
382. 『고종실록 38권』, 고종 35년(1898년 대한 광무(光武) 2년) 12월 6일 양력 3번째기사.
383. 『국역 윤치호 영문 일기 4』, 1898년 12월 27일, p. 181.
384. 독립신문, 「경청 고시」, 1898년 12월 10일, 2면 2단.
385. 정교 저, 조광 편, 김우철 역주, 『대한계년사 4』(서울: 소명출판, 2004,) p. 196.
386. 『국역 윤치호 영문 일기 4』, 1898년 12월 27일, p. 181.

387. 『국역 윤치호 영문 일기 4』, 1898년 12월 27일, p. 182.
388. 정교, 『대한계년사 4』, pp. 204-205.
389. 정교, 『대한계년사 4』, p. 203.
390. 정교, 『대한계년사 4』, p. 215.
391. 정교, 『대한계년사 4』, p. 217.
392. 정교, 『대한계년사 4』, p. 216.
393. 정교, 『대한계년사 4』, pp. 216-217.
394. 정교, 『대한계년사 4』, pp. 218-219.
395. 정교, 『대한계년사 4』, p. 217.
396. 정교, 『대한계년사 4』, pp. 221-222.
397. 정교, 『대한계년사 4』, p. 224.
398. 정교, 『대한계년사 4』, p. 228.
399. 정교, 『대한계년사 4』, p. 234.
400. 『고종실록 38권』, 고종 35년1898년(대한 광무(光武) 2년) 12월 21일 양력 1번째기사.
401. 정교, 『대한계년사 4』, p. 239.
402. 정교, 『대한계년사 4』, p. 241.
403. 『고종실록 38권』, 고종 35년1898년(대한 광무(光武) 2년) 12월 25일 양력 1번째기사.
404. 『고종실록 38권』, 고종 35년1898년(대한 광무(光武) 2년) 12월 25일 양력 2번째기사.
405. 『국역 윤치호 영문 일기 4』, 1898년 12월 27일, p. 182.
406. 『국역 윤치호 영문 일기 4』, 1898년 12월 27일, p. 182.
407. 『국역 윤치호 영문 일기 4』, 1898년 12월 27일, pp. 182-183.
408. 『국역 윤치호 영문 일기 4』, 1898년 12월 27일, pp. 187.
409. 『국역 윤치호 영문 일기 4』, 1898년 12월 27일, pp. 188-189.
410. 『국역 윤치호 영문 일기 4』, 1898년 12월 27일, p. 189.
411. 『국역 윤치호 영문 일기 4』, 1898년 12월 27일, p. 189.
412. 『고종실록 39권』, 고종 36년1899년(대한 광무(光武) 3년) 1월 1일 양력 5번째기사.
413. 정교, 『대한계년사 4』, p. 254.
414. 『국역 윤치호 영문 일기 4』, 1898년 12월 27일, p. 196.
415. 『국역 윤치호 영문 일기 4』, 1898년 12월 27일, pp. 199-200.
416. 『국역 윤치호 영문 일기 4』, 1898년 12월 27일, pp. 200-201.
417. 『국역 윤치호 영문 일기 4』, 1899년 2월 1일, p. 202.
418. 『독립신문』, 『한국민족문화대백과사전』.
419. 『국역 윤치호 영문 일기 4』, 1899년 12월 31일, p. 221.

참고문헌

고문헌

『대조선독립협회회보』
『대한매일신보』
『대한협회회보』
『독립신문』
『서북학회월보』
『세종실록』
『숙종실록』
『승정원일기』
『實記』
『조선크리도인회보』
『駐韓日本公使館記錄』
『秦本』
『韓國近代史資料集成』
『한민족대백과사전』
『한성순보(漢城旬報)』
『황성신문』
The Independent.
The Korean Repository.

논문 및 단행본

김기수, 『일동기유(日東記遊)』 제1권, 차견(差遣) 2칙.
金道泰(김도태), 『徐載弼博士自敍傳(서재필박사 자서전)』 (서울: 乙西文化社(을유문화사), 1972.)
김용구, 『러시아의 만주, 한반도 정책사, 17-19세기』 (서울: 푸른역사, 2018.)
金源模 完譯, 『알렌의 日記』 (서울: 檀國大學校出版部, 2017.)
김정희, 『송암 함태영』 (서울: 연세대학교 대학출판문화원, 2022.)
김효전, 『법관양성소와 근대 한국』 (서울: 소명출판, 2015.)

류대영, 옥성득, 이만열 공저, 『대한성서공회사 I: 조직, 성장과 수난』(서울: 대한성서공회, 1993.)

류대영, 옥성득, 이만열 공저, 『대한성서공회사 II: 번역, 반포와 권서사업』(서울: 대한성서공회, 1994.)

박정신, 이민영 역, 『국역 윤치호 영문 일기』(과천: 국사편찬위원회, 2015.)

백낙준 저, 『한국개신교사: 1832-1910』(서울: 연세대학교 출판부, 2010.)

백두현, 『조선시대의 한글 교육과 확산』(경기도 파주: 태학사, 2023.)

백천, 「양원(陽園) 신기선(申箕善)의 생애와 대외 인식」, 『역사학연구』제61집, 2016년 2월, pp. 97-123.

슈미드, 앙드레 지음, 정여울 옮김, 『제국 그 사이의 한국 1895-1919』(서울: 휴머니스트, 2007.)

『서재필과 그 시대』(서재필기념회, 2003.)

신용하, 「서재필의 독립협회 운동과 사상」, http://www.lgpress.org/images/download/06_seo.pdf

신용하, 『한국 개화사상과 개화운동의 지성사』(경기도 파주: 지식산업사, 2010.)

원창애, 박현순, 송만오, 심승구, 이남희, 정해은 지음, 『조선 시대 과거 제도 사전』(경기도 성남시: 한국학중앙연구원 출판부, 2014.)

柳永益 著, 『甲午更張研究』(서울: 一潮閣, 1997.)

柳永益, 『東學農民蜂起와 甲午更張』(서울: 一潮閣, 1998.)

윤치호 저, 박정신, 이민원 역, 『국역 윤치호 영문 일기』(과천: 국사편찬위원회, 2015.)

윤치호 저, 송병기 역 『국역 윤치호 일기 1』(서울: 연세대학교 출판부, 2001.)

이만열, 『한국 기독교 수용사 연구』(서울: 두레시대, 1998.)

이승만 편저, 김용삼, 김효선, 류석춘 번역, 해제, 『쉽게 풀어 쓴 청일전기』(서울: 북앤피플, 2015.)

이영훈, 『한국 경제사 I: 한국인의 역사적 전개』(서울: 일조각, 2017.)

이윤석, 『조선시대 상업출판: 서민의 독서, 지식과 오락의 대중화』(서울: 민속원, 2016.)

이정식, 『서재필: 미국 망명 시절』(서울: 정음사, 1984.)

이중환 저, 이민수 역, 『택리지』(을재, 2012.)

임치균, 「소현성록 연구」, 『한국문화』16, 1995년 12월호, pp 31-73.

정교 저, 조광 편, 김우철 역주, 『대한계년사 2』(서울: 소명출판, 2004.)

정은주, 「阿克敦 『奉使圖』研究」, 『美術史學研究』第246·247號, 2005. 9. pp. 201 - 245.

주시경, 「국어와 국문론의 필요」, 『서우』2호, 1907년 1월.

함재봉, 『한국 사람 만들기 I: 조선 사람 만들기, 친중위정척사파』(개정판) (경기도 광주: 에이치(H)프레스, 2021.)

함재봉, 『한국 사람 만들기 II: 친일개화파』(개정판) (경기도 광주: 에이치(H)프레스, 2021.)

함재봉, 『한국 사람 만들기 III: 친미기독교파 1』(경기도 광주: 에이치(H)프레스, 2021.)

함재봉, 『한국 사람 만들기 IV: 친일개화파 2』(경기도 광주: 에이치(H)프레스, 2022.)

황현 저, 이장희 역, 『매천야록, 中』(서울: 명문당, 2008.)

Anderson, Benedict. *Imagined Communities* (London, New York: Verso, 1991.)

Annual Report of the Board of Foreign Missions of the Methodist Episcopal Church: Korea Mission: 1884-1943 (서울: 한국기독교역사연구소, 2012), p. 91.

Carles, W. R. *Life in Korea* (London and New York: Macmillan and Co., 1888.)

Chandra, Vipan. *Imperialism, Resistance, and Reform in Late Nineteenth-Century Korea: Enlightenment and the Independence Club* (Institute of East Asian Studies, University of California, Berkeley, 1988.)

Daniell, David. *William Tyndale: A Biography* (New Haven: Yale University Press, 1994.)

Duus, Peter. *The Abacus and the Sword: The Japanese Penetration of Korea, 1895-1910* (Berkeley: University of California Press, 1995.)

Em, Henry H. *The Great Enterprise: Sovereignty and Historiography in Modern Korea* (Durham and London: Duke University Press, 2013.)

Griffis, William Elliot. *A Modern Pioneer in Korea: The Life Story of Henry G. Appenzeller* (New York: Fleming H. Revell Company, 1912.)

Hubbard, Scott Hubbard. "The Reformation of English: How Tyndale's Bible Transformed Our Language," Desiring God, 2021. 10. 31. https://www.desiringgod.org/articles/the-reformation-of-english

Hwang, Kyung Moon. *Beyond Birth: Social Status in the Emergence of Modern Korea* (Cambridge, MA: Harvard university Asia Center, Harvard University Press, 2004.)

Kajima, Morinosuke. *The Diplomacy of Japan 1894-1922, Vol. 1: Sino-Japanese War and Triple Intervention* (Tokyo: The Kajima Institute of International Peace, 1976.)

King, Ross, "Nationalism and Language Reform in Korea: The Questione della Lingua in Precolonial Korea," in Pai Hyung-Il and Timothy R. Tangherlini eds., *Nationalism and the Construction of Korean Identity* (Berkeley: Institute of East Asian Studies, University of California, 1998,) pp. 35-36.

Lensen, George Alexander. *The Balance of Intrigue: International Rivalry in Korea & Manchuria, 1884-1899, Vols. I & II* (Tallahassee, A Florida State University Book, 1982.)

Malozemoff, Anrew. *Russian Far Eastern Policy: 1881-1904* (Berkeley and Los Angeles: University of California Press, 1958.)

Nish, Ian, *The Origins of the Russo-Japanese War* (London and New York: Longman, 1985.)

Papers Relating to the Foreign Relations of the United States

Park, Chung-Shin. *Protestantism and Politics in Korea* (Seattle: University of Washington Press, 2003.)

Reynolds, William D. "How We Translated the Bible into Korean," *Union Seminary Magazine* 22 (1910-1911), pp. 292-303.

Ross King, "Western Protestant Missionaires and the Origins of Korean Language Modernization," *Journal of International and Area Studies,* 2004, Vol. 11. No. 3, *Special Issue: Modernity in Korea (2004),* pp. 7-38.

Ruxton, Ian, ed. *The Diaries of Sir Ernest Satow, British Minister in Tokyo (1895-1900): A Diplomat Returns to Japan* (Morrisville, North Carolina: Lulu Press, Inc. 2010.)

Sanders, Ruth, *German: Biography of a Language* (Oxford: Oxford University Press, 2010.)

Wells, Kenneth M. *New God, New Nation: Protestants and Self-Reconstruction Nationalism in Korea, 1896-1937* (Honolulu: University of Hawaii Press, 1990.)

색인

한국 사람 만들기 V
친미기독교파 2

초판 1쇄 발행 2025년 4월 1일

지은이   함재봉
펴낸곳   H 프레스
펴낸이   함재봉
디자인   최주호
신고   2019년 12월 30일
신고번호   제 2019-24호
주소   경기도 광주시 천진암로 995-57
전화   010-2671-2949
이메일   cehahm@gmail.com

ISBN   979-11-971035-9-9
ISBN   979-11-971035-0-6 (세트)

값 45,000 원

※이 도서의 국립중앙도서관 출판예정도서목록(CIP)은 서지정보유통지원시스템 홈페이지(http://seoji.nl.go.kr)와 국가자료공동목록시스템(http://www.nl.go.kr/kollsnet)에서 이용하실 수 있습니다.(CIP제어번호:CIP2020028450)